郭錫良／編著

雷瑭洵／參訂

漢字古音表稿

（增訂本）

中華書局

圖書在版編目(CIP)數據

漢字古音表稿/郭錫良編著;雷瑭洵參訂.—增訂版.—北京:中華書局,2023.12
ISBN 978-7-101-16454-1

Ⅰ.漢⋯　Ⅱ.①郭⋯②雷⋯　Ⅲ.漢語-上古音-研究　Ⅳ.H111

中國國家版本館 CIP 數據核字(2023)第 230968 號

書　　　名	漢字古音表稿(增訂本)
編 著 者	郭錫良
參 訂 者	雷瑭洵
責任編輯	秦淑華　劉葳晗
責任印製	陳麗娜
出版發行	中華書局
	(北京市豐臺區太平橋西里 38 號　100073)
	http://www.zhbc.com.cn
	E-mail:zhbc@zhbc.com.cn
印　　　刷	三河市中晟雅豪印務有限公司
版　　　次	2023 年 12 月第 1 版
	2023 年 12 月第 1 次印刷
規　　　格	開本/787×1092 毫米　1/16
	印張 22½　插頁 3　字數 470 千字
印　　　數	1-2000 册
國際書號	ISBN 978-7-101-16454-1
定　　　價	98.00 元

1981 年 8 月在北京大學燕南園 60 號王力先生
住宅庭院侍坐

1992 年與呂叔湘先生合影

1992 年 9 月陪陳新雄教授遊未名湖

庆贺郭师锡良先生八十寿诞

2009 年秋郭錫良八十壽辰日與部分研究生及家屬歡度

目　録

序 ………………………………………………………………………………… 1

例　言 …………………………………………………………………………… 11

一、之　部 ……………………………………………………………………… 1

　（一）之部字表 ……………………………………………………………… 1

　　1. 之部開一 [ə] …………………………………………………………… 1

　　2. 之部開二 [eə] ………………………………………………………… 2

　　3. 之部開三 [ĭə] ………………………………………………………… 2

　　4. 之部合一 [uə] ………………………………………………………… 3

　　5. 之部合二 [oə] ………………………………………………………… 3

　　6. 之部合三 [ĭwə] ……………………………………………………… 4

　（二）之部諧聲表 …………………………………………………………… 4

　（三）之部韻表 ……………………………………………………………… 5

　（四）説明 …………………………………………………………………… 7

二、職　部 ……………………………………………………………………… 9

　（一）職部字表 ……………………………………………………………… 9

　　1. 職部開一 [ə̄k]/[ə̄k] …………………………………………………… 9

　　2. 職部開二 [eə̄k]/[eə̄k] ………………………………………………… 9

　　3. 職部開三 [ĭə̄k]/[ĭə̄k] ………………………………………………… 10

　　4. 職部合一 [uə̄k]/[uə̄k] ………………………………………………… 10

　　5. 職部合二 [oə̄k] ……………………………………………………… 11

　　6. 職部合三 [ĭwə̄k]/[ĭwə̄k] …………………………………………… 11

　（二）職部諧聲表 …………………………………………………………… 11

　（三）職部韻表 ……………………………………………………………… 11

　（四）説明 …………………………………………………………………… 13

三、蒸　部 ……………………………………………………………………… 15

　（一）蒸部字表 ……………………………………………………………… 15

　　　1. 蒸部開一 [əŋ]················15

　　　2. 蒸部開二 [eəŋ]···············15

　　　3. 蒸部開三 [ĭəŋ]···············16

　　　4. 蒸部合一 [uəŋ]···············16

　　　5. 蒸部合二 [oəŋ]···············16

　　　6. 蒸部合三 [ĭwəŋ]··············17

　（二）蒸部諧聲表·················17

　（三）蒸部韻表··················17

　（四）説明····················18

四、幽　部····················19

　（一）幽部字表·················19

　　　1. 幽部開一 [əu]···············19

　　　2. 幽部開二 [eəu]··············20

　　　3. 幽部開三 [ĭəu]··············20

　　　4. 幽部開四 [iəu]··············22

　（二）幽部諧聲表·················22

　（三）幽部韻表··················23

　（四）説明····················25

五、覺　部····················27

　（一）覺部字表·················27

　　　1. 覺部開一 [ɔ̌uk]/[ɔ̄uk]··········27

　　　2. 覺部開二 [eɔ̌uk]/[eɔ̄uk]········27

　　　3. 覺部開三 [ĭɔ̌uk]/[ĭɔ̄uk]········27

　　　4. 覺部開四 [iɔ̌uk]/[iɔ̄uk]········28

　（二）覺部諧聲表·················28

　（三）覺部韻表··················29

　（四）説明····················29

六、宵　部····················32

　（一）宵部字表·················32

　　　1. 宵部開一 [au]···············32

　　　2. 宵部開二 [eau] ·· 33

　　　3. 宵部開三 [ĭau] ·· 33

　　　4. 宵部開四 [iau] ·· 35

　　（二）宵部諧聲表 ·· 35

　　（三）宵部韻表 ·· 36

　　（四）説明 ·· 37

七、藥　部 ·· 38

　　（一）藥部字表 ··· 38

　　　1. 藥部開一 [ăuk]/[āuk] ··· 38

　　　2. 藥部開二 [eăuk]/[eāuk] ··· 38

　　　3. 藥部開三 [ĭăuk]/[ĭāuk] ··· 39

　　　4. 藥部開四 [iăuk]/[iāuk] ··· 39

　　（二）藥部諧聲表 ·· 39

　　（三）藥部韻表 ·· 40

　　（四）説明 ·· 40

八、侯　部 ·· 42

　　（一）侯部字表 ··· 42

　　　1. 侯部開一 [o] ·· 42

　　　2. 侯部開二 [eo] ··· 43

　　　3. 侯部開三 [ĭo] ··· 43

　　　4. 侯部合一 [uo] ··· 43

　　　5. 侯部合三 [ĭwo] ·· 43

　　（二）侯部諧聲表 ·· 44

　　（三）侯部韻表 ·· 45

　　（四）説明 ·· 46

九、屋　部 ·· 47

　　（一）屋部字表 ··· 47

　　　1. 屋部開一 [ŏk]/[ōk] ·· 47

　　　2. 屋部開二 [eŏk] ·· 47

　　　3. 屋部開三 [ĭŏk]、開四 [iŏk] ····································· 48

　　　4. 屋部合三 [ĭwŏk]/[ĭwōk]···48

　　（二）屋部諧聲表··49

　　（三）屋部韻表··49

　　（四）説明··50

一〇、東　部··51

　　（一）東部字表··51

　　　1. 東部開一 [oŋ]···51

　　　2. 東部開二 [eoŋ]··52

　　　3. 東部開三 [ĭoŋ]··52

　　　4. 東部合三 [ĭwoŋ]···52

　　（二）東部諧聲表··53

　　（三）東部韻表··54

　　（四）説明··55

一一、魚　部··56

　　（一）魚部字表··56

　　　1. 魚部開一 [ɑ]···56

　　　2. 魚部開二 [eɑ]···57

　　　3. 魚部開三 [ĭɑ]···57

　　　4. 魚部開四 [iɑ]···59

　　　5. 魚部合一 [uɑ]···59

　　　6. 魚部合二 [oɑ]···59

　　　7. 魚部合三 [ĭwɑ]··60

　　（二）魚部諧聲表··60

　　（三）魚部韻表··61

　　（四）説明··63

一二、鐸　部··65

　　（一）鐸部字表··65

　　　1. 鐸部開一 [ăk]/[āk]··65

　　　2. 鐸部開二 [eăk]/[eāk]··66

　　　3. 鐸部開三 [ĭăk]/[ĭāk]··66

　　　4. 鐸部開四 [iăk]/[iāk] ·· 67

　　　5. 鐸部合一 [uăk]/[uāk] ·· 67

　　　6. 鐸部合二 [oăk]/[oāk] ·· 68

　　　7. 鐸部合三 [ĭwăk]/[ĭwāk] ·· 68

　　（二）鐸部諧聲表 ··· 68

　　（三）鐸部韻表 ··· 69

　　（四）説明 ··· 70

一三、陽　部 ··· 72

　　（一）陽部字表 ··· 72

　　　1. 陽部開一 [aŋ] ··· 72

　　　2. 陽部開二 [eaŋ] ·· 73

　　　3. 陽部開三 [ĭaŋ] ·· 73

　　　4. 陽部開四 [iaŋ] ·· 75

　　　5. 陽部合一 [uaŋ] ·· 75

　　　6. 陽部合二 [oaŋ] ·· 75

　　　7. 陽部合三 [ĭwaŋ] ··· 76

　　　8. 陽部合四 [iwaŋ] ··· 76

　　（二）陽部諧聲表 ··· 76

　　（三）陽部韻表 ··· 77

　　（四）説明 ··· 79

一四、支　部 ··· 81

　　（一）支部字表 ··· 81

　　　1. 支部開一 [e] ··· 81

　　　2. 支部開三 [ĭe] ·· 81

　　　3. 支部開四 [ie] ·· 82

　　　4. 支部合一 [ue] ·· 83

　　　5. 支部合三 [ĭwe] ·· 83

　　　6. 支部合四 [iwe] ·· 84

　　（二）支部諧聲表 ··· 84

　　（三）支部韻表 ··· 84

　　（四）説明 ··· 85

一五、錫　部 …………………………………………………………………… 87

　（一）錫部字表 …………………………………………………………… 87

　　　1. 錫部開一 [ĕk]/[ēk] ……………………………………………… 87

　　　2. 錫部開三 [ĭĕk]/[ĭēk] …………………………………………… 87

　　　3. 錫部開四 [iĕk]/[iēk] …………………………………………… 88

　　　4. 錫部合一 [uĕk]/[uēk] ………………………………………… 88

　　　5. 錫部合三 [ĭwĕk] ………………………………………………… 89

　　　6. 錫部合四 [iwĕk] ………………………………………………… 89

　（二）錫部諧聲表 ………………………………………………………… 89

　（三）錫部韻表 …………………………………………………………… 89

　（四）説明 ………………………………………………………………… 90

一六、耕　部 …………………………………………………………………… 92

　（一）耕部字表 …………………………………………………………… 92

　　　1. 耕部開一 [eŋ] …………………………………………………… 92

　　　2. 耕部開三 [ĭeŋ] ………………………………………………… 93

　　　3. 耕部開四 [ieŋ] ………………………………………………… 94

　　　4. 耕部合一 [ueŋ] ………………………………………………… 94

　　　5. 耕部合三 [ĭweŋ] ……………………………………………… 95

　　　6. 耕部合四 [iweŋ] ……………………………………………… 95

　（二）耕部諧聲表 ………………………………………………………… 95

　（三）耕部韻表 …………………………………………………………… 95

　（四）説明 ………………………………………………………………… 97

一七、脂　部 …………………………………………………………………… 98

　（一）脂部字表 …………………………………………………………… 98

　　　1. 脂部開一 [ei] …………………………………………………… 98

　　　2. 脂部開三 [ĭei] ………………………………………………… 98

　　　3. 脂部開四 [iei] ………………………………………………… 99

　　　4. 脂部合三 [ĭwei] ……………………………………………… 100

　　　5. 脂部合四 [iwĕi] ……………………………………………… 100

　（二）脂部諧聲表 ………………………………………………………… 100

　（三）脂部韻表 …………………………………………………………… 101

（四）説明 …………………………………………………………… 102

一八、質　部 ……………………………………………………………… 104

　（一）質部字表 ………………………………………………………… 104

　　1. 質部開一 [ĕt]/[ēt] ……………………………………………… 104

　　2. 質部開三 [ĭĕt]/[ĭēt] …………………………………………… 104

　　3. 質部開四 [iĕt]/[iēt] …………………………………………… 105

　　4. 質部合一 [uĕt]/[uēt] ………………………………………… 106

　　5. 質部合三 [ĭwĕt]/[ĭwēt] ……………………………………… 106

　　6. 質部合四 [iwĕt]/[iwēt] ……………………………………… 106

　（二）質部諧聲表 …………………………………………………… 106

　（三）質部韻表 ……………………………………………………… 107

　（四）説明 …………………………………………………………… 108

一九、真　部 ……………………………………………………………… 109

　（一）真部字表 ………………………………………………………… 109

　　1. 真部開一 [en] …………………………………………………… 109

　　2. 真部開三 [ĭen] ………………………………………………… 109

　　3. 真部開四 [ien] ………………………………………………… 111

　　4. 真部合三 [ĭwen] ……………………………………………… 111

　　5. 真部合四 [iwen] ……………………………………………… 112

　（二）真部諧聲表 …………………………………………………… 112

　（三）真部韻表 ……………………………………………………… 112

　（四）説明 …………………………………………………………… 114

二〇、微　部 ……………………………………………………………… 116

　（一）微部字表 ………………………………………………………… 116

　　1. 微部開一 [əi] …………………………………………………… 116

　　2. 微部開二 [eəi] ………………………………………………… 116

　　3. 微部開三 [ĭəi] ………………………………………………… 116

　　4. 微部開四 [iəi] ………………………………………………… 117

　　5. 微部合一 [uəi] ………………………………………………… 117

　　6. 微部合二 [oəi] ………………………………………………… 118

　　　7. 微部合三 [ĭwəi] ··· 118

　　　8. 微部合四 [iwəi] ··· 118

　（二）微部諧聲表 ··· 119

　（三）微部韻表 ··· 119

　（四）説明 ··· 121

二一、物　部 ··· 123

　（一）物部字表 ··· 123

　　　1. 物部開一 [ət]/[ə̄t] ·· 123

　　　2. 物部開二 [eət]/[eə̄t] ·· 123

　　　3. 物部開三 [ĭət]/[ĭə̄t] ·· 123

　　　4. 物部開四 [iət]/[iə̄t] ·· 124

　　　5. 物部合一 [uət]/[uə̄t] ·· 124

　　　6. 物部合二 [oət]/[oə̄t] ·· 125

　　　7. 物部合三 [ĭwət]/[ĭwə̄t] ······································ 125

　　　8. 物部合四 [iwət]/[iwə̄t] ······································ 126

　（二）物部諧聲表 ··· 126

　（三）物部韻表 ··· 127

　（四）説明 ··· 127

二二、文　部 ··· 129

　（一）文部字表 ··· 129

　　　1. 文部開一 [ən] ··· 129

　　　2. 文部開二 [eən] ··· 129

　　　3. 文部開三 [ĭən] ··· 129

　　　4. 文部開四 [iən] ··· 130

　　　5. 文部合一 [uən] ··· 131

　　　6. 文部合二 [oən] ··· 132

　　　7. 文部合三 [ĭwən] ·· 132

　　　8. 文部合四 [iwən] ·· 133

　（二）文部諧聲表 ··· 133

　（三）文部韻表 ··· 134

　（四）説明 ··· 135

二三、歌　部·······························137

　（一）歌部字表·····························137

　　1. 歌部開一 [a]·····················137

　　2. 歌部開二 [ea]····················137

　　3. 歌部開三 [ĭa]····················138

　　4. 歌部開四 [ia]····················139

　　5. 歌部合一 [ua]····················139

　　6. 歌部合二 [oa]····················140

　　7. 歌部合三 [ĭwa]···················140

　　8. 歌部合四 [iwa]···················141

　（二）歌部諧聲表·························141

　（三）歌部韻表···························141

　（四）説明·······························142

二四、月　部·······························144

　（一）月部字表·····························144

　　1. 月部開一 [ăt]/[āt]···············144

　　2. 月部開二 [eăt]/[eāt]·············144

　　3. 月部開三 [ĭăt]/[ĭāt]·············145

　　4. 月部開四 [iăt]/[iāt]·············146

　　5. 月部合一 [uăt]/[uāt]·············146

　　6. 月部合二 [oăt]/[oāt]·············147

　　7. 月部合三 [ĭwăt]/[ĭwāt]···········147

　　8. 月部合四 [iwăt]/[iwāt]···········148

　（二）月部諧聲表·························148

　（三）月部韻表···························149

　（四）説明·······························150

二五、元　部·······························152

　（一）元部字表·····························152

　　1. 元部開一 [an]····················152

　　2. 元部開二 [ean]···················153

　　3. 元部開三 [ĭan]···················153

    4. 元部開四 [ian] ………………………………………………… 155

    5. 元部合一 [uan] ………………………………………………… 155

    6. 元部合二 [oan] ………………………………………………… 156

    7. 元部合三 [ĭwan] ……………………………………………… 157

    8. 元部合四 [iwan] ……………………………………………… 158

  （二）元部諧聲表 ………………………………………………… 158

  （三）元部韻表 …………………………………………………… 160

  （四）説明 ………………………………………………………… 161

二六、葉　部 ……………………………………………………………… 163

  （一）葉部字表 …………………………………………………… 163

    1. 葉部開一 [ăp]/[āp] …………………………………………… 163

    2. 葉部開二 [eăp] ………………………………………………… 163

    3. 葉部開三 [ĭăp] ………………………………………………… 163

    4. 葉部開四 [iăp]/[iāp] …………………………………………… 164

    5. 葉部合一 [uăp] ………………………………………………… 164

    6. 葉部合二 [oăp] ………………………………………………… 165

    7. 葉部合三 [ĭwăp] ……………………………………………… 165

    8. 葉部合四 [iwăp] ……………………………………………… 165

  （二）葉部諧聲表 ………………………………………………… 165

  （三）葉部韻表 …………………………………………………… 166

  （四）説明 ………………………………………………………… 166

二七、談　部 ……………………………………………………………… 168

  （一）談部字表 …………………………………………………… 168

    1. 談部開一 [am] ………………………………………………… 168

    2. 談部開二 [eam] ………………………………………………… 168

    3. 談部開三 [ĭam] ………………………………………………… 169

    4. 談部開四 [iam] ………………………………………………… 170

    5. 談部合一 [uam] ………………………………………………… 170

    6. 談部合二 [oam] ………………………………………………… 170

    7. 談部合三 [ĭwam] ……………………………………………… 171

    8. 談部合四 [iwam] ……………………………………………… 171

  （二）談部諧聲表 ………………………………………………… 171

  （三）談部韻表 …………………………………………………… 171

（四）説明 172

二八、緝　部 173
　（一）緝部字表 173
　　1. 緝部開一 [ə̆p] 173
　　2. 緝部開二 [eə̆p] 173
　　3. 緝部開三 [ĭə̆p]/[ĭə̄p] 174
　　4. 緝部開四 [iə̆p] 174
　　5. 緝部合一 [uə̆p]/[uə̄p] 174
　　6. 緝部合三 [ĭwə̆p]/[ĭwə̄p] 175
　　7. 緝部合四 [iwə̆p]/[iwə̄p] 175
　（二）緝部諧聲表 175
　（三）緝部韻表 175
　（四）説明 176

二九、侵　部 178
　（一）侵部字表 178
　　1. 侵部開一 [əm] 178
　　2. 侵部開二 [eəm] 178
　　3. 侵部開三 [ĭəm] 179
　　4. 侵部開四 [iəm] 180
　　5. 侵部合一 [uəm] 180
　　6. 侵部合二 [oəm] 180
　　7. 侵部合三 [ĭwəm] 180
　　8. 侵部合四 [iwəm] 181
　（二）侵部諧聲表 181
　（三）侵部韻表 182
　（四）説明 183

後　記 184
增訂後記 185
音序索引 186
筆畫索引 234
部首索引 278
　部首目録 278
　檢字表 280

序

　　《漢字古音表稿》是以《漢字古音手册》爲基礎編寫的。《手册》是爲廣大讀者查考古音的工具書,即王力先生《漢字古音手册·序》中所説的 "必讀參考資料"。《表稿》則是與研究漢語甚至是漢語史的學人商討上古漢語語音系統的構成及其發展的專題著作。

一

　　我是 1954 年到北京大學做漢語史研究生才開始接觸古音學的。王力先生兩次講漢語史課和專爲漢語史研究生開的 "我是怎樣寫漢語史講義" 一課,自然是我接受古音學知識的首要途徑。1955 年上學期周達甫先生開音韻學課,他指定兩部參考書:王力的《中國音韻學》(後改名《漢語音韻學》)、羅常培的《漢語音韻學導論》;還以王力古音 29 部爲準編寫了一部《詩經韻讀》,油印成講義發給我們。1956 年陸志韋先生給我們講高本漢的《中上古漢語音韻綱要》(*Compendium of Phonetics in Ancient and Archaic Chinese* ,1954),也由周達甫先生譯出高著,發給我們油印講義。這兩門課也是我接受古音學的重要途徑。王力先生要求我們通讀段玉裁的《説文解字注》包括《六書音均表》,對提高我的古音知識也大有幫助。我還從王府井東安市場舊書攤上買到了劉賾先生的《聲韻學表解》(商務印書館 1934 年)。可以説,讀研究生期間,當時古音學的重要著作大多曾經涉獵。

　　周達甫先生是從中山大學調來的三位教授中的一位,留學印度的博士,湖南人,是我學習古音學的另一位引路人。他無疑是難得的中西都通的漢語音韻學者,60 年代調離北大,去了中央民族學院。時勢變了,很少有人要學音韻學了。現在周先生已經没有幾個人知道了。他編寫和翻譯的兩本油印講義,我也没能保存下來,"文革" 中被毀在了學生的武鬥中。特別是高本漢的《中上古漢語音韻綱要》,由於社會政治的原因,延遲了近三十年才由聶鴻音翻譯出版(齊魯書社 1987 年)。因對周先生的懷念,使我不得不有所感慨,這都是 1956 年極左路線迅速膨脹,把中西文化一股腦打進 "封、資、修染缸" 所造成的惡果,其損失是難以估計的。

　　1961 年我參加了文科教材《古代漢語》的編寫,上册兩節音韻通論(《詩經的用韻》《雙聲疊韻和古音通假》)和兩個音韻附録(《上古韻部及常用字歸部表》《上古聲母及常用字歸類表》)由我負責。我根據《漢語史稿》的上古音系統給每個表收集了兩千多個例字。1981年修訂《古代漢語》教材分別增加到五千多個例字。在此基礎上我編寫了《漢字古音手册》,

收字 7479 個,1982 年完稿,1986 年由北京大學出版社出版。這時還是受丁聲樹先生《古今字音對照手冊》的影響,重視常用字,重視反切和中古的音韻地位。2001 年退休後開始修訂,認爲首先應該把《說文解字》的九千多字全收了,還要收入東漢以前典籍中有用例的字,以便研究古音的人參考。可是開始不久,梅祖麟在音韻學方面氣勢洶洶地打上門來,我不得不出面應戰。多年的"梅郭之爭"使《手冊》的增訂本一直拖到 2009 年才完稿,收字一萬一千七百字左右(商務印書館 2010 年)。

我在此時寫了一篇《增訂本前言》,爲清代古音學家顧炎武、江永、段玉裁、戴震等七家和清末章炳麟、黃侃兩家的研究作了簡要的評述,更比較詳盡地分析了王力先生《漢語史稿》同高本漢、陸志韋、李方桂、董同龢四家古音系統和構擬的異同優劣,從而指出(21 頁):"80 年代以前有價值,而又影響最大的上古音擬測系統無疑是高本漢、王力和李方桂三家;在這三家中我們認爲,又應以王力先生的擬測更爲稳妥一些。"因此,《手冊》的編寫自然是根據王先生的古音系統和擬音體系進行的。字條按今音的韻母分列,每條先列上古聲母、韻部和擬音,再列中古《廣韻》或《集韻》的反切、音韻地位和擬音,提供了上古、中古和現代三個時期的語音系統信息。《手冊》初版出來後,就得到俞敏先生的肯定,他在《漢藏同源字譜稿》中說明:《譜稿》是采用"王力先生給古漢語擬的音,以郭錫良《漢字古音手冊》爲準"(《民族語文》1989 年第 1、2 期)。《手冊》從初版到增訂本,日益得到廣大讀者的認可。有位泰國學者還來函想要翻譯,以便在泰國出版。

二

在世紀初古音研究方法論的爭論中,我感到相當不少的自視甚高的古音學者對漢語古音系統及其發展,並沒有弄清楚,有的甚至是一塌糊涂。因此我就有意將《手冊》改編爲《表稿》,曾用大稿紙手畫表格試做了幾頁,感到實在太麻煩,就停了下來。2014 年雷瑭洵大概是參照董同龢的《上古音韻表稿》,幫我把《手冊》二十九部的字和反切輸入表格,並放大爲八開,空白很多,足夠我把《手冊》的内容全部寫進去,這時我當然還得對《手冊》進行一次全面認真的審定。"字表"出來後,又想到增加"諧聲表"和"韻表",加上一些"說明"。

我在《手冊》初版的《例言》中曾提出(9 頁):"(5)關於上古音系本手冊對《漢語史稿》主要做了以下一些補充或調整:(甲)之部、職部、蒸部都增補開口二等、合口二等。(乙)侯部、屋部、東部都增補了開口三等。(丙)微部、物部增補了開口四等、合口四等;物部、文部增補了合口二等;文部將《廣韻》諄韻的字全歸合口四等,而以仙韻的舌齒字代替諄韻的舌齒字與文部的喉脣字相配,列爲合口三等。(丁)歌部增補了合口四等。"增訂本在每條的後面增補了例字,又增補了一條調整:"(戊)本手冊將王力先生長入短入的主張擴展到 -p 尾入聲韻,把立聲、内聲、執聲、盇聲、夾聲等的去聲字由原來歸物部(位内)、質部(菈摯)和月部(蓋)

改歸緝部和葉部。"

在《表稿》的寫作過程中,我們發現了更多須要調整或補充的地方:(1)《史稿》真部列:開一(臻)、開三(真)、開四(先)、合三(諄)、合四(先)5類;未收山韻、仙韻字。臻韻只有齒音莊、山兩母15字。《手册》山韻作開二,仙韻作開三。《表稿》將山、仙兩韻合併,與臻韻同列開一。仙韻字多,有舌、齒、脣音7母17字,如果與真韻同列開三,將出現7母幾十字的重疊。再如:《史稿》微部列:開一(咍)、開二(皆)、開三(微)、合一(灰)、合二(皆)、合三(微、脂)等6類,開三的脂韻字和合三的支韻字作爲不規則變化。《手册》收字有:開一(咍)、開二(皆)、開三(微、脂、支)、合一(灰)、合二(皆)、合三(微、脂、支)、合四(脂)等7類。我們對《史稿》關於脂、支不規則變化的論定,産生了疑慮。《史稿》開二(皆)只列脣音"排俳"二字,據《手册》再加"俙"字,也不過3字;可是合三(支)韻喉舌音的字卻有5母17字,怎能算不規則呢? 至於《史稿》把合三(脂、微)合併,喉脣音列微韻,舌齒音列脂韻,這也麻煩。合三(脂)韻喉牙音有5母28字,比合三(微)韻的喉牙音5母39字,只少11字,這樣嚴重的重疊現象,是無法忽視的。《手册》開三、合三保留《史稿》微、脂、支三韻合一的看法也是不妥的。因此,《表稿》將合三(支)韻移至開二,將合三(脂)韻另列合四。

下面再談物部的問題。《史稿》未列物部開二(黠、怪)4字(2+2)、開四(質、至)16字(5+11)、合二(黠、怪)14字(8+6)、合四(質)6字;又將與質韻相連的合四(至)韻的6字(《表稿》36字)列在合三。《表稿》照實增補,並將至韻36字改歸合四。《手册》未提增補開二和至韻問題,擬音中已有表現。其他文、歌、月、元等部也有一些類似問題,不再一一列舉。

(2)最主要的是閉口韻的系統問題。大家都知道,自孔廣森認爲上古東冬分韻,到嚴可均把冬部併入侵部,得到章炳麟和王力先生的肯定,音韻學界大都贊同。《漢語史稿》指出(《王力文集》九卷130頁):"冬部字到公元前1世紀仍收-m尾";"-m尾合口呼變爲-ng尾,是由於異化作用。-m尾是容許有合口呼的(例如越南語的buom'帆'),但是,由於韻頭u和韻尾-m都需要脣的作用(o和ĭw同樣要圓脣),所以-m尾容易變爲-ng尾(或-n尾)。這樣,冬和侵就分家了。"這從理論上解決了侵部合口的發展變化問題,可是談部呢? 《史稿》說(同上):"談部的情況複雜,和葉部的情況相同。可能上古談部實際上有兩類:一類是am,在中古是談銜鹽添;另一類是em,在中古是咸嚴凡。"這難免要掉進黃侃《談添盍帖分四部說》的泥坑中去,有待研究。

在《表稿》的編寫中,我們提出了新的看法。《史稿》在談部提到開口二(銜咸)、三(鹽嚴)等有兩類;其實一等也有兩類,一等不只有談韻的73字,還有覃韻的27字。比較侵部,《史稿》把侵部分爲開一(覃)、開二(咸)、開三(侵)、開四(添)、合一(冬)、合二(江)、合三(東)7韻,合口都異化爲陽聲韻-ng(合口三等凡韻的"凡汎"二字列作不規則變化)。上古侵部、談部發展到中古仍爲-m閉口韻的侵覃談鹽添咸銜嚴凡9個韻,只有凡韻是合口(凡韻《史稿》列談部），其他 8 韻都是開口，這也很特别。既然侵部合口“由於韻頭 u 和韻尾 -m 都需要脣的作用”，韻尾變了，“是由於異化作用”；那麼，談部合口也應該存在這個問題。談部“字表”一稿出來後，我們仔細認真進行比較、分析，得出談部合口異化的結果，不是變了韻尾，而是變了韻頭。於是改變《手册》遵循《史稿》的作法，將談部的覃咸嚴韻的字由開口改爲合口。這樣，談部大量的重疊（59 字）消失了，只留下侵韻不規則變化的 3 個字（厰砧識）。應該説，對這個長期未能解决的問題，大概算是最該肯定的一種辦法。

（3）與談部相應的入聲閉口韻葉部，也存在與談部類似的問題。《史稿》説（《王力文集》九卷 120 頁）：“葉部字數雖少，但是情形很複雜。例如二等既變爲中古的狎，又變爲洽；三等既變爲中古的葉，又變爲業。可能上古葉部實際上有兩類：一類是 -ap，在中古是盍狎葉帖；另一類是 -ep，在中古是洽業乏。”《史稿》把葉部分開一（盍）、開二（狎洽）、開三（葉業）、開四（帖）、合三（乏）5 類，《手册》繼承《史稿》，《表稿》按談部的辦法處理，改洽韻爲合二，業韻爲合四，增合韻爲合一。這樣做也解决了葉部不少的重疊問題。

（4）再説緝部，緝部也存在葉部的類似問題；不過，《史稿》在緝部作了不同處理。它把緝部分爲開一（合）、開二（洽）、開三（緝）、合一（合）、合三（緝）5 類；也就是説，中古的合韻和緝韻要分作兩類，它們既來自開口，又來自合口。並解釋説（同上九卷 119 頁）：“uep，ǐwep 兩類只是一個假定。‘納’從内聲，‘内’字本身又可以讀爲‘納’，可見‘内’‘納’上古音相近，甚至在更古的時候凡從‘内’得聲的字都收 -p。‘内’是合口呼，由此推知‘納’也是合口呼。‘位’字疑從立得聲。‘位’屬合口三等，因此從‘立’得聲的字也該屬合口三等。”回顧《手册》（增訂本）只注意到“納立”兩個聲符問題，把立聲、内聲、執聲等聲符的去聲字“由原來歸物部（位内）質部（莅摯）”“改歸緝部和葉部”，“將王力先生長入、短入主張擴展到 -p 尾入聲韻”（增訂本《例言》9 頁）。一直到《表稿·例言》寫到這裡，我才發覺，王先生這“既來自開口，又來自合口”的處理方式，竟成了《表稿》處理這個問題的先聲。《史稿》緝部列開、合 5 類；《手册》列：開一（合）、開二（洽）、開三（緝）、開四（帖）、合一（合）、合三（祭）6 類；《表稿》列：開一（合）、開二（洽）、開三（緝至）、開四（帖）、合一（合隊）、合三（緝祭）、合四（葉至）7 類。《表稿》不但解决了《史稿》的大量重疊，也解决了緝部的短入和長入相拼的問題。

三

古音表、古音譜之類的著作不少。宋初就有徐鍇編著、徐鉉校補的《説文解字韻譜》（987 年），不過它只是把《説文》九千字排進中古《切韻》206 韻中，没有上古韻部。真正最早的古音表應該是段玉裁的《六書音均表》（1775 年）。它包括《今韻古分十七部表》《古十七部諧聲表》《古十七部合用類分表》《詩經韻分十七部表》《群經韻分十七部表》五篇。《説文解字注》每個字都注有中古反切和上古韻部，如：“一”字：“於悉切，古音第十二（質）

部。"起到了古音表的作用。他的學生江沅（1767—1838）就據此編成了《説文解字音韻表》。正如王力先生《清代古音學》所指出的（《王力文集》十二卷 463 頁）："清代古韻之學到段玉裁已經登峰造極，後人只在韻部分合之間有所不同（主要是入聲獨立），而於韻類的畛域則未能超出段氏的範圍。所以段玉裁在古音學上，應該功居第一。"

劉賾（1891—1978）先生早年所著《聲韻學表解》是以表格的形式解析黄侃的音韻學説。"分爲上下兩篇，上篇以明今音（《廣韻》音系），下篇以明古音（《説文》音系）"（見其《自序》）。《聲韻學表解》對黄侃古音學説的推廣起了很大作用，劉先生也就成了黄侃古音學方面的傳人代表。《表解》確實完全局限在章黄學説之中，稍涉西方理論方法，即格格不入。其上篇第六節《三十六字母及四十一聲類標目（附羅馬字母比較）》，將《廣韻》的影、喻兩母對照羅馬字母 A、E、I、O、U，將見母對照 G，溪、羣兩母對照 K（11 頁）顯然是不妥的。第二十三節《注音符號與聲母韻母比較》，就更是説得不清不楚，注音符號是取漢字筆畫形式，爲現代北京話設計的標音方法，不可能標注中古《廣韻》的語音。

劉賾先生晚年著《説文古音譜》（湖北人民出版社 1963；中華書局 2013 再版）將大徐本《説文解字》按諧聲情況填進黄侃的二十八部中，每部都分爲古聲類和今聲類。他在《自序》中説：早年就仿黄侃做過一本《説文古音譜》，"散《説文》九千餘文分隸其所定古本韻廿八部及古聲十九類爲表"，"後以所仿造之編簡積舊腐敝，又音理轉變多方，今聲類與古本聲似不可劃一相配。強使合併……頗見拘閡。乃欲再寫一通，以每一韻部之古今聲類，分而書之"（1 頁，標點爲本文所加）。

我們知道劉賾先生寫《説文古音譜》時，他已經和王力先生有比較密切的交往，王力先生在《漢語史稿》的《跋》中説："劉賾教授和丁聲樹教授對上册提了不少的寶貴意見，我在這裡表示謝意。"這就是説，《漢語史稿》上册《緒論》和《語音的發展》兩章 1956 年的油印講義，曾寄給劉先生，請他提意見。就我所知，我在北大讀四年研究生期間，劉先生從武漢來北京開會，至少曾兩次抽時間專門到北大燕南園看望王力先生。因此，劉先生從《漢語史稿》中看來也必有所得。這就是他改寫《説文古音譜》，並在《自序》中發那一通議論的由來，從而表現出對黄侃的古音學説产生了某些疑竇，但没有越出黄説的範圍。

董同龢（1911—1963）著《上古音韻表稿》（李莊石印版 1944；臺聯國風出版社 1975 再版），分《敘論》和《音韻表》兩部分。《敘論》討論古音研究的理論問題，主要談他同高本漢的分歧，高本漢和董同龢都假定上古同韻部的主要元音不一定相同，高本漢構擬了 14 個主要元音，董同龢更構擬了 20 個主要元音。李方桂和王力先生認定同韻部主元音必相同，《史稿》主要元音簡化成五個，李方桂《上古音研究》（商務印書館 1980）更只有四個。《上古音韻表稿》將《説文》九千多字按開合等第填入他所定的古韻二十二部中。豎行按脣、舌、齒、牙、喉分七類列三十六聲母。横行列聲調平、上、去，入聲列在陰聲韻部之後，另立表格。表格第一行列有上古和中古的擬音。這顯然是中國古音學接受西方語言學理論、工具所作的第一個古音表，是古音研究一大進步的表現。

　　但是，他的古音系統陰聲韻和入聲韻合爲一部，構擬的元音系統過於複雜，不能説不是缺陷。他無視段玉裁的"古無去聲，平上爲一類，去入爲一類"的説法，就把入聲韻的長入歸進了相關的陰聲韻的去聲中去了。這裡先看看之部的情況。查董的《表稿》，之部陰聲開一去聲代韻中收有職部長入"貸代岱臘塞" 5 字，陰聲韻開二去聲怪韻收有職部長入"戒誡愧械" 4 字，陰聲開三志韻收有職部長入"置异異廙漢冀植值識織試弒亟意"等 16 字，陰聲合一去聲隊韻收有職部長入"槶背₁背₂邶" 4 字，陰聲合三宥韻收有職部長入"富蓓輻副" 4 字，陰聲合三至韻收有職部長入"菖犕掬備" 4 字。共計 37 字。經過考察，之部和侯部是誤收其相應入聲韻部長入字最少的兩部，其他幾部的情況是：幽（覺）宵（藥）要多百分之二十以上，支（錫）要多百分之三四十，魚（鐸）脂（質）要多兩倍多，微（物）要多三倍半。歌（月）是另一回事，董表設立祭部爲陰聲韻，其實就是王力先生的月部長入，字數超過之（職）的六倍。九部長入的字數恐怕要占董表所收總字數的十分之一。總之，董氏的這種處理方式，混淆了陰聲韻和入聲韻的界限，顯然是不妥的。還有董氏認爲"上古的韻部我們本可以當中古的韻攝看待"（73 頁）。因此韻部因等呼的不同，主要元音就可以不同，例如：之部一等是ə，二等是ɛ，三等也是ə（72 頁）。在表格中只在ə的上面加個^號區別，就過關了，這也就太勉強。此外不列反切，隨便標注又音"1、2、3、4"，也給讀者帶來疑慮和不便。

　　《周法高上古音韻表》（香港中文大學出版社 1973）是周法高（1915—1994）叫學生張日昇、林潔明根據他的擬音編寫的。它大體上是仿照董同龢的《上古音韻表稿》來編寫，只根據高本漢的《修訂漢文典》補充了幾百字。最大的改變是將董氏《表稿》的二十二部分成了三十一部，即把陰聲韻部和入聲韻部一分爲二；擬音由一部多主元音體系變成單主元音體系，比李方桂的四個主元音還少一個。這大概是受了王力先生的《漢語史稿》和李方桂先生的《上古音研究》的影響。具體來説，董同龢除襲用高本漢的 -j-、-ĭ- 兩個介音外，是用主元音的不同來區分上古韻部的等呼。周法高則改爲介音的不同，一等無介音，二等增加一個介音 -r-，四等增加一個介音 -e-。在韻尾方面董氏完全襲用高本漢的 -b、-d、-g 與 -p、-t、-k 相配，周氏改從高本漢晚期提出 -ɣ 與 -k 相配的説法。具體擬音的分歧，我們可以不加評議。總體來説，周表將董表的陰聲韻與入聲韻從考古派的二十二部分成審音派的三十一部，這是可以肯定的。但是它繼承董表忽略段玉裁的"古音平上爲一類，去入爲一類"的觀念，並保留祭部的陰聲韻地位，則是陷入了重大誤區。祭部怎麼能與月部分開呢？先從諧聲方面看：

	月部	祭部
曷聲	遏鶡堨喝曷鶡蝎餲褐葛輵1 獨鄒渴1 潚崵嶱毹闟輵2 謁喝歇猲揭趨猲禍褐禍偈竭楬碣渴2	藹藹喝餲緆膈愒揭
㓞聲	猰猰窫契揳㓞剆偰契絜1 㝈絜2 潔鶛挈鍥齧齾	趨1 瘦瘞瘛郏㓞契頹趨2 窫
兌聲	帨挩脫莌梲妧鈖兌悅說閱兌鴷	娧蜕駾兊峴銳莌稅說祱悅祱涗鋭挩
夬聲	姎抉缺蕨突寏抉映訣駃英赽鳩鈌夬決觖疾鈌趹肤抉陕	夬快
㒼聲	鼈鱉鶡鱉蘨澈	蔽鱉驚弩澈獘獒幣㒼敝
市聲	柿芾市迹酺狋	鼎鮄沛1 邖沛2 怖肺1 旆肺2 柿

　　這裡只舉七個聲符對照，就足以說明絕對不能把月部長入從月部中分離出來。下面再看《詩經》的押韻情況（字下加·的是長入）：

　　　　《召南·野有死麕》三章:脫悅吠;

　　　　《邶風·泉水》三章:瀄邁衛害;

　　　　《衛風·碩人》四章:活濊發揭孽朅;

　　　　《魏風·十畝之間》二章:外泄逝;

　　　　《豳風·七月》一章:發烈褐歲;

　　　　《小雅·四月》三章:烈發害;

　　　　《大雅·蕩》八章:揭害撥世;

　　　　《商頌·長發》六章:旆鉞烈曷蘗達截伐桀。

這裡舉了《詩經》八章詩是月部長入（周表“祭部”）和短入通押，也說明兩類字絕對不能分成兩部。其他之職、幽覺、宵藥、侯屋、魚鐸、支錫、脂質、微物等八類陰聲韻與入聲韻相配的韻部，周表也跟着董表把長入字都歸到相配的陰聲韻部，其錯誤就顯得更加明顯。董表還可以推脫說是同部，周表只能承認是錯了，沒有覺察到古音發展中的這一重要問題。這恐怕也是周表出版後很少受到讀者重視的原因吧！

　　陳復華、何九盈著《古韻通曉》（中國社會科學出版社1987），全書分五章，第二章是《諧聲異同比較》，第三章是《古韻三十部歸字總表》。兩章字數占全書的一半以上。第二章比較了段玉裁、孔廣森、嚴可均、朱駿聲、江有誥、王力、周祖謨七家對三十部所收聲首意見的異同。各家韻部劃分就大不相同，聲首列部的問題更加紛繁複雜。《通曉》羅列比較，問題不少，這裡不準備討論。第三章“收羅先秦典籍中常用字一萬多個”（129頁），分別列入陰聲韻九部（之、幽、宵、侯、魚、支、歌、脂、微）、入聲韻十一部（職、覺、藥、屋、鐸、錫、月、質、物、緝、葉）和陽聲韻十部（蒸、冬、東、陽、耕、元、真、文、侵、談）之中。表格分四欄，例如1之部（132頁）：

上古聲母	韻字	中古音系	現代讀音
幫	桮	布回切　幫灰平一合蟹	bēi
	不紑	甫鳩切　非尤平三開流	fū fōu

豎行分脣、舌、齒（精組、章組）、牙、喉六類二十八母排列。表中未列上古、中古擬音，只在第五章《上古韻母的構擬》最後一節《上古韻母系統構擬例字》作了一下交代。作爲"古音總表"，恐怕還得算是提供的信息不夠充分吧。

　　陳復華是劉賾先生 1955 年首次招收的漢語史研究生，1959 年畢業，分配到中國人民大學。《漢語史稿》（上册）已由科學出版社於 1957 年出版，陳復華從而接受了西方語言學的理論、工具，追上了時代的腳步。"文革"劫難，大學關門，教師大都下放農場勞改。1970 年北大中文系招收了四個班工農兵學員，陳復華隨人大中文系部分教師來北大，工作了十年以上。出自何九盈的動議，由他主持編寫的《古韻通曉》，得到了王力先生爲之寫的《序》，並贊揚説（《古韻通曉·序》）："古韻到底是陰陽兩分還是陰陽入三分或陽入兩分這樣一個最重要的問題得不到解決，古韻構擬就無從下手。本書作者以利刀斬亂麻的手段，作出顛撲不破的結論，是值得贊揚的。"有人寫文章，譏諷《通曉》，"這是王力門徒的寫作"，我就對人説："這種説法是隨意亂説，陳復華不僅不是王力的門徒，還是黃侃的再傳弟子。"《通曉》雖然大都是據王力先生的古音學説立論，但是並非沒有受到劉賾先生的影響。陳復華應當早就看過《説文古音譜》1963 年初版本，很可能還擁有它。《通曉·歸字總表》重視以聲母六類二十八母排列，顯然是受了《説文古音譜》的影響，不列上古、中古擬音，看來也不無關係。在我看來，不列擬音，《古韻三十部歸字總表》的重要性就平白地流失了。

　　鄭張尚芳（1933—2019）的《上古音系》（上海教育出版社 2003）附有《古音字表》（共 328 頁），占了全書的一半以上。作者明確表示："此書是以沈兼士《廣韻聲系》爲基礎"，主要收錄《廣韻》中的字，"可查看一萬八千字的古音音韻及所屬聲符系統"。"每條字頭後所列 7 項依次爲《廣韻》聲紐、韻類、聲調（abcd 分列表示平上去入）、四等（以數字表示）、反切，然後加空，列出其聲符及上古韻部，最後以國際音標標出上古擬音"（260 頁）。舉其開始兩條字頭如下（265 頁）：

A

愛　影哈 c1 開烏代　愛隊₁　quɯɯds

説文本从心旡聲

曖　影哈 c1 開烏代　愛隊₁　quɯɯds

《字表》按 26 個拼音字母的次序排列他認定的同聲符的字。A 母下，"愛聲"字 10 個排在首位。接下去是"安聲"字 16 個，"卬聲"字 9 個，"凹聲"字 2 個，"敖聲"字 29 個，"奥聲"字

19 個,還有"㝹"一個單字。只看"愛聲"10 字,所列古音韻部就有"隊₁"6 字,"祭₁"2 字,"微₁"2 字。這就是他在《字表》前所附的《漢字諧聲聲符分部表》劃定的 58 部。問題來了,段玉裁所提出的"同聲必同部"的公認規則就被《字表》徹底抛棄了。還有小字"説文本从心旡聲",既然《説文》有"炁"字,爲什麼不收? 沈兼士(1886—1947)主編的《廣韻聲系》(1945)明明將"旡"列爲一級聲符,"既"和"炁"列爲二級聲符;"愛"是"炁"的被諧字,列爲三級聲符,帶有"曖僾"等 9 個被諧字(109—110 頁)。鄭張卻把"既聲"拉了出去,列在"j 母"内,收 22 字,分在他的四個韻部中:隊₁18 字,物₂2 字,月₁1 字,之₁1 字(363 頁)。兩處加在一起,漏收《説文》收録的"旡聲"字 3 個:炁惥簑。鄭張把"愛聲"字和"旡聲"字分作兩處,表明他不認可兩者處於同一聲符系統之中。那麼,查一下《説文》,問題就解決了。《説文》:"旡,歆食屰氣,不得息曰旡。从反欠。"段注:"居未切,十五部。"(今音 jì)《漢語大字典》:"旡,飲食氣逆哽塞。"也就是吃飽後打的飽嗝兒。又《説文》:"炁,惠也。从心,旡聲。"段注:"许君惠炁字作此。""烏代切,十五部。"(今音 ài)又《説文》:"愛,行皃也。从夊,炁聲。"段注:"心部曰:炁,惠也。今字假'愛'爲'炁',而'炁'廢矣。'愛'行皃也,故从'夊'。""烏代切,十五部。"(今音 ài)鄭張扔開《廣韻聲系》,把"愛聲、既聲"分到兩處,顯然錯誤。我在《音韻問題答梅祖麟》一文中,曾批評鄭張劃分的五十多個韻部"既不合詩文押韻,又必然亂了諧聲系統。因此這個'上古六元音系統'的古音體系既是建立在沙灘上,又是自相矛盾的"(《漢語史論集》增補本 499 頁)。本世紀初,在一次學術會議上,我利用 15 分鐘的發言機會,批評了梅祖麟,連帶批評了鄭張,他在臺下表現出要立即反駁的態度,主持人没有允許。發言後我下臺給了他一份發言油印稿。他没再生氣,反而套近乎。一次他對我説:"郭先生,你怎麼説我按沈兼士的《廣韻聲系》搞古音學是知識性錯誤?"我回答説:"是《廣韻》聲系!"他仍一臉懷疑氣色。我又説:"不是《説文》!"他没有再説什麼。現在他的《古音字表》收録了"一萬八千字",最少也有三分之一是漢魏以後的後起字。鄭張給這六千以上的字標加上古擬音,難道還不荒唐,不算是知識性錯誤嗎? 總之,鄭張的《古音字表》從收字、分部到擬音,無一是處,但是卻至今被潘悟雲之流吹捧,誤人不淺,只得多分析一些情况。

　　最後我們再簡單地介紹兩種古音表:一是〔美〕白一平(Baxter)的《漢語上古音手册》(*A Handbook of Old Chinese Phonology*)1992 年出版,該《手册》有 4968 個漢字的上古擬音,對王力先生的上古音分部提出了不同意見,擬音方面跟鄭張尚芳很接近。近兩年,白一平來華講學,得到潘悟雲之流的積極歡迎和吹捧,也受到一些年輕學者的批評。《中國語言學》第 9 輯就發表了孫洪偉的《白一平微物文部歸字及再分類商榷》等三篇文章。我們認爲,白氏的《手册》很少參考價值。

　　再一種是〔美〕李珍華和周長楫編撰的《漢字古今音表》(中華書局 1993),"全書由周長楫具體执笔"。《音表》收 9 千字左右,以中古音《廣韻》排頭,分 16 攝收字。字頭右面分爲中古音、上古音、近代音、現代音和漢語方言 5 欄。中古音包括的内容複雜,分韻攝、開合、等、聲調、韻部、聲紐、反切、詩韻韻部、擬音等 9 項。上古音、近代音、現代音包括韻部、聲紐、聲調和擬音 4 項。現代音普通話擬音實际上爲"讀音",漢語方言包括"吳語、湘語、贛語、客話、粵語、閩東話、閩南話",只列"讀音"。上古、中古擬音實际上是完全引自我的《漢字古音手册》(1986 年初版本),近代音系及擬音是以寧繼福的《中原音韻表稿》爲據,漢語方言七地的讀音則是采自北大中文系語言學教研室由王福堂負責編的《漢語方音字匯》(語文出版社 1989)。周長楫經過我們三人同意,將幾家成果彙集在一處,當然也有一定參考意義,如果不以中古《廣韻》16 攝爲綱,而以上古韻部開合等呼爲綱,那就更有價值。

《表稿》的寫作,在我全力以赴的情況下,到 2018 年春總算得以完稿。在寫作過程中,不少朋友知道一些情況,完稿後獲得他們的贊許;特別是華學誠主編的《文獻語言學》提出要爲之出專輯,經過多方面的協作努力,8 月份就出版了(第八輯),我當然應該深表感謝。現在中華書局決定作爲專著再版,我一方面表示謝意,另方面想到要補寫一篇《序》。一則交代一下《表稿》的寫作過程和意向,再則揭示比較一下多種古音表(譜)的狀況與優劣。

《表稿》初版,時間匆促,我未能看到校樣,有三四十個誤排或不當之處,魯國堯教授審閱認真,提出了多條寶貴意見,有的這次已經吸收;有的改動過大,如《説文》之外的字加個標識,"表中以《廣韻》字爲主,其他如《集韻》字用另一字體或小半號字",只得從緩。以上誤排或不當者,這次都已改正,就不交代了。《表稿》的編寫雖已盡力,但體力、目力日衰,考慮不周,難免有訛誤、欠妥之處,祈請專家、讀者批評指正。

郭錫良

2020 年 3 月 29 日於北京燕園

例　言

一、《漢字古音表稿》是以《漢字古音手册》（增訂本）爲基礎編寫的，收先秦兩漢的字一萬二千來個。包括《説文解字》所收的九千多字及《王力古漢語字典》《漢語大字典》中有東漢以前用例的字。

二、《表稿》以王力先生的《漢語史稿》（後稱《史稿》）古韻29部爲綱分爲29章，每章分"字表、諧聲表、韻表"和"説明"四節。

（1）每部的"字表"參照《史稿》古音系統分爲開、合幾個表：表端列上古的開合等呼，後列擬音，例如：之部開一 [ə]、職部開一 [ðk]/[ək]。

陰聲韻、陽聲韻表分平、上、去三欄，後列中古音的韻目，平聲列擬音，例如：

平　哈(喉舌齒)　[ɒi]	上　海(喉舌齒)	去　代(喉舌齒)

入声韻表分短入、長入兩欄，後列中古音的韻目並擬音，例如：

短入　德　[ək]	長入　代　[ɒi]

直行按喉牙舌齒脣五類(七組：影組、見組、端組、章組、精組、莊組、幫組)列上古32聲母並擬音。

聲母後没有列字的，則不再保留該行。

欄内收字，字頭前標注反切，用"〈　〉"標識；字後標注今音，采用漢語拼音方案，用"（　）"標識。同反切、同今音的字列在一起，有差異的分開排列，例如：

　　之部開一透母哈韻：〈土來〉胎(tāi)鮐台三台邰(tái)

　　之部開一端母海韻：〈多改〉〈(又)都肯-等〉等(děng)。"等"字的"都肯"切是又音，音變轉入陽聲韻，是不規則變化。《説文》："等，齊簡也。从竹寺。"段注："古在一部，止韻。音變入海韻，音轉入等韻。"

　　職部開三泥母職韻：〈女力〉匿〈尼質-質〉暱(nì)。"暱"字在質韻，是不規則變化。

（2）每部的"諧聲表"分聲符和單字兩類，聲符情況複雜。我們試圖表明聲符之間的内在聯繫，儘可能分出一級聲符、二級聲符、三級聲符，例如之部聲符：

　　屮聲　　寺聲　　時聲(蒔)

屮聲，一級聲符；寺聲，二級聲符；時聲，三級聲符。"蒔"是時聲的例字。

單字是没有被諧字的會意字或象形字，例如之部單字：

　　毒　灾〔災〕　醫〔毉〕　絲　歆　舂　辭〔辝辤〕　佩〔珮〕　姥　婦　郵

用"〔　〕"標識單字的異體。

　　（3）每部的"韻表"收《詩經》韻譜、合韻譜和《楚辭》韻譜、合韻譜。主要依據王力先生的《詩經韻讀》《楚辭韻讀》，並參考段玉裁的《説文解字注》《六書音均表》和江有誥的《詩經韻讀》《楚辭韻讀》，對王力先生的意見有些調整、補充。

　　（4）"説明"主要是"對字表、諧聲表"和"韻表"做些分析、概括，比如《詩經》《楚辭》的押韻章數，入韻字的個數，包括每個入韻字的次數；諧聲字的通轉、對轉、旁轉、旁對轉。目的是提供資料以便瞭解、分析三個表之間的關係及古音系統的變化發展。

　　三、《表稿》的擬音基本上是來自《手册》，《手册》采取通用的國際音標，下附輔音表和元音圖(引自王力先生的《漢語音韻學》)，以供參考：

輔音表

			上唇	上齒	齒	前齒齦	後齒齦	齦顎間	齦顎間	硬顎	硬軟顎間	軟顎	喉
			下唇		舌尖			舌尖及面		舌面		舌根	
			雙唇音	齒唇音	齒音		齒上音	顎齦音	顎音		舌面音	舌根音	小舌音	
塞音	清	不吐氣	p			t	ʈ		ȶ	c	k	q	ʔ
		吐氣	pʻ			tʻ	ʈʻ		ȶʻ	cʻ	kʻ	qʻ	ʔʻ
	濁	不吐氣	b			d	ɖ		ȡ	ɟ	g	ɢ	
		吐氣	bʻ			dʻ	ɖʻ		ȡʻ	ɟʻ	gʻ	ɢʻ	
塞擦音	清	不吐氣		pf	tθ	ts	tʂ	tʃ	tɕ				
		吐氣		pfʻ	tθʻ	tsʻ	tʂʻ	tʃʻ	tɕʻ		kx		
	濁	不吐氣		bv	dð	dz	dʐ	dʒ	dȥ				
		吐氣		bvʻ	dðʻ	dzʻ	dʐʻ	dʒʻ	dȥʻ				
鼻音	濁		m	ɱ		n	ȵ		ȵ	ɲ	ŋ	N	
邊音						l	ȴ			ʎ			
滾音						r	ɭ					R	
閃音							ɾ						
摩擦音	清	不吐氣	ɸ	f	θ	s ɬ(邊)	ʂ	ʃ	ɕ	ç	x	χ	h
		吐氣		fʻ		sʻ								
	濁		β	v	ð	z ɮ(邊)	ʐ	ʒ	ʑ	j	ɣ	ʁ	ɦ
無擦通音及半元音	清		ʍ, ɥ̊										
	濁		w, ɥ {ŭ ў}	ʋ		ɹ				j (ɥ) {ĭ ў}	(w)		

元音圖

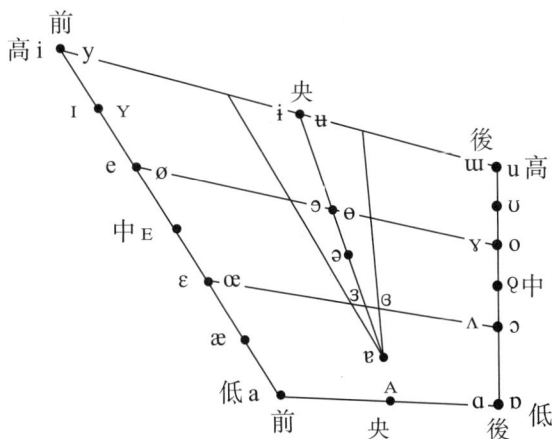

（1）《手册》的古音系統和擬音采用《史稿》的意見，作了某些補充、調整。

《史稿》把上古聲母分爲六類 32 母，它們是：

| 喉　音： | 見 k | 溪 k' | 羣 g' | 疑 ŋ |
| | 影 Ø | 曉 x | 匣 ɣ | |

舌頭音：端 t　　　透 t'　　　餘 d　　　定 d'　　　泥 n　　　來 l

舌上音：章 ȶ　　　昌 ȶ'　　　船 ȡ'　　　書 ɕ　　　禪 ʑ　　　日 ȵ

齒頭音：精 ts　　　清 ts'　　　從 dz'　　　心 s　　　邪 z

正齒音：莊 tʃ　　　初 tʃ'　　　崇 dʒ'　　　山 ʃ

脣　音：幫 p　　　滂 p'　　　並 b'　　　明 m

《手册》根據《漢語語音史》的意見，把餘母改爲 ʎ，是與 ŋ 部位相當的邊音；全濁聲母没有吐氣不吐氣的對立，一律改爲不吐氣。《表稿》還將餘母改列定母之後。

（2）《史稿》把上古的韻分爲十一類二十九部，這是《詩經》時代的韻部系統。它們是：

1. 之部　ə	2. 職部　ək	3. 蒸部　əŋ
4. 幽部　əu	5. 覺部　əuk	（冬部　uəm）
6. 宵部　au	7. 藥部　auk	
8. 侯部　o	9. 屋部　ok	10. 東部　oŋ
11. 魚部　ɑ	12. 鐸部　ɑk	13. 陽部　ɑŋ
14. 支部　e	15. 錫部　ek	16. 耕部　eŋ
17. 脂部　ei	18. 質部　et	19. 真部　en
20. 微部　əi	21. 物部　ət	22. 文部　ən
23. 歌部　a	24. 月部　at	25. 元部　an

26. 緝部　　əp　　　　27. 侵部　　əm

28. 葉部　　ap　　　　29. 談部　　am

《手册》依《漢語音韻》將寒部改爲元部。《楚辭》韻譜和合韻譜中,冬部標寫爲侵部的合口。《史稿》對上古韻部采用了等呼的觀點,擬音是:

開口一等:無韻頭。　　　　　　開口二等: -e-

開口三等: -ĭ-　　　　　　　　　開口四等: -i-

合口一等: -u-　　　　　　　　　合口二等: -o-

合口三等: -ĭw-　　　　　　　　　合口四等: -iw-

入聲韻分長入、短入,擬音時長入在主要元音上加"-",短入在主要元音上加"ˇ"。"字表"的擬音合寫在一處,例如:職部開一 [ək]/[ək]。

（3）《史稿》把《廣韻》的 206 韻分成 61 個韻類,141 個韻母。它們是:

通	1. 東董送	uŋ, ĭuŋ		屋	uk, ĭuk
	2. 冬○宋	uoŋ		沃	uok
	3. 鍾腫用	ĭwoŋ		燭	ĭwok
江	4. 江講絳	ɔŋ		覺	ɔk
止	5. 支紙寘	ĭe, ĭwe			
	6. 脂旨至	i, wi			
	7. 之止志	ĭə			
	8. 微尾未	ĭəi, ĭwəi			
遇	9. 魚語御	ĭo			
	10. 虞麌遇	ĭu			
	11. 模姥暮	u			
蟹	12. 齊薺霽	iei, iwei			
	13. ○○祭	ĭɛi, ĭwɛi			
	14. ○○泰	ɑi, uɑi			
	15. 佳蟹卦	ai, wai			
	16. 皆駭怪	ɐi, wɐi			
	17. ○○夬	æi, wæi			
	18. 灰賄隊	uɒi			
	19. 咍海代	ɒi			
	20. ○○廢	ĭɐi, ĭwɐi			
臻	21. 真軫震	ĭĕn, ĭwĕn		質	ĭĕt, ĭwĕt

	22. 諄準稕	ĭuěn	術	ĭuět	
	23. 臻〇〇	ĭen	櫛	ĭet	
	24. 文吻問	ĭuən	物	ĭuət	
	25. 欣隱焮	ĭən	迄	ĭət	
（山）	26. 元阮願	ĭɐn, ĭwɐn	月	ĭɐt, ĭwɐt	
	27. 魂混慁	uən	没	uət	
	28. 痕很恨	ən	〇		
山	29. 寒旱翰	ɑn	曷	ɑt	
	30. 桓緩換	uɑn	末	uɑt	
	31. 删潸諫	an, wan	鎋	at, wat	
	32. 山産襇	æn, wæn	黠	æt, wæt	
	33. 先銑霰	ien, iwen	屑	iet, iwet	
	34. 仙獮綫	ĭɛn, ĭwɛn	薛	ĭɛt, ĭwɛt	
效	35. 蕭篠嘯	ieu			
	36. 宵小笑	ĭɛu			
	37. 肴巧效	au			
	38. 豪皓號	ɑu			
果	39. 歌哿箇	ɑ			
	40. 戈果過	uɑ, ĭɑ, ĭuɑ			
假	41. 麻馬禡	a, ĭa, wa			
宕	42. 陽養漾	ĭaŋ, ĭwaŋ	藥	ĭak, ĭwak	
	43. 唐蕩宕	ɑŋ, uɑŋ	鐸	ɑk, uɑk	
梗	44. 庚梗映	ɐŋ, ĭɐŋ, wɐŋ, ĭwɐŋ	陌	ɐk, ĭɐk, wɐk, —	
	45. 耕耿諍	æŋ, wæŋ	麥	æk, wæk	
	46. 清靜勁	ĭɛŋ, ĭwɛŋ	昔	ĭɛk, ĭwɛk	
	47. 青迥徑	ieŋ, iweŋ	錫	iek, iwek	
曾	48. 蒸拯證	ĭəŋ, —	職	ĭək, ĭwək	
	49. 登等嶝	əŋ, uəŋ	德	ək, uək	
流	50. 尤有宥	ĭəu			
	51. 侯厚候	əu			
	52. 幽黝幼	ĭəu			
深	53. 侵寢沁	ĭěm	緝	ĭěp	

咸	54. 覃感勘	ɒm	合	ɒp
	55. 談敢闞	ɑm	盍	ɑp
	56. 鹽琰豔	ǐɛm	葉	ǐɛp
	57. 添忝㮇	iem	帖	iep
	58. 咸豏陷	ɐm	洽	ɐp
	59. 銜檻鑑	am	狎	ap
	60. 嚴儼釅	ǐɐm	業	ǐɐp
	61. 凡范梵	ǐwɐm	乏	ǐwɐp

《手册》根據《廣韻》把"皓、號"改稱"晧、号",又加上十六攝的名稱。

　　四、《表稿》收字是以《漢字古音手册》(增訂本,2011 年第二次印刷本增補了一百五十多個《説文》的異體、重文)爲據;《表稿》只增補了《説文》中的個別的漏收字(纍)或異體(叡),删去了幾個後起字(渣梭飼瀨惱)。但是,對《手册》收字的歸部則有不少修改,例如:孝(效韻, xiào),《手册》列宵部,《表稿》列幽部;褭(蕭韻, diāo),《手册》列幽部,《表稿》列宵部。又如:利劙猁浰(至韻, lì),四個利聲字《手册》列質部,《表稿》改歸脂部。

主要參考著作:

(清)段玉裁《説文解字注》(《六書音均表》),上海古籍出版社 1988 年

(清)江有誥《詩經韻讀》《楚辭韻讀》《諧聲表》《入聲表》,《音學十書》,中華書局 1993 年

王　力《漢語史稿》,《王力文集》第九卷,山東教育出版社 1988 年

————《詩經韻讀》《楚辭韻讀》,《王力文集》第六卷,山東教育出版社 1986 年

郭錫良《漢字古音手册》(增訂本),商務印書館 2010 年

一、之 部

(一)之部字表

1. 之部開一 [ə]

調\聲	平　哈(喉舌齒) [ɒi]　侯(脣) [əu]	上　海(喉舌齒)　厚(脣)	去　代(喉舌齒)
影 0	〈烏開〉埃唉欸呴斥毐人無行 (āi)	〈於改〉欸應答聲毐嫪毐,人名挨擊也 (ǎi)	
曉 x	〈呼來〉咍 (hāi)	〈呼改〉海醢 (hǎi)	
匣 ɣ	〈戶來〉孩咳小兒笑頦趄孩 (hái)	〈胡改〉亥 (hài)	〈胡槩〉恓 (hài)
見 k	〈古哀〉該垓荄胲姟絯晐峐祴侅賅賅足大指〈(集)柯開〉畡毮 (gāi)	〈古亥〉改絠〈(集)已亥〉胲頰肉 (gǎi)	
溪 k‘		〈苦亥〉欬 (kǎi)	〈苦愛〉欬 (kài)
疑 ŋ	〈(集)魚侯-侯〉𠮪叶牙,犬鬥叫聲 (ōu)		〈五漑〉礙閡外閉儗佁儗 (ài)
端 t		〈多改〉〈(又)都肯-等〉等 (děng)	〈都代〉戴 (dài)
透 t‘	〈土來〉胎 (tāi) 鮐台三台邰 (tái)		〈他代〉態 (tài)
定 d	〈徒哀〉臺苔菭青苔炱嬯𢚩儓駘馬銜脱跆〈(集)堂來〉箈 (tái)	〈徒亥〉駘駘蕩殆待怠迨騃紿詒欺 (dài)	
餘 j		〈夷在〉佁 (ǎi)	
泥 n	〈奴來〉能三足鼈,能夠 (nái)	〈奴亥〉乃迺乃 (nǎi)	〈奴代〉耐褦鼐耏一種刑罰 (nài)
來 l	〈落哀〉來萊郲騋崍崍峱淶徠梾俫徠狨〈(集)郎才〉倈 (lái)		〈洛代〉賚睞勑𧾷 (lài)
昌 tɕ‘		〈昌紿〉茝香草,蘪蕪 (chǎi)	
精 ts	〈祖才〉栽灾災𡒋種哉烖𢦏〈(集)將來〉菑栽 (zāi)	〈作亥〉宰𤲞載年,記載〈(集)子亥〉崽 (zǎi)	〈作代〉載乘再縡䊳𪗇〈(集)〉洅 (zài)
清 ts‘	〈倉才〉偲多才𧼛遲疑 (cāi)	〈倉宰〉采採綵寀彩倸〈(集)此宰〉埰棌 (cǎi)	〈倉代〉菜埰食邑脎〈(集)〉采食邑 (cài)
從 dz	〈昨哉〉裁財才材䴭 (cái)	〈昨宰〉在 (zài)	〈昨代〉𪋿栽築牆長板 (zài)
心 s	〈蘇來〉顋 (sāi)		
幫 p		〈(集)彼口〉㨐擊破 (pǒu)	
滂 p‘	〈(集)普溝〉姏 (pōu)	〈普后〉剖 (pōu)〈(集)〉音 (pǒu)	
並 b	〈薄侯〉髻抔㗱捊克裒箁 (póu)	〈蒲口〉部䏽瓿錇篰蔀 (bù)〈薄亥-海〉倍菩草名 (bèi)	
明 m		〈莫厚〉母拇畝姆畮䳇 (mǔ) 某指代 (mǒu)	

2. 之部開二 [ɐə]

調\聲	平　皆　　　　　　[ɐi]	上　駭	去　怪
匣 ɣ	〈戶皆〉骸 (hái)	〈侯楷〉駭 (hài)	
見 k	〈古諧〉痎 (jiē)		
疑 ŋ			〈五介〉騃 (ài)
崇 ʥ	〈士皆〉豺 (chái)		
明 m	〈莫皆〉埋薶霾 (mái)		

3. 之部開三 [ĭə]

調\聲	平　之(喉舌齒) [ĭə]／脂(脣) [i]	上　止(喉舌齒)／旨(脣)	去　志
影 0	〈於其〉醫毉譩噫 (yī)		
曉 x	〈許其〉僖歖熙嬉禧＊嫛譆犤瞲熹爔嘻欥娭詼 (xī) 禧 (xǐ) 〈(集)虛其〉歖釐古祥 (xī)	〈虛里〉喜憙 (xǐ)	
匣 ɣ		〈于紀〉矣 (yǐ)	
見 k	〈居之〉姬朞稘基箕其箷其不其,邑名鎡〈(集)〉丌下基也 (jī)	〈居理〉己改 (jǐ) 紀 (jǐ)	〈居吏〉記〈(集)〉迡 (jì)
溪 k'	〈去其〉欺娸頎魌僛〈(集)〉丘其倛諆 (qī)	〈墟里〉起邔杞屺芑 (qǐ)	〈去吏〉唭 (qì)
羣 g	〈渠之〉其代詞期旗綦其豆萁琪麒騏淇鶀綨萁棋碁璂琪鯕祺丌〈(集)〉亓緙棋 (qí)	〈暨几-旨〉跽〈(集)巨几-旨〉臍踞舅 (jì)	〈渠記〉忌惎碁記萁惎〈(集)〉惎 (jì)
疑 ŋ	〈語其〉疑嶷九嶷,山名嶷〈(集)魚其〉屵 (yí)	〈魚紀〉擬儗比儗薿苢 (nǐ)	〈魚記〉嶷唭嶷 (yì)
端 t		〈陟里〉徵五音之一〈豬几-旨〉黹 (zhǐ)	
透 t'	〈丑之〉癡齝笞 (chī)	〈敕里〉祉恥 (chǐ)	〈丑吏〉眙誄不知 (chì)
定 d	〈直之〉治古水名持〈(集)陳知-支〉峙躇 (chí)	〈直里〉峙跱跱痔洔時庤〈(集)丈里〉偫〈直几-旨〉澨 (zhì)	〈直吏〉治 (zhì)
餘 ɣ	〈與之〉飴怡坯昡頤詒留給珆宦台我貽瓵〈(集)盈之〉柏粕 (yí)	〈羊已〉以㠯巳苡苢改 (yǐ)	
來 l	〈里之〉嫠狸嫠嫠剺犛嫠嫠嫠嫠〈(集)陵之〉釐 (lí)	〈良士〉里裏鯉悝李理娌俚郲 (lǐ)	〈力置〉吏 (lì)
章 ȶ	〈止而〉之芝出 (zhī)	〈諸市〉止沚茝香草趾址阯芷 (zhǐ)	〈職吏〉志 (zhì)
昌 ȶ'	〈赤之〉蚩嗤媸翤 (chī)	〈昌里〉齒 (chǐ)	〈昌志〉饎糦 (chì)
書 ɕ	〈書之〉詩邿 (shī)	〈詩止〉始 (shǐ)	
禪 ʑ	〈市之〉時峕塒鰣榯蒔蒔蘲 (shí)	〈時止〉市恃 (shì)	〈時吏〉侍蒔移栽 (shì)
日 ȵ	〈如之〉而栭陑輀胹洏鮞形〈(集)人之〉荋聏珥調和 (ér) 而煩毛㢿 (ér)	〈而止〉耳洱駬 (ěr)	〈仍吏〉餌珥鬻同"餌" (ěr) 衈咡珥佴聏姄眲〈而至-至〉髶聲毳 (èr)

續表

調／聲	平 之(喉舌齒) [ǐə] / 脂(脣) [i]	上 止(喉舌齒) / 旨(脣)	去 志
精 ts	〈子之〉兹孳嵫孜滋嗞鎡鼒鰦仔 仔肩 (zī)	〈即里〉子秄秭梓 (zǐ)	
清 ts'			〈七吏〉載 (cì)
從 dz	〈疾之〉慈鷀兹鼒,國名〈(集)牆之〉磁 (cí)		〈疾置〉字牸芓苴麻 (zì)
心 s	〈息兹〉思司㺊絲繱禗獄偲 (sī)	〈胥里〉枲葸諰褷〈(集)想止〉鄮 (xǐ)	〈相吏〉笥伺覗〈(集)斯義-真〉杫 (sì)
邪 z	〈似兹〉詞祠辭辝辞 (cí)	〈詳里〉似佀祀禩姒已耜汜洍鉰麕〈(集)象齒〉相梩耟 (sì)	〈祥吏〉寺嗣 (sì)
莊 tʃ	〈側持〉菑初耕地甾淄輺錙鶅緇紂榪〈(集)莊持〉鯔 (zī)	〈阻史〉滓榟〈(集)壯仕〉㿔疻 (zǐ)	〈側吏〉胾椔木立死剚倳 (zì)
崇 dʒ	〈士之〉茬〈俟甾〉漦 (chí)	〈鉏里〉士仕枒柹㹏〈牀史〉俟竢涘騃俟 (sì)	〈鉏吏〉事 (shì)
山 ʃ		〈疏士〉史使使令駛 (shǐ)	〈疏吏〉使出使睗 (shì)
幫 p		〈方美〉鄙啚 (bǐ)	
滂 p'	〈敷悲〉丕伾秠駓頾髬髬鈈〈(集)攀悲〉狉鉟 (pī)〈(集)匹尤-尤〉紑 (fōu)	〈匹鄙〉嚭 (pǐ)	
並 b	〈符悲〉邳岯 (pī)	〈符鄙〉否否泰痞腹病圮 (pǐ)	
明 m		〈文甫-麌〉䪊 (wǔ)	

4. 之部合一 [uən]

調／聲	平 灰 [uəi]	上 賄	去 隊
曉 x	〈呼恢〉灰 (huī)	〈呼罪〉賄*悔 (huǐ) 賄 (huì)	〈荒内〉誨晦䜇 (huì)
匣 ɣ	〈戶恢〉蛕 (huí)		
溪 k'	〈苦回〉恢詼 (huī) 悝嘲戲 (kuī)		
幫 p	〈布回〉桮杯盃 (bēi)		
滂 p'	〈芳杯〉肧胚醅肧 (pēi) 坏坏,未燒瓦〈(集)鋪枚〉坯土丘 (pī)		
並 b	〈薄回〉培陪棓姓頹〈(集)蒲枚〉阫坏用泥塗牆 (péi)		〈蒲昧〉佩珮 (pèi)
明 m	〈莫杯〉梅媒媒人煤煙塵腜脢脄禖罳莓鋂〈(集)謨杯〉某梅 (méi)	〈武罪〉每〈(集)母罪〉莓 (měi)〈莫補-姥〉姥〈(集)滿補-姥〉姆女師姆 (mǔ)	〈莫佩〉痗〈(集)〉媒媒媒,晦貌 (mèi)

5. 之部合二 [oə]

調／聲	平 皆 [ɐi]	上 駭	去 怪
見 k			〈古壞〉怪経 (guài)

6. 之部合三 [ĭwə]

調　聲	平　尤　　　[ĭəu]	上　有	去　宥
曉 x			〈許救〉琇 (xiù)
匣 ɣ	〈羽求〉尤疣肬默沈郵訧 (yóu)	〈云久〉有鴢友栯 (yǒu) 右左右 (yòu)〈榮美-旨〉洧鮪痏蕍 (wěi)	〈于救〉宥又佑右助祐莔酭煩疢囿姷忧不動趙侑〈(集)尤救〉鼬齮萮 (yòu)
見 k	〈居求〉鬮 (jiū) 龜龜兹 (qiū)〈居追-脂〉龜 (guī)	〈舉有〉久玖灸奿 (jiǔ)	〈居祐〉㲋疚 (jiù)
溪 kʻ	〈去鳩〉丘蚯邱 (qiū)		
羣 g	〈巨鳩〉裘 (qiú)		〈巨救〉舊柩匶 (jiù)
疑 ŋ	〈語求〉牛 (niú)		
餘 ʎ		〈與久〉羑 (yǒu)	
幫 p	〈甫鳩〉不否 (fōu)〈(又)分勿-物〉不弗也 (bù)	〈方久〉否不弗也 碼〈(集)俯久〉芣芣芣 (fǒu)	
並 b	〈縛謀〉罘涪芣芣昔錇 (fú) 罘芣*芣昔 (fóu)〈(集)房尤〉罝 (fú)	〈房九〉婦負竎偩 (fù)	
明 m	〈莫浮〉謀 (móu)	〈眉殞-軫〉敏緐 (mǐn)	

（二）之部諧聲表

之部聲符

以〔㠯〕聲(似)	矣聲(埃)	台聲	治聲(菭)	怠聲(篒)	亥聲(該)
疑〔㲋〕聲(擬)	巳聲	配聲(熙)	臺聲(儓)	能聲(態)	乃聲(鼐)
來聲(賚)	㸚聲(烖)	才聲	戋聲(載)	在聲(茬)	再聲(洅)	采聲(菜)
宰聲(滓)	喜聲(僖)	臣聲(姬)	丌聲	其聲	欺聲(僛)	基聲(璂)
萩聲(萩)	帛聲(綽)	己聲	忌聲(諅)	屮聲	蚩聲(嘆)	寺聲
時聲(蒔)	待聲(侍)	崹聲(犛)	里聲	貍聲(霾)	止聲(齒)	而聲(胹)
耳聲(餌)	兹聲(慈)	子聲	字聲(牸)	思聲(諰)	司聲(嗣)	士聲(仕)
史〔㕜〕聲(使)	事聲(剚)	甾聲(錙)	灰聲(恢)	又聲	右聲(祐)
有聲(宥)	齮聲(齮)	尤聲(訧)	久聲(灸)	丘聲(蚯)	龜聲(鬮)	牛聲(吽)
舊聲(匶)	不聲	丕聲(坏)	否聲(痞)	音聲	部聲(菩)	母聲
每聲(梅)	敏聲(緐)	某聲(媒)	晶聲(鄙)	負聲(蒷)		

單字

毐	灾〔災〕	醫〔毉〕	絲	歆	舂	辭〔辝辞〕	佩〔珮〕	姆	婦	郵

（三）之部韻表

之部《詩經》韻譜

《周南·關雎》三章：采友。《葛覃》三章：否母。《芣苢》一、二、三章：苢苢；一章：采有。《麟之趾》一章：趾子。《召南·采蘩》一章：沚事。《草蟲》一、二、三章：子止止。《殷其雷》一、二、三章：子哉。《江有汜》一章：汜以以悔。《何彼襛矣》二章：李子。《邶風·綠衣》一章：裏已；三章：絲治訧。《終風》二章：霾來來思。《雄雉》三章：思來。《匏有苦葉》四章：子否否友。《谷風》三章：沚以。《旄丘》二章：久以；四章：子耳。《泉水》一章：淇思姬謀。《鄘風·相鼠》二章：齒止止俟。《載馳》四章：尤思之。《衛風·氓》一章：蚩絲絲謀淇丘期媒期；六章：思哉。《竹竿》一章：淇思之；二章：右母。《木瓜》三章：李玖。《王風·君子于役》一章：期哉塒來思。《葛藟》二章：涘母母有。《丘中有麻》三章：李子子玖。《鄭風·將仲子》一章：子里杞母。《褰裳》二章：洧士。《風雨》三章：晦已子喜。《子衿》二章：佩思來。《齊風·南山》三章：畝母。《盧令》三章：鋂偲。《魏風·園有桃》一、二章：哉其之之思。《陟岵》一章：子已止；二章：屺母。《秦風·小戎》二章：期之。《蒹葭》三章：采已涘右沚。《終南》一章：梅裘哉。《渭陽》二章：思佩。《陳風·衡門》三章：鯉子。《墓門》一章：已矣。《曹風·鳲鳩》二章：梅絲絲騏。《豳風·七月》一章：耜趾子畝喜；四章：狸裘。

《小雅·四牡》四章：止杞母。《皇皇者華》三章：騏絲謀。《采薇》三章：疚來。《杕杜》三章：杞母；四章：來疚。《魚麗》三章：鯉有；六章：有時。《南有嘉魚》四章：來又。《南山有臺》一章：臺萊基期；三章：杞李母已。《彤弓》二章：載喜右。《菁菁者莪》二章：沚喜。《六月》二章：里子；六章：喜祉久友鯉矣友。《采芑》一章：芑畝止止騏。《吉日》三章：有俟友右子。《沔水》一章：海止友母。《祈父》二章：士止。《白駒》三章：思期思。《節南山》四章：仕子已殆仕。《十月之交》四章：士宰史；五章：時謀萊矣；八章：里痗。《雨無正》六章：仕殆使子使友。《小宛》三章：采負似。《小弁》三章：梓止母裏在。《巧言》二章：祉已。《巷伯》二章：箕謀；七章：丘詩之。《蓼莪》三章：恥久恃。《大東》二章：來疚；四章：來裘。《四月》四章：梅尤；六章：紀仕有。《北山》一章：杞子事母。《楚茨》一章：祀侑；五章：止起。《信南山》一章：理畝。《甫田》一章：畝耔薿止士；三章：止子畝喜右否畝有敏。《大田》四章：止子畝喜。《瞻彼洛矣》一、二、三章：矣止。《裳裳者華》四章：右有有似。《頍弁》二章：期時來。《車舝》一章：友喜。《賓之初筵》二章：能又時；四章：僛郵；五章：否史恥怠。《黍苗》二章：牛哉。

《大雅·文王》一章：時右；二章：已子；四章：止子。《大明》四章：涘止子。《緜》四章：止右理畝事。《思齊》一章：母婦。《皇矣》四章：悔祉子。《文王有聲》八章：芑仕子。《生民》一章：祀子敏止；二章：祀子；六章：秠芑秠畝芑負祀；八章：時祀悔。《既醉》五章：時子；八章：士士子。《假樂》四章：紀友士子。《公劉》六章：理有。《泂酌》一章：茲饎子母；二、三章：茲子。《卷阿》

七章:止士使子。《蕩》七章:時舊。《抑》六章:友子;八章:李子;九章:絲基;十章:子否事耳子;十二章:子止悔。《桑柔》十章:里喜忌。《雲漢》七章:紀宰右止里。《韓奕》四章:子止里。《江漢》三章:理海;四章:子似祉;六章:子已。《瞻卬》三章:誨寺。《召旻》七章:里里哉舊。

《周頌·我將》:牛右。《雝》:祀子;又:祉母。《敬之》:之之思哉士玆子止。《載芟》:以婦士耜畝。《良耜》:耜畝。《賚》:止之思思。《魯頌·駉》二章:駓騏伾期才。《有駜》三章:始有子。《閟宮》三章:子祀耳;八章:喜母士有祉齒。《商頌·玄鳥》一章:有殆子;又:里止海。《長發》七章:子士。

之部《詩經》合韻譜

之職通韻 《邶風·靜女》三章:異貽。《衛風·伯兮》四章:背痗。《小雅·出車》一章:牧來載棘。《采芑》三章:止止試。《正月》十章:輻載意。《小宛》二章:克富又。《大東》三章:載息。《大田》一章:戒事耜畝。《賓之初筵》五章:識又。《緜蠻》一、二、三章:食誨載。《大雅·緜》五章:直載翼。《旱麓》四章:載備祀福。《靈臺》一章:亟來;二章:囿伏。《生民》三章:字翼。《假樂》一章:子德。《蕩》五章:式止晦。《崧高》二章:事式。《常武》六章:塞來。《瞻卬》四章:忒背極慝倍識事織;五章:富忌。《召旻》五章:富時疚玆。《周頌·潛》:鮪鯉祀福。

之蒸通韻 《鄭風·女曰雞鳴》三章:來贈。

之幽合韻 《大雅·思齊》五章:造士。《瞻卬》二章:有收。《召旻》四章:茂止。《周頌·閔予小子》:造疚考孝。《訪落》:止考。《絲衣》:俅基牛鼒觩柔休。

之魚合韻 《鄘風·蝃蝀》二章:雨母。《小雅·小旻》五章:止否膴謀。《巷伯》六章:者謀虎。《緜》三章:膴飴謀龜時玆。《常武》一章:士祖父。

之部《楚辭》韻譜

《離騷》:能佩;又:在茝;又:畝芷;又:茝悔;又:時態;又:玆詞;又:悔醢;又:佩詒;又:在理;又:之之;又:疑之;又:媒疑;又:待期。

《九歌·湘君》:來思。《少司命》:辭旗。《山鬼》:狸旗思來。

《天問》:汜里;又:子在;又:在里;又:趾在止;又:謀之;又:止殆;又:止子;又:牛來;又:子婦;又:尤之;又:期之;又:市姒;又:祐喜。

《九章·惜誦》:肬之;又:志咍;又:恃殆;又:志態;又:尤之。《涉江》:以醢。《哀郢》:持之;又:時丘之。《抽思》:期志;又:思媒。《懷沙》:鄙改;又:怪態;又:采有。《思美人》:眙詒;又:詒志;又:之時期;又:能疑。《惜往日》:時疑娭治之否欺思之尤之;又:之疑辭之。《橘頌》:志喜;又:友理。《悲回風》:恃止;又:紀止右期。

《遠遊》:怪來。

《卜居》:疑之。

《九辯》:思事;又:(蔽)之(污)之;又:(知)之(譽)之(得)之(彰)之。

《招魂》:止齒祀醢里;又:里止;又:止里久;又:騰駓牛災。

《大招》:海理阯海士。

之部《楚辭》合韻譜

之職通韻　《離騷》:異佩。《天問》:佑弒;又:識喜。《九章·思美人》:佩異態竢。《惜往日》:載備異再識。《橘頌》:異喜。《卜居》:意事。《招魂》:怪備代。

之幽合韻　《天問》:首在守。《九章·惜往日》:佩好。《遠遊》:疑浮。

之覺合韻　《大招》:畜宆。

之侯合韻　《九章·惜往日》:廚牛之。

(四)説　明

(1)祴(咍韻, gāi),戒聲;諩噫(之韻, yī),意聲;屎(止韻, xǐ)、禩(止韻, sì),異聲。這三個聲符都在職部,由陰入對轉,所組成的五個形聲字都轉入陰聲韻之部。

(2)迺(海韻, nǎi),西聲;徵(止韻, zhǐ),徵聲。徵聲在蒸部,西聲在文部。這兩個字由陰陽對轉或旁對轉而轉入陰聲韻之部。

(3)舊(宥韻, jiù),臼聲;匶(宥韻, jiù),舊聲;裘(尤韻, qiú),求聲。臼聲、求聲都在幽部,但根據《詩經》押韻,"舊、裘"應歸之部,段玉裁、王力的諧聲表都是如此處理。這反映了之、幽兩部近旁轉的關係。

(4)怪絰(怪韻, guài),《手册》根據王力《詩經韻讀·諧聲表》將兩字列在之部。王先生在注中説:"怪聲依語音系統應入物部,但《楚辭·九章·懷沙》協'怪''態',《遠遊》協'怪''來',故從段玉裁歸之部,存疑。"

(5)《詩經》之部押韻153章,入韻字109個:尤₁訧₁郵₁又₂友₁₀有₁₃洧₁侑₁右₁₀其₂期₈騏₄淇₁基₂箕₁俅₁杞₅紀₃芑₁屺₁忌₁起₁久₃玖₂疚₁姬₁丘₂裘₁舊₂牛₂海₁誨₁悔₄晦₁喜₁₀饎₁嶷₁止₃₃祉₆沚₄趾₂恥₁齒₁之₁₁蚩₁寺₁詩₁時₈塒₁恃₁以₁似₃苢₁耔₁臺₁殆₁怠₁治₁始₁矣₆涘₃俟₂才₁哉₁₁載₁在₁宰₁梓₁子₅₂籽₁李₅耳₁采₄兹₄思₁₆偲₁士₁₂仕₅絲₇已₁₀祀₇汜₁史₂使₁事₁能₁來₁₂萊₁里₉理₄鯉₁裹₁狸₁霾₁否₆秠₂伾₁駓₁佩₁負₂婦₂母₁₇梅₃痗₁鋂₁歃₁₂謀₅媒₁敏₂。

合韻37章,之職通韻25章,之蒸通韻1章,之幽合韻6章,之魚合韻5章,入韻字32個:又₂有₁宆₁鮪₁基₁忌₁疚₁龜₁牛₁誨₁晦₁痗₁止₆時₂耔₁貽₁飴₁鼒₁載₈子₁字₁兹₂祀₂士₁事₁來₄鯉₁倍₁母₁否₁歃₁謀₃。

(6)《楚辭》之部押韻62章(韻段),入韻字68個:尤₃肬₁友₁有₁右₁祐₁醢₁期₅旗₂欺₁紀₁改₁怪₂久₁茝₁丘₁牛₁海₂悔₂喜₁疑₆騰₁止₈芷₁趾₁阯₁齒₁之₂₃志₁恃₂時₄持₁待₁以₁姒₁市₁咍₁詒₃殆₂眙₁治₁娭₁在₅子₃采₁災₁兹₁思₅詞₁士₁祀₁汜₁事₁辭₂能₂態₃來₄

里$_5$ 理$_3$ 狸$_1$ 鄙$_1$ 佩$_2$ 婦$_1$ 否$_1$ 駓$_1$ 畝$_1$ 謀$_1$ 媒$_2$。

之部合韻 13 章，之職通韻 8 章，之幽合韻 3 章，之覺合韻 1 章，之侯合韻 1 章，入韻字 14 個：佑$_1$ 囿$_1$ 怪$_1$ 牛$_1$ 喜$_2$ 疑$_1$ 之$_1$ 載$_1$ 再$_1$ 誒$_1$ 在$_1$ 事$_1$ 態$_1$ 佩$_3$。

(7)能（登韻，néng）、熊（東韻，xióng），《手册》列蒸部。《表稿》之部諧聲表能聲列之部。其被諧字“態”（代韻，tài）、“𦟝”（代韻，nài）在之部。《詩·小雅·賓之初筵》二章押“能又時”，《楚辭·離騷》押“能佩”，《楚辭·九章·思美人》押“能疑”，都在之部。正如顧炎武《唐韻正》下平聲卷六所指出的：“按‘能’字音奴登反，始自宋齊之世。”這就是説“能”讀登韻，“熊”讀東韻是魏晉以後的中古音，是由陰聲韻之部轉入陽聲韻蒸部。正如“敏”一樣，在上古從押韻到諧聲都歸陰聲韻之部，到中古才轉入陽聲韻軫韻，今音 mǐn。還有一個“凝”（蒸韻，níng）字，《手册》列蒸部。《楚辭·大招》押“絶測凝極”，王力《楚辭韻讀》將它歸作職部。疑聲雖有個别字（嶷）有之、職兩部讀音外，大多疑聲字都在之部（疑礙擬儗薿嶷癡），從諧聲考慮，之職可以通轉，之蒸也可通轉。“凝”應是由陰聲韻之部通轉爲陽聲韻蒸部的特例。

(8)之部諧聲表一級聲符 45 個，單字 11 個。《詩經》韻譜入韻字 109 個，分屬一級聲符 33 個；《楚辭》韻譜入韻字 68 個，分屬一級聲符 28 個。《詩經》韻譜的“臺、宰、耳、負”，《楚辭》韻譜的“怪、詞、鄙”是兩個韻譜不同的一級聲符代表字。還有龜聲見於《詩經》合韻譜，再聲見於《楚辭》合韻譜，《禮記》有芓聲押韻例。不見於詩韻的一級聲符只有亥、冓、而、甾、灰、圞 6 個，單字有“毒、醫、款、沯、姥”5 個。

二、職　部

（一）職部字表

1. 職部開一 [ɔ̆k]/[ɔ̄k]

調聲	短入　　德　　　　[ək]	長入　　代　　　　[ɒi]
曉 x	〈呼北〉黑 (hēi)	
匣 ɣ	〈胡得〉劾〈（集）紇則〉閡阻礙 (hé)	
溪 k‘	〈苦得〉刻克尅勊 (kè)	
端 t	〈多則〉德悳古文"德" 得导古文"得" (dé) 得 (děi)	
透 t‘	〈他德〉忒愿貣〈（集）惕德〉忒 (tè)	〈他代〉貸 (dài)
定 d	〈徒得〉特螣害蟲〈（集）敵德〉犆特蟘螣 (tè)	〈徒耐〉代岱黛臺黱〈（集）待戴〉玳 (dài)
來 l	〈盧則〉肋 (lèi) 勒扐仂芳朸玏泐扐阞〈（集）歷德〉鑾 (lè)	
精 ts	〈子德〉則 (zé)	
從 dz	〈昨則〉賊鰂 (zéi)	
心 s	〈蘇則〉塞充塞窸 (sè) 塞充塞 (sāi)	〈先代〉賽簺塞邊塞 (sài)
幫 p	〈博墨〉北 (běi)	
並 b	〈蒲北〉萄棘踣趪鞴 (bó)	
明 m	〈莫北〉墨默螺纆〈（集）密北〉嘿嚜螺嫼 (mò)	

2. 職部開二 [eɔ̆k]/[eɔ̄k]

調聲	短入　　麥　　　　[æk]	長入　　怪　　　　[ɒi]
影 Ø		〈烏界〉噫出氣 (ài)
匣 ɣ	〈下革〉核 (hé)	〈胡介〉械 (xiè) 〈侯楷-駴〉駭 (hài)
見 k	〈古核〉革諽靮〈（集）各核〉愅撠 (gé)	〈古拜〉誡戒悈警戒 (jiè)
端 t	〈（集）陟革〉枝 (zhé)	
並 b	〈蒲角-覺〉箔 (báo)	〈蒲拜〉憊 (bèi)
明 m	〈莫獲〉麥 (mài)	

3. 職部開三 [ĭə̆k]/[ĭə̄k]

調\聲	短入　　職　　[ĭək]	長入　　志　　[ĭə]
影 ∅	〈於力〉憶億臆肊蕃繶醷澺薏檍抑 (yì)	〈於記〉意鷾 (yì)
曉 x	〈許極〉䲞盭 (xì)〈況逼〉閾 (yù) 瘯減溹洫〈(集)忽域〉衋 (xù)	
匣 ɣ	〈雨逼〉域蜮罭棫緎淢洫絾淢水流急 (yù)	
見 k	〈紀力〉諴急苟自急救 (jí) 殛恆襋棘亟棘〈(集)訖力〉鞎 (jí)	
羣 g	〈渠力〉極 (jí)	
疑 ŋ	〈魚力〉嶷高峻貌嶷小兒有知 (nì)	
端 t	〈竹力〉稙 (zhí) 陟〈(集)〉騭 (zhì)	〈陟吏〉置 (zhì)
透 tʻ	〈恥力〉敕飭漦趂伏〈(集)蓄力〉勅敕漦漦漦 (chì)	
定 d	〈除力〉直犆緣飾脯 (zhí)	〈直吏〉值 (zhí)
餘 ʎ	〈與職〉弋廙翼雉姒㳆杙弋匿趯翊瀷釴酨 (yì)	〈羊吏〉異异冀 (yì)
泥 n	〈女力〉匿〈尼質-質〉暱 (nì)	
來 l	〈林直〉力 (lì)	
章 ʨ	〈之翼〉職臘蟙藏樴 (zhí) 戠織 (zhī)	〈職吏〉織采帛識記,記號 (zhì)
昌 ʨʻ		〈昌志〉熾 (chì)〈(又)(集)職吏〉幟 (zhì)
船 ʥ	〈乘力〉食蝕 (shí)	
書 ɕ	〈賞職〉識認識,見解 (shí) 式拭軾飾〈(集)設職〉栻〈施隻-昔〉奭襫 (shì)	〈式吏〉試弒僿 (shì)
禪 ʑ	〈常職〉殖植埴 (zhí)	
精 ts	〈子力〉稷稄 (jí)	
心 s	〈相即〉息熄鄎瘜熄葸 (xī)	
邪 z		〈祥吏〉飤 (sì)
莊 tʃ	〈阻力〉昃仄萴矢 (zè) 側〈(集)札色〉廁側,廁足 (cè)	
初 tʃʻ	〈初力〉測惻㤼㑦 (cè)	〈初吏〉廁*廁所 (cì) 廁廁所 (cè)
崇 ʤ	〈士力〉崱 (zè)	
山 ʃ	〈所力〉色歆嗇穡薔草名轖濇嬙 (sè)	
幫 p	〈彼側〉逼偪畐幅綁腿布楅湢皀 (bī)	
滂 pʻ	〈芳逼〉堛副剖裂鵖 (pì) 愊畐 (bì)	
並 b	〈符逼〉腷腷臆煏楅〈(集)弼力〉糒 (bì)	〈平祕-至〉備葡葡糒楅 (bèi)
明 m		〈明祕-至〉嘿嘿尿 (mèi)

4. 職部合一 [uə̆k]/[uə̄k]

調\聲	短入　　德　　[uək]	長入　　隊　　[uɒi]
匣 ɣ	〈胡國〉或惑慝 (huò)	
見 k	〈古或〉國 (guó)	〈(集)古對〉膕 (guì)
幫 p		〈補妹〉背脊背 (bèi)
並 b		〈蒲昧〉邶俏背褙 (bèi)

5. 職部合二 [oɐ̆k]

調聲	短入　　麥　　　　　　[wæk]	長入
見 k	〈古獲〉蟈馘聝膕〈(集)〉簂 (guó)	

6. 職部合三 [ĭwɐ̆k]/[ĭwə̆k]

調聲	短入　　　屋　　　　　[ĭuk]	長入　　　　宥　　　　[ĭəu]
影 ∅	〈於六〉郁彧燠〈(集)乙六〉礇 (yù)	
泥 n	〈女六〉恧〈(集)〉聏衄 (nǜ)	
山 ʃ	〈所六〉謖 (sù)	
幫 p	〈方六〉福幅輻葍蝠鵩踾 (fú)	〈方副〉富葍 (fù)
滂 p'		〈敷救〉副福 (fù)
並 b	〈房六〉伏㐲宓服舢茯鵩菔畐鞴欼菔菌蒛〈(集)〉及坺犕 (fú)	〈扶富〉伏孵卵 (fù)
明 m	〈莫六〉牧〈(集)〉坶 (mù)	

（二）職部諧聲表

職部聲符

或聲	彧〔戜〕聲（礇）	國聲（楓）	意聲（億）	黑聲	墨聲（蟆）
克聲（剋）	悳聲（德）	㝵聲（得）	力聲	勒聲（塾）	仂聲（泐）
則聲（測）	塞聲（簺）	革聲（諽）	戒聲（械）	亟聲（極）	棘聲（蘇）
直聲（植）	陟聲（騭）	異聲	翼聲（瀷）	敊聲	職聲（藏）
匿聲（慝）	食聲（飾）	畐聲	奭聲（襫）	弋聲	代聲
貸聲（蟘）	式聲（弑）	嬰聲（稷）	息聲（熄）	仄聲（昃）	嗇聲（濇）
色聲（艴）	北聲	背聲（偝）	畐聲	匐聲（萄）	富聲（葍）
葡〔葡〕聲	備聲（憊）	伏聲（茯）	及聲	服聲（鵩）	

單字

麥　肊　音　苟　蚓　矢　舢　璘　淥　牧　抑〔归抑〕　救　皀

（三）職部韻表

職部《詩經》韻譜

《周南·關雎》二章:得服側。《召南·羔羊》二章:革緘食。《殷其雷》二章:側息。《鄘風·柏舟》二章:側特慝。《桑中》二章:麥北弋。《載馳》四章:麥極。《衛風·氓》四章:極德。《有狐》三章:側服。《王風·丘中有麻》二章:麥國國食。《鄭風·羔裘》二章:飾力直。《狡童》

二章:食息。《齊風·南山》四章:克得得極。《魏風·葛屨》一章:襋服。《園有桃》二章:棘食國極。《伐檀》二章:輻側直億特食。《碩鼠》二章:麥德國國國直。《唐風·鴇羽》二章:翼棘稷食極。《葛生》二章:棘域息。《秦風·黃鳥》一章:棘息息特。《曹風·蜉蝣》二章:翼服息。《候人》二章:翼服。《鳲鳩》三章:棘忒忒國。《豳風·伐柯》一章:克得。

《小雅·天保》五章:福食德。《采薇》五章:翼服戒棘。《湛露》三章:棘德。《六月》二章:則服;三章:翼服服國。《采芑》一章:試翼奭服革。《我行其野》三章:葍特富異。《斯干》四章:翼棘革。《正月》七章:特克則得力。《雨無正》一章:德國。《何人斯》八章:蜮得極側。《巷伯》六章:食北。《蓼莪》四章:德極。《大東》四章:服試。《北山》四章:息國。《小明》五章:息直福。《楚茨》一章:棘稷翼億食福;四章:食福式稷敕極億。《信南山》三章:翼或穡食。《大田》二章:螣賊;四章:黑稷福。《鴛鴦》二章:翼福。《青蠅》二章:棘極國。《賓之初筵》四章:福德。《菀柳》一章:息暱極。《白華》七章:翼德。《緜蠻》三章:側極。

《大雅·文王》三章:翼國;四章:億服;六章:德福。《大明》三章:翼福國。《皇矣》七章:德色革則。《下武》三章:式則;四章:德服。《文王有聲》六章:北服。《生民》四章:匐嶷食。《行葦》四章:背翼福。《既醉》一章:德福。《假樂》二章:福億。《卷阿》五章:翼德翼則。《民勞》三章:息國極慝德。《蕩》二章:克服德力;四章:國德德側。《抑》八章:賊則;十二章:國忒德棘。《桑柔》六章:穡食;七章:賊國力;十五章:極背克力。《崧高》八章:德直國。《烝民》一章:則德;二章:德則色翼式力。《江漢》三章:棘極;六章:德國。《常武》一章:戒國;五章:翼克國。

《周頌·思文》:稷極。《魯頌·泮水》四章:德則;五章:德服馘。《閟宮》三章:忒稷;五章:熾富背試。《商頌·殷武》四章:國福;五章:翼極。

職部《詩經》合韻譜

職之通韻　《邶風·靜女》三章:異貽。《衛風·伯兮》四章:背痗。《小雅·出車》一章:牧來載棘。《采芑》三章:止止試。《正月》十章:輻載意。《小宛》二章:克富又。《大東》三章:載息。《大田》一章:戒事秸畝。《賓之初筵》五章:識又。《緜蠻》一、二、三章:食誨載。《大雅·緜》五章:直載翼。《旱麓》四章:載備祀福。《靈臺》一章:虡來;二章:囿伏。《生民》三章:字翼。《假樂》一章:子德。《蕩》五章:式止晦。《崧高》二章:事式。《常武》六章:塞來。《瞻卬》四章:忒背極慝倍識事織;五章:富忌。《召旻》五章:富時疚茲。《周頌·潛》:鮪鯉祀福。

職覺合韻　《豳風·七月》七章:穋麥。《小雅·楚茨》五章:備戒告。《大雅·生民》一章:夙育稷。《抑》二章:告則。《魯頌·閟宮》一章:稷福穋麥國稑。

職緝合韻　《小雅·六月》一章:飭服熾急國。《大雅·思齊》四章:式入。

職部《楚辭》韻譜

《離騷》:服則;又:息服;又:極服;又:極翼。

《九歌·湘君》:極息側。

《天問》：極識；又：得殛；又：億極；又：極得；又：惑服；又：牧國；又：戒代。

《九章·惜誦》：服直。《哀郢》：極得。《抽思》：北域側得息。《惜往日》：戒得；又：代意置。《橘頌》：服國。《悲回風》：默得。

《遠遊》：得則；又：息德。

《卜居》：翼食。

《九辯》：意異；又：息軾得惑極直；又：食得德極。

《招魂》：食得極賊；又：代意。

職部《楚辭》合韻譜

職之通韻　《離騷》：異佩。《天問》：佑弒；又：識喜。《九章·思美人》：佩異態娭。《惜往日》：載備異再識。《橘頌》：異喜。《卜居》：意事。《招魂》：怪備代。

職蒸通韻　《大招》：殢測凝極。

職覺合韻　《九章·懷沙》：默鞠。

職質合韻　《九章·懷沙》：抑替。

（四）説　明

(1)劾閡（德韻，hé）、刻（德韻，kè）、核（麥韻，hé），亥聲；郁（屋韻，yù），有聲；巎嶷（職韻，nì），疑聲；特（德韻，tè）、秲（麥韻，zhé），寺聲；惡聏（屋韻，nù），而聲；异（志韻，yì），巳聲；勅（職韻，chì），來聲；踣赽（德韻，bó），音聲；坶（屋韻，mù），母聲。這9個聲符都在之部，由陰入對轉，所組成的這些形聲字都轉至入聲韻職部。

(2)螣（德韻，tè）、謄（代韻，dài），朕聲，蒸部，2字由陽入對轉，轉至入聲韻職部。虙（屋韻，fú），必聲，質部，此字由入聲旁轉，轉入收喉入聲韻職部。

(3)凝（蒸韻，níng），《説文》："冰，水堅也。从仌从水。凝，俗冰从疑。"大徐本注："魚陵切。臣鉉等曰：今作筆陵切，以爲冰凍之冰。"段玉裁注："經典凡凝字，皆冰之變也。"其實這是將"冰、凝"二字攪混在一起了。

(4)《詩經》職部押韻85章，入韻字50個：域₁、緎₁、蜮₁、或₁、馘₁、國₂₂、億₅、克₆、嶷₁、黑₇、極₁₅、棘₁₂、襋₁、革₄、戒₁、德₂₄、得₆、懸₂、曛₁、特₅、直₁、敕₁、螣₁、食₁₃、飾₁、熾₁、弋₁、忒₁、式₃、試₁、爽₁、異₁、翼₁₈、則₉、側₈、賊₃、稷₆、息₁₀、色₂、穡₁、力₆、北₃、背₃、福₁₃、富₁、輻₁、菖₁、蜀₁、服₁₆、麥₄。

合韻32章，之職通韻25章，職覺合韻5章，職緝合韻2章，入韻字34個：國₂、意₁、克₁、極₁₀、毆₁、棘₁、戒₂、德₁、懸₁、直₂、食₃、飭₁、織₁、熾₁、識₂、忒₁、式₁、試₁、異₁、翼₂、則₁、稷₂、息₁、穡₁、塞₁、背₂、福₃、富₁、輻₁、備₁、服₁、伏₁、牧₁、麥₂。

(5)《楚辭》職部押韻27章（韻段），入韻字26個：意₃、億₁、惑₂、國₂、域₁、極₁₀、殛₁、戒₂、德₂、得₁₀、代₃、直₂、置₁、食₃、軾₁、識₁、異₁、翼₂、則₂、側₂、賊₁、息₅、北₁、服₆、牧₁、默₁。

職部合韻 11 章,之職通韻 8 章,職蒸通韻 1 章,職覺合韻 1 章,職質合韻 1 章,入韻字 11 個:意$_1$ 抑$_1$ 極$_1$ 識$_2$ 代$_1$ 弒$_1$ 異$_4$ 測$_1$ 艴$_1$ 備$_2$ 默$_1$。

(6)職部諧聲表有一級聲符 31 個,單字 13 個。《詩經》韻譜職部入韻字 50 個,分屬 26 個一級聲符,另有單字 2 個(麥、敕);《楚辭》韻譜入韻字 26 個,分屬 16 個一級聲符,另有單字 1 個(牧)。不見於《詩經》韻譜、《楚辭》韻譜的一級聲符有塞聲、陟聲、仄聲、葡聲、伏聲 5 個和 10 個單字。《詩經》合韻譜"伏、塞"各入韻 1 次,"備"字入韻 2 次,《易·鼎》九三叶"革塞食",《易·豐》叶"昃食息",未入韻的一級聲符只有一個陟聲。

三、蒸　部

（一）蒸部字表

1. 蒸部開一 [əŋ]

調聲	平 登　　　　[əŋ]	上 等	去 嶝
匣 ɣ	〈胡登〉恆經常 (héng)		
見 k	〈古恆〉揯緪大索〈（集）居曾〉䱍 (gēng)		〈古鄧〉亙*俗作"亘"堩縆竟 (gèng) 亙 (gèn)〈（集）居鄧〉桓亙恆上弦 (gèng)
溪 kʻ		〈苦等〉肯肎肯 (kěn) 肯*肎*(kěng)	
端 t	〈都縢〉登璒燈簦〈（集）都騰〉鐙燈鼻豋 (dēng)		〈都鄧〉隥 (dèng)
定 d	〈徒登〉騰滕縢塍謄䕼縢 (téng)		〈徒亙〉鄧 (dèng)
泥 n	〈奴登〉能熊屬 (néng)		
來 l	〈魯登〉棱稜輘 (léng)		
精 ts	〈作縢〉增憎磳曾姓矰罾熷橧橧巢譜 (zēng)		
從 dz	〈昨棱〉層曾曾經 (céng)		〈昨亙〉贈 (zèng)
幫 p	〈北縢〉崩 (bēng)		〈方隥〉堋〈（集）逋鄧〉塴 (bèng)
滂 pʻ		〈普等〉〈（又）薄回-灰〉㟝 (péi)	
並 b	〈步崩〉朋鵬棚佣〈（集）浦登〉倗 (péng)		
明 m	〈（集）彌登〉儚 (méng)		〈武亙〉懜 (mèng)

2. 蒸部開二 [eəŋ]

調聲	平 耕　　　　[æŋ]	上 耿	去 諍
定 d	〈宅耕〉橙 (chéng)		
初 tʃʻ	〈楚耕〉噌 (chēng)		
幫 p	〈北萌〉繃 (bēng)		
並 b	〈薄萌〉弸〈薄庚-庚〉輣 (péng)		
明 m	〈莫耕〉甍〈武庚-庚〉郠〈（集）眉耕-庚〉䏻夜 (méng)	〈武幸〉䲷句䲷黽蛙的一種 (měng) 〈武盡-軫〉黽黽勉僶僶俛 (mǐn)	

3. 蒸部開三 [ĭəŋ]

調聲	平　蒸　[ĭəŋ]	上　拯	去　證
影 ∅	〈於陵〉膺應_{應當}蠅鷹〈《集》〉雁 (yīng)		〈於證〉應_{應對}〈《集》〉膺 (yìng)
曉 x	〈虛陵〉興_{興起}鄭 (xīng)		〈許應〉興_{比興}嬹 (xìng)
見 k	〈居陵〉兢 (jīng)	〈居隱-隱〉薑 (jǐn)	
疑 ŋ	〈魚陵〉凝 (níng)		
端 t	〈陟陵〉徵_石癥 (zhēng)		
定 d	〈直陵〉澂澄憕懲 (chéng)		〈丈證〉瞪 (dèng)
餘 ʎ	〈余陵〉蠅 (yíng)		〈以證〉孕 (yùn) 媵傝 (yìng)〈《集》〉脀孕 (yùn) 繩_{草結子} (yìng)
來 l	〈力膺〉陵淩夌綾凌淩菱憐鯪崚鯪㥄 (líng)		
章 ʨ	〈煮仍〉蒸烝脀 (zhēng)	〈音蒸上聲〉拯抍撜氶 (zhěng)	〈諸應〉證 (zhèng)
昌 ʨʻ	〈處陵〉稱_{稱量}偁偁 (chēng)		〈昌孕〉稱_{符合} (chèn) 稱_{衡器} (chèng)
船 ʥ	〈食陵〉乘_{乘坐}椉_乘塍騬 (chéng) 繩譝憴鯇澠_{水名} (shéng)	〈《集》彌兗-獼〉澠_{澠池} (miǎn)	〈實證〉乘_{車乘}賸 (shèng)
書 ɕ	〈識蒸〉升昇陞勝_{勝任} (shēng)		〈詩證〉勝_{戰勝}〈《集》〉媵 (shèng)
禪 ʑ	〈署陵〉承丞 (chéng)		〈《集》石證〉乘_{車乘} (shèng)
日 ȵ	〈如乘〉仍芿礽扔_{引也}杤〈《集》如蒸〉陾鹵 (réng)		
精 ts			〈子孕〉甑䰝 (zèng)
從 dz	〈疾陵〉繒鄫 (zēng) 鄫[*]橧_{豬圈}矰嶒 (céng)		
幫 p	〈筆陵〉冫_仌冰掤 (bīng)		
並 b	〈扶冰〉凭馮_乘憑淜_{徒涉} (píng)		

4. 蒸部合一 [uəŋ]

調聲	平　登　[uəŋ]	上　等	去　嶝
曉 x	〈呼肱〉薨儚 (hōng)		
匣 ɣ	〈胡肱〉弘鞃 (hóng)		
見 k	〈古弘〉肱〈《集》姑弘〉厷 (gōng)		
明 m	〈莫紅-東〉夢 (méng)	〈莫孔-董〉懜 (měng)	

5. 蒸部合二 [oəŋ]

調聲	平　耕　[wæŋ]	上　耿	去　諍
影 ∅	〈烏宏〉泓 (hóng)		
匣 ɣ	〈戶萌〉宏紘閎浤耾玄竤宖吰澋 (hóng)		

6. 蒸部合三 [ĭwəŋ]

調 聲	平　東　　　　[ĭuŋ]	上　董	去　送
匣 γ	〈羽弓〉雄熊 (xióng)		
見 k	〈居戎〉弓 (gōng)		
溪 k'	〈去宮〉穹 (qióng)		
並 b	〈房戎〉馮姓酀 (féng)		
明 m	〈莫中〉瞢目不明夢不明也 (méng)		〈莫鳳〉癁夢作夢鄸 (mèng)

（二）蒸部諧聲表

蒸部聲符

互聲　　恆聲(揯)　登聲(證)　朕聲　　騰聲(䲪)　曾聲(贈)　夌聲

淩聲(菱)　雁聲　　應聲(蠅)　興聲(嬹)　丞聲　　烝聲(蒸)　徵聲(懲)

再聲(稱)　升聲(陞)　乘聲(騬)　仍聲(扔)　黽聲(黽)　蠅聲(繩)　厷聲(宏)

弘聲(泓)　弓聲(穹)　朋聲　　崩聲(繃)　瞢聲(懵)　夢聲(癁)　薨聲(儚)

冰〔仌〕聲　馮聲(憑)

單字

肎〔肯〕　鼻〔𦤀〕　能　　鹵　　兢　　承　　桑　　凭　　熊

（三）蒸部韻表

蒸部《詩經》韻譜

《周南·螽斯》二章：薨繩。《鄭風·大叔于田》三章：拥弓。《齊風·雞鳴》三章：薨夢憎。《唐風·椒聊》一章：升朋。

《小雅·天保》三章：興陵增；六章：恆升崩承。《菁菁者莪》三章：陵朋。《沔水》三章：陵懲興。《斯干》六章：興夢。《無羊》三章：蒸雄兢崩肱升。《正月》四章：蒸夢勝憎；五章：陵懲夢雄。《十月之交》三章：騰崩陵懲。《小旻》六章：兢冰。《小宛》六章：兢冰。《采綠》三章：弓繩。

《大雅·緜》六章：陾薨登馮興勝。《生民》八章：登升。《抑》六章：繩承。

《魯頌·閟宮》四章：崩騰朋陵。《商頌·玄鳥》一章：勝乘承。

蒸部《詩經》合韻譜

蒸之通韻　《鄭風·女曰雞鳴》三章：來贈。

蒸侵合韻　《秦風·小戎》三章：膺弓滕興音。《大雅·大明》七章：林興心。《生民》三章：林林冰。《召旻》六章：中弘躬。《魯頌·閟宮》五章：乘滕弓綅增膺懲承。

蒸部《楚辭》韻譜

《九歌·國殤》:弓懲凌雄。

《天問》:興膺;又:勝陵。

《九章·悲回風》:膺仍。

《招魂》:乘烝。

蒸部《楚辭》合韻譜

蒸職通韻　《大招》:<u>妎</u><u>測</u>凝<u>極</u>。

蒸陽合韻　《離騷》:<u>常</u>懲。

蒸文合韻　《遠遊》:<u>門</u>冰。

（四）説　明

(1) "朕"字在侵部,朕聲卻在蒸部,"騰、勝"等十多字都以"朕"作爲聲符,反映了收喉陽聲韻和收脣陽聲韻的聯繫。

(2) "黽"字今音情況複雜,古韻歸部也多分歧。段玉裁黽聲列在陽部,江有誥列在耕部,王力《漢語音韻》列在蒸部,《詩經韻讀》蒸部列蠅聲。《漢字古音手册》今音收兩種,一是:黽蛙的一種(耿韻, měng),列陽部;二是:黽黽勉(耿韻,又軫韻, mǐn),列蒸部。按,先秦陽部二等一般只有庚韻字,沒有耕韻字。正如《漢語史稿》指出的(《王力文集》九卷121頁):"在兩漢陽部基本上和先秦一致;到了東漢,'英、兄、明、京、行'等字由陽部轉入了耕部,和'生、平'等字合成庚韻,而這個庚韻在東漢又和耕清青相通。"庚、耕兩韻相混是東漢以後的事情。因此,經考慮,《漢字古音手册》依段注列在陽部的黽聲字,在《表稿》中都改歸了蒸部。

(3)陾(蒸韻, réng),耎聲;甍(耕韻, hóng),冥聲。耎聲、冥聲在元部,陾、甍二字由收舌陽聲韻旁轉入收喉陽聲韻蒸部。凝(蒸韻, níng),疑聲(段注:"以雙聲爲聲。");其實,疑聲在之部,也可認爲陰聲韻對轉爲陽聲韻蒸部。

(4)《詩經》蒸部押韻 21 章,入韻字 26 個:恒$_1$雄$_1$肱$_1$兢$_3$弓$_2$登$_1$騰$_2$勝$_3$乘$_1$繩$_1$懲$_3$興$_4$蒸$_2$承$_3$憎$_1$增$_1$升$_4$陵$_6$陾$_1$薨$_1$夢$_4$朋$_1$崩$_4$掤$_1$冰$_1$馮$_1$。

合韻 6 章,蒸之通韻 1 章,蒸侵合韻 5 章,入韻字 11 個:膺$_2$弘$_1$弓$_2$滕$_1$乘$_1$懲$_1$興$_1$承$_1$增$_1$贈$_1$冰$_1$。

(5)《楚辭》蒸部押韻 5 章(韻段),入韻字 11 個:膺$_2$興$_1$雄$_1$弓$_1$懲$_1$烝$_1$乘$_1$勝$_1$仍$_1$凌$_1$陵$_1$。合韻 3 章,蒸職通韻 1 章,蒸陽合韻 1 章,蒸文合韻 1 章,入韻字 3 個:凝$_1$懲$_1$冰$_1$。

(6)蒸部諧聲表有一級聲符 19 個,單字 9 個。《詩經》韻譜蒸部入韻字 26 個,分屬 16 個一級聲符,還有一個單字(兢);《楚辭》韻譜蒸部入韻字 11 個,分屬 10 個一級聲符,在《詩經》一級聲符之外,增加了"膺、仍"兩個一級聲符。蒸部不見於詩韻的一級聲符只有一個再聲。

四、幽　部

（一）幽部字表

1. 幽部開一 [əu]

調 聲	平　豪　[ɑu]	上　晧	去　号
影 ∅		〈烏晧〉媪 (ǎo)	
曉 x	〈呼毛〉薅茠 (hāo)	〈呼晧〉好好壞政 (hǎo)	〈呼到〉好喜好 (hào)
匣 ɣ	〈胡刀〉嗥 (háo)	〈胡老〉晧皓浩暤皞〈(集)下老〉皓皞澔 (hào)	
見 k	〈古勞〉臯皋橐咎咎繇,人名鼛槔䓘橰蓉〈(集)居勞〉獋夷獋,人名 (gāo)	〈(集)古老〉嵃 (gǎo)	
溪 k'	〈苦刀〉尻〈(集)丘刀〉脁 (kāo)	〈苦浩〉考攷栲祰丂〈(集)〉栲 (kǎo)	
疑 ŋ	〈五勞〉翱〈(説)五牢〉翺 (áo)		
端 t	〈都牢〉裯祇裯〈(集)都勞〉舠 (dāo)	〈都晧〉擣㠀島禂禱壔〈(集)覩老〉隝島 (dǎo)	
透 t'	〈土刀〉絛韜縚謟滔幬慆槄夲搯〈(集)〉舀騊 (tāo)	〈他浩〉討 (tǎo)	
定 d	〈徒刀〉燾人名用字濤 (tāo) 陶詾綯檮騊萄匋鋾蜪 (táo)	〈徒晧〉道路,道理稻 (dào)	〈徒到〉導蹈 (dǎo) 導* 翿燾覆蓋幬纛〈(集)大到〉道引導翢 (dào)
泥 n	〈奴刀〉猱獶瓇獿猿屬〈(集)〉夒獿 (náo)		
來 l	〈魯刀〉牢醪嘐哰嘐哰〈(集)郎刀〉浶 (láo)	〈盧晧〉老恅 (lǎo)	
精 ts	〈作曹〉糟醩遭糟傮 (zāo)	〈子晧〉早蚤棗 (zǎo)	
清 ts'		〈采老〉草艸慅憂愁懆〈(集)采早〉屮草 (cǎo)	〈七到〉造到也慥 (zào)
從 dz	〈昨勞〉曹螬槽螬嘈蓸漕褿 (cáo)	〈昨早〉皁皂造造作艁 (zào)	
心 s	〈蘇遭〉騷搔溞梭傜慅動 (sāo)	〈蘇老〉嫂嫂埽掃掃除蔜 (sǎo)〈蘇后-厚〉叜叟傁傻瞍 (sǒu)	
幫 p	〈博毛〉褒褒 (bāo)	〈博抱〉寶珤保呆古"保"字褓緥鴇葆鴇宲䒷 (bǎo)〈方垢-厚〉捊 (bǔ)	〈薄秏〉報 (bào)
滂 p'	〈普袍〉橐 (pāo)		
並 b	〈薄褒〉袍 (páo)〈薄侯-侯〉裒捊〈(集)蒲侯-侯〉垺 (póu)	〈薄浩〉抱 (bào)	〈薄報〉勹抱袌懷抱 (bào)
明 m		〈莫厚-厚〉牡〈(集)莫後-厚〉牟中牟,地名 (mǔ)	〈莫候-候〉戊 (wù) 茂貿鄮袤冃重覆 (mào)

2. 幽部開二 [eəu]

調 聲	平　肴　[au]	上　巧	去　效
影 Ø	〈於交〉坳〈(集)〉泑水名 (āo)	〈於絞〉拗 (ǎo) 狕 (yǎo)	
曉 x	〈許交〉虓猇哮嘐嘐嘐,自大貌〈(集)虛交〉烋烋烋 猳犬驚叫 (xiāo)		〈呼教〉孝䴹 (xiào)
見 k	〈古肴〉膠轇 (jiāo)	〈古巧〉鐅疝 (jiǎo)	〈(集)居效〉窌窖 (jiào)
溪 kʻ	〈(集)丘交〉猳狡獪 (qiāo)	〈苦絞〉巧 (qiǎo)	
端 t	〈陟交〉啁啁哳 (zhāo)		
泥 n		〈奴巧〉獿獿猳,犬驚吠 (nǎo)	
來 l	〈力嘲〉窌深空貌 (liáo)		
莊 ʧ	〈側交〉抓用手或爪取物 (zhāo)	〈側絞〉爪叉瑵 (zhǎo)	
幫 p	〈布交〉包胞枹木名苞勹〈(集)班交〉郇 (bāo)	〈博巧〉飽 (bǎo)	
滂 pʻ	〈匹交〉泡水名脬 (pāo)		〈匹皃〉奅窌南窌,地名皰疱 〈(集)披教〉麭 (pào)
並 b	〈薄交〉庖咆匏炮燒烤也炰爮颮風急起鞄狍跑足跑地 〈(集)蒲交〉泡泡泡,急流聲 (páo)	〈薄巧〉鮑 (bào)	
明 m	〈莫交〉茅蟊盤蝥 (máo)	〈莫飽〉卯昴茆 (mǎo)	

3. 幽部開三 [ĭəu]

調 聲	平　尤　[ĭəu]	上　有	去　宥
影 Ø	〈於求〉憂優瀀麀櫌鄾幽嚘櫌纋 〈(集)〉悥懮憂 (yōu)	〈於柳〉懮懮受鰤 (yǒu)	〈(集)一笑-笑〉幼幼妙 (yào)
曉 x	〈許尤〉休貅鵂儵庥髹髤咻〈(集) 虛尤〉鬆 (xiū)	〈許久〉朽殇 (xiǔ)	〈許救〉齅〈(集)〉嗅以鼻就臭臭 氣味 (xiù)〈香仲-送〉趨 (xiòng)
見 k	〈居求〉鳩丩勼〈(集)居尤〉摎絞死 (jiū)〈舉朱-虞〉抹盛土 (jū)	〈舉有〉九韭 (jiǔ)〈居洧-旨〉 軌簋杋晷厬宄匭氿 (guǐ)	〈居祐〉究 (jiū) 救廐究* 㲃匓 遒〈(說)居又〉廄 (jiù)
溪 kʻ		〈去久〉糗 (qiǔ)	
羣 g	〈巨鳩〉仇仇讎,仇恨 (chóu) 仇伴侶厹 厹求蛷蝨逑球璆艽觓莍郲賕梂 朹木名俅脙絿銶犰捄長貌肍盚艏 (qiú)〈渠追-脂〉逵馗踦頯奍頄 (kuí)〈渠遥-宵〉荍 (qiáo)	〈其九〉舅倃臼齨麔咎過失臯 (jiù)	〈(集)巨救〉鮥 (jiù)
端 t	〈張流〉輈盩啁啁噍譸侜〈(集)〉鵃 (zhōu)	〈陟柳〉肘疛 (zhǒu)	
透 tʻ	〈丑鳩〉抽搯引瘳妯動也 (chōu) 惆 (chóu)〈(集)〉眘 (chōu)	〈敕久〉丑杽 (chǒu)	
定 d	〈直由〉儔躊幬牀帳裯單被噣疇紬綢 綢繆稠薵篟籌檮怞懤紬 (chóu)	〈除柳〉紂 (zhòu)〈(集)直紹-小〉 掚 (zhào)	〈直祐〉酎籀 (zhòu)
餘 ʎ	〈以周〉悠攸 (yōu) 猷猶油由蕕卣 輶蚰蝣楢斿斿車游遊郵亭名酉覰莤 〈(集)夷周〉甹木生條旒滺蝣莜怞憂 貌 (yóu)〈餘昭-宵〉陶皋陶,人名 (yáo)	〈與久〉酉丣牖卣槱莠歔蟄 (yǒu) 誘羑 (yòu)〈以沼-小〉舀 (yǎo)	〈余救〉狖貁褎服飾盛貌 (yòu)

調\聲	平 尤 [ĭəu]	上 有	去 宥
泥 n		〈女久〉狃紐鈕杻菣朒邥〈(集)女九〉忸衄 (niǔ)	〈女救〉飪 (niù)
來 l	〈力求〉劉留摎姓鶹騮駵嘐流沭瀏瘤塗旒瑠酈蓅瀏鎦閶懰梳遛逗遛鰡鏐〈(集)〉斿旗下垂物琉珋蓼瀏水清貌 (liú)	〈力久〉柳罶懰美好綹 (liǔ)	〈力救〉溜水名霤餾窌地名廇�蹓〈(集)〉榴築牆布土 (liù)
章 t	〈職流〉周州輈洲賙賙舟婤〈(集)之由〉舟週,周遍 (zhōu)	〈之九〉帚箒婦 (zhǒu)	〈之戍-遇〉鑄 (zhù)
昌 tʻ	〈赤周〉犫 (chóu)	〈昌九〉醜 (chǒu)	〈尺救〉臭香臭殠腐臭 (chòu)
書 ç	〈式州〉收 (shōu)	〈書九〉首百手守守衛 (shǒu)	〈舒救〉狩獸守職守,郡守 (shòu)
禪 z	〈市流〉讎讐敵酬酬壽犨訬犪雔酨鄩 (chóu)	〈殖酉〉受壽綬 (shòu)	〈承呪〉授售賣得出去 (shòu)
日 n̴	〈耳由〉柔鍒糅騥蹂踩葇鞣腬鶔揉〈(集)而由〉腬粈 (róu)	〈人九〉糅輮瓜肉,"蹂"的古文粈 (róu)〈(集)忍九〉揉 (rǒu)〈而沼-小〉擾〈(集)爾紹-小〉瓔 (rǎo)	
精 ts	〈即由〉啾揫揪振揫湫湖名〈(集)將由〉鬏 (jiū)〈即消-宵〉椒茮〈(集)茲消-宵〉虋菽菽蓋,小草 (jiāo)	〈子酉〉酒 (jiǔ)	
清 tsʻ	〈七由〉秋烌鶖緧湫集鶖楸萩萩趥〈(集)雌由〉穐櫹楸鰌 (qiū)		
從 dz	〈自秋〉酋遒崷艄蝤〈(集)字秋〉遒迫也 (qiú)	〈在九〉〈(又)親小-小〉愀 (qiǎo)	
心 s	〈息流〉脩修羞 (xiū)	〈息有〉滫糔 (xiǔ)	〈息救〉秀琇〈(集)〉璓 (xiù)
邪 z	〈似由〉囚泅汓茵鮂 (qiú)〈(又)藏宗-冬〉懰 (cóng)		〈(集)似救〉褎袖 (xiù)
莊 tʃ			〈側救〉皺 (zhòu)
初 tʃʻ			〈初救〉簉* 蓲 (chòu) 簉 (zào)
崇 dʒ	〈士尤〉愁漅 (chóu)		
山 ʃ	〈所鳩〉㨤搜颼浽便溺鋑廋蒐獀膄鄋 (sōu)	〈(集)所九〉溲浸沃 (sǒu)	〈所祐〉瘶瘦 (shòu)
幫 p		〈方久〉缶〈(集)俯九〉瓿 (fǒu) 鈽 (fǔ)	
滂 pʻ	〈芳無-虞〉孚信用郛俘莩 (fú) 孚孵化郛*鄜鄜篞孵稃莩*〈(集)〉麰 (fū)		
並 b	〈縛謀〉浮桴枹罘芣桴蜉烰 (fú)	〈房九〉阜 (fù)〈平表-小〉殍 (piǎo)	
明 m	〈莫浮〉眸牟牛鳴侔麰恈鶜繆綢繆 (móu) 矛蟊髳髳 (máo)		

4. 幽部開四 [iəu]

調 聲	平　幽(喉脣)　[iəu] 　　蕭(舌齒)　[ieu]	上　黝(喉脣) 　　篠(舌齒)	去　幼(喉脣) 　　嘯(舌齒)
影 Ø	〈於虯〉幽泑澤名呦蚴蟉 (yōu) 〈於堯-蕭〉幺 (yāo)	〈於糾〉黝怮蚴拗〈集〉歈 (yǒu) 〈烏晈-篠〉窈窕〈集〉伊鳥-篠〉 宎窅 (yǎo)	〈伊謬〉幼幼小 (yòu)
見 k	〈居虯〉樛朻朻〈集〉居虬〉赳 (jiū)	〈居黝〉糾〈集〉吉酉〉紏同"糾" (jiū)	〈古弔-嘯〉叫訆噭 (jiào)
羣 g	〈渠幽〉虯蚪觩觓 (qiú)		
端 t	〈都聊〉琱凋鯛雕鵰彫裯鵃 (diāo)	〈都了〉鳥蔦褭短衣〈集〉丁了〉 樢蔦 (niǎo)	〈多嘯〉窵 (diào)
透 t'	〈吐彫〉蓨草名〈集〉他彫〉蓨 (tiāo)	〈土了〉窱 (tiǎo)	
定 d	〈徒聊〉條鋚䈄蜩調調和鬌儵肍鰷 (tiáo)		〈徒弔〉調調動莜篠〈集〉〉 蓧芸田器〉甌 (diào)
泥 n		〈奴鳥〉褭疊以組帶馬 (niǎo)	
來 l	〈落蕭〉聊憀嵺䆁漻清澈髎爎〈集〉 憐蕭〉廫嶚 (liáo) 〈力幽-幽〉蟉 (liú)	〈盧鳥〉蓼草本植物嫽 (liǎo)	
精 ts		〈子了〉湫低下 (jiǎo)	
心 s	〈蘇彫〉艘 (sōu) 蕭簫蠨翛〈集〉 先彫〉橚瀟蠨 (xiāo)	〈先鳥〉篠筱篠 (xiǎo)	
幫 p	〈甫烋〉彪髟驫 (biāo) 〈説〉从 木驫聲〉奰		
並 b	〈皮彪〉滮〈集〉皮虯〉瀌 (biāo)		
明 m			〈靡幼〉謬繆謬誤 (miù)

（二）幽部諧聲表

幽部聲符

幺聲	丝聲	幽聲(蟉)	幼聲(窈)	悤聲	憂聲(擾)
好聲(薅)	休聲(茠)	丂聲	考聲(栲)	孝聲(哮)	求聲(救)
九聲	尻聲(朐)	軌聲(氿)	丩聲	收聲(菽)	咎聲
晷聲(厬)	臼聲(舅)	由聲(油)	斿聲(遊)	告聲	造聲(簉)
皓聲(滈)	攸聲	條聲(篠)	脩聲(滫)	悠聲(滺)	𠃬〔疇〕聲
霄聲	壽聲(疇)	舀聲(韜)	翏聲	漻聲(鏐)	膠聲(廖)
匋聲(陶)	首聲	道聲(導)	周聲(綢)	舟聲(輈)	州聲(酬)
肘聲(紂)	手聲(杽)	守聲(狩)	受聲(綬)	酉聲(酒)	酋聲
猶聲(蕕)	丑聲	狃聲(茻)	皋聲(翱)	鹵聲	卤聲(覷)
歐聲(鏖)	秀聲	莠聲(琇)	曹聲(糟)	早聲	草聲(懆)
叉聲	蚤聲(騷)	叜〔叟〕聲	娿聲(嫪)	爪聲(抓)	臭聲(糗)

殷聲(廄)	矛聲(頹)	帚聲(歸)	倠聲(讎)	龜聲(秋)	愁聲(湫)
蕭聲(瀟)	囟聲(泅)	鳥聲(鴇)	柔聲(猱)	夒聲(獶)	牢聲(滓)
亞聲	聊聲(嘹)	畱聲	膤聲(籀)	劉聲(瀏)	老聲(恅)
流聲(塗)	呆聲	保聲(褓)	缶聲(寶)	勹聲	包聲(抱)
早聲(鵠)	孚聲(俘)	牟聲(眸)	戊聲(茂)	卯聲	貿聲(鄝)
矛聲(茅)	彪聲(滮)	髟聲(髟)	驫聲(驫)		

單字

討	夲	棗	艸〔屮〕	皁〔皂〕	麃	簋	韭	盩	汙	獸	麰	脜
瓜	卣	牖	褎		汙		蒐	裏	報	勼	牡	曰	阜

（三）幽部韻表

幽部《詩經》韻譜

《周南·關雎》一章:鳩洲逑;二章:流求。《兔罝》二章:逑仇。《漢廣》一章:休求。《召南·小星》二章:昴裯猶。《野有死麕》一章:包誘。《邶風·柏舟》一章:舟流憂遊。《擊鼓》四章:手老。《匏有苦葉》二章:軌牡。《谷風》四章:舟游求救;五章:讎售。《泉水》四章:漕悠遊憂。《鄘風·墙有茨》一章:埽道道醜。《載馳》一章:悠漕憂。《衛風·竹竿》四章:滺舟遊憂。《木瓜》一、二、三章:報好。《王風·黍離》一、二、三章:憂求。《采葛》二章:蕭秋。《鄭風·緇衣》二章:好造。《叔于田》二章:狩酒酒好。《大叔于田》三章:鴇首手阜。《遵大路》二章:手魗好。《女曰雞鳴》二章:酒老好;三章:好報。《風雨》二章:瀟膠瘳。《齊風·還》二章:茂道牡好。《唐風·蟋蟀》三章:休慆憂休。《山有樞》二章:栲杻埽考保。《椒聊》一、二章:聊條。《羔裘》二章:褎究好。《有杕之杜》二章:周遊。《秦風·駟驖》一章:阜手狩。《小戎》二章:阜手。《無衣》一章:袍矛仇。《權輿》二章:簋飽。《陳風·宛丘》三章:缶道翿。《東門之枌》三章:荍椒。《月出》二章:皓懰受慅。《曹風·下泉》二章:蕭周。《豳風·七月》六章:棗稻酒壽;七章:茅綯;八章:蚤韭。《破斧》三章:銶遒休。

《小雅·常棣》二章:哀求。《伐木》二章:埽簋牡舅咎。《天保》六章:壽茂。《采薇》二章:柔憂。《魚麗》一、二、三章:罶酒。《南山有臺》四章:栲杻壽茂。《湛露》二章:草考。《彤弓》三章:櫜好醻。《菁菁者莪》四章:舟浮休。《采芑》四章:讎猶醜。《車攻》二章:好阜草狩。《吉日》一章:戊禱好阜阜醜。《斯干》一章:苞茂好猶。《節南山》八章:矛醻。《十月之交》一章:卯醜;八章:憂休。《雨無正》五章:流休。《小弁》二章:道草擣老首;七章:酬究。《巷伯》五章:好草。《北山》五章:酒咎。《鼓鍾》三章:鼛洲妯猶。《楚茨》六章:飽首考。《信南山》五章:酒牡考。《大田》二章:阜好莠。《頍弁》三章:首阜舅。《魚藻》一章:首酒。《角弓》八章:浮流憂。《菀柳》一、二章:柳蹈。《隰桑》三章:幽膠。《白華》二章:茅猶。《瓠葉》二、三章:首酒;四章:首炮酒醻。《苕之華》三章:首罶飽。《何草不黃》四章:草道。

《大雅·文王》七章:臭孚。《下武》二章:求孚。《文王有聲》三章:猶孝。《生民》五章:道草茂苞襃秀好。《公劉》四章:曹牢匏。《卷阿》二章:游休酋。《抑》六章:讎報。《桑柔》一章:柔劉憂;六章:寶好。《崧高》五章:寶舅保。《烝民》三章:考保。《韓奕》一章:道考。《江漢》一章:浮滔遊求;六章:首休考壽。《常武》三章:遊騷;五章:苞流。《瞻卬》一章:收瘳;六章:優憂。

《周頌·雝》:牡考;又:壽考。《載見》:考壽保。《小毖》:鳥蓼。《魯頌·有駜》二章:牡酒。《泮水》三章:茆酒酒老道醜;五章:陶囚;七章:馘搜。《商頌·長發》四章:球旒休絿柔優遒。

幽部《詩經》合韻譜

幽覺通韻　《邶風·日月》二章:冒好報。《王風·中谷有蓷》二章:脩歗歗淑;《兔爰》二章:罿造憂覺。《鄭風·清人》三章:軸陶抽好。《唐風·揚之水》二章:皓繡鵠憂。《小雅·小旻》三章:猶就咎道。《大雅·蕩》三章:祝究。《周頌·維天之命》:收篤。

幽宵合韻　《王風·君子陽陽》二章:陶翿敖。《齊風·載驅》四章:滔儦遨。《陳風·月出》一章:皎僚糾悄。《豳風·七月》四章:葽蜩。《鴟鴞》四章:譙修翛搖曉。《小雅·正月》十二章:酒殽。《巷伯》六章:受昊。《桑扈》四章:馘柔敖求。《大雅·思齊》三章:廟保。《民勞》二章:休逑恢憂休。《抑》三章:酒紹。《周頌·良耜》:糾趙蓼朽茂。

幽之合韻　《大雅·思齊》五章:造士。《瞻卬》二章:有收。《召旻》四章:茂止。《周頌·閔予小子》:(子)造疚考孝。《訪落》:止考。《絲衣》:紑俅基牛鼐馘柔休。

幽侯合韻　《秦風·小戎》一章:收輈驅。《大雅·棫樸》一章:槱趣。《生民》七章:揄蹂叟浮。

幽東合韻　《小雅·車攻》:調同。

幽部《楚辭》韻譜

《離騷》:遊求;又:好巧;又:留茅;又:流啾。

《九歌·湘君》:猶洲修舟流。《山鬼》:蕭憂。

《天問》:道考;又:虬遊;又:嫂首;又:流求;又:憂求。

《九章·惜誦》:仇讎;又:保道。《抽思》:浮慢。《思美人》:悠憂。《惜往日》:幽聊由;又:憂求游。《橘頌》:道醜;又:求流。《悲回風》:聊愁。

《遠遊》:遊浮;又:留由。

《九辯》:秋楸悠愁。

《大招》:淑悠膠寥;又:秀雷。

幽部《楚辭》合韻譜

幽覺通韻　《天問》:告救。《九章·惜誦》:好就。《抽思》:救告。

幽宵合韻　《九章·惜往日》:流昭。

幽之合韻　《天問》:首在守。《九章·惜往日》:佩好。《遠遊》:疑浮。

幽東合韻　《離騷》:同調。

(四)説　明

(1)麃(幽韻,biāo),《手册》取宵韻甫遥切,是不規則變化,《表稿》改取幽韻甫烋切,列在開四。《説文》還有"藨"字,《手册》沒有補上。徐鉉《説文解字》木部:"藨,眾盛也。從木,麃聲。《逸周書》曰:'(藨)疑沮事。'闕。"徐鉉加注《唐韻》反切:"所臻切。"段玉裁注指出:藨字"《廣韻》甫烋切,又音標。然則藨音當在三部,明矣。而鉉云所臻切⋯⋯與許云麃聲者不合"。段注是對的。《表稿》增補藨字時,只得用《説文》諧聲,附在麃字之後。

(2)幽部聲符跟覺部相通的很多,例如告聲:晧韻有"晧浩皓澔(hào)、祮(kǎo)、造艁(zào)"等7字,号韻有"造愺(zào)、誥郜告(gào)、靠(kào)"等6字,效韻有"窖(jiào)"1字,宥韻有"簉莡"(chòu)2字,沃韻有"鵠(hú)、陆(gǔ)、梏牿告(gù)、酷焅罃告倍(kù)"等10字,覺韻有"梏(jué)、硞(què)"2字。如何處理這些告聲字的歸部問題,我在《王力古漢語字典音讀校勘記》中做過討論,我指出:"陰入不分,'告'聲無疑歸幽部,陰入分開,'告'聲字就比較麻煩。它雖然大多數字中古是在去、入韻,卻有少數字在上聲韻。而且《詩經》押韻既有押覺部的⋯⋯又有押幽部的。"該字典歸部原則不統一,自相矛盾,應該糾正。我提出:"從統一的角度考慮:凡'造'聲字不管中古在上聲韻還是去聲韻,一律歸幽部","凡'告'聲字中古是上聲,一律歸幽部,中古是去聲,一律歸覺部"。《手册》就是採取這一原則。最後還指出:"'靠'字列宵部,顯係誤置,自當改列覺部。"我的這些意見居然遭到某些人的輕視,甚至文字攻擊。"靠"字列宵部,始作俑者是《漢語大字典》。"靠"字歸宵部,卻騙得了《王力古漢語字典》該字撰稿人和負責審音人的信任,連新版《辭源》還照抄不誤。這裏不得不指出:《説文》:"靠,相韋也。從非,告聲。"段注:"苦到切,古音在三部。"江有誥《入聲表》"靠"在幽部一等開口沃之半溪母的位置。這些宵部的主張者,看到或者説想到過段玉裁、江有誥的這兩條資料嗎?如何解釋"靠"從覺部跑到了宵部?按我的説法,同是去聲号韻苦到切,告聲的"靠"是覺部,高聲的"犒"才是宵部。這就是顧炎武的"離析唐韻"。還有逵(脂韻,kuí),坴聲在覺部,陰入對轉入幽部。

(3)媪(晧韻,ǎo),昷聲,昷聲在文部,由陰陽旁對轉入幽部。狖貁(宥韻,yòu),宂聲,宂聲在東部,由陰陽旁對轉入幽部。鞧(尤韻,jiū),焦聲,焦聲在宵部,由旁轉入幽部。幺(蕭韻,yāo),《手册》從江有誥列宵部,《表稿》改列幽部,"丝、幽、幼"等都在幽部。

(4)幽部開口一等中古進入豪(晧号)韻系列,從《表稿》來看,卻有4母16字在侯(厚候)韻系列,心母:妾叜俊㑞膄(厚韻,sǒu);幫母:掊(厚韻,bǔ);並母:裒抔垺(侯韻,póu);明母:牡牟_{中牟,地名}(厚韻,mǔ)、戊(厚韻,wù)、茂貿鄮袤曰_{重覆}(候韻,mào)。幽部開口三等中古是進入尤(有宥)韻系列,卻更有8母12字在宵(小笑)韻系列,影母:幼幼妙(笑韻, yào);羣母:荍(宵韻, qiáo);定母:掉(小韻, zhào);餘母:陶皋陶,人名(宵韻, yáo),舀(小韻, yǎo);日母:擾𢺕(小韻, rǎo);精母:椒茮菽菽藟,小草(宵韻, jiāo);從母:愀(小韻, qiǎo);並母:殍(小韻, piǎo)。兩處都構成了有系統的重疊,不是個别的不規則變化。正如《漢語史稿》指出的(《王力文集》第九卷107頁):"漢代開始尤侯幽通用","中古的蕭宵,從漢代就形成了"。這就是說,幽部開一、開三的系列重疊現象是幽部、宵部、侯部變化、合流的一種反映。

(5)幽部《詩經》押韻112章,入韻字123個:幽$_1$ 憂$_{13}$ 優$_2$ 皓$_1$ 休$_{10}$ 孝$_1$ 好$_{18}$ 荍$_1$ 咎$_2$ 舅$_3$ 求$_9$ 逑$_1$ 球$_1$ 絿$_1$ 觩$_1$ 銶$_1$ 仇$_2$ 究$_2$ 軌$_1$ 鳩$_1$ 逵$_1$ 考$_{10}$ 栲$_2$ 救$_1$ 韭$_1$ 簋$_2$ 膠$_2$ 鼛$_1$ 櫜$_1$ 搜$_1$ 裒$_2$ 囚$_1$ 蕭$_2$ 瀟$_1$ 秀$_1$ 誘$_1$ 莠$_1$ 埽$_3$ 騷$_1$ 酋$_1$ 遒$_2$ 酒$_{14}$ 蚤$_1$ 棗$_1$ 阜$_1$ 造$_1$ 曹$_1$ 漕$_2$ 秋$_1$ 草$_6$ 慅$_1$ 椒$_1$ 悠$_2$ 滺$_1$ 游$_2$ 遊$_6$ 猶$_6$ 陶$_1$(皋陶)受$_1$ 壽$_6$ 醻$_3$ 醜$_1$ 酬$_1$ 洲$_2$ 售$_1$ 讎$_3$ 收$_1$ 手$_5$ 首$_{10}$ 狩$_3$ 柔$_3$ 臭$_1$ 醜$_5$ 周$_2$ 裯$_1$ 舟$_4$ 流$_5$ 旒$_1$ 劉$_1$ 懰$_1$ 罶$_2$ 柳$_2$ 聊$_2$ 蓼$_1$ 老$_4$ 牢$_1$ 鳥$_1$ 杻$_2$ 翿$_1$ 綯$_1$ 道$_9$ 稻$_1$ 蹈$_2$ 慆$_1$ 滔$_1$ 絛$_2$ 妯$_1$ 瘳$_2$ 禱$_1$ 擣$_1$ 矛$_2$ 茅$_2$ 卯$_1$ 昴$_1$ 茆$_1$ 牡$_6$ 戊$_1$ 茂$_5$ 包$_1$ 苞$_3$ 飽$_3$ 袍$_1$ 匏$_1$ 炮$_1$ 保$_4$ 寶$_2$ 鴇$_1$ 報$_5$ 缶$_1$ 裒$_1$ 孚$_2$ 浮$_3$ 阜$_6$。

幽部《詩經》合韻30章,入韻字39個。幽覺通韻8章,幽宵合韻12章,幽之合韻6章,幽侯合韻3章,幽東合韻1章。入韻字爲:憂$_3$ 皓$_1$ 休$_3$ 孝$_1$ 好$_2$ 咎$_1$ 求$_1$ 俅$_1$ 逑$_1$ 觩$_2$ 考$_2$ 朽$_1$ 究$_1$ 糾$_2$ 造$_3$ 酒$_2$ 叟$_1$ 修$_1$ 脩$_1$ 滔$_1$ 抽$_1$ 輈$_1$ 陶$_2$ 受$_1$ 道$_1$ 翿$_1$ 蜩$_1$ 調$_1$ 猶$_1$ 槱$_1$ 蓼$_1$ 收$_3$ 柔$_2$ 蹂$_1$ 保$_1$ 報$_1$ 浮$_1$ 罦$_1$ 茂$_2$。

(6)幽部《楚辭》押韻25章,入韻字39個:幽$_1$ 憂$_4$ 懮$_1$ 好$_1$ 求$_5$ 仇$_1$ 虯$_1$ 膠$_1$ 考$_1$ 巧$_1$ 啾$_1$ 秋$_1$ 楸$_1$ 嫂$_1$ 修$_1$ 秀$_1$ 蕭$_1$ 愁$_2$ 道$_3$ 流$_4$ 留$_2$ 霤$_1$ 聊$_2$ 寥$_1$ 洲$_1$ 舟$_1$ 醜$_1$ 首$_1$ 讎$_1$ 猶$_1$ 游$_1$ 遊$_3$ 由$_2$ 悠$_3$ 滺$_1$ 保$_1$ 報$_1$ 浮$_2$ 茅$_1$。

幽部《楚辭》合韻8章,入韻字7個。幽覺通韻3章,幽宵合韻1章,幽之合韻3章,幽東合韻1章。入韻字爲:好$_2$ 救$_2$ 調$_1$ 流$_1$ 首$_1$ 守$_1$ 浮$_1$。

(7)幽部《詩經》《楚辭》的押韻資料很多。幽部聲符也很多,在一百個以上,一級聲符就有65個。《詩經》韻譜押韻112章,入韻字123個,分屬幽部53個一級聲符,還有7個單字(韭、簋、棗、阜、報、牡、阜)。《詩經》合韻譜入韻字39個,《楚辭》入韻譜字39個,合韻譜入韻字7個,未增加入韻一級聲符或單字。幽部未入韻的一級聲符12個:臯聲、夒聲、爪聲、𣪊聲、夰聲、肘聲、卣聲、𠂔聲、牟聲、彪聲、髟聲、鬻聲,還有18個單字。這些聲符大都是被諧字很少的偏僻聲符。

五、覺　部

（一）覺部字表

1. 覺部開一 [ɔ̯uk]/[ə̯uk]

調聲	短入　沃　　　[uok]	長入　号　　　[ɑu]
影 Ø		〈烏到〉奥西南隅懊澳邊涯 (ào)
匣 ɣ	〈胡沃〉鵠 (hú)	
見 k	〈古沃〉梏刑具牿告告訴,請求 (gù) 陼 (gǔ)	〈古到〉誥郜告 (gào)
溪 k'	〈苦沃〉酷焅罄嚳〈集〉枯沃〉倍 (kù)	〈苦到〉靠 (kào)
端 t	〈冬毒〉督裻 (dū) 篤竺厚褥〈集〉都毒〉管竺豰 (dǔ)	
定 d	〈徒沃〉毒薄螴纛*毛羽車飾 (dú) 纛 (dào)	〈徒耐-代〉瑇 (dài)
來 l		〈郎到〉嫪 (lào)
精 ts		〈則到〉竈 (zào)
清 ts'	〈七則-德〉城 (cè)	
明 m	〈莫沃〉瑁 (mù)	〈莫報〉冃古"帽"字帽瑁冒瞀媚楣〈集〉瞀瞀 (mào)

2. 覺部開二 [eɔ̯uk]/[eə̯uk]

調聲	短入　　覺　　[ɔk]	長入　　效　　[au]
影 Ø	〈於角〉鸑 (wò)	
匣 ɣ	〈胡覺〉學嶨鸒樂斆 (xué)	〈胡教〉斅教嚤〈集〉下巧-巧〉澩水聲 (xiào)
見 k	〈古岳〉覺覺悟梏直 (jué)	〈古孝〉窖覺*睡醒 (jiào) 覺 (jué) 〈古巧-巧〉攪 (jiǎo)
溪 k'	〈苦角〉碻碏 (què)	
並 b	〈蒲角〉雹 (báo)	

3. 覺部開三 [ĭɔ̯uk]/[ĭə̯uk]

調聲	短入　　屋　　[ĭuk]	長入　　宥　　[ĭəu]
影 Ø	〈於六〉懊墺薁澳水邊隩篊〈集〉乙六〉奥援 (yù)	
曉 x	〈許竹〉蓄稸畜養媀慉〈許玉-燭〉旭勖 (xù)	
見 k	〈居六〉菊鞠蘜蓻掬匊鞠鞫歉鵴鶪鮪椈臼又手鵙踘趜〈集〉蘜 (jú)	
溪 k'	〈驅匊〉麴麯 (qū)	
羣 g	〈渠竹〉騷蜙〈集〉輂 (jú)	

續表

調/聲	短入 屋 [ĭuk]	長入 宥 [ĭəu]
端 t	〈張六〉竹竺竹筑茿 (zhú) 築 (zhù)	
透 tʻ	〈丑六〉滀蓫羊蹄菜鄐矗〈(集)勅六〉畜牲畜慉 (chù)	〈(集)丑救〉畱畜,六畜 (chù)
定 d	〈直六〉逐舳鱁蓫馬尾草柚杼柚 (zhú) 軸妯妯娌 (zhóu)	〈直祐〉冑冑裔冑甲冑宙詶咒駎〈(集)〉轝鞁 (zhòu)
餘 ʎ	〈余六〉育毓鬻緰焴淯弆育 (yù)	〈余救〉鼬柚 (yòu)
泥 n	〈女六〉朒縮朒衄蚎沑 (nǜ)	
來 l	〈力竹〉六 (liù) 陸戮勠稑穋鵱蓼長大貌鯥坴宍僇 (lù)	〈力救〉廖 (liào) 鷚翏〈(集)〉雡 (liù)
章 ȶ	〈之六〉祝柷 (zhù) 粥〈(集)〉鬻粥 (zhōu)	〈職救〉呪咒,詛咒祝禱祝 (zhòu)
昌 ȶʻ	〈昌六〉俶始琡埱埱〈(集)〉諔 (chù)	
書 ɕ	〈式竹〉叔透驚尗豆類菽 (shū) 儵倏儵篨 (shù)	
禪 ʑ	〈殊六〉熟孰塾璹 (shú) 淑 (shū)	
日 ȵ	〈如六〉肉宍 (ròu)	
精 ts	〈子六〉蹴蹴踖慼顣 (cù) 槭* 木名歡欶 (zú) 槭 (qī)	〈即就〉僦 (jiù)
清 tsʻ	〈(集)七六〉鼀蹴蹙噈酨 (cù)	
從 ʥ		〈疾僦〉就鷲 (jiù)
心 s	〈息逐〉肅宿住宿蓿夙王鷫驌鱐礵潚橚艏〈(説)〉殂夙 (sù)	〈息救〉繡宿星宿〈(集)〉鏽 (xiù)
邪 z		〈似祐〉岫褎袖 (xiù)
山 ʃ	〈所六〉縮摍 (suō) 茜蹜摵到 (sù)	
幫 p	〈方六〉腹複輹 (fù)	〈方副〉鍑 (fù)
滂 pʻ	〈芳福〉蝮覆 (fù)	
並 b	〈房六〉復返馥複椱寝复鰒〈(集)〉复复 (fù)〈符逼-職〉愎 (bì)	〈扶富〉復又䨱〈(集)〉复重也 (fù)
明 m	〈莫六〉目睦穆苜㒼 (mù)	

4. 覺部開四 [iə̆uk]/[iə̄uk]

調/聲	短入 錫 [iek]	長入 嘯 [ieu]
透 tʻ	〈他歷〉䏲 (tī) 倜〈(集)〉俶俶儻 (tì)	
定 d	〈徒歷〉迪笛篴滌蓧田器菽踧行平易也苖䄳 (dí)	
泥 n	〈奴歷〉惄 (nì)	
清 tsʻ	〈倉歷〉戚慼蹙鼜鏚慽磩 (qī)	
從 ʥ	〈前歷〉寂宋啾〈(集)〉溹 (jì)	
心 s		〈蘇弔〉嘯歗 (xiào)

(二)覺部諧聲表

覺部聲符

奥聲(燠) 告聲(酷) 尗聲 宋聲 叔聲 寂聲(溹) 俶聲(菽)

戚聲(堿) 竹聲(篤) 筑聲(築) 毒聲(瑇) 臼聲(舃) 學聲(澩) 覺聲(攪)

畜聲(滀)	匊聲	鞫聲(蘜)	逐聲(蓫)	翏聲(戮)	六聲	岦聲(弃)
坴聲(陸)	黿聲(竉)	祝聲(柷)	肉聲(朒)	育聲(綃)	由聲(笛)	攸聲
儵聲(鱐)	脩聲(滫)	埶聲(埶)	就聲(蹴)	肅聲(繡)	宿聲(蓿)	冃聲
冒聲(媚)	复聲	復聲(覆)	目聲(苜)	翏聲(穋)		

單字

罱	蠹	鬻〔粥〕	宊	毓	殈	夙	玊	茜	餾

（三）覺部韻表

覺部《詩經》韻譜

《邶風·谷風》五章:鞫覆育毒。《鄘風·干旄》三章:祝六告。《衛風·考槃》三章:陸軸宿告。《齊風·南山》三章:告鞠。《唐風·椒聊》二章:匊篤。《無衣》二章:六燠。《豳風·七月》六章:奧菽;《九罭》三章:陸復宿。

《小雅·我行其野》二章:蓫宿畜復。《蓼莪》四章:鞫畜育復腹。《小明》三章:奧蹙菽戚宿覆。

《大雅·既醉》三章:俶告。《桑柔》十一章:迪復毒。

《周頌·雝》:肅穆。

覺部《詩經》合韻譜

覺幽通韻　《邶風·日月》二章:冒好報。《王風·中谷有蓷》二章:脩歗歗淑。《兔爰》二章:罦造憂覺。《鄭風·清人》三章:軸陶抽好。《唐風·揚之水》二章:皓繡鵠憂。《小雅·小旻》三章:猶就咎道。《大雅·蕩》三章:祝究。《周頌·維天之命》:收篤。

覺職合韻　《豳風·七月》七章:穆麥。《小雅·楚茨》五章:備戒告。《大雅·生民》一章:夙育稷。《抑》二章:告則。《魯頌·閟宮》一章:稷福穆麥國穡。

覺屋合韻　《豳風·東山》一章:蠋宿。《小雅·采綠》一章:綠匊局沐。

覺部《楚辭》韻譜

《天問》:育腹;又:竺燠。

《九章·哀郢》:復慼。

覺部《楚辭》合韻譜

覺職合韻　《九章·懷沙》:默鞠。

覺之合韻　《大招》:畜囿。

（四）説　明

(1)覺部、幽部的聲符相通的現象相當嚴重,有的聲符只得兩部兼收,計有由聲、攸聲、肅聲、翏聲。先説蕭聲字：蕭鷫驌鱐礴瀟櫹（屋韻，sù）、鏪（宥韻，xiù）、嘯歗（嘯韻，xiào）共 10 字在覺部；蕭簫蠨欘潚蟰（蕭韻，xiāo）6 字卻在幽部，蕭聲字都在幽部，蕭聲字除“櫹膆簫蟰”外都在覺部。《手册》將“嘯歗”二字歸幽部，《表稿》改歸覺部。又如翏聲字：戮勠穆蓼僇（屋韻，lù）、嫪（号韻，lào）、廖（宥韻，liào）、鷚翏雡（宥韻，liù）10 字在覺部；樛（幽韻，jiū）、膠轇（肴韻，jiāo）、獠（肴韻，qiāo）、嘹獠（肴韻，xiāo）、璗（巧韻，jiǎo）、憀寥嫪漻髎熮廖嵺（蕭韻，liáo）、摎（尤韻，jiū）、璆（尤韻，qiú）、摎璆飂闅鰡鏐漻（尤韻，liú），24 字在幽部。去聲号韻的“嫪”、宥韻的“廖鷚翏雡”等 5 字，《手册》列幽部，《表稿》改列覺部。由聲字在覺部的有：舳柚軸妯（屋韻，zhú）、迪笛苗䄂（錫韻，dí）、冑冑胄宙詷䢱皛軸（宥韻，zhòu）、鼬柚（宥韻，yòu）、岫褏袖（宥韻，xiù）共計 20 字；在幽部的有：油由蚰邮甹怞（尤韻，yóu）、紬怞鮋（尤韻，chóu）、抽妯（尤韻，chōu）共計 11 字。去聲宥韻 12 字《手册》列幽部，《表稿》改列覺部。這三個聲符的去聲字，《漢語大字典》《王力古漢語字典》都列幽部，《手册》因襲其結論，《表稿》作出改定是正確的。

　　(2)月帽瑁冒瞀娼椙莦𧣨（号韻，mào）等月聲字 9 個，《手册》也因襲幽部成説，《表稿》也改列覺部。這是因爲，《詩·邶風·日月》二章有“冒好報”相押，段玉裁《詩經韻分十七部表》將它列在第三部上聲部分，王力《詩經韻讀》也因而列在幽部，《漢字古音手册》從之。其實“冒”字除了去聲号韻音外，還有入聲一讀。《廣韻》德韻莫北切：“冒，干也，又莫報切。”号韻月聲字也有入聲的又讀：瑁椙娼瞀莦（沃韻，mù），《手册》只收了無去聲音的“瞀”，《表稿》補收有去聲又讀的 4 字。還有“勖”（燭韻，xù），也是冒聲。冒聲字列覺部應是無疑的。潚（巧韻，xiào），攪（巧韻，jiǎo），學聲、覺聲在覺部，都無平聲被諧字，二字讀上聲，《手册》列覺部是對的。

　　(3)衄𧓎衂（屋韻，nǜ），丑聲；倜（錫韻，tì），周聲；儵倏鱐𤡔（屋韻，shù），攸聲；滌篠（錫韻，dí），條聲；𦘕（錫韻，tī），脩聲；蔥䡔（錫韻，qì），攲聲；璹（屋韻，shú），壽聲；旭（屋韻，xù），九聲；敕（屋韻，cù），酉聲；雹（覺韻，báo），包聲。這 10 個聲符都在幽部，這 17 個字都由陰入對轉到覺部。

　　(4)覺部《詩經》押韻 14 章，入韻字 26 個：奧$_1$燠$_1$薁$_1$告$_4$菊$_1$鞠$_3$畜$_2$篤$_1$毒$_2$軸$_1$迪$_1$蓫$_1$六$_2$陸$_2$祝$_1$俶$_1$菽$_2$育$_2$戚$_1$慼$_1$蕭$_1$宿$_4$復$_4$覆$_2$腹$_1$穆$_1$。

　　覺部《詩經》合韻 15 章，覺幽通韻 8 章，覺職合韻 5 章，覺屋合韻 2 章。合韻入韻字 15 個：告$_2$鵠$_1$覺$_1$菊$_1$篤$_1$穆$_1$祝$_1$軸$_1$育$_1$淑$_1$就$_1$宿$_1$繡$_1$歗$_2$冒$_1$。

　　(5)覺部《楚辭》押韻 3 章，入韻字 6 個：燠$_1$竺$_1$育$_1$慼$_1$復$_1$腹$_1$。覺部合韻 2 章，覺之、覺職合韻各一。入韻字 2 個：鞠$_1$畜$_1$。

　　(6)覺部諧聲表有一級聲符 24 個，單字 10 個。《詩經》韻譜覺部入韻字 26 個，分屬一級聲符 16 個；合韻譜入韻字 15 個，增加入韻一級聲符 4 個（覺、穆、就、冒）。《楚辭》入韻字 6

個,合韻譜入韻字 2 個,未增加一級聲符。覺部未入韻的一級聲符 4 個:肉聲、攸聲、孰聲、目聲,還有 10 個單字。

(7)段玉裁在《六書音均表》中將尤侯幽三韻分爲三(幽)、四(侯)兩部,卻將屋沃燭覺四個入聲韻單配幽部,侯部無入聲。江有誥提意見説(《音學十書·寄段茂堂先生原書》):"《表》中又以'屋沃燭覺'均爲幽入,有誥則謂當以'屋沃'之半配'幽',以'燭'與'屋覺'之半配'侯'也。"段玉裁肯定"是説也,精確之極",自己早就"欲改而未暇也"(《音學十書·答江晉三論韻》)。段、江"幽覺侯屋"的搭配關係,到了王力的《漢語史稿》中就變成幽侯覺屋四部。

六、宵　部

（一）宵部字表

1. 宵部開一 [au]

調 聲	平　豪　　　　　[ɑu]	上　晧	去　　号
影 Ø	〈於刀〉鏖麈 (āo)	〈烏晧〉芺鵝 (ǎo)	
曉 x	〈呼毛〉蒿薧薧里,墓地 (hāo)		〈呼到〉耗秏歊縮也 (hào)
匣 ɣ	〈胡刀〉豪號大呼也毫濠猇鄠勞 〈(集)乎刀〉号痛聲諕譹 (háo)	〈胡老〉昊昦鎬顥灝鰝薃鄗號 滈〈(集)下老〉暠曍白 (hào)	〈胡到〉号號号令璬 (hào)
見 k	〈古勞〉高膏羔餻篙 (gāo)	〈古老〉杲槀槁藁薃縞槀槀本,香草 臭菓 (gǎo)	〈古到〉膏肥潤 (gào)
溪 k'		〈苦浩〉薧乾魚〈(集)〉槁*木枯,俗作 "槀" (kǎo) 槀 (gǎo)	〈苦到〉犒〈(集)口到〉犒犒勞 (kào)
疑 ŋ	〈五勞〉敖遨鰲熬獒嶅鷔嶅鼇 鰲謷訧毃嗷擎嫯〈(集)牛刀〉 嚻嚻嚻獓 (áo)		〈五到〉傲奡謷高大貌〈(集)魚到〉 憦贅 (ào)
端 t	〈都牢〉刀刅 (dāo)	〈都晧〉倒仆也 (dǎo)	〈都導〉到倒倒懸莉 (dào)
透 t'	〈土刀〉饕叨忟牧攴挑挑達 (tāo) 洮 (táo)		
定 d	〈徒刀〉咷號咷桃逃鼗韜鞀駣 (táo)		〈徒到〉盜 (dào)
泥 n		〈奴晧〉匘腦匘嫐 (nǎo)	
來 l	〈魯刀〉勞辛勞澇水名螃〈(集)郎 刀〉蹡 (láo)	〈盧晧〉轑潦雨水大,路上積水蒤 (lǎo)	〈郎到〉澇水淹勞慰勞癆藥毒 (lào)
精 ts		〈子晧〉澡藻藻鱢璪璪繰繫 玉繩 (zǎo)	〈則到〉躁趮 (zào)
清 ts'	〈七刀〉操把持 (cāo)	〈采老〉慅 (cǎo)	〈七到〉操操守,品行 (cāo) 操*操行鄵 (cào)
心 s	〈蘇遭〉繅繰抽絲臊鰠 (sāo)	〈蘇老〉燥 (zǎo)	〈蘇到〉喿古"噪"字譟 (zào)
明 m	〈莫袍〉毛髦芼菜也旄氂 (máo)		〈莫報〉芼薹芼擇也眊覒糢 (mào)

2. 宵部開二 [eau]

調聲	平　肴　　　　　[au]	上　巧	去　效
曉 x	〈許交〉嚆吹管聲〈(集)虛交〉譹呼叫聲髐 (xiāo) 嚆 (hāo)		
匣 ɣ	〈胡茅〉肴餚崤殽爻 (yáo) 肴* 殽爻* 洨姣淫亂淆餚 (xiáo)		〈胡教〉效校學校傚詨〈(集)後教〉恔快也 (xiào)
見 k	〈古肴〉交蛟茭鵁鮫咬鳥聲郊这教令,使 (jiāo)	〈古巧〉絞狡佼笅鉸姣烄〈(集)吉巧〉敪 (jiǎo)	〈古孝〉教教化校考校較比較挍 (jiào)
溪 kʻ	〈口交〉敲骹磽墝 (qiāo)		
疑 ŋ	〈五交〉磝 (áo)	〈五巧〉鴢 (yǎo)	
端 t	〈陟交〉嘲〈(集)〉謿 (cháo)		
透 tʻ	〈敕交〉嘮嘮啵 (chāo)		
泥 n	〈女交〉鐃譊呶怓〈(集)尼交〉橈曲木,曲 (náo)	〈奴巧〉撓擾 (náo) 撓*擾 (nǎo)	〈(集)女教〉淖回波 (nào)
莊 ʧ	〈側交〉罩操取〈(集)莊交〉檴魚網 (zhāo)		
初 ʧʻ	〈楚交〉鈔又取鈔擾也,矯健 (chāo)		
崇 ʤ	〈鉏交〉巢轈勦抄虁樔鄛 (cháo)		
山 ʃ	〈所交〉梢梢樐捎選擇旓髾筲蛸蠨蛸筲 (shāo)		〈所教〉娋郎〈(集)〉削郎睄 (shào)〈所教〉〈(又)(集)師交-肴〉稍 (shāo)
並 b	〈薄交〉麃 (páo)		
明 m	〈莫交〉貓猫 (māo)		

3. 宵部開三 [ĩau]

調聲	平　宵　　　　　[ĩɐu]	上　小	去　笑
影 0	〈於喬〉妖祅枖訞夭盛也〈(集)〉媄祆〈於霄〉要古"腰"字,求也腰葽喓褑邀鷕 (yāo)	〈於兆〉夭折也殀 (yāo)〈(集)〉麌 (yǎo)	〈於笑〉要重要 (yào)
曉 x	〈許嬌〉嘵喧枵歆獟薂草貌哓嚻嚻 (xiāo)		
匣 ɣ	〈于嬌〉鴞 (xiāo)		
見 k	〈舉喬〉驕嬌憍鷬蕎藥草 (jiāo)	〈居夭〉矯矯敽撟蟜譑孎蹻蹻,勇武貌 (jiǎo)	
溪 kʻ	〈去遙〉蹺舉足蹺趬頻 (qiāo)		
羣 g	〈巨嬌〉喬橋趫僑鐈盉鬄〈(集)渠嬌〉嶠〈渠遙〉翹〈(集)祁堯〉招揭示 (qiáo)		〈渠廟〉轎 (jiào)

調 聲	平　宵　　　　[ĭɛu]	上　小	去　笑
端 t	〈陟遥〉朝朝夕(zhāo)		
透 t'	〈敕宵〉超怊(chāo)		〈丑召〉朓祭名(chào)
定 d	〈直遥〉晁鼂朝朝代潮(cháo)	〈治小〉肇肁兆趙旐狣洮鮡 桃〈集〉直紹肇(zhào)	〈直照〉召召喚(zhào)
餘 ʎ	〈餘昭〉遥婹偠徭繇飖歓窰䔲珧鰩 銚大鉏姚摇謡輏愮繇姚嶢䍃榣喗 蹝瑶〈集〉餘招〉遙傛蓫眘〈玉〉 余招〉徭(yáo)〈以周-尤〉遙橔 䍃繇繇從(yóu)		〈弋照〉鷂旭筄(yào)
來 l	〈力昭〉燎庭燎,火炬(liáo)	〈力小〉燎燒,烘烤憭美好(liǎo)	〈力照〉竂祭名燎燒柴祭天〈集〉 尞燎(liào)
章 tɕ	〈止遥〉昭鉊招招致剑盄〈集〉之遥〉 盄(zhāo)	〈之少〉沼(zhǎo)	〈之少〉照炤詔瞾(zhào)
昌 tɕ'	〈尺招〉弨(chāo)		
書 ɕ	〈式招〉燒(shāo)	〈書沼〉少多少邶(shǎo)	〈失照〉少少小燒野火燒田(shào)
禪 ʑ	〈市昭〉韶磬佋佋穆柖(sháo)	〈市沼〉紹裚(shào)	〈寔照〉邵召召南,召公劭卲卭 (shào)
日 nʑ	〈如招〉饒橈船橪襓蟯蕘(ráo)	〈而沼〉繞嬈煩擾(rǎo)	〈人要〉繞纏(rào)
精 ts	〈即消〉焦蕉膲鷦噍噍殺鐎蟭僬僬僥 燋(jiāo)	〈子小〉剿勦勞,滅絕濝〈集〉 摷拘擊(jiǎo)	〈子肖〉醮潐僬僬僬,行急貌〈集〉 䊆(jiào)
清 ts'	〈七遥〉幧(qiāo)	〈親小〉悄鍬(qiǎo)	〈七肖〉陗峭哨口不正帩(qiào)
從 dz	〈昨焦〉嶕嶕嶤嶢(jiāo)樵憔顦譙醮㶶 〈集〉慈焦〉嫶瘄(qiáo)		〈才笑〉噍嚼(jiào)誚(qiào) 〈集〉哨狹小(jiào)譙責備(qiào)
心 s	〈相邀〉宵消霄捎消除綃銷蛸 蠨蛸〈集〉思邀〉梢衝激肖細微萷 (xiāo)	〈私兆〉小〈集〉思兆〉杣(xiǎo)	〈私妙〉笑肖相似〈集〉仙妙〉 咲削*鞘,刀鞘(xiào)削(qiào)
山 ʃ	〈集〉雙雛-虞〉箹(shāo)		
幫 p	〈甫嬌〉鑣僄瀌蔍〈集〉悲嬌〉穮 〈甫遥〉飆標猋杓勺柄熛熛薫〈集〉 卑遥〉颮飈(biāo)	〈陂矯〉表表〈集〉俾小〉剽 末梢(biǎo)〈方小〉〈又〉〈集〉 匹沼〉瘭(piǎo)	〈方廟〉〈又〉〈集〉彼小-小〉 裱帛裱(biào)
滂 p'	〈撫招〉熛火飛也漂漂浮也嘌慓犥飄摽擊 也趬翲螵剽(piāo)〈又〉〈集〉卑遥〉 鏢刀鞘末銅飾物(biāo)	〈敷沼〉縹頒臕瞟膘〈集〉匹 沼〉漂用水沖洗(piǎo)	〈匹妙〉剽劫慓漂漂疾速勡力慓(piào)
並 b	〈符宵〉瓢瓢鐘的一種(piáo)	〈平表〉受(piǎo)〈苻少〉摽落 也芰草名(biào)	〈毗召〉驃(piào)
明 m	〈武瀌〉苗緢(miáo)	〈亡沼〉眇渺訬高也森杪秒筱 〈集〉弭沼〉䫒(miǎo)	〈眉召〉廟庿〈彌笑〉妙(miào)

4.宵部開四 [iau]

調聲	平　蕭　　　[ieu]	上　篠	去　嘯
影Ø		〈烏皎〉杳窅偠腰葽葽繞,藥草 旘皀宎宎〈(集)伊鳥〉窔室之東南隅 窔(yǎo)	〈烏叫〉窔幽暗處〈(集)一叫〉窔幽暗處(yào)
曉x	〈許幺〉膮膮憢〈(集)馨幺〉猇勇猛(xiāo)	〈馨晶〉曉曉曉(xiāo)	
匣ɣ		〈胡了〉皛芍莘藭(xiào)	
見k	〈古堯〉驍梟蟂(xiāo)県澆憿〈(集)堅堯〉噭澩(jiāo)	〈古了〉皎璬曒恔憿繳繳繞皎校儌〈(集)吉了〉僥僬僥曒(jiǎo)	
溪k‘	〈苦幺〉鄡磽毃墽(qiāo)		
疑ŋ	〈五聊〉堯嶢僥僥僥垚顤(yáo)		〈五弔〉獟狂犬(yào) 澆人名(ào)
端t	〈都聊〉貂刁蛁裦〈(集)丁聊〉韶鳭(diāo)		〈多嘯〉弔弔啍(diào)
透t‘	〈吐彫〉桃佻輕佻挑挑取桃斛(tiāo)	〈土了〉朓晦而月見西方〈(集)宨(tiǎo)	〈他弔〉朓覜朓曤朓頫絩(tiào)
定d	〈徒聊〉迢髫佻佻,獨行貌越苕芀岧(tiáo)〈(集)田聊〉韶(tiáo)	〈徒了〉窱誂挑挑撥(tiǎo)〈(集)徒了〉趙刺地(diào)跳跳戰(tiǎo)	〈(集)徒弔〉銚烹煮器(diào)
來l	〈落蕭〉膋膫遼寮料觸,樂器 璙橑撩僚同僚 寮鐐銀之美者 簝鷯璙嫽嵾繚憭獠敹〈(集)憐蕭〉潦水名(liáo)	〈盧鳥〉了瞭憭明白嫽钌(liǎo)	〈力弔〉鐐脚鐐料估量(liào)
精ts		〈子了〉剿(jiǎo)	
心s	〈蘇彫〉踃(xiāo)		

(二)宵部諧聲表

宵部聲符

夭聲	芺聲(鵻)	号聲	號聲(饕)	高聲	滴聲(蔿)	蒿聲(犥)
猷聲(歊)	豪聲(濠)	顥聲(灝)	敖聲(熬)	麀聲(鏖)	齐聲(晃)	羔聲(餚)
杲聲(菒)	刀聲	召聲	昭聲(照)	沼聲(蕰)	到聲(莉)	弔聲(盉)
屰聲(豉)	兆聲(逃)	匘聲(腦)	勞聲(癆)	寮聲(蘩)	橑聲(蘩)	梟聲
澡聲(藻)	巢聲(剿)	爻聲	肴聲(殽)	交聲	效聲(傚)	教聲(敩)
堯聲	曉聲(鐃)	朝聲(嘲)	少聲	眇聲(渺)	小聲	肖聲
捎聲(箾)	削聲(前)	稍聲(籍)	要聲(腰)	罩聲(薑)	喬聲(驕)	厈聲(肇)
䍃聲	繇聲(遙)	杳聲(遙)	皀聲(旭)	焦聲	僬聲(灘)	梟聲(鳴)
県聲(郹)	了聲(玔)	毛聲(髦)	麃聲(鑣)	票聲(漂)	猋聲(飆)	表聲(裱)
叜聲(芟)	苗聲(貓)					

單字

諕 臭 盜 刉 壘 笑〔笑咲〕森 廟 垚 杳 宵 晶 料 敊

（三）宵部韻表

宵部《詩經》韻譜

《召南·采蘋》一章：藻潦。《邶風·柏舟》四章：悄小少摽。《凱風》一章：夭勞。《鄘風·干旄》一章：旄郊。《衛風·碩人》三章：敖郊驕鑣朝勞。《河廣》二章：刀朝。《木瓜》二章：桃瑤。《王風·黍離》一章：苗搖。《鄭風·清人》二章：消麃喬遥。《蘀兮》二章：漂要。《齊風·東方未明》一章：倒召。《甫田》一章：驕忉。《魏風·園有桃》一章：桃殽謠驕。《碩鼠》三章：苗勞郊郊郊號。《秦風·駟驖》三章：鑣驕。《陳風·防有鵲巢》一章：巢苕忉。《月出》三章：照燎紹懆。《檜風·羔裘》一章：遥朝忉。《匪風》二章：飄嘌弔。《曹風·下泉》四章：苗膏勞。

《小雅·鹿鳴》二章：蒿昭姚傚敖。《出車》二章：郊旐旄。《車攻》三章：苗囂旄敖。《鴻雁》三章：嗸勞驕。《白駒》一章：苗朝遥。《十月之交》七章：勞囂。《蓼莪》一章：蒿勞。《北山》五章：號勞。《信南山》五章：刀毛胥。《車舝》二章：鷮教。《賓之初筵》四章：號呶。《魚藻》一、二、三章：藻鎬。《角弓》二章：教傚；七章：漉消驕。《黍苗》一章：苗膏勞。《漸漸之石》一章：高勞朝。

《大雅·旱麓》五章：燎勞。《公劉》二章：瑤刀。《板》三章：僚囂笑蕘。

《周頌·載芟》：苗麃。

宵部《詩經》合韻譜

宵藥通韻　《周南·關雎》三章：芼樂。《邶風·終風》一章：暴笑敖悼。《衛風·氓》五章：勞朝暴笑悼。《檜風·羔裘》三章：膏曜悼。《小雅·正月》十一章：沼樂炤虐。《巧言》三章：盜暴。《大雅·抑》十一章：昭樂懆虣教虐耄。《韓奕》五章：到樂。《魯頌·泮水》二章：藻蹻蹻昭笑教。

宵幽合韻　《王風·君子陽陽》二章：陶翿敖。《齊風·載驅》四章：滔儦敖。《陳風·月出》一章：皎僚糾悄。《豳風·七月》四章：葽蜩。《鴟鴞》四章：譙翛翹搖嘵。《小雅·正月》十二章：酒殽。《巷伯》六章：受昊。《桑扈》四章：觫柔敖求。《大雅·思齊》三章：廟保。《民勞》二章：休逑怵憂休。《抑》三章：酒紹。《周頌·良耜》：糾趙蓼朽茂。

宵部《楚辭》韻譜

《離騷》：遥姚。

《九歌·山鬼》：笑窕。

《天問》：到照。

宵部《楚辭》合韻譜

宵藥通韻 《遠遊》:爝鷙;又:撟樂。《九辯》:鑿教樂高;又:約效。

宵幽合韻 《九章·惜往日》:流昭。

宵魚合韻 《大招》:昭遽逃遥。

（四）説　明

(1)敫聲一般列在藥部,《手册》收有 15 字:開四 4 字(激鷔檄驚),中古在錫韻;開三 11 字(徼警噭號叫敫獥嫩竅擎撽躈噭口也),中古在嘯韻。《手册》參照王力《詩經韻讀》,宵部收敫聲字 9 個。平聲四字,開一 1 字(獥),中古豪韻;開三 1 字(邀),中古宵韻;開四 2 字(憿墩),中古蕭韻。上聲開四 5 字(璬皦繳傲磽),中古篠韻。還有覈礉 2 字,中古在麥韻,《手册》採取《漢語史稿》的意見,列在錫部。這是從審音出發考慮的。敫聲反映了諧聲系統複雜的方面。

(2)芍(篠韻, xiào),杓(宵韻, biāo),勺聲。勺聲在藥部。這 2 字由入聲對轉爲宵部。篱聲在幽部,"嬬"字旁轉入宵部,中古在小韻。裏(蕭韻, diāo),弔聲,《手册》列幽部。盄(宵韻, zhāo),弔聲,《手册》列宵部。弔(嘯韻, diào),《手册》與《王力古漢語字典》同列藥部,《表稿》一律改列宵部。因爲除了諧聲的證據外,還有《詩經》韻譜"飄嘌弔"(《檜風·匪風》二章)宵部押韻的證據。奴聲在魚部,"呶恢"二字,《漢字古音手册》1986 年初版列幽部,《手册》(增訂本)第一次印刷本改列魚部,第二次印刷本據王力《詩經韻讀》改列宵部。《詩·大雅·民勞》第二章"休逑恢憂休"爲幽宵合韻。

(3)《詩經》韻譜宵部押韻 42 章,入韻字 58 個:夭$_1$要$_1$殺$_3$囂$_3$高$_1$蒿$_2$鎬$_1$膏$_2$郊$_6$傲$_2$教$_2$喬$_1$驕$_6$鷮$_1$敖$_1$螯$_1$號$_2$刀$_1$忉$_1$召$_1$苕$_1$昭$_1$照$_1$紹$_1$倒$_1$弔$_1$朝$_1$桃$_2$恌$_1$旐$_1$勞$_{11}$僚$_1$潦$_1$燎$_1$膋$_1$藑$_1$呶$_1$摇$_1$遥$_1$瑤$_2$謡$_1$小$_1$少$_1$消$_3$笑$_1$藻$_4$懆$_1$巢$_1$摽$_1$漂$_1$飄$_1$嘌$_1$廔$_1$鑣$_1$瀌$_1$毛$_1$旄$_2$苗$_7$。

《詩經》宵幽合韻 12 章,宵藥通韻 9 章,合韻共 21 章,入韻字 30 個:蔞$_1$昊$_1$殺$_1$膏$_1$教$_2$皎$_1$敖$_4$曉$_1$翹$_1$到$_1$朝$_1$盗$_1$趙$_1$昭$_2$沼$_1$炤$_1$紹$_1$恢$_1$勞$_1$僚$_1$摇$_1$悄$_1$笑$_1$譙$_1$懆$_1$藻$_1$儦$_1$芼$_1$毛$_1$廟$_1$。

(4)《楚辭》韻譜宵部押韻 3 章(韻段),入韻字 6 個:昭$_1$到$_1$姚$_1$窕$_1$遥$_1$笑$_1$。合韻 6 章,其中宵藥通韻 4 章,宵幽合韻 1 章,宵魚合韻 1 章。入韻字 8 個:效$_1$高$_1$教$_1$撟$_1$鷙$_1$昭$_2$逃$_1$遥$_1$。

(5)宵部諧聲表有一級聲符 43 個,單字 14 個。《詩經》韻譜宵部押韻 42 章,入韻字 58 個,分屬 25 個一級聲符,另有單字 1 個(笑)。加上《詩經》合韻譜、《楚辭》韻譜、《楚辭》合韻譜,也只增加入韻一級聲符 2 個(焦聲、喬聲),單字 2 個(盗、廟)。未入韻的一級聲符達 16 個,超過三分之一:顥聲、麃聲、夰聲、羔聲、杲聲、戈聲、幽聲、罩聲、筲聲、皀聲、梟聲、焣聲、了聲、森聲、表聲、受聲,未入韻的單字也有十多個。

七、藥　部

(一)藥部字表

1. 藥部開一 [ăuk]/[āuk]

調 聲	短入　　　鐸　　　　[ɑk]	長入　　　号　　　[ɑu]
影 Ø	〈烏酷-沃〉沃鋈 (wò)	
曉 x	〈呵各〉臛 (huò) 謞熇熇熇 (hè)〈呼木-屋〉嚛 (hù)	
匣 ɣ	〈下各〉鶴騲〈胡沃-沃〉嗃嗀 (hè) 呺㷖 (hú)	
透 t'	〈(集)闊各〉槖 (tuò)	
定 d		〈徒到〉悼 (dào)
來 l	〈盧各〉樂快樂 (lè) 鵅濼水名 (luò)〈盧谷-屋〉鵦魚名 (lù)	
精 ts	〈則落〉繋 (zuò)	
從 dz	〈在各〉鑿* (zuò) 鑿 (záo)	
幫 p	〈補各〉襮〈(集)伯各〉暴〈博沃-沃〉犦 (bó)	
並 b	〈蒲木-屋〉暴日乾曝〈(集)步木-屋〉暴日乾 (pù)	〈薄報〉暴猛疏瀑疾雨鶆 (bào)

2. 藥部開二 [eăuk]/[eāuk]

調 聲	短入　　　覺　　　　[ɔk]	長入　　　效　　　[au]
影 Ø	〈於角〉箹 (wò)	
曉 x	〈(集)黑角〉澃 (xuè)	
見 k	〈古岳〉較車較也較 (què) 榷 (jué)	
溪 k'	〈苦角〉殼 (qiāo) 搉碻塙〈(集)克角〉潅 (què)	
疑 ŋ	〈五角〉樂音樂鸖 (yuè)	
端 t	〈竹角〉卓倬 (zhuó) 穛晫 (zhuō)	〈都教〉罩翟〈(説)〉鮿 (zhào)
透 t'	〈敕角〉逴趠踔 (chuō)	
定 d	〈直角〉擢濯鸀燿玃蠼 (zhuó)〈場伯-陌〉翟姓 (zhái)	〈直教〉棹櫂櫜〈(集)〉淖和也 (zhào)
泥 n	〈女角〉搦搻胒 (nuò)	〈奴教〉淖泥沼 (nào)
來 l	〈吕角〉犖 (luò)	
莊 tʃ	〈側角〉穛糕稻 (zhuō)	
崇 dʒ	〈士角〉丵灂汋激水聲 (zhuó)	
山 ʃ	〈所角〉稍簡挈 (shuò)	
幫 p	〈北角〉駁駮曝筊爆爆爍 (bó)	〈北教〉豹爆火裂駀 (bào)
滂 p'	〈匹角〉曓 (pǔ)	
並 b	〈蒲角〉朦懪 (báo) 㿺㿱〈(集)弼角〉彴佝 (bó)	
明 m	〈莫角〉㲱〈(説)〉邈 (mào) 藐〈(集)墨角〉懇藐 (miǎo)	〈莫教〉皃貌貌 (mào)

3. 藥部開三 [ĭăuk]/[ĭāuk]

調/聲	短入　藥　[ĭak]	長入　笑　[ĭɛu]
影 Ø	〈於略〉約葯草名，即白芷 (yuē)	
曉 x	〈虛約〉謔 (xuè)	
見 k	〈居勺〉蹻草鞋屩 (jué)	
疑 ŋ	〈魚約〉虐瘧 (nüè)	
透 tʻ	〈丑略〉皂臭 (chuō)	
餘 ʎ	〈以灼〉藥鑰敫爍 (yào) 躍礿禴籥鑰鸞瀹爚龠葯 芦籥趯闟〈(集)弋灼〉趯踊 (yuè)〈余六-屋〉藿 (yù)	〈弋照〉燿覞耀曜覦 (yào)〈羊戍-遇〉籲 (yù)
來 l	〈離灼〉擽擊 (lüè)	〈力照〉藥* 療* (liào) 藥治療療"藥"或體 (liáo)
章 ȶ	〈之若〉灼勺取酌繳弓繳焯穛馰祐 (zhuó)	
昌 ȶʻ	〈昌約〉綽婥〈(集)尺約〉汋汋約 (chuò)	
書 ɕ	〈書藥〉爍鑠 (shuò)	
禪 ʑ	〈市若〉妁芍* 芍藥 (shuò) 勺飲器杓芍芍藥 (sháo)	
日 ȵ	〈而灼〉弱蒻溺水名搦 (ruò)	
精 ts	〈即略〉爵爝 (jué) 雀 (què)	〈子肖〉釂皭〈(集)〉灂 (jiào)
從 dz	〈在爵〉嚼 (jiáo)	
心 s	〈息約〉削用刀削 (xuē)	
明 m		〈亡沼-小〉藐 (miǎo)

4. 藥部開四 [iăuk]/[iāuk]

調/聲	短入　錫　[iek]	長入　嘯　[ieu]
匣 ɣ	〈胡狄〉檄鷩 (xí)	
見 k	〈古歷〉激鷩 (jī)	〈古弔〉徼警噭號叫敫〈(集)吉弔〉獥皦 (jiào)
溪 kʻ		〈苦弔〉竅擎撽〈(集)詰弔〉躈噭口也 (qiào)
端 t	〈都歷〉的的確 (dí) 的白，靶心靮馰弔至玓扚逌杓標的 〈(集)丁歷〉旳焻葯 (dì)	〈多嘯〉釣〈(集)〉魡 (diào)〈都了-篠〉扚 (tiǎo) 杓 (diǎo)
透 tʻ	〈他歷〉趯趯趯篴 (tì)	〈他弔〉糶 (tiào)
定 d	〈徒歷〉翟糴〈(集)亭歷〉糴鸐櫂盂 (dí)	〈徒弔〉藋掉〈(集)〉鑃藋 (diào)
泥 n	〈奴歷〉溺淹没愵〈(集)乃歷〉休 (nì)	〈奴弔〉尿〈(集)〉溺尿 (niào)〈奴鳥-篠〉嬲 (niǎo)
來 l	〈郎擊〉轢礫瓅櫟皪躒趮觻濼草名 (lì)	〈力弔-嘯〉尥 (liào)

(二)藥部諧聲表

藥部聲符

沃聲(鋈)　隺聲(鶴)　卓聲(悼)　樂聲(藥)　丵聲(鑿)　勺聲　約聲(葯)
的聲(葯)　翟聲(躍)　弱聲(溺)　爵聲(嚼)　虐聲(謔)　皂聲(臭)　龠聲
籥聲(籲)　敫聲(激)　暴聲(瀑)　皃聲　貌聲(邈)　顡聲(懇)

單字

龇　　罹　　覤　　卢　　雀　　屎　　休

（三）藥部韻表

藥部《詩經》韻譜

《邶風·簡兮》三章:籥翟爵。《衛風·淇奥》三章:綽較謔虐。《鄭風·溱洧》一、二章:樂謔藥。《唐風·揚之水》一章:鑿襮沃樂。《秦風·晨風》二章:櫟駁樂。

《小雅·南有嘉魚》一章:罩樂。《賓之初筵》一章:的爵。《隰桑》二章:沃樂。

《大雅·靈臺》二章:濯翯躍。《板》四章:虐謔蹻謔熇藥。《桑柔》五章:削爵濯溺。《崧高》四章:貌蹻濯。

藥部《詩經》合韻譜

藥宵通韻　《周南·關雎》三章:芼樂。《邶風·終風》一章:暴笑敖悼。《衛風·氓》五章:勞朝暴笑悼。《檜風·羔裘》三章:膏曜悼。《小雅·正月》十一章:沼樂炤虐。《巧言》三章:盜暴。《大雅·抑》十一章:昭樂懆貌教虐芼。《韓奕》五章:到樂。《魯頌·泮水》二章:藻蹻蹻昭笑教。

藥部《楚辭》韻譜

《離騷》:邈樂。

藥部《楚辭》合韻譜

藥宵通韻　《遠遊》:燿鷔;又:撟樂。《九辯》:鑿教樂高;又:約效。

（四）説　明

（1）前文（宵部）已指出:敖聲分跨宵藥兩部,各有敖聲字十個左右;還有藥部聲符（勺聲）有個別字轉爲宵部（芍）。這裏要指出的是,也有不少宵部聲符的字轉爲藥部。高聲在宵部16字,轉入藥部的7字（鄗滈嗃熇滈敲塙）。肖聲在宵部35字,轉入藥部的4字（稍䈾㮩削）。喬聲在宵部22字,轉入藥部的2字（蹻屩）。焦聲在宵部24字,轉入藥部的2字。勞聲在宵部6字,轉入藥部的1字（犖）。夭聲在宵部14字,二級聲符“芺”在晧韻,被諧字3個,“鴁”在開一晧韻,“妖祆”在開三宵韻。沃（㳬）,《説文》:“㳬,溉灌也。从水,芺聲。”段玉裁注:“烏酷切,古音在二部。隸作‘沃’。”有被諧字1個（鋈）。芺聲轉入藥部2字。《手册》將弔聲列在藥部,《表稿》改列宵部。逖（錫韻,dí）,弔聲由宵部轉入藥部的1字。狄（錫韻,dì）,㠯聲由宵部轉入藥部1字。穛糕（藥韻,zhuó）,羔聲由宵部轉入藥部的2字。

（2）毛聲、交聲都在宵部。“垩”字不見於《説文》,出《方言》《漢書》,音義多歧。《手册》收莫角切,列藥部。《廣韻》又音莫卜切,在屋韻,似可列屋韻;《集韻》有莫報切,則可列宵部。瓟(覺韻, bó),《説文》:"小瓜也。从瓜,交聲。"段注:"《爾雅》《毛詩傳》皆作'匏',交聲、勺聲同在二部。"駁駁音義的歧異與此相似,有待確定。

(3)膗(鐸韻, huò),雀聲。《手册》誤列鐸部,《表稿》改列藥部。雀(藥韻, què),《史稿》列藥部,《詩經韻讀》列雀聲;但是从雀得聲的字"截(截)、蠽、鷦、巎"都在月部。《表稿》只得將"雀"列作單字。

(4)皃貌貌(效韻, mào),《説文》:"皃,頌儀也。从儿,白象面形。"籒文作"貌","貌"是或體,都有被諧字。

(5)《詩經》韻譜藥部押韻 13 章,入韻字 24 個:沃$_2$ 熇$_1$ 嚻$_1$ 較$_1$ 蹻$_2$ 虐$_2$ 謔$_5$ 綽$_1$ 罩$_1$ 翟$_1$ 濯$_3$ 躍$_1$ 的$_1$ 溺$_1$ 樂$_6$ 櫟$_1$ 藥$_3$ 篛$_1$ 鑿$_3$ 爵$_3$ 削$_1$ 襮$_1$ 駁$_1$ 薂$_1$。

《詩經》藥部合韻 9 章,均爲藥宵通韻,入韻字 7 個:虐$_2$ 蹻$_2$ 悼$_3$ 曜$_1$ 樂$_4$ 暴$_3$ 薂$_1$。

(6)《楚辭》韻譜藥部押韻 1 章,入韻字 2 個:樂$_1$ 邈$_1$。藥部《楚辭》合韻 4 章,均爲藥宵通韻,入韻字 4 個:約$_1$ 燿$_1$ 鑿$_1$ 樂$_2$。

(7)藥部諧聲表有一級聲符 16 個,單字 7 個。《詩經》韻譜押韻 13 章,入韻字 24 個,分屬一級聲符 12 個。加上合韻譜和《楚辭》韻譜、合韻譜,入韻一級聲符、單字没有增加。未入韻的一級聲符 4 個(雀、皀、敫、頪)和 7 個單字。

八、侯　部

（一）侯部字表

1. 侯部開一 [o]

調 聲	平　侯　　　　[əu]	上　厚	去　候
影 Ø	〈烏侯〉謳嘔歌唱歐謳歌甌區量名,姓鷗櫙蔷褔鏂〈（集）〉樞木名(ōu)	〈烏后〉毆擊(ōu) 歐吐嘔吐(ǒu)〈（集）於口〉敺毆(ōu)	〈烏候〉漚浸泡(òu)
曉 x	〈呼侯〉齁(hōu)	〈呼后〉呴吼听怒聲(hǒu)	〈呼漏〉詬恥辱(hòu)〈（又）（集）居候〉詬詢(gòu)
匣 ɣ	〈户鈎〉侯矦徧鍭猴穄猴餱喉篌鯸貕睺〈（集）胡溝〉睺(hóu)	〈胡口〉厚後后郈〈（集）佷口〉旱(hòu)	〈胡遘〉候逅堠(hòu)
見 k	〈古侯〉鈎鈎刣溝褠韝緱篝菁數枸曲也句勾〈（集）居侯〉拘取袇篝(gōu)	〈古厚〉垢(gòu) 苟玽狗笱耇枸枸杞茩〈（集）舉后〉蚼(gǒu)	〈古候〉遘構媾覯姤購雊〈（集）居候〉菁交積材傋搆(gòu)
溪 k'	〈恪侯〉彄摳(kōu)	〈苦后〉口訽吽(kǒu) 叩扣扣馬釦(kòu)	〈苦候〉寇滱怐扣毃擊〈（集）丘候〉敂佝(kòu)
疑 ŋ	〈五婁〉齵(óu)	〈五口〉藕薽偶耦〈（集）語口〉腢(ǒu)	
端 t	〈當侯〉兜吷篼覴覷(dōu)	〈當口〉斗量名斛(dǒu)	〈都豆〉鬥鬪鈄(dòu)
透 t'	〈託侯〉偷媮苟且〈（集）他侯〉愉苟且(tōu)	〈天口〉妵黈鸆鮭(tǒu)	〈他候〉音吞歌(tòu)
定 d	〈度侯〉頭投麳骰緰緰費(tóu)	〈徒口〉鏂䚂〈（集）〉斜酒器(dòu)	〈徒候〉豆逗脰郖梪餖(dòu)
泥 n		〈乃后〉㔶(nǒu)	〈（集）乃豆〉獳怒犬貌(nòu)〈（集）乃到-号〉臑羊豕之臂(nào)
來 l	〈落侯〉樓婁姓,星宿鄞蔞耬髏腰廔摟曳蝼轈鷜褸衣襟遱謱〈（集）郎侯〉𡂥甌𡂥(lóu)	〈郎斗〉塿簍甊嶁(lǒu)	〈盧候〉陋陋漏鏤刻鏤屚瘻頸腫〈郎豆〉𨻻(lòu)
精 ts	〈子侯〉緅陬椒掫(zōu)	〈子苟〉走(zǒu)	〈則候〉奏(zòu)
清 ts'			〈倉奏〉輳腠湊楱〈（集）千候〉揍紋理(còu)
從 dz	〈徂鈎〉鯫(zōu)		
心 s	〈速侯〉涑洗滌(sōu)	〈蘇后〉藪籔溲箕(sǒu)	
明 m			〈莫候〉愁楙懋瞀莮蓩〈（集）〉䅘蕧毒草楘(mào)

2. 侯部開二 [eo]

調／聲	平　看　[au]	上　巧	去　效
初 ʧʻ		〈初爪〉鬻炒(chǎo)	

3. 侯部開三 [ĭo]

調／聲	平　尤　[ĭəu]	上　有	去　宥
影 ø			〈依倨-御〉飫醧(yù)
溪 kʻ	〈去鳩〉蓲(qiū)		
端 t			〈陟救〉晝味(zhòu)
定 d	〈直由〉聚姓(zōu)		
餘 ʎ	〈以周〉揄舀取(yóu)		
來 l		〈(集)力九〉瞏蔞蔞婁(liǔ)	
莊 ʧ	〈側鳩〉鄹鄹郰騶鯫菆黀〈(集)甾尤〉齺(zōu)		〈側救〉縐(zhòu)
崇 ʤ			〈鋤祐〉驟(zhòu)
明 m	〈莫浮〉鍪瞀(móu)		

4. 侯部合一 [uo]

調／聲	平　模　[u]	上　姥	去　暮
定 d	〈同都〉酴(tú)		
明 m	〈莫胡〉瞀(mú)		

5. 侯部合三 [ĭwo]

調／聲	平　虞　[ĭu]	上　麌	去　遇
影 ø		〈於武〉傴僂〈(集)委羽〉嫗使温暖(yǔ)	〈衣遇〉嫗婦人饇(yù)
曉 x	〈況于〉欨姁姁媮〈(集)匈于〉嘔嘔嘔,言語高興朐朐衍,戎名(xū)	〈況羽〉姁嫗煦(xǔ)	〈香句〉昫煦酗呴嘘氣使温〈(集)吁句〉酗(xù)
見 k	〈舉朱〉拘駒跔俱皆痀(jū)	〈俱雨〉枸木名椒蒟椇(jǔ)	〈九遇〉屨句郇〈(集)俱遇〉泃(jù)
溪 kʻ	〈豈俱〉區鰸驅敺驅嶇軀傴〈(集)虧于〉毆驅(qū)	〈驅雨〉竘(qǔ)	
羣 g	〈其俱〉劬軥朐脯鴝鼩斪軥絇姁〈(集)欋俱〉翑(qú)	〈其矩〉窶貧〈(説)其榘〉窶貧(jù)	〈其遇〉具(jù)
疑 ŋ	〈遇俱〉愚湡堣嵎髃禺隅鰅〈(集)元俱〉偶(yú)		〈牛具〉遇寓庽禺猴類(yù)

調 聲	平　　虞　　　　[ĭu]	上　　虞	去　　遇
端 t	〈陟輸〉株誅邾鼀蛛跦袾〈(集)追輸〉笅(zhū)	〈知庾〉拄柱支撐、(zhǔ)	〈中句〉鈺駐住停步過尌(zhù)
透 tʻ	〈敕俱〉貙(chū)		
定 d	〈直誅〉廚厨蹰躕趎(chú)	〈直主〉柱跱(zhù)	
餘 ʎ	〈羊朱〉逾踰窬臾楰腴諛隃覦闟俞愉歈揄揮動褕瑜㺄蝓萸腧渝媮婾蒲〈(集)容朱〉瑜(yú)	〈以主〉庾貐斞(yǔ) 愈瘉(yù)〈(集)勇主〉㝫瘐(yǔ)	〈羊戍〉諭喻(yù)
來 l	〈力朱〉䮲鏤屬鏤婁拉也瘻痀瘻〈(集)龍珠〉髏(lú)	〈力主〉縷僂褸衣壞漊〈(集)隴主〉嶁縷(lǚ)	〈良遇〉屢(lǚ)
章 ʨ	〈章俱〉朱珠侏絑鴸(zhū)	〈之庾〉主麈枓勺宝(zhǔ)	〈之戍〉注灌注疰狟(zhù)
昌 ʨʻ	〈昌朱〉樞戶樞姝〈(集)春朱〉娡(shū)		
書 ɕ	〈式朱〉輸鄃(shū)		〈傷遇〉戍戍守腧隃古山名(shù)
禪 ʑ	〈市朱〉鉄洙茱(zhū)殊殳投(shū)几飛皃(shú)	〈臣庾〉豎裋(shù)	〈常句〉樹澍尌〈(集)殊遇〉荳(shù)
日 ȵ	〈人朱〉儒獳朱獳濡褕彩帛嚅嬬繻臑醹〈(集)汝朱〉濡濡蠕(rú)	〈而主〉乳擩(rǔ)	〈而遇〉孺(rù)
精 ts	〈子于〉諏(zōu)娵(jū)		
清 tsʻ	〈七逾〉趨〈(集)逡須〉趣疾行(qū)	〈七庾〉取(qǔ)	〈七句〉娶(qù)趣旨意(qù)
從 dz		〈慈庾〉聚(jù)	〈才句〉堅〈(集)從遇〉冣(jù)
心 s	〈相俞〉須鬚䰂頌繻傳符帛需緰衫帛(xū)	〈相庾〉縃(xǔ)	
初 ʧʻ	〈測隅〉芻犓(chú)		
崇 ʤ	〈仕于〉雛鶵媰(chú)		
山 ʃ	〈山芻〉輸橾(shū)	〈所矩〉數計也籔古量名(shǔ)〈疎舉-語〉盨(xǔ)	〈色句〉數數目(shù)
幫 p	〈甫無〉跗腳背傅柎欄足(fū)	〈方矩〉俯府腑(fǔ)	〈方遇〉付鬴(fù)
滂 pʻ	〈芳無〉怤沜紨(fū)	〈芳武〉䶕拊䊁(fǔ)	
並 b	〈防無〉符苻垺石英〈(集)馮無〉腐浮腫(fú)	〈扶雨〉腐(fǔ)府(fǔ)	〈符遇〉附坿益袝駙鮒蚹跗人名〈(集)柎木板軵(fù)
明 m		〈文甫〉侮〈(集)罔甫〉母侮(wǔ)	〈亡遇〉務婺霧霂騖鶩嵍楘敄務鶩〈(集)〉雺(wù)

（二）侯部諧聲表

侯部聲符

區聲	蓲聲(樞)	侯聲(猴)	旱聲(厚)	后聲(詬)	口聲(扣)	句聲
昫聲(煦)	呴聲(煦)	竘聲(蒟)	寇聲(滮)	菁聲	冓聲(篝)	禺聲
耦聲(藕)	兜聲(篼)	毆聲	斳聲(鬪)	斗聲(斜)	几聲	殳聲(投)

俞聲	渝聲(渝)	丶聲	主聲(妊)	豆聲(頭)	乳聲(渜)	需聲(儒)
婁聲	數聲(藪)	扁聲(漏)	匦聲(陋)	取聲	聚聲(驟)	奏聲(湊)
芻聲(鄒)	具聲(俱)	朱聲(誅)	荳聲	尌聲(樹)	廚聲(躕)	臾聲(庾)
須聲(盨)	付聲	府聲(俯)	音〔杏〕聲(綹)		敄聲	婺聲(嫠)
務聲(霧)	楙聲(懋)					

單字

後	鬥	貗	走	畫	戍	酗

（三）侯部韻表

侯部《詩經》韻譜

《周南·漢廣》三章:蔞駒。《邶風·谷風》三章:笱後。《靜女》一章:姝隅躕。《鄘風·載馳》一章:驅侯。《衛風·伯兮》一章:殳驅。《鄭風·羔裘》一章:濡侯渝。《唐風·山有樞》一章:樞榆婁驅愉。《綢繆》二章:芻隅近近。《陳風·株林》二章:駒株。《曹風·候人》三章:昧媾。

《小雅·皇皇者華》二章:駒濡驅諏。《常棣》六章:豆飫具孺。《南山有臺》五章:枸楰耈後。《無羊》二章:糇具。《正月》二章:瘉後口口愈侮。《小弁》八章:笱後。《巧言》五章:樹數口厚。《角弓》五章:駒後餔取。《緜蠻》二章:隅趨。

《大雅·緜》九章:附後奏侮。《皇矣》八章:附侮。《行葦》三章:句鍭樹侮;《行葦》四章:主醹斗耇。《卷阿》三章:厚主。《板》八章:渝驅。《抑》一章:隅愚;七章:漏覯。

《周頌·雝》:后後。

侯部《詩經》合韻譜

侯屋通韻　《小雅·楚茨》六章:奏禄。《角弓》三章:裕瘉;六章:木附屬。《大雅·桑柔》十二章:谷穀垢。

侯東通韻　《大雅·瞻卬》七章:後鞏後。

侯幽合韻　《秦風·小戎》一章:收軸驅。《大雅·棫樸》一章:櫟趣。《生民》七章:揄蹂叟浮。

侯侵合韻　《小雅·常棣》四章:務戎。

侯部《楚辭》韻譜

《離騷》:詬厚。

《天問》:厚取。

《卜居》:駒軀。

侯部《楚辭》合韻譜

侯屋通韻　《離騷》:屬具。《天問》:屬數。

侯之合韻　《九章·惜往日》:廚牛之。

（四）説　明

（1）《漢語史稿》侯部只列開一（侯）、合三（虞）兩類韻母；《漢字古音手册》（1986 年）《例言》曾指出：“侯部、屋部、東部都增補了開口三等。”這次將《手册》（增訂本）整理成《表稿》，又發現侯部還應增補開口二等和合口一等。芻聲在侯部，開三尤韻、合三虞韻各有四、五字，還有一個“齺”字在開二巧韻。屋部、東部都有開二，“齺”字也以列作開二爲宜。又，孜聲、俞聲有不少字在侯部開一侯韻、開三尤韻、合三虞韻；還有“瞀、酶”兩字在合一模韻，因此侯部還應增合口一等。

（2）涑（侯韻，sōu），束聲。束聲在屋部，“涑”字由陰入對轉入侯部。樞（虞韻，shū），枭聲，枭聲在宵部；邅（遇韻，zhù），垂聲，垂聲在歌部；侮俉（麌韻，wǔ），母聲，母聲在之部。這四字旁轉入侯部。矛聲、柔聲在幽部，孜聲、楙聲在侯部，各有十字左右，從而形成了幽、侯聲符旁轉系列。這是從審音角度考慮的，因爲幽部字不出現在侯韻系列。豈聲在侯部，有“覬鎧鬭”三個被諧字，斷聲在屋部，有被諧字一個（㲄），形成聲符通轉的局面。

（3）“音”字有舌音、脣音兩讀。大徐本《説文》引《廣韻》“天口切”，作爲舌音“音”，段玉裁列歸侯部，這是對的。《集韻》又收有脣音“普后切”一讀，卻宜列歸之部。我們知道，從“音”得聲的字 16 個（《手册》所收剖倍涪培等字），都在之部。只有一個“䣱”字，也讀脣音（芳武切，麌韻，fǔ），中語卻在麌韻，以歸入侯部爲宜。還有一個“棓”字，《説文》：“梲也。从木，音聲。”段注：“棓棒，正俗字……《淮南》書‘韓浞殺羿於桃棓。’”大徐本：“步項切。”段注：“按音聲在四部，合韻也。”這就是説，作爲“棒”義的“棓”是侯東通轉的關係。“棓”又作姓氏，《廣韻》灰韻“蒲回切”，古音在之部。

（4）侯部《詩經》押韻 28 章，入韻字 51 個：飫₁ 驅₅ 餬₁ 樞₁ 句₁ 駒₄ 笱₂ 枸₁ 耇₂ 后₁ 逅₁ 口₃ 後₇ 侯₂ 糇₁ 鍭₁ 厚₂ 媾₁ 覯₁ 隅₄ 愚₁ 具₂ 豆₁ 斗₁ 主₂ 姝₁ 株₁ 昧₁ 躕₁ 樹₂ 殳₁ 渝₂ 愉₁ 榆₁ 瘉₁ 愈₁ 濡₁ 孺₁ 醹₁ 芻₁ 趨₁ 取₁ 諏₁ 奏₁ 楸₁ 婁₁ 蔞₁ 數₁ 漏₁ 附₂ 俉₄。

合韻 8 章，侯屋通韻 4 章，侯東通韻 1 章，侯幽合韻 3 章，入韻字 8 個：驅₁ 垢₁ 後₂ 瘉₁ 揄₁ 奏₁ 趣₁ 附₁。

（5）侯部《楚辭》押韻 3 章，入韻字 5 個：軀₁ 駒₁ 詬₁ 厚₂ 取₁。《楚辭》合韻 3 章，侯屋通韻 2 章，侯之合韻 1 章，入韻字 3 個：具₁ 廚₁ 數₁。

（6）侯部一級聲符 32 個，單字 7 個。《詩經》韻譜侯部入韻字 51 個，分屬 24 個一級聲符，單字 1 個（後）。由於侯部的押韻資料偏少，《詩經》合韻譜和《楚辭》韻譜、合韻譜未增新的一級聲符、單字。因此，侯部未入韻的一級聲符有寇聲、兜聲、豈聲、乳聲、區聲、須聲、音聲、孜聲等 8 個之多，單字也有 6 個。

九、屋　部

（一）屋部字表

1. 屋部開一 [ŏk]/[ōk]

調聲	短入　　　屋　　　[uk]	長入　　候　　[əu]
影 Ø	〈烏谷〉屋剭 (wū)	
曉 x	〈呼木〉縠獸名縠〈《集》〉縠 (hù)	
匣 ɣ	〈胡谷〉縠斛觳斝貯酒器 (hú)	
見 k	〈古禄〉穀轂谷狢 (gǔ)	〈古候〉彀遘 (gòu)
溪 k'	〈空谷〉哭箜簏 (kū)	〈苦候〉寇彀 (kòu)
端 t		〈都豆〉斣 (dòu)
透 t'	〈他谷〉禿 (tū)	
定 d	〈徒谷〉獨韣讟髑殰讀櫝牘犢遺襡韠鞠瀆隫韇嬻犢𥞇匵〈《集》〉臅 (dú)	〈徒候〉竇 (dòu)
泥 n		〈奴豆〉槈鎒耨 (nòu)
來 l	〈來屋〉禄鹿漉渌睩轆球簏簶蔍麗麓碌盝媡摝录趢 (lù)	
精 ts	〈作木〉鏃 (zú)	
清 ts'	〈千木〉瘯簇𥤧趗 (cù)	〈倉奏〉簇太簇 (còu)
從 dz	〈昨木〉族 (zú)	
心 s	〈桑谷〉速遬蔌梀欶梀鼀遫涑〈《集》〉蘇谷〉觫 (sù)	〈蘇奏〉嗽咳嗽 (sòu) 〈蘇后-厚〉嗽 (sǒu)
幫 p	〈博木〉卜鵏 (bǔ) 濮縏 (pú) 蹼 (pǔ)	
滂 p'	〈普木〉扑支撲 (pū) 墣 (pǔ) 〈《集》〉剥扑 (pū)	
並 b	〈蒲木〉樸叢生僕業〈《集》〉步木〉㬟襥 (pú) 〈蒲沃-沃〉轐 (bú) 〈蒲北-德〉仆倒也 (pū)	
明 m	〈莫卜〉木沐霂氉桑蚞 (mù)	

2. 屋部開二 [eŏk]

調聲	短入　　　覺　　　[ɔk]	
影 Ø	〈於角〉渥握偓幄握喔喔踏齷 (wò)	
曉 x	〈許角〉嗀 (hù)	
匣 ɣ	〈胡覺〉〈《又》〈集》克角〉确塙 (què)	
見 k	〈古岳〉角* 桷珏毃捔 (jué) 斠角 (jiǎo)	
溪 k'	〈苦角〉毃殼 (qiào) 毃*殼青*(ké) 愨觳儉薄塙 (què)	
疑 ŋ	〈五角〉嶽岳鷟頣 (yuè)	

續表

調／聲	短入　覺　[ɔk]	
端 t	〈竹角〉涿地名 (zhuō) 斵諑椓琢啄斀噣斀〈(集)〉斲拯 (zhuó)	
定 d	〈直角〉濁鐲鸐〈(集)〉躅足跡 (zhuó)	
莊 ʧ	〈側角〉捉 (zhuō)	
初 ʧʻ	〈測角〉娖婇擉齪 (chuò)	
崇 ʤ	〈士角〉浞鷟捔刺取〈(集)仕角〉犳 (zhuó)	
山 ʃ	〈所角〉欶嗽吮吸數多次,頻 (shuò)	
幫 p	〈北角〉剥剥開 (bō)	
滂 pʻ	〈匹角〉璞 (pú) 樸木素朴 (pǔ)	
並 b	〈蒲角〉撲縠小豬 (bó)	

3. 屋部開三 [ĭōk]、開四 [iŏk]

調／聲	短入　錫　[iek]	長入　宥　[ĭəu]
端 t		〈陟救〉噣鳥嘴 (zhòu)
定 d	〈徒歷〉覿 (dí)	
山 ʃ		〈所祐〉漱 (shù) 鏉 (shòu)

4. 屋部合三 [ĭwŏk]/[ĭwōk]

調／聲	短入　燭　[ĭwok]	長入　遇　[ĭu]
曉 x	〈許玉〉頊 (xū)	
見 k	〈居玉〉輂挶梮暈梟纍纍〈(集)拘玉〉檋㞐 (jú)	
溪 kʻ	〈丘玉〉曲樂曲 (qǔ) 曲彎曲苗〈(集)區玉〉豊 (qū)	
羣 g	〈渠玉〉局跼駶 (jú)	
疑 ŋ	〈魚欲〉玉獄瑀〈魚菊-屋〉砡 (yù)	
端 t	〈陟玉〉瘃孎斸钃欘 (zhú)	
透 tʻ	〈丑玉〉亍豖 (chù)	
定 d	〈直録〉躅躑躅蠋 (zhú)	
餘 ʎ	〈余蜀〉欲浴鵒鋊慾〈(集)俞玉〉螸〈余六-屋〉賣儥 (yù)	〈羊戍〉裕 (yù)
來 l	〈力玉〉録淥親緑* 騄菉逯籙 (lù) 緑 (lǜ)	
章 ȶ	〈之欲〉屬連屬矚 (zhǔ) 燭斸蠾〈(集)朱欲〉灟 (zhú)	〈之戍〉斣 (zhù)
昌 ȶʻ	〈尺玉〉觸歜臅〈(集)樞玉〉犨觸斶 (chù)	
船 ȡ	〈神蜀〉贖 (shú)	
書 ɕ	〈書玉〉束 (shù)	
禪 ʑ	〈市玉〉蜀韣襡短衣屬種屬〈(集)殊玉〉蠋蛾蝶幼蟲 (shǔ)	
日 ȵ	〈而蜀〉辱鄏 (rǔ) 蓐褥縟溽嗕 (rù)	
精 ʦ	〈即玉〉足哫 (zú)	
清 ʦʻ	〈七玉〉促諫〈(集)趨玉〉數密 (cù)	

續表

調 聲	短入　　燭　　　　[ĭwok]	長入　　遇　　　[ĭu]
心 s	〈相玉〉粟 (sù)	
邪 z	〈似足〉俗 (sú) 續贖 (xù)	
滂 pʻ		〈芳遇〉赴黿訃赴 (fù)

（二）屋部諧聲表

屋部聲符

屋聲(握)　　壳聲　　　殼聲(穀)　　角聲(确)　　谷聲　　　欲聲(慾)　　蜀聲

屬聲(囑)　　賣聲(讀)　　录聲　　　錄聲(籙)　　鹿聲(麓)　　族聲(蔟)　　束聲

速聲(鼀)　　欶聲　　　薂聲(蔌)　　足聲(捉)　　辱聲(耨)　　獄聲(嶽)　　岳聲(頤)

豕聲(啄)　　斲聲(斀)　　局聲(跼)　　曲聲(苗)　　玉聲(砡)　　卜聲(朴)　　美聲

僕聲(樸)　　木聲　　　沐聲(霂)　　華聲(樺)

單字

哭　　秃　　珏　　㞑　　厒　　丁　　鼀　　粟　　羿　　黿

（三）屋部韻表

屋部《詩經》韻譜

《周南·葛覃》一章:谷木。《麟之趾》三章:角族。《召南·行露》二章:角屋獄獄足。《野有
死麕》二章:樕鹿束玉。《鄘風·墻有茨》三章:束讀讀辱。《魏風·汾沮洳》三章:曲贖玉玉族。
《秦風·小戎》一章:續轂羿屋曲。《豳風·七月》七章:屋穀。

《小雅·伐木》一章:谷木。《天保》二章:穀禄足。《鶴鳴》二章:穀玉。《白駒》四章:谷束
玉。《黃鳥》一章:穀粟穀族。《正月》三章:禄僕禄屋;十三章:屋穀禄椓獨。《小宛》五章:粟
獄卜穀;六章:木谷。《四月》五章:濁穀。《信南山》二章:霂渥足穀。《白華》一章:束獨。

《大雅·既醉》七章:禄僕。《桑柔》九章:鹿穀谷。

《周頌·良耜》:角續。

屋部《詩經》合韻譜

屋侯通韻　《小雅·楚茨》六章:奏禄。《角弓》三章:裕瘉;六章:木附屬。《大雅·桑柔》
十二章:谷穀垢。

屋覺合韻　《豳風·東山》一章:蠋宿。《小雅·采綠》一章:綠匊局沐。

屋錫合韻　《小雅·正月》六章:局蹐脊蜴。

屋部《楚辭》韻譜

《天問》:欲禄。

《九章·思美人》:木足。

《遠遊》:屬轂。

《漁父》:濁足。

屋部《楚辭》合韻譜

屋侯通韻　《離騷》:屬具。《天問》:屬數。

（四）説　明

(1)縠(屋韻, kù),後聲;“後”是侯部的單字。陰入對轉在屋部作爲“縠”字的聲符。斠(覺韻, jiǎo),冓聲;㾄(屋韻, dú),主聲;簆暴絭(燭韻, jú),具聲。冓聲、主聲、具聲在侯部。這五個字對轉入屋部。

(2)鞪棳(屋韻, mù),孜聲。數(覺韻, shuò)、數(燭韻, cù),婁聲。孜聲、婁聲在侯部,並且“數(麌韻, shǔ)、數(遇韻, shù)”又在侯部。而這四字又對轉入屋部。

(3)輂(燭韻, jú),《説文》:“从車,共聲。”段注:“居玉切。按共聲古音在九部。《士喪禮》‘軬’,九勇反,是也。淺人不知爲同字。”《手册》據段注列東部。可是江永《周禮疑義舉要》云:“愚謂從後推之曰輂,從前挽之曰輦。從共,以兩手拱而推也。今有後推之車。”因此,《表稿》改列屋部。

(4)《詩經》屋部押韻23章,入韻字29個:屋$_5$渥$_1$谷$_5$觳$_8$穀$_2$轂$_1$角$_3$曲$_2$獄$_3$玉$_6$讀$_2$賣$_1$續$_2$獨$_1$濁$_1$椓$_1$舝$_1$束$_4$楸$_1$族$_3$足$_3$粟$_2$辱$_1$禄$_5$鹿$_2$卜$_1$僕$_2$木$_3$霂$_1$。

合韻7章,屋侯通韻4章,屋覺合韻2章,屋錫合韻1章,入韻字10個:谷$_1$裕$_1$觳$_1$屬$_1$蠋$_1$局$_1$禄$_1$綠$_1$木$_1$沐$_1$。

(5)屋部《楚辭》押韻4章,入韻字7個:欲$_1$轂$_1$屬$_1$濁$_1$禄$_1$足$_2$木$_1$。《楚辭》合韻2章,均爲屋侯通韻,入韻字1個:屬$_2$。

(6)屋部一級聲符23個,單字10個。《詩經》韻譜入韻字29個,分屬19個一級聲符,單字2個(粟舝)。合韻譜增加一級聲符一個(局聲)。屋部未入韻的聲符有岳聲、斲聲、輂聲三個,單字“哭、禿”等8個。

一〇、東　部

(一)東部字表

1.東部開一 [oŋ]

調\聲	平　東　　　　[uŋ]	上　董	去　送
影 Ø	〈烏紅〉翁螉鰅蓊翁 (wēng)	〈烏孔〉滃塕 (wěng)	〈烏貢〉瓮甕罋罋 (wèng)
曉 x	〈呼東〉烘薨〈(集)呼公〉訇 (hōng)		
匣 ɣ	〈戶公〉洪訌紅虹仜鴻粠陙塠〈(集)胡公〉鴻玒 (hóng)	〈胡孔〉澒水銀汞 (gǒng) 澒澒洞 (hǒng)	〈胡貢〉港港洞閧鬨 (hòng)
見 k	〈古紅〉公功工攻 (gōng)		〈古送〉貢贛玒贔小杯 (gòng)
溪 k‘	〈苦紅〉空箜崆悾倥倥侗涳 (kōng)	〈康董〉孔倥倥傯 (kǒng)	〈苦貢〉控 (kòng)
端 t	〈德紅〉東涷涷揀 (dōng)	〈多動〉董董 (dǒng)	〈多貢〉涷棟渱鼓聲 (dòng)
透 t‘	〈他紅〉通恫痛也 (tōng)〈(集)他東〉〈(又)土緩-緩〉睡町瞳 (tuǎn)	〈他孔〉桶 (tǒng)〈吐緩-緩〉瞳町瞳 (tuǎn)	〈他貢〉痛 (tòng)〈他綜-宋〉統 (tǒng)
定 d	〈徒紅〉同童僮銅桐峒峒峒筒*竹筒瞳罿橦箒*潼曈洞頭洞侗挏鮦挏稑先種後熟 (tóng) 筒竹筒箒 (tǒng)〈(集)徒東〉潼潼容桐 (tóng)	〈徒揔〉動婰硐通 (dòng)	〈徒弄〉洞疾流,洞穿恫懼也挏筒洞簫駧 (dòng) 慟衕通街迵 (tòng)
來 l	〈盧紅〉籠襱巢儱瀧瀧瀧,雨滴貌聾礱曨蘢襱襱襱矓蠪〈(集)盧東〉龐龐龐,壯實貌 (lóng)		〈盧貢〉弄*挵 (lòng) 弄 (nòng)
精 ts	〈子紅〉葼嫐峻豵椶蝬艐堫璁緵髮稷禾四十把〈(集)祖叢〉憁腠 (zōng)	〈作孔〉總摠偬蓯腰熜偬〈(集)祖動〉稯稯稯,聚貌 (zǒng)	〈作弄〉緵一種漁網 (zòng)
清 ts‘	〈倉紅〉怱蔥聰總璁驄蟌囪鍯廖〈(集)麤叢〉悤 (cōng)		
從 dz	〈祖紅〉叢藂藂 (cóng)		
心 s			〈蘇弄〉送 (sòng)
幫 p		〈邊孔〉琫菶〈(集)補孔〉絣 (běng)	
並 b	〈薄紅〉蓬 (péng)	〈蒲蠓〉菶唪唪,大笑貌 (běng)	
明 m	〈莫紅〉蒙冡濛朦曚幪酶懞幪霿〈(集)巔蓬〉蠓驋龙龙茸懞懞厚兒 (méng)	〈莫孔〉蠓〈(集)母揔〉懞懞懞,茂盛貌 (měng)	

2. 東部開二 [eoŋ]

調 聲	平　江　　　　　[ɔŋ]	上　　講	去　　絳
曉 x	〈許江〉舡 (xiāng)		
匣 ɣ	〈下江〉缸瓨長頸盛器 (gāng)	〈胡講〉項絒 (xiàng)	〈胡絳〉巷衖〈(集)胡降〉啲 (xiàng)
見 k	〈古雙〉扛扛鼎杠釭矼橋 (gāng) 江茳 (jiāng)〈(集)〉舡 (gāng)	〈古項〉講〈(集)〉顜 (jiǎng)	
溪 k‘	〈苦江〉控打椌樂器〈(集)枯江〉矼堅實 (qiāng)		
端 t			〈陟降〉戇 (zhuàng)
透 t‘	〈丑江〉窻 (chuāng)		
定 d	〈宅江〉幢一種旗幟撞*撞擊橦帳柱 (chuáng)〈(又)直絳-絳〉撞撞擊 (zhuàng)		〈直絳〉憧幢愚幢舟車的帷幕 (zhuàng)
初 tʃ‘	〈楚江〉囱天窗窻搉〈(集)初江〉窗 (chuāng)		
山 ʃ	〈所江〉雙 (shuāng)		
幫 p	〈博江〉邦 (bāng)		
並 b	〈薄江〉龐 (páng)	〈步項〉棓棒玤蚌蛖 (bàng)	
明 m	〈莫江〉厖駹尨瀧哤牻蛖 (máng)		

3. 東部開三 [ĭoŋ]

調 聲	平　東　　　　　[ĭuŋ]	上　　董	去　　送
昌 t‘	〈昌終〉充珫 (chōng)		
心 s	〈息弓〉崧 (sōng)		

4. 東部合三 [ĭwoŋ]

調 聲	平　鍾　　　　　[ĭwoŋ]	上　　腫	去　　用
影 ∅	〈於容〉邕雍噰灉灉癰廱饔壅雝〈(集)〉饔臃 (yōng)	〈於隴〉擁 (yōng) 擁*(yǒng)〈(集)委勇〉攤擁 (yōng) 擁*擁 (yǒng)	
曉 x	〈許容〉胷胸凶妽洶兇訩匈〈(集)〉詾 (xiōng)		
見 k	〈九容〉恭龔供供給共供,恭〈(集)居容〉銎 (gōng)	〈居悚〉拱拲珙鞏蛬卄收拏供拏鞏栱輁 (gǒng)	〈居用〉供陳設 (gòng)
溪 k‘	〈曲恭〉銎 (qiōng)	〈丘隴〉恐 (kǒng)	〈(集)去仲〉倥小貌 (qiòng)
羣 g	〈渠容〉蛩邛筇栚〈(集)〉跫闉 (qióng)		〈渠用〉共同 (gòng)
疑 ŋ	〈魚容〉顒喁 (yóng) 顒 (róng)		

續表

調\聲	平　鍾　　[ĩwoŋ]	上　腫	去　用
端 t		〈知隴〉冢 (zhǒng)	
透 tʻ	〈丑凶〉偅均也 (chōng)	〈丑隴〉寵 (chǒng)	
定 d	〈直容〉重複也緟 (chóng)	〈直隴〉重輕重歱 (zhòng)	
餘 ʎ	〈餘封〉容溶鎔瑢蓉傛裕搈頌儀容 (róng) 灉庸喁獝獡墉鏞廊傛鱅鰫 〈集〉鰫 (yōng)	〈余隴〉勇恿涌甬踊偬踹蛹俑 〈集〉尹竦〉踴湧嵱 (yǒng)	〈余頌〉用 (yòng)
來 l	〈力鍾〉龍驡 (lóng)	〈力踵〉隴壟壠 (lǒng)	
章 tɕ	〈職容〉鍾鐘忪㞞㞞鐘妐〈集〉諸容〉憁 (zhōng)	〈之隴〉腫種種類踵種種 (zhǒng)	〈之用〉種種植〈集〉朱用〉種種植 (zhòng)
昌 tɕʻ	〈尺容〉衝衝憧不定貌橦剿〈集〉昌容〉橦擊橦 (chōng)		
書 ɕ	〈書容〉舂惷摏 (chōng)		
禪 ʑ		〈時宂〉尰瘇〈集〉竪勇〉瘇 (zhǒng)	
日 ȵ	〈而容〉茸軵髯亂髮㧬〈集〉如容〉醲 (róng)	〈而隴〉宂軵推車軵〈集〉乳勇〉氄 (rǒng)	
精 ts	〈即容〉縱* 縱橫蹤 (zōng) 縱縱橫 (zòng)〈集〉將容〉從縱橫縱鏦 (zōng)		〈子用〉縱舍也瘲 (zòng)
清 tsʻ	〈七恭〉樅鏦從從從 (cōng)		
從 dz	〈疾容〉從跟隨从 (cóng)		〈疾用〉從隨行 (zòng)
心 s	〈息恭〉蚣〈集〉思恭〉蚣蚣蟒 (sōng)	〈息拱〉悚竦憽聳駷慫縱〈集〉筍勇〉慫嵸 (sǒng)	
邪 z	〈祥容〉松 (sōng)		〈似用〉頌頌揚誦訟 (sòng)
幫 p	〈府容〉封犎葑 (fēng)		
滂 pʻ	〈敷容〉峯鋒丰徔妦蠭蜂烽烽〈集〉鏠 (fēng)	〈敷奉〉捧 (pěng)	
並 b	〈符容〉逢縫縫緞逢夆捀〈集〉摓 (féng)	〈扶隴〉奉 (fèng)	〈扶用〉俸縫縫合處 (fèng)

(二)東部諧聲表

東部聲符

公聲	翁聲(滃)	松聲(崧)	工聲	空聲(控)	貢聲	贛聲(灨)
江聲(鴻)	項聲(碩)	巩聲	蚤聲(篓)	邛聲(栚)	共聲	巷聲(港)
雍聲(擁)	邕聲	雝聲(灉)	東聲(涷)	重聲	動聲(慟)	鍾聲(鐘)
童聲(瞳)	同聲(洞)	夌聲(稯)	囪聲	恖聲(總)	悤聲(總)	從聲
從聲(縱)	叢聲(藂)	雙聲(慅慅)	凶聲	匈聲(智)	用聲	甬聲
勇聲(踴)	涌聲(浵)	庸聲(傭)	充聲(統)	春聲(惷)	茸聲(醲)	宂聲(氄)

容聲(溶)　龍聲(隴)　弄聲(梇)　奉聲(捧)　冢聲　蒙聲(濛)　龙聲
浝聲(塍)　芈聲　夆聲　逢聲(縫)　封聲(葑)

單字

陸　孔　送　䢌　闀　廾　拜　亯　竦

(三)東部韻表

東部《詩經》韻譜

《召南·采蘩》三章:僮公。《行露》三章:墉訟訟從。《羔羊》三章:縫總公。《小星》一章:東公同。《騶虞》二章:蓬豵。《邶風·旄丘》三章:茸東同。《鄘風·桑中》三章:葑東庸。《衛風·伯兮》二章:東蓬容。《王風·兔爰》三章:罿庸凶聰。《鄭風·大叔于田》二章:控送。《山有扶蘇》二章:松龍充童。《丰》一章:丰巷送。《齊風·南山》二章:雙庸庸從。《唐風·采苓》三章:葑葑東從。《豳風·七月》四章:同功豵公;七章:同功。《東山》一、二、三、四章:東濛。

《小雅·蓼蕭》四章:雝同。《六月》三章:顒公。《車攻》一章:攻同龐東。《吉日》二章:同從。《祈父》三章:聰饔。《節南山》五章:傭訩;十章:誦訩邦。《小旻》一章:從用邛。《巧言》三章:共邛。《大東》二章:東空。《無車大將》三章:雝重。《瞻彼洛矣》三章:同邦。《賓之初筵》一章:同功。《采菽》四章:蓬邦同從。

《大雅·思齊》二章:公恫邦。《皇矣》五章:恭邦共;七章:衝墉。《靈臺》三章:樅鏞鍾廱;四章:鍾廱逢公。《文王有聲》二章:功豐;六章:廱東。《生民》四章:幪唪。《崧高》二章:邦功;三章:邦庸。《常武》六章:同功。《召旻》二章:訌共邦。

《周頌·臣工》:工公。《振鷺》:雝容。《雝》:雝公。《魯頌·泮水》六章:訩功。《閟宮》三章:公東庸;六章:蒙東邦同從功;七章:邦從。《商頌·長發》五章:共厖龍勇動竦總。

東部《詩經》合韻譜

東侯通韻　《大雅·瞻卬》七章:後鞏後。

東幽合韻　《小雅·車攻》五章:調同。

東陽合韻　《周頌·烈文》:公疆邦功皇。

東部《楚辭》韻譜

《離騷》:縱巷。

《天問》:功同;又:從通;又:逢從。

《九章·哀郢》:江東。《抽思》:同容。《懷沙》:豐容。《悲回風》:江洶。

《卜居》:凶從。

《九辯》:重通;又:通從誦容;又:從容。

東部《楚辭》合韻譜

東幽合韻　《離騷》:同<u>調</u>。

東冬合韻　《離騷》:庸<u>降</u>。

東冬侵合韻　《九辯》:<u>中</u><u>湛</u><u>丰</u>。

東陽合韻　《卜居》:長<u>明</u>通。

東侵合韻　《天問》:<u>沈</u>封。

（四）説　明

(1)《漢語史稿》東部只列開一(東)、開二(江)、合三(鍾)三類韻母,《手册》(1986年)《例言》曾指出,增補開三(東)一類,《表稿》據此分列四表。

(2)叢藂蘴(東韻,cóng),取聲;霿(東韻,méng),孜聲;𪘽(講韻,xiàng),后聲;講韻顠(講韻,jiǎng),菁聲;棓(講韻,bàng),音聲;顒喁(鍾韻,yóng),禺聲;軵(腫韻,rǒng),付聲。這七個聲符都在侯部,由它們構成的形聲字十一個,都由陰陽對轉成爲東部字。

(3)仚(用韻,qióng),曲聲,曲聲在屋部;冢(腫韻,zhǒng),豕聲,豕聲在屋部;𪙊(腫韻,rǒng),弇聲,弇聲在蒸部。"仚、冢"字是陽入對轉成爲東部字,"𪙊"字是陽聲韻旁轉成爲東部字。此外,還有"騬慫"(腫韻,sǒng),"騬"字《説文》未收,出自《公羊傳》,意思是搫動馬嚼子讓馬快跑,可以看作會意字。如果認作形聲字,束聲在屋部,則是陽入對轉爲東部字。"悚"字《説文》作"慫","懼也,雙省聲"。"悚"可以認爲"竦省聲"。

(4)東部《詩經》押韻54章,入韻字61個:雝$_4$廱$_3$饔$_1$工$_1$功$_8$攻$_1$訌$_1$空$_1$邛$_2$控$_1$公$_{10}$訟$_2$松$_1$共$_4$巷$_1$恭$_1$凶$_1$詾$_3$東$_{14}$同$_{12}$恫$_1$重$_1$動$_1$衝$_1$鍾$_2$童$_1$僮$_1$蹱$_1$充$_1$用$_1$勇$_1$誦$_1$庸$_6$墉$_1$傭$_1$鏞$_1$總$_1$聰$_2$茸$_1$從$_8$樅$_2$樅$_1$送$_2$雙$_1$容$_2$龍$_1$丰$_1$邦$_{10}$豐$_1$菶$_1$逢$_1$蓬$_3$縫$_1$龐$_1$蒙$_1$濛$_4$幪$_1$唪$_1$厖$_1$顒$_1$竦$_1$。

合韻3章,東侯通韻、東幽合韻、東陽合韻各1章,入韻字5個:同$_1$鞏$_1$公$_1$邦$_1$功$_1$。

(5)東部《楚辭》押韻12章,入韻字15個:功$_1$江$_2$巷$_1$凶$_1$洶$_1$東$_1$同$_2$重$_1$誦$_1$通$_3$容$_4$從$_5$縱$_1$逢$_1$豐$_1$。合韻5章,東冬合韻、東幽合韻、東侵合韻、東陽合韻、東冬侵合韻各1章,入韻字5個:同$_1$庸$_1$通$_1$封$_1$丰$_1$。

(6)東部一級聲符28個,單字9個。《詩經》韻譜東部入韻字61個,分屬23個一級聲符,單字2個(送、竦)。未入韻的一級聲符有夋聲、叢聲、舂聲、宂聲、弄聲等5個,單字7個。《楚辭》入韻字未越出《詩經》韻譜的諧聲範圍。

一一、魚 部

(一)魚部字表

1. 魚部開一 [ɑ]

調\聲	平 模 [u]	上 姥	去 暮
影 Ø	〈哀都〉烏鳴歍鄔於_{於戲}惡_{何也}(wū)	〈安古〉瑦趷(wǔ)	〈安古-姥〉〈(又)(集)烏故〉隖塢(wù)
曉 x	〈荒烏〉呼嘑虖謼歑膴_{大龘也}幠虍雐魖〈(集)荒胡〉垀(hū)	〈呼古〉虎琥滹〈(説)〉汻〈(集)火五〉許_{許許}鄦鄦(hǔ)	
匣 ɣ	〈户吴〉胡斛瑚湖鶘黏糊乎翩鮷〈(集)洪孤〉鸏瑚(hú)	〈侯古〉户楛扈怙祜岵岵芐_{地黃}崔_{九雇}鳸戽〈(集)後五〉惆岵(hù)	〈胡誤〉嫭嫮互笯洿柜罟(hù)
見 k	〈古胡〉姑辜酤蛄鴣樟沽_{水名}嬶〈(集)攻乎〉及菇(gū)	〈公户〉古罟蠱鹽詁賈沽_{賣酒人}〈(集)果五〉鹽(gǔ)	〈古暮〉酤_{賣酒}沽_賣(gū)顧故痼固錮怘梏〈(集)古慕〉茵(gù)
溪 k'	〈苦胡〉枯軲姑(kū)	〈康杜〉苦(kǔ)	
疑 ŋ	〈五乎〉吾齬浯菩珸部梧(wú)	〈疑古〉五午伍仵(wǔ)	〈五故〉忤牾迕逜_{干道}悟_{抵逆}(wǔ)寤晤悟〈(集)〉啎俉(wù)
端 t	〈當孤〉都闍(dū)都_{副词,總括}(dōu)	〈當古〉覩睹睹堵赭(dǔ)	〈當故〉妒(dù)
透 t'	〈他胡〉悇(tū)稌(tú)	〈他魯〉土吐_{吞吐}芏(tǔ)	〈湯故〉菟_{菟絲}兔吐_{嘔吐}鵵(tù)
定 d	〈同都〉徒迌屠瘏堵途酴駼梌涂_{水名}荼_{苦菜}圖酃菟_{於菟}捈邾峹蒤醿筡〈(集)〉跿檡_{於檡}(tú)	〈徒古〉杜敨(dù)	
泥 n	〈乃都〉奴駑帑_{妻子}孥笯(nú)〈(又)他朗-蕩〉帑_{庫金}(tǎng)	〈奴古〉弩努努(nǔ)	〈乃故〉怒(nù)
來 l	〈落胡〉盧鑪壚籚蘆顱攎櫨轤矑鸕舻纑瀘爐泘矑枦廬艫鑪壚(lú)	〈郎古〉魯櫓滷虜艣鏀舝鹵鱸(lǔ)	
精 ts	〈則吾〉租葅(zū)	〈則古〉祖珇組菹(zǔ)	
清 ts'	〈倉胡〉麤麁麤〈(集)聰徂〉粗怚_{粗心}(cū)		
從 dz	〈昨胡〉徂退殂(cú)〈昨何-歌〉酂虘虘(cuó)	〈徂古〉駔_{駿馬}(zù)〈(又)倉胡-模〉牏_{牛角直兒,粗}(cū)	
心 s	〈素姑〉蘇穌(sū)		〈桑故〉素嗉膆〈(集)蘇故〉愫(sù)

2. 魚部開二 [ɛɑ]

調聲	平 麻 　　　[a]	上 馬	去 禡
影 ∅	〈於加〉鴉錏趴〈(集)〉雅_{烏鴉}啞_{啞啞}(yā)	〈烏下〉啞_{口不能言}(yǎ)	〈衣嫁〉亞(yà)
曉 x	〈許加〉呀_{谽呀}谺颬〈(集)虛加〉蔬蝦_蝦(xiā)		〈呼訝〉罅唬_{虎聲}罅(xià)
匣 ɣ	〈胡加〉蝦_{蛤蟆}(há)鰕_蝦(xiā)遐鍜霞瑕騢跏鞎䕘〈(集)何加〉叚(xiá)	〈胡雅〉下_{下面}夏_{華夏}厦(xià)	〈胡駕〉暇(xiá)暇*夏_{夏季}下_{下降}芐_草(xià)
見 k	〈古牙〉家葭麚猳猭豭(jiā)	〈古疋〉豭(gǔ)檟榎椵假叚賈_姓斝瘕椵〈(集)舉下〉假_至(jiǎ)	〈古訝〉稼嫁價假槥賈_{價格}(jià)
疑 ŋ	〈五加〉牙衙_{古地名}芽(yá)	〈五下〉雅_{雅俗}疋_{正疋}庌(yǎ)	〈吾駕〉迓訝〈(集)魚駕〉御迓牙_{車輞}(yà)
端 t	〈陟加〉奓_{張開}觰〈(集)〉諸(zhā)秅_{同"秅"}(chá)		
定 d	〈宅加〉踷茶茶_茶秅_{數量名}秅_庶(chá)		
泥 n	〈女加〉拏拿袈〈(集)〉秅_{烏秅,國名}(ná)		
莊 ʧ	〈側加〉櫨_樝相齟_{齒不正}廠挓〈(集)莊加〉摣戲齟_{齒不正}皻(zhā)		
崇 ʤ	〈鉏加〉苴_{枯草}(chá)		〈所嫁〉嗄(shà)
山 ʃ			
幫 p	〈伯加〉巴鈀_{兵車}豝芭(bā)	〈博下〉把〈(集)補下〉靶(bǎ)	〈必駕〉弝靶_{轡革}(bà)
滂 p‘	〈普巴〉苩鈀_{箭鏃}蚆〈(說)〉豝(pā)		〈普駕〉帊_帕(pà)
並 b	〈蒲巴〉杷(pá)		
明 m	〈莫霞〉蟆(má)	〈莫下〉馬鄢(mǎ)	〈莫駕〉禡瀃罵傌〈(集)〉貉_{通"禡",祭名}(mà)

3. 魚部開三 [ĭɑ]

調聲	平 魚 　　　[ĭo]	上 語	去 御
影 ∅	〈央居〉淤(yū)於_{介詞}(yú)〈(集)衣虛〉菸_{枯萎}瘀(yū)		〈依倨〉饫(yù)〈(集)依據〉垽_{同"淤"}(yū)
曉 x	〈朽居〉虛_{空虛}驉歔嘘魖(xū)	〈虛呂〉許_{允許,處所}鄦(xǔ)	
見 k	〈九魚〉居据裾琚鶋車崌椐涺胍〈(集)斤於〉凥_{處所也}(jū)	〈居許〉舉莒笒柜篓(jǔ)	〈居御〉據鋸倨踞虡〈(集)〉躆(jù)
溪 k‘	〈去魚〉虛_{大丘}墟(xū)笿祛阹胠魼枯〈(集)丘於〉△鱋祛呿(qū)	〈羌舉〉去*_除麩〈(集)口舉〉詓(qǔ)	〈丘倨〉去_離厺(qù)
羣 g	〈强魚〉渠璩蕖籧_{籧篨}簾躆蟝蕖蘧(qú)	〈其呂〉巨拒秬距炬粔虞鐻鉅苣駏詎距歫〈(玉)〉岠〈(集)臼許〉簋歫(jù)	〈其據〉遽勮詎醵(jù)

聲＼調	平　魚　[ĭo]	上　語	去　御
疑 ŋ	〈語居〉魚鯱漁鮫譺衙行貌(yú)	〈魚巨〉語談話圉敔圄齬鋙鋙(yǔ)籞籞禦(yù)	〈牛倨〉御駕御馭語告訴(yù)
端 t	〈陟魚〉豬瀦櫫藸(zhū)	〈丁呂〉褚裝衣貯(zhǔ)貯(zhù)	〈陟慮〉著顯著箸顯著(zhù)
透 t‘	〈丑居〉攄(shū)摴〈(集)抽居〉樗(chū)	〈丑呂〉楮褚姓(chǔ)	
定 d	〈直魚〉除躇儲*涂涂吾,水名鯺著雍滁蒢屠休屠蒢(chú)儲(chǔ)	〈直呂〉佇竚苧苧紵杼機杼芧宁門屏之間貯〈(集)丈呂〉罏宔柔(zhù)	〈遲倨〉箸筷子〈(集)遲據〉櫡筷子(zhù)
餘 ʎ	〈以諸〉余萸香草濾餘璵璵璵畬歟與譽*稱贊,動詞嶼昇舉好仔臒予我趣徐〈(集)羊諸〉畬悇悇懙(yú)	〈余呂〉與給與与予給予懙(yǔ)	〈羊洳〉豫預譽聲譽,名詞礜礜念璵與參與〈(集)羊茹〉轝昇車(yù)
泥 n	〈女余〉袽帤挐〈(集)女居〉絮(rú)	〈尼呂〉女男女籹(nǔ)	〈尼據〉女以女嫁人絮姓(nù)
來 l	〈力居〉臚廬(lú)閭驢藘藺(lú)	〈力舉〉呂膂旅梠儢侶郘(lǚ)	〈良倨〉慮勴鑢(lù)
章 ʨ	〈章魚〉諸櫧藷藉蔗(zhū)	〈章與〉鸗煮陼渚(zhǔ)	〈章恕〉翥(zhù)
昌 ʨ‘		〈昌與〉杵處止,相處〈(集)敞呂〉処止也(chǔ)	〈昌據〉處處所(chù)
船 ʥ		〈神與〉抒(shū)杼(shù)	
書 ɕ	〈傷魚〉書舒紓邪(shū)	〈舒呂〉暑鼠黍癙(shǔ)	〈商署〉恕(shù)
禪 ʑ	〈署魚〉蜍蟾蜍(chú)		〈常恕〉署*諸藷萸曙(shù)署(shǔ)
日 ȵ	〈人諸〉如袽洳水名駕茹(rú)	〈人渚〉汝孏〈(集)忍與〉女你(rǔ)	〈人恕〉洳沮洳(rù)
精 ts	〈子魚〉且語氣詞苴麻子沮水名〈(集)子余〉耞疽(jū)		〈將預〉怚驕沮沮洳〈(集)將豫〉嫭嬌(jù)
清 ts‘	〈七余〉胆䖏(qū)疽岨砠趄狙雎濾伹坥〈(集)千余〉鴡(jū)		〈七慮〉覰(qù)
從 dz		〈慈呂〉咀咀嚼沮止也跙(jǔ)俎(jù)	
心 s	〈相居〉胥鰆楈諝稰蝑揟(xū)	〈私呂〉胥小吏稰湑糈稰(xǔ)	〈息據〉絮敝緜(xù)
邪 z	〈似魚〉徐徐(xú)	〈徐呂〉敍緒璵美好貌序漵嶼*鱮屛(xù)嶼(yǔ)〈(集)象呂〉芧(xù)	
莊 tʃ	〈側魚〉菹〈(集)臻魚〉葅蒩(zū)	〈側呂〉阻俎(zǔ)	〈莊助〉詛〈(集)〉謯詛褿(zǔ)
初 tʃ‘	〈楚居〉初(chū)	〈創舉〉楚礎齭齼濋(chǔ)	
崇 dʒ	〈士魚〉鉏鋤耡(chú)	〈牀呂〉齟組齰(jǔ)	〈牀據〉助鋤耡精稅廚〈(集)〉莇(zhù)
山 ʃ	〈所葅〉疏疏通梳蔬疎挻疋(shū)	〈疎舉〉所處所,代詞,連詞(suǒ)所所所,伐木聲(xǔ)疋(shǔ)	〈所去〉疏條疏(shù)
明 m	〈(集)迷浮-尤〉毋毋道,冠名(móu)		

4. 魚部開四 [iɑ]

調＼聲	平　麻　[ĭa]	上　馬	去　禡
餘 ʎ	〈以遮〉邪瑯邪,郡名琊 (yá) 邪語氣詞耶釾茒〈(集)余遮〉鋣枒椰 (yé)	〈羊者〉野壄冶〈(集)以者〉埜 (yě)	
章 ȶ	〈正奢〉遮 (zhē)	〈章也〉者赭 (zhě)	
昌 ȶ‘	〈尺遮〉車 (chē)		
書 ɕ	〈式車〉奢賒畬火耕〈(集)詩車〉奓奢 (shē)	〈書冶〉捨舍捨,放棄 (shě)	〈始夜〉舍客舍騇涻 (shè)
禪 ʑ		〈常者〉社 (shè)	
精 ts	〈子邪〉罝罝婎罝嫭 (jū)	〈玆野〉姐母 (jiě)	
清 ts‘		〈七也〉且而且,尚且 (qiě)	
心 s		〈悉姐〉昬 (xiě)	〈司夜〉卸 (xiè) 〈蘇計-霽〉壻〈(集)思計-霽〉婿聟“壻”俗字 (xù)
邪 z	〈似嗟〉衺斜邪不正也 (xié)		

5. 魚部合一 [uɑ]

調＼聲	平　模　[u]	上　姥	去　暮
影 ø	〈哀都〉洿污汙杇圬弙〈(集)汪胡〉洿 (wū)		〈烏路〉汙穢 (wū)
匣 ɣ	〈户吴〉狐弧瓠瓦壺壺 (hú)	〈侯古〉鄠洿深雩 (hù)	〈(集)胡故〉嫮瓠果實瓠 (hù)
見 k	〈古胡〉孤苽菰夵呱泒觚箛柧罛軱 (gū)	〈公户〉鼓瞽股羖兆 (gǔ)	
溪 k‘	〈苦胡〉刳挎鮬 (kū)		〈苦故〉蒟庫絝袴褲 (kù)
疑 ŋ	〈五乎〉吴 (wú)		〈五故〉誤 (wù)
透 t‘	〈他胡〉瑦 (tū)		
從 ʣ			〈昨誤〉齰 (zuò)
幫 p	〈博孤〉逋餔噢晡誧拵 (bū)	〈博古〉補 (bǔ) 譜圃 (pǔ)	〈博故〉布 (bù)
滂 p‘	〈普胡〉鋪鋪陳痡 (pū)	〈滂古〉普浦 (pǔ)	〈普故〉怖悑 (bù)
並 b	〈薄胡〉酺匍蒲草名〈(集)蓬逋〉扶扶伏 (pú)		〈薄故〉捕哺餔哺養 (bǔ)
明 m	〈莫胡〉模橅嫫嫫謨〈(集)蒙晡〉摹規,倣譕譕獏 (mó)	〈莫補〉莽宿草 (mǔ)	

6. 魚部合二 [oɑ]

調＼聲	平　麻　wa	上　馬	去　禡
影 ø	〈烏瓜〉窊〈(集)〉窳同“窊”汙地坑 (wā)		
曉 x	〈呼瓜〉華“花”本字 (huā) 譁 (huá)		
匣 ɣ	〈户花〉華光華驊鏵鋘〈(集)胡瓜〉茉鋘 (huá)	〈胡瓦〉臊 (huà)	〈胡化〉摦崋山名,姓華同“崋” (huà)
見 k	〈古華〉瓜 (guā)	〈古瓦〉寡 (guǎ)	〈古罵〉諣註 (guà)
溪 k‘	〈苦瓜〉誇夸姱侉〈(集)〉侉 (kuā)		〈苦化〉跨胯 (kuà)

7. 魚部合三 [ĭwɑ]

調 聲	平　虞　[ĭu]	上　麌	去　遇
影 Ø	〈憶俱〉紆陓扜迂尪 (yū)		
曉 x	〈況于〉訏吁雩雩婁,地名盱咢花忓稟〈(集)匈于〉謣輿謣 (xū)〈許肥 - 戈〉鞾靴 (xuē)	〈況羽〉詡昫栩 (xǔ)	
匣 ɣ	〈羽俱〉于盂邘雩祭名竽玗杅骬謣妄言靬〈(集)雲俱〉亐衧 (yú)	〈王矩〉羽禹雨宇瑀鄅楀萬郷踽〈(集)〉偊霱寓 (yǔ)	〈王遇〉芋雨下雨,雨雪雩 (yù)
見 k	〈舉朱〉斞踇 (jū)	〈俱雨〉矩椝踽〈(集)果羽〉拒方陣 (jǔ)	〈九遇〉瞿瞿瞿,驚視界眀 (jù)
溪 k‘		〈驅雨〉齲〈(集)顆羽〉猦 (qǔ)	
羣 g	〈其俱〉衢臞癯鸜灈躍氍蠷瞿兵器櫂趯〈(集)權俱〉鑺曜懼懼然 (qú)		〈其遇〉懼恐懼 (jù)
疑 ŋ	〈遇俱〉虞娛澞 (yú)	〈虞矩〉麌俁噳 (yǔ)	
餘 ʎ		〈以主〉窳器劣瓜 (yù)	
幫 p	〈甫無〉膚邦鈇袪玞夫丈夫鳺鴩 (fū)	〈方矩〉莆 (pú) 甫脯乾肉斧簠黼俌吺父美稱郙 (fǔ)	〈方遇〉賦賦 (fù)
滂 p‘	〈芳無〉敷麩豧尃痡荂花也〈(說)芳无〉敷敷 (fū)	〈芳武〉撫改〈(集)斐父〉嘸 (fǔ)	
並 b	〈防無〉扶扶持芙凫榑蚨夫語助枎 (fú)	〈扶雨〉黼釜輔鬴滏 (fǔ) 父父母蚥 (fù)	
明 m	〈武夫〉誣巫 (wū) 無毋膴蕪荒蕪莁璑膴无〈(集)微夫〉廡蕃廡 (wú)	〈文甫〉武舞儛嫵𦒌憮碔廡甒潕鵡膴美也,厚也娬䍢〈(集)罔甫〉蕪通"𦒌",豐盛 (wǔ)	

(二)魚部諧聲表

魚部聲符

烏聲(鳴)	乎聲	虖聲(嘑)	虍聲	虛聲(歔)	慮聲(慮)	虎聲(琥)
五聲	吾聲(寤)	午聲	許聲(滸)	古聲	胡聲(湖)	固聲(痼)
苦聲(楛)	姑聲(菇)	酤聲(蔀)	辜聲(橭)	居聲(踞)	户聲	所聲(齭)
雇聲(顧)	互聲(笠)	襾聲	賈聲(價)	者聲	屠聲(鄱)	諸聲(儲)
豬聲(藸)	奢聲(譇)	著聲(躇)	箸聲(櫡)	署聲(曙)	土聲(杜)	徒聲(跿)
兔聲(菟)	余聲	涂聲(塗)	除聲(蒢)	敘聲(漵)	奴聲(怒)	盧聲(驢)
魯聲(櫓)	鹵聲(滷)	虜聲(虜)	且聲	租聲(菹)	祖聲(菹)	虘聲(謯)
查聲(皶)	沮聲	菹聲(蒩)	助聲(耡)	葅聲(蕰)	麤聲(蘼)	穌聲(蘇)
素聲(嗉)	牙聲	邪聲(琊)	閉聲(襉)	亞聲(啞)	叚聲(霞)	下聲(芐)
夏聲(廈)	家聲(嫁)	於聲(淤)	豦聲	遽聲(籧)	巨聲	矩聲(榘)
渠聲(鰈)	去聲(祛)	吕聲	閭聲(藺)	魚聲(漁)	卸聲	御聲

禦聲(籞)	宁聲	盂聲(盬)	女聲(汝)	如聲(帤)	旅聲(膂)	予聲(預)
鼠聲(癙)	與聲	旟聲(滱)	舁聲	輿聲(擧)	疋聲	楚聲(礎)
胥聲(稰)	疏聲(蔬)	舍聲(捨)	亏〔于〕聲	汙聲(穿)	污聲(妴)	雩聲(鄠)
吁聲(尋)	夸聲	瓠聲(搋)	瓜聲(窊)	瓜聲	孤聲(菰)	禹聲(楀)
睢聲	瞿聲(懼)	奭聲(斞)	吴聲	虞聲(麌)	鼓聲(瞽)	華聲(譁)
羽聲(雩)	巴聲	皅聲(葩)	莫聲(蟆)	馬聲(罵)	甫聲	浦聲(蒲)
尃聲(敷)	普聲(譜)	夫聲(扶)	父聲	布聲(怖)	釜聲(滏)	無聲
舞聲(儛)	武聲(賦)	巫聲(誣)				

單字

叕	蠱	庫	圖	奄	犓	夋	罛	奓	圉	車	尻	馭	処
黍	初	耶	埜	社	登	壺	冶	兆	茉	寡	雨	无	毋

(三)魚部韻表

魚部《詩經》韻譜

《周南·卷耳》四章:砠瘏痡吁。《桃夭》一章:華家。《兔罝》一、二、三章:罝夫。《漢廣》二章:楚馬。《召南·鵲巢》一章:居御。《采蘋》二章:筥釜;三章:下女。《行露》三章:牙家。《殷其雷》三章:下處。《江有汜》二章:渚與與處。《何彼襛矣》一章:華車。《騶虞》一章:葭豝虞。《邶風·燕燕》一章:羽野雨。《日月》一章:土處顧。《擊鼓》三章:處馬下。《凱風》三章:下苦。《雄雉》一章:羽阻。《谷風》一章:雨怒。《旄丘》二章:處與。《簡兮》一章:舞處;二章:俣舞虎組。《北風》一、二章:邪且;三章:狐烏車邪且。《鄘風·定之方中》二章:虚楚。《干旄》二章:旟都組五予。《衛風·木瓜》一章:瓜琚。《王風·揚之水》二章:楚甫;三章:蒲許。《葛藟》一章:滸父父顧。《鄭風·叔于田》三章:野馬馬武。《大叔于田》一章:馬組舞舉虎所汝(原作"女",下同)。《有女同車》一章:車華琚都。《山有扶蘇》一章:蘇華都且。《揚之水》一章:楚汝汝。《出其東門》二章:闍荼荼且藘娛。《溱洧》一、二章:乎且乎。《齊風·著》一章:著素華。《東方未明》三章:圃瞿。《敝笱》二章:鱮雨。《魏風·陟岵》一章:岵父。《碩鼠》一章:鼠鼠黍汝顧汝土土土所;二、三章:鼠鼠汝汝。《唐風·綢繆》三章:楚户者者。《杕杜》一章:杜湑踽父。《羔裘》一章:祛居故。《鴇羽》一章:羽栩盬黍怙所。《葛生》一章:楚野處。《采苓》二章:苦苦下與。《秦風·黄鳥》三章:楚虎虎禦。《權輿》一章:乎渠餘乎輿;二章:乎輿。《陳風·宛丘》二章:鼓下夏羽。《東門之枌》一章:栩下。《東門之池》二章:紵語。《墓門》二章:顧予。《株林》二章:馬野。《檜風·隰有萇楚》二章:華家。《曹風·蜉蝣》一章:羽楚處。《豳風·七月》五章:股羽野宇户下鼠户處;六章:瓜壺苴樗夫;七章:圃稼。《鴟鴞》二章:雨土户予;三章:据荼租瘏家。《東山》一章:野下;二章:宇户;四章:羽馬。《九罭》二章:渚所處。《狼跋》一章:胡膚;二章:胡膚瑕。

　　《小雅·四牡》二章:馬鹽處;三章:下栩鹽父。《皇皇者華》一章:華夫。《常棣》八章:家帑圖乎。《伐木》二章:許莤羜父顧;三章:湑酤鼓舞暇湑。《采薇》一章:家故居故;三章:鹽處;四章:華車。《出車》四章:華塗居書。《杕杜》一、二章:杜鹽。《蓼蕭》一章:湑寫語處。《采芑》三章:鼓旅。《吉日》二章:午馬麌所。《鴻雁》一章:羽野寡。《鶴鳴》一章:野渚。《祈父》一章:牙居。《黃鳥》三章:栩黍處父。《我行其野》一章:樗居家。《斯干》二章:祖堵戶處語;三章:除去芋。《無羊》四章:魚旟。《正月》九章:雨輔予。《十月之交》四章:徒夫馬處。《雨無正》一章:圖辜鋪;七章:都家。《小旻》一章:土沮。《小宛》五章:扈寡。《巧言》一章:且辜幠;又:幠辜;二章:怒沮。《何人斯》五章:舍車盱。《谷風》一章:雨汝予。《四月》一章:夏暑予。《北山》二章:下土。《小明》一章:土野暑苦雨罟;四章:處與汝。《信南山》四章:廬瓜菹祖祜。《甫田》二章:鼓祖雨女。《裳裳者華》一章:湑寫寫處。《桑扈》一章:扈羽胥祜;二章:扈胥。《車舝》三章:女舞;四章:湑寫。《賓之初筵》一章:楚旅;二章:舞鼓祖;五章:語殺。《魚藻》三章:蒲居。《采菽》一章:筥予予馬予紓;三章:股下紓予。《都人士》五章:餘旟盱。《采綠》四章:鯠鱮者。《黍苗》三章:御旅處。《何草不黃》三章:虎野夫暇;四章:狐車。

　　《大雅·文王》五章:尃祖。《大明》七章:旅野汝。《緜》二章:父馬滸下女宇;五章:徒家。《皇矣》五章:怒旅旅祜下。《下武》五章:許武祜。《鳧鷖》三章:渚處湑脯下。《公劉》三章:野處旅語。《卷阿》十章:車馬。《板》八章:怒豫。《桑柔》四章:宇怒處圉。《雲漢》四章:沮所顧助祖予。《崧高》五章:馬土。《烝民》一章:下甫;五章:茹吐甫茹吐寡禦;六章:舉圖舉助補。《韓奕》三章:祖屠壼魚蒲車且胥;五章:土訏甫嘘虎居譽。《江漢》一章:車旟舒鋪;三章:滸虎土。《常武》二章:父旅浦土處緒;四章:武怒虎虜浦所。

　　《周頌·豐年》:黍稌。《有瞽》:瞽虡羽鼓圉舉。《潛》:沮魚。《載見》:祜嘏。《有客》:馬旅馬。《訪落》:下家。《良耜》:汝筥黍。《魯頌·駉》一、二、三章:馬野者;四章:馬野者駆魚祛邪徂。《有駜》一章:下舞。《泮水》四章:武祖祜。《閟宮》一章:黍秬土緒;二章:武緒野虞汝旅父魯宇輔;三章:祖汝;八章:嘏魯許宇。《商頌·那》一章:鼓祖。《烈祖》一章:祖祜所酤。《殷武》一章:武楚阻旅所緒。

魚部《詩經》合韻譜

　　魚鐸通韻　《邶風·柏舟》二章:茹據愬怒。《式微》一章:故露。《鄭風·大叔于田》:射御。《遵大路》一章:路祛惡故。《魏風·汾沮洳》一章:洳莫度度路。《唐風·蟋蟀》一章:莫除居瞿。《葛生》四章:夜居。《小雅·天保》一章:固除庶。《六月》四章:茹穫。《小明》二章:除莫庶暇顧怒。《車舝》二章:舝射。《大雅·皇矣》二章:椐柘路固。《生民》三章:去呱訏路。《行葦》二章:席御酢斝炙臄咢。《蕩》五章:呼夜。《抑》五章:度虞。《雲漢》六章:去故莫虞怒。《烝民》二章:若賦。《周頌·振鷺》:惡斁夜譽。《載芟》:伯旅。

魚之合韻　《鄘風·蝃蝀》二章:雨母。《小雅·小旻》五章:<u>止否膴謀</u>。《巷伯》六章:者謀虎。《大雅·緜》三章:膴飴謀龜時茲。《常武》一章:<u>土祖父</u>。

魚部《楚辭》韻譜

《離騷》:與芬;又:武怒;又:舍故;又:予野;又:狐家;又:輔土;又:下予;又:馬女;又:下女;又:寤古;又:女汝;又:舉輔;又:女下;又:車疏;又:與予;又:都居。

《九歌·湘君》:渚下浦女與。《湘夫人》:渚予下;又:浦者與。《大司命》:下汝予;又:華居疏。《少司命》:蕪下予苦。《東君》:鼓簴娛舞。《河伯》:魚渚下浦予。《山鬼》:下雨予。《國殤》:馬鼓怒野。《禮魂》:鼓舞與古。

《天問》:衢居如;又:所處羽;又:故懼;又:輔緒;又:怒固。

《九章·惜誦》:下所。《涉江》:顧圖;又:如居;又:雨宇。《哀郢》:如蕪。《抽思》:娱怒;又:姑祖。《懷沙》:莽土;又:下舞。《悲回風》:處慮曙去;又:紆娛居。

《遠遊》:語曙;又:都如;又:居戲霞除;又:予居都閭。

《九辯》:去舉;又:下處;又:處躇;又:下苦;又:躍衢。

《招魂》:苦下輔予;又:宇壺;又:舞下鼓楚吕;又:假賦故居。

《大招》:娱都娱舒。

魚部《楚辭》合韻譜

魚鐸通韻　《離騷》:序<u>暮</u>;又:圖<u>暮</u>;又:夜御;又:佇妒;又:固惡;又:宇惡。《天問》:錯洿故。《九章·懷沙》:故慕;又:暮故;又:錯懼。思美人:<u>度暮</u>故。《九辯》:錯路御。《遠遊》:顧<u>路</u>漠壑。《招魂》:絡呼居。《大招》:假<u>路</u>慮。

魚陽通韻　《離騷》:<u>迎</u>故。

魚宵合韻　《大招》:<u>昭遼逃</u>遥。

魚歌合韻　《九辯》:瑕<u>加</u>。

魚元合韻　《大招》:賦<u>亂變</u>撰。

（四）說　明

(1)父聲、甫聲在魚部,但是尃聲字大多在鐸部,計有:"博搏簙薄礴"等鐸韻字17個,"欂榑"等陌韻字2個。但是也有"尃敷榑"3字在虞韻,"傅賻"2字在遇韻,《手册》將這5字歸魚部。《表稿》採取平歸陰聲韻,去入歸入聲韻的辦法,將遇韻2字改列鐸部。尃聲魚鐸兩收。

莫聲字大多在鐸部,計有:"暮慕墓"等6字暮韻,"膜鏌漠幙"等12字在鐸韻,"蟇貘驀"3字在陌韻。但是也是"模媽謨摹貘"等5字在平聲模韻,《手册》歸魚部。莫聲也應魚鐸兩部兼收。還有去聲禡韻"虋"字《手册》歸魚部,《表稿》改歸鐸部。

亞聲字也分屬魚鐸兩部。魚部有"錏_到啞_{啞啞}（麻韻，yā）、啞_{口不能言}（馬韻，yǎ）"4字，鐸部有"惡_{憎惡}噁（暮韻，wù）、惡_{善惡}堊蝁（鐸韻，è）、亞晉_晉啞_{歎詞}（禡韻，yà）、啞_{笑聲}（麥韻，è）"等9字。《手册》將去聲禡韻3字列魚部，《表稿》改列鐸部，並將亞聲兩部兼收。

両（禡韻，yà），《手册》列鐸部，但以"両"作聲符的形聲字都在上去聲：賈櫃（馬韻，jiǎ）、價（禡韻，jià），沒有入聲字，都歸魚部，《禮記》"賈野旅"押韻。因此《表稿》將両聲改列魚部。

(2)秅秅秅（馬韻，chá），毛聲；遮（馬韻，zhē），庶聲；樗（模韻，tú），睪聲；斁（姥韻，dù），度聲；貉（禡韻，mà），各聲。這5個聲符都在鐸部，這7個字陰入對轉到魚部。還有"莽"（姥韻，mǔ），茻聲，茻聲字都在陽部，"莽"字又音，模朗切（蕩韻）在陽部，陰陽對轉入魚部。普（姥韻，pǔ），並聲，並聲在陽部，有被諧字"髟"；"普"字陰陽對轉入魚部，有被諧字"譜"。攷（麌韻，fǔ），亡聲，亡聲在陽部，陰陽對轉"攷"字轉魚部。

(3)鳧（虞韻，fú），几聲；股羖（姥韻，gǔ），殳聲。几聲，殳聲在侯部，三字旁轉入魚部。

(4)《詩經》魚部押韻172章，入韻字160個：烏$_1$宇$_6$吁$_1$芋$_1$盱$_2$冔$_1$訏$_1$樗$_1$華$_9$苦$_4$岵$_1$怙$_1$居$_7$琚$_1$据$_1$故$_3$胡$_1$辜$_3$祜$_7$酤$_1$罟$_1$盬$_6$户$_6$扈$_3$顧$_6$所$_9$午$_1$許$_4$滸$_3$乎$_8$壺$_1$羽$_{10}$楀$_4$雨$_8$暇$_2$碬$_2$瑕$_2$葭$_1$騢$_1$下$_{18}$夏$_2$瓜$_3$狐$_1$虚$_1$處$_{22}$膚$_1$虜$_1$蘆$_1$廬$_1$虎$_8$虞$_1$鼓$_1$瞽$_1$股$_1$殳$_1$家$_{10}$稼$_1$寡$_3$瞿$_1$渠$_1$秬$_1$牙$_1$邪$_4$去$_1$祛$_1$虞$_1$娛$_1$俁$_1$麌$_1$噳$_1$五$_1$語$_5$舞$_7$幠$_1$魚$_4$圉$_1$御$_1$禦$_2$踽$_1$筥$_3$與$_5$旟$_4$鯑$_1$兿$_1$譽$_1$舉$_1$者$_7$瘏$_2$渚$_1$都$_4$閣$_1$著$_1$堵$_1$暑$_1$屠$_1$緒$_4$書$_1$土$_{13}$杜$_1$吐$_2$徒$_1$圖$_3$荼$_3$餘$_2$塗$_1$除$_1$稌$_1$予$_{11}$野$_{17}$紓$_1$豫$_1$舒$_1$女$_1$女（汝）$_{16}$怒$_6$帑$_1$茹$_1$且$_9$砠$_1$祖$_{11}$置$_3$阻$_2$組$_1$苴$_1$租$_1$沮$_1$徂$_1$菹$_1$助$_1$楚$_{10}$車$_9$鼠$_1$黍$_6$胥$_1$湑$_7$寫$_4$輿$_1$蘇$_1$素$_1$舍$_1$絮$_1$狩$_1$旅$_{10}$魯$_1$夫$_7$父$_{10}$釜$_1$拒$_1$甫$_4$痡$_1$圃$_1$脯$_1$黼$_1$補$_1$輔$_2$鋪$_1$浦$_2$蒲$_1$馬$_{20}$武$_6$。

合韻25章，魚鐸通韻20章，魚之合韻5章，入韻字30個：訏$_1$居$_3$故$_3$固$_2$椐$_1$顧$_1$呼$_1$雨$_1$暇$_1$罜$_1$呱$_1$處$_1$虎$_1$瞿$_1$去$_1$祛$_1$虞$_1$膴$_1$譽$_1$御$_1$據$_1$者$_1$除$_3$怒$_1$茹$_1$洳$_1$祖$_1$旅$_2$父$_1$賦$_1$。

(5)《楚辭》魚部押韻57章，入韻字67個：宇$_2$紆$_1$姱$_3$華$_1$古$_1$苦$_3$姑$_1$故$_3$居$_8$固$_1$顧$_1$所$_2$壺$_1$羽$_1$雨$_2$假$_1$霞$_1$下$_{15}$戲$_1$狐$_1$處$_4$慮$_1$簋$_1$鼓$_1$家$_1$懼$_1$躍$_1$衢$_1$去$_1$娛$_2$語$_1$衙$_1$瘏$_1$舞$_4$蕪$_2$魚$_1$吕$_1$閭$_1$與$_5$舉$_2$者$_1$都$_1$渚$_4$緒$_1$曙$_1$踽$_1$土$_2$除$_1$予$_{10}$野$_2$舒$_1$舍$_1$女$_5$女（汝）$_2$怒$_4$如$_4$徂$_1$楚$_1$車$_1$疏$_1$輔$_4$浦$_1$圃$_1$賦$_1$馬$_2$莽$_2$武$_1$。

合韻19章，魚鐸通韻15章，魚宵合韻、魚陽通韻、魚歌合韻、魚元合韻各1章，入韻字18個：宇$_1$洿$_1$故$_5$居$_1$固$_1$顧$_1$呼$_1$瑕$_1$假$_1$懼$_1$御$_2$邃$_1$慮$_1$序$_1$佇$_1$圃$_1$賦$_1$。

(6)魚部一級聲符62個，單字28個。《詩經》韻譜魚部入韻字160個，分屬一級聲符50個，未入韻的一級聲符12個：互、両、兔、鹵、麤、亞、於、虖、瓠、莫、普、巫。入韻單字有"圖、圉、車、黍、壺、寡、雨"等7個，未入韻的單字21個。《詩經》合韻譜和《楚辭》韻譜、合韻譜只增加虖聲和"罜、处"兩個入韻單字。

一二、鐸　部

（一）鐸部字表

1. 鐸部開一 [ăk]/[āk]

調 聲	短入　　鐸　　　[ɑk]	長入　　暮　　　[u]
影 Ø	〈烏各〉惡善惡堊蜇 (è)	〈烏路〉惡憎惡噁〈安古-姥〉諰相毀 (wù)
曉 x	〈呵各〉壑＊蠚曤 (huò) 郝姓 (hǎo) 塀 (hè)〈（集）黑各〉叡 (hè)	
匣 ɣ	〈下各〉涸狢貉獸名狢骼 (hé)〈（集）曷各〉曤 (hè)	
見 k	〈古落〉胳 (gē) 閣 (gé) 各袼 (gè)	
溪 k'	〈苦各〉恪愙 (kè)	
疑 ŋ	〈五各〉咢愕鄂諤剽蚼遌尊鍔崿鶚噩堮遻咢蒝 (è)〈（集）逆各〉	〈（集）五故〉蘁 (wù)
端 t		〈當故〉妒託蠹螙殬斁敗也 (dù)
透 t'	〈他各〉託飥馲侂飥 (tuō) 袥橐口袋籜榜柝櫐拓開拓擇魄落魄沰〈（集）闥各〉柝跅 (tuò)	
定 d	〈徒落〉鐸劇度揣度跅跅踱 頀 (duó)	〈徒故〉渡度度量 (dù)
泥 n	〈奴各〉諾 (nuò)	
來 l	〈盧各〉落絡烙洛珞酪＊乳酪零笿硌駱輅鉻鉻鮥雒鵅胳 (luò) 酪乳酪 (lào)〈（集）歷各〉橐橐驝落 (luò)	〈洛故〉路露潞輅鷺璐賂簬簵〈（集）魯故〉蕗 (lù)
精 ts	〈則落〉作 (zuò)	
清 ts'	〈倉各〉錯塗嵌逪削 (cuò)	〈倉故〉厝措安放錯措置 (cuò) 醋醬醋〈（集）酢"醋"本字 (cù)
從 dz	〈在各〉昨苲筰秨 (zuó) 酢酬酢作柞砟〈（集）疾各〉醋客酌主人怎 (zuò)	〈昨誤〉祚胙阼酢 (zuò)
心 s	〈蘇各〉索溑轑 (suǒ)	〈桑故〉訴愬訴說謏泝遡〈（集）蘇故〉瘯溯 (sù)
幫 p	〈補各〉博髆搏鎛啈饆箔狛艒鞞 (bó)	
滂 p'	〈匹各〉粕胉暴露轉胉薄菩〈（集）〉狛雯 (pò)	
並 b	〈傍各〉泊亳薄林薄礴鑮跋 (bó) 薄厚薄 (báo)〈（集）白各〉怕淡泊蒱蒲姑 (bó)	
明 m	〈慕各〉膜 (mó) 莫鄚鏌漠瘼寞嗼殟 (mò) 幕 (mù)〈（集）末各〉蓦縸 (mò)	〈莫故〉暮慕募墓慔〈（說）莫日暮 (mù)

2. 鐸部開二 [eăk]/[eāk]

調／聲	短入　陌　[ɐk]	長入　禡　[a]
影 ø	〈於革-麥〉啞笑聲 (è)	〈衣嫁〉亞䛩詈啞歎詞 (yà)
曉 x	〈呼格〉赫嚇 (hè)	
匣 ɣ	〈胡格〉垎〈下革-麥〉㮝 (hé)	
見 k	〈古伯〉格佫茖骼觡鵅一種貓頭鷹挌蛒〈(集)各額〉秴 (gé)	
溪 k‘	〈苦格〉客 (kè)	〈枯駕〉髂 (qià)
疑 ŋ	〈五陌〉額頟詻 (é)	
端 t	〈陟格〉磔〈(集)〉矺乇草葉也 (zhé)〈(集)竹角-覺〉籗篧 (zhuó)	〈陟駕〉吒咤 (zhà)〈(又)(集)丑亞〉奼姹 (chà)
透 t‘	〈丑格〉㴓坼〈(集)恥格〉坼拆* 裂開 (chè) 拆裂開 (chāi)	〈丑亞〉詫侘〈(集)丑下-馬〉姹 (chà)
定 d	〈場伯〉擇澤蠌襗 (zé) 宅厇檡檡棘, 木名 (zhái)	
莊 ʧ	〈側伯〉窄 (zhǎi) 迮笮溠譜〈(集)側格〉唶措夾住柞伐木〈側革-麥〉咋大聲 (zé)	〈側駕〉詐 (zhà)
初 ʧ‘	〈測戟〉簎〈楚革-麥〉䇲 (cè)	
崇 ʤ	〈鋤陌〉齰齚 (zé)	〈鋤駕〉乍褯蜡祭名詐〈(集)助駕〉咋暫 (zhà)
山 ʃ	〈山戟〉索碳〈(集)色窄〉捸 (suǒ)〈所角-覺〉朔 (shuò)〈山責-麥〉愬懼 (sè)	
幫 p	〈博陌〉伯 (bó) 迫敀 (pò) 百柏〈(集)〉佰軍隊一百人 (bǎi)	〈必駕〉霸與“王”相對灞 (bà)
滂 p‘	〈普伯〉魄魂魄珀洦 (pò) 拍 (pāi)〈(集)匹陌〉霸月始生 (pò) 拍拊也 (pāi)	
並 b	〈傍陌〉白 (bái) 帛舶〈弼戟〉欂犦 (bó)	
明 m	〈莫白〉陌募貘貊蟇貉同“貊”, 東北部族名 (mò)	〈莫駕〉鬕 (mà)

3. 鐸部開三 [ĭăk]/[ĭāk]

調／聲	短入　藥　[ĭak]	長入　御　[ĭo]
見 k	〈居勺〉腳脚 (jiǎo) 腳* 脚*〈(集)訖約〉玃 (jué)	
溪 k‘	〈去約〉卻 (què)	
羣 g	〈其虐〉噱㩴蹻谷口上阿臄 (jué)	
端 t	〈張略〉著附着櫡櫡斫類工具 (zhuó)	
透 t‘	〈丑略〉婼辵 (chuò)	
來 l	〈離灼〉略䂮蝷 (lüè)	
章 ʨ	〈之若〉斫 (zhuó)	〈(集)章恕〉庶庶氏, 官名 (zhù)
書 ɕ	〈書藥〉獡 (shuò)	〈商署〉庶衆多 (shù)
日 ȵ	〈而灼〉若鄀箬惹誣叒〈(集)日灼〉渃 (ruò)	
清 ʦ‘	〈七雀〉鵲䧿舄鳥名, 即“鵲”趞碏䇎 (què)	〈七慮〉蜡蠅胆也 (qù)
莊 ʧ	〈側略〉斮 (zhuó)	

4. 鐸部開四 [iăk]/[iāk]

調聲	短入　　昔(舌齒) [iɐk]　　陌(喉) [iɐk]	長入　　禡　　[ia]
曉 x	〈許郤〉虩 (xì)	
見 k	〈几劇〉戟撠㦯㦸 (jǐ)	
溪 kʻ	〈綺戟〉隙郤綌禈〈(集)乞逆〉郤覤 (xì)	
羣 g	〈奇逆〉劇 (jù)	
疑 ŋ	〈宜戟〉逆屰縌 (nì)	
透 tʻ	〈丑亦〉彳 (chì)	
餘 ʎ	〈羊益〉腋掖被液 (yè) 繹睪亦弈奕帝譯懌斁𤲬也驛嶧醳圛射無射燡〈(集)夷益〉㠯 (yì)	〈羊謝〉夜𪃹 (yè)
章 ȶ	〈之石〉隻 (zhī) 摭蹠跖 (zhí) 炙拓拾 (zhì)	〈之夜〉柘樜麈蜡嗻蔗 (zhè)
昌 ȶʻ	〈昌石〉尺蚇 (chǐ) 赤𥑏斥 (chì)	〈(集)齒者-馬〉赿 (chě)
船 ȡ		〈神夜〉射發射躲麝 (shè)
書 ɕ	〈施隻〉釋𥼶螫 (shì)	〈始夜〉赦 (shè)
禪 ʑ	〈常隻〉石碩*大祏祏鼫 (shí) 碩大 (shuò)	
日 ȵ		〈人者-馬〉惹 (rě)
精 ts		〈子夜〉借 (jiè)
清 tsʻ	〈七迹〉皵 (qì)	
從 dz	〈秦昔〉籍踖藉狼藉耤猎獸名稤〈(集)蹐 (jí)	〈慈夜〉藉草墊,憑借 (jiè)
心 s	〈思積〉昔腊乾肉惜 (xī) 潟舄舄鞋蕮 (xì)	〈司夜〉瀉 (xiè) 〈悉姐-馬〉寫〈(集)洗野-馬〉𡤝 (xiě)
邪 z	〈祥易〉夕汐 (xī) 席夕蓆 (xí)	〈辝夜〉謝榭䠬 (xiè)
幫 p	〈彼役〉碧 (bì)	

5. 鐸部合一 [uăk]/[uāk]

調聲	短入　　鐸　　[uɑk]	長入　　暮　　[u]
影 Ø	〈烏郭〉膗蠖尺蠖 (huò) 腛* (wò)	
曉 x	〈虛郭〉霍靃雈矆藿濩〈(集)忽郭〉蠵〈火酷-沃〉臛 (huò)	
匣 ɣ	〈胡郭〉穫鑊濩煮也樓攫捕獸器 (huò)	〈胡誤〉護護濩流散頀韄 (hù)
見 k	〈古博〉郭崞墉墉端 (guō) 㙤槨 (guǒ)	
溪 kʻ	〈苦郭〉廓鞹㻐〈(集)闊鑊〉鞟彉彉擴 (kuò)	
疑 ŋ	〈五郭〉瓁 (wò)	
滂 pʻ		〈滂古-姥〉溥 (pǔ)
並 b		〈蒲故〉步荹 (bù) 〈裴古-姥〉簿 (bù)

6. 鐸部合二 [oăk]/[oāk]

調 聲	短入　　陌　　　　[wɐk]	長入　　禡　　　　[wa]
影 Ø	〈一虢〉攫捕取 (wò)	
曉 x	〈虎伯〉謋〈呼麥-麥〉捇 (huò)	
匣 ɣ	〈胡伯〉嚄〈(集)胡陌〉蔞〈胡麥-麥〉獲蘥 (huò)	〈胡化〉鱯 (huà)
見 k	〈古伯〉虢� (guó)	

7. 鐸部合三 [ĭwăk]/[ĭwāk]

調 聲	短入　　藥　　　　[ĭwak]	長入　　遇　　　　[ĭu]
影 Ø	〈(集)鬱縛〉籰 (yuè)	
曉 x	〈許縛〉矆 (huò) 戄 (xuè)	
匣 ɣ	〈王縛〉籰篗 (yuè)	
見 k	〈居縛〉玃躩趵钁攫矍躩钁〈(集)厥縛〉欋 (jué)〈(説)居玉-燭〉攫 (jú)	
幫 p		〈方遇〉傅〈(集)〉蒪 (fù)
並 b	〈符钁〉縛 (fù)	〈符遇〉賻 (fù)

（二）鐸部諧聲表

鐸部聲符

亞聲	惡聲(噁)	各聲	路聲(露)	洛聲(落)	客聲(額)	輅聲(籍)
叡聲(壑)	屰聲	逆聲(綻)	朔聲(溯)	咢聲(鄂)	斥〔庐〕聲(柝)	
噩聲(蘁)	乇聲	宅聲(詫)	託聲(飥)	耗聲(厐)	罜聲	擇聲(蘀)
石聲(碩)	槖聲(樏)	度聲(渡)	乍聲	作聲(筰)	昔聲	措聲(籍)
耤聲	藉聲(蹞)	索聲(漆)	戟聲(撽)	崇聲(隙)	庶聲(蔗)	炙聲(碟)	尺聲(蚇)
赤聲	赦聲(螫)	亦聲(弈)	夜聲(液)	射〔躲〕聲(榭)		夕聲(汐)
席聲(蓆)	高聲	郭聲(廓)	隻聲	蒦聲(穫)	矍聲(攫)	霍聲(藿)
虢聲(瀌)	尃聲	博聲(簙)	溥聲	薄聲(鏄)	白聲(泊)	百聲(陌)
窜聲	霸聲(灞)	莫聲(漠)	步聲(茈)			

單字

蝨　　辵　　叕　　覗　　彳　　卂　　郯

（三）鐸部韻表

鐸部《詩經》韻譜

《周南·葛覃》二章:莫濩綌斁。《召南·行露》一章:露夜露。《邶風·柏舟》三章:石席。《衞風·氓》三章:落若。《鄭風·緇衣》三章:蓆作。《籜兮》一、二章:籜籜伯。《齊風·東方未明》三章:夜莫。《載驅》一章:薄鞹夕。《秦風·駟驖》二章:碩獲。《無衣》二章:澤戟作。《豳風·七月》四章:穫蘀。

《小雅·皇皇者華》四章:駱若度。《采薇》一章:作莫。《車攻》四章:奕舃繹。《鴻雁》二章:澤作宅。《鶴鳴》一章:蘀石錯。《白駒》二章:藿夕客。《斯干》三章:閣橐。《節南山》八章:惡懲。《雨無正》二章:夜夕惡。《巧言》四章:作莫度獲。《楚茨》三章:踖碩炙莫庶客錯度獲格酢。《大田》一章:碩若。《裳裳者華》三章:白駱駱若。《頍弁》一章:柏奕懌。《瓠葉》三章:炙酢。

《大雅·皇矣》一章:赫莫獲度廓宅。《板》二章:懲莫。《抑》七章:格度射。《桑柔》十四章:作獲赫。《崧高》二章:伯宅;八章:碩伯。《韓奕》六章:貊伯壑籍。

《周頌·載芟》:柞澤。《魯頌·駉》三章:駱雒繹斁作。《泮水》七章:博斁逆獲。《閟宮》七章:繹宅貊諾若;九章:柏度尺舃碩奕作碩若。《商頌·那》一章:斁奕客懌昔作夕恪。

鐸部《詩經》合韻譜

鐸魚通韻　《邶風·柏舟》二章:茹據愬怒。《式微》一章:故露。《鄭風·大叔于田》二章:射御。《遵大路》一章:路袪惡故。《魏風·汾沮洳》一章:洳莫度度路。《唐風·蟋蟀》一章:莫除居瞿。《葛生》四章:夜居。《小雅·天保》一章:固除庶。《六月》四章:茹穫。《小明》二章:除莫庶暇顧怒。《車舝》二章:譽射。《大雅·皇矣》二章:椐柘路固。《生民》三章:去呱訏路。《行葦》二章:席御酢斝炙臄咢。《蕩》五章:呼夜。《抑》五章:度虞。《雲漢》六章:去故莫虞怒。《烝民》二章:若賦。《周頌·振鷺》:惡斁夜譽。《載芟》:伯旅。

鐸葉合韻　《大雅·常武》三章:業作。

鐸部《楚辭》韻譜

《離騷》:度路;又:路步;又:索妒(妬);又:錯度;又:迫索。

《九歌·山鬼》:若柏作。

《天問》:度作;又:射若。

《九章·惜誦》:釋白。《涉江》:薄薄。《哀郢》:蹠客薄釋。《抽思》:作穫。《思美人》:度路。

《遠遊》:路度。

《漁父》:白蠖。

《九辯》:廓繹客薄;又:薄索。

《招魂》:託索石釋託;又:簙迫白;又:夜錯;又:薄博。

《大招》:酪尃薄擇;又:作澤客昔。

鐸部《楚辭》合韻譜

鐸魚通韻　《離騷》:序暮;又:圃暮;又:夜御;又:佇妒;又:固惡;又:宇惡。《天問》:錯洿故。《九章·懷沙》:故慕;又:暮故;又:錯懼。《思美人》:度暮故。《九辯》:錯路御。《遠遊》:顧路漠壑。《招魂》:絡呼居。《大招》:假路慮。

鐸錫合韻　《九章·悲回風》:愬適迹益釋。

(四)説　明

(1)魚部《説明》曾指出:甫聲、莫聲、亞聲魚鐸兩部兼收,甫聲的下一級聲符尃聲主要在鐸部。但是《手册》將“傅薄䐡”(遇韻,fù)列在魚部,《表稿》改列鐸部。

涸(鐸韻,hé),固聲;噱臄(藥韻,jué)、劇(陌韻,jù),豦聲;著附著櫡櫡斫類工具(藥韻,zhuó),著聲;擢(燭韻,jú),翟聲。這3個聲符都在魚部,由陰陽對轉,這8個字都轉入鐸部。

又:步荹(暮韻,bù),步聲;王力《詩經韻讀》步聲列魚部,理據是《楚辭·離騷》中“步”有一次押韻:“彼堯舜之耿介兮,既尊道而得路。何桀紂之昌披兮,夫唯捷徑以窘步。”《楚辭韻讀》定作“鐸魚通韻”。步聲只有這兩字,都在去聲暮韻,《手册》不采王説,列爲鐸部。

又:寫䳄(馬韻,xiè),舄聲。舄聲在鐸部,二字中古在上聲馬韻,《手册》列在魚部,《表稿》改列鐸部。

(2)彍彉擴(鐸韻,kuò),黄聲,黄聲在陽部,3字由陽入對轉到鐸部。磔(陌韻,zhé)、謋(陌韻,huò),桀聲,在月部,2字由旁轉到鐸部。貈(鐸韻,hé),舟聲,在幽部,此字通假作“貉”,由陰入旁對轉入鐸部。

(3)《漢語史稿》鐸部開合二等只列陌韻,麥韻列在錫部。《手册》是根據《史稿》的古音系統和擬音體系進行的,《表稿》又是以《手册》爲據進行編寫的。可是在《表稿》中,我們卻發現鐸部開二除了陌韻16個聲母的68個字外,還收有麥韻5個字:啞笑聲(影母,è)、栩(匣母,hé)、咋大聲(莊母,zé)、䇲(初母,cè)、愬懼(山母,sè),除影母“啞”字外,都與所收的陌韻字重疊。合口二等也收有麥韻的捇(曉母,huò)、獲矱(匣母,huò)三字,並與所收陌韻字重疊。這種系統性的重疊,不能視作簡單的不規則變化。經考察,我們知道:南北朝時期陌、麥兩韻已經合流,後代韻書將之併入梗攝,難免有收字相混的現象。鐸部二等的重疊正是韻書據後代音系收字相混現象的反映。

(4)《詩經》鐸部押韻40章,入韻字56個:惡$_2$ 壑$_1$ 赫$_2$ 藿$_1$ 獲$_6$ 穫$_1$ 濩$_1$ 客$_3$ 格$_2$ 駱$_4$ 恪$_1$ 閣$_1$ 雒$_1$ 落$_1$ 露$_2$ 綌$_1$ 鞹$_1$ 廓$_1$ 逆$_1$ 斁$_4$ 澤$_3$ 懌$_4$ 蘀$_6$ 繹$_3$ 度$_6$ 若$_6$ 諾$_1$ 石$_2$ 碩$_6$ 作$_9$ 酢$_2$ 柞$_1$ 宅$_4$ 昔$_1$ 錯$_2$ 踖$_1$

籍₁席₁蓆₁戟₁夜₃奕₄射₂夕₄舄₂橐₂炙₁庶₁尺₁白₁伯₅柏₂貊₂博₁薄₁莫₇。

合韻 21 章，鐸魚通韻 20 章，鐸葉合韻 1 章，入韻字 20 個：惡₂穫₁路₄露₁斁₁度₃若₁柘₁酢₁作₁席₁夜₃射₁炙₁庶₂臄₁愬₁咢₁伯₁莫₄。

(5)《楚辭》鐸部押韻 23 章，入韻字 30 個：穫₁蠖₁客₃路₄酪₁廓₁御₂澤₁釋₁擇₃繹₁度₅若₂石₁妒（妬）₁作₄託₂昔₁錯₂夜₁射₁索₄蹠₁白₁迫₂柏₁博₁蕈₁薄₇簿₁步₁。

合韻 16 章，魚鐸通韻 15 章，鐸錫合韻 1 章，入韻字 12 個：惡₂路₃絡₁塹₁錯₃妒（妬）₁夜₁釋₁度₁暮₄漠₁慕₁。

(6)鐸部一級聲符 38 個，單字 7 個。《詩經》韻譜鐸部入韻字 56 個，分屬一級聲符 29 個，《詩經》合韻譜和《楚辭》韻譜、合韻譜只增加入韻一級聲符 2 個（索、步）。7 個一級聲符（噩、斥、夐、睪、敄、赤、虢）和 7 個單字未入韻。

一三、陽　部

(一)陽部字表

1. 陽部開一 [ɑŋ]

調聲	平　唐　　　　　　　　　　[ɑŋ]	上　蕩	去　宕
影 ∅	〈烏郎〉胦 (āng)	〈烏朗〉坱泱泱瀁軮 (ǎng)	〈烏浪〉盎醠〈(集)於浪〉瓫醠 (àng)
曉 x	〈呼郎〉炕張也肮 (hāng)		
匣 ɣ	〈胡郎〉航笐桁刑具行道路,行列远頏頏頏魧杭蚢肮芫〈(集)寒剛〉魧胻 (háng)	〈胡朗〉沆魧斻 (hàng)	
見 k	〈古郎〉岡剛筻綱亢星名犅堈甌缸〈(集)居郎〉矼頏堈瓨 (gāng)		
溪 kʻ	〈苦岡〉康穅穅歗康槺漮 (kāng)	〈苦朗〉慷忼〈(集)口朗〉航航髒,剛直貌 (kǎng)	〈苦浪〉抗閌炕乾犺亢亢高也邟 (kàng)
疑 ŋ	〈五剛〉卬我䤿昂芇鞥 (áng)		〈五浪〉枊馬柱 (àng)
端 t	〈都郎〉當應當鐺璫蟷 (dāng)	〈多朗〉黨讜〈(集)底朗〉擋朋黸鄗 (dǎng)	〈丁浪〉瞠當妥當 (dàng)
透 tʻ	〈吐郎〉湯熱水鐣闛鼓聲鍚鼞蕩蕩〈(集)他郎〉蕩水名倘驚疑 (tāng)	〈他朗〉曭儻倘戃曭燙 (tǎng)	〈他浪〉湯燙 (tàng)
定 d	〈徒郎〉唐煻堂棠餹螳螗塘鶶閶盛貌溏鄌鏜榶 (táng)	〈徒朗〉蕩崵崵山婸簜滁愓放蕩璗盪簜崵〈(集)待朗〉婸 (dàng)	〈徒浪〉宕踼碭邊蕩 (dàng)
泥 n	〈奴當〉囊蠰 (náng)	〈奴朗〉曩 (nǎng)	
來 l	〈魯當〉郎蓈稂根廊鋃硠浪滄浪蜋琅瑯㝗狼莨草名筤稂閬門高 (láng)	〈盧黨〉朗脼〈(集)里黨〉悢悢悢 (lǎng)〈來可-哿〉斷 (luǒ)	〈來宕〉浪閬閬中,地名〈(集)郎宕〉買 (làng)
精 ts	〈則郎〉臧牂牂臧 (zāng)	〈子朗〉駔 (zǎng)	〈則浪〉葬 (zàng)
清 tsʻ	〈七岡〉倉蒼鶬滄滄匨 (cāng)		
從 dz	〈昨郎〉藏保藏〈(集)慈郎〉臧收藏 (cáng)	〈徂朗〉奘 (zàng)	〈徂浪〉藏寶藏 (zàng)
心 s	〈息郎〉桑喪婚喪 (sāng)	〈蘇朗〉穎 (sǎng)	〈蘇浪〉喪喪失 (sàng)
幫 p	〈(集)逋旁〉彭彭彭,盛多貌 (bāng)		〈補曠〉謗 (bàng)
滂 pʻ	〈普郎〉滂霶磅砰磅,象聲詞斜 (pāng)		
並 b	〈步光〉傍側也仿徬膀髈房阿房旁部搒〈(集)蒲光〉徬徨徨 (páng)		〈蒲浪〉傍依附徬依附〈(集)〉髼 (bàng)
明 m	〈莫郎〉茫盲汒邙芒㤀覆〈(集)謨郎〉铓 (máng)〈彌登-登〉魭 (méng)	〈模朗〉莽䒽蟒漭岇 (mǎng)	

2. 陽部開二 [eaŋ]

調 聲	平　庚　　　　[eŋ]	上　梗	去　映
曉 x	〈許庚〉亨通(hēng)		
匣 ɣ	〈戶庚〉衡蘅胻洐珩桁蘅(héng) 行行走(xíng) (xíng)	〈何梗〉杏莕荇(xìng)	〈下更〉行行爲,品性(xíng) 行*(xìng)
見 k	〈古行〉庚鶊更更改秔*粳*賡羹埂坑浭粳(gēng) 秔稉粳(jīng)	〈古杏〉梗哽郠綆鯁骾〈(集)〉綆(gěng)	〈古孟〉更更加(gèng)
溪 kʻ	〈客庚〉阬坑(kēng)		
端 t	〈(集)中庚〉撐(chēng)		
透 tʻ	〈丑庚〉瞠樘〈(集)抽庚〉趟掌支撐(chēng)		〈(集)恥孟〉掌柱(chèng)
定 d	〈直庚〉根(chéng)		
泥 n	〈乃庚〉鬡薴(néng)		
初 tʃʻ	〈(集)楚庚〉槍星名(chēng)		
幫 p	〈甫盲〉閍祊鬃嗙(bēng)		〈北孟〉榜船樂(bèng)
滂 pʻ	〈撫庚〉亨古"烹"字〈(集)披庚〉烹(pēng)		
並 b	〈薄庚〉彭皷聲,國名澎地名榜矯正弓弩的器具搒莗草名篣騯(péng)		
明 m	〈武庚〉盲(máng) 蝱茴〈(集)眉耕〉甿〈莫耕-耕〉萌氓民甿(méng)	〈莫杏〉猛(měng)	〈莫更〉孟(mèng)

3. 陽部開三 [ĭaŋ]

調 聲	平　陽　　　[ĭaŋ]	上　養	去　漾
影 Ø	〈於良〉央鴦殃鉠秧泱泱泱(yāng)	〈於兩〉鞅(yāng) 鞅*柍木名峡駚絉〈(集)倚兩〉抉佒(yǎng)	〈於亮〉怏訣〈(集)〉柍農具(yàng)
曉 x	〈許良〉香皀香薌鄉膷(xiāng)	〈許兩〉響饗蠁亯亨同"享"嚮享受〈(集)〉享(xiǎng)	〈許亮〉向珦曏鐪響向(xiàng)
見 k	〈居良〉薑薑畺疆畕韁繮韁殭橿姜僵(jiāng)	〈居兩〉繈襁(qiǎng)	〈居亮〉彊倔强(jiàng)
溪 kʻ	〈去羊〉羌蜣〈(集)墟羊〉慶發語詞(qiāng)		〈(集)丘亮〉唴(qiàng)
羣 g	〈巨良〉强强弱彊(qiáng)	〈其兩〉漒(jiàng) 弰彊勉强弜〈(集)巨兩〉強勉强(qiǎng)	
疑 ŋ		〈魚兩〉卬仰(yǎng)	
端 t	〈陟良〉張張弓,張大餦粻(zhāng)	〈知丈〉長生長(zhǎng)	〈知亮〉帳脹張自大(zhàng)
透 tʻ	〈褚羊〉倀鬯(chāng)	〈丑兩〉昶(chǎng)	〈丑亮〉悵暢鬯韔蹋暢〈(集)場酒器(chàng)
定 d	〈直良〉長長短萇腸場(cháng)	〈直兩〉丈杖仗(zhàng)	
餘 ɣ	〈與章〉陽暘楊揚颺易羊佯徉洋洋洋煬鐊敭瘍禓崵首陽山場玉名〈(集)余章〉鐊(yáng)	〈餘兩〉養育癢〈(説)余兩〉蛘癢(yǎng)	〈餘亮〉漾恙恙煬烘烤養供養瀁〈(集)弋亮〉樣緎(yàng)

調聲	平　陽　　　　　[ĭaŋ]	上　養	去　漾
泥 n	〈女良〉孃娘,母親 (niáng)		〈女亮〉釀醸 (niàng)
來 l	〈吕張〉良梁粱粮糧涼颲飈量量度度椋惊醇輬〈(集)〉俍 (liáng)	〈良奬〉兩二脼緉蜽魎〈(集)里養〉从裲 (liǎng)	〈力讓〉亮諒兩輛踉量容量就踉薄也 (liàng)〈(又)離灼-藥〉掠 (lüè)〈(集)力讓〉踉薄也倞索取 (liàng)
章 tɕ	〈諸良〉章漳樟璋彰麞獐鄣葦〈(集)〉偉偉 (zhāng)	〈諸兩〉掌仉朇 (zhǎng)	〈之亮〉障嶂瘴 (zhàng)
昌 tɕʻ	〈尺良〉昌倡歌者猖閶菖 (chāng)	〈昌兩〉敞憆〈(集)齒兩〉惝 (chǎng)	〈尺亮〉唱倡倡導 (chàng)
書 ɕ	〈式羊〉商賓傷殤惕觴湯湯湯,流貌蔏禓螪場蟻鼠掘的土堆〈(集)尸羊〉蕎蠰煬惕惕惕 (shāng)	〈書兩〉賞餉餦 (shǎng)	〈式亮〉〈(又)(集)始兩-養〉餉餹 (xiǎng)
禪 ʑ	〈市羊〉常裳嘗鱨償徜 (cháng)	〈時掌〉上升,登 (shàng)	〈時亮〉尚上上面 (shàng)
日 ȵ	〈汝陽〉穰襄攘排斥鑲鑲模瓤蘘儴襄簒鬤瓤孃亂也 (ráng)	〈如兩〉壤瀼攘擾亂 (rǎng)	〈人樣〉讓懹〈(集)〉饟餉,饟 (ràng)
精 ts	〈即良〉將扶將漿飲料蔣茭白螿牂 (jiāng)	〈即兩〉奬蔣蔣國名,姓〈(集)子兩〉漿 (jiǎng)	〈子亮〉醬將將帥,率領 (jiàng)
清 tsʻ	〈七羊〉錆瑲槍武器蹌蹡斨牄嶈搶突也〈(集)千羊〉鏘鎗鎗將請 (qiāng)		
從 dz	〈在良〉牆廧佯嫱嫱嬙穡戕奘〈(集)慈良〉戕 (qiáng)		〈疾亮〉匠趞 (jiàng)
心 s	〈息良〉襄廂湘相互相緗纕驤瓖箱 (xiāng)	〈息兩〉想 (xiǎng)	〈息亮〉相視也,助也 (xiàng)
邪 z	〈似羊〉瘍病也 (yáng) 詳洋水名翔庠祥 (xiáng)〈徐盈-清〉餳 (xíng)	〈徐兩〉像象蠬橡橡勷〈(集)似兩〉樣橡子 (xiàng)	
莊 tʃ	〈側羊〉莊妝裝〈(集)〉粧 (zhuāng)		〈側亮〉壯 (zhuàng)
初 tʃʻ	〈初良〉創創傷瘡〈(集)〉刅古"創"字 (chuāng)	〈初兩〉甊愴愴悅 (chuǎng)	〈初亮〉刱創創造愴悲傷 (chuàng)
崇 dʒ	〈士莊〉床 (chuáng)		〈鋤亮〉狀 (zhuàng)
山 ʃ	〈色莊〉霜鷞孀〈(集)師莊〉爽肅爽 (shuāng)	〈疎兩〉爽明朗 (shuǎng)	

4. 陽部開四 [iaŋ]

調聲	平 庚 [ĭɐŋ]	上 梗	去 映
影 Ø	〈於驚〉英瑛〈集〉央央央,鮮明貌(yīng)	〈於丙〉影撜〈集〉於境〉景影子(yǐng)	〈於敬〉映(yìng)
見 k	〈舉卿〉京麠麖(jīng)	〈居影〉景日光,景物(jǐng) 境(jìng)	〈居慶〉竟鏡(jìng)
溪 k'	〈去京〉卿〈集〉丘京〉卭(qīng)		〈丘敬〉慶祝賀(qìng)
羣 g	〈渠京〉勍黥剠鱷鯨(qíng)		〈渠敬〉競誩倞强〈集〉渠映〉傹(jìng)
疑 ŋ	〈語京〉迎(yíng)		
幫 p	〈甫明〉兵(bīng)	〈兵永〉丙昺怲邴炳秉〈集〉補永〉鞆(bǐng)	〈陂病〉〈又〉〈集〉補永-梗〉柄棅(bìng)
並 b		〈蒲迥-迥〉竝並(bìng)	〈皮命〉病〈集〉寎(bìng)
明 m	〈武兵〉盟盟(méng) 明〈集〉眉兵〉朚(míng)	〈武永〉皿*盇(mǐng) 皿(mǐn)	

5. 陽部合一 [uaŋ]

調聲	平 唐 [uɑŋ]	上 蕩	去 宕
影 Ø	〈烏光〉汪允尢尢尪(wāng)	〈烏晃〉瀇(wǎng)	
曉 x	〈呼光〉荒穔肓㽹䴉騜統帾巟〈集〉萠(huāng)	〈呼晃〉慌慌忽爌明亮訧詤〈集〉虎晃〉怳(huǎng)	
匣 ɣ	〈胡光〉黃皇璜惶逴潢煌餭騜簀隍湟徨篁蝗凰偟蟥韹壃程雞菒趪〈集〉橫坒鶬(huáng)	〈胡廣〉晃櫎〈集〉戶廣〉眈洸洸洋(huǎng)	
見 k	〈古黃〉光洸水涌光胱侊(guāng)	〈古晃〉廣寬廣(guǎng)	〈集〉古曠〉桄廣楚兵車制度,度廣(guàng)
溪 k'		〈苦晃〉懭(kuǎng)	〈苦謗〉曠爌爌規壙纊〈集〉絖廮(kuàng)

6. 陽部合二 [oaŋ]

調聲	平 庚 [wɐŋ]	上 梗	去 映
曉 x	〈集〉呼橫〉揘(hōng)		
匣 ɣ	〈戶盲〉鐄喤鍠(huáng) 橫縱橫(héng) 黌瑝(hóng)		〈戶孟〉橫凶暴(hèng)
見 k	〈古橫〉觵觥(gōng)	〈古猛〉礦*(gǒng) 礦鑛磺〈集〉礦卝(kuàng)	

7. 陽部合三 [ĭwaŋ]

調聲	平　陽　　　　　[ĭwaŋ]	上　養	去　漾
影 Ø		〈紆往〉枉蚁 (wǎng)	
曉 x		〈許昉〉怳 (huǎng)	〈許訪〉況況眖〈（集）許放〉軦 (kuàng)
匣 ɣ	〈雨方〉王 (wáng)	〈于兩〉往往來〈（集）羽兩〉泩 (wǎng)	〈于放〉迬往也旺眪王稱王〈（集）〉往歸向 (wàng)
見 k		〈居往〉獷〈（集）俱往〉臩 (guǎng)	〈居況〉誑弡 (guàng) 誆 (kuáng)
溪 k'	〈去王〉匡郵筐恇洭軭 (kuāng)		
羣 g	〈巨王〉狂軖〈（集）渠王〉俇俇儴 (kuáng)	〈求往〉俇俇俇 (guàng)	〈渠放〉誆 (kuāng)
幫 p	〈府良〉方汸併船邡枋鈁牥趽曲脛馬匚受物器 (fāng)	〈分兩〉昉倣放倣瓬〈（集）甫兩〉魴旅 (fǎng)	〈甫妄〉舫併合的船舫 (fǎng) 放放逐 (fàng)
滂 p'	〈敷方〉芳妨*(fāng) 妨 (fáng)	〈妃兩〉髣彷彷彿仿仿彿紡 (fǎng)	〈敷亮〉訪 (fǎng)
並 b	〈符方〉房房屋防坊堤防魴肪 (fáng)〈（集）〉仿仿偟 (páng)		
明 m	〈武方〉亡𦱶 (wáng)	〈文兩〉网網𦉞𦉞䖟魍䕄蛧〈（集）文紡〉蛧 (wǎng)	〈巫放〉妄忘望塱誈 (wàng)

8. 陽部合四 [ĭwɐŋ]

調聲	平　庚　　　　ĭwɐŋ	上　梗	去　映
曉 x	〈許榮〉兄 (xiōng)		
匣 ɣ		〈于憬〉永 (yǒng)	〈爲命〉詠咏泳 (yǒng)
見 k		〈俱永〉憬 (jǐng) 囧囧 (jiǒng)	

（二）陽部諧聲表

陽部聲符

央聲	㿝聲(醠)	英聲(瑛)	亢聲(杭)	行聲	衡聲(蘅)	岡聲(剛)
康聲(慷)	卬聲(迎)	尚聲	當聲(鐺)	黨聲(儻)	堂聲(螳)	賞聲(償)
敞聲(憫)	嘗聲(鱨)	掌聲(撐)	易聲	湯聲(蕩)	殤聲(蕩)	碭聲(蕩)
暘聲(蝪)	陽聲(鍚)	庚聲	唐聲(塘)	襄聲	釀聲(醸)	良聲
郎聲(廊)	丬聲	戕聲	臧聲(藏)	牆聲(薔)	將聲(蔣)	壯聲
莊聲(糚)	倉聲(槍)	桑聲(顙)	杏聲(莕)	叝聲(蕸)	皀聲	鄉聲(響)
畺聲	彊聲(繮)	強聲(繈)	向聲(餉)	長聲(張)	丈聲(仗)	刅聲(梁)
量聲(糧)	京聲	景聲(影)	兩聲(魉)	章聲(障)	昌聲(唱)	商聲(薔)
象聲(像)	羊聲	羕聲(樣)	養聲(癢)	羌聲(蜣)	匠聲(趛)	相聲

霜聲（孀）　爽聲（鷞）　竟聲（境）　王聲　　　皇聲（蝗）　狂聲（誑）　匡聲（筐）

坒聲　　　往聲（眰）　光聲（晃）　黄聲　　　廣聲（曠）　横聲（澋）　兄聲（況）

彊聲（㻶）　永聲（泳）　彭聲（澎）　方聲　　　旁聲（謗）　放聲（倣）　亡聲

亢聲　　　荒聲（巟）　汒聲（茫）　芒聲（岻）　忘聲（莣）　罔聲（網）　㒼聲

莽聲（蟒）　亨聲（烹）　明聲（萌）　孟聲（猛）　囧聲（茴）　丙聲（病）　更聲（鞕）

竝聲（鬢）　秉聲（棅）　皿聲（盆）　望聲（謹）

單字

宕　　龏　　香　　慶　　亮　　弜　　昶　　罔　　仉　　亢

上　　卯　　兵　　競　　誩　　允〔允〕　卝　　亾

（三）陽部韻表

陽部《詩經》韻譜

　　《周南·卷耳》一章：筐行；三章：岡黃觥傷。《樛木》二章：荒將。《漢廣》一、二、三章：廣泳永方。《召南·鵲巢》二章：方將。《殷其雷》一章：陽遑。《邶風·綠衣》二章：裳亡。《燕燕》二章：頏將。《日月》三章：方良忘。《擊鼓》一章：鏜兵行。《雄雉》四章：行臧。《北風》一章：涼雱行。《二子乘舟》一章：景養。《鄘風·墻有茨》二章：襄詳詳長。《桑中》一章：唐鄉姜上。《鶉之奔奔》一章：彊良兄；二章：彊良。《定之方中》二章：堂京桑臧。《載馳》三章：蝱行狂。《衛風·氓》四章：湯裳爽行。《河廣》一章：廣杭望。《有狐》一章：梁裳。《王風·君子陽陽》一章：陽簧房。《鄭風·將仲子》二章：牆桑兄。《大叔于田》二章：黃襄行揚。《清人》一章：彭旁英翔。《有女同車》一章：翔姜；二章：行英翔將姜忘。《丰》二章：昌堂將；三章：裳行。《野有蔓草》二章：瀼揚臧。《齊風·雞鳴》二章：明昌明光。《還》三章：昌陽狼臧。《著》三章：堂黃英。《東方未明》一章：明裳。《南山》二章：兩蕩。《載驅》三章：湯彭蕩翔。《猗嗟》一章：昌長揚揚蹌臧。《魏風·葛屨》一章：霜裳。《汾沮洳》二章：方桑英英行。《陟岵》三章：岡兄。《唐風·蟋蟀》一、二、三章：堂康荒。《鴇羽》三章：行桑梁嘗常。《秦風·車鄰》三章：桑楊簧亡。《蒹葭》一章：蒼霜方長央。《終南》二章：堂裳將忘。《黃鳥》二章：桑行行防。《無衣》三章：裳兵行。《渭陽》一章：陽黃。《陳風·宛丘》一章：湯上望。《衡門》二章：魴姜。《東門之楊》一章：楊牂煌。《檜風·羔裘》二章：翔堂傷。《曹風·下泉》一章：稂京。《豳風·七月》二章：陽庚筐行桑；三章：桑斨揚桑；又：黃陽裳；八章：霜場饗羊堂觥疆。《東山》二章：場行。《破斧》一章：斨皇將。《九罭》一章：魴裳。

　　《小雅·鹿鳴》一章：簧將行。《天保》四章：享嘗王疆。《采薇》三章：剛陽。《出車》三章：方彭央方襄。《杕杜》一章：陽傷遑。《南山有臺》二章：桑楊光疆。《蓼蕭》二章：瀼光爽忘。《彤弓》一章：藏貺饗。《六月》四章：方陽章央行。《采芑》二章：鄉央衡瑲皇珩。《庭燎》一章:央光將。《沔水》二章:湯揚行忘。《黃鳥》二章:桑梁明兄。《斯干》七章:祥祥;八章:牀裳瑲喤皇王。《正月》一章:霜傷將京痒。《十月之交》二章:行良常臧;六章:向藏王向。《巧言》三章:盟長。《大東》二章:霜行;五章:漿長光襄;六章:襄章箱明庚行;七章:揚漿。《北山》三章:彭傍將剛方;四章:牀行。《鼓鍾》一章:將湯傷忘。《楚茨》二章:蹌羊嘗亨將祊明皇饗慶疆;六章:將慶。《信南山》六章:享明皇疆。《甫田》二章:明羊方臧慶;四章:梁京倉箱梁慶疆。《裳裳者華》二章:黃章章慶。《頍弁》二章:上怲臧。《車舝》五章:仰行。《賓之初筵》一章:抗張。《角弓》四章:良方讓忘。《都人士》一章:黃章望。《隰桑》四章:藏忘。《白華》七章:梁良。《瓠葉》一章:亨嘗。《苕之華》一章:黃傷。《何草不黃》一章:黃行將方。

　　《大雅·文王》五章:常京。《大明》一章:上王方;二章:商京行王;五章:梁光;六章:王京行王商;八章:洋煌彭揚王商明。《緜》七章:伉將行。《棫樸》二章:王瑲;五章:章相王方。《皇矣》三章:兄慶光喪方;六章:京疆岡,又:陽將方王;七章:王方兄。《下武》一章:王京。《文王有聲》七章:王京。《既醉》二章:將明。《假樂》二章:皇王忘章;三章:疆綱。《公劉》一章:康疆倉糧囊光張揚行;三章:岡京;五章:長岡陽,又:糧陽荒。《卷阿》四章:長康常;六章:卬璋望綱;九章:岡陽。《民勞》一章:康方良明王。《板》八章:明王。《蕩》四章:明卿;六章:商蟷羹喪行方。《抑》四章:尚亡,又:章兵方。《桑柔》三章:將往競梗;七章:王痒荒蒼。《崧高》六章:疆粻行。《烝民》四章:將明;七章:彭鏘方。《韓奕》二章:張王章衡錫;四章:彭鏘光。《江漢》二章:湯洸方王。《瞻卬》五章:祥亡;六章:罔亡罔亡。《召旻》一章:喪亡荒。

　　《周頌·天作》:荒康行。《我將》:方饗。《執競》:王康皇康方明喤將穰。《載見》:王章陽央鶬光享。《閔予小子》:王忘。《敬之》:將明行。《載芟》:香光。《魯頌·駉》一章:皇黃彭疆臧。《有駜》一章:黃明。《泮水》六章:皇揚。《閟宮》二章:王陽商;四章:嘗衡剛將羹房洋慶昌臧方常。《商頌·那》一章:嘗將。《烈祖》一章:疆衡鶬享將康穰饗疆嘗將。《玄鳥》一章:商芒湯方。《長發》一章:商祥芒方疆長將商;七章:衡王。《殷武》二章:鄉湯羌享王常。

陽部《詩經》合韻譜

陽東合韻　《周頌·烈文》:<u>公</u>疆<u>邦功</u>皇。

陽真合韻　《小雅·車舝》四章:岡<u>薪</u>。

陽元合韻　《大雅·抑》九章:<u>言</u>行。

陽談合韻　《大雅·桑柔》八章:<u>瞻</u>相臧<u>腸狂</u>。《商頌·殷武》四章:<u>監嚴濫</u>遑。

陽部《楚辭》韻譜

　　《離騷》:英傷;又:裳芳;又:荒章;又:殃長;又:當浪;又:桑羊;又:當芳;又:央芳;又:長芳;又:行粻;又:鄉行。

　　《九歌·東皇太一》:良皇琅芳漿倡堂康。《雲中君》:芳英央光章。《湘夫人》:望張上;又:堂房;又:張芳衡。《大司命》:翔陽坑。《東君》:方桑明;又:裳狼漿翔行。《河伯》:望蕩。《國殤》:行傷。

《天問》:明藏;又:尚行;又:揚光;又:方桑;又:堂臧;又:尚匠;又:饗喪;又:臧羊:又:兄長;又:行將;又:方狂;又:將長;又:饗長;又:長彰。

《九章·惜誦》:杭旁;又:糧芳。《涉江》:光湘;又:陽傷;又:當行。《哀郢》:亡行。《抽思》:傷長。《懷沙》:章明;又:量臧;又:强像。《思美人》:將當;又:揚章。《橘頌》:長像。《悲回風》:傷倡忘長芳章芳貺羊明;又:湯行。

《遠遊》:行鄉陽壯放;又:行芒;又:涼皇;又:鄉行。

《九辯》:霜藏横黄傷當佯將攘堂方明;又:房颺芳翔明傷;又:藏當光;又:臧恙。

《招魂》:方祥;又:房光;又:堂梁;又:方粱行芳羹漿鶬爽餭鴹涼漿妨。

《大招》:洋鬤狂傷;又:粱芳羹嘗;又:張商倡桑;又:皇鶬鶬翔;又:昌章明當;又:明堂卿張讓王。

陽部《楚辭》合韻譜

陽魚通韻 《離騷》:迎故。

陽蒸合韻 《離騷》:常懲。

陽東合韻 《卜居》:長明通。

陽耕合韻 《招魂》:瓊光張璜。

陽真合韻 《九章·惜誦》:明身。

陽元合韻 《九章·抽思》:亡完。

陽談合韻 《天問》:亡嚴。

(四)説 明

⑴駔(蕩韻,zǎng),且聲。且聲在魚部,由陰陽對轉到魚部。

⑵蘉(唐韻,máng),《説文》未收,出自《書·洛誥》:“汝乃是不蘉,乃時惟不永哉。”陸德明《釋文》:“馬云:勉也。”據此當時从侵,夢省聲。夢聲在蒸部,則是旁轉到陽部。

⑶《詩經》陽部押韻167章,入韻字135個:央$_{6}$ 英$_{5}$ 王$_{26}$ 狂$_{1}$ 往(徨)$_{1}$ 筐$_{2}$ 皇$_{9}$ 煌$_{2}$ 遑$_{2}$ 喤$_{2}$ 黄$_{11}$ 廣$_{4}$ 簧$_{3}$ 行$_{33}$ 珩$_{1}$ 衡$_{5}$ 永$_{3}$ 泳$_{3}$ 抗$_{1}$ 杭$_{1}$ 頏$_{1}$ 伉$_{1}$ 鄉$_{3}$ 饗$_{4}$ 享$_{6}$ 兄$_{6}$ 貺$_{1}$ 香$_{1}$ 向$_{2}$ 荒$_{8}$ 岡$_{6}$ 剛$_{3}$ 綱$_{2}$ 庚$_{2}$ 唐$_{1}$ 螗$_{1}$ 彊$_{2}$ 疆$_{14}$ 光$_{11}$ 觥$_{2}$ 洸$_{1}$ 羊$_{3}$ 詳$_{2}$ 洋$_{2}$ 祥$_{4}$ 痒$_{2}$ 翔$_{5}$ 姜$_{4}$ 羌$_{1}$ 養$_{1}$ 京$_{11}$ 涼$_{1}$ 景$_{1}$ 慶$_{7}$ 康$_{10}$ 卬$_{1}$ 仰$_{1}$ 長$_{8}$ 張$_{3}$ 粻$_{1}$ 陽$_{15}$ 揚$_{10}$ 湯$_{8}$ 傷$_{6}$ 楊$_{3}$ 場$_{2}$ 蕩$_{2}$ 錫$_{1}$ 尚$_{1}$ 堂$_{9}$ 裳$_{11}$ 常$_{6}$ 嘗$_{7}$ 鏜$_{1}$ 章$_{10}$ 璋$_{3}$ 襄$_{5}$ 瀼$_{2}$ 讓$_{1}$ 穰$_{2}$ 牀$_{2}$ 斨$_{2}$ 牂$_{1}$ 牆$_{1}$ 臧$_{10}$ 藏$_{3}$ 將$_{27}$ 漿$_{2}$ 鏘$_{2}$ 倉$_{2}$ 蒼$_{2}$ 蹌$_{2}$ 瑲$_{1}$ 鶬$_{2}$ 相$_{1}$ 霜$_{5}$ 箱$_{2}$ 商$_{8}$ 桑$_{11}$ 喪$_{3}$ 爽$_{2}$ 上$_{4}$ 昌$_{5}$ 怲$_{1}$ 梗$_{1}$ 卿$_{1}$ 羹$_{2}$ 競$_{1}$ 亨$_{2}$ 良$_{7}$ 狼$_{1}$ 稂$_{1}$ 粱$_{4}$ 梁$_{3}$ 糧$_{2}$ 囊$_{1}$ 兩$_{1}$ 方$_{29}$ 防$_{1}$ 雱$_{1}$ 祊$_{1}$ 房$_{2}$ 魴$_{2}$ 旁$_{1}$ 傍$_{1}$ 兵$_{3}$ 亡$_{7}$ 忘$_{10}$ 芒$_{2}$ 罔$_{2}$ 蝱$_{1}$ 望$_{4}$ 彭$_{8}$ 明$_{17}$ 盟$_{1}$。

合韻5章,陽東合韻、陽真合韻、陽元合韻各1章,陽談合韻2章,入韻字9個:疆$_{1}$ 皇$_{1}$

岡$_1$行$_1$相$_1$臧$_1$腸$_1$狂$_1$遑$_1$。

(4)《楚辭》陽部押韻 68 章,入韻字 87 個:央$_2$殃$_1$英$_1$王$_1$狂$_2$皇$_3$餭$_1$黄$_1$横$_1$行$_{13}$衡$_1$杭$_1$坑$_1$鄉$_3$饗$_2$兄$_1$貺$_1$荒$_1$强$_1$光$_5$羊$_3$恙$_1$恙$_1$洋$_1$祥$_1$翔$_4$涼$_2$康$_1$長$_9$粮$_1$張$_4$陽$_3$傷$_8$揚$_2$湯$_1$颺$_1$觴$_1$蕩$_1$尚$_2$當$_1$堂$_6$裳$_2$嘗$_1$章$_6$彰$_1$攘$_1$讓$_1$鬤$_1$將$_4$漿$_1$臧$_4$藏$_3$壯$_1$像$_2$鶬$_2$湘$_1$鸞$_1$商$_1$桑$_4$喪$_1$爽$_1$卿$_1$羮$_2$匠$_1$上$_1$昌$_1$倡$_3$良$_1$浪$_1$狼$_1$琅$_1$量$_1$糧$_1$梁$_1$粱$_2$方$_6$芳$_{13}$房$_3$妨$_1$放$_1$旁$_1$亡$_1$忘$_1$芒$_1$望$_2$明$_8$。

合韻 7 章,陽魚通韻 1 章,陽蒸合韻、陽東合韻、陽耕合韻、陽元合韻、陽真合韻、陽談合韻各 1 章,入韻字 8 個:璜$_1$光$_1$迎$_1$常$_1$長$_1$張$_1$明$_2$亡$_2$。

(5)陽部一級聲符 53 個,單字 18 個。《詩經》韻譜陽部入韻字 135 個,分屬 39 個一級聲符,另有 4 個單字(香、慶、上、兵)入韻。《楚辭》韻譜入韻字 84 個,增加 3 個一級入韻聲符(强聲、匠聲、象聲)。陽部未入韻的一級聲符有 11 個:杏聲、叚聲、丈聲、竟聲、啞聲、蜥聲、孟聲、竝聲、囧聲、秉聲、皿聲,還有 14 個單字。

一四、支　部

(一)支部字表

1. 支部開一 [e]

調\聲	平　佳　　　[ai]	上　蟹	去　卦
曉 x			〈(集)許介-怪〉砣 (xiè)
匣 ɣ	〈户佳〉傆膎鞵鞋 (xié)		
見 k	〈古膎〉佳 (jiā) 街 (jiē)		
疑 ŋ	〈五佳〉崖涯厓〈(集)宜佳〉喔睚 (yá)		
崇 ʤ	〈士佳〉柴薪祡 (chái)		〈(集)仕懈〉柴堵塞 (zhài)
山 ʃ		〈砂下-馬〉灑洒水 (sǎ)	〈所賣〉洒古文"灑"(sǎ) 曬晒 (shài)
幫 p		〈北買〉捭 (bǎi)	
滂 p'			〈匹卦〉湃水名 (pài)
並 b		〈薄蟹〉牌 (bài)〈傍下-馬〉牌 (bà)	〈傍卦〉粺稗 (bài)
明 m	〈莫佳〉霾 (mái)	〈莫蟹〉買澙 (mǎi)	〈莫懈〉賣 (mài)

2. 支部開三 [ĭe]

調\聲	平　支　　　[ĭe]	上　紙	去　寘
溪 k'		〈丘弭〉企跂企立 (qǐ)	〈去智〉庋 (qì)
羣 g	〈巨支〉祇示地祇岐歧邿疷蚑忯趌軝芪跂行貌蚔伎伎伎,舒散貌 (qí)	〈渠綺〉技妓伎技巧 (jì)	〈奇寄〉芰魃 (jì)
疑 ŋ		〈魚倚〉螘 (yǐ)	
端 t	〈陟離〉知鼅鼄蜘智鼅 (zhī)		〈知義〉智〈(集)〉知智 (zhì)
透 t'		〈敕里〉褫 (chǐ)	
定 d	〈直離〉篪鯬踟傂遞 (chí)	〈池爾〉豸踶踶跂舷廌 (zhì)	
餘 ɣ	〈弋支〉扅憶歋蛜〈(集)余支〉乁流也 (yí)		
來 l	〈吕支〉驪鸝麗麗也蠡蠡測劙 (lí)(又)郎擊-錫〉酈 (lì)〈(集)鄰知〉纚纚索 (lí)	〈力紙〉邐邐迆刕刕麗 (lǐ)	〈力智〉詈 (lì)
章 ʨ	〈章移〉祇只 (zhǐ) 支汥卮栀枝衼只肢胑馶氏月氏疷敊鳷雉〈(集)〉秖只 (zhǐ)	〈諸氏〉紙只軹枳咫抵坻浮土泜抧稹馶 (zhǐ)	〈支義〉忮觶倁〈(集)〉舐 (zhì)
昌 ʨ'		〈尺氏〉豖豕也 (chǐ)	

調 聲	平　支　　　[ĭe]	上　紙	去　寘
船 dʑ		〈神旨〉舓舐舓 (shì)	
書 ɕ	〈式支〉繩䍡 (shī)	〈施是〉豕 (shǐ)	〈施智〉翅翄𥬞翨 (chì)
禪 ʑ	〈是支〉匙䟗眂 (chí) 提提提,羣飛貌 箟 (shí)	〈承紙〉是氏媞母諟徥眡 (shì)	〈是義〉豉㙺 (chì)
日 n̠	〈汝移〉兒唲嗁唲 (ér)		
精 ts	〈即移〉貲鴜髭鴜鼒觜觜衡量欪鉴 婎蠀觜星宿名 (zī)	〈將此〉紫訾呰紙毀呰廗呰呰毀批 〈集〉蔣氏〉泚水名 (zǐ)	
清 tsʻ	〈此移〉雌䧹 (cī)	〈雌氏〉此跐佌玭玉色鮮泚出汗𧋈 越 (cǐ)	〈七賜〉庛 (cì)
從 dz	〈疾移〉疵骴玼玉斑璽 (cí)〈集〉 才支〉呰疵呰疵 (cí)		〈疾智〉呰牸胔 (zì)
心 s	〈息移〉斯虒𥔀榹漇廝廝役漸磃䔮 蜤蜤蚸褫〈集〉相支〉澌 (sī)	〈斯氏〉徙㣺〈集〉想氏〉迤葰 (xǐ)	
莊 tʃ	〈側宜〉齜 (zī)		
初 tʃʻ	〈集〉又宜〉偨 (cī)		
山 ʃ	〈所宜〉釃濾酒〈集〉山宜〉籭 㢊析 (sī)	〈所綺〉釃分流*(shī)躧灑洗纙 冠織縰鞦屣筺〈集〉𨂁溮 (xǐ)	
幫 p	〈集〉班糜〉牌別也〈府移〉卑鵯 椑木名𩔾錍 (bēi) 裨增益 (bì)	〈并弭〉俾箄觱𦂖〈集〉補靡〉 貏貏豸,漸平貌 (bǐ)	
並 b	〈符支〉陴牌埤增裨禮服蜱螷螷蠯 郫〈集〉頻彌〉鵧 (pí)	〈便俾〉婢庳 (bì)〈集〉部靡〉 埤濕地 (bèi)	
明 m		〈綿婢〉渳弭半弭芈蛢蟲名惄 (mǐ)	

3. 支部開四 [ie]

調 聲	平　齊　　　[iei]	上　薺	去　霽
影 ∅			〈於計〉枍 (yì)
曉 x	〈呼雞〉醯槛 (xī)		
匣 ɣ	〈胡雞〉奚徯傒嵠蹊螇榽騱鼷傒 分鼷豯謑 (xī)	〈胡禮〉謑 (xǐ) 傒匸有所藏 (xǐ)	〈胡計〉系盻 (xì)
見 k	〈古奚〉雞鷄 (jī)		〈古詣〉〈又〉〈集〉胡計〉係 (xì)
溪 kʻ	〈苦奚〉谿*溪*磎*(qī)豀溪磎 (xī)		
疑 ŋ	〈五稽〉倪蜺麑郳齯婗輗枘麑鯢 兒姓䖒鶂貌 (ní)	〈研啟〉掜比擬晲 (nǐ)	〈五計〉睨䚷堄〈集〉研計〉䂓梎 拳曲 (nì)
端 t	〈都奚〉鞮隄堤䐄鍉 (dī)		
透 tʻ	〈土雞〉䐠 (tī)	〈他禮〉醍清酒 (tǐ)	〈集〉他計〉睼 (tì)
定 d	〈杜奚〉嗁啼踶蹄提題媞題醍禔 褆緹騠鮷諦鯷鶗趧鯷〈集〉田 黎〉鶗 (tí)		〈特計〉踶踢遞〈集〉大計〉鷈 (dì)

調 聲	平　齊　　　　[iei]	上　薺	去　霽
來 l	〈郎奚〉繜盠 (lí)	〈盧啟〉蠡鱺鱲橀戾 (lǐ)	〈郎計〉麗_{美麗}儷欐癘觀蘿〈(集)〉攦 (lì)
心 s	〈先稽〉嘶誓 (sī) 撕_{提撕}㒭榯 (xī)		
幫 p		〈補米〉軟 (bǐ)	
滂 pʻ		〈匹米〉頻 (pǐ)	〈匹詣〉睥 (bì)〈(集)匹計〉埤埤垻 (pì)
並 b	〈部迷〉鼙鞞椑甁 (pí)	〈傍禮〉髀 (bǐ)	
明 m	〈莫兮〉麛 (mí)		

4. 支部合一 [ue]

調 聲	平　佳　　　　[wai]	上　蟹	去　卦
影 Ø	〈烏媧〉蛙鼃 (wā)〈於佳〉娃_{貌美} (wá)〈(集)〉呿_{呿嘔}〈烏瓜-麻〉哇_{洼深地}窪〈(説)屋瓜-麻〉漥 (wā)		
曉 x	〈火媧〉蟜_{"歪"本字} (wāi) 蟜* (huā)		
匣 ɣ		〈胡瓦-馬〉鞋觟 (huà)	〈胡卦〉絓 (guà)
見 k		〈乖買〉丫〈(集)古買〉罤 (guǎi)	〈古賣〉卦挂掛罫註 (guà)
疑 ŋ		〈五毀-賄〉顉 (wěi)	

5. 支部合三 [ĭwe]

調 聲	平　支　　　　[ĭwe]	上　紙	去　寘
影 Ø			〈於避〉恚婇 (huì)
曉 x	〈許規〉蘳 (huī)		〈呼恚〉孈 (huì)
見 k	〈居隋〉瞱規鬶摫〈(集)均窺〉嫛瞡 (guī)	〈過委〉詭垝_{壞牆}陒䢨鈍鮠恑蚵袚庪庋姽傀 (guǐ)	〈詭僞〉垝_{土臺} (guì)
溪 kʻ	〈去隨〉闚窺 (kuī)	〈丘弭〉跬趌頍踑〈(集)犬橤〉頧 (kuǐ)	
羣 g		〈渠委〉跪 (guì)	
疑 ŋ	〈魚爲〉危* 洈峗峞 (wéi) 危 (wēi)	〈(集)五委〉广 (wěi)	
餘 ʎ		〈羊捶〉瓃 (wěi)	
精 ts		〈即委〉觜_{嘴觜}紫 (zuǐ)	
山 ʃ	〈山垂〉韉 (suī)		
幫 p	〈彼爲〉碑 (bēi)		

6. 支部合四 [iwe]

調 聲	平　齊　　　　　　　　[iwei]	上　薺	去　霽
匣 ɣ	〈戶圭〉攜憰讗爐盰 (xié) 畦 (qí) 螺鑴驨鄈 繐罜觿 (xī) 巂鳥名畦 (guī)		
見 k	〈古攜〉圭珪邽閨袿窐鮭鼃洼姓鞋茥 (guī)		〈古惠〉桂炅姓撝 (guì)
溪 k‘	〈苦圭〉刲畫睳 (kuī) 奎 (kuí)		

（二）支部諧聲表

支部聲符

彖聲	蠡聲(鱺)	奚聲(溪)	此聲	柴聲(傺)	圭聲	厓聲
崖聲(喔)	洼聲(窪)	窐聲(窪)	卦聲(掛)	恚聲(婐)	奎聲(踁)	鼃聲(蘤)
麗聲(曬)	支聲	技聲(庪)	氏聲(紙)	是聲(踶)	知聲(智)	厂聲
系聲(係)	虒聲(鯱)	厄聲(柂)	广聲	危聲(跪)	只聲	佀聲(儓)
兒聲(蜺)	斯聲(廝)	徙聲(鞭)	兮聲(盻)	巂聲(攜)	規聲(窺)	卑聲
箄聲(漳)	庳聲(蠡)	買聲(潤)	弭聲(洏)	芈聲(蜂)		

單字

企	豸	厬	乁	剔	罥	豕	匸	醨	榷
丫	炅	賣							

（三）支部韻表

支部《詩經》韻譜

《衛風·芄蘭》一章:支觿觿知。《陳風·墓門》一章:斯知。《檜風·隰有萇楚》一章:枝知。
《小雅·小弁》一章:斯提;五章:伎雌枝知。《何人斯》七章:篪知斯。《白華》八章:卑疧。
《大雅·板》六章:篪圭攜。

支部《詩經》合韻譜

支錫通韻　《魏風·葛屨》二章:提辟掉刺。《小雅·何人斯》六章:易知祇。

支脂合韻　《小雅·車攻》五章:飲柴。

支脂元合韻　《邶風·新臺》一章:泚瀰鮮。

支真合韻　《小雅·無車大將》一章:塵疧。

支部《楚辭》韻譜

無押韻章段。

支部《楚辭》合韻譜

支脂合韻　《遠遊》:涕弭。

支歌合韻　《離騷》:蕊纚。《九歌·少司命》:離知。《大招》:佳規施卑移。

（四）説　明

(1)啼蹄鯷(齊韻, tí)，帝聲。帝聲在錫部。"帝諦摕褅締裼"6字在去聲霽韻，商(啻)聲字"滴適摘敵"等12字都在錫韻。"帝摕"二字在《詩經》中押韻五次，都與錫部字相押。《手册》據段玉裁《六書音均表》將帝聲列入錫部是對的。至於"啼蹄"二字中古進入平聲齊韻，是作爲"嗁踶"的俗字(段玉裁說)，《說文》未收，也就是後起字。"鯷"字《說文》也未收，出自《山海經　中山經》，也應是後起字。

蟴(支韻, sī)，析聲。出《爾雅·釋蟲》:"蟴螽。"即《詩·豳風·七月》的"斯螽"。彌(佳韻, wāi)，爾聲。析聲、爾聲在錫部，這二字由陰入對轉到支部。肵(齊韻, xié)，开(并)聲在耕部。頍(紙韻, kuǐ)，頃聲在耕部。兩字陰陽對轉入支部。炅(霽韻, guì)，《說文》:"見也，从火、日。"段注:"古迥切。按此篆義不可知，《廣韻》作光也，似近之。"光義的"炅"(迥韻, jiǒng)，與"炯"音義相通。秦博士桂貞之孫改姓炅，因而"炅"產生霽韻(guì)一讀。兩字陰陽對轉到支部。

(2)觶(寘韻, zhì)，單聲。段玉裁注:"支義切，十六部"，"單聲而支義切，由古文本作觝，从氏聲。後遞變其形从辰从單爲聲，而古音終不改也。"辰聲在文部，單聲在元部。霹(支韻, sī)，鮮聲，鮮聲在元部。洒古文灑(卦韻, sǎ)，西聲在文部。此四字屬陰陽旁對轉與支部發生關係。舓舐舐(shì,紙韻)，《說文》:"舓，以舌取食也。从舌，易聲。""舐"是或體。"舐"是出自《莊子》的異體。易聲在錫部，也聲在歌部，氏聲在支部。示地祇(支韻, qí)，通作"祇"。示聲在脂部，旁轉入支部。示姓(之韻, shí)，《史記·晉世家》有"示眯明"即《左傳》的"提彌明"，"示"通假爲"提"，"提"在支部，讀入之韻是不規則變化。

(3)纚䍦(支韻, shī)，爾聲。爾又从尔聲。段注:"兒氏切，周時在十五部，漢時在十六部。"段玉裁《六書音均表》尔聲、爾聲都列脂部。王力先生寫《王力古漢語字典》，卻將"尔"字列爲支部，這是從審音考慮的。《手册》只有這兩個字列支部，其他尔聲字取段說列到脂部。徙(紙韻, xǐ)，止聲，止聲在之部。支脂兩部和支之兩部是音近旁轉。

(4)籎(霽韻, dì)，《說文》無籎字。出《文選》王褒《聖主得賢臣頌》:"雖伯牙操籎鐘，蓬門子，彎烏號，猶未足以喻其意也。"籎鐘是古樂器。《漢書·王褒傳》作"遰鐘"，假借"遰"字。籎字从竹，表樂器，聲符應作"遰"。虎聲在魚部。南北朝以後聲符系統已經亂了。

(5)《詩經》支部押韻8章，入韻字13個:觿₂ 攜₁ 圭₁ 支₁ 枝₂ 伎₁ 疧₁ 簁₂ 知₅ 提₁ 雌₁

斯₃卑₁。

合韻 5 章,支錫通韻 2 章,支脂合韻、支脂元合韻、支真合韻各 1 章,入韻字 6 個:疧₁衹₁知₁提₁柴₁泚₁。

(6)《楚辭》支部無押韻章段。只有合韻 4 章,支歌合韻 3 章,支脂合韻 1 章,入韻字 6 個:纚₁知₁佳₁規₁卑₁虒₁。

(7)支部一級聲符 23 個,單字 13 個。《詩經》韻譜支部押韻只有 8 章 13 字,分屬 10 個一級聲符。《楚辭》韻譜沒有支部押韻,兩個合韻譜押韻章也不多,只增加三個一級聲符規聲、麗聲、虒聲。因此支部未入韻的一級聲符有豙聲、奚聲、只聲、兒聲、兮聲、系聲、广聲、卑聲、買聲、丵聲等 10 個及全部 13 個單字。

一五、錫　部

（一）錫部字表

1. 錫部開一 [ĕk]/[ēk]

調聲	短入　　麥　　[æk]	長入　　卦　　[ai]
影 ∅	〈於革〉戹厄搤搹扼軶阨阸呝虴餩〈(集)乙革〉阨搹扼 (è)	〈烏懈〉隘〈(集)〉嗌噎 (ài)
匣 ɣ	〈下革〉覈礉翮〈(集)〉礉 (hé)	〈胡懈〉邂解曲解〈胡買-蟹〉蟹解姓,地名,怠獬瀣嶰廨 (xiè)
見 k	〈古核〉隔膈槅鬲嗝 (gé)	〈古隘〉懈解怠解除緺廨 (xiè) 解*除緺*廨* (jiè)〈佳買-蟹〉解分解薢 (jiě)
溪 k‘	〈楷革〉礊礘 (kè)	
端 t	〈陟革〉謫讁狄 (zhé) 摘 (zhāi)	
泥 n	〈尼厄〉疒𦤲 (nè)	
莊 tʃ	〈側革〉責簀幘嘖嘖嘖讀嫧〈(集)〉賾 (zé)	〈側賣〉債〈(集)〉責債 (zhài)
初 tʃ‘	〈楚革〉栅栅欄 (zhà) 策册䇲笧齰〈(集)測革〉敇萗 (cè)	
崇 dʒ	〈士革〉賾嘖呼聲 (zé)	
山 ʃ	〈(集)色責〉楝㑦 (sè)	
幫 p	〈博厄〉檗擘薜藥材欂 (bò)	
滂 p‘		〈匹卦〉派派紙林 (pài)
明 m	〈莫獲〉衇脈覛 (mò) 衇脉霢 (mài)〈(集)〉脈 (mò) 脈血管 (mài)	

2. 錫部開三 [ĭɐk]/[ĭɐ̄k]

調聲	短入　　昔　　[ĭɐk]	長入　　寘　　[ĭɐ]
影 ∅	〈伊昔〉益嗌咽喉齸膉鷁 (yì)	〈於賜〉縊 (yì)
溪 k‘	〈(集)苦席〉迟 (qì)	
羣 g	〈奇逆-陌〉屐 (jī)	
定 d	〈直炙〉躑蹢 (zhí) 擿擲,搔蹢蹢躕 (zhì)	
餘 ʎ	〈羊益〉易變易瘍蜴埸〈夷質-質〉溢鎰 (yì)	〈以豉〉易難易傷骒 (yì)
船 dʑ		〈神至-至〉諡謚 (shì)
書 ɕ	〈施隻〉適往賜瞷𪗱 (shì)	〈施智〉舂 (chì)
禪 ʑ	〈常職-職〉寔湜 (shí)	

續表

調聲	短入　　昔　　[ĭɛk]	長入　　寘　　[ĭe]
精 ts	〈資昔〉積襀 (jī) 蹐 (jī) 脊 (jī) 迹跡速遬 鰿蟦鰿蹟 (jī)〈(集)〉鶺 (jī)	
清 tsʻ	〈七迹〉磧趀 (qì)	〈七賜〉刺束諫莿〈(集)〉刺莱 (cì)
從 dz	〈秦昔〉堉瘠膌 (jí)	〈疾智〉漬積 (zì)
心 s		〈斯義〉賜 (cì) 蕩 (sì)
幫 p	〈必益〉辟法璧躄壁襞舝 (bì)	〈卑義〉臂 (bì)
滂 pʻ	〈芳辟〉癖 (pì)	〈匹賜〉譬 (pì)
並 b	〈房益〉擗椑內棺躄 (bì) 闢辟打開 (pì)	〈毗義〉避 (bì)

3. 錫部開四 [iĕk]/[iēk]

調聲	短入　　錫　　[iek]	長入　　霽　　[iei]
曉 x	〈許激〉鬩澗篇〈(集)〉馨激〉歙 (xī)	
匣 ɣ	〈胡狄〉覡 (xí)〈(集)〉刑狄〉椒 (xí)	〈胡計〉繫連接 (xì)
見 k	〈古歷〉擊墼聲蔽〈(集)吉歷〉嗀毂 (jī)	〈古詣〉繫相繋檕繫 (jì)
溪 kʻ		〈苦計〉罄憨嫛 (qì)
疑 ŋ	〈五歷〉鷁鶃艆鵥䴠〈(集)倪歷〉鶃〈(說)五狄〉鷁 (yì)	
端 t	〈都歷〉滴 (dī) 適主也 嫡甋鏑踧嚜 樀鷸商〈(集)丁歷〉獝蹄 (dí)	〈都計〉帝諦 (dì)
透 tʻ	〈他歷〉剔 (tī) 逖逷趯愓踢踢髟愁〈(集)〉擿挑開 (tī)	〈(集)他計〉掃禘裼㯮 (tì)
定 d	〈徒歷〉荻狄敵〈(集)亭歷〉湘 (dí)	〈特計〉髢"髲"或體 締褅〈(集)大計〉髢假髮 (dì)
來 l	〈郎擊〉靂癧秝櫪歷曆瀝磿鬲瓑蒚璏厤靂醨〈(集)狼狄〉礫攊轢 (lì)	
精 ts	〈則歷〉績 (jī)	
從 dz	〈前歷〉覿 (jí)	
心 s	〈先擊〉錫析枡晳蜥菥淅 (xī) 錫*裼相露緆 (xī)〈(集)先的〉晳晰 (xī)	
幫 p	〈北激〉壁繴襞 (bì)	〈博計〉躄 (bì)
滂 pʻ	〈普擊〉霹劈鎃 (pī) 澼僻 (pì)〈(集)匹歷〉礔 (pī) 廦鷿 (pì)	
並 b	〈扶歷〉甓 (pí)	〈蒲計〉薜薜荔 (bì)
明 m	〈莫狄〉覓覛愱幦冪糸鼏幎汨一覛覓蓂菥菉塓〈(集)〉幂幎爅 (mì)	

4. 錫部合一 [uĕk]/[uēk]

調聲	短入　　麥　　[wæk]	長入　　卦　　[wai]
曉 x	〈(集)霍虢-陌〉騞 (huò)	
匣 ɣ	〈胡麥〉劃爴 (huà)	〈胡卦〉畫繣 (huà)

5. 錫部合三 [ĭwĕk]

調 聲	短入　　昔　　　　[ĭwek]	長入
餘 ʎ	〈營隻〉役莜疫投垼〈(集)〉伇同"役" (yì)	

6. 錫部合四 [iwĕk]

調 聲	短入　　錫　　　　[iwek]	長入
曉 x	〈呼臭〉砉 (xū)	
見 k	〈古闃〉鄃臭鵙湨瞁 (jú)	
溪 k'	〈苦鵙〉闃 (qù)	

（二）錫部諧聲表

錫部聲符

益聲(隘)　　厄〔厃〕聲(扼)　　鬲聲　　鷊聲(蘱)　　解聲(懈)　　觳聲

繫聲(繄)　　帝聲　　啻聲(禘)　　商聲　　適聲(謫)　　責聲(債)　　冊聲(笧)

朿聲　　刺聲(莿)　　敕聲(蔌)　　易聲　　賜聲(蔿)　　剔聲(鬄)　　脊聲(瘠)

狄聲(逖)　　秝聲　　麻聲　　歷聲(櫪)　　析聲(蜥)　　閱聲(濶)　　畫聲(劃)

砉聲(驜)　　役聲(莜)　　臭聲(蘱)　　辟聲(闢)　　辰聲　　脈聲(霡)　　冖聲

冥聲(幎)　　鬲聲(爔)

單字

庍　　斃　　諡　　柿　　枅　　覡　　覓　　糸

（三）錫部韻表

錫部《詩經》韻譜

《邶風·北門》二章:適益讁。《鄘風·君子偕老》二章:揥晳帝。《衛風·淇奧》三章:簀錫璧。《陳風·防有鵲巢》二章:甓鷊惕。《豳風·七月》三章:鵙績。

《大雅·文王》六章:帝易。《皇矣》二章:辟剔。《文王有聲》五章:績辟。《板》六章:益易辟辟。《蕩》一章:帝易帝辟。《韓奕》一章:解易辟;二章:擘厄。《瞻卬》五章:刺狄。

《魯頌·閟宮》三章:解帝。《商頌·殷武》三章:辟績辟適解。

錫部《詩經》合韻譜

錫支通韻　《魏風·葛屨》二章:提辟揥刺。《小雅·何人斯》六章:易知祇。

錫屋合韻　《小雅·正月》六章:局蹐脊蜴。

錫部《楚辭》韻譜

《離騷》:隘績。

《天問》:畫歷。

《九章·悲回風》:解締;又:積擊策迹適。

《卜居》:軛迹。

《九辯》:適惕策益。

《大招》:嗌役瀝惕。

錫部《楚辭》合韻譜

錫鐸合韻　《九章·悲回風》:愁適迹益釋。

（四）説　明

(1)"解"字在《廣韻》中有多個反切,多音多義,分在上聲蟹韻和去聲卦韻;《手册》所收解聲字 10 個,也分在蟹、卦兩韻。《漢語史稿》(上册)、《詩經韻讀》、《漢語大字典》都列支部。《漢字古音手册》(北京大學出版社 1986 年)都列錫部。我在《手册·增訂本前言》中論述了解聲應列錫部的理由,我認爲:先秦"解"字在《詩經》中三次押韻,《楚辭》中一次押韻,都只同錫部入聲字相押,不同支部字押。因此解聲字本屬錫部長入,漢魏以後長入"丢掉韻尾 -k,變爲去聲;再進一步'解'字的某些義項及某些得聲字又轉成了上聲"。

(2)幎幦幭汨覭塓冪冪(錫韻, mì),冥聲。汨覭,據《説文》是冥省聲,塓冪冪,《説文》未收,出自今本先秦典籍,"冪冪"更是誤以"莫"代"冥"。冥聲在耕部,段玉裁在"汨"字"从水,冥省聲"下注曰:"莫狄切,古音十一部(耕)與十六部(錫)合韻。"《手册》耕部收冥聲字 10 個,這就是説冖的二級聲符冥聲是陽聲韻和入聲韻通轉廣泛的聲符。

(3)椑革(昔韻, pì),卑聲;迡(昔韻, qì),只聲;寔湜(職韻, shí),是聲;屐(陌韻, jī),支聲;鶂鶃(錫韻, yì)、闃澩(錫韻, xì),兒聲;漃(錫韻, dí)、覛(錫韻, jì),智聲。這 6 個聲符都在支部,這 12 個字都由陰入對轉到錫部。

(4)躑(昔韻, zhí),鄭聲在耕部,由陽入對轉到錫部。覈礉(麥韻, hé),敫聲在藥部,二字旁轉入錫部。髢(齊韻, dì),也聲在歌部,此字由陰入旁對轉入錫部。迹跡(昔韻, jì),《説文》"迹,步處也。从辵,亦聲。""蹟,或从足責。""速,籀文迹,从束。"段注:"迹本作速(按,即籀文),束聲,故音在十六部,小篆改爲亦聲,則當入五部,而非本部之形聲矣。"又在"蹟"下云:"責亦束聲也。"注意:"速"(jì)與"速"(sù)異,"速"是迅速,束聲,屋部。"跡"不見於《説文》,出自《左傳》。筴(麥韻, cè)、刾(寘韻, cì),《説文》未收,出今本先秦兩漢古籍,"筴"音義同"策","刾"音義同"刺"。夾聲在葉部,此俗字訛變。

(5)《詩經》錫部押韻 15 章,入韻字 22 個:益₂厄₁鶂₁鶃₁適₂謫₁帝₅掃₁易₃錫₁惕₁剔₁

解₃績₃簀₁狄₁晳₁刺₁辟₉璧₁甓₁幦₁。

合韻 3 章,支錫通韻 2 章,錫屋合韻 1 章。入韻字 7 個:易₁蝪₁脊₁躇₁掃₁刺₁辟₁。

(6)《楚辭》錫部押韻 7 章,入韻字 17 個:益₁隘₁嗌₁軶₁適₂締₁惕₂解₁績₁積₁迹₂擊₁策₂畫₁役₁歷₁瀝₁。

合韻 1 章,錫鐸合韻。入韻字 4 個:益₁適₁迹₁愁₁。

(7)錫部一級聲符 23 個,單字 8 個。《詩經》韻譜錫部押韻 15 章 22 字,分屬 13 個一級聲符。合韻譜 3 章 7 字,增加入韻一級聲符"脊" 1 個。《楚辭》錫部押韻 7 章 17 字,增加"㲉〔㲉〕、畫、役、秝" 4 個一級入韻聲符。支部未入韻的一級聲符有冊聲、鬩聲、恚聲、辰聲、冂聲等 5 個和全部 8 個單字。

一六、耕　部

（一）耕部字表

1. 耕部開一 [eŋ]

調聲	平　耕　　　　　　　　[æŋ]	上　耿	去　諍
影 Ø	〈烏莖〉甖罌罃鸎嚶櫻鸚甇 (yīng)		
匣 ɣ	〈戶耕〉莖 (jīng)	〈胡耿〉幸悻倖〈（集）下耿〉悻 (xìng)	
見 k	〈古莖〉耕〈（集）〉畊 (gēng)	〈古幸〉耿 (gěng)	
溪 k'	〈口莖〉硻誙輕硜硜羥 (kēng)		
端 t	〈中莖〉丁 丁丁,伐木聲 (zhēng)		
透 t'	〈丑庚-庚〉窺 (chēng)		
定 d	〈宅耕〉撐朾 (chéng)		
泥 n	〈女耕〉薴〈（集）尼耕〉薴 (níng)		
來 l		〈魯打〉冷 (lěng)	
清 ts'	〈倉才-哈〉猜 猜疑 (cāi)		
莊 tʃ	〈側莖〉爭箏埩絣綪 屈曲 猙 獸名 (zhēng)		〈側迸〉諍〈（集）〉爭 諍 (zhèng)
初 tʃ'	〈楚耕〉琤鎗 (chēng)		
崇 dʒ	〈士耕〉崢崢崝 (zhēng)〈（集）鉏耕〉淨 地名 (chéng)		
山 ʃ	〈所庚-庚〉生笙牲甥鉎狌 雌 (shēng)〈（又）（集）桑經-青〉猩 猩猩,獸名 狌 同"猩" (xīng)		
幫 p	〈北萌〉絣〈（集）悲萌〉抨 支使 (bēng)		〈北諍〉迸〈北孟-映〉跰 (bèng)
滂 p'	〈普耕〉怦抨伻抨 彈 砰〈（集）披耕〉苹 苹蒙 輧騈〈撫庚-庚〉怦 (pēng)	〈普幸〉皏 (pěng)	

2. 耕部開三 [ĭeŋ]

調／聲	平　清　[ĭeŋ]	上　靜	去　勁
影 Ø	〈於盈〉嬰纓攖嫈䙆蔞 (yīng)	〈於郢〉廮瘿 (yǐng)	
見 k	〈舉卿-庚〉驚荆 (jīng)	〈居郢〉頸〈居影-梗〉警儆璥䴖憼 (jǐng)	〈居正〉勁〈(集)堅正〉莖草名〈居慶-映〉敬 (jìng)
溪 k‘	〈去盈〉輕鑋 (qīng)		
羣 g	〈巨成〉鯨〈渠京-庚〉擎檠正弓弩勍山癰 (qíng)	〈巨郢〉痙 (jìng)	
端 t	〈陟盈〉貞*楨*禎*陙* (zhēng) 貞楨禎湞陙 (zhēn)		
透 t‘	〈丑貞〉偵 (zhēn) 偵* (zhēng) 檉頳䞓〈(集)癥貞〉泟泟 (chēng)	〈丑郢〉逞騁䟭〈(集)〉裎 (chěng)	
定 d	〈直貞〉呈程醒珵程〈(集)馳貞〉脡 (chéng)		〈直正〉鄭 (zhèng)
餘 ʎ	〈以成〉盈嬴瀛籯楹贏〈(説)〉籯〈(集)怡成〉桯車蓋柄下節 (yíng)	〈以整〉郢樫 (yǐng)	
來 l		〈良郢〉領嶺袊 (lǐng)	〈力政〉令命令,善 (lìng)
章 ʨ	〈諸盈〉征证鉦怔正正月紝征〈(集)〉延 (zhēng)	〈之郢〉整 (zhěng)	〈之盛〉政正証諫 (zhèng)
書 ɕ	〈書盈〉聲 (shēng)		〈式正〉聖 (shèng)
禪 ʑ	〈是征〉成城誠宬郕盛盛受也 (chéng)		〈承政〉盛興盛晟 (shèng)
精 ts	〈子盈〉精菁鶄蜻蜻蜋晶鼱睛旌斻 (jīng)	〈子郢〉井丼 (jǐng)	
清 ts‘	〈七情〉清圊 (qīng)	〈七静〉請 (qǐng)	〈七政〉倩請 (qiàn) 清〈(集)七正〉胕胜遇,鳥名 (qìng)
從 ʣ	〈疾盈〉情晴烠古"晴"字〈(集)慈盈〉暒 (qíng)	〈疾郢〉穽阱 (jǐng) 静彭靖妌凈 (jìng)	〈疾政〉淨潔靚婧頱 (jìng)
心 s	〈息營〉騂垶觪〈(集)思營〉觪觪垶垶 (xīng)	〈息井〉省察也 (xǐng)	〈息正〉性姓 (xìng)
初 ʧ‘			〈楚敬-映〉䄓 (qìng)
山 ʃ		〈所景〉省節省眚婂渻〈(集)〉蛸 (shěng)	
幫 p	〈府盈〉并并州栟屏屏營 (bīng)	〈必郢〉餅屏除也,藏也鉼〈(集)〉偋 (bǐng)	〈畀政〉併并兼併 (bìng)
滂 p‘			〈匹正〉聘*娉 (pìng) 聘 (pìn)
並 b	〈符兵-庚〉平評苹草名枰泙坪 (píng)		〈防正〉偋 (bìng)
明 m	〈武并〉名洺〈武兵-庚〉鳴 (míng)		〈眉病〉命 (mìng)

3. 耕部開四 [ieŋ]

調 聲	平　青　　　　　　[ieŋ]	上　迥	去　徑
影 Ø		〈烏迥〉淡〈(集)〉㷒 (yǐng)	〈烏定〉鎣 (yìng)
曉 x	〈呼刑〉馨鼼脛 (xīng)		
匣 ɣ	〈戶經〉刑形邢桱銒型陘俐硎娙鈃鏗〈(集)〉乎經〉陘 (xíng)	〈胡頂〉婞滓悻緈 (xìng)	〈胡定〉脛 (jìng)
見 k	〈古靈〉經涇水名鶄坙 (jīng)	〈古挺〉剄 (jǐng)	〈古定〉徑逕俓經〈(集)〉涇直波 (jìng)
溪 k'		〈去挺〉謦〈(集)〉棄挺〉汫 (qǐng)	〈苦定〉罄窒磬殸 (qìng)
端 t	〈當經〉丁天干釘玎靪虰〈(集)〉町 (dīng)	〈都挺〉頂酊鼎蕌酊葶 (dǐng)	〈丁定〉定額顁錠油燈 (dìng)
透 t'	〈他丁〉汀桯脈前儿聽聆苧草名縊 (tīng)	〈他鼎〉珽脡侹頲侱壬町田界 (tīng)〈(又)他典-銑〉町酊唾 (tiǎn)	〈他定〉聽聽任 (tīng) 聽* 聽任〈(集)〉濎 (tìng)
定 d	〈特丁〉庭停艇莛筳亭霆渟綎娗貌美岺楟蜓廷梃 (tíng)	〈徒鼎〉訂評議 (dìng) 挺艇鋌梃姃女出病 (tǐng)	〈徒徑〉定安定 (dìng)
泥 n	〈奴丁〉寧安寧宿鸋窜聹〈(集)〉囊丁〉寍顜 (níng)	〈乃挺〉薴 (nǐng)	〈乃定〉甯姓佞濘泥濘 (nìng)〈(又)奴計-霽〉濘泥,陷入泥中 (nì)〈(集)乃定〉寧寧可 (nìng)
來 l	〈郎丁〉靈靁舲齡欞囹鸰蛉鈴霝苓櫺柃伶泠瓴蠕玲罏顪聆藞軨笒零霝令令狐竉駖郦岭山深貌鮥〈(集)〉酃 (líng)		
清 ts'	〈倉經〉青蜻蜻蜓〈(集)〉菁菁菁,茂盛貌 (qīng)		〈倉甸-霰〉蒨蒨綪草名倩笑貌 (qiàn)
心 s	〈桑經〉星腥胜犬臭鮏猩犬吠聲 (xīng)	〈蘇挺〉醒 (xǐng)	
幫 p		〈補鼎〉鞞刀劍鞘 (bǐng)	
滂 p'	〈普丁〉姘 (pīn) 俜甹悍艵頩美貌 (pīng)	〈匹迥〉頩斂容 (pǐng)	
並 b	〈薄經〉瓶缾缾蚲鼾屏屏障苹軿萍洴郱軿洴〈(集)〉旁經〉帡 (píng)〈部田-先〉駢胼骿〈集 蒲眠-先〉骿 (pián)		
明 m	〈莫經〉冥銘茗溟海螟蓂莫萊瞑嫇覭暝 (míng)	〈莫迥〉酩溟溟滓眳 (mǐng)	

4. 耕部合一 [ueŋ]

調 聲	平　耕　　　　[wæŋ]	上	去
曉 x	〈呼宏〉轟輷訇〈(集)〉營大聲嶸 (hōng)		
匣 ɣ	〈戶萌〉〈(又)永兵-庚〉嶸 (róng)		

5. 耕部合三 [ĭweŋ]

調聲	平　清　　　　[ĭweŋ]	上　靜	去　勁
影Ø	〈於營〉褮嫈(yīng) 縈(yíng)		
曉x			〈休正〉夐詗瞾(xiòng)
匣ɣ	〈永兵-庚〉禜瑩(yíng) 榮蠑(róng)		〈爲命〉詠(yòng)
溪k'	〈去營〉傾頃侧也〈(集)窺營〉䪿(qīng)	〈去穎〉頃少頃,頃刻䋏〈(集)犬穎〉高廎(qǐng)	
羣g	〈渠營〉瓊璚笻嬛悍敻嬛孤苦也趨瞏藑(qióng)		
餘ʎ	〈余傾〉營塋嫈嫈,小聲(yíng)	〈餘頃〉潁穎(yǐng)	

6. 耕部合四 [iweŋ]

調聲	平　青　　　　[iweŋ]	上　迥	去　徑
匣ɣ	〈戶扃〉熒光螢瑩(yíng) 滎(xíng)	〈戶頂〉迥泂(jiǒng)	
見k	〈古螢〉扃門栓駉駫垌同〈(集)絹熒〉冂"坰"本字(jiōng)	〈古迥〉熲炅光也炯(jiǒng)	
溪k'		〈口迥〉褧煢穎絅〈(集)犬迥〉扃扃扃,明察(jiǒng)	

（二）耕部諧聲表

耕部聲符

賏聲　　嬰聲(櫻)　　熒聲(濚)　　榮聲(蠑)　　營聲(嶸)　　巠聲　　輕聲(鑋)

勁聲(勍)　幸聲(婞)　　井聲(阱)　　耿聲(褧)　　丁聲　　亭聲(停)　　成聲(誠)

夐聲(瓊)　盈聲　　　寧聲(檸)　　甯聲(薴)　　令聲　　領聲(嶺)　　青聲

倩聲(蒨)　靚聲(瀞)　　鼎聲(藊)　　爭聲(净)　　生聲　　星聲(醒)　　省聲(渻)

敬聲(驚)　貞聲(偵)　　壬聲　　　呈聲　　　聖聲(鞓)　　廷聲(庭)　　正聲

定聲(錠)　殸聲(馨)　　盈聲(楹)　　贏聲　　　嬴聲(瀛)　　刑聲(型)　　霝聲(靈)

旬聲(輏)　冂聲　　　同聲(迵)　　頃聲(傾)　　平聲　　苹聲(萍)　　并聲

屏聲(偋)　甹聲(聘)　　名聲(銘)　　冥聲(鄍)

單字

晶　　炅　　轟　　觲〔觲〕　　埕〔垶〕　　泟　　鳴　　耕〔畊〕

（三）耕部韻表

耕部《詩經》韻譜

《周南·樛木》三章:縈成。《兔罝》一章:丁城。《麟之趾》二章:定姓。《召南·鵲巢》三章:

盈成。《小星》一、二章:星征。《邶風·匏有苦葉》二章:盈鳴。《鄘風·干旄》三章:旌城。《衛風·淇奧》二章:青瑩星。《鄭風·溱洧》二章:清盈。《齊風·雞鳴》一章:鳴盈鳴聲。《著》二章:庭青瑩。《猗嗟》二章:名清成正甥。《唐風·杕杜》二章:菁睘姓。

《小雅·鹿鳴》一章:鳴苹笙。《常棣》五章:平寧生。《伐木》一章:丁嚶;又:鳴聲聲生聽平。《采薇》二章:定聘。《六月》二章:成征。《車攻》七章:鳴旌驚盈;八章:征聲成。《斯干》五章:庭楹正冥寧。《節南山》六章:定生寧醒成政姓;七章:領騁;九章:平寧正。《小旻》四章:程經聽爭成。《小宛》四章:令鳴征生。《無車大將》二章:冥潁。《桑扈》二章:領屏。《黍苗》四章:營成;五章:平清成寧。《苕之華》二章:青生。

《大雅·文王》三章:生楨寧。《緜》九章:成生。《皇矣》二章:屏平。《靈臺》一章:營成。《文王有聲》一章:聲聲寧成;七章:正成。《生民》二章:靈寧。《鳧鷖》一章:涇寧清馨成。《卷阿》九章:鳴生。《板》七章:屏寧城。《蕩》七章:刑聽傾。《抑》三章:政刑;十章:盈成。《雲漢》一章:牲聽;八章:星贏成正寧。《崧高》四章:營城成。《江漢》二章:平定爭寧。《常武》三章:霆驚;六章:平庭。《瞻卬》三章:成傾。

《周頌·維清》:成禎。《有瞽》:庭聲鳴聽成。《閔予小子》:庭敬。《載芟》:馨寧。《良耜》:盈寧。《商頌·那》一章:成聲平聲聲。《烈祖》一章:成平爭。《殷武》五章:聲靈寧生。

耕部《詩經》合韻譜

耕真文合韻　《周頌·烈文》:<u>人</u>訓刑。

耕文合韻　《衛風·碩人》二章:倩<u>盼</u>。

耕部《楚辭》韻譜

《離騷》:情聽;又:正征。

《九歌·湘君》:征庭旌靈。《少司命》:青莖成;又:旌星正。《山鬼》:冥鳴。

《天問》:聽刑;又:營成傾;又:營盈;又:寧情。

《九章·惜誦》:情正。《抽思》:正聽;又:星營。《懷沙》:盛正;又:正程。

《遠遊》:征零成情程。

《卜居》:清輕鳴名貞。

《漁父》:清醒;又:清纓。

《招魂》:征生。

《大招》:靜定;又:盛命盛定。

耕部《楚辭》合韻譜

耕陽合韻　《招魂》:瓊光張璜。

耕真合韻　《離騷》:名均。《九章·哀郢》:天名。《遠遊》:榮<u>人</u>征。《卜居》:耕名身生真<u>人</u>清楹。《九辯》:清清<u>人</u>新平生憐聲鳴征成;又:天名。

（四）説　明

（1）前文錫部已經指出，冥聲在錫部和耕部各有十字左右，是陽聲韻耕部和入聲韻錫部通轉廣泛的一個聲符。青聲有個“猜”（咍韻，cāi）字，《説文》：“恨賊也。从犬，青聲。”段注：“倉才切，古音在十一部。”《漢語大字典》和《王力古漢語字典》都列之部，《漢字古音手册》依段注列在耕部。我們認爲“猜”的音變，類似“敏”（mǐn）字，是不規則的變化。

（2）烓（迥韻，jiǒng），圭聲，圭聲在支部，陰陽對轉入耕部。鄭（勁韻，zhèng），奠聲；騂垶觪（清韻，xīng），辛聲；惸（清韻，qióng），旬聲；趜（清韻，qióng），勻聲；佞（徑韻，nìng），仁聲。這 5 個聲符都在真部，這 7 個字由陽聲韻旁轉入耕部。

（3）睘嬛（清韻，qióng），袁聲、睘聲。這 2 個聲符都在元部，這 2 個字由陽聲韻旁轉入耕部。

（4）璚（清韻，qióng），矞聲，矞聲在質部。“璚”是“瓊”的或體字，由陽入旁對轉到耕部。辴（静韻，chěng），㝰聲，㝰聲在元部。《廣韻》“辴”字有獮韻、静韻兩個反切。獮韻丑善切，今讀 chǎn，當然在元部；静韻丑郢切，就在耕部。《説文》取丑郢切，段玉裁列十一部，《手册》取段説歸耕部。駫（青韻，jiōng），光聲。光聲在陽部，旁轉入耕部。

（5）貞楨禎湞赬（清韻，zhēn），舊讀 zhēng，符合語音發展規律，今讀不合規律，是值得關注的現象。

（6）《詩經》耕部押韻 61 章，入韻字 54 個：縈$_1$ 營$_3$ 瑩$_2$ 嚶$_1$ 敬$_1$ 驚$_2$ 經$_1$ 涇$_1$ 聲$_{11}$ 馨$_1$ 丁$_2$ 成$_{22}$ 城$_4$ 聽$_5$ 程$_1$ 醒$_1$ 騁$_1$ 聘$_1$ 庭$_5$ 霆$_1$ 正$_1$ 征$_5$ 政$_1$ 定$_4$ 生$_9$ 姓$_1$ 星$_1$ 甥$_1$ 旌$_2$ 笙$_1$ 牲$_1$ 青$_3$ 清$_4$ 菁$_1$ 盈$_7$ 楹$_1$ 寧$_{15}$ 爭$_1$ 楨$_1$ 禎$_1$ 刑$_2$ 嬴$_1$ 傾$_1$ 潁$_1$ 睘（嬛）$_1$ 令$_1$ 領$_1$ 靈$_2$ 平$_9$ 苹$_1$ 屏$_3$ 鳴$_1$ 名$_1$ 冥$_2$。

合韻 2 章，耕真文合韻 1 章，耕文合韻 1 章，入韻字 2 個：刑$_1$ 倩$_1$。

（7）《楚辭》耕部押韻 22 章，入韻字 31 個：營$_1$ 縈$_1$ 莖$_1$ 輕$_1$ 成$_3$ 盛$_1$ 聽$_1$ 庭$_1$ 程$_2$ 正$_6$ 征$_4$ 定$_1$ 生$_1$ 星$_2$ 旌$_1$ 醒$_1$ 青$_1$ 情$_4$ 清$_3$ 静$_1$ 盈$_1$ 寧$_1$ 貞$_1$ 刑$_1$ 傾$_1$ 靈$_1$ 零$_1$ 鳴$_2$ 名$_1$ 冥$_1$ 命$_1$。

合韻 7 章，耕真合韻 6 章，耕陽合韻 1 章，入韻字 12 個：榮$_1$ 聲$_1$ 成$_1$ 耕$_1$ 征$_2$ 生$_2$ 青$_1$ 清$_2$ 楹$_1$ 瓊$_1$ 平$_1$ 鳴$_1$ 名$_4$。

（8）耕部一級聲符 32 個，單字 8 個。《詩經》韻譜耕部押韻 61 章 54 字，分屬 24 個一級聲符和一個單字“鳴”。《楚辭》耕部押韻、合韻共 29 章 37 字，只增加“夐”一個一級聲符和“耕”一個入韻單字。因此，耕部未入韻的一級聲符有“幸、井、耿、鼎、省、冋、冂”7 個，還有 6 個單字。

一七、脂　部

(一)脂部字表

1.脂部開一 [ɐi]

調 聲	平　皆　　　　　　　　[ɐi]	上　駭	去　怪
影 ∅			〈烏懈-卦〉瘶 (ài)
匣 ɣ	〈户皆〉諧䚋諧湝𪗁寒 (xié)		
見 k	〈古諧〉偕 (xié) 皆偕* 楷喈階脂楷木名鶛湝水勢大〈(集)居諧〉嘈嘈嘈 (jiē)		
溪 k'	〈口皆〉揩鍇 (kāi)	〈苦駭〉楷楷橫鍇 (kǎi)	
泥 n		〈奴蟹-蟹〉嬭 (nǎi)	
莊 tʃ	〈側皆〉齋 (zhāi)		
崇 ʤ	〈士皆〉儕 (chái)		

2.脂部開三 [ǐei]

調 聲	平　脂　　　　　　　　[i]	上　旨	去　至
影 ∅	〈於脂〉伊咿蛜〈(集)於夷〉黟 (yī)		
曉 x	〈喜夷〉屎呻吟聲〈(集)馨夷〉䖒 (xī)		
見 k	〈居夷〉飢肌 (jī)	〈居履〉几 (jǐ) 几*鷹麁𠨍机木名邔 (jǐ)	〈几利〉冀驥 (jì)
溪 k'			〈詰利〉眉 (qì)
羣 g	〈渠脂〉鬐耆祁鰭鮨〈(集)渠伊〉阢 (qí)		
疑 ŋ	〈牛肌〉狋犬爭貌 (yí)		
端 t	〈丁尼〉胝胼胝袛穀始熟,只 (zhī)	〈豬几〉黹夂從後至〈(集)展几〉襹 (zhǐ)	
透 t'			〈丑利〉屎 (chì)
定 d	〈直尼〉墀坻泜遟徐遟蚳諈賑〈(集)陳尼〉沰同"坻"穉*樨樨,幼諈 (chí)穉樨,幼 (zhì)	〈直几〉雉 (zhì)	〈直利〉稚遟遟,待稺撌 (zhì)
餘 ʎ	〈以脂〉姨彝夷樲痍桋木名荑徔跠〈(集)延知〉侇咦 (yí)		
泥 n	〈女夷〉尼安寧怩蚭跜〈(集)秜 (ní)	〈女履〉柅〈女氏-紙〉狔旎 (nǐ)	〈女利〉膩 (nì)
來 l	〈力脂〉黎秜*藜黎鑗〈呂支-支〉鷑 (lí)	〈力几〉履 (lǚ)〈(說)〉㚄 (lǐ)	〈力至〉利颲痢〈(集)〉涖 (lì)

續表

調聲	平　脂　　[i]	上　旨	去　至
章 t̠	〈旨夷〉脂衹䬠䳀氐水名泜〈章移-支〉楮 (zhī)	〈職雉〉旨指恉晧 (zhǐ) 厎 (dǐ)	〈脂利〉鴲〈支義-實〉寘 (zhì)
昌 t̠'	〈處脂〉鴟胵 (chī)		
船 d̠			〈神至〉示 (shì)
書 ɕ	〈式脂〉尸鳲屍蓍 (shī)	〈式視〉矢𥠻屎𥻗〈集〉𤟤視〉英兼 (shǐ)	
禪 ʑ	〈集〉市之-之〉示姓 (shí)	〈承矢〉視眂眡 (shì)	〈常利〉嗜 (shì)
日 n̠		〈兒氏-紙〉爾尒尔邇 (ěr)	〈而至〉二弍貳樲 (èr)
精 ts	〈即夷〉咨資粢齍齎齏諮姿濟霽〈集〉津私〉次佽𡙇,不安貌 (zī)	〈將几〉姊秭 (zǐ)	〈資四〉恣瘁 (zì)
清 ts'	〈取私〉越越趑 (zī) 越媿螆 (cī)		〈七四〉次次序佽欼髿 (cì)
從 dz	〈疾資〉茨薋薺蒺藜〉餈𥻦穧瓷 (cí)		
心 s	〈息夷〉私厶𥢔𥝤 (sī)	〈息姊〉死 (sǐ)	
邪 z		〈徐姊〉兕𦘧 (sì)	
莊 tʃ		〈阻史-止〉第胏𦙾〈集〉壯仕-止〉瘈 (zǐ)	
山 ʃ	〈疏夷〉師獅 (shī)		
幫 p		〈卑履〉匕妣秕比比較衹沘枇大木匙杫疕〈集〉補履〉吡秕紕氐族毛布 (bǐ)	〈兵媚〉柴〈必至〉庇 (bì)
滂 p'	〈匹夷〉紕錯誤惴 (pī)	〈匹婢-紙〉庀仳吡 (pǐ)	
並 b	〈房脂〉毗毗槌芘萉苿貔蚍枇枇杷仳仳鮍魮阰〈符支-支〉紕衣飾花邊 (pí)	〈扶履〉〈又〉毗忍-軫〉牝 (pìn)	〈毗至〉比近也枇籦子坒〈集〉坒 (bì)
明 m	〈武悲〉麋麎 (mí) 眉湄楣瑂徽霉郿櫋〈集〉旻悲〉湄 (méi)〈説〉武夷〉卷〈武移-支〉彌滿鸍𤞃𥥻采瓕獼麊采瀰 (mí)	〈無鄙〉美媄媺 (měi)〈綿婢-紙〉灖敉〈集〉母婢-紙〉彌止 (mǐ)	〈明祕〉媚媚 (mèi)

3. 脂部開四 [iei]

調聲	平　齊　　[iei]	上　薺	去　霽
影 Ø	〈烏奚〉鷖醫瞖翳瞖繄 (yī)		〈於計〉瘱医嬟翳殹 (yì)
匣 ɣ	〈胡雞〉嵇 (jī) 郋 (xí)		
見 k	〈古奚〉稽枅筓卟乩禾 (jī)		
溪 k'		〈康禮〉啟棨綮䃏稽稽首〉啓启綮 (qǐ)	〈集〉詰計〉綮 (qì)
疑 ŋ			〈五計〉詣 (yì)
端 t	〈都奚〉低氐氏羌,星宿衹䃰瓶衮趆䯏 (dī)	〈都禮〉邸底詆坻山坡抵牴舓牴𧝓𧝓〈集〉典禮〉氐根柢呧蓾砥同"底"赿阺骶 (dǐ)	
透 t'	〈土雞〉梯 (tī)	〈他禮〉體 (tǐ)	〈他計〉鬄𠞴涕涙洟鼻㖒涕薙 (tì)

調 聲	平　齊　　　　[iei]	上　薺	去　霽
定 d	〈杜奚〉棣梀桋綈蕛稊鶗黃庤鵜 銻鏅銻鯷〈（集）田黎〉徥久待 (tí)	〈徒禮〉弟兄弟娣 (dì) 悌 (tì)	〈特計〉第弟孝悌睇〈（集） 大計〉娣 (dì)
泥 n	〈奴低〉泥泥土呢 (ní)	〈奴禮〉禰鬫髵薾檷〈（集）乃禮〉 泥苨,露多貌 (nǐ)	〈奴計〉泥拘泥 (nì)
來 l	〈郎奚〉黎犁犛鑗藜鴷遱邌 〈（集）憐題〉莉藜雛 (lí)	〈盧啟〉禮礼澧醴鱧豊 (lǐ)	
精 ts	〈祖稽〉齎賷韲齏隮隮 (jī)	〈子禮〉濟水名,濟濟〈（集）〉泲〈祖稽-齊〉 〈（又）（集）子禮〉擠 (jǐ)	〈子計〉霽濟渡稽 (jì)
清 ts‘	〈七稽〉妻妻子妻淒淒悽郪綾萋 (qī)		〈七計〉妻以女嫁人 (qì)
從 dz	〈徂奚〉齊臍䗬蟜薺懠齍鈰 (qí)	〈徂禮〉薺薺菜 (jì)	〈在詣〉嚌嘗劑醑齊齌 (jì)
心 s	〈先稽〉西棲棲棲,不安貌栖栖栖犀屖 (xī)〈（又）（集）千西〉棲棲息栖 (qī)	〈斯氏-紙〉壐壐 (xǐ)	〈蘇計〉細泅 (xì)
幫 p	〈邊兮〉陛 (bī) 螕狴 (bì)		
滂 p‘	〈匹迷〉批〈（集）篇迷〉搋 (pī)		〈匹詣〉媲 (pì)
並 b	〈部迷〉膍 (pí)	〈傍禮〉陛桦〈（集）部禮〉蚍 (bì)	
明 m	〈莫兮〉迷覛覛 (mí)	〈莫禮〉米眯絖䍘 (mǐ)	

4. 脂部合三 [ĩwei]

調 聲	平　脂　　　　[wi]	上　旨	去
見 k		〈居誄〉癸湀 (guǐ)	
羣 g	〈渠追〉戣騤傒〈渠隹〉葵郔楑朕 (kuí)	〈求癸〉揆 (kuí)	

5. 脂部合四 [iwei]

調 聲	平　齊　　　　[iwei]	上	去
溪 k‘	〈苦圭〉睽暌藤 (kuí)		

（二）脂部諧聲表

脂部聲符

皆聲（諧）	癸聲	睽聲（藤）	齊聲（濟）	医聲	殴聲	羃聲（虋）
尒聲	爾聲	彌聲（瀰）	伊聲（蜘）	尸聲（屎）	几聲（飢）	旨聲
耆聲（鰭）	稽聲（嵇）	示聲（視）	氐聲	底聲（芪）	泜聲（滰）	黹聲（襧）
犀聲（遲）	屖聲（樨）	矢聲	雉聲（薙）	尼聲（怩）	二聲	弍聲
貳聲（膩）	利聲（涁）	称聲	棃聲（藜）	黎聲（鑗）	夷聲（姨）	彝聲（樏）

妻聲(棲)	次聲	咨聲(諮)	資聲(賮)	朿聲(姊)	厶聲	私聲(秫)
師聲(獅)	启聲	啟聲(棨)	弟聲	稊聲(稀)	豊聲(禮)	匕聲(牝)
比聲	毗聲(蚍)	坒聲	陛聲(陛)	貔聲(貔)	米聲	麋聲(麋)
眯聲(蒾)	眉聲	媚聲(嬪)	美聲(媄)			

單字

屎	夂	礼	履	焱	菡	死	禾	卟	兕

（三）脂部韻表

脂部《詩經》韻譜

《邶風·谷風》一章:體死;二章:薺弟。《泉水》二章:沛禰弟姊。《靜女》三章:荑美。《鄘風·蝃蝀》一章:指弟。《相鼠》三章:體禮禮死。《衛風·碩人》一章:妻姨私;二章:荑脂蠐犀眉。《鄭風·風雨》一章:淒喈夷。《齊風·載驅》二章:濟瀰弟。《魏風·陟岵》三章:弟偕死。《唐風·杕杜》一、二章:比佽。《陳風·衡門》一章:遲飢。《曹風·候人》四章:隮飢。《下泉》三章:蓍師。《豳風·七月》二章:遲祁。

《小雅·采薇》六章:遲飢。《杕杜》四章:偕邇。《魚麗》二章:鱧旨;五章:旨偕。《六月》一章:棲騤。《吉日》四章:矢兕醴。《巧言》六章:麋階。《大東》一章:匕砥矢履視涕。《鼓鍾》二章:喈湝。《大田》三章:妻祈私稺穊。《瞻彼洛矣》一章:茨師。《賓之初筵》一章:旨偕。

《大雅·旱麓》一章:濟弟。《思齊》二章:妻弟。《卷阿》九章:萋喈。《板》五章:懠毗迷尸屎葵資師。《瞻卬》三章:鴟階。

《周頌·豐年》:秭醴妣禮皆。《載芟》:濟秭醴妣禮。

脂部《詩經》合韻譜

脂質通韻　《鄘風·干旄》一章:紕四畀。《載馳》二章:濟閟。《小雅·大田》三章:穗利。《賓之初筵》二章:禮至。

脂支合韻　《小雅·車攻》五章:佽柴。

脂微質合韻　《小雅·采菽》五章:維葵腜戾。

脂微合韻　《周南·葛覃》一章:萋飛喈。《汝墳》一章:枚飢;三章:尾燬燬邇。《召南·采蘩》三章:祁歸。《草蟲》三章:薇悲夷。《邶風·北風》二章:喈霏歸。《靜女》二章:煒美。《秦風·蒹葭》二章:淒晞湄躋坻。《無衣》一、二、三章:衣師。《豳風·狼跋》一章:尾几。《小雅·四牡》一章:騑遲歸悲。《常棣》一章:韡弟。《采薇》五章:騤依腓。《出車》六章:遲萋喈祁歸夷。《杕杜》二章:萋悲萋悲歸。《蓼蕭》三章:泥弟弟豈。《斯干》四章:飛躋。《節南山》三章:師氏維毗迷師;五章:夷違。《小旻》二章:哀違依底。《四月》二章:淒腓歸;八章:薇棲哀。《楚茨》五章:尸歸遲弟私。《大田》二章:穉火。《大雅·生民》七章:惟脂。《行葦》一章:葦履體泥弟爾几。《公劉》四章:依濟几<u>依</u>。《桑柔》二章:驟夷黎哀;三章:維階。《崧高》六章:郿<u>歸</u>。《烝民》八章:驟喈齊<u>歸</u>。《周頌·有客》:追綏威夷。《魯頌·閟宫》一章:<u>枚回依遲</u>。《商頌·長發》三章:違齊遲躋遲祇<u>圍</u>。

脂物合韻　　《大雅·皇矣》四章:類比。

脂歌合韻　　《商頌·玄鳥》一章:祁河宜何。

脂支元合韻　　《邶風·新臺》一章:泚瀰鮮。

脂部《楚辭》韻譜

《天問》:死體;又:底雉。

《九章·懷沙》:濟示。

脂部《楚辭》合韻譜

脂質通韻　　《九章·悲回風》:<u>至</u>比。《九辯》:濟<u>至</u>死。

脂支合韻　　《遠遊》:涕弭。

脂微合韻　　《離騷》:幃祇。《九辯》:<u>歸棲衰</u>肥;又:<u>哀悲</u>偕;又:冀<u>欷</u>。

脂微歌合韻　　《遠遊》:妃歌夷蛇飛佪。

(四)説　明

(1)眞(眞韻,zhì)、靈(脂韻,zī),真聲;黬(旨韻,zhǐ),臣聲;犀(齊韻,xī),屖(齊韻,tí),辛聲;瞇(齊韻,mí),民聲;細泅(霽韻,xì),囟聲。此八字聲符均在真部,陰陽對轉入脂部,"犀"字並成爲脂部的聲符。

(2)胵(脂韻,chī),至聲;郎(齊韻,xī),自聲。此二字聲符在質部,陰入對轉入脂部。冀驥(至韻,jì),異聲在職部,二字由陰入旁對轉入脂部。

(3)黴(脂韻,méi),微省聲;媺(旨韻,měi)出自《周禮》,音義同"美",應是敚聲。敚聲在微部。兩字近旁轉入脂部。

(4)硨(齊韻,dī),單聲;枅笄(齊韻,jī),幵聲。兩個在元部,3個字由陰陽旁對轉入脂部。西栖(齊韻,xī),西聲在文部,二字由陰陽旁對轉入脂部。

(5)利颲痢洌(至韻,lì),《手册》依照王力《漢語音韻》《詩經韻讀》將利聲字列在質部,《表稿》改歸脂部。《説文》:"利,銛也……㓺,古文利。"《手册》收㓺聲字15個,都在平聲,5個在脂韻,10個在齊韻;所收利聲字只此4個。將利聲列在質部,就因爲《詩·小雅·大田》三章有一處"穗利"押韻,"穗"在質部。利聲字與入聲相涉的只此一處,只宜視爲脂質通韻。

(6)《詩經》脂部押韻36章,入韻字64個:皆₁偕₄喈₁階₂湝₁飢₃視₁祁₁祈₁葵₁驟₇弟₇涕₁砥₁鴟₁犀₁遲₄稺₁夷₄黃₂姨₁濟₃薺₁稽₁蠐₁隮₁懠₁妻₂凄₁萋₂棲₁姊₁秭₂沴₁旨₃指₁脂₁耆₁死₃私₂禰₁遞₁瀰₁伙₁茨₁資₁矢₁兕₁師₃尸₁履₁屎₁禮₄鱧₁醴₁體₂比₂妣₂毗₁匕₁

美$_1$ 眉$_1$ 麋$_1$ 迷$_1$。

合韻 45 章，其中脂微合韻 36 章，入韻字 35 個：喈$_4$ 階$_1$ 几$_3$ 飢$_1$ 祁$_2$ 騤$_3$ 弟$_5$ 氐$_1$ 坻$_1$ 底$_1$ 祇$_1$ 遲$_6$ 穉$_1$ 夷$_5$ 桋$_1$ 齊$_2$ 躋$_3$ 濟$_1$ 淒$_2$ 萋$_4$ 脂$_1$ 私$_1$ 爾$_1$ 邇$_1$ 泥$_2$ 師$_5$ 尸$_1$ 履$_1$ 體$_1$ 黎$_1$ 呲$_1$ 美$_1$ 湄$_1$ 郿$_1$ 迷$_1$。其他合韻段 9 章，脂質通韻 4 章，脂支合韻 1 章，脂微質合韻 1 章，脂物合韻 1 章，脂歌合韻 1 章，脂元合韻 1 章，入韻字 10 個：祁$_1$ 葵$_1$ 濟$_1$ 利$_1$ 禮$_1$ 瀰$_1$ 佽$_1$ 比$_1$ 紕$_1$ 膍$_1$。

(7)《楚辭》脂部押韻 3 章，入韻字 6 個：示$_1$ 底$_1$ 濟$_1$ 死$_1$ 雉$_1$ 體$_1$。

合韻 8 章，脂微合韻 4 章，脂質通韻 2 章，脂支合韻 1 章，脂微歌合韻 1 章，入韻字 9 個：偕$_1$ 涕$_1$ 祗$_1$ 夷$_1$ 濟$_1$ 棲$_1$ 死$_1$ 冀$_1$ 比$_1$。

(8)《詩經》脂部押韻 36 章，脂微合韻也有 36 章；《楚辭》脂部押韻 3 章，合韻竟有 4 章。脂微合韻的數量與脂部押韻對等，甚至還超過。這就是從顧炎武、段玉裁到章黄都不分脂、微兩部的原因。王力先生從《切韻》音系出發（審音爲主），將微部從脂部劃分出來，認真考察全部資料，不但從諧聲，即使從《詩經》《楚辭》押韻的角度看，也應承認是合符實際的。

(9)脂部一級聲符 34 個，單字 10 個。《詩經》韻譜脂部入韻字 64 個，分屬脂部 25 個一級聲符，還有 4 個單字（死、兕、履、屎）。合韻譜入韻字 43 個，增加入韻一級聲符 3 個（尼聲、㐖聲、利聲）。《楚辭》韻譜脂部入韻字 6 個，合韻譜入韻字 9 個，未增加入韻的一級聲符或單字。脂部未入韻的一級聲符有医聲、伊聲、𣳚聲、二聲、彝聲、启聲等 6 個，還有 6 個單字。

一八、質　部

（一）質部字表

1. 質部開一 [ĕt]/[ēt]

調／聲	短入　　　　點　　　　[æt]	長入　　怪（喉）[ɐi]／代（脣）[ɒi]
曉 x		〈許介〉𩑔眉 (xiè)
匣 ɣ	〈胡八〉黠〈胡瞎-鎋〉黠 (xiá)	
見 k	〈古黠〉鶷秸 (jiē) 戛〈(集)訖黠〉拮戛 (jiá)	〈古拜〉屆 (jiè)
溪 kʻ	〈恪八〉劼 (jié)	
透 tʻ		〈他代〉瞪曖瞪 (dài)
定 d		〈徒耐〉逮及〈(集)待戴〉隶 (dài)
幫 p	〈博拔〉八𩥍 (bā)	

2. 質部開三 [ĭĕt]/[ĭēt]

調／聲	短入　質／櫛（莊組）　[ĭĕt]／[ĭet]	長入　　至　　[i]
影 ∅	〈於筆〉乙𩨁𩨳 (yǐ) 〈於悉〉一壹 (yī)	〈乙冀〉懿饐燡歐鷾㩅 (yì)
曉 x	〈羲乙〉肸 (xī) 〈許吉〉欯 (xì) 〈況必〉獝 (xù) 〈(集)許訖-迄〉肣 (qì)	〈虛器〉呬霼〈(集)許異-志〉怬 (xì)
匣 ɣ	〈于筆〉颮昱 (yù)	
見 k	〈居質〉吉趌 (jí)	
溪 kʻ	〈去吉〉詰問也蛣 (jié)	〈去冀〉器〈詰利〉棄弃 (qì)
羣 g	〈巨乙〉姞佶鮚 (jí)	〈其冀〉臮洎垍湆 (jì)
端 t	〈陟栗〉室庢銍挃䩗堲蟄 (zhì)	〈陟利〉致懥疐躓輊懫摯質交質騺 (zhì)
透 tʻ	〈丑栗〉扶 (chì) 〈(又)(集)虛器〉咥笑也 (xì)	〈丑利〉疐〈丑吏-志〉彘 (chì)
定 d	〈直一〉姪 (zhí) 秩袟帙柣門橛洪艷載〈(集)直質〉越載 (zhì)	〈直利〉緻〈(集)〉闉 (zhì)
餘 ʝ	〈夷質〉逸佚佾軼泆劮駃〈(集)弋質〉呹 (yì)	〈羊至〉肆殔欯〈(集)〉𧝓 (yì)
泥 n	〈尼質〉昵䵑𦀗〈(集)〉尼阻止 (nì)	
來 l	〈力質〉栗桌慄㗚鶇溧𪃸璑瑮 (lì)	〈力至〉遤 (lì)
章 ʈ	〈之日〉質本質咥郅桎蛭鑕𡁏礩侄堅 (zhì)	〈脂利〉至 (zhì)
昌 ʈʻ	〈昌栗〉叱 (chì)	〈充自〉痓 (chì)
船 ɖ	〈神質〉實 (shí)	

調聲	短入　質　櫛(莊組)	[ĭĕt] [ĭet]	長入　至	[i]
書 ɕ	〈式質〉失 (shī) 室 (shì)			
日 n̠	〈人質〉日馹衵銍 (rì)			
精 ts	〈資悉〉聖〈子力-職〉即 (jí)			
清 tsʻ	〈親吉〉七漆柒郪鶟桼槭 (qī)			
從 dz	〈秦悉〉疾嫉蒺佚挗桋 (jí)		〈疾二〉自 (zì)	
心 s	〈息七〉悉郗膝蟋悆 (xī)〈私列-薛〉緤 (xiè)		〈息利〉四肆陳，散開四泗牭緿駟肄殔〈《集》〉肆 "肆" 本字 (sì)	
莊 tʃ	〈阻瑟〉櫛柳節嚃 (zhì)			
初 tʃʻ	〈初栗-質〉刻 (chì)			
山 ʃ	〈所櫛〉瑟飂益* 璱 (sè) 蝨 (shī)			
幫 p	〈鄙密〉咇咇嘧〈卑吉〉必畢篳蓽韠趩躍渾戟觱珌煇饆彈樺繵魩罼 (bì)〈《説》卑吉〉齊 (bì)		〈兵媚〉祕* 毖閟柲泌毗銥邲 (bì) 鬓 (pèi) 祕 (mì)〈《集》〉秘* (bì) 秘 (mì) 必至〉痹畀 (bì)	
滂 pʻ	〈譬吉〉匹 (pǐ)		〈匹備〉濞嚊淠 (pì)	
並 b	〈房密〉弼〈毗必〉邲苾軞佖馝飶縪怭〈《集》〉簿必〉即柲 (bì)		〈平祕〉奰贔〈《集》〉癏〈《説》〉癮〈毗至〉痹 (bì) 鼻 (bí)	
明 m	〈美筆〉密蓉滵〈《集》莫筆〉宻〈彌畢〉蜜謐謐盗宓 (mì)			

3. 質部開四 [iĕt]/[iēt]

調聲	短入　屑	[iet]	長入　霽	[iei]
影 ∅	〈烏結〉噎蠍咽聲塞〈《集》一結〉餀噎 (yē)		〈於計〉瞖殪殪 (yì)	
匣 ɣ	〈胡結〉擷頡頁人頭襭夐〈《集》奚結〉桔桔柣，鄭門名 (xié) 纈 (xiè)			
見 k	〈古屑〉結桔桔梗祜拮拮据矞 (jié)		〈古詣〉計繼髻檵 (jì)	
疑 ŋ			〈五計〉弻羿 (yì)	
端 t			〈都計〉嚏 (tì)	
透 tʻ	〈他結〉鐵蛈驖 (tiě) 飻飻 (tiě)		〈他計〉替 (tì)	
定 d	〈徒結〉眣眣眰垤耋迭跌* 絰垤咥咬也或芺眣眣荳詄 (dié) 跌 (diē)〈《集》〉眣踕柣柣 (dié)		〈特計〉棣逮逮逮，安和貌 (dì)	
泥 n	〈奴結〉涅苶 (niè)			
來 l			〈郎計〉戾隸螜縓唳蜧荔沴悷韜橇〈《集》〉淚漻淚 (lì)	
精 ts	〈子結〉節卪蝍蔡岊〈《集》〉抉 (jié)			
清 tsʻ	〈千結〉切切開，切斷 (qiē) 切切近鍥竅〈《集》〉漆漆漆，恭敬 (qiè)		〈七計〉砌 (qì)	
心 s	〈先結〉屑楔〈《集》〉屑徦 (xiè)			
幫 p			〈博計〉閉閟算 (bì)	
並 b	〈蒲結〉咇咇蒱胅 (bié)		〈蒲計〉韠 (bì)	
明 m	〈莫結〉蔑 (miè)			

4. 質部合一 [uĕt]/[uēt]

調\聲	短入	黠(喉脣) [wæt] 沒(舌齒) [uət]	長入　隊　　[uɒi]
曉 x			〈荒內〉詯 (huì)
匣 ɣ	〈戶八〉欻 (huá)		
見 k	〈古滑〉劀 (guā)		
透 tʻ	〈他骨〉悇 (tù) 〈集〉怢 (tū)		
滂 pʻ	〈集〉普八〉汃 _{汃汃} (pà)		

5. 質部合三 [ǐwĕt]/[ǐwēt]

調\聲	短入　術　　[ǐwĕt]	長入　至　　[wi]
曉 x	〈況逼 - 職〉洫 (xù)	〈火季〉侐 (xù)
見 k	〈居聿〉橘趫趫醨 (jú)	〈居悸〉季 (jì)
羣 g		〈其季〉悸痵 (jì)
餘 ʎ	〈餘律〉欥遹鷸矞繘鬻螶鱊噊 (yù)	
來 l		〈力遂〉淚 (lèi)
船 dʑ	〈食聿〉潏 _{人造小洲} (shù)	
心 s	〈辛聿〉卹恤 (xù)	〈相銳 - 祭〉繐 (suì)
邪 z		〈徐醉〉采穗〈集〉〉繐 (suì)

6. 質部合四 [iwĕt]/[iwēt]

調\聲	短入　屑　　[iwet]	長入　霽　　[iwei]
曉 x	〈呼決〉血窢泬 _{泬寥} 瞲衈 (xuè) 〈呼昊 - 錫〉殈 (xù)	
匣 ɣ	〈胡決〉穴統祓 (xuè)	〈胡桂〉憓僡惠蟪蕙櫘譓 (huì)
見 k	〈古穴〉潏 _{水涌出} 譎觼鐍憰 〈集〉〉泬 _{潏，水名} 僪 (jué)	
溪 kʻ	〈苦穴〉闋 (què)	

（二）質部諧聲表

質部聲符

吉聲　　頡聲(擷)　　壹聲(懿)　　繼聲(檵)　　卪聲　　　即聲　　　節聲(櫛)

希聲(絺)　　隶聲　　　逮聲(睫)　　肆聲(肄)　　隷聲(樣)　　自聲　　　𣲗聲(濞)

乙聲(𫝑)　　四聲(牭)　　𠬞聲(𠎤)　　至聲　　　致聲(緻)　　室聲(蛭)　　質聲(鑕)

疐聲(懥)　　失聲(秩)　　疾聲(嫉)　　戡聲(鐵)　　日聲(馹)　　桼聲(膝)　　𥝤聲(榔)

七聲(柒)　　切聲(砌)　　穴聲(泬)　　矞聲(鷸)　　血聲(侐)　　季聲(悸)　　惠聲(穗)

悉聲(蟋)　　屑聲(榍)　　瑟聲(璱)　　栗聲(慄)　　戾聲(淚)　　八聲(馱)　　必聲

宓聲(蜜)　　盜聲(醯)　　密聲(滵)　　畢聲(蕐)　　屛聲　　　　鼻聲(濞)　　𭃂聲(瘝)

單字

一　　戛　　霝　　器　　棄〔弃〕　　頁　　計　　肆　　𥻗
逸　　實　　竊　　替　　扻　　鷙　　茶　　饕　　彎　　閉〔閖〕
贔　　采　　否

（三）質部韻表

質部《詩經》韻譜

《周南・桃夭》二章:實室。《芣苢》三章:袺襭。《汝墳》二章:肆棄。《召南・摽有梅》一章:七吉。《邶風・終風》三章:曀曀嚏。《鄘風・定之方中》一章:日室栗漆瑟。《衛風・伯兮》三章:日疾。《王風・黍離》三章:實噎。《大車》三章:室穴日。《鄭風・東門之墠》二章:栗室即。《齊風・東方之日》一章:日室室即。《唐風・山有樞》三章:漆栗瑟日室。《無衣》一章:七吉。《葛生》五章:日室。《秦風・車鄰》二章:漆栗瑟耋。《黃鳥》一、二、三章:穴慄。《檜風・素冠》三章:韠結一。《隰有萇楚》三章:實室。《曹風・鳲鳩》一章:七一一結。《豳風・東山》二章:實室;三章:垤室窒至。

《小雅・杕杜》一章:實日;四章:至恤。《節南山》五章:惠戾屆闋。《雨無正》七章:血疾室。《蓼莪》三章:恤至。《瞻彼洛矣》二章:珌室。《賓之初筵》三章:抑怭秩。《都人士》三章:實吉結。

《大雅・緜》一章:垗漆穴室。《文王有聲》三章:淢匹。《生民》五章:栗室。《假樂》三章:抑秩匹。《公劉》六章:密即。《抑》一章:疾戾。

《周頌・良耜》:挃栗櫛室。

質部《詩經》合韻譜

質脂通韻　《鄘風・干旄》一章:紕四畀。《載馳》二章:濟閟。《小雅・大田》三章:穗利。《賓之初筵》二章:禮至。

質真通韻　《大雅・召旻》五章:替引。

質脂微合韻　《小雅・采菽》五章:維葵臄戾。

質物合韻　《衛風・芄蘭》一、二章:遂悸。《王風・黍離》二章:穗醉。《魏風・陟岵》二章:季寐棄。《秦風・晨風》三章:棣檖醉。《大雅・皇矣》三章:對季;八章:弗仡肆忽拂。《桑柔》六章:儾逮。

質物微合韻　《邶風・谷風》六章:潰肆墍。

質物月合韻　《小雅・小弁》四章:嚖淠屆寐。

質月合韻　《邶風・旄丘》一章:葛節日。《小雅・正月》八章:結厲滅威。《十月之交》八章:徹逸。《雨無正》二章:滅戾勩。《賓之初筵》一章:設逸。《采菽》二章:淠嘒駟屆。《大雅・皇矣》二章:翳栵。《桑柔》五章:㾊恤熱。《瞻卬》一章:惠厲瘵疾屆。

質部《楚辭》韻譜

《九歌·東君》:節日。

《遠遊》:一逸。

《招魂》:日瑟。

質部《楚辭》合韻譜

質脂通韻　《九章·悲回風》:至比。《九辯》:濟至死。

質職合韻　《九章·懷沙》:抑替。

質文合韻　《離騷》:艱替。

(四)説　明

(1)疐(質韻,zhì),弟聲;昵尼(質韻,nì),尼聲;蠮蠮(屑韻,yē),翳聲;稭(屑韻,jiē);闋(屑韻,què),癸聲;邲(質韻,bì),比聲。此七字聲符都在脂部,陰入對轉入質部。奊(屑韻,xié),圭聲;綼(質韻,bì),卑聲。圭聲、卑聲在支部,陰入旁對轉入質部。

(2)蝨(櫛韻,sè),丮聲;欥(至韻,yì)、咽(屑韻,yē),因聲;弙羿(霽韻,yì),开聲。丮聲、因聲在真部,开聲在元部。五字陽入對轉、旁對轉入質部。

(3)刡(質韻,nì),刃聲;餮飻(屑韻,tiè)、沴(霽韻,lì),多聲。四字聲符在文部,陽入旁對轉入質部。趉(術韻,jú)、鱊(屑韻,jué),夐聲,二字聲符在耕部,陽入旁對轉入質部。垤(屑韻,dié),呈聲,呈聲在耕部;鐵驖(屑韻,tiě)、戩趦(質韻,zhì),戈聲。"或"字和或聲字都由陽入旁對轉歸入質部。

(4)颭昱(質韻,yù),曰聲,曰聲在月部,旁轉入質部。

(5)《詩經》質部押韻38章,入韻字43個:曀$_2$噎$_1$一$_3$抑$_2$(通"懿")血$_1$恤$_2$洫$_1$惠$_1$穗$_1$穴$_5$屆$_1$闋$_1$吉$_3$結$_1$祮$_1$襭$_1$至$_1$室$_{16}$耋$_1$垤$_1$窒$_1$挃$_1$秩$_1$庢$_1$即$_3$櫛$_1$嚏$_1$七$_3$漆$_4$疾$_3$實$_6$肆$_1$棄$_1$瑟$_3$日$_7$栗$_6$慄$_1$戾$_2$轇$_1$邲$_1$怭$_1$密$_1$匹$_2$。

合韻25章,質脂通韻4章,質真通韻1章,質物合韻9章,質月合韻9章,質脂微合韻1章,質物微合韻1章,質物月合韻1章。入韻字25個:翳$_1$(通"殪")恤$_1$逸$_2$惠$_1$穗$_2$屆$_3$結$_1$至$_1$替$_1$疾$_1$肆$_1$肄$_1$四$_1$駟$_1$季$_2$悸$_1$棄$_1$日$_1$戾$_2$棣$_1$逮$_1$界$_1$淠$_2$閟$_1$毖$_1$。

(6)《楚辭》質部押韻3章,入韻字5個:一$_1$逸$_1$節$_1$瑟$_1$日$_2$。

合韻4章,脂質通韻2章,質職合韻1章,質文合韻1章。入韻字2個:至$_2$替$_2$。

(7)質部一級聲符34個,單字22個。《詩經》韻譜入韻字43個,分屬質部19個一級聲符,還有3個單字(一、棄、實)。合韻譜入韻字25個,增加入韻一級聲符4個(隶聲、四聲、界聲、季聲)和入韻單字2個(逸、替)。《楚辭》韻譜質部入韻字5個,合韻譜入韻字2個,未增加入韻一級聲符和單字。質部未入韻的一級聲符有自聲、乙聲、㕯聲、戠聲、悉聲、屑聲、喬聲、夒聲等11個,還有17個單字。

一九、真　部

(一)真部字表

1. 真部開一 [en]

調\聲	平　山(喉牙)　　[æn] 　　仙(舌齒脣)　[ĭen]	上　産(喉牙) 　　獮(舌齒脣)	去　襇(喉牙) 　　線(舌齒脣)
影0	〈烏痕-痕〉恩 (ēn)		
匣ɣ		〈胡簡〉睍 (xiàn)	
溪k'	〈苦閑〉戲〈(集)丘閑〉顅娹 (qiān)〈口莖-耕〉鏗䃘 (kēng)	〈去演-獮〉羥 (qiǎn)	
透t'		〈(集)丑展〉寴寴破 (chǎn)	
餘ʎ		〈以淺〉演 (yǎn)	
精ts	〈子仙〉虇 (jiān)	〈即淺〉戩 (jiǎn)	〈子賤〉椾 (jiàn)
心s		〈息淺〉獮玁 (xiǎn)	
幫p	〈卑連〉鯿編 (biān)	〈方緬〉褊 (biǎn)	
滂p'	〈芳連〉篇偏翩媥瘺扁小舟〈(集)紕延〉覑鶣 (piān)		〈(集)匹羨〉獱編姐 (piàn)
並b	〈房連〉諞巧言 (pián)	〈(集)婢善〉楄 (biàn)	
明m	〈武延〉蝒 (mián)	〈彌兖〉沔 (miǎn)	

2. 真部開三 [ĭen]

調\聲	平　真　　　[ĭěn] 　　臻(莊組)　[ĭen]	上　軫	去　震
影0	〈於真〉因茵鞇駰氤絪洇姻婣裀捆 (yīn)		〈於刃〉印 (yìn)
曉x			〈(集)香靳-焮〉惞笑貌 (xìn)
見k	〈(説)巨巾〉〈(廣)居陵-蒸〉矜矜持 (jīn)	〈居忍〉緊 (jǐn)	
溪k'			〈去刃〉菣 (qìn)
羣g	〈(集)渠巾〉矜㦧,矛柄 (qín)		
疑ŋ	〈語巾〉龂齗〈(集)魚巾〉憖憖古地名 (yín)		〈魚覲〉憖且也狺 (yìn)

續表

調 聲	平 真 [ĭěn] 臻(莊組) [ĭen]	上 軫	去 震
端 t			〈陟刃〉鎮瑱瑱圭 (zhèn)
透 tʻ	〈(集)癡鄰〉獭 (chēn)		〈丑刃〉疢 (chèn)
定 d	〈直珍〉陳陳列塵〈(集)池鄰〉蟨 (chén)	〈直引〉紖 (zhèn)	〈直刃〉陣陳陣法陣𠓲 (zhèn)
餘 ʎ	〈翼真〉寅夤黄 (yín)	〈余忍〉引蚓螾濥廴戭釼靷 (yǐn)	〈羊晉〉軸胤〈(集)羊進-稕〉酳 (yìn)
來 l	〈力珍〉粦燐鄰轔嶙粼磷麟鱗璘獜瞵獜犬健驎鷙〈(集)離珍〉厸鄰粦 (lín)	〈良忍〉橉 (lǐn)	〈良刃〉遴閵藺轥甐䉮瞵躙〈(集)良刃-稕〉僯蹸閔驎 (lìn)
章 ȶ	〈職鄰〉真禛 (zhēn)	〈章忍〉縝鬒槙黰稹 (zhěn)	〈章刃〉抮 (zhèn)
昌 ȶʻ	〈昌真〉瞋謓瞋 (chēn)		
船 ȡ	〈食鄰〉神〈(集)乘人〉䰠 (shén)		
書 ɕ	〈失人〉申伸紳呻眒胂侁身柛〈(集)升人〉㑗 (shēn)	〈式忍〉矤“矧”古體矧弞頣 (shěn)	
禪 ʑ	〈植鄰〉茞臣郕 (chén)	〈時忍〉腎 (shèn)	〈時刃〉慎昚古“慎”字 (shèn)
日 ȵ	〈如鄰〉仁人〈(集)而鄰〉儿人 (rén)		
精 ts	〈將鄰〉津𦘒〈(集)資辛〉盡 (jīn)	〈即忍〉盡儘 (jǐn)	〈即刃〉晉瑨搢縉進璡〈(集)〉鄑 (jìn)
清 tsʻ	〈七人〉親寴 (qīn)		〈七遴〉瀙〈(集)七刃〉櫬木名 (qìn)
從 dz	〈匠鄰〉秦螓 (qín)	〈慈忍〉盡竭,終 (jìn)	
心 s	〈息鄰〉新辛薪〈(集)斯人〉婞 (xīn)		〈息晉〉信囟 (xìn) 訊卂汛阠迅 (xùn)
邪 z			〈徐刃〉賮燼𦘒藎濜璶〈(集)〉賮 (jìn)
莊 ʧ	〈側詵〉臻蓁溱潧通“溱”亲榛轃 (zhēn)		
初 ʧʻ			〈初覲〉櫬棺齔齓 (chèn)
山 ʃ	〈所臻〉莘長貌抐甡兟屾燊瘁〈(集)疏臻〉𡵓 (shēn)		
幫 p	〈(集)悲巾〉瑸〈必鄰〉賓濱觀儐敬矉豳〈(集)卑民〉瀕 (bīn)		〈必刃〉儐引導擯殯鬢 (bìn)
滂 pʻ	〈匹賓〉繽 (bīn) 闠〈(集)紕民〉驞 (pīn)		〈匹刃〉朩麻片 (pìn)
並 b	〈符真〉頻蘋蕒嬪櫇玭蠙矉謦嚬 (pín)	〈毗忍〉髕臏 (bìn)	
明 m	〈武巾〉珉岷罠緡瘖瘖揞鶻〈(集)眉貧〉瑉碈鍲暋煩悶捪鍲〈彌鄰〉民怋 (mín)	〈眉殞〉愍敃暋勉〈武盡〉泯笢 (mǐn)	

3. 真部開四 [ien]

調 聲	平　先　[ien]	上　銑	去　霰
影 Ø	〈烏前〉烟咽咽喉〈(集)因蓮〉珚 (yān)		〈於甸〉咽吞咽 (yàn)
匣 ɣ	〈胡田〉賢臤弦絃胘蚿慈伭弦䜩礥〈(集)胡千〉娹誸㡉 (xián)		
見 k	〈古賢〉堅鰹 (jiān)		〈古電〉豎 (jiàn)
溪 k‘	〈苦堅〉牽掔〈(集)輕煙〉摼 (qiān)		
疑 ŋ		〈研硯〉齞 (yǎn)	
端 t	〈都年〉顛巔瘨癲滇國名趚巔傎蹎 (diān)		
透 t‘	〈他前〉天 (tiān)		〈他甸〉瑱以玉塞耳 (tiàn)
定 d	〈徒年〉田佃打獵畋填塞寘闐磌鷏嗔滇滇滇搷 (tián)		〈堂練〉電奠甸靨 (diàn)
泥 n	〈奴顛〉秊年邾邾 (nián)		
來 l	〈落賢〉憐 (lián)		
精 ts	〈則前〉逮 (jiān)		
清 ts‘	〈蒼先〉千阡汘仟芊谸〈(集)〉盰 (qiān)		
幫 p	〈布玄〉甂蝙猵獺屬萹牑 (biān)	〈方典〉惼扁扁額 (biǎn)	〈方見〉徧遍 (biàn)
並 b	〈部田〉蹁楄 (pián)		
明 m	〈莫賢〉眠 (mián)	〈彌殄〉丏眄 (miǎn)	〈莫甸〉麪𡧊〈(集)瞀見〉湣眩湣 (miàn)

4. 真部合三 [ĭwen]

調 聲	平　諄　[ĭwĕn]	上　準	去　稕
匣 ɣ	〈爲贇-真〉筠 (yún)	〈于敏-軫〉荺 (yǔn)	〈(集)王問-問〉均韻,音階 (yùn)
見 k	〈居勻〉均平均鈞袀汮〈(集)規倫〉旬均姰 (jūn)		
溪 k‘		〈弃忍〉趣 (qǐn)	
定 d		〈(集)丈忍〉縿紖 (zhèn)	
餘 ʎ	〈羊倫〉勻畇 (yún)		
書 ɕ			〈舒閏〉瞚眴 (shùn)
禪 ʑ	〈(集)殊倫〉愬 (chún)		
日 ȵ	〈如勻〉瞤 (rún)		〈如順〉閏潤 (rùn)
心 s	〈相倫〉荀郇詢峋珣洵恂楯〈(說)〉楯〈(集)須倫〉栒木名恂 (xún)	〈思尹〉筍筭䈽箰〈(集)聳尹〉栒以懸鐘鼓 (sǔn)	〈私閏〉迿 (xùn)
邪 z	〈詳遵〉旬十天䠣〈(集)松倫〉袀徇巡行槆 (xún)		〈辭閏〉殉徇示衆侚彴 (xùn)
明 m		〈(集)美隕〉湣湣湣 (mǐn)	

5. 真部合四 [iwen]

調聲	平　先　　　　　　[iwen]	上　鉄	去　霰
影 ∅	〈烏玄〉淵鼘遹鸏〈(集)縈玄〉骱蜎 (yuān)		
曉 x			〈許縣〉絢䜅 (xuàn)
匣 ɣ	〈胡涓〉玄玹兹昀 (xuán)	〈胡畎〉泫鉉贙 (xuàn)	〈黃絢〉袨眩炫衒衒旬昫〈(集)熒絹〉眴 (xuàn)

（二）真部諧聲表

真部聲符

因聲(茵)	臣聲	叝聲	賢聲(礥)	堅聲(鏗)	真聲	顛聲(癲)
辛聲	羋聲	親聲(竅)	新聲(薪)	秦聲(臻)	孔聲(迅)	狘聲(愁)
申聲	伸聲(傟)	陳聲(蠆)	身聲(躬)	引聲(矧)	粦聲(鄰)	閵聲
葡聲(轒)	寅聲	虙聲(濱)	聿聲	津〔津〕聲(薄)		晉聲(縉)
進聲(璡)	耒聲	盡聲(燼)	獮聲(獯)	玄聲	弦聲(絃)	仁聲(佞)
天聲(吞)	田聲(甸)	奠聲(羼)	千聲	年聲(郫)	兩聲(罱)	匀聲
均聲(筠)	鈞聲(䯼)	旬聲	荀聲(楯)	笥聲(楯)	笭聲(楥)	閏聲(潤)
骱〔淵〕聲(遹)		扁聲(編)	賓聲(臏)	頻聲(蘋)	民聲	昏聲(瑉)
敃聲(愍)	晵聲(醫)	丐聲(薊)				

單字

㚔	㲋	屾	印	釁	疢	塵	陣	仏	辺〔亂〕
人〔儿〕	囟	兀	昚(昚)	乁	信	縉	贊	衎	

（三）真部韻表

真部《詩經》韻譜

《周南·桃夭》三章：蓁人。《召南·采蘋》一章：蘋濱。《邶風·燕燕》四章：淵身人。《擊鼓》五章：洵信。《凱風》二章：薪人。《簡兮》四章：榛苓人人人。《鄘風·柏舟》一、二章：天人。《君子偕老》二章：瑱天。《定之方中》三章：零人田人淵千。《蝃蝀》三章：人姻信命。《王風·黍離》一、二、三章：天人。《揚之水》一章：薪申。《鄭風·叔于田》一章：田人人仁。《褰裳》一章：溱人。《揚之水》二章：薪人信。《齊風·東方未明》二章：顛令。《甫田》一、二章：田人。《盧令》一章：令仁。《唐風·揚之水》三章：鄰命人。《綢繆》一章：薪天人人。《采苓》一章：苓苓巓信。《秦風·車鄰》一章：鄰顛令。《黃鳥》一、二、三章：天人身。《曹風·鳲鳩》四章：榛人人年。《豳風·東山》三章:薪年。

《小雅·皇皇者華》五章:駰均詢。《采芑》一、二章:田千;三章:天千;又:淵闐。《鶴鳴》二章:天淵。《無羊》四章:年溱。《節南山》四章:親信。《十月之交》三章:電令;七章:天人。《雨無正》三章:天信臻身天。《小宛》一章:天人人。《何人斯》三章:陳身人天。《巷伯》三章:翩人信;五章:天天人人。《大東》三章:薪人薪人。《四月》七章:天淵。《北山》二章:濱臣均賢。《楚茨》六章:盡引。《信南山》一章:甸田;三章:賓年。《甫田》一章:田千陳人年。《青蠅》三章:榛人。《采菽》三章:命申。《菀柳》三章:天臻矜。《白華》三章:田人;四章:薪人。《何草不黃》二章:玄矜民。

《大雅·文王》一章:天新。《大明》六章:天莘。《棫樸》四章:天人。《旱麓》三章:天淵人。《行葦》三章:堅鈞均賢。《假樂》一章:人天命申。《卷阿》八章:天人命人。《桑柔》一章:甸民填天矜;二章:翩泯燼頻。《雲漢》一章:天人臻。《崧高》一章:天神申;三章:田人。《烝民》四章:身人。《韓奕》一章:甸命命命。《江漢》五章:人田命命年。《瞻卬》二章:田人;三章:天人。

《周頌·思文》:天民。《雝》:人天。

真部《詩經》合韻譜

真質通韻　《大雅·召旻》五章:替引。

真支合韻　《小雅·無車大將》一章:塵疧。

真陽合韻　《小雅·車牽》四章:岡薪。

真耕文合韻　《周頌·烈文》:人訓刑。

真文合韻　《小雅·正月》十二章:鄰云慇。《大雅·既醉》六章:壼年胤。

真元合韻　《大雅·生民》一章:民嫄。

真侵合韻　《大雅·文王》七章:躬天。

真部《楚辭》韻譜

《九歌·大司命》:驎天人。

《天問》:民嬪。

《九章·涉江》:人身。《抽思》:鎮人。《悲回風》:顚天。

《招魂》:淵瞑(眠)身。

真部《楚辭》合韻譜

真耕合韻　《離騷》:名均。《九章·哀郢》:天名。《遠遊》:榮人征。《卜居》:耕名身生真人清楹。《九辯》:清清人新平生憐聲鳴征成;又:天名。

真陽合韻　《九章·惜誦》:明身。

真文合韻　《九歌·大司命》:門雲塵。《天問》:分陳;又:賓墳;又:鰥親。《遠遊》:天聞鄰。《招魂》:天人千佚;又:分紛陳先。《大招》:陳存先;又:雲神存昆。

真元合韻　《九歌·湘君》:淺翩閒。《九章·抽思》:願進。

(四)説　明

(1)潧(臻韻,zhēn),《説文》:"潧水,出鄭國,从水,曾聲。"段注:"側詵切,十二部。按曾聲則在六部(按,蒸部)。而經傳皆作溱,秦聲。《鄭風》'褰裳涉溱'與'豈無他人'爲韻。學者疑之。玉裁謂,《説文》《水經》皆云:潧水在鄭,溱水出桂陽。蓋二字古分別如是。後來因《鄭風》異部合韻,遂形聲俱變之耳。"

(2)鏗硻(耕韻,kēng),聲符"臤"在真部,"鏗、硻"二字卻由抵腭韻旁轉入穿鼻韻耕部。譞(霰韻,xuàn),聲符"瞏"在耕部,"譞"卻旁轉入真部。

(3)天(先韻,tiān),《説文》:"忝,辱也。从心,天聲。"段注:"他典切。按从天爲聲則古音必在十二部(按:真部)。蓋或'淟'之或體耳。自《字林》讀他念切,而失其本音矣。"由真部轉入閉口韻談部。矜(真韻,jīn),《説文》:"矜,矛柄也。从矛,今聲。"按今聲古音在侵部,"矜"則由閉口韻轉入了真部。

(4)齞(銑韻,yǎn),《説文》:"齞,張口見齒也。从齒,只聲。"只聲古音在支部,"齞"則由陰聲韻旁對轉入真部。

(5)趢(諄韻,xún),《説文》:"趢,走皃。从走,叡聲。讀若紃。"按:睿叡(祭韻,ruì)、璿(仙韻,xuán)。睿聲在月部,"趢"則由入聲韻旁對轉爲陽聲韻真部。

(6)《詩經》真部押韻 78 章,入韻字 55 個:姻$_1$ 駰$_1$ 淵$_6$ 玄$_1$ 臣$_1$ 賢$_2$ 堅$_1$ 均$_3$ 鈞$_1$ 矜$_3$ 天$_{33}$ 田$_{12}$ 甸$_2$ 顛$_2$ 瑱$_1$ 填$_1$ 闉$_1$ 巔$_1$ 申$_4$ 神$_1$ 電$_1$ 陳$_2$ 人$_{53}$ 千$_5$ 年$_6$ 仁$_2$ 引$_1$ 蓁$_1$ 榛$_3$ 溱$_2$ 臻$_3$ 新$_1$ 薪$_8$ 親$_1$ 莘$_1$ 旬$_1$ 洵$_1$ 詢$_1$ 信$_7$ 身$_4$ 盡$_1$ 燼$_1$ 令$_4$ 苓$_1$ 零$_1$ 粼$_1$ 鄰$_1$ 頻$_1$ 蘋$_1$ 賓$_1$ 濱$_2$ 翩$_1$ 命$_{10}$ 民$_3$ 泯$_1$。

合韻 8 章,真質通韻 1 章,真文合韻 2 章,真陽、真文耕、真支、真元、真侵合韻各 1 章。入韻字 8 個:薪$_1$ 天$_1$ 引$_1$ 人$_1$ 年$_1$ 塵$_1$ 鄰$_1$ 民$_1$。

(7)《楚辭》真部押韻 6 章,入韻字 10 個:淵$_1$ 天$_2$ 人$_1$ 顛$_1$ 鎮$_1$ 身$_2$ 轔$_1$ 嬪$_1$ 民$_1$ 瞑(眠)$_1$。

合韻 18 章,真文合韻 9 章,真耕合韻 6 章,真元合韻 2 章,真陽合韻 1 章。入韻字 16 個:均$_1$ 天$_4$ 進$_1$ 真$_1$ 寘$_1$ 神$_1$ 陳$_3$ 人$_4$ 千$_1$ 新$_1$ 親$_1$ 身$_2$ 塵$_1$ 鄰$_1$ 憐$_1$ 翩$_1$。

(8)段玉裁提出真部包括"《陸韻》平聲真臻先,上聲軫銑,去聲震霰";江有誥加上"諄準稕之半"。《漢語史稿》據此將真部分成開口一等"臻(齒)",開口三等"真",開口四等"先",合口三等"諄",合口四等"先"。董同龢《上古音韻表稿》在真部開口一等增加"山產"兩韻的喉牙字 7 個。這次將《手冊》改成《表稿》時,發現真部開口三等除"真軫震"的字,還有"仙獮線"三韻 20 字與之形成一系列重疊。經考慮,只得也把它列入開口一等,倒是可以解決問題。這就是說,真部開口一等按聲母類別分流到了中古"山仙"兩個系列的等韻中。

(9)真部一級聲符 34 個,單字 19 個。《詩經》韻譜入韻字 55 個,分屬真部 22 個一級聲符,還有 2 個單字(人、信)。合韻譜入韻字 10 個,增加一個入韻單字(塵)。《楚辭》韻譜真部入韻字 10 個,合韻譜入韻字 16 個,增加入韻一級聲符進聲。真部未入韻的一級聲符有卂聲、狋聲、閵聲、寅聲、晉聲、獱聲、奠聲、丏聲、丙聲、閏聲等 11 個,還有 16 個單字。

二〇、微　部

(一)微部字表

1. 微部開一 [ɒi]

調　聲	平　咍　　　　[ɒi]	上　海	去　代
影 ∅	〈烏開〉哀 (āi)		
溪 k'	〈苦哀〉開 (kāi)	〈苦亥〉愷凱颽塏鎧闓〈(集)可亥〉豈凱 (kǎi)	
疑 ŋ	〈五來〉皚敳騃剴* (ái) 剴 (kǎi)〈(集)魚開〉譺 (ái)		

2. 微部開二 [eɒi]

調　聲	平　支　　　[ĩe][ĩwe]	上　紙	去　寘
影 ∅	〈於離〉禕 (yī)		
曉 x	〈許規〉睢仰目 (huī)	〈許委〉毀燬檓毇揮嫛 (huǐ)	
定 d			〈馳偽〉縋槌籆椎膗 (zhuì)
餘 ʎ		〈羊捶〉芛 (wěi)	
來 l		〈力委〉案累積累厽壘 (lěi)	〈良偽〉累勞累 (lèi)
章 ȶ		〈之累〉欼 (zhuǐ)	

3. 微部開三 [ĩəi]

調　聲	平　微　　　　[ĩəi]	上　尾	去　未
影 ∅	〈於希〉依郼衣㛅扆陫依 (yī)	〈於豈〉扆庡 (yǐ)	〈於既〉衣穿衣 (yì) 衣* 穿衣 (yì)
曉 x	〈香衣〉希晞莃睎稀俙忯欷㬫〈(集)香依〉唏狶 (xī)		
見 k	〈居依〉機譏嘰磯鞿饑幾幾微趢鐖僟璣鑗 (jī)	〈居狶〉蟣幾幾何機 (jǐ)	
溪 k'		〈袪狶〉豈副詞蟢 (qǐ)	
羣 g	〈渠希〉畿蟣䗈 (jī)〈(集)〉隑鬐鬤 (qí)		
疑 ŋ	〈魚衣〉沂水名 (yí)	〈魚豈〉顗螘 (yǐ)	
餘 ʎ		〈以沼-小〉鷖 (yào)	

4. 微部開四 [iəi]

調\聲	平　脂　　　　[i]	上　旨	去　至
見 k			〈几利〉覬驥 (jì)
透 tʻ	〈丑飢〉絺郗 (chī)		
幫 p	〈府眉〉悲 (bēi)		
滂 pʻ		〈匹鄙〉嚭 (pǐ)	

5. 微部合一 [uəi]

調\聲	平　灰　　　　[uɒi]	上　賄	去　隊
影 Ø	〈烏恢〉隈煨渨椳偎鰃 (wēi)	〈烏賄〉猥腲鍡碨 (wěi)	
曉 x	〈呼恢〉虺噅瘣,病也 (huī)	〈呼果-果〉火烠 (huǒ)	〈荒內〉顜頮 (huì)
匣 ɣ	〈戶恢〉回洄迴徊佪〈《集》胡隈〉恛 (huí)	〈胡罪〉瘣匯 (huì)	〈胡對〉繢殨闠讀 (huì) 潰 (kuì)
見 k	〈公回〉傀大也瑰瓌懷〈《集》姑回〉庬 (guī)		〈古對〉憒 (kuì)
溪 kʻ	〈苦回〉魁 (kuí)	〈口猥〉頍 (kuǐ)	〈苦對〉塊凷 (kuài)
疑 ŋ	〈五灰〉嵬 (wéi)	〈五罪〉隗 (wěi)	〈五對〉磑 (wèi)
端 t	〈都回〉堆崔自敦治理,孤獨貌〈《集》〉搥 (duī)	〈都罪〉寽 (duǐ)	〈都隊〉碓 (duì)
透 tʻ	〈他回〉蓷推蘹 (tuī)	〈吐猥〉僓嬥,長 (tuǐ)	
定 d	〈杜回〉穨頹瘣隤虺魋蘈藬蹪〈《集》徒回〉癀僓僓然 (tuí)	〈徒猥〉陮 (duì)	〈徒對〉憝憞譈鐜錞 (duì)
泥 n	〈乃回〉㮪㩋 (nuí)	〈奴罪〉餒飢餒 (něi)	
來 l	〈魯回〉雷儡敗壞瓃樏罍畾轠〈《集》盧回〉靁 (léi)	〈落猥〉磥磊邦䃎瀨穎樏櫑具,劍名〈《集》魯猥〉蠝傫鐳纍積累壘灅 (lěi)	〈盧對〉酹礧 (lèi)
精 ts	〈臧回〉嗺朘赤子陰 (zuī)		
清 tsʻ	〈倉回〉崔地名,姓催縗 (cuī)	〈七罪〉漼灌水深貌璀〈《集》取猥〉摧摧毳 (cuǐ)	〈《集》寸臥-過〉攢鋤草 (cuò)
從 dz	〈昨回〉摧擠崔崒嶵〈《集》〉灌灌澄確 (cuí)	〈徂賄〉皐罪皫〈《集》粗賄〉辠 (zuì)	
心 s	〈蘇禾-戈〉蓑草名,蓑衣〈《集》〉縗草雨衣 (suō)	〈蘇果-果〉莏倭人,縣名 (suǒ)	〈蘇內〉綏 (suì)
幫 p			〈補妹〉輩 (bèi)
滂 pʻ			〈滂佩〉配妃婚配㠶 (pèi)
並 b	〈薄回〉徘 (pái) 裴裵 (péi)		
明 m	〈莫杯〉枚玫玫瑰,寶石〈《集》〉謨杯〉玫玫瑰 (méi)		

6. 微部合二 [oəi]

調聲	平　皆　　　　[wɐi]	上	去　怪
影 0	〈乙乖〉崴 (wēi)		
曉 x	〈喜皆〉俙 (xiē)		
匣 ɣ	〈户乖〉懷褱壞槐類槐淮裹瀤 (huái)		〈胡怪〉壞 (huài)
見 k	〈古懷〉乖茲 (guāi)		
疑 ŋ			〈五怪〉聵 (kuì)
並 b	〈步皆〉排俳 (pái)		

7. 微部合三 [ĩwəi]

調聲	平　微　　　　[ĩwəi]	上　尾	去　未
影 0	〈於非〉威葳薉 (wēi)	〈於鬼〉磈巋嵬 (wěi)	〈於胃〉畏 (wèi)
曉 x	〈許歸〉徽褘徽微 (huī)	〈許偉〉虺烜虫 (huǐ)	〈許貴〉諱 (huì)
匣 ɣ	〈雨非〉幃韋闈圍褘違潯口灈轂〈集〉于非〉辢 (wéi)	〈于鬼〉韙煒偉瑋葦椲韡媁愇 (wěi)	〈于貴〉〈又〉〈集〉宇鬼-尾〉緯 (wèi)
見 k	〈舉韋〉歸出嫁,歸還婦 (guī)	〈居偉〉鬼 (guǐ)	〈居胃〉貴 (guì)
疑 ŋ	〈語韋〉巍犪 (wéi)		〈魚貴〉魏 (wèi)
幫 p	〈甫微〉飛扉非騑騛 (fēi)	〈府尾〉匪篚棐餥蜚 (fěi)〈集〉誹 (fěi)	〈方味〉䰾 (fèi)
滂 p'	〈芳非〉霏霺妃配偶非芳非蕡婓裶曊 (fēi)	〈敷尾〉斐菲薄也,草名悱唖 (fěi)	
並 b	〈符非〉肥腓痱蜚蟦〈集〉腓 (féi)	〈浮鬼〉陫 (fèi)	〈扶沸〉翡萉 (fèi) 扉萉跰穲〈集〉父沸〉制蕢大麻子偑 (fèi)
明 m	〈無非〉微溦薇 (wēi) 微*嶶溦*薇*薇〈集〉黴 (wéi)	〈無匪〉尾亹美也娓 (wěi)	

8. 微部合四 [iwəi]

調聲	平　脂　　　　[wi]	上　旨	去　至
曉 x	〈許維〉倠 (huī) 倠 (suī)		
匣 ɣ	〈洧悲〉帷 (wéi)		
見 k	〈居追〉蘬魏 (guī)		〈俱位〉媿愧魏 (kuì)
溪 k'	〈丘追〉巋小山羅列貌巋 (kuī)	〈丘軌〉巋巋然 (kuǐ)	〈丘愧〉喟喟然嘳瞶 (kuì)
羣 g	〈渠追〉夔隆夔 (kuí)		〈求位〉匱饋餽樻鞼簣 (kuì) 匱櫃〈集〉鐀 (guì) 歸饋 (kuì)〈其季〉螝 (jì)
端 t	〈陟隹〉追 (zhuī)		
定 d	〈直追〉椎椎子槌捶擊工具頽 (chuí)		
餘 ʎ	〈以追〉遺 (yí) 惟維濰薙瓗唯獨維蟜 (wéi)	〈以水〉唯答應聲壝 (wěi)	〈以醉〉遺贈也蜼蟓 (wèi)
來 l	〈力追〉灅纍大索虆樏纝儽縲〈集〉倫追〉縲藟樏樏孂勳壘重疊 (léi)	〈力軌〉壘軍壘藟鸓蘽詠耒讄 (lěi)	〈力遂〉纍係,連累 (lèi)

續表

調　聲	平　脂　　　[wi]	上　旨	去　至
章 t	〈職追〉錐佳騅萑_{草多貌}鵻〈（集）朱惟〉椎_{木名,脊椎}(zhuī)		
書 ç		〈式軌〉水 (shuǐ)	〈釋類〉痥 (shuì)
禪 ʑ	〈視佳〉誰脽 (shuí)		
日 ȵ	〈儒佳〉蕤桵桵 (ruí)		
精 ts		〈遵誄〉嶉 (zuǐ)	
清 tsʻ		〈千水〉趡 (cuǐ)	
心 s	〈息遺〉綏雖葰荽_{香菜}奞夊_{行遲}睢_{水名}〈（集）宣佳〉濻 (suī)		
山 ʃ	〈所追〉衰_{衰微}痕_減(shuāi) 榱 (cuī)		

（二）微部諧聲表

微部聲符

衣聲	哀聲(娭)	依聲(㦤)	豈聲(凱)	希聲(稀)	幾聲(譏)
囗聲	韋聲	圍聲(禕)	畏聲(煨)	毀聲(燬)	回聲(徊)
貴聲	隤聲(蕢)	遺聲(壝)	穨〔頹〕聲(癀)	匱聲(櫃)	鬼聲
魏聲(巍)	魋聲(譕)	褱聲(壞)	火聲(炑)	佳聲	淮聲(匯)
推聲(菙)	崔聲(催)	維聲(濰)	唯聲(蓷)	桵聲(蕤)	妥聲(綏)
畾聲	壘聲(瀶)	纍〔累〕聲(瀶)	藟聲(虆)	厽聲(垒)	粂聲(㝈)
耒聲(邦)	衰聲(縗)	罪聲(崋)	皋〔罪〕聲(皐)	白聲	追聲(縋)
歸聲(皈)	夒聲(躨)	威聲(葳)	水聲(痥)	非聲	匪聲(篚)
飛聲(騑)	肥聲(蚍)	配聲(嶏)	敚聲	微聲(薇)	尾聲(娓)

單字

開　𦥑〔臼〕　虫　乖〔菲〕　𡕥　穨　磊　冰　夊　妃　枚　玫　𪎮

（三）微部韻表

微部《詩經》韻譜

《周南·葛覃》三章:歸衣。《卷耳》二章:嵬隤罍懷。《樛木》一章:纍綏。《邶風·柏舟》五章:微衣飛。《燕燕》一、二、三章:飛歸。《終風》四章:霾懷。《谷風》一章:菲違;二章:違畿。《式微》一、二章:微微歸。《碩人》一章:頎衣。《王風·揚之水》一、二、三章:懷懷歸。《鄭風·將仲子》一、二、三章:懷畏。《丰》四章:衣歸。《齊風·東方未明》二章:晞衣。《南山》一章:崔綏歸歸懷。《敝笱》三章:唯水。《檜風·素冠》二章:衣悲歸。《豳風·七月》一、二章:火衣;二章:悲歸;三章:火葦。《東山》一章:歸悲衣枚;二章:畏懷;四章:飛歸。《九罭》四章:衣歸悲。

《小雅·四牡》二章:騑歸。《常棣》二章:威懷。《采薇》一、二、三章:薇歸;六章:依霏;又:悲哀。《南有嘉魚》三章:纍綏。《湛露》一章:晞歸。《十月之交》一章:微微哀。《巧言》一章:威罪。《谷風》二章:頹懷遺。《鼓鍾》二章:悲回。《鴛鴦》四章:摧綏。《車舝》三章:幾幾。《魚藻》二章:尾豈。

《大雅·旱麓》六章:藟枚回。《泂酌》二章:罍歸。《板》七章:壞畏。《雲漢》三章:推雷遺遺畏摧。《常武》六章:回歸。《瞻卬》六章:幾悲。

《魯頌·有駜》二章:飛歸。

微部《詩經》合韻譜

微物通韻　《大雅·既醉》五章:匱類。

微文通韻　《邶風·北門》三章:敦遺摧。《小雅·采芑》四章:焞雷威。

微脂合韻　《周南·葛覃》一章:萋飛喈。《汝墳》一章:枚飢;三章:尾燬燬邇。《召南·采蘩》三章:祁歸。《草蟲》三章:薇悲夷。《邶風·北風》二章:喈霏歸。《靜女》二章:煒美。《秦風·蒹葭》二章:淒晞湄躋坻。《無衣》一、二、三章:衣師。《豳風·狼跋》一章:尾几。《小雅·四牡》一章:騑遲歸悲。《常棣》一章:韡弟。《采薇》五章:騤依腓。《出車》六章:遲萋喈祁歸夷。《杕杜》二章:萋悲萋悲歸。《蓼蕭》三章:泥弟弟豈。《斯干》四章:飛躋。《節南山》三章:師氏維毗迷師;五章:夷違。《小旻》二章:哀違依底。《四月》二章:淒腓歸;八章:薇棲哀。《楚茨》五章:尸歸遲弟私。《大田》二章:穉火。《大雅·生民》七章:惟脂。《行葦》一章:葦履體泥弟爾几。《公劉》四章:依濟几依。《桑柔》二章:騤夷黎哀;三章:維階。《崧高》六章:郿歸。《烝民》八章:騤喈齊歸。《周頌·有客》:追綏威夷。《魯頌·閟宮》一章:枚回依遲。《商頌·長發》三章:違齊遲躋遲祇圍。

微脂質合韻　《小雅·采菽》五章:維葵膍戾。

微物質合韻　《邶風·谷風》六章:潰肄墍。

微歌元合韻　《小雅·谷風》三章:嵬萎怨。

微部《楚辭》韻譜

《九歌·河伯》:歸懷。

《天問》:懷肥;又:依譏。

《九章·涉江》:衰嵬。

《遠遊》:懷悲。

《九辯》:衰歸;又:歸悲。

微部《楚辭》合韻譜

微文通韻　《漁父》:衣汶。

微脂合韻　《離騷》:幃祗。《九辯》:歸棲衰肥;又:哀悲偕;又:冀欷。

微脂歌合韻　《遠遊》:妃歌夷蛇飛徊。

微歌合韻　《九歌·東君》:雷蛇懷歸。《九辯》:毀弛。

（四）説　明

(1)貴(未韻, guì)和貴聲字《手册》列物部,《表稿》改列微部。因爲貴聲無入聲字,卻有很多平聲字。《手册》收有平聲字 8 個:積隤隤隤債(灰韻, tuí),蕢(灰韻, tuī),遺(脂韻, yí),蟡(脂韻, wéi)。還有《詩經》貴聲字押微部韻的有 3 章:《周南·卷耳》二章"嵬隤罍懷",《小雅·谷風》二章"穨懷遺",《大雅·雲漢》三章"推雷遺遺畏摧"。

(2)沂(微韻, yí),斤聲;玟(灰韻, méi),文聲;憝憞譈鐓錞(隊韻, duì),敦聲;朘(灰韻, zuī),荽葰(脂韻, suī),夋聲;芛(紙韻, wěi),尹聲;襥(未韻, fèi),粪聲;賁(未韻, fèi),賁聲。這十三字聲符都在文部,陰陽對轉,入微部。

(3)虺(尾韻, huǐ),兀聲。聲符在物部,陰入對轉,虺字入微部。

(4)餒飢也(賄韻, něi),《説文》:"餒,飢也。从食,妥聲。"段注:"各本篆作餒,解作委聲,非也。今正。"陊(賄韻, lěi),《説文》:"磊陊也。从阜,丞聲。"又:"丞,草木花葉丞。象形。"段注:"引申爲凡下丞之稱。今字'垂'行而'丞'廢矣。"《説文》還收有"陲"字:"危也。从阜,垂聲。"但根據"陊"字的音切,應歸微部,則當視作旁轉。

(5)《詩經》微部押韻 55 章,入韻字 42 個:衣₁₀依₁哀₂威₂畏₆違₂葦₁懷₁₅壞₁回₃歸₂₅幾₃畿₁頎₁睎₁火₃遺₁隤₁穨₁崔₁唯₁摧₁推₁綏₄嵬₁罪₁水₁罍₂纍₁靁₁雷₁藟₁悲₇菲₁騑₁霏₁飛₆微₇薇₃尾₁枚₂。

合韻 40 章,其中脂微合韻 36 章,入韻字 27 個:衣₃依₅哀₃威₁回₁追₁違₃煒₁葦₁轊₁圍₉歸₁惟₁維₂豈₁睎₁火₁燬₁綏₂悲₄腓₁騑₁霏₁飛₂薇₁尾₂枚₂。其他合韻 6 章,微物通韻 1 章,微文通韻 2 章,微脂質合韻 1 章,微物質合韻 1 章,微歌元合韻 1 章,入韻字 8 個:威₁遺₁潰₁匱₁維₁摧₁嵬₁雷₁。

(6)《楚辭》微部押韻 7 章,入韻字 8 個:依₁譏₁懷₁歸₃衰₂嵬₁悲₂肥₁。

合韻 8 章,脂微合韻 4 章,微歌合韻 2 章,微脂歌合韻 1 章,微文通韻 1 章。入韻字 14 個:哀₁衣₁幃₁徊₁懷₁歸₂衰₁欷₁毀₁雷₁悲₂妃₁飛₁肥₁。

(7)《漢語史稿》給微部設置開一"咍(喉)",開二"皆(脣)",開三"微(喉)",合一"灰(喉舌齒脣)",合二"皆(喉)",合三"微(喉脣)""脂(舌齒)" 6 個等呼,分別列舉幾個例字。在合三中還列舉了"悲(脂)""毀委衰(支)" 4 個"不規則的變化"字。當改編《手册》爲《表稿》

時,發現合口三等"脂支"兩韻字很多,不宜以"不規則的變化"看待,只得增設開合口四等,將脂韻字列合口四等,支韻字列開口二等。支韻有開口字一個(禪),合口字十多個。

⑻微部一級聲符 31 個,單字 13 個。《詩經》韻譜微部入韻字 42 個,分屬微部 22 個一級聲符,還有 1 個單字(枚)。合韻譜入韻字 27 個,增加一級入韻聲符 1 個(毀)。《楚辭》韻譜入韻字 8 個,合韻譜入韻字 14 個,增加入韻字一級聲符 2 個(衰聲、肥聲)和單字 1 個(妃)。微部未入韻字的一級聲有"夔聲、厽聲、未聲、夒聲、皋聲、配聲"等 6 個,還有 11 個單字。

二一、物　部

（一）物部字表

1. 物部開一 [ɔ̃t]/[ɔ̄t]

調聲	短入　　　没　　　[ət]	長入　　　代　　　[ɒi]
影 ∅		〈烏代〉愛烾曖僾簑薆 (ài)
匣 ɣ	〈下没〉紇齕斺秳 (hé)	
見 k		〈古代〉溉槩概覬〈（集）居代〉概 (gài)
溪 kʻ		〈苦愛〉慨*憒歔息嘅* (kài) 慨嘅 (kǎi)
明 m		〈莫貝-泰〉沬地名 (mèi)

2. 物部開二 [eɔ̃t]/[eɔ̄t]

調聲	短入　　　點　　　[æt]	長入　　　怪　　　[ɐi]
匣 ɣ	〈胡八〉鶺 (xiá)	
泥 n	〈女滑〉豽 (nà)	
明 m		〈莫拜〉眀目遠視靺 (mèi)

3. 物部開三 [ĭɔ̃t]/[ĭɔ̄t]

調聲	短入　　　迄　　　[ĭət]	長入　　　未　　　[ĭɐi]
曉 x	〈許訖〉迄汔 (qì) 釳忔壯勇貌 (xì)	〈許既〉愾迄也氣 "餼" 本字餼籦燺氞 (xì)
見 k	〈居乞〉訖 (qì) 吃口吃 (chī)	〈居豙〉既欯炁藙 (jì)
溪 kʻ	〈去訖〉乞乞求芞芞 (qì)	〈去既〉氣氣息炁气〈（集）丘既〉乞給予 (qì)
羣 g	〈其迄〉趀 (jí)〈（集）〉扢扢然 (qì)	
疑 ŋ	〈魚迄〉疙屹圪虓仡〈（集）魚乙〉虩忔心不欲 (yì)	〈魚既〉毅忍豙豪藙薿 (yì)

4. 物部開四 [iǒt]/[iōt]

調/聲	短入　質　[ĭĕt]	長入　至　[i]
見 k		〈几利〉概 (jì)
羣 g		〈其冀〉暨鱀塈 (jì)
崇 ʤ	〈仕叱〉齜 (zhí)	
幫 p	〈鄙密〉筆 (bǐ)	〈兵媚〉鄪費古地名 (bì)
滂 p‘		〈(集)匹寐〉糟 (pì)
並 b	〈(集)薄宓〉拂矯正佛輔也 (bì)	
明 m	〈美筆〉沕潛藏貌 (mì)	〈明祕〉魅鬽〈(集)〉祩〈彌二〉寐 (mèi)

5. 物部合一 [uǒt]/[uōt]

調/聲	短入　没　[uət]	長入　隊　[uɒi]
影 ∅	〈烏没〉嗢 (wà)	
曉 x	〈呼骨〉寣笏榾 (hù) 忽昒匫曶惷惚颮〈(集)〉淴 (hū)	〈(集)呼内〉沬洗面頮 (huì)
匣 ɣ	〈户骨〉扫搰 (hú)	
見 k	〈古忽〉骨縎鶻鶻鵃淈汩治水蓇榾葫扢摩拭〈(集)古忽〉杚 (gǔ)	〈古對〉氻 (guì)
溪 k‘	〈苦骨〉窟顝矻堀㹐圣掘〈(集)〉蝟頜搰搰搰 (kū)	
疑 ŋ	〈五忽〉兀扤杌刖扤痆〈(集)〉阢 (wù)	
端 t	〈當没〉咄 (duō) 柮 (duò)	〈都隊〉對憞 (duì)
透 t‘	〈他骨〉厺突 (tū)	〈他内〉退復同"退"〈(集)吐内〉衲"復"或體 (tuì)
定 d	〈陀骨〉突腯鼵葖 (tū)	〈徒對〉隊"墜"本字礈物墜 (zhuì) 隊隊伍薱鐜〈(集)〉嘋懟 (duì)
來 l	〈勒没〉硉 (lù)	〈盧對〉纇蘱〈郎外-泰〉頛 (lèi)
精 ʦ	〈臧没〉卒士卒 (zú)	〈子對〉晬祽䘹 (zuì) 綷 (cuì)
清 ʦ‘	〈倉没〉猝卒匆促 (cù)	〈七内〉倅淬焠啐〈(集)取外-泰〉竄䮑 (cuì)
從 ʥ	〈昨没〉捽崒 (zú)	
心 s	〈蘇骨〉窣 (sū)	〈蘇内〉碎瓻 (suì)
滂 p‘	〈普没〉朏 (pò)	
並 b	〈蒲没〉勃渤馞鸏郣浡教桲孛臉變色艴脖〈(集)薄没〉悖 (bó)	〈蒲昧〉孛臉變色誖悖悖逆 (bèi)
明 m	〈莫勃〉没歿玿頞叐㝱〈(集)〉殁坳〈(説)〉㝱 (mò)	〈莫佩〉妹昧眛 (mèi)

6. 物部合二 [oăt]/[oāt]

調 聲	短入　　　　　點　　　　　[wæt]	長入　　　　怪　　　　[wɐi]
影 Ø	〈烏八〉猰乞_挖 (wā)	
匣 ɣ	〈戶八〉滑猾鯖蝐 (huá)	
溪 k‘		〈苦怪〉劑 (kuǎi) 㕢〈(集)〉蒯郐 (kuài)
疑 ŋ	〈五滑〉聇𡃤 (wà)	〈五怪〉頠_顡〈(集)〉頯 (wài)
明 m		〈莫話-夬〉佅 (mài)

7. 物部合三 [ĭwăt]/[ĭwāt]

調 聲	短入　物(喉脣)　　[ĭuət] 　　　術(舌齒)　　[ĭuĕt]	長入　　未(喉脣)　　[ĭwəi] 　　　　祭(舌齒)　　[ĭwɐi]
影 Ø	〈紆物〉鬱蔚欎 (yù) 熨_{熨斗} (yùn) 〈(集)紆勿〉欎 (yù)	〈於胃〉尉_{武職尉}尉*_{熨平布帛}熨_{熱敷}慰罻蔚蠁褽 (wèi) 尉_{尉,熨平布帛}尉_{熨平布帛} (yùn)
曉 x	〈許勿〉欻 (xū) 莝 (xù) 〈許劣-薛〉颰 (xuē)	〈許貴〉卉 (huì)
匣 ɣ		〈于貴〉胃謂媦蝟渭熅緭彙颹 (wèi) 彚 (huì)
見 k	〈九勿〉屈_窮鷁趉劂 (jué)	
溪 k‘	〈區勿〉屈_{彎曲}詘蜐〈(集)曲勿〉誳蚰 (qū)	
羣 g	〈衢物〉倔崛褨掘 (jué)	
端 t	〈竹律〉窋遜泏 (zhú)	
透 t‘	〈丑律〉黜怵_{恐懼}趉怵欪〈(集)勑律〉绌 (chù)	
定 d	〈直律〉术_{章名}茮 (zhú)	
餘 ʎ	〈餘律〉聿欥 (yù)	
來 l	〈呂卹〉律緣膟葎〈(集)劣戌〉崒縴臂率_{標準} (lǜ)	
章 ʨ	〈職悦-薛〉拙 (zhuō) 燭頔 (zhuó)	
昌 ʨ‘	〈赤律〉出 (chū)	
船 ꭦ	〈食聿〉秫术_{穀名} (shú) 術述沭 (shù)〈(説)〉秫 (shú)〈(集)食律〉莐鉥 (shù)	
禪 ʑ		〈(集)殊遇-遇〉㣰 (shù)
精 ts	〈子聿〉卒_{終也}崒 (zú)	
清 ts‘		〈(集)此芮〉焌 (cuì)
從 dz	〈慈卹〉崒踤 (zú)	
心 s	〈辛聿〉戌_{地支}訹 (xū) 鷸〈(集)雪律〉怴_誘 (xù)	
莊 tʃ	〈側劣-薛〉茁 (zhuó)	
初 tʃ‘		〈(集)初芮〉蕞 (cuì)
山 ʃ		〈山芮-祭〉哷 (shuì)
幫 p	〈分勿〉弗紱絆柫第岪〈(集)分物〉樊_棄嶩黻 (fú)	〈方味〉沸疿灊 (fèi)
滂 p‘	〈敷勿〉拂_{拂拭}弗乀髴彿踾〈(集)佛勿〉佛_{仿佛}趙 (fú)	〈芳未〉費_{花費}櫠咈〈(集)〉鬕 (fèi) 〈敷尾-尾〉胇 (fèi)

續表

調／聲	短入　物(喉脣) [ĭuət]　術(舌齒) [ĭuĕt]	長入　未(喉脣) [ĭwəi]　祭(舌齒) [ĭwɛi]
並 b	〈符弗〉佛佛鬱坲茀咈刜炥 (fú)	〈扶沸〉鼊狒怫怫悁昲〈(集)父沸〉攢萬 (fèi)
明 m	〈文弗〉物勿芴岉沕沕穆㧾〈(集)〉昒昒穆 (wù)	〈無沸〉未味菋 (wèi)

8. 物部合四 [iwǒt]/[iwōt]

調／聲	短入　質　[ĭwĕt]	長入　至　[wi]
溪 k‘		〈丘愧〉喟 (kuì)
端 t		〈追萃〉轛 (zhuì)
定 d		〈直類〉墜懟 (zhuì)
來 l		〈力遂〉類禷 (lèi)
精 ts		〈將遂〉醉 (zuì)
清 ts‘		〈七醉〉翠濢 (cuì)
從 dz		〈秦醉〉萃顇悴瘁 (cuì)
心 s		〈雖遂〉粹 (cuì) 邃祟誶睟歖睟〈(集)〉檖 (suì)
邪 z		〈徐醉〉遂隧襚旞璲檖椓燧鐆鐩穟豙〈(集)〉繸 (suì)
山 ʃ	〈所律〉率循也，領也帥帶領蟀蟋逹衛 (shuài)	〈所類〉帥將帥率捕鳥網，羅致 (shuài)

(二)物部諧聲表

物部聲符

旡聲	丞聲	愛聲(曖)	既聲(慨)	尉聲(熨)
勿聲	忽聲(惚)	㫚聲(榴)	胃聲(謂)	卉聲(𠦬)
𠭥聲(蔽)	骨聲(滑)	乞聲(訖)	气聲	氣聲(餼)
出聲	屈聲(掘)	豙聲	毅聲(藙)	顡聲(藾)
兀聲(杌)	對聲(懟)	彖聲	隊聲(墜)	遂聲(襚)
突聲(葖)	聿聲	律聲(葎)	頪聲	類聲(藾)
朮聲	述聲(蒁)	卒聲(猝)	翠聲(濢)	祟聲(鶽)
率聲(蟀)	帥聲(蛗)	弗聲	沸聲(鬻)	茀聲(趉)
費聲(樻)	孛聲	勃聲(渤)	蠡聲(虋)	叟聲(没)
未聲	味聲(菋)			

單字

𣪠　忍　彪　㝿　復〔退衲〕　去　崩　鬱〔鬰䖇〕　欻　戌地支

乀　鼊〔萬〕　由

（三）物部韻表

物部《詩經》韻譜

《召南·摽有梅》三章:墍謂。《邶風·日月》四章:出卒述。《陳風·墓門》二章:萃誶。

《小雅·雨無正》四章:退遂瘁誶退;五章:出瘁。《蓼莪》二章:蔚瘁;六章:律弗卒。《隰桑》四章:愛謂。《漸漸之石》二章:卒没出。

《大雅·大明》五章:妹渭。《泂酌》三章:溉墍。《桑柔》十三章:隧類對醉悖。《瞻卬》五章:類瘁。

物部《詩經》合韻譜

物微通韻　《大雅·既醉》五章:匱<u>類</u>。

物脂合韻　《大雅·皇矣》四章:類<u>比</u>。

物質合韻　《衛風·芄蘭》一、二章:遂<u>悸</u>。《王風·黍離》二章:穗醉。《魏風·陟岵》二章:<u>季</u>寐<u>棄</u>。《秦風·晨風》三章:<u>棣</u>檖醉。《大雅·皇矣》三章:對<u>季</u>;八章:茀仡<u>肆</u>忽拂。《桑柔》六章:儗<u>逮</u>。

物質微合韻　《邶風·谷風》六章:潰<u>肆</u>墍。

物質月合韻　《小雅·小弁》四章:嘒淠<u>届</u>寐。

物月合韻　《小雅·出車》二章:斾瘁。《大雅·生民》四章:斾<u>穟</u>。

物緝合韻　《大雅·假樂》四章:位<u>墍</u>。《蕩》三章:類懟對<u>内</u>。《抑》四章:寐<u>内</u>。

物部《楚辭》韻譜

《九章·懷沙》:汩忽慨謂;又:喟謂愛類。

物部《楚辭》合韻譜

物月合韻　《九章·哀郢》:慨<u>邁</u>。《九辯》:帶介慨<u>邁</u>穢敗昧。《招魂》:沬<u>穢</u>。

（四）説　明

(1)腯(没韻,tū),盾聲;喔(没韻,wà),㐆聲。二字聲符在文部,陽入對轉入物部。

(2)汩(没韻,gǔ),《廣韻》作“汨”,周祖謨、余廼永校本未作校改。《漢字古音手册》據《説文》改作“汩”,曰聲;欥(術韻,yù),曰聲;顡(隊韻,《手册》作huì,《表稿》改作mèi),曰聲;曶(没韻,hū),㒸聲;刖(没韻,wù),據《説文》刖省聲;穵(黠韻,wā),乞聲;遹(術韻,zhú),矞聲。這七字的聲符(曰聲、刖聲、乞聲、矞聲)都屬月部,旁轉入物部。

(3)圣(没韻,kū),有諧聲字“怪”(怪韻,guài),從段玉裁起就將“怪”列在之部。因爲《楚辭》“怪”字三次押韻都是與之部字相押。《懷沙》押“怪態”,《遠遊》押“怪來”,《招魂》押“怪備代”。至於同在没韻的同音字“窟”,據《説文》:“窟,囷突出也。从土,叡聲。”叡聲在月部。

(4)瞂(黠韻，wà)，《説文》：“从耳，闋聲。”癸聲在脂部，闋(屑韻，què)卻在質部。欳(未韻，wèi)，畀聲，在質部。此二字旁轉入物部。髴(尾韻，fèi)，录聲，在屋部，旁轉入物部。

(5)《詩經》物部押韻 13 章，入韻字 23 個：愛$_1$ 蔚$_1$ 謂$_2$ 渭$_1$ 塈$_2$ 溉$_1$ 對$_1$ 出$_3$ 述$_1$ 卒$_3$ 瘁$_4$ 萃$_1$ 誶$_1$ 醉$_1$ 退$_2$ 遂$_1$ 隧$_1$ 律$_1$ 類$_2$ 悖$_1$ 弗$_1$ 没$_1$ 妹$_1$。

合韻 17 章，其中質物合韻 8 章，物緝合韻 3 章，物月合韻 2 章，微物通韻，物質微、物質月、物脂合韻各 1 章。入韻字 15 個：僾$_1$ 塈$_2$ 仡$_1$ 醉$_2$ 瘁$_1$ 對$_2$ 懟$_1$ 遂$_1$ 槥$_1$ 穟$_1$ 類$_3$ 拂$_1$ 茀$_1$ 忽$_1$ 寐$_3$。

(6)《楚辭》物部押韻 2 章，入韻字 7 個：愛$_1$ 謂$_2$ 喟$_1$ 慨$_1$ 汩$_1$ 類$_1$ 忽$_1$。

合韻 3 章，均爲物月合韻，入韻字 3 個：慨$_2$ 昧$_1$ 沫$_1$。

(7)物部一級聲符 27 個，單字 13 個。《詩經》韻譜物部入韻字 23 個，分屬物部 14 個一級聲符，還有 1 個單字(退)。合韻譜入韻字 15 個，增加一級入韻聲符 1 個(勿聲)。《楚辭》韻譜入韻字 7 個，合韻譜入韻字 3 個，未增加一級入韻聲符或單字。物部未入韻的一級聲符有卉聲、欷聲、骨聲、气聲、豥聲、兀聲、突聲、尣聲、祟聲、率聲、帥聲、蝨聲等 12 個，還有 12 個單字。

二二、文　部

(一)文部字表

1. 文部開一 [ən]

調聲	平　痕　　　[ən]	上　很	去　恨
影 Ø	〈烏痕〉衷 (ēn)		
匣 ɣ	〈戶恩〉痕鞎 (hén)	〈胡墾〉很頚〈(集)下墾〉詪〈(玉)戶墾〉佷 (hěn)	〈胡艮〉恨 (hèn)
見 k	〈古痕〉根跟垠 (gēn)	〈古很〉顩 (gěn)	〈古恨〉艮 (gèn)
溪 kʻ		〈康很〉墾齦嚙狠〈(集)口很〉頎哀痛 (kěn)	
疑 ŋ			〈五恨〉饐 (èn)
透 tʻ	〈吐根〉吞 (tūn)		

2. 文部開二 [eən]

調聲	平　山　　　[æn]	上　產	去　襇
影 Ø	〈烏閑〉甦殷黑紅色鼲 (yān)		
匣 ɣ	〈戶閒〉蜆 (xián)	〈胡簡〉限 (xiàn)	
見 k	〈古閑〉艱鰹 (jiān)		
疑 ŋ	〈(集)吾還-删〉狺大鬥聲 (yán)	〈五限〉眼 (yǎn)	
幫 p	〈布還-删〉頒顦髮半白鳻盼羮 (bān)		
滂 pʻ			〈匹莧〉盼 (pàn)

3. 文部開三 [ĭən]

調聲	平　真　　　[ĭen]	上　軫	去　震
影 Ø	〈於真〉禋闉亞陻堙歅〈(集)伊真〉絪裀 (yīn)		〈於刃〉印 (yìn)
曉 x	〈虛言-元〉掀 (xiān)		〈許覲〉衅釁舋 (xìn)
見 k	〈居銀〉巾 (jīn)		
羣 g	〈(集)渠巾-諄〉菦堇黏土 (qín)		〈渠遴〉僅饉廑僅 (jìn) 覲殣廑*僅墐 (jìn)〈(集)渠吝〉廑僅 (jìn)
疑 ŋ	〈語巾〉銀狺鄞荶垠泿〈(集)魚巾〉沂古樂器 (yín)	〈宜引〉听笑貌 (yǐn)	
端 t	〈陟鄰〉珍〈(集)知鄰〉趁趁趨 (zhēn)		
透 tʻ		〈丑忍〉辴 (chěn)	

續表

調 聲	平　真　　　[ǐen]	上　軫	去　震
餘 ʎ			〈羊晉〉胤酳 (yìn)
泥 n	〈女鄰〉紉 (rèn)		
來 l			〈良刃〉吝㣵𩛿〈(集)〉恡 (lìn)
章 t	〈職鄰〉甄甌桭脣_驚甄〈(集)之人〉砧振_{振振,盛也} (zhēn)	〈章忍〉軫胗疹畛㐱紾診袗胗彰軫叕〈(集)止忍〉裖 (zhěn)	〈章刃〉震振_䡴賑侲跈 (zhèn)
書 ç	〈失人〉娠 (shēn)	〈式忍〉哂 (shěn)	
禪 z	〈植鄰〉辰晨晨宸鷐鷐辴〈(集)丞真〉鬠 (chén)	〈時刃〉蜃裖脤脤 (shèn)	
日 ɳ		〈而軫〉忍荵 (rěn)	〈而振〉刃朒靭仞軔牣杒訒〈(集)〉軔 (rèn)
山 ʃ	〈所臻-臻〉駪詵侁〈(集)疏臻-臻〉姺_{古氏族名} (shēn)		
幫 p	〈府巾〉彬斌份_{同"彬"}玢豳邠汃_{水名}攽彬〈(集)悲巾〉豩 (bīn)		
滂 p'	〈普巾〉份 (pīn)		
並 b	〈符巾〉貧 (pín)		
明 m	〈武巾〉旻閩忞〈(集)眉貧〉玟_{石之次玉} (mín)	〈眉殞〉憫閔潤簢鰵 (mǐn)	

4. 文部開四 [iən]

調 聲	平　　先(舌齒)　　　[ien] 　　　欣(喉牙)　　　[ǐən]	上　　銑(舌齒) 　　　隱(喉牙)	去　　霰(舌齒) 　　　焮(喉牙)
影 Ø	〈於斤〉殷_盛慇 (yīn)〈烏前-先〉煙湮〈(集)因蓮-先〉喡 (yān)	〈於謹〉隱㥈㜞L轏〈(集)倚謹〉䇄㥈殷_{雷聲}檃㥈讔 (yǐn)	〈於靳〉檃_{屋棟} (yìn)
曉 x	〈許斤〉欣忻听訢炘 (xīn)		〈香靳〉焮脪 (xìn)
見 k	〈舉欣〉斤筋釿〈(集)〉箟 (jīn)	〈居隱〉謹槿堇堇_堇卺卺〈(集)几隱〉菫瑾 (jǐn)	〈居焮〉靳撳 (jìn)
溪 k'		〈丘謹〉赾 (qǐn)	
羣 g	〈巨斤〉勤芹懃懂瘽〈渠希-微〉祈頎_{修長貌}旂圻_畿蚚獣〈(集)渠希-微〉斦魠〈巨斤〉〈(又)(集)渠希-微〉蘄 (qí)	〈其謹〉近_{與"遠"相對} (jìn)	〈巨靳〉近_{親近} (jìn)
疑 ŋ	〈語斤〉硍狺圻_垠斷齗_{牙齦}所 (yín)		〈(集)吾覲〉垽 (yìn)
端 t		〈多殄〉典〈(集)〉敟 (diǎn)	〈都甸〉殿_{殿後} (diàn)
透 t'		〈他典〉腆洟_{污濁}錪_{小釜}淟琠 (tiǎn)	
定 d		〈徒典〉殄跈 (tiǎn)	〈堂練〉殿_{宮殿}澱驒 (diàn)
泥 n		〈乃殄〉涊 (niǎn)	〈奴甸〉泞 (niàn)
精 ts	〈則前〉韛 (jiān)		〈作甸〉薦 (jiàn)
清 ts'			〈倉甸〉茜韆 (qiàn)
從 dz			〈在甸〉荐洊栫灒 (jiàn)

續表

調聲	平 先(舌齒)[ien] 欣(喉牙)[ĭən]	上 銑(舌齒) 隱(喉牙)	去 霰(舌齒) 焮(喉牙)
心 s	〈蘇前〉先在前面〈(集)蕭前〉姺(xiān)	〈蘇典〉銑洗姑洗 跣毨燹〈(集)穌典〉洒廗敬(xiǎn)〈先禮-薺〉洗洒洗雪(xǐ)	〈蘇佃〉先*先行,動詞(xiàn) 先先行,動詞(xiān)

5. 文部合一 [uən]

調聲	平 魂 [uən]	上 混	去 恩
影 Ø	〈烏渾〉昷溫韞薀水草 殟猾縕赤黃色(wēn)		〈烏困〉搵饂(wèn)
曉 x	〈呼昆〉昏惛婚閽殙昏亂〈(集)〉擾惛潘(hūn)		
匣 ɣ	〈戶昆〉魂䰟䰟褌渾倱轋堚摑煇赤色〈(集)胡昆〉昆崘,混沌貌 䡑溷憒溷(hún)	〈胡本〉混棍梱束顖楎䰎掍〈(集)戶袞〉睴(hùn)	〈胡困〉恩溷混濁圂(hùn)
見 k	〈古渾〉昆崑䰐菎琿褌崑琨鵾鶤鯤蜫歑騉〈(集)公渾〉焜薫混混夷,西戎名(kūn)	〈古本〉㮥袞緄緷鮌輥緄袞丨硍錕車釭〈(集)〉渾渾渾,水流貌(gǔn)	〈古困〉睔㫑(gùn)
溪 k'	〈苦昆〉坤巛古文"坤" 髡頣順(kūn)	〈苦本〉閫壼稇悃梱門限〈(集)〉捆綑跰蹞(kǔn)	〈苦悶〉困〈(集)梱弄齊(kùn)
端 t	〈都昆〉敦敦厚惇錞〈(集)蜳墩(dūn)		〈都困〉頓(dùn)
透 t'	〈他昆〉暾涒黗〈(集)〉啍啍啍焞明炖火盛(tūn)		
定 d	〈徒渾〉屯聚集豚豘臀尸軘窀沌小流貌邨地名忳芚〈(集)純包纏囤廪也(tún)〈度官-桓〉鷻(tuán)	〈徒損〉笛盾沌混沌庉(dùn)	〈徒困〉鈍遁遯〈(集)杜本〉逐遯(dùn)
來 l	〈盧昆〉崙崘掄(lún)〈(又)盧困-恩〉論議論(lùn)		
精 ts	〈祖昆〉尊鷷樽嶟繜(zūn)	〈茲損〉劋撙噂譐蹲僔(zǔn)	〈子寸〉焌捘〈(集)祖寸-恨〉燇焌(zùn)
清 ts'	〈(說)此尊〉邨村(cūn)	〈倉本〉忖刌〈(集)粗本〉撺(cǔn)	〈倉困〉寸(cùn)
從 dz	〈徂尊〉存郁(cún) 蹲坐(dūn)〈(集)徂昆〉踆踢(cún)		〈徂悶〉鱒(zùn)〈(又)(集)租昆-魂〉鐏(zūn)
心 s	〈思渾〉孫子孫蓀飧殠(sūn)	〈蘇本〉損賰(sǔn)	〈蘇困〉遜愻(xùn)
幫 p	〈博昆〉奔賁虎賁,勇士犇(bēn)	〈布忖〉本苯(běn)	
滂 p'	〈普魂〉濆噴水噴噴射歕(pēn)		〈普悶〉噴鼓鼻(pèn)
並 b	〈蒲奔〉盆葐湓(pén)	〈蒲本〉笨(bèn)	〈蒲悶〉坌(bèn)
明 m	〈莫奔〉門捫虋䕨薹地名顣〈(集)謨奔〉穈麇汶汶汶悶悶然(mén)		〈莫困〉悶煩悶〈(集)〉殙氣絕(mèn)

6. 文部合二 [oən]

調 聲	平　山　[wæn]	上　産	去　襇
見 k	〈古頑〉鰥綸海草名〈(集)姑頑〉瘝 (guān)		

7. 文部合三 [ĭwən]

調 聲	平　文(喉脣) [ĭuən] 仙(舌齒) [ĭwɛn]	上　吻(喉脣) 獮(舌齒)	去　問(喉脣) 線(舌齒)
影 ø	〈於云〉煴氳蒀壼 (yūn)	〈於粉〉惲韞褞 (yùn)	〈於問〉醞慍緼紼薀積〈(集)紆問〉藴積 (yùn)
曉 x	〈許云〉葷葷素 (hūn) 薰曛勳勛熏燻獯纁醺葷葷粥焄臐〈況袁-元〉塤壎 (xūn)〈許歸-微〉揮煇輝暉翬楎橛獋〈(集)呼韋-微〉撝揮 (huī)		〈許運〉訓 (xùn)
匣 ɣ	〈王分〉雲芸䢵耘鄖妘紜溳澐云郧員增益,伍員愪沄䞫〈(集)王分〉熉 (yún)〈王權-仙〉員人員圓 (yuán)	〈云粉〉抎 (yǔn)	〈王問〉運暈餫運糧韗韗鄆韻䡝瘒 (yùn)
見 k	〈舉云〉君軍皸莙 (jūn)		〈居運〉攈捃〈(集)俱運〉攟 (jùn)〈吉掾-線〉鄄 (juàn)
溪 kʻ		〈丘粉〉趣 (qǔn)	
羣 g	〈渠云〉羣帬裠裙宭痵〈(集)衢云〉䵪 (qún)		〈渠運〉郡 (jùn)
疑 ŋ		〈魚吻〉齳㖥喗 (yǔn)	
昌 ȶʻ	〈昌緣〉川 (chuān)	〈昌兖〉舛 (chuǎn)	
精 ts	〈子泉〉朘縮,減〈(集)遵全〉䀢 (juān)		
清 tsʻ	〈此緣〉悛悔改㻣 (quān)		
幫 p	〈府文〉分分開饙餴〈(集)方文〉盼 (fēn)	〈方吻〉粉黺扮并也,握也 (fěn)	〈方問〉糞僨奮瀵 (fèn)〈彼義-寘〉賁卦名,文飾貌 (bì)
滂 pʻ	〈撫文〉芬紛帉帉衯棻岎氛雰闅〈(集)敷文〉棼 (fēn)		〈匹問〉忿 (fèn)
並 b	〈符分〉汾墳大防蕡轒濆水邊焚燌羒豶頒大頭豮鼢枌蒶草香棼賁大也魵妢鐼黺蚡轒〈(集)〉隫幩鳻䴅葐 (fén)	〈房吻〉憤墳土肥沃弅膹幩坋 (fèn)	〈扶問〉分本份 (fèn)
明 m	〈無分〉文聞彣紋駇蟁蚊䲰閺閿䰚〈(集)〉芠 (wén)	〈武粉〉吻刎抆〈(集)〉㖧吻 (wěn)	〈亡運〉問璺汶水名紊* 聞聲譽 (wèn) 紊 (wěn)〈(集)文運〉文文飾 (wèn)

8. 文部合四 [iwən]

調聲	平　諄　　　　　[ĭuěn]	上　準	去　稕
影 ø	〈於倫-真〉頵蝹 (yūn)		
匣 ɣ	〈爲贇-真〉囩縜 (yún)	〈于敏〉殞磒隕賱 (yǔn)	
見 k	〈居筠-真〉麇麕麏 (jūn)		
溪 k'	〈去倫-真〉囷輑車軸連接〈集〉區倫崐岩硱砠 (qūn)	〈弃忍〉螼 (qǐn)	
羣 g		〈渠殞-軫〉箘菌稛蜠 (jùn) 窘僒 (jiǒng)	
疑 ŋ		〈集〉牛尹輑車前橫木 (yǐn)	
端 t	〈陟綸〉屯銀雛宒迍帾 (zhūn)		
透 t'	〈丑倫〉椿鬊馴鷻杶橆〈集〉敕倫芚敦謹貌 (chūn)		
餘 ʎ		〈余準〉尹 (yǐn) 頒允狁駥玧鞥〈集〉庾準阭鈗 (yǔn)	
來 l	〈力迍〉淪倫論《論語》輪隃鯩蜦榆綸綯繗惀侖 (lún)		
章 ʨ	〈章倫〉諄暙肫肫肫〈集〉朱倫〉啍多言忳忳忳淳清 (zhūn)	〈之尹〉準准埻箭靶純鑛邊〈集〉主尹〉緷布帛幅廣 (zhǔn)	〈之閏〉稕訰 (zhùn)
昌 ʨ'	〈昌脣〉春〈集〉樞楯菙春 (chūn)	〈尺尹〉蠢同"舛"僢 (chuǎn) 蠢惷倄 (chǔn)	
船 dʑ	〈食淪〉脣漘〈集〉船倫〉唇脣 (chún)	〈食尹〉揗吮楯盾* (shǔn)	〈食閏〉順 (shùn)
書 ɕ			〈舒閏〉舜蕣眒鬊 (shùn)
禪 ʑ	〈常倫〉純醇鷻辜熟陙錞錞于,樂器淳奄〈集〉殊倫〉肫祭牲後體 (chún)		
日 ɲ	〈如勻〉犉 (rún)	〈而尹〉〈又〉〈集〉乳勇-腫〉蝡緛〈集〉乳尹〉〈又〉而隴-腫〉軵尰 (rǒng)	
精 ts	〈將倫〉遵鷷 (zūn)		〈子峻〉儁俊晙餕晙駿 (jùn)
清 ts'	〈七倫〉竣 (jùn) 逡獏踆退夋 (qūn)〈集〉蹲蹲蹲 (cún) 俊趣 (qūn)		
心 s		〈思尹〉雋祝鳩隼簨 (sǔn)	〈私閏〉陵峻濬睿浚陵鵕〈集〉須閏〉睿深通川也濬濬 (jùn) 梭木名 (xùn)
邪 z	〈詳遵〉巡馴循紃蟳 (xún)		

（二）文部諧聲表

文部聲符

艮聲　　很聲（痕）　　狠聲（墾）　　亜聲　　甄聲（甀）　　殷聲（慇）　　辰聲

晨聲(鷐)	屚聲(潹)	参聲(珍)	先聲(洗)	𠫦〔𠫑〕聲(麿)	斤聲
欣聲(掀)	沂聲(垠)	狋聲(茨)	近聲(茳)	堇〔堇〕聲(勤)	勤聲(懃)　刃聲
忍聲(㲜)	胤聲(酳)	晝聲	惡聲	隱聲(㜙)	典聲(淟)　屒聲
殿聲(澱)	薦聲(瀳)	西聲(洒)	存聲(荐)	㬱聲	溫聲(蘊)　緼聲(蘊)
昏聲(婚)	軍聲	𤲃聲(撢)	昆聲(混)	鰥聲(歖)	困聲(綑)　云聲
雲聲(澐)	圂聲(溷)	困聲	𧋻聲(攎)	川聲(馴)	尹聲(頵)　允聲(狁)
袞聲(裦)	隼聲(準)	舛聲	舜聲(蕣)	鯀聲(䲡)	侖聲(論)　臺〔亯〕聲
敦聲(暾)	屯聲(純)	春聲(蠢)	君聲	羣聲(敪)	窘聲(倃)　帚聲(痛)
盾聲(遁)	豚聲(遜)	尊聲(蹲)	寸聲(忖)	夋聲	夌聲(㥄)　容聲(溶)
孫聲(遜)	飧聲(薞)	熏聲(勳)	員聲(損)	彬聲(彪)	豩聲(豳)　爇聲(闋)
賁聲(噴)	奔聲(濟)	糞聲(瀵)	奮聲(幡)	本聲(笨)	分聲　芬聲(棻)
紛聲(芬)	岔聲(棼)	盆聲(溢)	豐聲(蘴)	文聲	閔聲(憫)　門聲(問)

單字

耰　狀　所　筋　鳳　岸〔豐〕　斌　巾　丨　乚　坤〔巛〕
䰟　蚰　鮌　壺　犇　壹　　　舛　蟲　焚　昳

（三）文部韻表

文部《詩經》韻譜

　　《周南·麟斯》一章：詵振。《召南·野有死麕》一章：麕春。《何彼襛矣》三章：緡孫。《邶風·北門》一章：門殷貧艱。《鄘風·鶉之奔奔》二章：奔君。《衛風·氓》四章：隕貧。《王風·葛藟》三章：潹昆昆聞。《鄭風·女曰雞鳴》三章：順問。《出其東門》一章：門雲雲存巾員。《齊風·敝笱》一章：鰥雲。《魏風·伐檀》三章：輪漘淪困鶉飧。《豳風·鴟鴞》一章：勤閔。

　　《小雅·庭燎》三章：晨煇旂。《無羊》一章：羣犉。《小弁》六章：先墐忍隕。《何人斯》一章：艱門云。《信南山》二章：雲雰。《采菽》二章：芹旂。

　　《大雅·縣》八章：慍問。《鳧鷖》五章：亹熏欣芬艱。《抑》二章：訓順。《桑柔》四章：愍辰西瘽。《雲漢》五章：川焚熏聞遯。《韓奕》四章：雲門。

　　《周頌·維清》：典禋。《載芟》：畛畛。《魯頌·泮水》一章：芹旂。

文部《詩經》合韻譜

　　文微通韻　《邶風·北門》三章：敦遺摧。《小雅·采芑》四章：焞雷威。

　　文真耕合韻　《周頌·烈文》：人訓刑。

　　文真合韻　《小雅·正月》十二章：鄰云愍。《大雅·既醉》六章：壼年胤。

　　文元合韻　《邶風·新臺》二章：洒浼殄。《王風·大車》二章：啍璊奔。《秦風·小戎》三章:羣錞苑。《小雅·楚茨》四章:燰愻孫。

文部《楚辭》韻譜

《離騷》:忍隕。

《九歌·湘夫人》:門雲。《國殤》:雲先。

《天問》:云先。

《九章·惜誦》:貧門;又:聞忳;又:忍軫。

《遠遊》:勤聞。

《招魂》:門先。

文部《楚辭》合韻譜

文微通韻　《漁父》:衣汶。

文蒸合韻　《遠遊》:門冰。

文真合韻　《九歌·大司命》:門雲塵。《天問》:分陳;又:寘墳;又:鰥親。《遠遊》:天聞鄰。《招魂》:天人千俇;又:分紛陳先。《大招》:陳存先;又:雲神存昆。

文質合韻　《離騷》:艱替。

文元合韻　《天問》:言文。《九章·抽思》:聞患。《悲回風》:還聞;又:雰媛。《遠遊》:傳垠然存先門。《九辯》:溫餐垠春。《招魂》:先還先。

（四）説　明

(1)斤聲、軍聲在文部,可是有少數斤聲、軍聲諧聲字中古卻在微韻。例如:"祈頎旂坼"和"揮煇輝暉"等。再看《詩經》,其中有些字卻與文部字押韻。例如:《小雅·庭燎》叶"晨煇旂",《小雅·采菽》和《魯頌·泮水》都叶"芹旂"。這證明"旂煇"等字上古屬文部。我們在《漢字古音手册》中就指出:"這些字讀陰聲韻是後起現象。"還指出"煇"又作"户昆切"。

(2)衣($痕韻, ēn$),衣聲;饐($恨韻, èn$),豈聲;脪($焮韻, xìn$),希聲;雊($準韻, sǔn$),佳聲。四字聲符在微部,陰陽對轉入文部。"隼"是"雊"的會意字("从佳一")或體,成爲文部的聲符($準$),"准"又是"準"的俗體,形成一串訛變。

(3)髠($魂韻, kūn$),兀聲;吻刎($吻韻, wěn$),勿聲。三字聲符在物部,陽入對轉入文部。

(4)奨($山韻, bān$),汃($真韻, bīn$),八聲;甤($準韻, rǒng$),喬聲。三字聲符在質部,陽入旁對轉入文部。

(5)吞($痕韻, tūn$),天聲;蟁($文韻, wén$),民聲。二字聲符在真部,旁轉入文部。

(6)簨($準韻, sǔn$),巽聲,巽聲在元部,"簨"字旁轉入文部。鰥瘝($山韻, guān$),眔聲,眔聲在緝部,"鰥"字陽入旁對轉入文部。段注:"本指大魚","多假借爲鰥寡字"。

(7)《詩經》文部押韻27章,入韻字58個:慍₁裡₁殷₁愍₁欣₁旂₃芹₂云₁雲₅耘₁員₁隕₂

川$_1$訓$_1$順$_2$熏$_2$勤$_1$墐$_1$艱$_3$君$_1$翬$_1$昆$_2$巾$_1$鰥$_1$困$_1$麔$_1$典$_1$輝$_1$辰$_1$振$_1$晨$_1$湣$_2$鶉$_1$犉$_1$畛$_1$遯$_1$春$_1$忍$_1$存$_1$先$_1$詵$_1$西$_1$孫$_1$飧$_1$輪$_1$淪$_1$奔$_1$貧$_2$雰$_1$芬$_1$焚$_1$門$_4$問$_2$聞$_2$閔$_1$緡$_1$瘠$_1$鼉$_1$。

合韻 9 章,其中文微通韻 2 章,文真合韻 2 章,文元合韻 4 章,文真耕合韻 1 章。入韻字 14 個:云$_1$慇$_1$訓$_1$葷$_1$壼$_1$敦$_1$焞$_1$哼$_1$錞$_1$胤$_1$珍$_1$洒$_1$孫$_1$奔$_1$。

(8)《楚辭》文部押韻 9 章,入韻字 11 個:云$_1$雲$_2$隕$_2$勤$_1$軫$_1$忳$_1$忍$_2$先$_3$貧$_1$門$_3$聞$_2$。

合韻 18 章,其中微文通韻 1 章,文真合韻 8 章,文元合韻 7 章,文質、文蒸合韻各 1 章。入韻字 18 個:慍$_2$雲$_1$艱$_1$垠$_1$昆$_1$鰥$_1$春$_1$存$_3$先$_5$侁$_1$分$_2$雰$_1$紛$_1$文$_1$汶$_1$門$_3$聞$_3$墳$_1$。

(9)文部一級聲符 57 個,單字 21 個。《詩經》韻譜文部入韻字 58 個,分屬文部 33 個一級聲符,還有 2 個單字(巾、焚)。合韻譜入韻字 14 個,增加入韻一級聲符 1 個(胤聲),單字一個(壼)。《楚辭》韻譜入韻字 11 個,合韻譜入韻字 18 個,增加入韻一級聲符 1 個(賁聲)。文部未入韻的一級聲符有吝聲、昬聲、屍聲、薦聲、囷聲、鯀聲、盾聲、尊聲、寸聲、夋聲、勳聲、彬聲、豩聲、糞聲、奮聲、本聲、尹聲、允聲、袞聲、隼聲、舛聲等 21 個,還有 18 個單字。

二三、歌　部

（一）歌部字表

1. 歌部開一 [a]

調\聲	平　歌　　　　　　[a]	上　哿	去　箇
影 ∅	〈烏何〉阿阿衡,阿瞞 (ā) 阿大陵婀痾*又作"疴" 婀娿 (ē) 痾亦作"疴" (kē)	〈烏可〉閜 (ě)	
曉 x	〈虎何〉訶呵抲〈（集）〉亡反"丂"也 (hē)		
匣 ɣ	〈胡歌〉苛 (kē) 何代詞河荷芙蕖 (hé)	〈胡可〉荷負荷何負 (hè)	〈胡箇〉賀 (hè)
見 k	〈古俄〉歌謌牁滒哥舸 (gē) 柯 (kē) 〈（又）（集）寒歌〉滆水名 (hé)	〈古我〉哿舸笴 (gě)	〈古賀〉箇个個 (gè)
溪 kʻ	〈苦何〉珂軻 (kē)	〈枯我〉可坷 (kě)	
疑 ŋ	〈五何〉莪哦娥莪峨鵝俄蛾睋涐誐硪 (é)	〈五可〉我騀 (wǒ)	〈五个〉餓 (è)
端 t	〈得何〉多 (duō)	〈丁可〉癉〈（集）典可〉癉 (duǒ)	
透 tʻ	〈託何〉佗*非我,別的 扡拖它*疼 (tuō) 佗非我,別的 他它 (tā) 〈（集）湯何-戈〉拖拕 (tuō)		
定 d	〈徒何〉駝鼉紽鮀陀驒青馬 沱跎詑欺酡袘鴕佗加〈（集）唐何-戈〉蠹陁訑欺 (tuó)	〈徒可〉柂陊 (duò)	
泥 n	〈諾何〉那多也也 儺戁 (nuó) 〈（又）（集）年題〉齁有骨䶦 (ní)		
來 l	〈魯何〉羅蘿籮 (luó)	〈來可〉砢 (luǒ)	
精 ts		〈臧可〉左厷ナ左手 (zuǒ)	〈則箇〉佐 (zuò)
清 tsʻ	〈七何〉瑳瑳搓磋 (cuō)		
從 dz	〈昨何〉嵯搓醝嵳崿 酇麚鬠 (cuó)		
心 s	〈素何〉娑傞 (suō)		〈蘇箇〉些語氣詞 (suò)

2. 歌部開二 [ea]

調\聲	平　麻　　　　　　[a]	上　馬	去　禡
曉 x		〈許下〉閜 (xiǎ)	
見 k	〈古牙〉嘉加笳痂駕枷迦茄荷莖 珈〈（集）居牙〉秚 (jiā)		〈古訝〉駕架 (jià)
疑 ŋ	〈（説）五加〉雅 (yá)		
端 t	〈陟加〉奓厚脣貌 (zhā)		
莊 tʃ		〈側下〉鮓〈（集）蒼衺 (zhǎ)	〈側駕〉溠 (zhà)

調 聲	平　麻　　　[a]	上　馬	去　禡
初 tʃʻ	〈初牙〉叉杈差差錯艖〈(集)初加〉扠 (chā)〈楚佳-佳〉釵〈楚皆-皆〉差選擇 (chāi)		〈楚懈-卦〉差病愈瘥 (chài)
崇 ʤ	〈鉏加〉槎 (chá)〈士佳-佳〉䐗 (chái)		
山 ʃ	〈所加〉鯊吹沙小魚魦沙柴紗砂 (shā)		
幫 p		〈北買-蟹〉擺分開 (bǎi)	
並 b		〈薄蟹-蟹〉罷止罷 (bà)	
明 m	〈莫霞〉麻摩 (má)		

3. 歌部開三 [ĭa]

調 聲	平　支　　　[ĭe]	上　紙	去　寘
影 ∅	〈於離〉漪猗長也椅木名陭橋 (yī)	〈於綺〉倚猗依也旖輢 (yǐ)	
曉 x	〈許羈〉犧羲犧羛地名戲伏戲虘 (xī)		〈香義〉戲戲弄 (xì)
見 k	〈居宜〉羈畸羇羈覉持取奇單數〈(集)〉剞 (jī)	〈居綺〉掎踦腳脛 (jǐ)	〈居義〉寄徛 (jì)
溪 kʻ	〈去奇〉敧觭踦一隻腳猗猗觭傾斜 (qī) 崎 (qí)〈(集)丘奇〉攲 (qī)	〈墟彼〉綺碕碕礒 (qǐ)	
羣 g	〈渠羈〉奇奇異琦騎騎馬鵸碕曲岸錡〈(集)〉埼 (qí)〈求迦-戈〉伽同"茄" 茄茄子 (qié)		〈奇寄〉騎坐騎 (jì)
疑 ŋ	〈魚羈〉宜儀鄅鸃 (yí)	〈魚倚〉蟻蛾古"蟻"字齮犧義轙〈(集)語綺〉钀貫繩環 (yǐ)	〈宜寄〉議誼義〈(集)〉礒同"義" (yì)
透 tʻ	〈丑知〉摛螭魑离〈(集)抽知〉攡瞗 (chī)	〈(集)丑豸〉扡析胣 (chǐ)	
定 d	〈直離〉馳趍池〈(集)陳知〉笞扡 (chí)	〈池爾〉杝劈阤 (zhì)	〈徒四-至〉地墬〈(集)徒二-至〉墑 (dì)
餘 ʎ	〈弋支〉移迻杝移杝扡匜扜栘木名酏匜訑臺名蛇委蛇〈(集)余支〉杝椸訑臺名施扡訑訑訛 (yí)	〈移爾〉迤旎〈(集)演爾〉迤斜行 (yǐ)	〈以豉〉肔〈(集)〉施延 (yì)
來 l	〈吕支〉離籬醨罹璃樆縭褵蘺欐漓灕謧〈(集)鄰知〉杝籬 (lí)		
昌 tʻ	〈叱支〉眵 (chī)	〈尺氏〉侈姼美銤誃離別侈袳姼袲侈哆 (chǐ)	
書 ç	〈式支〉施施行葹覗鍦螫敊 (shī)	〈施 是〉弛*(shǐ) 弛 (chí)〈(集)賞是〉弛*(shǐ) 弛 (chí)	〈施智〉翅 (chì)
禪 z	〈是支〉姼母姼 (shí)	〈承紙〉狏狏狼 (shì)	
從 ʣ	〈(集)才支〉骴 (cí)		
初 tʃʻ	〈楚宜〉差等級,參差齹縒 (cī)		
幫 p	〈(集)班縻〉羆 (bēi)		〈彼義〉詖跛陂傾斜跛偏任〈(集)〉披古喪具 (bì)
滂 pʻ	〈敷羈〉鈹帔披肩鮍披開狓旇 (pī)		〈披義〉帔裙 (pì)
並 b	〈符羈〉皮疲罷倦也 (pí)	〈皮彼〉被 (bèi)	〈平義〉髲 (bì) 鞁 (bèi)
明 m	〈(集)忙皮〉縻藦縻紛攡〈(集)民卑〉籎 (mí)	〈文彼〉靡敝靡〈(集)母被〉孊 (mǐ)	

4. 歌部開四 [ia]

調 聲	平 麻(舌齒) [ĭa] 齊(喉牙) [iei]	上 馬(舌齒) 薺(喉牙)	去 禡(舌齒) 霽(喉牙)
影 ∅	〈烏奚〉黟 (yī)		
溪 kʻ		〈康禮〉䏨 (qǐ)	
餘 ʎ		〈羊者〉也 (yě)	
船 ȡ	〈食遮〉蛇虵 (shé)		
禪 ʑ	〈視遮〉鉈 (shé)		
精 ts	〈子邪〉嗟謯瑳 (jiē) 嗟* (juē)		
邪 z		〈徐野〉灺 (xiè)	

5. 歌部合一 [ua]

調 聲	平 戈 [uɑ]	上 果	去 過
影 ∅	〈烏禾〉倭倭人逶踒〈(集)〉䓗 (wō)	〈烏果〉婐 (wǒ)	
匣 ɣ	〈戶戈〉禾和和諧穌盉 (hé)	〈胡果〉夥多 (huǒ) 禍碢 (huò)	〈胡卧〉和跟着唱 (hè) 貨 (huò)
見 k	〈古禾〉戈 (gē) 過地名渦水名鍋車釭榀癧䶣〈(集)〉過 (guō)	〈古火〉果菓輠鐹裹蜾〈(集)〉裸蠣 (guǒ)	〈古卧〉過經過 (guò)
溪 kʻ	〈苦禾〉科窠薖犐髁 (kē)	〈苦果〉顆 (kē) 敤 (kě)	〈苦卧〉課堁 (kè)
疑 ŋ	〈五禾〉訛譌吪鈋䰩 (é)		〈吾貨〉臥卧 (wò)
端 t		〈丁果〉埵髻小兒留髮朵〈(集)〉都果〉椯埵 (duǒ)	〈都唾〉娜 (duò)
透 tʻ	〈土禾〉涶 (tuō)	〈他果〉妥隋裂肉橢 (tuǒ)	〈湯卧〉唾毻 (tuò)
定 d		〈徒果〉墮落憜惰媠鰖墮〈(集)〉杜果〉鐀 (duò)	〈徒卧〉媠褊 (duò)
泥 n	〈奴禾〉捼〈(集)〉挼 (nuó)	〈奴果〉妮 (nuǒ)	〈乃卧〉愞懦稬〈(集)〉奴卧〉偄 (nuò)
來 l	〈落戈〉騾蠃螺蠃螺鑼玀〈(集)〉盧戈〉覶 (luó)	〈郎果〉裸躶臝臝蓏蠃螺臝〈(集)〉魯果〉倮臝 (luǒ)	〈魯過〉贏纙玀 (luò)
精 ts			〈則卧〉挫摧折侳〈(集)〉祖卧〉蓌 (cuò)
清 tsʻ		〈倉果〉脞 (cuǒ)	〈麤卧〉剉莝銼 (cuò)
從 dz	〈昨禾〉痤桙脞 (cuó)	〈徂果〉坐坐立壁古文"坐" (zuò)	〈徂卧〉座坐坐位,坐罪〈(集)〉挫提起 (zuò)
心 s	〈蘇禾〉莎草名趖娑 (suō)〈(又)(集)師加〉莎莎雞,蟲名 (shā)〈(集)蘇禾〉沙沙劘,撫摩 (suō)	〈蘇果〉鎖璅濄鏁惢貨 (suǒ)	〈先卧〉膜 (suò)
幫 p	〈博禾〉波綏嶓番番番,勇武貌磻〈(集)逋禾〉碆石箭鏃 (bō)	〈布火〉跛行不正簸攱〈(集)補火〉播播,揚 (bǒ)	〈補過〉播*播種潘 (bò) 播 (bō)
滂 pʻ	〈滂禾〉頗頭偏,相當地坡 (pō)	〈普火〉叵駊 (pǒ)	〈普過〉破 (pò)
並 b	〈薄波〉婆鄱嶓繁姓 (pó)		
明 m	〈莫婆〉摩臂磨磨礦劘〈(集)眉波〉麼細小 (mó)〈莫杯－灰〉塺 (méi)		〈模卧〉磨礚礴 (mò)

6. 歌部合二 [oa]

調／聲	平　麻　[wa]	上　馬	去　禡
曉 x			〈呼霸〉化匕譁傀魤 (huà)
匣 ɣ		〈胡瓦〉稞淨穀鱯觚 (huà) 夥 (huò) 踝 (huái)	
見 k	〈古華〉騧緺蝸*蝸牛 (guā) 蝸蝸牛 (wō)〈古蛙-佳〉媧女媧 (wā)	〈古瓦〉冎剮 (guǎ)	
溪 kʻ	〈苦緺 - 佳〉咼喎 (wāi)	〈苦瓦〉㐄 (kuà)	
疑 ŋ		〈五寡〉瓦已燒土器,屋瓦 (wǎ)	〈五化〉瓦動詞,鋪瓦 (wà)
端 t	〈陟瓜〉檛簻築 (zhuā)		
莊 ʧ	〈莊華〉髽 (zhuā)		

7. 歌部合三 [ĭwa]

調／聲	平　支　[ĭwe]	上　紙	去　寘
影 ø	〈於爲〉逶矮萎* 覣蜲倭順貌委委佗蟡蟲蛇 (wēi) 萎痿 (wěi)	〈於詭〉委託付骫 (wěi)	〈於僞〉餧餵矮 (wèi)
曉 x	〈許爲〉麾麾噅撝隳〈(集)吁爲〉戲麾〈許規〉隓墮毀壞隳嶞蘳〈(集)翾規〉挼挼祭 (huī)	〈(集)虎委〉碨 (huǐ)	
匣 ɣ	〈薳支〉爲作爲為鄬 (wéi)	〈韋委〉蔿蘤瘍闖薳寪〈(集)羽委〉囍 (wěi)	〈于僞〉爲幫助,給 (wèi)
見 k	〈居爲〉嬀 (guī)	〈過委〉蟡 (guǐ)	〈詭僞〉賜 (guì)
溪 kʻ	〈去爲〉虧 (kuī)		
疑 ŋ	〈魚爲〉厵 (wēi)		〈危睡〉僞 (wěi)
端 t	〈竹垂〉腄胼胝 (chuí)		〈竹恚〉娷諈 (zhuì)
定 d	〈直垂〉鬌髮脱落錘甀 (chuí)		〈馳僞〉腄古縣名硾 (zhuì)
餘 ʎ	〈悦吹〉蒍 (wéi)	〈羊捶〉豨 (wěi)	
泥 n			〈女恚〉諉 (wěi)〈(集)〉錗 (nèi)
來 l	〈力爲〉羸欚 (léi)		
章 ȶ		〈之累〉捶箠鞭子,鞭打騹〈(集)主縈〉棰 (chuí)	〈之睡〉惴 (zhuì)
昌 ȶʻ	〈昌垂〉吹吹嘘炊籥〈(集)姝爲〉龡 (chuī)		〈尺僞〉吹鼓吹,名詞 (chuì)
禪 ʑ	〈是爲〉垂陲倕甀 (chuí)	〈時髓〉菙 (chuí)	〈是僞〉睡甀 (shuì) 瑞 (ruì)
日 ȵ		〈如累〉蘂蕊 (ruǐ)	
精 ʦ	〈姊規〉厜〈子垂〉騹 (zuī)		
心 s		〈息委〉髓〈(集)選委〉髓瀡滑 (suǐ)	
邪 z	〈旬爲〉隨隋國名,本作"隨" (suí)		
初 ʧʻ		〈初委〉揣量也 (chuǎi)	
幫 p	〈彼爲〉羆 (pí) 陂斜坡襬藣 (bēi)	〈甫委〉彼柀 (bǐ)	
明 m	〈靡爲〉糜縻縻蘼纚靡 (mí)		

8. 歌部合四 [iwa]

調 聲	平　脂　　　　　　[wi]	上　旨	去　至
章 ȶ	〈(集)朱惟〉揣擊(zhuī)		
日 ȵ	〈儒佳〉緌 (ruí)	〈如壘〉蕤 (ruí)	
精 ts			〈將遂〉檇 (zuì)

（二）歌部諧聲表

歌部聲符

可聲	何聲(荷)	阿聲(痾)	哥聲(歌)	苛聲(渮)	奇聲	猗聲(漪)
旖聲(檹)	我聲(蛾)	多聲	移聲(蓚)	侈聲(誃)	它聲(紽)	左〔ナ〕聲
佐聲(鎈)	差聲(蹉)	沙聲(娑)	加聲	枷聲(迦)	叉聲(釵)	義聲(犧)
虘聲	戲聲(巇)	義聲(儀)	宜聲(誼)	羅聲(蘿)	离聲	離聲(欐)
也聲	施聲(葹)	禾聲	委聲(倭)	果聲(課)	冎聲	咼聲
過聲(禍)	戈聲(呙)	科聲(䊥)	七聲	化聲(訛)	爲聲	蔿聲(蒍)
垂聲(唾)	乇聲	爾聲(蠒)	朵聲(娚)	陸聲	隋聲(墮)	遀聲(髓)
妥聲(挼)	奂聲(稧)	累聲(騾)	羸聲	嬴聲(纚)	坐聲(剉)	貟聲(鎖)
恣聲	蕊聲(蘂)	炊聲(籥)	罷聲(擺)	麻聲	靡聲(醾)	皮聲
波聲(婆)						

單字

己	个	些	蒙	坐	羈	蓏	叵	臥	瓦	羛	吹〔�〕

（三）歌部韻表

歌部《詩經》韻譜

《召南·羔羊》一章:皮紽蛇。《江有汜》三章:沱過過歌。《邶風·北門》一、二、三章:爲何。《新臺》三章:離施。《鄘風·柏舟》一章:河儀它。《君子偕老》一章:珈佗河宜何。《相鼠》一章:皮儀儀爲。《衛風·淇奧》一章:猗磋磨。《考槃》二章:阿薖歌過。《竹竿》三章:左瑳儺。《王風·黍離》一、二、三章:離靡。《兔爰》一章:羅爲罹吪。《丘中有麻》一章:麻嗟嗟施。《鄭風·緇衣》一章:宜爲。《女曰雞鳴》二章:加宜。《蘀兮》一章:吹和。《唐風·有杕之杜》一章:左我。《秦風·晨風》一、二、三章:何何多。《陳風·東門之池》一章:池麻歌。《澤陂》一章:陂荷何爲沱。《豳風·東山》四章:�儀嘉何。《破斧》二章:錡吪嘉。

　　《小雅·魚麗》一章:鯊多;四章:多嘉。《湛露》四章:椅離儀。《菁菁者莪》一章:莪阿儀。

《車攻》六章:駕猗馳破。《斯干》六章:何罷蛇;七章:罷蛇;九章:地瓦儀議罷。《無羊》二章:阿池訛。《節南山》二章:猗何瘥多嘉嗟。《小旻》六章:河他。《小弁》一章:罹何何;七章:猗柂佗。《巧言》六章:何多何。《何人斯》二章:禍我可。《北山》五章:議爲。《裳裳者華》四章:左宜。《鴛鴦》一章:羅宜。《頍弁》一章:何嘉他。《賓之初筵》四章:俄傞,又:嘉儀。《隰桑》一章:阿難何。《緜蠻》一章:阿何。《漸漸之石》三章:波沱他。

《大雅·棫樸》二章:峨宜。《皇矣》六章:阿池。《下武》六章:賀佐。《既醉》四章:何嘉儀。《鳧鷖》二章:沙宜多嘉爲。《卷阿》一章:阿歌;十章:多馳多歌。《抑》五章:儀嘉磨爲;八章:嘉儀。《桑柔》十六章:可歌。《韓奕》六章:皮罷。

《魯頌·閟宮》三章:犧宜多。《商頌·那》一章:猗那。

歌部《詩經》合韻譜

歌元通韻　《陳風·東門之枌》二章:差原麻娑。《小雅·桑扈》三章:翰憲難那。

歌微元合韻　《小雅·谷風》三章:嵬萎怨。

歌脂合韻　《商頌·玄鳥》一章:祁河宜何。

歌部《楚辭》韻譜

《離騷》:他化;又:離虧;又:差頗;又:可我;又:化離;又:馳蛇。

《九歌·大司命》:披離爲;又:何虧爲。《少司命》:河波池阿歌。《河伯》:河波螭。《山鬼》:阿蘿。

《天問》:爲化;又:加虧;又:施化;又:多何;又:歌地;又:宜嘉;又:嘉嗟;又:施何。

《九章·抽思》:儀虧。《思美人》:化爲。《橘頌》:過地。《悲回風》:儀爲。

《遠遊》:馳蛇;又:麾波。

《漁父》:移波醨爲。

《九辯》:化歌。

《招魂》:蛇池荷波陂羅籬爲;又:羅歌荷酡波奇離。

《大招》:罷麾施爲。

歌部《楚辭》合韻譜

歌魚合韻　《九辯》:瑕加。

歌支合韻　《離騷》:蕊纚。《九歌·少司命》:離知。《大招》:施卑移。

歌脂微合韻　《遠遊》:妃歌夷蛇飛徊。

歌微合韻　《九歌·東君》:雷蛇懷歸。《九辯》:毀弛。

(四)説　明

(1)鼉驒靐(歌韻, tuó),觶觰(哿韻, duǒ),單聲;儺戁(歌韻, nuó),觺(歌韻, ní),難聲;

愞𢤱稬偄(過韻，nuò)，耎聲；㹍(麻韻，yá)，犬聲；墆(至韻，dì)，彖聲；嶓番磻(戈韻，bō)，播譒(過韻，bò)，鄱嶓(戈韻，pó)，番聲；覼(戈韻，luó)，鬲聲；繁(戈韻，pó)，緐聲；钀(紙韻，yǐ)，獻聲；椯(果韻，duǒ)，揣(紙韻，chuǎi)，惴(寘韻，zhuì)，瑞(寘韻，ruì)，耑聲；骫(紙韻，wěi)，丸聲；蓈(紙韻，wěi)，遠聲；簛(支部，mí)，羺聲；㟻(至韻，zuì)，雋聲。以上 31 字，分屬單聲、番聲等 13 個聲符，這些字上古都在元部。陰陽對轉，由這些聲符構成的 31 個形聲字都列入歌部。

(2)箇個(箇韻，gè)，固聲。它們是 "个" 的後起字。查先秦古籍，只有《左傳》《國語》等出現 "个" 字。《説文》收有 "箇" 字，《禮記》有用例。鄭玄注《儀禮》指出："个，猶枚也。今俗或名枚曰 '個'。" 段玉裁《説文解字注》定 "箇" 爲魚部，欠妥。三字中古在箇韻，王力先生據此定 "箇" 字爲歌部是正確的。此漢代魚、歌部分字合流的反映。鮺羬(馬韻，zhǎ)，差省聲，應在歌部。鮓(馬韻，zhǎ)，乍聲。《手册》據 "鮓" 字聲符，定 3 字爲鐸部，不當。"鮓" 是 "羬" 的俗體，也是漢代魚歌合流的反映。《表稿》改列歌部。虧(支韻，kuī)，虖聲，虖聲在魚部。《説文》："虧，氣損也。从亏，虖聲。" 段注定此字 "古音在十七(歌)部，虖在五(魚)部，魚歌合韻也"。《楚辭·天問》有 "加、虧" 相叶。

(3)攲(支韻，qī)，《説文》："攲，隔也。从危，支聲。" "攲隔" 同 "崎嶇"，傾斜不平也。對比：䫴(支韻，qī)，《説文》："䫴，持去也。从支，奇聲。" 其實 "攲" 也是傾斜的意思。《荀子·宥坐》："孔子觀於魯桓公之廟，有攲器焉。" 支聲可疑。覼(戈韻，luó)，爾聲，爾聲在脂部，旁轉入歌部。

(4)《詩經》歌部押韻 65 章，入韻字 69 個：可$_2$ 何$_{21}$ 歌$_6$ 河$_4$ 阿$_7$ 荷$_1$ 猗$_4$ 椅$_1$ 掎$_1$ 錡$_1$ 爲$_{10}$ 加$_1$ 珈$_1$ 嘉$_{10}$ 駕$_1$ 賀$_1$ 我$_2$ 莪$_1$ 俄$_1$ 峨$_1$ 儀$_{11}$ 議$_2$ 和$_1$ 宜$_8$ 過$_1$ 禍$_1$ 薖$_1$ 吪$_2$ 訛$_1$ 它$_1$ 佗$_2$ 紽$_1$ 蛇$_3$ 沱$_1$ 施$_2$ 池$_1$ 馳$_1$ 地$_1$ 他$_3$ 柂$_1$ 多$_{11}$ 犧$_1$ 瓦$_1$ 磋$_1$ 瑳$_1$ 嗟$_3$ 瘥$_1$ 傞$_1$ 吹$_1$ 左$_1$ 佐$_1$ 沙$_1$ 鯊$_1$ 難(盛貌)$_1$ 儺 那(多也)$_1$ 離$_5$ 縭$_1$ 羅$_2$ 罹$_3$ 罝$_1$ 皮$_3$ 陂$_1$ 破$_1$ 波$_1$ 罷$_1$ 麻$_1$ 磨$_2$ 靡$_3$。

合韻 4 章，其中歌元通韻 2 章，歌微元合韻 1 章，脂歌合韻 1 章。入韻字 8 個：萎$_1$ 何$_1$ 河$_1$ 宜$_1$ 差$_1$ 娑$_1$ 那$_1$ 麻$_1$。

(5)《楚辭》歌部押韻 30 章，入韻字 39 個：可$_1$ 何$_3$ 歌$_4$ 河$_1$ 阿$_2$ 荷$_2$ 奇$_1$ 爲$_8$ 加$_1$ 嘉$_2$ 虧$_4$ 我$_1$ 儀$_2$ 宜$_1$ 過$_1$ 化$_6$ 蛇$_1$ 酡$_1$ 施$_3$ 池$_2$ 馳$_2$ 地$_1$ 他$_1$ 陂$_1$ 多$_1$ 移$_1$ 差$_1$ 嗟$_1$ 離$_4$ 螭$_1$ 醨$_1$ 籬$_1$ 羅$_1$ 蘿$_1$ 波$_6$ 頗$_1$ 披$_1$ 罷$_1$ 麾$_2$。

合韻 7 章，其中歌支合韻 3 章，歌微合韻 2 章，歌微脂、歌魚合韻各 1 章。入韻字 8 個：歌$_1$ 加$_1$ 蛇$_2$ 施$_1$ 虵$_1$ 移$_1$ 蕊$_1$ 離$_1$。

(6)歌部一級聲符 37 個，單字 12 個。《詩經》韻譜入韻字 69 個，分屬歌部 20 個一級聲符，還有 2 個單字(瓦、吹)。合韻譜入韻字 8 個，未增加一級入韻聲符或單字。《楚辭》韻譜歌部入韻字 39 個，合韻譜入韻字 8 個，只增加一個一級入韻聲符(惢聲)。歌部未入韻的一級聲符有叉聲、虘聲、果聲、戈聲、科聲、垂聲、干聲、朵聲、陸聲、妥聲、夬聲、累聲、羸聲、坐聲、貟聲、炊聲等 16 個，還有 10 個單字。

二四、月　部

（一）月部字表

1. 月部開一 [ăt]/[āt]

調聲	短入　　　曷　　　[ɑt]	長入　　　泰　　　[ɑi]
影 ∅	〈烏葛〉遏齃頞堨土堰閼阻塞 (è)	〈於蓋〉藹 (ǎi) 藹 (ài)
曉 x	〈许葛〉喝恐嚇 (hè)	〈呼艾〉餀 (hài)
匣 ɣ	〈胡葛〉曷鶡蝎木中蛀蟲餲食品齃 (hé) 褐 (hè) 〈集〉何葛〉害曷 (hé)	〈胡蓋〉害災害夆妎 (hài)
見 k	〈古達〉割 (gē) 葛葛布,葛藤輵轕 (gé) 葛國名,姓獦駶勾給予鄹 (gě)	〈古太〉匃乞求丐 (gài)
溪 k'	〈苦曷〉渴潚竭〈集〉丘葛〉嶱嶭 (kě)	〈集〉丘蓋〉稭 (kài)
疑 ŋ	〈五割〉岸屵櫱不呼歺歹,去肉殘骨〈集〉牙葛〉喜呼 (è) 枿 (niè)	〈五蓋〉艾 (ài)
端 t	〈當割〉怛靼妲妲點狟笪靼 (dá)	〈當蓋〉帶蹛 (dài)
透 t'	〈他達〉獺 (tǎ) 闥健撻屮牽小羊達挑達 (tà)	〈他蓋〉泰忕太汰過〈集〉汰超過忕 (tài)
定 d	〈唐割〉達通〈集〉陁葛〉达通 (dá)	〈徒蓋〉大 (dà) 汏淘軑 (dài)
泥 n		〈奴帶〉奈柰渿 (nài)
來 l	〈盧達〉刺瘌帮鬎瘌梸 (là)	〈落蓋〉賴籟癩瀨糲糲賴鱳〈集〉〉瀨 (lài) 糲* (lì)
清 ts'		〈倉大〉蔡〈集〉倉代 - 代〉縩 (cài)
從 dz	〈才割〉嶻嘖多言囋 (zá)	
心 s	〈桑割〉掇槃〈集〉泧濊泧 (sà)	
幫 p		〈博蓋〉貝跟狽牶鮊 (bèi) 沛郡名,姓邶茷茂盛也 (pèi)
滂 p'		〈普蓋〉浿沛水名,水盛怖〈集〉肺肺肺,茂盛 (pèi)
並 b		〈蒲蓋〉旆 (pèi) 〈集〉〉拔木生枝葉茇茇茇 (bèi)

2. 月部開二 [eăt]/[eāt]

調聲	短入　　鎋(喉舌)　[at]　　黠(齒脣)　[æt]	長入　　　怪　　　[ɐi]
影 ∅	〈乙鎋〉閼〈集〉乙轄〉輵〈烏黠-點〉軋揠猰猰窫〈集〉乙黠-點〉乜 (yà)	〈於犗-夬〉喝嘶啞(yè)餲 (ài)
曉 x		〈許介〉嘕恋 (xiè)
匣 ɣ	〈胡瞎〉鎋莃轄蠚瞎〈集〉下瞎〉撡 (xiá)	〈胡介〉黠薤齘閉澥 (xiè)
見 k	〈古鎋〉鴰〈古黠-點〉扴价契磍〈集〉訖黠-點〉搳愬 (jiá)	〈古拜〉界介疥玠玠尬价善也髻鴿芥袩芇駔〈集〉居拜〉乔蚧〈古喝-夬〉犗 (jiè)

續表

調／聲	短入　鎋(喉舌) [at]　黠(齒脣) [æt]	長入　怪 [ɐi]
溪 k‘	〈枯鎋〉楬樂器〈恪八-黠〉擖扴硈 (qià)	
疑 ŋ	〈(集)牛轄〉齾 (yà)	
端 t	〈陟鎋〉哳 (zhā)	
透 t‘		〈丑犗-夬〉蠆 (chài)
莊 ʧ	〈側八〉札蚻〈(集)〉鶖 (zhá)	〈側界〉瘵祭姓鄒 (zhài)
初 ʧ‘	〈初八〉察詧 (chá)	
山 ʃ	〈所八〉殺戮煞蔱樧 (shā)	〈所拜〉鎩殺衰減䵘 (shài)
幫 p	〈(集)布拔〉柭〈百鎋-鎋〉捌農具名 (bā)	〈博怪〉捧古"拜"字拜 (bài)
滂 p‘		〈普拜〉湃 (pài)
並 b	〈蒲八〉拔擢也 (bá)	

3. 月部開三 [ĭăt]/[ĭāt]

調／聲	短入　薛(舌齒脣) [ĭɛt]　月(喉) [ĭɐt]	長入　祭 [ĭɛi]
影 Ø	〈於歇〉謁暍㵣〈於列-薛〉焆煙氣 (yè)	〈於罽〉緆腸 (yì)
曉 x	〈許竭〉歇猲 (xiē)〈許列-薛〉娎 (xiè)	
見 k	〈居竭〉揭舉 (jiē) 訐趨羯〈居列-薛〉孑釨檵 (jié)	〈居例〉罽罽瀱彑蘮〈(集)〉蔮 (jì)
溪 k‘	〈丘竭〉朅藒 (qiè)〈(集)丘傑〉担揭，担橋偈疾速 (jiē)	〈去例〉憩愒揭掀起衣服甈瓦器 (qì)
羣 g	〈其謁〉竭楬小木樁〈渠列-薛〉傑桀碣榤偈勇武渴水涸 (jié)	
疑 ŋ	〈魚列-薛〉孼孽糱讞蠥闑钀櫱蘖钀〈(集)〉蘖蘖堨門牆 (niè)	〈牛例〉剽〈魚祭〉藝埶蓺寱〈魚肺-廢〉刈乂忞虓嬖〈魚器-至〉劓 (yì)
端 t	〈陟列〉哲悊喆 (zhé)	
透 t‘	〈丑列〉屮草初生撤哲徹聅〈(集)敕列〉㣼 (chè)	〈丑例〉趩傺跐 (chì)
定 d	〈直列〉轍 (zhé) 澈 (chè)	〈直例〉滯彘璏茵 (zhì)
餘 ʎ	〈羊列〉抴〈(集)〉拽 (yè)	〈餘制〉曳裔跩勩泄泄泄洩枻詍愧靾跇厂褹滳呭〈(集)以制〉栧 (yì)
來 l	〈良薛〉列迾蛚䴕烈洌冽裂茢颲鴷栵鴷劣栵 (liè)	〈力制〉例厲礪勵癘痢濿砅蠣蠇欐糲犡〈(集)〉巁 (lì)
章 ȶ	〈旨熱〉晢晣折折斷 (zhé) 浙 (zhè)	〈征例〉制製狾逝〈(集)〉猘瘈〈脂利-至〉鷙勢 (zhì)
昌 ȶ‘	〈昌列〉掣 (chè)	〈尺制〉瘛瘈㶐瘌瘳憤 (chì)
船 ȡ	〈食列〉舌蛥〈(集)〉揲 (shé)	
書 ɕ	〈識列〉設蔎 (shè)	〈舒制〉世勢貰 (shì)
禪 ʑ		〈時制〉逝忕䴓噬誓筮簭澨銴遾 (shì)
日 ȵ	〈如列〉熱 (rè)	
精 ts	〈姊列〉蠽鶡 (jié)	〈子例〉祭際穄 (jì)
心 s	〈私列〉紲褻泄离人名齛晢絬 (xiè) 薛辥嶭躤 (xuē)〈(集)〉緤偰契人名洩槷 (xiè) 薛躠 (xuē)	

調 聲	短入	薛(舌齒脣) [ĭɛt] 月(喉) [ĭɛt]	長入 祭 [ĭɛi]
幫 p	〈方別〉莂別_{分別}(bié)〈并列〉鼈憋鷩〈(集)必列〉鷩絜䌊(biē)		〈必袂〉蔽鷩鷩彆(bì)
滂 pʻ	〈芳滅〉㵽_{㵽洌}(piē)		〈匹蔽〉㵽(pì)
並 b	〈皮列〉別_{離別}(bié)		〈毗祭〉獘斃幣㡀敝〈(集)〉弊獙(bì)
明 m	〈亡列〉滅搣(miè)		〈彌獘〉袂(mèi)

4. 月部開四 [iăt]/[iāt]

調 聲	短入 屑 [iet]		長入 霽 [iei]
影 ø			〈於計〉䁬(yì)
曉 x	〈虎結〉靾(xiè)		
匣 ɣ	〈胡結〉絜_{約束也}〈(集)奚結〉𪗄(xié)		
見 k	〈古屑〉絜_{清潔}潔趪鶪劶(jié)		〈古詣〉薊鄩〈(集)吉詣〉紒(jì)
溪 kʻ	〈苦結〉挈契_{契闊}鍥(qiè)		〈苦計〉契_{契約}挈頍(qì)
疑 ŋ	〈五結〉齧槷_{門橛}臬陧臲隉〈(說)〉齕〈(集)倪結〉摰(niè)		〈五計〉齯_{破罷}(yì)
端 t			〈都計〉蒂螮蝃蔕(dì)
透 tʻ			〈他計〉戾_{車旁門达滑}(tì)
定 d	〈徒結〉垤_{欠積}(dié)		〈特計〉遰䡐*鈦秧懘墆_{墆翳}(dì)〈杜奚-齊〉折_{折抑,安舒貌}(tí)
精 ts	〈子結〉蠽(jié)		〈(集)子計〉裞(jì)
清 tsʻ			〈七計〉晴(qì)
從 dz	〈昨結〉截(jié)		
心 s	〈先結〉楔(xiē)		
滂 pʻ	〈普蔑〉瞥嫳鑢(piē)擎_擎撆丿(piě)		
並 b	〈蒲結〉蹩蚍襒㡀〈(集)〉㡀_{㡀裥}(bié)		
明 m	〈莫結〉蔑懱蠛篾幭鱴巚莧稯㵸_{㵸潎}〈(集)〉曚䀳(miè)		

5. 月部合一 [uăt]/[uāt]

調 聲	短入 末 [uɑt]		長入 泰 [uɑi]
影 ø	〈烏括〉斡_{旋轉}捾晻取(wò)		〈烏外〉薈儈黵(huì)
曉 x	〈呼括〉豁_{開闊}䜣㵳_{㵳洇㵳泧}眓(huò)		〈呼會〉䜣喊_{嘵喊}翽㵳_{水多}(huì)
匣 ɣ	〈戶括〉活袉鬠佸秮姡(huó)		〈黃外〉會_合繪遺〈(集)〉璯(huì)
見 k	〈古活〉苦頢骺(guā) 活_{活活,水流聲}秮(guō) 括髻栝适鈷_{鈷鏻}頢銛䒷〈(集)〉昏㮏舌(kuò)		〈古外〉儈膾鱠㙛〈〈澮_{水溝}鄶㾷髉會_{會計}獪(kuài) 襘䯤檜劊(guì)
溪 kʻ	〈苦栝〉闊蛞(kuò)		〈苦會〉穦(kuài)
疑 ŋ			〈五會〉外(wài)
端 t	〈丁括〉掇剟鵽(duó)		〈丁外〉祋(duì)
透 tʻ	〈他括〉侻挩_{解脫脫}莌柮_{木杖}(tuō)		〈他外〉娧蛻駾(tuì)

續表

調聲	短入　　末　　　　[uɑt]	長入　　泰　　　[uɑi]
定 d	〈徒活〉奪敚痊鮵 (duó)	〈杜外〉兌蛻 (duì)
來 l	〈郎括〉捋 (luō)〈集〉盧活〈又〉呂邮-術〉埒 (lǜ)	〈盧對-隊〉酹 (lèi)
精 ts		〈祖外〉最 (zuì)
清 ts'	〈倉括〉撮 (cuō)	
從 dz		〈才外〉蕞 (zuì)
心 s	〈集〉先活〉潭 (suō)	
幫 p	〈北末〉撥襏被鳺迖襁〈集〉鲅發魚躍聲墢鏺 (bō)	
滂 p'	〈普活〉鏺柿酶〈集〉粖 (pò)	
並 b	〈蒲撥〉跋魃癹較炦癹妭友胈坺芨草根 (bá)〈集〉薄没-没〉猈 (bó)	
明 m	〈莫撥〉末餗秣靺穖眜妹濊濊減沫〈集〉莫葛〉袜腰巾 (mò)	

6. 月部合二 [oăt]/[oāt]

調聲	短入　鎋(喉齒)[wat]　　點(舌)[wæt]	長入　　夬　　　[wæi]
曉 x		〈火怪-怪〉薳偽 (wèi)
匣 ɣ	〈下刮〉咶 (huà)	〈下快〉話 (huà)
見 k	〈古頒〉刮鴰 (guā)	〈古邁〉夬 (guài)
溪 k'		〈苦夬〉快噲 (kuài)
端 t	〈丁滑〉窡窡畷〈集〉張滑〉窡 (zhuó)	
初 tʃ'	〈初刮〉纂 (zhuā)	〈楚夬〉嘬 (chuài)
並 b		〈薄邁〉敗退 (bài)
明 m		〈莫話〉邁勱躉 (mài)

7. 月部合三 [ĭwăt]/[ĭwāt]

調聲	短入　月(喉脣)[ĭwɐt]　　薛(舌齒)[ĭwɛt]	長入　祭(喉舌齒)[ĭwɐi]　　廢(脣)[ĭwɐi]
影 Ø	〈於月〉喊乾嘔〈集〉颮 (yuě)〈於悦-薛〉妜 (yuè)	〈於廢-廢〉穢薉饖 (wèi) 穢*薉*饖 (huì)
曉 x	〈許月〉狘〈許劣-薛〉烕威映 (xuè)〈許聿-術〉怴 (xù)	〈許穢-廢〉喙餯顪 (huì)
匣 ɣ	〈王伐〉曰 (yuē) 越迖粵戉鉞絨樾娀〈集〉跋輕 (yuè)	〈于歲〉衛害轊瓗徫暳犚熭〈集〉薳跇也鏏 (wèi)
見 k	〈居月〉厥乑蹶跌倒趉嶡劂蕨蠥劈撅鱖鱖歸,小魚孒乚〈集〉蹶厥 (jué)	〈居衛〉劂鱖桂魚蹶動也〈集〉姑衛〉撅揭起衣服 (guì)
溪 k'	〈去月〉闕宮闕 (què) 闕缺失,姓〈傾雪-薛〉缺蚗〈集〉觖 (quē)	
羣 g	〈其月〉鱖鶌橛撅拔起戄亅 (jué)	
疑 ŋ	〈魚厥〉月刖跀趴軏抈〈集〉軏䡖朋 (yuè)	
端 t	〈陟劣〉輟惙聉腏輟叕 (chuò)	〈陟衛〉綴餟醊畷錣 (zhuì)

續表

調\聲	短入	月（喉脣）[ĭwɐt] 薛（舌齒）[ĭwɛt]	長入	祭（喉舌齒）[ĭwɛi] 廢（脣）[ĭwɐi]
餘 ʎ	〈弋雪〉悦説喜閲〈《集》欲雪〉兌兌命鴥 (yuè)		〈以芮〉鋭叡睿蕊 (ruì)	
來 l	〈力輟〉劣埒銲埒脅肉将埒枂〈《集》龍輟〉爱 (liè)			
章 ȶ	〈職悦〉梲梁上短柱〈《集》朱劣〉椯 (zhuō)		〈之芮〉贅 (zhuì)	
昌 ȶʻ	〈昌悦〉歠啜 (chuò)			
書 ɕ	〈失爇〉說陳說,言論 (shuō)		〈舒芮〉税說服祝帨況銳〈《集》輸芮〉挩拭 (shuì)	
日 ȵ	〈如劣〉爇焫同"爇"撋 (ruò)			
精 ts	〈子悦〉蕝 (jué)		〈《集》祖芮〉橇 (qiāo)	
清 tsʻ			〈此芮〉毳脆膬脆竁劇〈《集》〉臎 (cuì)	
從 dz	〈情雪〉絶〈《集》〉蟨 (jué)			
心 s	〈相絶〉雪鱈 (xuě)		〈相鋭〉歲繐 (suì)	
邪 z			〈祥歲〉篲彗䯤槥〈徐醉-至〉彗暳 (huì) 篲*暳*(suì)	
山 ʃ	〈所劣〉刷打掃乾淨㕞拭也 (shuā)			
幫 p	〈方伐〉髮 (fà) 發 (fā)〈分勿-物〉紱黻芾草木盛也市軷翇沷帗 (fú)		〈方肺〉廢癈鼣〈《集》放吠〉橃〈方味-未〉茀小貌 (fèi)	
滂 pʻ	〈敷勿-物〉袚 (fú)		〈芳廢〉肺柿 (fèi)	
並 b	〈房越〉伐筏栰罰閥橃瞂茷草葉多蕡〈《集》〉佱㕮 (fá)		〈符廢〉吠 (fèi)	
明 m	〈望發〉韎韤韤〈《集》勿發〉袜襪襪 (wà)			

8. 月部合四 [iwăt]/[iwāt]

調\聲	短入	屑 [iwet]	長入	霽 [iwei]
影 ∅	〈於決〉突暗窡 (yuē)			
曉 x	〈呼決〉決快疾貌 (xuè)		〈呼惠〉嘒 (huì)	
匣 ɣ			〈胡桂〉慧〈《集》〉譓譿 (huì)	
見 k	〈古穴〉玦映訣駃觖趹鴃鈌夬決決斷觖疦缺趹肤抉〈《集》〉觖鐈 (jué)			

（二）月部諧聲表

月部聲符

刧聲	曷聲	渴聲（藹）	葛聲（巇）	謁聲（藹）	稬聲（藕）	旻聲（暳）
介聲（界）	乂聲	艾聲（餃）	㞢聲	刉〔㓞〕聲	契聲（㓞）	絜聲（潔）
恝聲（瘛）	挈聲（瘈）	齧聲（嶭）	害聲（割）	帶聲	滯聲（懘）	大聲（軑）
太聲（汰）	奈聲（漆）	夳聲	達聲（撻）	束聲	刺聲（瘌）	賴聲（癩）
祭聲（蔡）	孑聲（釨）	截〔戳〕聲（巀）		殺〔杀〕聲（摋）		乙〔乚〕聲
札声（蚻）	蠿聲（蠿）	韏聲（璉）	萬聲		厲聲（濿）	折聲（哲）	中聲

省聲	辥聲	薛聲(躄)	桀聲(傑)	徹聲(剹)	夗聲	列聲(冽)
制聲(掣)	設聲(鼓)	世聲(泄)	執聲	熱聲(蓺)	蓺聲(藝)	曳聲(洩)
臬聲(甈)	笯聲(藻)	剞聲	薊聲(趨)	會聲(噲)	昏〔舌〕聲	活聲(闊)
銛聲(銛)	戉聲	越聲(樾)	歲聲	薉聲(濊)	戙聲(刷)	兌聲(脫)
叕聲	窡聲(窫)	寽聲(酹)	最聲(撮)	夬聲	抉聲(窫)	缺聲(蒛)
衛聲(懲)	彗聲	慧聲(譓)	欮聲	厥聲(鱖)	月聲(刖)	絕聲(蕝)
睿聲(叡)	毳聲(膬)	貝聲(狽)	市聲(簛)	犮聲(拔)	伐聲(筏)	罰聲(蕡)
拜聲(湃)	別聲(捌)	帣聲	敝聲	鱉聲(蘩)	威聲(滅)	蔑聲(懱)
首聲(莫)	癶聲	癹聲	發聲	廢聲(橃)	末聲(秣)	

單字

丮　不　乑　峇〔哸〕　屮　丏　煞　喆　聑　离　彑　劊
砅　陮　丿　奪　巛　外　旻　粵　乑　孑　乚　亅
劣　俏　書　贅　吷　暗　朱

(三)月部韻表

月部《詩經》韻譜

《周南·芣苢》二章:掇捋。《召南·草蟲》二章:蕨惙説。《甘棠》一章:伐茇;二章:敗憩;三章:拜説。《野有死麕》三章:脱帨吠。《邶風·擊鼓》四章:闊説;五章:闊活。《匏有苦葉》一章:厲揭。《泉水》三章:鞸邁衛害。《二子乘舟》二章:逝害。《衛風·碩人》四章:活濊發揭孽朅。《氓》三章:説説。《伯兮》一章:朅桀。《有狐》二章:厲帶。《王風·君子于役》二章:月佸桀括渴。《采葛》一章:葛月;三章:艾歲。《鄭風·子衿》三章:達闕月。《齊風·東方之日》二章:月闥闥發。《甫田》二章:桀恞。《魏風·十畝之間》二章:外泄逝。《唐風·蟋蟀》二章:逝邁外蹶。《陳風·東門之枌》三章:逝邁。《東門之楊》二章:肺晢。《檜風·匪風》一章:發偈怛。《曹風·蜉蝣》三章:閲雪説。《候人》一章:役芾。《豳風·七月》一章:發烈褐歲。

《小雅·采薇》二章:烈渴。《庭燎》二章:艾晣噦。《小旻》五章:艾敗。《蓼莪》五章:烈發害。《大東》七章:舌揭。《四月》三章:烈發害。《鴛鴦》三章:秼艾。《車舝》一章:鞸逝渴括。《菀柳》二章:愒瘵邁。《都人士》二章:撮髮説;四章:厲蠆邁。《白華》五章:外邁。

《大雅·文王》二章:世世。《緜》八章:拔兌駾喙。《皇矣》三章:拔兌。《生民》二章:月達害;七章:載烈歲。《民勞》四章:愒泄厲敗大。《板》二章:蹶泄。《蕩》八章:揭害撥世。《抑》六章:舌逝。《烝民》三章:舌外發。《瞻卬》二章:奪説。《召旻》六章:竭竭害。

《周頌·載芟》:活達傑。《魯頌·泮水》一章:茷噦大邁。《閟宮》五章:大艾歲害。《商頌·長發》二章:撥達達越發烈截;六章:旆鉞烈曷蘗達截伐桀。

月部《詩經》合韻譜

月元通韻 《周頌·訪落》:艾涣難。

月質合韻 《邶風·旄丘》一章:葛節日。《小雅·正月》八章:結厲滅威。《十月之交》八章:徹逸。《雨無正》二章:滅戾勩。《賓之初筵》一章:設逸。《采菽》二章:淠嘒駟届。《大雅·皇矣》二章:翳栵。《桑柔》五章:毖恤熱。《瞻卬》一章:惠厲瘵疾届。

月質物合韻 《小雅·小弁》四章:嘒淠届寐。

月物合韻 《小雅·出車》二章:旆瘁。《大雅·生民》四章:旆穟。

月部《楚辭》韻譜

《離騷》:刈穢;又:蔽折;又:艾害。

《九歌·湘君》:栧雪末絶。《少司命》:帶逝際。

《天問》:蠥達;又:越活;又:害敗。

《九章·涉江》:汰滯。《抽思》:歲逝。《思美人》:發達。

《遠遊》:厲衛。

《九辯》:月達。

月部《楚辭》合韻譜

月物合韻 《九章·哀郢》:慨邁。《九辯》:帶介慨邁穢敗昧。《招魂》:沬穢。

月緝合韻 《天問》:摯説。

月葉合韻 《九歌·湘夫人》:裔澨逝蓋。

(四)説　明

⑴月部的聲符與元部相涉者多。如:旦聲,據《手册》在元部、月部各有八字:疸觛(旱韻,dǎn)、但(旱韻,dàn)、旦鴠笪(翰韻,dàn)、坦(旱韻,tǎn)、袒(旱韻,tǎn);怛妲炟靼狚笪靼(曷韻,dá)、担担攇(薛韻,jiē)。其他如:獻聲,櫯(曷韻,è),囐(曷韻,zá),讞(鎋韻,yà),瀐钀钀(月韻,niè);厂聲,劂(祭韻,cuì),繝罽瀱蘮蘮(祭韻,jì),屵(曷韻,è);安聲,頞(曷韻,è);贊聲,囋(曷韻,zá);匽聲,揠(黠韻,yà);干聲,訐(月韻,jié);見聲,覫(屑韻,xiè);官聲,捾(末韻,wò);算聲,潠(末韻,suō)、纂(鎋韻,zhuā);冤聲,甗(月韻,yuě);彖聲,喙餯(廢韻,huì)。共有13個陽聲韻元部聲符的諧聲字轉到了入聲韻月部。

⑵元部以外與月部聲符相涉者字數都不多。如:蛥(薛韻,shè),多聲在歌部,"蛥"由陰入對轉進入月部。彘璏(祭韻,zhì),矢聲;祋(泰韻,duì),示聲,矢、示聲在脂部。愷(祭韻,chì),豈聲在微部;閼(曷韻,è),於聲在魚部。五字由陰入旁對轉進入月部。硈(黠韻,qià),吉聲;妟(薛韻,liè),乙聲,吉、乙聲在質部。瘞(祭韻,yì),痰聲在葉部。趴軏軏(月韻,yuè),兀聲;齾(怪韻,xiè),叡聲,兀、叡聲在物部;裔澮(祭韻,yì),冏聲;焫(薛韻,ruò),冏、芮聲在緝部。十字由入聲旁轉進入月部。茜(祭韻,zhì),西聲在談部,"茜"由陽入旁對轉進入月

部。

(3)《詩經》月部押韻 58 章,入韻字 78 個:越$_1$ 鉞$_1$ 舌$_3$ 活$_1$ 闊$_2$ 括$_2$ 佸$_1$ 衛$_1$ 韢$_2$ 害$_8$ 曷$_1$ 褐$_1$ 揭$_4$ 渴$_3$ 竭$_2$ 葛$_1$ 偈$_1$ 愒$_1$ 竭$_2$ 桀$_4$ 傑$_1$ 蕨$_1$ 蹶$_1$ 闕$_1$ 兌$_2$ 說$_8$ 脫$_1$ 悅$_1$ 閱$_1$ 駾$_1$ 役$_1$ 月$_5$ 外$_4$ 艾$_5$ 掇$_1$ 惙$_1$ 帶$_1$ 奪$_1$ 大$_3$ 怛$_1$ 達$_6$ 闥$_2$ 薑(董)$_1$ 逝$_6$ 哲$_1$ 晰$_1$ 歲$_4$ 濊$_1$ 嘅$_2$ 喙$_1$ 孼$_1$ 蘖$_1$ 撮$_1$ 截$_2$ 愒$_1$ 世$_1$ 泄$_3$ 雪$_1$ 察$_1$ 厲$_4$ 烈$_7$ 捋$_1$ 拜$_1$ 敗$_3$ 茇$_1$ 拔$_1$ 軷$_1$ 髪$_1$ 發$_8$ 撥$_2$ 伐$_2$ 茷$_1$ 芾$_1$ 旆$_1$ 肺$_1$ 吠$_1$ 邁$_7$ 秣$_1$。

合韻譜 13 章,其中月質合韻 9 章,月物合韻 2 章,月質物合韻 1 章,月元通韻 1 章。入韻字 14 個:葛$_1$ 設$_1$ 艾$_1$ 徹$_1$ 勩$_1$ 嘒$_1$ 嚖$_1$ 察$_1$ 熱$_1$ 厲$_2$ 栵$_1$ 旆$_2$ 威$_1$ 滅$_2$。

(4)《楚辭》月部押韻 13 章,入韻字 25 個:越$_1$ 活$_1$ 衛$_1$ 害$_2$ 刈$_1$ 月$_1$ 艾$_1$ 帶$_1$ 滯$_1$ 汰$_1$ 達$_3$ 絕$_1$ 折$_1$ 逝$_2$ 歲$_1$ 穢$_1$ 蠆$_1$ 枻$_1$ 雪$_1$ 際$_1$ 厲$_1$ 敗$_1$ 蔽$_1$ 發$_1$ 末$_1$。

合韻 5 章,其中月物合韻 3 章,月緝、月葉合韻各 1 章。入韻字 8 個:介$_1$ 說$_1$ 帶$_1$ 穢$_2$ 逝$_1$ 滋$_1$ 敗$_1$ 邁$_2$。

(5)月部一級聲符 60 個,單字 31 個。《詩經》韻譜月部入韻字 78 個,分屬月部 32 個一級聲符,還有 3 個單字(奪、外、吠)。合韻譜入韻字 14 個,增加 4 個一級入韻聲符(徹聲、設聲、埶聲、威聲)。《楚辭》韻譜入韻字 25 個,增加 3 個一級入韻聲符(太聲、絕聲、枻聲);合韻譜入韻字 8 個,增加 2 個一級入韻聲符(介聲、筮聲)。月部未入韻的一級聲符有叞聲、柰聲、束聲、孑聲、杀聲、乞聲、𢇛聲、制聲、桀聲、曳聲、臬聲、剌聲、會聲、夬聲、睿聲、毳聲、罰聲、別聲、肖聲等 19 個,還有單字 28 個。

二五、元　部

(一)元部字表

1. 元部開一 [an]

調聲	平　寒　　　　[ɑn]	上　旱	去　翰
影 ∅	〈烏寒〉安鞌侒〈(集)於寒〉鞍 (ān)		〈烏旰〉按案洝荌案 (àn)
曉 x	〈許干〉鼾 (hān)	〈呼旱〉罕罕厂山崖 (hǎn)	〈呼旰〉漢暵熯罕抱罟,地名灘 (hàn)
匣 ɣ	〈胡安〉寒韓韓鶾邗虷汗可汗〈(集)河干〉韓幹井欄 (hán)	〈胡笴〉旱 (hàn)	〈侯旰〉翰捍扞銲釬臂鎧汗熱汗悍瀚閈駻雗鶾駻乾皯〈(集)〉忏善,好旰旰旰鴈鴈鳴汗 (hàn)
見 k	〈古寒〉干犯乾乾燥漧竿肝奸犯鳱鳱鵲玕汗鷁汗,地名迁進戩忓靬〈(集)居寒〉杆矸丹矸 (gān)	〈古旱〉簳箭桿玕稈秆衦 (gǎn)	〈古案〉旰榦𡏋幹贛骭骭矸石白淨〈(集)居案〉藒 (gàn)
溪 k'	〈苦寒〉看視栞刊 (kān)	〈空旱〉侃 (kǎn)	〈苦旰〉看衎骭 (kàn)
疑 ŋ			〈五旰〉岸犴犴騂〈(集)魚旰〉婩 (àn)
端 t	〈都寒〉單襌衣鄲丹殫簞匰癉消渴病〈(集)多寒〉勯 (dān)	〈多旱〉亶癉疸觛〈(集)黨旱-緩〉單亶,誠實 (dǎn)	〈得按〉旦鴠簞答〈(集)得案〉癉勞病也 (dàn)
透 t'	〈他干〉灘汭灘嘽嘽嘽 (tān)	〈他但〉坦〈(集)黨旱〉儃儃儃 (tǎn)	〈他旦〉炭歎嘆嘆歎 (tàn)
定 d	〈徒干〉壇檀鷤鷤鴠撣觶彈射驒儃貚 (tán)	〈徒旱〉但誕潬水中沙堆膻膻中僤袒袓露襢膻肉膻 (tǎn)	〈徒案〉憚彈彈弓澶澶漫〈(集)〉壇壇曼 (dàn)
泥 n	〈那干〉難難易𪆾 (nán)		〈奴案〉難患難難 (nàn)
來 l	〈落干〉蘭瀾闌讕欄棚欄闟蘭讕〈(集)郎干〉灡 (lán)	〈落旱〉嬾 (lǎn)	〈郎旰〉爛燗瀾瀾漫糷 (làn)
精 ts			〈則旰〉贊讚酇饡瓚〈(集)〉贊 (zàn)
清 ts'	〈七安〉餐湌湌 (cān)		〈蒼案〉粲燦姕〈(集)〉效 (càn)
從 dz	〈昨干〉殘帴戔賊也奴 (cán)	〈藏旱〉瓚 (zàn)	〈徂贊〉儹 (zàn)
心 s	〈蘇干〉珊珊瑚姍姍姍籂 (shān)	〈蘇旱〉散不自檢束饊繖 (sǎn)	〈蘇旰〉散雜肉,分離散分散歡〈(集)先旰〉㦃 (sàn)

2. 元部開二 [ean]

調聲	平　删(喉脣) [an]　山(舌齒) [æn]	上　潸(喉脣)　產(舌齒)	去　諫(喉脣)　襇(舌齒)
影 Ø			〈烏澗〉晏晚也驠暖鳿鷃〈(集)於諫〉晏 (yàn)
匣 ɣ	〈戶閒-山〉閑嫺癇駻瞷截目也鷳憪 (xián)	〈下赧〉僩憪不安貌〈(集)〉撊橌 (xiàn)	〈侯襇〉莧 (xiàn)
見 k	〈古顏〉姦菅䆿〈(集)居顏〉奸奸邪奸奸邪〈古閑-山〉間間,中間蕳 (jiān)	〈古限-產〉簡瞷柬揀〈(集)賈限-產〉𥳤 (jiǎn)	〈古晏〉諫澗〈古莧-襇〉間隔也,縫隙覸〈(集)居莧-襇〉瞷窺視鐧 (jiàn)
溪 k'	〈苦閑-山〉顅顩鬜 (qiān)		
疑 ŋ	〈五姦〉顏〈(集)牛姦〉巘〈五閑-山〉訮猣 (yán)	〈五板〉齗 (yǎn)	〈五晏〉雁鴈〈(集)魚澗〉贗 (yàn)
定 d			〈丈莧〉袒衣縫裂開綻組 (zhàn)
泥 n		〈奴板-潸〉赧景戁 (nǎn)	
莊 ʧ		〈阻限〉醆琖盞 (zhǎn)	
初 ʧ'		〈初限〉剗鏟〈初板-潸〉㲆 (chǎn)	〈初鴈-諫〉羼 (chàn)
崇 ʤ	〈士山〉潺孱 (chán)	〈士限〉棧輚虥 (zhàn) 僝 (zhuàn)	〈士諫-諫〉輚棧 (zhàn)
山 ʃ	〈所間〉山邖〈所姦-删〉删潸姍 (shān)	〈所簡〉產𧕣滻 (chǎn)	〈所晏-諫〉訕汕疝〈(集)〉姍訕 (shàn)
幫 p	〈布還〉班盤斑辮扳 (bān)	〈布綰〉版板瓩皈鈑 (bǎn)	
滂 p'	〈普班〉攀昄〈(集)披攀〉𭂋攀 (pān)		〈匹莧-襇〉瓣 (pàn)
並 b		〈扶板〉阪〈(集)部版〉坂 (bǎn)	〈蒲莧-襇〉瓣辦采 (bàn)
明 m	〈莫還〉蠻 (mán)	〈武板〉矕〈(集)武簡-產〉矕晚 (mǎn)	〈謨晏〉慢嫚〈(集)莫晏〉僈 (màn)

3. 元部開三 [ĭan]

調聲	平　仙(舌齒脣) [ĭɛn]　元(喉牙) [ĭɐn]	上　獮(舌齒脣)　阮(喉牙)	去　線(舌齒脣)　願(喉牙)
影 Ø	〈於乾-仙〉焉蔫嫣鄢〈(集)於虔-仙〉馮嫣 (yān)	〈於幰〉偃㫃鼴郾褗匽鰋 (yǎn)	〈於建〉傿㫃㬲〈(集)〉躽 (yàn)
曉 x	〈虛言〉軒 (xuān) 鶱〈許延-仙〉嗎 (xiān)	〈虛偃〉幰 (xiǎn)	〈許建〉獻憲趤 (xiàn)
見 k	〈居言〉犍閹過的牛鞬軒 (jiān)	〈(集)紀偃〉寋〈九輦-獮〉寋謇 (jiǎn)〈(又)(集)丘虔-仙〉寋〈(集)九件-獮〉攐寋 (qiān)	〈居万〉建 (jiàn)
溪 k'	〈去乾-仙〉愆辛謇寋攐越〈(集)丘虔-仙〉迦寋攑攘 (qiān)	〈去演-獮〉遣繾臇 (qiǎn)	〈去戰-線〉譴 (qiàn)
羣 g	〈巨言〉赶舉尾走〈(集)渠言〉揵〈渠焉-仙〉乾卦名虔犍犍鳶,郡名鰔𧣾騝楗捷 (qián)	〈其偃〉楗鍵〈其輦-獮〉件分也 (jiàn)	〈渠建〉健腱 (jiàn)

調 聲	平　仙(舌齒脣)　[ǐɛn] 　　元(喉牙)　[ǐɛn]	上　獮(舌齒脣) 　　阮(喉牙)	去　線(舌齒脣) 　　願(喉牙)
疑 ŋ	〈語軒〉言琂 (yán)〈語巾-真〉 猺圓闍麏 (yín)	〈魚蹇-獮〉灙巘彥齴齞齴 (yǎn) 讞 (yàn)	〈語堰〉鷹〈魚變-線〉彥 唁喭讞 (yàn)
端 t	〈張連〉邅趰驙鱣 (zhān)	〈知演〉展輾跈 (zhǎn)	〈陟扇〉驏輚 (zhàn)
透 t'	〈丑延〉梴延 (chān)	〈丑善〉於藏蚔〈(集)丑展〉幝 (chǎn)	
定 d	〈直連〉纏躔瀍鄽鏖壥〈(集)澄 延〉繵 (chán)		
餘 ʎ	〈以然〉延埏際筵莚郔綖蜒鋌遄 (yán)	〈以淺〉衍蝘衒 (yǎn)	〈予線〉遞〈(集)延面〉 烻 (yàn)
泥 n		〈尼展〉報反〈(集)〉躎 (niǎn)	
來 l	〈力延〉連連接聯漣鰱鏈懰楝木名 醽灄〈(集)陵延〉謰 (lián)	〈力展〉輦攆 (niǎn) 璉健健子〈(集)〉 楝禮器連難也 (liǎn)	
章 ʨ	〈諸延〉饘饘旃膻氈鸇〈(集)〉 飦 (zhān)	〈旨善〉樿顫瞱鐽嫸 (zhǎn)	〈之膳〉戰 顫*(zhàn) 顫 (chàn)
昌 ʨ'		〈昌善〉闡燀繵幝幝聲緩綩 (chǎn)	
書 ɕ	〈式連〉羶埏以水和土挻扇扇風煽火盛 脡挻〈(集)尸連〉鬺 (shān)		〈式戰〉扇門扇偏蝙 (shàn)
禪 ʑ	〈市連〉單單子蟬禪澶澶淵嬋 (chán)	〈常演〉善蕭墠鯛鱔蟺蟮偣鄯〈(集) 上演〉魹潬宛潬 (shàn)	〈時戰〉繕擅膳饍禪單姓 嬗 (shàn)
日 ȵ	〈如延〉然燃嬈肰繎蘸〈(集)〉 嘫 (rán)	〈人善〉橪木名㷝敬也倓 (rǎn)	
精 ts	〈子仙〉煎湔 (jiān)	〈即淺〉翦剪揃錢田器幐𧅁鬋〈(集)〉 子淺〉譾 (jiǎn)	〈子賤〉箭葥灒 (jiàn)
清 ts'	〈七然〉遷韆鄹 (qiān)	〈七演〉淺 (qiǎn)	
從 dz	〈昨仙〉錢貨幣 (qián)	〈慈演〉踐諓俴衒俴〈(集)在演〉陵 (jiàn)	〈才線〉賤餞 (jiàn)
心 s	〈相然〉仙僊鮮新鮮碊鱻廯〈(集)〉 躚 (xiān)	〈息淺〉鮮少也尟癬*(xiǎn) 癬 (xuǎn) 〈(集)〉癵*癬(xiǎn) 疶 (xuǎn)	〈私箭〉線綫 (xiàn)
邪 z	〈夕連〉次涎〈(集)徐連〉唌(xián)		〈似面〉羨 (xiàn)
崇 dʐ		〈士免〉顨 (zhuàn)	
幫 p	〈卑連〉鞭鯾篇 (biān)	〈方免〉辡矊〈方緬〉辮 (biǎn)	〈彼眷〉變 (biàn)
並 b	〈房連〉便安適,便佞緶縫合楩媥 (pián)	〈符蹇〉辯辨 (biàn)	〈皮變〉卞抃鼓掌抃弁覍汴 闐昪笄〈(集)〉汳汴〈婢 面〉便利也 (biàn)
明 m	〈武延〉緜綿睸蝒宀樏鼐鼐〈(集)〉 彌延〉婂 (mián)	〈亡辨〉免娩分娩勉俛鮸挽冕絻〈(集)〉 美辨〉浼浼浼 (miǎn)〈(又)武罪〉浼 沾污 (měi)〈彌兖〉緬湎愐鮸偭勔 〈(集)〉酾 (miǎn)	〈彌箭〉面 (miàn)

4. 元部開四 [ian]

調聲	平　先　　　　[ien]	上　銑	去　霰
影 Ø	〈烏前〉燕國名樮橪支 (yān)	〈於殄〉蝘 (yǎn)	〈於甸〉宴驠燕鳥名鷃醼讌嬿嚥曣鄢 (yàn)
曉 x		〈呼典〉顯韅㬎灦 (xiǎn)	
匣 ɣ		〈胡典〉峴睍現蜆蝶類幼蟲晛 (xiàn)	〈胡甸〉見謁見(jiàn)見*謁見見出現洰 (xiàn)
見 k	〈古賢〉开肩鵑豣麤狷狷菺麗〈(集)經天〉豜 (jiān)	〈古典〉繭趼胝葉襺〈(集)吉典〉蠒 (jiǎn)	〈古電〉見看見 (jiàn)
溪 kʻ	〈苦堅〉汧岍岍雅 (qiān)		〈苦甸〉俔 (qiàn)
疑 ŋ	〈五堅〉妍研掔趼蹄平正 (yán)		〈吾甸〉硯狋 (yàn)
端 t	〈都年〉驒野馬名 (diān)	〈多殄〉蕇 (diǎn)	
透 tʻ		〈他典〉覥 (tiǎn)	
泥 n		〈乃殄〉撚 (niǎn)	
來 l	〈落賢〉蓮 (lián)		〈郎甸〉練鍊楝健羅羅萰涑漱〈(集)〉煉欄木名 (liàn)
精 ts	〈則前〉箋牋淺淺淺,流急前籛〈(集)將先〉牋牋 (jiān)		
從 dz	〈昨先〉前湔騚〈(集)才先〉嫥 (qián)		
心 s	〈蘇前〉躚 (xiān)		〈蘇佃〉霰霓霰 (xiàn)
幫 p	〈布玄〉邊邊邉 (biān)	〈方典〉緶交枲也 (biǎn)	
滂 pʻ			〈普麵〉片 (piàn)
並 b		〈薄泫〉辮 (biàn)	
明 m	〈(集)莫賢〉瞑鬠寠 (mián)		

5. 元部合一 [uan]

調聲	平　桓　　　　[uan]	上　緩	去　換
影 Ø	〈一丸〉剜蜿婠〈(集)烏丸〉豟 (wān)	〈烏管〉盌碗〈(集)鄔管〉䫔 (wǎn)	〈烏貫〉惋腕掔腕捥〈(集)〉壐 (wàn)
曉 x	〈呼官〉歡懽驩貛鸛酄獾讙〈(集)〉嚾膹 (huān)		〈火貫〉嚾呼也焕奐渙〈(集)呼玩〉晚 (huàn)
匣 ɣ	〈胡官〉完丸紈芄捖 (wán) 桓瓛萑植物名藿鷗屬洹緶猨桅完整的木柴萱莧山羊狟狟峘垸以漆和灰塗器㝯〈(集)〉萈猨查 (huán)	〈胡管〉緩 (huǎn) 澣浣 (huàn)	〈胡玩〉換道肒漫漫漫疢〈(集)〉灌灌灌,流盛 (huàn)〈胡困-㲯〉俒 (hùn)
見 k	〈古丸〉官莞草名棺觀視冠帽子涫倌 (guān)	〈古滿〉管筦脘*輨琯痯輨館 (guǎn) 睆 (wǎn)〈(集)古緩〉斡掌管 (guǎn)	〈古玩〉貫連貫瓘裸瓘灌瓘鸛懽懽爟遦冠戴冠觀樓觀鹯宲盥毌 (guàn)〈(又)(集)古緩-緩〉館 (guǎn)〈(集)古玩〉鑵 (guàn)
溪 kʻ	〈苦官〉寬髖 (kuān)	〈苦管〉款窾梡帶足的俎 (kuǎn)	

調　聲	平　桓　[uɑn]	上　緩	去　換
疑 ŋ	〈五丸〉岏刓园同"刑"忨抏 (wán)		〈五換〉玩翫 (wán) 玩*翫*〈集〉輐 (wàn)
端 t	〈多官〉端褍剬鍴耑稇 (duān)	〈都管〉短 (duǎn)	〈丁貫〉鍛腶碫斷決斷端踹腳 (duàn)
透 tʻ	〈他端〉湍水勢急貒貒猯 (tuān)	〈吐緩〉躥 (tuǎn)	〈通貫〉彖豬跑脫,卦名褖 (tuàn)
定 d	〈度官〉團慱篿圓的竹器劙摶摶之成團〈集〉徒官〉揣聚貌篿槫 (tuán)	〈徒管〉斷折斷斷鍛緞 (duàn)	〈徒玩〉段緞椴 (duàn)
泥 n	〈集〉奴官〉濡水名 (nuán)	〈乃管〉煗㬉暖煖渜稬 (nuǎn)	〈奴亂〉臡 (nuàn)
來 l	〈落官〉䜌鸞巒欒羉絲繺䜌彎〈集〉盧丸〉孿 (luán)	〈盧管〉卵 (luǎn)	〈郎段〉亂䜌圝 (luàn)
精 ts	〈借官〉鑽穿孔纘劗 (zuān)	〈作管〉儧 (zǎn) 纂纘籫 (zuǎn)	〈子筭〉鑽穿孔器 (zuàn)
清 tsʻ			〈七亂〉竄爨 (cuàn)
從 dz	〈在丸〉欑巑穳 (cuán)		〈在玩〉攢聚集 (cuán)
心 s	〈素官〉酸狻痠霰 (suān)	〈蘇管〉匴篹 (suǎn) 算計算 (suàn)	〈蘇貫〉筭算籌蒜筭祘 (suàn)〈蘇困-恩〉巽鄹 (xùn)
幫 p	〈北潘〉芇 (bān)	〈布忖-混〉畚畚 (běn)	〈博漫〉半絆靽姅料 (bàn)
滂 pʻ	〈普官〉潘番姓拌棄 (pān)		〈普半〉判泮頖胖牲之半體胖〈集〉片分也 (pàn)
並 b	〈薄官〉瘢鱉 (bān) 槃盤鎜柈幋磐鬆般般旋擎鼙督槃蟠〈集〉胖舒展 (pán)	〈蒲旱〉伴侶夥 (bàn)	〈薄半〉叛畔伴伴侶,悠閒也 (pàn)
明 m	〈母官〉瞞謾㒫楔杇㒼鞔樠鰻曼路遠蔓菁巿悗迷惑鬙 (mán) 趄行遲也,今作"慢"(màn)〈莫奔-魂〉璊釁 (mén)	〈莫旱〉滿 (mǎn)〈集〉母本-混〉悗無心貌 (měn)	〈莫半〉縵幔漫獌墁鏝〈集〉樠屋檐鄤 (màn)〈莫困-恩〉懑懣煩懣 (mèn)

6. 元部合二 [oan]

調　聲	平　刪　[wan]	上　潸	去　諫
影 ∅	〈烏關〉彎 (wān)	〈烏板〉綰 (wǎn)	
匣 ɣ	〈戶關〉還環鬟寰闤鐶圜環繞鐶轘睘戉〈集〉胡關〉䝇 (huán)	〈戶板〉皖莞莞爾,笑貌 (wǎn) 睆睅睕〈集〉戶版〉摿 (huàn)	〈胡慣〉患擐宦轘車裂豢䝑〈胡辨-襇〉幻 (huàn)
見 k	〈古還〉關絆 (guān)		〈古患〉卝摜串〈集〉貫事例,熟習 (guàn)
疑 ŋ	〈五還〉頑 (wán)		〈五患〉薍 (wàn)
泥 n	〈女還〉奻 (nuán)		
來 l			〈說〉呂患〉孿 (luán)
初 tʂʻ			〈初患〉篡 (cuàn)
崇 dʐ		〈雛鯇〉撰 (zhuàn)	

7. 元部合三 [ǐwan]

調\聲	平　元(喉脣)　[ǐwɐn]　仙(舌齒)　[ǐwɛn]	上　阮(喉脣)　獮(舌齒)	去　願(喉脣)　線(舌齒)
影 ø	〈於袁〉鴛冤帑鵷惌惌怨宛地名菀鞠棬智〈(集)〉苑姓涴〈於緣-仙〉悁念怒嬽 (yuān) 娟 (juān)	〈於阮〉婉菀跮畹琬宛曲惌小孔貌畹 (wǎn) 鞙鞙 (yuán) 苑夗 (yuàn)〈(集)委遠〉婗 (yuǎn)	〈於願〉怨 訛慰也 (yuàn)〈(集)紆願〉婉 (wàn)
曉 x	〈況袁〉暄萱諼吅喧諠艫峘〈(集)許元〉趣蕙薆菱〈許緣-仙〉翾儇蠉娛輕麗貌讂 (xuān)	〈況晚〉暖晅烜烜赫覢 (xuǎn)〈(又)許委-紙〉烜火 (huǐ)	〈虛願〉楥楦 (xuàn)
匣 ɣ	〈雨元〉袁爰垣園援引槫轅媛姌媛趄蝯猨猿〈(集)于元〉楥木名〈王權-仙〉圜圓形湲 (yuán)	〈雲阮〉遠遠近頿 (yuǎn)	〈于愿〉遠離也〈王眷-線〉瑷援助媛美女褑院 (yuàn) 援助 (yuán)
見 k		〈居轉-獮〉卷收藏菤捲 (juǎn)	〈居願〉羂〈居倦-線〉睠睊卷書卷桊希絭登弄〈(集)古倦-線〉圈桊縳婘春〈吉掾-線〉絹狷 (juàn)
溪 kʻ	〈丘圓-仙〉棬梧棬〈(集)驅圓-仙〉圈杯圈埢 (quān)	〈去阮〉綣蘿棬 (quǎn)	〈去願〉券契也勸鬈 (quàn)
羣 g	〈巨員〉權拳觠顴踡婘貌美蠸齤卷曲也复彊鬈趢蜷捲氣勢也〈(集)逵圓〉惓惓誠 (quán)	〈窘遠〉錈〈渠篆-獮〉圈畜圈蔄〈狂兗-獮〉蜎孑孒 (juàn)	〈渠卷-線〉倦勌〈(集)逵眷-線〉券勞也悁病危 (juàn)
疑 ŋ	〈愚袁〉元原遠源黿扤螈沅騵黿源虭芫邧源徐語塬〈(集)〉魭螈 (yuán)	〈虞遠〉阮 (ruǎn)〈(集)五遠〉阢 (yuǎn)	〈魚怨〉願顅傆愿謹也 (yuàn)
端 t		〈陟兗〉轉轉運 (zhuǎn)	〈知戀〉轉衣裝,旋轉 (zhuàn)
透 tʻ	〈丑緣〉猭 (chuān)		〈丑戀〉猭獸走貌遄 (chuàn)
定 d	〈直攣〉傳傳達椽 (chuán)	〈持兗〉篆瑑塼百羽爲束隊〈(集)柱兗〉腞 (zhuàn)	〈直戀〉傳傳記〈(集)柱戀〉縛束也 (zhuàn)
餘 ʎ	〈與專〉沿鉛鈆同"鉛" (yán) 鉛鈆 (qiān) 鳶 (yuān) 蝝 緣 (yuán) 捐 (juān)	〈以轉〉兗沇堧谷〈(說)〉容古文"谷" (yǎn)	〈以絹〉掾 (yuàn)
來 l	〈呂員〉攣 (luán)	〈力兗〉臠孌美好貌脟割也 (luán) 嬾 (luǎn)	〈力卷〉戀變慕也 (liàn)
章 tɕ	〈職緣〉專顓篿占卜塼耑湍水名鱄鄟〈(集)朱遄〉叀塼 (zhuān)	〈旨兗〉孨膞膞切塊肉闣耑 (zhuǎn)	
昌 tɕʻ	〈昌緣〉穿 (chuān)	〈昌兗〉喘〈(集)尺兗〉歂 (chuǎn)	
船 dʑ	〈食川〉船 (chuán)		
禪 ʑ	〈市緣〉遄篅圌輲歂姓 (chuán) 腨 (quán)〈(集)淳沿〉椯 (chuán)	〈市兗〉腨磚 (shuàn)	
日 ȵ	〈而緣〉堧瓀〈(集)而宣〉壖 (ruán)	〈而兗〉輭軟蠕檽㬉碝瓀耎毳緛 (ruǎn)〈(又)(集)年題-齊〉脲有骨醢 (ní)〈(集)乳兗〉濡柔軟婑貌美 (ruǎn)	

續表

調聲	平　元(喉脣)　[ĭwɐn]　仙(舌齒)　[ĭwɛn]	上　阮(喉脣)　獮(舌齒)	去　願(喉脣)　線(舌齒)
精 ts	〈子泉〉鐫(juān)〈將倫-諄〉僎僎人(zūn)	〈子兗〉臇蠲(juǎn)	
清 tsʻ	〈此緣〉詮銓痊佺駩筌縓悛荃鐉(quán)		〈七絹〉縓(quàn)
從 dz	〈疾緣〉全泉牷(quán)	〈徂兗〉雋(juàn)	
心 s	〈須緣〉宣愃瑄〈(說)〉亘(xuān)	〈思兗〉選翼(xuǎn)	〈息絹〉縼(xuàn)
邪 z	〈似宣〉旋旋轉懁璿淀漩琁璇櫶圓瓊嫙〈(集)旬宣〉瞏轉折(xuán)		〈辝戀〉鏇縼旋旋風(xuàn)
莊 tʃ	〈莊緣〉跧(zhuān)		
初 tʃʻ			〈叉万〉籛(chuàn)
崇 dʒ			〈士戀〉籑饌襈僎其備饌僎僎巽㘏(zhuàn)
山 ʃ			〈所眷〉篡(shuàn)
幫 p	〈甫煩〉藩屛潘籬轓藩大箕〈(集)方煩〉犿(fān)	〈府遠〉反反正販返(fǎn)	〈方願〉販(fàn)〈方問-問〉坌拚掃除(fèn)
滂 pʻ	〈孚袁〉翻旛番輪番幡繙反翻案〈(集)〉瀿(fān)		〈芳万〉娩奯妢(fàn)
並 b	〈附袁〉煩番獸足蹯蹯繁蘩蘋樊燔膰𦟀蟠蟲名蕃茂蠜鼅鼟璠獦襎緐墦𤫉藩〈(集)符袁〉頪旙播蟠蘇(fán)	〈扶晚〉飯吃飯,給吃畚(fàn)	〈符万〉飯熟食緐(fàn)
明 m		〈無遠〉晚娩娩娩挽輓(wǎn)	〈無販〉蔓蔓延曼長也(màn) 萬蟇鄤𡼋蟃輓脕肌澤〈(集)〉槾槾荊(wàn)

8. 元部合四 [iwan]

調聲	平　先　[iwen]	上　銑	去　霰
影 ∅	〈烏玄〉痃弲削蜎蜎蜎〈(集)縈玄〉肙(yuān)		〈烏縣〉䏶(yuàn)
曉 x	〈火玄〉鋗駽(xuān)		
匣 ɣ	〈胡涓〉縣古"懸"字懸(xuán)	〈胡畎〉琄繯瞏鞙〈(集)〉愵(xuàn)	〈黃絢〉縣郡縣(xiàn)
見 k	〈古玄〉涓睊蠲稍焆明〈(集)圭玄〉酲(juān)	〈姑泫〉睊羂(juǎn)〈畎䢺汱(quǎn)	〈古縣〉羂罥懁獧(juàn)
溪 kʻ		〈苦泫〉犬(quǎn)	

(二)元部諧聲表

元部聲符

安聲　　晏聲(鷃)　　妟聲　　匽聲(偃)　干聲　　旰聲(泙)　旱聲(稈)

岸聲(𩦢)	寒聲	蹇聲(攓)	褰聲(攐)	鶾〔萈〕聲(瀚)		難聲(灘)
倝聲	榦聲(𦾐)	幹聲(簳)	乾聲(𨛍)	翰聲(瀚)	單聲(彈)	旦聲
亶聲(壇)	丹聲(旃)	延聲(誕)	柬聲	湅聲(潄)	闌聲	蘭聲(爤)
𣦼聲	粲聲(燦)	贊聲(瓚)	戔聲	棧聲(𣘻)	賤聲(濺)	錢聲(籛)
泉聲(線)	𣀔聲(㪚)	散聲(繖)	删〔冊〕聲(珊)		閒聲	簡聲(𤁣)
肩聲(顅)	厂聲	彥聲	顏聲(𡅯)	雁聲(贗)	侃聲(諐)	產聲(𤛮)
羴聲(羼)	山聲(疝)	孨聲	孱聲(潺)	反聲	赧聲(㬉)	焉聲(蔫)
憲聲(𧼯)	鬳聲	獻聲(巘)	建聲(健)	虔聲(𨟻)	衍聲(愆)	𡇒聲
遣聲(譴)	辛聲	言聲(狺)	延聲(𨒫)	㗊聲	𩔷聲(𩕄)	玨聲
𡳐〔展〕聲(輾)		廛聲(纏)	㫃聲(斻)	連聲(蓮)	輦聲(鄻)	善聲(繕)
肰聲	然聲(燃)	扇聲(煽)	羨聲(𦄵)	前聲	湔聲(𦹎)	翦聲(譾)
䙴聲	遷聲(躚)	鮮聲(廯)	燕聲(醼)	見聲(硯)	姦聲(𦽩)	㬎聲(顯)
幵聲	研聲(𤥞)	藺聲(䕼)	䜌聲	攣聲(孿)	夗聲	宛聲(腕)
官聲(管)	吅聲	雚聲	彍聲(蘿)	丸聲(紈)	元聲	完聲
睆聲(蕍)	奐聲(換)	串〔毌〕聲	患聲(漶)	原聲(願)	亘聲	宣聲(喧)
雈聲(萑)	莧聲(嚻)	寬聲(髖)	款聲(窾)	耑聲	遄聲(樯)	斷聲(躖)
段聲(緞)	彖聲(椽)	叀聲	專聲(轉)	耎聲(輭)	爰聲	煖聲(蕿)
𤔔聲	亂聲(薍)	爨聲(𩟌)	算聲(篹)	祘聲(蒜)	巴聲	巽聲(選)
睘聲	繯聲(䍉)	圜聲(擐)	丱聲	𢇍聲(關)	聯聲(𤅚)	冤聲(蒬)
袁聲(遠)	肙聲	絹聲(羂)	𢍏〔龹〕聲	卷聲(睠)	圈聲(蔨)	旋聲(璇)
全聲(詮)	㕣聲(船)	雋聲(鐫)	犬聲(畎)	縣聲(𨞺)	班聲(斑)	辡聲(辯)
反聲(板)	釆聲	番聲	潘聲(藩)	播聲(𤄻)	緐聲(蘩)	繁聲(𦾔)
𣏟聲	樊聲(攀)	便聲(鞭)	卞聲(汴)	弁聲(畚)	臱聲	邊聲(籩)
緜聲(矊)	半聲(判)	般聲(盤)	煩聲(𦿁)	免聲(勉)	面聲(緬)	㒼聲
滿聲(懣)	曼聲	蔓聲(鄤)				

單字

看	栞	滄	閑	虤	𠂢	件	蒧	仙	鱻	㳄	𧻚
頣	兗	宀	𦍋	片	卵	竄	筭	𥁕	芈	扶	芇
𥝢	戉	宦	幻	奻	夐	邍	鳶	容古文"㕣"		穿	軟
巹	𡛷	閔	く	𠵺							

（三）元部韻表

元部《詩經》韻譜

《邶風·柏舟》三章:轉卷選。《匏有苦葉》三章:雁旦泮。《泉水》三章:干言;四章:泉歎。《靜女》二章:孿管。《鄘風·君子偕老》三章:展袢顔媛。《載馳》二章:反遠。《衛風·淇奧》一、二章:僩咺諼。《考槃》一章:澗寬言諼。《氓》二章:垣關關漣關言言遷;六章:怨岸泮宴晏旦反。《王風·中谷有蓷》一章:乾歎歎難。《鄭風·緇衣》一、二、三章:館粲。《將仲子》三章:園檀言。《大叔于田》三章:慢罕。《羔裘》三章:晏粲彦。《女曰雞鳴》一章:旦爛雁。《狡童》一章:言餐。《東門之墠》一章:墠阪遠。《野有蔓草》一章:漙婉願。《溱洧》一章:渙蕳。《齊風·還》一章:還閒肩儇。《甫田》三章:孿卝見弁。《盧令》二章:環鬈。《猗嗟》三章:孿婉選貫反亂。《魏風·十畝之閒》一章:閒閑還。《伐檀》一章:檀干漣廛貆餐。《唐風·葛生》三章:粲爛旦。《采苓》一、二、三章:旃旃然言焉。《秦風·駟驖》三章:園閑。《陳風·東門之池》三章:菅言。《澤陂》二章:蕳卷悁。《檜風·素冠》一章:冠欒慱。《曹風·下泉》一、二、三章:泉歎。《豳風·伐柯》二章:遠踐。

《小雅·常棣》三章:原難歎。《伐木》三章:阪衍踐遠愆。《杕杜》三章:嘽痯遠。《南有嘉魚》二章:汕衎。《六月》五章:安軒閑原憲。《鶴鳴》一、二章:園檀。《斯干》一章:干山。《小弁》八章:山泉言垣。《巷伯》四章:幡言遷。《大東》三章:泉歎。《頍弁》三章:霰見宴。《青蠅》一章:樊言。《賓之初筵》三章:筵反幡遷僊。《角弓》一章:反遠;二章:遠然。《白華》一章:菅遠。《瓠葉》二章:燔獻。

《大雅·皇矣》五章:援羨岸;八章:閑言連安。《文王有聲》四章:垣翰。《公劉》二章:原繁宣歎巘原;三章:泉原;五章:泉單原;六章:館亂鍛;又:澗澗。《民勞》五章:安殘綣反諫。《板》一章:板癉然遠管亶遠諫;二章:難憲;七章:藩垣翰;八章:旦衍。《抑》七章:顔愆;十二章:難遠。《崧高》一章:翰蕃宣;七章:番嘽翰憲。《韓奕》六章:完蠻。《江漢》四章:宣翰。《常武》五章:嘽翰漢。

《周頌·執競》:簡反反。《魯頌·有駜》三章:駽燕。《商頌·殷武》六章:山丸遷虔梴閑安。

元部《詩經》合韻譜

元歌通韻　《陳風·東門之枌》二章:差原麻娑。《小雅·桑扈》三章:翰憲難那。

元月通韻　《周頌·訪落》:艾渙難。

元陽合韻　《大雅·抑九章》:言行。

元脂支合韻　《邶風·新臺》一章:泚瀰鮮。

元真合韻　《大雅·生民》一章:民嫄。

元歌微合韻　《小雅·谷風》三章:嵬萎怨。

元文合韻　《邶風·新臺》二章:洒浼殄。《秦風·小戎》三章:羣錞苑。《小雅·楚茨》四章:熯愬孫。

元部《楚辭》韻譜

《離騷》:然安;又:反遠;又:遷盤。

《九歌·湘夫人》:蘭言湲。《山鬼》:間蔓閒。《國殤》:反遠。

《天問》:暖寒言;又:安遷。

《九章·惜誦》:變遠;又:伴援;又:言然。《涉江》:遠壇。《哀郢》:愬遷;又:霰見;又:反遠。《橘頌》:摶爛。

《遠遊》:仙延。

《九辯》:湅歎。

《招魂》:姦安軒山連寒湲蘭筵;又:矊閒。

《大招》:蜒蜿騫;又:安延言;又:曼顏安;又:娻嫣娟便。

元部《楚辭》合韻譜

元真合韻　《九歌·湘君》:淺翩閒。《九章·抽思》:願進。

元文合韻　《天問》:言文。《九章·抽思》:聞患。《悲回風》:還聞;又:雰媛。《遠遊》:傳垠然存先門。《九辯》:溫餐垠春。《招魂》:先還先。

元魚合韻　《大招》:賦亂變譔。

元陽合韻　《九章·抽思》:亡完。

（四）説　明

(1)歌、月、元是上古陰聲韻、入聲韻、陽聲韻三類連成的一套韻部,歌部、月部都有十個以上元部聲符的諧聲字二十多個,已于上述。元部也有不少月部聲符的諧聲字,列舉如下:嬾(旱韻,lǎn),賴聲;剷(獮韻,chǎn),中聲;臠(獮韻,luǎn),寽聲;擘堅(換韻,wàn),叞聲;璿(仙韻,xuán),睿聲。這六個字的聲符都在月部。至於其他韻部聲符的諧聲字則不多。例如:祼(換韻,guàn),果聲,歌部。瘬(獮韻,xiǎn),徙聲,支部。短(緩韻,duǎn),豆聲,侯部。關(獮韻,zhuǎn),縣聲,宵部。綻(襇韻,zhàn),定聲,耕部。蠲(先韻,juān),益聲,錫部。酸狻痠霰(桓韻,suān),夋聲;兗沇菕(獮韻,yǔn),允聲,這兩個聲符在文部。

(2)元部的聲符特多,只算一級聲符,也有一百多個,還有二十多個單字。可是不少聲符,諧字不多,只組成一個諧聲字的就有侃聲、羴聲、山聲、憲聲、延聲、从聲、羨聲、繭聲、卞聲、莧聲、爨聲、秂聲、犬聲等十多個聲符。

(3)《漢語史稿》寒(元)部開二(喉脣)字列刪韻,(齒)音字列山韻;山韻喉牙字"間閑簡",刪韻的齒音字"棧"列作"不規則的變化"(《王力文集》第九卷124頁)。其實據《手册》元部喉牙音收中古刪(含潛諫,下同)韻的字5母22個,收山(含產襉,下同)韻的字4母23個;舌齒音收中古刪韻字3母11個,收山韻字5母19個。《史稿》把所收山韻喉牙字、刪韻舌齒音字定爲“不規則的變化”,難免有欠妥之嫌。元部脣音收删韻字 4 母 16 個,收山韻字 3 母 5 個,恐怕也難説是個别的不規則現象。

我們知道:南北朝時期,韻書很多,分韻多有不同。《切韻·序》就説:“吕静《韻集》、夏侯該《韻略》、陽休之《韻略》、李季節《音譜》、杜臺卿《韻略》等各有乖互。江東取韻,與河北復殊。”唐王仁昫《切韻》寫本韻目的小注載:“删李與山同,吕、夏侯、陽别,今依吕、夏侯、陽。”這就是説:删韻李季節的《音譜》是跟山韻同作一韻,吕静、夏侯該、陽休之三家的韻書是分别成兩韻的,現在依照吕静、夏侯該、陽休之分成兩韻。“山陽與先仙同,夏侯、杜别,今依夏侯、杜。”上聲:“潸陽與銑獮同,夏侯别,今依夏侯。”“産吕與旱同,夏侯别,今依夏侯。”去聲:“諫李與襇同,夏侯别,今依夏侯。”總之,韻的分合,各家主張,多種多樣。山韻陽休之的《韻略》還主張同仙韻、先韻合而爲一;山韻的上聲産韻,吕静的《韻集》卻主張與寒韻的上聲旱韻合成一韻。《切韻》一律採取了從分不從合。各家分韻的不同,不僅由於語音有時地的不同,更與各家審音分韻的標準有關。《手册》元部删、山兩韻形成 9 個聲母的重疊現象,原因主要出在審音分韻的標準,與談部開二的重疊情況不同;因此《表稿》不需另作處理,進行更改。

(4)《詩經》元部押韻 83 章,入韻字 118 個:安$_4$ 宴$_2$ 晏$_2$ 怨$_1$ 婉$_2$ 干$_3$ 岸$_2$ 罕$_1$ 衍$_1$ 軒$_1$ 乾$_1$ 咺$_2$ 垣$_4$ 狟$_1$ 宣$_1$ 媛$_1$ 諼$_2$ 援$_1$ 遠$_{11}$ 園$_4$ 還$_1$ 儇$_1$ 環$_1$ 原$_6$ 願$_1$ 完$_1$ 丸$_1$ 涣$_1$ 管$_2$ 菅$_1$ 館$_4$ 痯$_1$ 貫$_1$ 言$_{14}$ 彦$_1$ 顔$_1$ 憲$_3$ 獻$_1$ 巘$_1$ 燕$_1$ 然$_5$ 焉$_3$ 翰$_6$ 漢$_1$ 欺$_9$ 難$_4$ 閒$_1$ 僩$_2$ 萠$_1$ 簡$_1$ 澗$_1$ 閑$_1$ 騆$_1$ 悁$_1$ 廛$_1$ 諫$_2$ 見$_1$ 肩$_1$ 關$_3$ 玭$_1$ 寬$_1$ 冠$_1$ 雁$_1$ 旦$_5$ 亶$_1$ 檀$_4$ 單$_1$ 墠$_1$ 幝$_1$ 癉$_1$ 嘽$_2$ 斿$_6$ 鍛$_1$ 轉$_1$ 溥$_1$ 博$_1$ 展$_1$ 卷$_1$ 髪$_1$ 綣$_1$ 選$_2$ 羡$_1$ 泉$_8$ 虔$_1$ 遷$_1$ 僊$_1$ 踐$_1$ 殘$_1$ 粲$_2$ 餐$_2$ 衍$_1$ 愆$_1$ 筵$_1$ 梴$_1$ 山$_3$ 汕$_1$ 霰$_1$ 變$_3$ 樂$_1$ 蠻$_1$ 連$_1$ 漣$_2$ 爛$_1$ 亂$_2$ 弁$_1$ 泮$_2$ 祥$_1$ 反$_8$ 阪$_1$ 板$_1$ 番$_1$ 幡$_2$ 燔$_1$ 蕃$_1$ 藩$_1$ 樊$_1$ 繁$_1$ 慢$_1$。

合韻 10 章,其中元歌通韻 2 章,元月通韻 1 章,元文合韻 3 章,元脂支、元真、元歌微、元陽合韻各 1 章。入韻字 13 個:怨$_1$ 苑$_1$ 原$_1$ 嫄$_1$ 涣$_1$ 言$_1$ 熯$_1$ 難$_1$ 憲$_1$ 翰$_1$ 鮮$_1$ 愆$_1$ 浼$_1$。

(5)《楚辭》元部押韻 24 章,入韻字 42 個:安$_5$ 婉$_1$ 軒$_1$ 澣$_1$ 援$_1$ 湲$_1$ 暖$_1$ 遠$_2$ 寒$_2$ 言$_4$ 顔$_1$ 欺$_1$ 閒$_2$ 間$_1$ 姦$_1$ 娟$_1$ 然$_2$ 嗚$_1$ 見$_1$ 檀$_1$ 摶$_1$ 遷$_3$ 騫$_1$ 愆$_1$ 延$_2$ 筵$_1$ 蜒$_1$ 山$_1$ 仙$_1$ 霰$_1$ 蘭$_2$ 爛$_1$ 連$_1$ 變$_1$ 便$_1$ 盤$_1$ 伴$_1$ 反$_3$ 曼$_1$ 蔓$_1$ 嫚$_1$ 矊$_1$。

合韻 11 章,其中元文合韻 7 章,元真合韻 2 章,元陽、元魚合韻各 1 章。入韻字 14 個:媛$_1$ 還$_2$ 願$_1$ 完$_1$ 患$_1$ 言$_1$ 閒$_1$ 然$_1$ 傳$_1$ 譔$_1$ 淺$_1$ 餐$_1$ 亂$_1$ 變$_1$。

(6)元部一級聲符 108 個,單字 40 個。《詩經》韻譜入韻字 118 個,分屬元部 58 個一級聲符。合韻譜入韻字 13 個,增加 2 個一級入韻聲符(鮮聲、免聲)。《楚辭》韻譜入韻字 42 個,增加 5 個一級入韻聲符(寒聲、姦聲、般聲、面聲、絲聲),還有一個單字(仙);合韻譜入韻字 14 個,未增加入韻一級聲符或單字。元部未入韻的一級聲符有贊聲、册(删)聲、侃聲、産聲、羴聲、孨聲、反聲、建聲、昌聲、延聲、囶聲、夶聲、辇聲、善聲、扇聲、前聲、羼聲、开聲、繭聲、叩聲、萑聲、款聲、岸聲、彖聲、寒聲、爨聲、算聲、祘聲、冤聲、旋聲、全聲、合聲、隽聲、犬聲、縣聲、班聲、辡聲、便聲、卞聲、舝聲、煩聲、兩聲等 42 個,還有 39 個單字。

二六、葉 部

（一）葉部字表

1. 葉部開一 [ăp]/[āp]

調聲	短入　　　盍　　　[ɑp]	長入　　　泰　　　[ɑi]
影ø	〈安盍〉盦(ē) 瘂(è)	〈於蓋〉壒〈(集)〉濭(ài)
匣ɣ	〈胡臘〉盍闔嗑嗑嗑部〈(集)轄臘〉盇(hé)	
見k	〈古盍〉蓋地名,姓鉀鉀鑉(gě) 嗑嗑嗑(kè)	〈古太〉蓋苦(gài)
溪kʻ	〈苦盍〉榼磕(kē) 厰(kè)	〈(集)丘蓋〉礚同"磕"(kē) 轕(kài)
透tʻ	〈吐盍〉榻鰨猭挧(tà) 鰈(dié)	
定d	〈徒盍〉蹋蹹闒諁軂(tà)	
來l	〈盧盍〉臘臈"臈"俗字鑞蠟(là) 邋(lā)	

2. 葉部開二 [eăp]

調聲	短入　　　狎　　　[ap]	長入
影ø	〈烏甲〉壓窄閜開閜(yā)	
曉x	〈呼甲〉呷(xiā)	
匣ɣ	〈胡甲〉狎柙匣(xiá)	
見k	〈古狎〉甲胛烅(jiǎ)	
定d	〈丈甲〉喋啑啑霅霅霅,雷電貌(zhá)	
山ʃ	〈所甲〉翣啑翜(shà)	

3. 葉部開三 [ĭăp]/[ĭāp]

調聲	短入　　　葉　　　[ĭɛp]	長入　　　祭　　　[ĭɛi]
影ø	〈於葉〉厭厭伏(yā) 壓厴〈(集)益涉〉擪擪(yè)	〈於罽〉瘞(yì)
匣ɣ	〈筠輒〉曄饁爆爆曅(yè)	
端t	〈陟葉〉輒耴抴軏軏〈(集)陟涉〉鉔(zhé)	
定d	〈直葉〉牒(dié) 朕(zhé)	
餘ʎ	〈與涉〉葉葉子楪揲鍱枼箑〈(集)〉擛(yè)	
泥n	〈尼輒〉聶躡鑷枿槷籋踂馸聿(niè)	
來l	〈良涉〉獵鬣躐擸儠懾甄邋巤(liè)	
章t	〈之涉〉讋慹橐襵(zhé)	

調 聲	短入　　　葉　　　　[ĭɛp]	長入　　　祭　　　　[ĭɛi]
昌 t'	〈(集)尺涉〉呫呫嚸儑 (chè)	
書 ç	〈書涉〉攝灄葉[*]_{邑名,姓}欇鰈 (shè) 葉_{邑名,姓} (yè)	
禪 ʑ	〈時攝〉涉 (shè)	
日 ȵ	〈而涉〉讘讘喦_{多言}囁〈(集)日涉〉聂 (niè)	
精 ts	〈即葉〉睫睞萐 (jié) 接桵_{嫁接花木}婕〈(集)即涉〉緁 (jiē)	
清 ts'	〈七接〉妾緁淁鯜踥〈(集)〉捷_{捷捷}唼_{唼佚} (qiè)	
從 dz	〈疾葉〉捷_{勝利}走建健婕〈(集)〉楱楱楺 (jié)	
心 s	〈私列-薛〉緤渫_{除去}媟 (xiè)	

4. 葉部開四 [iăp]/[iāp]

調 聲	短入　　　帖　　　　[iɛp]	長入　　　霽　　　　[iɛi]
影 Ø		〈於計〉瘞 (yì)
曉 x	〈呼牒〉偞 (xiè)	
匣 ɣ	〈胡頰〉挾俠 (xiá) 協叶_{古文"協"}勰綊挾_{夾持}劦〈(集)橄頰〉叶_協恊 (xié)	
見 k	〈古協〉頰鋏梜莢蛱唊〈(集)吉協〉詼 (jiá)	
溪 k'	〈苦協〉悏愜痎医箧悆俠〈(集)詰叶〉慊_{滿足} (qiè)	
端 t	〈丁愜〉耴 (tiē)	
透 t'	〈他協〉怗_{平定}帖_{妥帖} (tiē) 鮎呫帖_{文告} (tiē) 帖_{書簽}呫_嘗 (tiè)	
定 d	〈徒協〉牒喋蹀諜堞疊_疊褋慄〈(集)達協〉渫_{渫渫}蜨_蝶 (dié)	
來 l		〈郎計〉荔珕 (lì)
精 ts	〈子協〉浹_{周遍} (jiā) 〈(集)即協〉挾_{達也} (jiè)	
心 s	〈蘇協〉燮屟躞瓥燮 (xiè)	

5. 葉部合一 [uăp]

調 聲	短入　　　合　　　　[ɒp]	長入
影 Ø	〈烏合〉鞥 (è)	
溪 k'	〈口答〉溘 (kè)	
疑 ŋ	〈五合〉礘 (è)	
來 l	〈盧合〉搚摺_{拉折} (lā)	
精 ts	〈(集)作答〉唊_{魚吃食} (zā)	

6. 葉部合二 [oăp]

聲\調	短入 洽 [ɐp]	長入
影 ∅	〈烏洽〉圔 (yà)	
匣 ɣ	〈侯夾〉狹陝陿峽硤 (xiá)	
見 k	〈古洽〉夾 (jiā) 郟鞈 (jiá)	
初 tʃʻ	〈楚洽〉插臿䐉鍤媕 (chā)	
山 ʃ	〈山洽〉歃箑篓萐 (shà)	

7. 葉部合三 [ĭwăp]

聲\調	短入 乏 [ĭwɐp]	長入
幫 p	〈方乏〉法灋 (fǎ)	
並 b	〈房法〉乏姂 (fá)	

8. 葉部合四 [iwăp]

聲\調	短入 業 [ĭɐp]	長入
影 ∅	〈於業〉殗 (yè)	
曉 x	〈虛業〉脅歙噏拹〈(集)迄業〉鮩 (xié)	
見 k	〈居怯〉劫鉣 (jié)	
溪 kʻ	〈去劫〉怯狤抾 (qiè)	
疑 ŋ	〈魚怯〉業鄴嶪 (yè)	
定 d	〈直立-緝〉屟 (zhé)	
清 tsʻ	〈七入-緝〉褋 (qì)	
初 tʃʻ	〈初戢-緝〉届 (qì)	
並 b	〈(集)卜急-緝〉馼 (bí)	

（二）葉部諧聲表

葉部聲符

盍〔盇〕聲　蓋聲(礚)　甲聲(匣)　昜聲　闔聲(譀)　鼠聲(臘)　夾聲

医聲(篋)　疫聲(癁)　舌聲(歃)　聿聲(箑)　枼聲　葉聲(偞)　業聲(鄴)

劦聲　脅聲(噏)　劫聲(鉣)　曄聲(爗)　耴聲(輒)　聶聲(攝)　妾聲(接)

燮聲(躞)　乏聲(鉹)

單字

猺　雪　聿　喦　叶〔叶〕　珥　疊〔疉〕　涉　灋〔法〕　曄

（三）葉部韻表

葉部《詩經》韻譜

《邶風·匏有苦葉》一章:葉涉。《衛風·芄蘭》二章:葉韘韘甲。

《小雅·采薇》四章:業捷。

《商頌·長發》七章:葉業。

葉部《詩經》合韻譜

葉談通韻　《大雅·召旻》三章:玷業貶。

葉鐸合韻　《大雅·常武》三章:業作。

葉緝合韻　《大雅·烝民》七章:業捷及。

葉部《楚辭》韻譜

《九歌·國殤》:甲接。

《九章·哀郢》:接涉。

葉部《楚辭》合韻譜

葉月合韻　《九歌·湘夫人》:裔澨逝蓋。

（四）説　明

(1)鞥(合韻,è)、殗(葉韻,yè),奄聲;厴(葉韻,yā)、壓靨擪(葉韻,yè),厭聲;呫(葉韻,chè)、怗帖(帖韻,tiē)、鮎跕(帖韻,tiě)、呫(帖韻,tiè),占聲;慊(帖韻,qiè),兼聲。這四個聲符都在談部,由陽入對轉,在這些字中都轉作入聲韻葉部的聲符。枿(葉韻,niè),段玉裁列七(緝)部,但中古在葉韻,《手册》列葉部。枿聲字"執贄"等卻在緝部。

(2)葉^{邑名,姓}楪揲鍱枼箑(葉韻,yè)、緤渫媟(薛韻,xiè)、楪牒喋蹀諜堞褋慄(帖韻,dié),枼聲,葉部。按"枼"是"从木,世聲",世聲在月部;由收舌的入聲韻旁轉爲收脣的閉口韻葉部的聲符。又,臘(盍韻,là),曷聲。曷聲在月部,也因入聲韻旁轉而成葉部字。讋(葉韻,zhé),龘(tà)省聲,該聲在緝部,"讋"旁轉爲葉部字。

(3)摺(合韻,lā),習聲在緝部;籋(葉韻,niè),爾聲在脂部。兩字因入聲旁轉或陰入旁對轉而在閉口韻葉部。

(4)正如《漢語史稿》指出的(《王力文集》九卷120頁):"葉部字數雖少,但是情況很複雜。例如二等既變爲中古的狎,又變爲洽;三等既變爲中古的葉,又變爲業。可能上古葉部實際是兩類。"因此,黃侃早年(1918)提出《談添盍帖分四部説》,王力先生雖然不主張閉口韻四部變成六部,卻設想上古葉部兩類的擬音不同:"一類是ap,在中古是盍狎葉帖;另一類是ɐp,在中古是洽業乏。"《手册》對上古到中古閉口韻語音系統的變化以《漢語史稿》爲依據,未作更動。改成《表稿》,問題就顯得比較突出,經過考慮,我們認爲兩類的區別是開合口的不同,應分在兩個字表中。

(5)《詩經》葉部押韻 4 章,入韻字 6 個:甲$_1$ 葉$_3$ 鞢$_2$ 捷$_1$ 涉$_1$ 業$_2$。

合韻 3 章,葉談通韻 1 章,葉鐸、葉緝合韻各 1 章。入韻字 2 個:捷$_1$ 業$_3$。

(6)《楚辭》葉部押韻 2 章,入韻字 3 個:甲$_1$ 接$_2$ 涉$_1$。合韻 1 章,爲葉月合韻,入韻字爲:蓋$_1$。

(7)葉部一級聲符 17 個,單字 10 個。《詩經》韻譜葉部入韻字 6 個,分屬一級聲符 4 個,還有一個單字(涉)。《楚辭》葉部入韻字 4 個,增加一級入韻聲符 2 個(妾聲、盍聲)。葉部未入韻的一級聲符 11 個:弽聲、𤉡聲、夾聲、舌聲、劦聲、劫聲、曄聲、耴聲、聶聲、燮聲、乏聲,單字 9 個。

二七、談　部

（一）談部字表

1. 談部開一 [ɑm]

調\聲	平　談　　　[ɑm]	上　敢	去　闞
曉 x		〈呼覽〉㘚喊㘎 (hǎn)	
匣 ɣ	〈胡甘〉酣 (hān) 魽邯〈（集）〉澖 (hán)	〈（集）胡敢〉澉 (hàn)	〈下瞰〉譀 (hàn)
見 k	〈古三〉甘苷泔泔水䃺 (gān)	〈古覽〉敢瘷 (gǎn)	
溪 k‘		〈口敢〉㪁 (kǎn)	〈苦濫〉闞視也瞰〈（集）〉矙 (kàn)
端 t	〈都甘〉擔擔任儋肩挑聸〈（集）〉襜襜襜,胡名澹澹林,胡名 (dān)	〈都敢〉膽黵鷇 (dǎn)	〈都濫〉擔擔子甔〈（集）〉儋甔 (dàn)
透 t‘	〈他酣〉聃 (dān) 舑綖 (tān)	〈吐敢〉菼炎緂 (tǎn)	〈（集）吐濫〉蛓 (tàn)
定 d	〈徒甘〉談郯惔憂錟澹澹臺,複姓倓餤䈯 (tán)	〈徒敢〉噉啖啗淡憺〈（集）杜覽〉嘾 (dàn)	〈徒濫〉惔恬靜澹澹澹 (dàn)
來 l	〈魯甘〉藍襤籃〈（集）盧甘〉灆轞厱 (lán)	〈盧敢〉覽擥攬〈（集）魯敢〉擥 (lǎn)	〈盧瞰〉濫醶爁燷濫貪吃 (làn)
從 dz	〈昨甘〉慙慚摻 (cán)		〈藏濫〉暫蹔鏨 (zàn)

2. 談部開二 [eam]

調\聲	平　銜　　　　[am]	上　檻	去　鑑
影 Ø		〈於檻〉黤 (ǎn)	
曉 x		〈荒檻〉獣 (hǎn)	
匣 ɣ	〈戶監〉銜 (xián)	〈胡黤〉檻 (xiàn) 檻艦濫濫泉轞 (jiàn)	
見 k	〈古銜〉監監視礛䃴 (jiān)		〈格懺〉鑑鑒監借鑒 (jiàn)
溪 k‘	〈口銜〉嵌 (qiān)		
疑 ŋ	〈五銜〉巖礹巗 (yán)		
日 n	〈（集）而銜〉顩 (rán)		
初 tʃ‘			〈楚鑒〉儳雜攙 (chàn) 〈楚譖-沁〉讖 (chèn)
崇 dʒ	〈鋤銜〉巉劖鑱嚵〈（集）〉巉 (chán)		
山 ʃ	〈所銜〉縿帛青色芟 (shān)		

3. 談部開三 [ĭam]

調 聲	平　鹽　　　　　　[ĭem]	上　琰	去　豔
影 ∅	〈央炎〉淹崦閹〈一鹽〉懕厭 (yān)	〈衣儉〉奄郁掩揜裺晻渰罨弇 媕〈於琰〉壓黶〈(集)〉黕 (yǎn)	〈於驗〉俺大〈於豔〉厭飽猒黶 (yàn)
曉 x		〈虛檢〉險獫玁譣嶮 (xiǎn)	
匣 ɣ	〈于廉〉炎 (yán)		
見 k		〈居奄〉檢〈(集)〉撿約束 (jiǎn)	
羣 g	〈巨淹〉箝鉗鉆鐵夾黔拑〈(集)〉 其淹〉柑以木銜馬口 (qián)	〈巨險〉儉 (jiǎn) 芡 (qiàn)	
疑 ŋ		〈魚檢〉顩礹噞 (yǎn)	〈魚窆〉驗〈(集)魚窆-驗〉酓 (yàn)
端 t	〈張廉〉霑沾水名 (zhān)		
透 tʻ	〈丑廉〉覘婇〈(集)癡廉〉佔 佔畢 (chān)	〈丑琰〉諂讇 (chǎn)	
定 d	〈直廉〉沗羙 (chán)		
餘 ʎ	〈余廉〉鹽閻墦檐簷櫩灁闦 闟閻 (yán)	〈以冉〉琰剡棪錟〈(集)〉掞剡 咶淡淡淡,水流貌 (yǎn)	〈以贍〉豔爓焰燄〈(集)〉掞焰 (yàn)
泥 n	〈女廉〉黏飪 (nián)		
來 l	〈力鹽〉廉鐮鎌稴嵰簾薕斂 鬑覝〈(集)離鹽〉磏蠊 (lián)	〈良冉〉斂撿拱也蘞薟鎌 (liǎn)	
章 ṱ	〈職廉〉詹瞻占占卜噡〈(集)之 廉〉蛅讝霑霑 (zhān)	〈占琰〉颭 (zhǎn)	〈章豔〉占估計 (zhàn)
昌 ṱʻ	〈處占〉姑幨蔽膝襜裧痲惉惉懘 〈(集)〉怗怗懘 (chān)		
書 ɕ	〈失廉〉苫茅草覆蓋物痁〈(集)詩 廉〉笘 (shān)	〈失冉〉陝睒閃覢夾嫽 (shǎn)	〈舒贍〉掭苫編茅蓋屋掞舒展 (shàn)
禪 ʑ	〈視占〉蟾 (chán)		〈時豔〉贍 (shàn)
日 ṋ	〈汝鹽〉髯髯蚺呥柟果樹袡 〈(集)如占〉頭呥朧蚦 (rán)	〈而琰〉冉冄姌染燃〈(集)〉冄 燃 (rǎn)	
精 ts	〈子廉〉殲瀸幟漸浸,流入瀸笺 孅鐵〈(集)將廉〉櫼薪麥芒 (jiān)		
清 tsʻ	〈七廉〉籤簽僉〈(集)千廉〉 孅孅趜,巧佞 (qiān)		〈七豔〉壍塹槧 (qiàn)
從 dz	〈昨鹽〉箝 (qián)	〈慈染〉漸水名,逐漸薪草滋長尰酀 蠚〈(集)疾染〉鏨 (jiàn)	
心 s	〈息廉〉銛農具枯鈠襳纖憸孅細 思〈(集)思廉〉孅敏疾獑 (xiān)		
幫 p	〈府廉〉砭 (biān)	〈方斂〉貶弙 (biǎn)	〈方驗〉窆 (biǎn)

4. 談部開四 [iam]

調　聲	平　添　　　　　[iem]	上　忝	去　㮇
曉 x	〈許兼〉馦 (xián)		
匣 ɣ	〈戶兼〉嫌稴〈(集)賢兼〉慊嫌疑 (xián)	〈胡忝〉鼸 (xiàn)	
見 k	〈古甜〉兼縑鶼蒹鰜 (jiān)		
溪 k'	〈苦兼〉謙 (qiān)	〈苦簟〉嗛傔憾 (qiǎn) 歉 (qiàn)	〈苦念〉傔 (qiàn)
端 t	〈丁兼〉聑 (diān)	〈多忝〉點玷坫 (diǎn)	〈都念〉坫耆〈(集)〉剬阽 (diàn)
透 t'	〈他兼〉沾益也,古"添"字覘〈(集)〉酟 (tiān)	〈他玷〉忝栝撥火棍銛挑取〈(集)〉餂 (tiǎn)	〈他念〉瓬 (tiàn)
定 d	〈徒兼〉甜恬 (tián)		
泥 n	〈奴兼〉鮎拈以指取物 (nián)		
來 l	〈勒兼〉燫溓 (lián)		

5. 談部合一 [uam]

調　聲	平　覃　　　　[ɒm]	上　感	去　勘
影 ∅	〈烏含〉媕婖嬰庵菴 (ān)	〈烏感〉晻晻藹黯黤 (ǎn)	〈(集)烏紺〉晻暗 (àn)
匣 ɣ		〈胡感〉浛欯蛤〈(集)戶感〉泔泔淡 (hàn)	
見 k			〈古暗〉紺〈(集)〉詌口閉 (gàn)
溪 k'		〈苦感〉坎悏埳 (kǎn)	〈苦紺〉崠 (kàn)
疑 ŋ	〈(集)吾含〉儑 (án)		
定 d		〈徒感〉窞萏藺 (dàn)	
泥 n	〈那含〉枏抩〈(集)〉柟詌 (nán)		
精 ts		〈子感〉寁 (zǎn)	

6. 談部合二 [oam]

調　聲	平　咸　　　　[ɐm]	上　豏	去　陷
曉 x		〈火斬〉闞虎怒貌 (hǎn)	
匣 ɣ		〈下斬〉豏 (xiàn)	〈戶韽〉陷鮥臽胳 (xiàn)
見 k	〈古咸〉尲尷 (gān)	〈古斬〉鹻 (jiǎn)	
溪 k'		〈苦減〉歉 (qiǎn)	
疑 ŋ	〈五咸〉顩鶼 (yán)		
莊 tʃ		〈側減〉斬 (zhǎn)	〈莊陷〉蘸 (zhàn)
初 tʃ'		〈初減〉醦 (chǎn)	
崇 dʒ	〈士咸〉讒獑饞巉欃攙刺儳不整齊鄟〈(集)鋤咸〉瀺 (chán)		
山 ʃ	〈所咸〉攙 (shān)		

7. 談部合三 [ĭwɐm]

調\聲	平 凡 [ĭwɐm]	上 范	去 梵
影 Ø			〈於劍〉淹 (yàn)
見 k			〈居欠〉劍〈(集)居欠-驗〉劍 (jiàn)
溪 k'		〈丘犯〉凵張口也 (kǎn)	〈去劍〉欠 (qiàn)
幫 p		〈方勇-腫〉覂 (fěng)	
滂 p'			〈孚梵〉泛氾汎氾芝 (fàn)
並 b	〈符芝〉氾地名 (fán)	〈防錽〉范範范犯 (fàn)	
明 m		〈亡范〉錽妥 (wǎn)	

8. 談部合四 [iwɐm]

調\聲	平 嚴 [ĭɐm]	上 儼	去 釅
影 Ø	〈於嚴〉腌 (yān)		
疑 ŋ	〈語轗〉嚴籤 (yán)〈魚金-侵〉厰 (yín)	〈魚埯〉儼广因巖爲屋 曮 (yǎn)	
端 t	〈(集)知林-侵〉砧 (zhēn)		

(二)談部諧聲表

談部聲符

奄聲(庵) 弇聲(黔) 監聲 濫聲(蘫) 覽聲(攬) 甘聲 拑聲(箝)

邯聲(澵) 敢聲 闞聲(瞰) 厰聲 嚴聲(儼) 臽聲 閻聲(蘭)

詹聲(贍) 炎聲 剡聲(菼) 冉〔冄〕聲(枏) 斬聲 漸聲(潭)

兼聲 廉聲(簾) 毚聲(讒) 僉聲 斂聲(薟) 乏聲 鐵聲

瀸聲(藏) 猒聲 厭聲(壓) 占聲 沾聲(霑) 怗聲(惉) 夾聲

陝聲(婪) 染聲(橤) 夭聲(覥) 甜聲(恬) 欠聲(坎) 巴聲 氾聲(范)

妥聲(錽)

單字

叡〔敢〕 銜 芝 焱 閃 銛 思 导〔貶〕 丙 儼 蘸 凵 广

(三)談部韻表

談部《詩經》韻譜

《王風·大車》一章:檻菼敢。

《小雅·節南山》一章:巖瞻惔談斬監。《巧言》三章:甘餤。《采綠》二章:藍襜詹。

《魯頌·閟宮》六章:巖詹

談部《詩經》合韻譜

談葉通韻　《大雅·召旻》三章:玷業貶。

談陽合韻　《大雅·桑柔》八章:瞻相臧腸狂。《商頌·殷武》四章:監嚴濫遑。

談侵合韻　《陳風·澤陂》三章:菡儼枕。《小雅·巧言》二章:涵讒。

談部《楚辭》韻譜

《九章·抽思》:敢憺。

《招魂》:淹漸。

談部《楚辭》合韻譜

談陽合韻　《天問》:亡嚴。

(四)説　明

(1)萏(感韻,zǎn),建聲;䶇(敢韻,kǎn),劫省聲;豔(豔韻,yàn),盍聲;砭(鹽韻,biān)、貶(琰韻,biǎn)、窆(豔韻,biǎn)、覂(腫韻,fěng)、泛芝(梵韻,fàn)、乏聲;鹹(添韻,xián),夾聲。這五個聲符都在入聲韻葉部,由陽入對轉,這些形聲字都轉入陽聲韻談部。

(2)嵌(銜韻,qiān),勘省聲;鹹(琰韻,yǎn),咸聲。勘、咸兩聲符都在侵部,所組成的"嵌、鹹"兩形聲字,由陽聲閉口韻旁轉入談部。

(3)忝(忝韻,tiǎn),天聲,在真部,由收舌的陽聲韻旁轉入收脣的閉口韻談部。

(4)《漢語史稿》指出(《王力文集》九卷130頁):"談部的情況複雜,和葉部的情況相同。可能談部上古實際上有兩類:一類是am,在中古是談銜鹽添;另一類是em,在中古是咸嚴凡。"在將《手册》改成《表稿》時,我們也按葉部一樣,把兩類看成開合的對立,分成兩表。

(5)《詩經》談部押韻5章,入韻字13個:監₁檻₁藍₁巖₂甘₁敢₁談₁炎₁餤₁詹₂瞻₁襜₁斬₁。

合韻5章,其中談葉通韻1章,談陽合韻2章,談侵合韻2章。入韻字9個:監₁濫₁嚴₁儼₁瞻₁玷₁讒₁菡₁貶₁。

(6)《楚辭》談部押韻2章,入韻字4個:淹₁敢₁憺₁漸₁。

合韻1章,談陽合韻,入韻字1個:嚴₁。

(7)談部一級聲符23個,單字13個。《詩經》韻譜談部入韻字13個,分屬一級聲符6個;合韻譜入韻字9個,增加入韻一級聲符3個(玷、讒、菡)和單字1個(貶)。《楚辭》韻譜、合韻譜入韻字5個,增加入韻一級聲符一個(淹)。談部未入韻的一級聲符13個:弇聲、冉聲、兼聲、僉聲、毚聲、猒聲、夾聲、染聲、天聲、甜聲、欠聲、巳聲、夌聲,單字12個。

二八、緝　部

（一）緝部字表

1. 緝部開一 [ɤp]

調\聲	短入　　合　　　[ɒp]	長入
影 ∅	〈烏合〉姶鞥 (è)	
曉 x	〈呼合〉欱喝(hē)	
匣 ɣ	〈侯閤〉合開合部迨柨詥〈(集)曷閤〉匌 (hé)	
見 k	〈古沓〉鴿 (gē) 閤攺鮯蛤頜柨帗韐〈(集)葛合〉洽水名(gé) 合量名(gě)	
端 t	〈都合〉答答應荅搭 (dā) 答回答(dá)	
透 tʻ	〈他合〉錔㙮嚃踏鞳灄濕水名罄佮〈(集)㦾合〉蹋沓顫舓〈吐盍-盍〉嗒(tà)	
定 d	〈徒合〉沓合諮逻撘渣齰譶榙磖譅遝眔 (tà)	
精 ts	〈子答〉帀匝噈口含(zā)	
從 dz	〈徂合〉雜襍磼雥〈(集)昨合〉褺(zá)	
心 s	〈蘇合〉趿颯靸馺雪雨下貌卅(sà)	

2. 緝部開二 [eɤp]

調\聲	短入　　洽　　　[ɐp]	長入
影 ∅	〈烏洽〉喢窫(yà)	
匣 ɣ	〈侯夾〉洽和洽(qià) 祫洽*和洽(xiá)	
見 k	〈古洽〉鞈袷跲袷 (jiá)	
溪 kʻ	〈苦洽〉膁(qià)	
泥 n	〈女洽〉囜 (niè)	
初 tʂ	〈楚洽〉扱插(chā)	

3. 緝部開三 [ĭəp]/[ĭə̌p]

調\聲	短入　　　　緝　　　　[ĭep]	長入　　　　至　　　　[i]
影 ∅	〈於汲〉邑悒唈裛浥澤〈集〉乙及〉偞〈伊入〉挹 (yì) 揖拜揖 (yì)	
曉 x	〈許及〉吸噏歙吸氣翕潝翖鄗闟〈集〉迄及〉嗋扱歛取 (xī) 愻 (xì)	
匣 ɣ	〈集〉域及〉潝 (yì)	
見 k	〈居立〉給供給 (jǐ) 急汲伋級芨痙彶〈集〉訖立〉忣急 (jí)	
羣 g	〈其立〉及笈 (jí)	
疑 ŋ	〈魚及〉岌〈集〉逆及〉圾危 (jí) 扱拜手至地 (yì)	
端 t	〈陟立〉縶〈集〉聑 (zhí)	〈陟利〉鷙鶩 (zhì)
透 tʻ	〈丑入〉湁〈集〉勅立〉墆低窪地 (chì)	
定 d	〈直立〉蟄膵 (zhé) 蟄* (zhí)	
餘 ʎ	〈羊入〉熠 (yì)	
章 ʨ	〈之入〉汁液 (zhī) 執摯愳懼 (zhí)	〈脂利〉摯贄鷙墊 (zhì)
書 ɕ	〈失入〉溼濕潮濕 (shī)	
禪 ʑ	〈是執〉十什拾拾取〈集〉寔入〉汁汁方,地名 (shí)	
日 ɳ	〈人執〉入 (rù) 廿二十的合音 (niàn)	
精 ts	〈子入〉喋濈湒藏〈集〉即入〉戢揖揖揖,羣飛貌 (jí)	
清 tsʻ	〈七入〉緝*績麻茸聳葺 (qì) 緝績麻 (jī)	
從 ʣ	〈秦入〉集輯檝人戢 (jí)	
邪 z	〈似入〉習襲隰鰼騽槢〈集〉席入〉謵 (xí)	
莊 ʧ	〈阻立〉戢剿菆濈 (jí)	
初 ʧʻ	〈初戢〉㴊 (cè)	
山 ʃ	〈色立〉澀澀鈒〈集〉色入〉譅 (sè)	
幫 p	〈彼及〉鵖皀粒 (bì)	

4. 緝部開四 [iə̌p]

調\聲	短入　　　　帖　　　　[iep]	長入
定 d	〈徒協〉褺縶褶夾衣 (dié)	
泥 n	〈奴協〉惗 (niè)	

5. 緝部合一 [uə̌p]/[uə̌p]

調\聲	短入　　　　合　　　　[ɒp]	長入　　　　隊　　　　[uɒi]
泥 n	〈奴答〉納鈉軜〈集〉諾答〉内納魶〈奴盍-盍〉魶 (nà) 〈内骨-没〉訥肭 (nè)	〈奴對〉内内面 (nèi)
來 l	〈盧合〉拉应〈集〉落合〉粒 (lā)	

6. 缉部合三 [ĭwə̆p]/[ĭwə̆p]

調聲	短入　　　缉　　　　[ĭĕp]	長入　　　祭　　　　[ĭwɛi]
溪 k‘	〈去急〉泣湆 (qì)	
端 t		〈陟衛〉笜小車具 (zhuì)
餘 ʎ	〈余六-屋〉昱煜喐 (yù)〈與職-職〉翊翌 (yì)	
泥 n	〈女劣-薛〉呐訥,語遲鈍 (nè)	
來 l	〈力入〉立粒笠鴗苙 (lì)	
日 ȵ		〈而銳〉芮汭枘蜹〈(集)儒稅〉蚋 (ruì)
並 b	〈(集)扶法-乏〉汎汎㵒 (fá)	

7. 缉部合四 [iwə̆p]/[iwə̆p]

調聲	短入　　　葉　　　　[ĭĕp]	長入　　　至　　　　[i]
匣 ɣ		〈于愧〉位 (wèi)
羣 g	〈其輒〉极驢上負版 (jí) 级〈(集)極業-業〉拾更替 (jié)	
來 l		〈力至〉莅涖臨〈(集)〉蒞〈郎計-霽〉㻫㻫㻫 (lì)
章 ṯ	〈之涉〉慴慹慹然摺摺疊聾 (zhé)	
船 ḏ	〈(集)實攝〉拾臨足上升 (shè)	
書 ɕ	〈書涉〉歙縣名 (shè)	
精 ts	〈即葉〉楫檝 (jí)	
清 ts‘	〈七接〉緝鏶 (qiè)	
從 dz	〈疾葉〉緁〈(集)〉㛫 (jié)	

（二）缉部諧聲表

缉部聲符

合聲　　　荅聲(踏)　　翕聲(歙)　　拾聲(湁)　　沓聲(踏)　　罒聲　　　遝聲(遝)

集聲(緁)　及聲　　　急聲(湇)　　嘼聲　　　雪聲(嚅)　　邑聲(悒)　　咠聲

戢聲(戩)　執聲(贄)　　澀聲(澀)　　習聲(慴)　　龖聲(襲)　　十聲(汁)　　皀聲(鵖)

內聲　　　納聲(魶)　　芮聲(蜹)　　立聲　　　位聲　　　涖聲(蒞)　　昱聲(煜)

單字

帀　　雥　　卅　　囡　　罊　　入　　廿　　甚　　人　　冊

（三）缉部韻表

缉部《詩經》韻譜

《周南·螽斯》三章:揖蟄。《邶風·燕燕》二章:及泣。《王風·中谷有蓷》三章:濕泣泣及。

《秦風·小戎》二章:合軜邑。

　　《小雅·皇皇者華》一章:隰及。《常棣》七章:合翕。《無羊》一章:溼溼。

　　《大雅·大明》四章:集合。《棫樸》三章:楫及。《板》二章:輯洽。

緝部《詩經》合韻譜

　　緝職合韻　《小雅·六月》一章:飭服熾急國。《大雅·思齊》四章:式入。

　　緝物合韻　《大雅·假樂》四章:位墍。《蕩》三章:類懟對內。《抑》四章:寐內。

　　緝葉合韻　《大雅·烝民》七章:業捷及。

緝部《楚辭》韻譜

《離騷》:急立。

《天問》:悒急。

《九辯》:入集洽合。

緝部《楚辭》合韻譜

　　緝月合韻　《天問》:摯說。

（四）說　明

　　(1)噆(合韻, zā），朁聲;喊(洽韻, qià），咸聲;惗(帖韻, niè），念聲;湇(緝韻, qì），音聲;汎(乏韻, fá），凡聲。五個聲符都在侵部,陽入對轉,這五個字都轉到入聲韻緝部。

　　(2)濕水名(合韻, tà）、壒(緝韻, chì）、隰(緝韻, xí），三個字都是㬎聲。還有"溼濕潮溼"（緝韻, shī），《說文》:"溼,幽溼也。从一,覆也,覆土而有水,故溼也。从㬎省聲。"段注:"漢隸以濕爲燥溼字,乃以漯爲沛濕字。"㬎聲在元部,陽入旁對轉,五個字轉到入聲韻緝部。又:漯（濕水名）（合韻, tà），累聲,累聲在歌部,用作水名"濕",此陰入旁對轉,轉入緝部。

　　(3)鞥(合韻, è），弇聲。段玉裁弇聲列侵部,江有誥、王力列談部;《漢字古音手冊》從江、王,"揜渰弇媕"（琰韻, yǎn）列談部。"鞥"字由陽入旁對轉,列緝部。

　　(4)緝部開口三等到中古分到了緝葉兩韻。我們按葉部的處理辦法,把它視作開合對應,認爲葉韻字應是合口,列在合口四等。

　　(5)《詩經》緝部押韻 10 章,入韻字 15 個:邑$_1$ 泣$_3$ 及$_4$ 合$_3$ 翕$_1$ 洽$_1$ 蟄$_1$ 濕$_2$ 隰$_1$ 楫$_1$ 溼$_1$ 楫$_1$ 輯$_1$ 集$_1$ 軜$_1$。

　　合韻 6 章,其中緝物合韻 3 章,緝職合韻 2 章,緝葉合韻 1 章。入韻字 5 個:急$_1$ 入$_1$ 位$_1$ 內$_2$ 及$_1$。

　　(6)《楚辭》緝部押韻 3 章,入韻字 7 個:悒$_1$ 急$_2$ 立$_1$ 合$_1$ 洽$_1$ 集$_1$ 入$_1$。《楚辭》緝部合韻 1 章,爲緝月合韻,入韻字 1 個:摯$_1$。

　　(7)緝部一級聲符 16 個,單字 10 個。《詩經》韻譜緝部入韻字 15 個,分屬 8 個一級聲符;

合韻譜入韻字 5 個,增加 1 個入韻單字(入)。《楚辭》緝部入韻字 8 個,未增加一級入韻聲符和單字。緝部未入韻的一級聲符有沓聲、眔聲、矗聲、踧聲、習聲、龘聲、十聲、皀聲等 8 個和 9 個單字。

二九、侵　部

(一)侵部字表

1. 侵部開一 [əm]

調 聲	平　覃　　　　[ɒm]	上　感	去　勘
影 Ø	〈烏含〉諳鵪鵪䤋醃盦 (ān)	〈烏感〉揞晻唵灇 (ǎn)	〈烏紺〉暗闇 (àn)
曉 x	〈火含〉谽 (hān)	〈呼覽〉喊 (hǎn)	
匣 ɣ	〈胡男〉含涵函頷顄蜬涵黬圅肣䨜《集》胡南〉瓵唅 (hán)	〈胡感〉頷撼莟马巳《集》户感〉撼䫹菡 (hàn)	〈胡紺〉憾琀唅 (hàn)
見 k	〈古南〉泔水入船中 (gān)	〈古禪〉感感動鱤䱹籠䉲籠類 (gǎn)	〈古暗〉淦水名贛贛水名 (gàn)
溪 k‘	〈口含〉龕戡堪戡嵁 (kān)	〈苦感〉歁轗顑竷 (kǎn)	
疑 ŋ		〈五感〉嬐	
端 t	〈丁含〉耽湛樂也眈酖嗜酒媅覘《集》都含〉愖 (dān)	〈都感〉黕《都敢-敢》統 (dǎn)	
透 t‘	〈他含〉探*摸取貪 (tān) 撢探 (tàn)	〈他感〉醓肹喃黮《集》醓 (tǎn)	
定 d	〈徒含〉覃郯潭曇薝橝譚燂薚蕈橝《集》徒南〉醰憛沈沈沈蕈蕈 (tán)	〈徒感〉禫髧嘾《集》霮鸔噡 (dàn)	
泥 n	〈那含〉南男楠楠木 (nán)	〈奴感〉湳 (nǎn)	
來 l	〈盧含〉婪惏貪嵐葻啉粓 (lán)	〈盧感〉壈顭 (lǎn)	
精 ts	〈作含〉簪先鐕 (zān)		
清 ts‘	〈倉含〉參參考驂趁傪嬠 (cān)	〈七感〉慘憯僭鏒噆叮,咬《集》七紺〉瘏憯 (cǎn)	〈七紺〉謲 (càn)
從 dz	〈昨含〉蠶 (cán)		
心 s	〈蘇含〉穇《蘇甘-談》三數參叁,三分 (sān)	〈集》桑感〉糂穇槮捕魚具 (sǎn)	〈蘇暫-闞》三再三 (sàn)

2. 侵部開二 [eəm]

調 聲	平　咸　　　　[ɐm]	上　賺	去　陷
影 Ø	〈乙咸〉猏 (ān)	〈乙減〉黯 (àn)	
曉 x	〈許咸〉谽 (hān)		
匣 ɣ	〈胡讒〉咸鹹醎諴械《集》》麙 (xián)		
見 k	〈古咸〉緘縅瑊玪鵜《集》居咸〉械鹻 (jiān)	〈古斬〉減 (jiǎn)	
疑 ŋ	〈五咸〉嵒礹嵒 (yán)		
定 d		〈徒減〉湛深厚也 (zhàn)	
山 ʃ	〈所咸〉摻纖細摻《所銜-銜》衫縿㐱 (shān)	〈所斬〉摻執也 (shǎn)	

3. 侵部開三 [ĭəm]

調聲	平　侵　　　　　[ĭĕm]	上　寑	去　沁
影 ø	〈於金〉音陰瘖霒暗鹼黭樹蔭〈《集》〉弇蔭〈挹淫〉愔 (yīn)	〈於錦〉歆飲喝 (yǐn)	〈於禁〉蔭遮蔭窨暗噾嗯廕飲給喝 (yìn)
曉 x	〈許金〉歆廞 (xīn)		
見 k	〈居吟〉金今衿襟裣黔〈《集》〉紟衿,帶 (jīn)	〈居飲〉錦 (jǐn)	〈居蔭〉禁僸音樂名 (jìn)
溪 k'	〈去金〉欽衾嶔鋟 (qīn)	〈丘甚〉坅 (qǐn)	
羣 g	〈巨金〉琴捦擒禽芩檎廞庈聆靲〈《集》〉肣䬼鈙莶 (qín)	〈渠飲〉唫閉口不言 (jìn)	〈巨禁〉妗噤紟單被〈《集》〉妗 (jìn)
疑 ŋ	〈魚金〉吟唫吟崟霒乑眾立也 (yín)	〈牛錦〉僸仰頭貌趛 (yǐn)	
端 t	〈知林〉椹 (zhēn)	〈《集》陟甚〉戡抌 (zhěn)	〈知鴆〉揕 (zhèn)
透 t'	〈丑林〉琛棽彤䑐綝郴 (chēn)	〈丑甚〉踸踸〈《集》〉黔 (chěn)	〈丑禁〉闖馬出門貌 (chèn)
定 d	〈直深〉沈沈沒沉茂芜霃湛浮湛鈂 (chén)	〈直稔〉朕挊〈《集》〉賆朕〈直引-軫〉眹 (zhèn)	〈直禁〉鴆 (zhèn)
餘 ʎ	〈餘針〉淫霪婬蟫鸇尤霪至鱘 (yín)		
泥 n			〈乃禁〉賃 (lìn)
來 l	〈力尋〉林琳淋臨麻灨霖〈《集》〉犁針痳惏惏慄 (lín)	〈力稔〉廩亩懍菻凜崙〈《集》〉稟亩 (lǐn)	
章 tɕ	〈職深〉斟針鍼䲴箴葴 (zhēn)	〈章荏〉枕枕席煩 (zhěn)	〈之任〉枕動詞 (zhèn)
昌 tɕ'		〈昌枕〉瀋 (shěn)	
船 dʑ		〈食荏〉甚 (shèn)	
書 ɕ	〈式針〉深葠〈《集》〉突 (shēn)	〈式荏〉沈國名,姓邥冞審瞫諗淰水中驚走 (shěn)	
禪 ʑ	〈氏任〉諶訦忱煁 (chén)	〈常枕〉甚 (shèn)	
日 ȵ	〈如林〉任抱,姓壬鵀 (rén)	〈如甚〉荏稔袵恁棯羊腍餁 (rěn)	〈汝鴆〉妊絍稐任委任,責任袵〈《集》〉如鴆〉紝 (rèn)
精 ts	〈子心〉祲瀸堷 (jīn)	〈子朕〉醮 (jǐn)	〈子鴆〉浸浸泡寖滲透〈即刃-震〉鬵 (jìn)
清 ts'	〈七林〉侵駸浸浸淫綅線也〈《集》千尋〉寖蕭 (qīn)	〈七稔〉寢寑梫蔓鋟 (qǐn)	〈七鴆〉沁 (qìn)
從 dz	〈昨淫〉鈐蠺醐 (qín)	〈慈荏〉蕈菌類 (xùn)	
心 s	〈息林〉心 (xīn)		
邪 z	〈徐林〉尋燖鐔潯郣襑鷣〈《集》徐心〉燖 (xún)		
莊 tʃ			〈莊蔭〉譖 (zèn)
初 tʃ'	〈楚簪〉嵾參參差〈《集》初簪〉篸 (cēn)		
崇 dʒ	〈鋤針〉岑涔積水兂梣鱏 (cén)		
山 ʃ	〈所今〉森椮櫹椮,人參蔘薓〈《集》疏簪〉糝幓 (sēn) 參星,人參蔘薓〈《集》疏簪〉糝幓 (shēn)		〈所禁〉渗 (shèn) 罧 (sèn)
幫 p		〈筆錦〉稟稟 (bǐng)	
滂 p'		〈丕飲〉品 (pǐn)	

4. 侵部開四 [iəm]

調　聲	平　添(舌) [iem]　鹽(喉齒) [ĩem]	上　忝(舌)　琰(喉齒)	去　桥(舌)　豔(喉齒)
影 Ø		〈於琰〉黶 (yǎn)	
溪 k'	〈(集)丘嚴-嚴〉欦 (qiān)		
羣 g	〈巨淹〉黔馦雂鈂鍼姓鈐 (qián)		
端 t			〈都念〉唸唸呷墊霣巓坫 (diàn)
定 d		〈徒玷〉簟驔 (diàn)	
泥 n		〈乃玷〉淰濁也嬟 (niǎn)	〈奴店〉念 (niàn)
日 ȵ		〈而琰-琰〉髯 (rǎn)	
精 ts	〈子廉〉熸 (jiān)		〈子念-桥〉僭 (jiàn)
從 dz	〈昨鹽〉潛灊〈(集)慈鹽〉澿捕魚具 (qián)		
心 s	〈息廉〉綅織物 (xiān)		

5. 侵部合一 [uəm]

調　聲	平　冬 [uoŋ]	上	去　宋
匣 ɣ	〈戶公-東〉洚洪水 (hóng)		
見 k			〈古送〉箦〈(集)〉贛 (gòng)
端 t	〈都宗〉冬荄 (dōng)		
定 d	〈徒冬〉疼 (téng) 彤蝪懳独蚰鼅蠅名蚰〈(集)〉肜 (tóng)		
泥 n	〈奴冬〉農噥襛膿 (nóng)		〈奴涷〉癑 (nòng)
精 ts	〈作冬〉宗 (zōng)		〈子宋〉綜綜合 (zōng) 綜*機縷,綜合 (zòng)
從 dz	〈藏宗〉賨琮悰漎淙 (cóng)		
心 s			〈蘇統〉宋 (sòng)

6. 侵部合二 [oəm]

調　聲	平　江 [ɔŋ]	上　講	去　絳
匣 ɣ	〈下江〉栙降降伏牟 (xiáng)		
見 k			〈古巷〉絳降下降洚水名,下也〈(集)〉摓袯袯,草名 (jiàng)
並 b	〈薄江〉逄姓 (páng)		

7. 侵部合三 [ĩwəm]

調　聲	平　東 [ĩuŋ]	上　董	去　送
見 k	〈居戎〉躬躬宮 (gōng)		
溪 k'	〈去宮〉芎营 (xiōng)		
羣 g	〈渠弓〉窮藭竆 (qióng)		
端 t	〈陟弓〉中中間衷内衣,内心忠苷 (zhōng)		〈陟仲〉中射中衷適當 (zhòng)

續表

調聲	平　東　　　　　[ĭuŋ]	上　董	去　送
透 tʻ	〈敕中〉忡盅空虛(chōng)		
定 d	〈直弓〉沖(chōng) 蟲种姓爞(chóng)		〈直眾〉仲(zhòng)
餘 ʎ	〈以戎〉融肜(róng)		
泥 n	〈女容-鍾〉醲羺濃襛穠(nóng)		
來 l	〈力中〉隆癃窿(lóng)		
章 ʨ	〈職戎〉終螽歴蔠〈(集)之戎〉汝終(zhōng)		〈之仲〉眾眾(zhòng)
日 n.	〈如融〉戎駥駥(róng)		
心 s	〈息弓〉嵩娀(sōng)		
崇 ʥ	〈鋤弓〉崇崈(chóng)		
幫 p	〈方戎〉風飌楓猦(fēng)		〈方鳳〉諷風諷(fěng) 諷*風*諷(fèng)
滂 pʻ	〈敷隆〉豐鄷蘴灃寷豐(fēng)		〈撫鳳〉贈(fèng)
並 b	〈房戎〉汎汎淫梵梵梵(féng) 〈薄紅〉芃(péng)		〈馮貢〉鳳(fèng)

8. 侵部合四 [iwəm]

調聲	平　凡　　　　　[ĭwɐm]	上　范	去　梵
滂 pʻ			〈孚梵〉汎漂浮汎(fàn)
並 b	〈符芝〉帆(fān) 凡帆*船帆颿〈(集)符咸〉渢渢渢(fán)	〈防錢〉軓(fàn)	

（二）侵部諧聲表

侵部聲符

音聲	闇聲(濶)	今聲	畲聲(鶲)	含聲(頷)	念聲(淰)	貪聲(嗿)
佥聲	陰聲(蔭)	岑聲(涔)	禽聲(擒)	金聲	欽聲(廞)	丐聲
函〔圅〕聲(涵)	咸聲	感聲(憾)	箴聲(鱵)	甚聲	湛聲(霮)	
贛聲	贛聲(灨)	尤聲	肬聲(監)	沈聲(霃)	覃聲	潭聲(薄)
尋聲	蕁聲(薭)	南聲(湳)	殈聲	晉聲(簪)	鷺聲(灣)	彡聲(衫)
彤聲(舰)	參聲(慘)	林聲	禁聲(襟)	壬聲	任聲(賃)	呈聲
淫聲(霪)	向聲	稟聲(廩)	酓聲(鄑)	宋聲	審聲(潘)	突聲
深聲(蔘)	侵聲(寑)	浸聲(寖)	心聲(沁)	品聲	臨聲(灆)	夆聲(絳)
隆聲(癃)	冬聲	終聲(蔠)	蟲〔虫〕聲(蝕)		農聲(醲)	宗聲(崇)
佀聲(霝)	眾聲(潨)	宮聲(营)	躬聲	窮聲(藭)	中聲(仲)	戎聲(娀)
凡聲	風聲(諷)	豐聲(鄷)				

單字

男　三　曇　闖　羊　尖　森　宋　戡　肜　嵩　賵

（三）侵部韻表

侵部《詩經》韻譜

《周南·兔罝》三章：林心。《召南·采蘩》二章：中宮。《草蟲》一章：蟲螽忡降。《摽有梅》二章：三今。《邶風·綠衣》四章：風心。《燕燕》三章：音南心。《擊鼓》二章：仲宋忡。《凱風》一章：南心；四章：音心。《雄雉》二章：音心。《谷風》一章：風心；六章：冬窮。《式微》二章：躬中。《鄘風·桑中》一、二、三章：中宮。《定之方中》一章：中宮。《衛風·氓》三章：葚耽。《鄭風·子衿》一章：衿心音。《秦風·小戎》二章：中驂。《晨風》一章：風林欽。《陳風·株林》一章：林南林南。《檜風·匪風》三章：嘌音。《豳風·七月》八章：沖陰。

《小雅·鹿鳴》三章：芩琴琴湛心。《四牡》五章：駸諗。《常棣》七章：琴湛。《出車》五章：蟲螽忡降仲戎。《蓼蕭》四章：濃沖。《白駒》四章：音心。《斯干》六章：簟寢。《何人斯》四章：風南心。《巷伯》一章：錦甚。《鼓鍾》四章：欽琴音南僭。《車舝》五章：琴心。《賓之初筵》二章：壬林湛。《白華》四章：煁心；六章：林心。

《大雅·旱麓》二章：中降。《思齊》一章：音男；三章：宮臨。《皇矣》四章：心音。《既醉》三章：融終。《鳧鷖》四章：湆宗宗降飲崇。《公劉》四章：飲宗。《卷阿》一章：南音。《蕩》一章：諶終。《抑》九章：僭心。《桑柔》六章：風心；九章：林譖。《雲漢》二章：甚蟲宮宗臨躬。《烝民》八章：風心。《瞻卬》七章：深今。

《魯頌·泮水》六章：心南；八章：林黮音琛金。

侵部《詩經》合韻譜

侵蒸合韻　《秦風·小戎》三章：膺弓縢興音。《大雅·大明》七章：林興心。《生民》三章：林林冰。《召旻》六章：中弘躬。《魯頌·閟宮》五章：乘縢弓綅增膺懲承。

侵侯合韻　《小雅·常棣》四章：務戎。

侵真合韻　《大雅·文王》七章：躬天。

侵談合韻　《陳風·澤陂》三章：萏儼枕。《小雅·巧言》二章：涵讒。

侵部《楚辭》韻譜

《離騷》：心淫。

《九歌·雲中君》：降中窮懺（冬部）。《河伯》：宮中（冬部）。

《天問》：躬降。

《九章·涉江》：風林；又：中窮（冬部）。《哀郢》：心風。《抽思》：潭心。

《卜居》：忠窮（冬部）。

《招魂》:心淫;又:衆宮(冬部);又:楓心南。

侵部《楚辭》合韻譜

冬東合韻　《離騷》:庸降。

冬侵東合韻　《九辯》:中湛圭。

侵東合韻　《天問》:沈封。

(四)説　明

(1)墊霫穎(桥韻,diàn)、墊(震韻,jìn),執聲。執聲在緝部,在此四字中,執聲卻由入聲韻聲符對轉爲陽聲韻侵部的聲符。

(2)𦛨(朕)楙(寢韻,zhèn)、朕(軫韻,zhèn),弅聲。弅聲在蒸部(倴(證韻,yìng)、勝(證韻,shèng)),在此三字中,因旁轉由收喉陽聲韻蒸部的聲符傳作閉口韻侵部的聲符。躬(東韻,gōng)、芎(東韻,xiōng),弓聲在蒸部,躬聲卻在侵部,也是由收喉陽聲韻轉爲閉口韻侵部聲符的例證。

(3)熸(監韻,jiān)、潛灊涔(鹽韻,qián)、綅(鹽韻,xiān)、黔蒹雓鍼鈐(鹽韻,qián)、燆(琰韻,rǎn)、奋(琰韻,yǎn)等鹽韻字,《漢語史稿》未收。《漢字古音手册》根據鹽韻中古等呼列在侵部開口三等。它們的今音卻與同列侵部開口三等的侵韻字區別很大,而與列在侵部開口四等的添韻相同,《漢字古音表稿》以此改列侵部開口四等。

(4)侵部合口三等主要變入中古東韻,《漢語史稿》(《王力文集》九卷129頁),將凡韻列爲"不規則的變化"。《手册》將凡韻字的古音定爲合口三等,《表稿》將東韻、凡韻兩類分開,把凡韻列作合口四等,改定上古擬音。

(5)《詩經》侵部押韻55章,入韻字54個:音$_{11}$今$_2$衿$_1$芩$_1$琴$_5$諗$_1$陰$_1$飲(歆)$_2$金$_1$錦$_1$欽$_2$宮$_7$躬$_2$窮$_1$降$_4$中$_8$忡$_3$仲$_2$沖$_1$甚$_2$葚$_1$湛$_3$煁$_1$諶$_1$黮$_1$冬$_1$螽$_1$終$_2$耽$_1$蟲$_3$深$_1$琛$_1$簟$_1$嚶$_1$僭$_1$譖$_1$宗$_4$崇$_1$駸$_1$騤$_1$寢$_1$瀠$_1$心$_{19}$三$_1$宋$_1$南$_8$男$_1$濃$_1$戎$_1$壬$_1$融$_1$林$_8$臨$_1$風$_6$。

合韻9章,其中侵蒸合韻5章,侵談合韻2章,侵真、侵侯合韻各1章。入韻字9個:音$_1$涵$_1$躬$_2$中$_1$枕$_1$綅$_1$心$_1$戎$_1$林$_3$。

(5)《楚辭》侵部押韻12章,入韻字15個:宮$_2$躬$_1$窮$_3$降$_1$中$_3$忠$_1$懍$_1$潭$_1$衆$_1$心$_5$南$_1$淫$_2$林$_1$風$_2$楓$_1$。

合韻3章,侵(冬)東合韻。入韻字4個:降$_1$中$_1$湛$_1$沈$_1$。

(6)侵部一級聲符34個,單字12個。《詩經》韻譜侵部入韻字54個,分屬侵部一級聲符25個,還有3個單字(三、宋、男)。合韻譜入韻字9個,增加入韻一級聲符1個(马聲)。《楚辭》侵部入韻字15個,合韻譜4字,增加入韻一級聲符1個(呈聲)。侵部未入韻的一級聲符有"咸聲、贛聲、尋聲、彡聲、向聲、寀聲、豐聲"等7個,還有9個單字。

後　記

　　從 2012 年起,我就有意把《手册》改编成《漢字古音表稿》,作過初步考察。但是我運用電腦的技術太差,既拿不出表格,也不會輸入音標;加上當時"梅郭之爭"餘波未息,手頭還有不少事,只得放下這一動念。2014 年孫玉文、邵永海教授讓雷瑭洵博士生幫我設計出一份表格,並把《手册》的字和反切輸入了表格,接着又放大成 8 開的大表格,提供我把《手册》的内容寫進"字表"中。從 2015 年起,雷瑭洵跟着我完成《表稿》的一稿、二稿、三稿;不但一次次輸入電腦,改了又改,還不斷提些意見,幫助校訂。没有他的協助,《表稿》的寫作是很困難的,能否完成都是一個問題。

郭錫良

2018 年 4 月 20 日於北京燕園守拙居

補記

　　《漢字古音表稿》在作爲《文獻語言學》專輯出版時,承中華書局秦淑華編審代爲編了音序索引和筆畫索引。對她的這一大力協助,特深表謝意。

郭錫良

2020 年 3 月 29 日於北京燕園

增訂後記

　　《漢字古音表稿》是郭錫良先生古音學重要著作之一，對學界影響深遠。本書作爲《文獻語言學》（第8輯）專刊初版於2018年，2020年作爲單行本出版。本次，我們依據郭先生生前在單行本上所做的手校（主要涉及變更個別字的韻部歸屬、開合等第，補訂訓釋及切語，修改音標和字形訛誤等），改訂原版，復校文字，並加入雷瑭洵、李泓霖同志編製的《部首索引》，出版此增訂本，以表達對郭先生的紀念。

中華書局編輯部

2023年8月

補記

　　北大中文系漢語史專業王曉娟、李泓霖、唐琪、周玲娟、何翎格、陳嘉儀、周子涵、王司琦、尹相沅、于夢姝等同志分工校讀了增訂本清樣。謹致謝忱。

雷瑭洵

2023年10月

音序索引

A

ā
阿 137

āi
毐 1　哀 116　埃 1　唉 1　欸 1

ái
剴 116　殣 116　敳 116　暟 116　皚 116

ǎi
毐 1　佁 1　挨 1　欸 1　藹 144

ài
艾 144　悉 123　隘 87　嗌 87　愛 123　閡 1　藹 144　僾 123　壒 163　薆 123　噫 9　懝 1
瘷 98　瀶 163　曖 123　餲 144　懝 1　礙 1　籆 123　疑 2

ān
安 152　侒 152　菴 170　庵 170　猞 178　媕 170　鞍 152　峯 152　盦 178　諳 178　䔲 178　鵪 178　黤 168

án
儑 170

ǎn
隌 178　揞 178　唵 170　署 178　嬐 178　黤 170　灡 178　黰 170

àn
犴 152　岸 152　按 152　姲 152　洝 152　豻 152　案 152　案 152　婩 152　唵 170　暗 178　闇 178　騥 152　黯 178

āng
姎 72

áng
卬 72　岇 72　昂 72　靬 72　馴 72

ǎng
坱 72　泱 72　軮 72

àng
柳 72　盎 72　益 72　醠 72　醓 72

āo
坳 20　泑 20　塵 32　鑣 32

áo
敖 32　嗷 32　嗸 32　遨 32　獒 32　蔜 32　嗷 32　滶 32　藜 32　摮 32　熬 32　磝 33　鰲 32　翱 19　獥 32　警 32　翶 19　驁 32　囂 32　鼇 32

ǎo
芙 32　拗 20　媼 19　鶻 32

ào
奡 32　傲 32　奧 27　傲 32　隩 27　澆 35　懊 27　警 32　贅 32

B

bā
八 104　巴 57　芭 57　枊 145　捌 145　犯 57　馱 104　鈀 57

bá
犮 147　坺 147　拔 145　茇 147　废 147　妭 147　胈 147　炦 147　詙 147　軷 147　跋 147　魃 147

bǎ
把 57　靶 57

bà
弝 57　靶 57　鲅 81　罷 138　羀 138

bái
白 66　灞 66（霸 66）

bǎi
百 66　佰 66　柏 66　捭 81　擺 138

bài
拜 145　退 147　敗 147　猈 81　捭 145　稗 81　粺 81

bān
華 156　扳 153　朌 129　班 153　斑 153　頒 129　䯄 129　鳻 129　瘢 156　蝂 153　辬 153　鑻 156

bǎn
阪 153　坂 153　板 153　甌 153　販 153　版 153　鈑 153

bàn
半 156　伴 156　采 153　扶 156　姅 156　料 156　絆 156　靽 156　辦 153　瓣 153

bāng
邦 52　彭 72

bàng
玤 52　蚌 52　棓 52　傍 72　徬 72　蜯 52　謗 72　髟 72

bāo
勹 20　包 20　邖 20　苞 20　枹 20　胞 20　褒 19　襃 19

báo
雹 27　箈 9　薄 65　爆 38　膞 38

bǎo
早 19　呆 19　保 19　琕 19　寀 19　葆 19　飽 20　駂 19　褓 19　鴇 19　緥 19　寶 19

bào
勽 19　抱 19　豹 38　褒 19　報 19　暴 38　虣 38　勳 38　鮑 20　瀑 38　爆 38　鸔 38

bēi
陂 140

杯	3	
卑	82	

bēi

杯 3　卑 82　盉 3　桮 3　悲 117　碑 83　椑 82　錍 82　鵯 140　鵯 82　顰 82　襹 140　鑼 138

běi

北 9

bèi

孛 124　邶 10　貝 144　狽 144　芣 144　怖 144　背 10　背 10　葍 10　倍 1　狽 144　悖 124　被 138　埤 82　菩 1　葡 10　偝 10　備 10　鞁 138　褙 10　跉 144　誖 124　輩 117　鮄 144　憊 9　糒 10

bēn

奔 131　賁 131　犇 131

běn

本 131　苯 131　畚 156　奮 156

bèn

坌 131　笨 131

bēng

抨 92　祊 73　崩 15　閍 73　絣 92　嗙 73　繃 73　繃 15

běng

埄 51　琒 51　琒 51　綳 51

bèng

迸 92　堋 15　跰 92　塴 15　榜 73

bī

皀 10　偪 10　逼 10　畐 10　幅 10　湢 10　楅 10　陸 100

bí

鼻 105　髟 165

bǐ

匕 99　比 99　朼 99　朼 99　疕 99　沘 99　姒 99　枇 99　吡 105　彼 140　祕 99　柀 140　秕 99　俾 82　粃 99　紕 99　畐 3　筆 124　較 83　鄙 3　薜 82　箅 82　貏 82　羆 82

bì

比 99　必 105　㳚 105　坒 99　必 105　皀 174　佛 124　庇 99　㡿 146　邲 105　㧱 105　陂 138　拵 105　拂 124　披 138　苾 105　枈 99　畀 105　泌 105　怭 105　玭 105　柲 105　閟 100　楬 100　閉 105　閟 105　庫 82　敝 146　婢 82　賁 132　椑 88　賍 138　跛 138　詖 138　渾 105　愊 10　愎 28　弼 105　費 124　萆 105　睥 83　閟 105　蛭 100　腷 10　餀 105　膈 10　痹 105　煏 10　渾 105　禆 82　辟 88　彈 105　碧 67　軷 105　蔽 146　樺 105　戮 105　算 105　獘 146　弊 146　幣 146　彎 146　煇 105　鄪 124　軷 105　綼 105　髮 138　駜 105　罼 105　瘪 105　糈 10　獎 146　擗 88　薜 88　髻 105　螕 100　箅 105　魮 105　廦 88　壁 88　避 88　嬖 88　縪 105　趨 105　醳 105　蹕 105　髀 83　斃 146　䥯 88　壁 88　臂 88　奰 105　鷩 174　鷩 146　璧 88　襞 88　縶 88　韠 105　躃 88　躄 88　贔 105　驚 146　鑾 105　癏 105　癛 105

biān

砭 169　萹 111　猵 111　牑 111　甂 111　蝙 111　箯 154　編 109　鞭 154　邊 155　鯿 154　鯾 109　趨 155　籩 155

biǎn

㝸 169　窆 169　扁 111　貶 169　惼 111　辡 154　褊 109　緶 155　睥 154　辯 154

biàn

卞 154　弁 154　抃 154　汳 154　汴 154　拚 154　昪 154　便 154　覍 154　笇 154　徧 109　偏 111　遍 111　開 154　辨 154　辯 155　辯 154　變 154

biāo

杓 34　髟 22　彪 22　滮 22　猋 34　熛 34　幖 34　飆 34　滮 22　標 34　熛 34　儦 34　藨 34　旒 34　瀌 34　鏢 34　穮 34　飆 34　鑣 34　驫 22　麤 22

biǎo

表 34　裱 34　剽 34　褾 34

biào

芰 34　摽 34

biē

絜 146　憋 146　鼈 146　鱉 146　龞 146　蟞 146

bié

別 146　別 146　㓼 105　脟 105　莂 146　蛂 146　徶 146　襒 146　襒 146　蟞 146

bīn

汃 130　份 130　邠 130　玢 130　攽 130　彬 130　斌 130

豩 130
賓 110
儐 110
璷 130
彬 130
濱 110
璸 110
矉 110
瀕 110
繽 110
覿 110
顮 110

bìn
儐 110
擯 110
殯 110
臏 110
髕 110
鬢 110

bīng
冫 16
冰 16
并 93
兵 75
屏 93
栟 93
掤 16

bǐng
丙 75
邴 75
秉 75
怲 75
柄 75
昞 75
炳 75
屏 93
偋 93
棅 75
稟 179
鉼 93
餅 93

魶 75
鞞 94

bìng
并 93
併 93
並 75
屏 93
病 75
竝 75
倂 75

bō
癶 147
迡 147
波 139
袚 147
剝 48
綍 139
番 139
發 147
碆 139
播 139
墢 147
撥 147
嶓 139
鵗 147
鮁 147
磻 139
襏 147
蹳 147

bó
彴 38
妁 38
孛 124
伯 66
狛 147
帛 66
஑ 38
泊 65
怕 65
郣 124
勃 124

侼 124
亳 65
浡 124
桲 124
敪 124
悖 38
脖 124
鮊 124
博 65
渤 124
搏 65
蒲 65
餺 65
箔 38
猼 65
駁 38
葡 9
欂 9
跢 65
趵 9
踣 9
駮 38
薄 65
暴 38
鮑 66
鞴 65
駍 124
撲 48
縠 48
蔔 66
曝 38
簿 65
鎛 65
轉 65
髆 65
爆 38
爆 38
檏 66
襮 38
磚 65
鷔 9

蠻 124
鑮 65
皤 65

bǒ
尀 139
跛 139
播 139
簸 139

bò
播 139
薜 87
檗 87
擘 87
蹯 139
檗 87

bū
拂 59
逋 59
晡 59
誧 59
鋪 59

bú
轐 47

bǔ
卜 47
捕 59
哺 59

補 59
鳪 47
鋪 59
探 19
補 59

bù
不 4
布 59
步 67
怖 59
荹 67
部 1
悑 59
胉 1
瓿 1

蔀 1
䱷 1
箁 1
簿 67

————C————

cāi
赵 1
偲 1
猜 92

cái
才 1
材 1
財 1
裁 1
朳 1

cǎi
采 1
埰 1
採 1
彩 1
愺 1
寀 1
採 1
綵 1

cài
采 1
埰 1
菜 1
脒 1
蔡 144
綷 144

cān
參 178
湌 152
傪 178
嬠 178
餐 152
趲 178
驂 178

cán
奴 152
戋 152
殘 152
賤 152
慚 168
槧 168
慙 168
蠶 178

cǎn
噆 178
慘 178
㦏 178
憯 178
瘁 178
黲 178

càn
奵 152
粲 152
粲 152
燦 152
謲 178

cāng
倉 72
匡 72
滄 72
蒼 72
澹 72
鶬 72

cáng
臧 72
藏 72

cāo
操 32
操 32

cáo
曹 19
曹 19
嘈 19
漕 19
槽 19

禮 19
蠰 19
螬 19

céng
曾 15
鄫 16
嶒 16
層 15
橧 16
竲 16

chā
叉 138
扱 173
扠 138
杈 138
臿 165
差 138
插 165
嬸 165
艖 138
疀 165
鍤 165

chá
苴 57
秅 57
茶 57
秅 57
秅 57
槎 138
嵖 145
察 145
蹅 57

chà
奼 66
侘 66
姹 66
詫 66

chāi
拆 66
差 138
釵 138

chái
柴 81

豺 2　祡 81　犲 138　儕 98

chǎi
茝 1

chài
差 138　瘥 138　蠆 145

chān
延 154　佔 169　怗 169　姑 169　梴 154　痁 169　婂 169　覘 169　惉 169　襜 169　幨 169　襜 169

chán
天 169　單 154　孱 153　獮 170　廛 154　潺 153　嬋 154　槧 168　澶 154　禪 154　巉 170　廛 154　壥 154　蟬 154　瀍 154　蟾 169　儳 170　劖 168　鄽 170　繵 154　攙 170　嚵 168　巉 168　瀺 170　欃 170　纏 154　躔 154　讒 170　鑱 168　饞 170

chǎn
丳 154　蚕 154　剗 153　㺟 153　産 153　滻 153　藏 154　嘽 154　幝 154　辬 153　諂 169　寁 109　燀 154　繟 154　縓 154　鏟 153　闡 154　幝 154　謟 169　醦 170

chàn
摌 168　儳 168　羼 153　顫 154

chāng
伥 73　倡 74　菖 74　猖 74　閶 74　鬶 73

cháng
長 73　萇 73　常 74　徜 74　場 73　腸 73　嘗 74　裳 74　償 74　鱨 74

chǎng
昶 73　惝 74　敞 74　氅 74

chàng
倡 74　鬯 73　唱 74　悵 73　瑒 73　暢 73　腀 73　韔 73

chāo
怊 34　弨 34　訬 33　超 34　鈔 33　嘹 33

chāng
昌 74

cháo
巢 33　朝 34　鄛 33　勦 33　樔 33　嘲 33　潮 34　轈 33　晶 34　漅 33

chǎo
矁 43

chào
晁 34　肁 34

chē
車 59

chě
扯 67

chè
屮 145　坼 66　拆 66　呫 164　聅 145　硩 145　墌 66　掣 145　撤 145　澈 145　勶 145　傊 164

chēn
彤 179　郴 179　琛 179　棽 179　脤 110　綝 179　瞋 110　獵 110

chén
臣 110　芠 179　辰 130　沈 179　沉 179　忱 179　邱 110　茞 110　茺 179　宸 130　辰 130　陳 110　晨 130　訦 179　鈂 179　湛 179　晨 130　煁 179　塵 110　霃 179　諶 179　墋 110　晨 130　鷐 130

chěn
跈 179　踸 179　鍖 179　贂 129

chèn
疢 110　稱 16　亂 110　齔 110　闖 179　櫬 110　讖 168

chēng
泟 93　偁 16　琤 92　浾 93　偁 16　珵 92　侱 73　棦 73　經 93　槍 73　稱 16　鐺 92　撐 73　橕 73　噌 15

chéng
打 92　成 93　丞 16　呈 93　郕 93　承 16　城 93　宬 93　乘 16　珵 93　盛 93　胫 93　淨 92　掁 92　根 73　程 93　棖 93　乘 16　塍 16　誠 93　醒 93　裎 93　塍 16　治 2　澂 16　澄 16　憕 16　橙 15　懲 16　騬 16

chěng
逞 93　徎 93　騁 93　鞛 93

chèng
掌 73　稱 16

chī
吃 123　郗 117　胵 99　离 138　蚩 2　嵤 2　眵 138　答 2　摛 138　嗤 2　媸 2　絺 117　瞝 138　螭 138　鴟 99　魑 138　癡 2　齝 2　攡 138

chí
池 138　弛 138　墀 98　泜 98　泚 98　治 2　弮 138　持 2　挋 138　茌 3　眂 82　笢 138　歭 2　匙 82　蚳 98　莖 82　賕 98　傺 81　馳 138　趚 138　遟 98　謘 3　墀 98　踟 81　遲 98　篪 81　趍 81　稺 98　謘 98　釐 98　纚 81

chǐ
尺 67　扡 138　侈 138　垑 138　哆 138　胣 138　恀 138　姼 138　恥 2　䇑 82　蚇 67　烄 138　豕 81　攱 82　庢 138

袳 138　糦 2　惆 20　貙 44　歊 125　**chuǎn**　菙 140　蠢 133
袤 138　懘 145　紬 20　**chú**　俶 28　舛 132　棰 140　**chuō**
誃 138　饎 2　椆 20　除 58　畜 28　喘 157　椎 118　鋜 39
鉹 138　瀷 10　罶 20　芻 44　埱 28　歂 157　錘 140　逴 38
齒 2　趲 10　酬 21　涂 58　處 58　僢 133　腄 140　臭 39
褫 81　**chōng**　稠 20　著 58　絀 48　踳 133　槌 118　趠 38

chì　充 52　愁 21　屠 58　紬 125　**chuàn**　鎚 140　踔 38
彳 67　沖 181　詶 21　蒢 58　琡 28　猭 157　箠 140　**chuò**
叱 104　忡 181　裯 20　耡 58　俶 28　敠 158　錘 140　汋 39
斥 67　盅 181　綢 20　滁 58　踀 125　鶨 157　頧 118　辵 66
屎 98　舂 53　鄡 21　趏 44　歜 28　**chuāng**　驒 140　叕 147
抶 104　祌 52　儔 20　蜍 58　搐 28　刅 74　鬌 140　娖 48
忕 10　傭 53　雔 21　鉏 58　蓫 28　囪 52　**chuì**　婼 48
杘 138　摏 53　鮋 20　媰 44　滀 28　創 74　吹 140　啜 148
庍 67　憃 53　潚 21　犓 44　嘼 28　窓 52　**chūn**　惙 147
勅 10　衝 53　薵 20　篨 58　諔 28　摐 52　萅 133　婼 66
翅 82　憧 53　幬 20　鋤 58　歜 48　窻 52　杶 133　婥 39
眙 2　橦 53　儵 20　廚 44　黜 125　瘡 74　輴 133　腏 147
狧 82　襜 53　懤 20　儲 58　斶 48　靚 52　賰 133　畷 147
瓻 82　衛 53　歋 21　蕏 58　臅 48　**chuáng**　椿 133　綽 39
敕 10　幢 53　疇 20　蹰 58　觸 48　牀 74　輴 133　輟 147
痓 104　**chóng**　籌 20　雛 44　矗 28　撞 52　櫄 133　擉 48
湁 10　种 181　譬 21　鶵 44　**chuǎi**　幢 52　鶞 133　醊 147
飭 10　重 53　醻 21　蹢 44　揣 140　橦 52　**chún**　歠 148
啻 87　崇 181　躊 20　**chǔ**　**chuài**　**chuǎng**　奄 133　齪 48
滀 174　崈 181　鸖 21　处 58　嘬 147　傸 74　肫 133　**cī**
憇 145　緟 53　讎 21　杵 58　**chuān**　甀 74　陙 133　差 138
剳 105　蟲 181　**chǒu**　處 58　川 132　**chuàng**　唇 133　玼 82
傺 145　爞 181　丑 20　楮 58　穿 157　刱 74　純 133　趀 99
瘈 145　**chǒng**　杽 20　楚 58　猭 157　創 74　蒓 133　頿 99
跮 145　寵 53　醜 21　褚 58　**chuán**　愴 74　淳 133　疵 82
魑 104　**chōu**　**chòu**　濋 58　船 157　**chuī**　湻 133　骴 82
誎 2　抽 20　臭 21　儲 58　遄 157　吹 140　醇 133　偨 82
瘩 145　妯 20　蓲 21　礎 58　圌 157　炊 140　鰆 111　雌 82
瘳 145　㩅 20　殠 21　齭 58　椽 157　龡 140　鯙 133　齹 82
遟 82　搊 20　篧 21　齼 58　歂 157　籥 140　犉 133　骴 82
趩 145　搜 20　**chū**　**chù**　傳 157　**chuí**　鶉 133　縒 138
熾 10　瘳 20　出 125　亍 48　篅 157　垂 140　**chǔn**　蠀 99
墆 104　**chóu**　初 58　豖 48　椯 157　倕 140　偆 133　齹 138
墭 174　仇 20　摴 58　怵 125　輲 157　陲 140　惷 133　**cí**
　　惆 20　樗 58　怵 125　　　捶 140　　　茨 99

（column 1）

呰 82
坴 99
兹 3
祠 3
瓷 99
齜 82
詞 3
辝 3
慈 3
磁 3
辤 3
資 99
贅 99
薋 99
齍 138
穧 99
辭 3
鷀 3

cǐ
此 82
佌 82
泚 82
玼 82
跐 82
跐 82
鴜 82

cì
束 88
次 99
刺 88
佽 99
茦 88
莿 88
庛 82
莿 88
栽 3
廁 10
欼 99
諫 88
賜 88
髮 99

（column 2）

cōng
囪 51
囱 51
怱 51
從 53
蔥 51
廬 51
璁 51
樅 53
聰 51
蟌 51
鏦 51
鍐 51
縱 53
繱 51
驄 51

cóng
从 53
從 53
淙 180
悰 180
琮 180
悰 21
漎 180
賨 180
藂 51
叢 51
叢 51

còu
揍 42
湊 42
榛 42
腠 42
蔟 47
輳 42

cū
怚 56
觕 56
粗 56
麁 56
麤 56
麤 56

（column 3）

cú
徂 56
徂 56
殂 56

cù
卒 124
促 48
猝 124
酢 65
猝 28
趗 47
蹙 47
蹵 28
諫 48
醋 65
數 48
踧 28
嗽 28
瘯 47
竃 28
蹙 28
蹴 28
顣 28

cuán
攢 156
巑 156
欑 156
儹 156

cuàn
篡 156
竄 156
爨 156

cuī
崔 117
崔 117
催 117
摧 117
榱 119
漼 117
磪 117
縗 117

（column 4）

cuǐ
漼 117
漼 117
璀 117
趡 119
澶 117

cuì
倅 124
脆 148
脃 148
萃 126
啐 124
淬 124
悴 126
毳 148
焠 124
瘁 126
粹 126
翠 126
綷 124
藡 125
顇 124
膬 148
竁 125
顇 148
領 126
澤 126
竁 148
韒 124

cūn
邨 131

cún
存 131
郁 131
踆 131
蹲 133

cǔn
刌 131
忖 131
竴 131
墫 131

（column 5）

cùn
寸 131

cuō
搓 137
瑳 137
磋 137
撮 147
蹉 137

cuó
痤 139
虘 56
睉 139
嵳 137
瘥 139
鄌 56
蔖 56
嵯 137
瘥 137
痤 137
鬟 137
巀 137
齹 137
籆 137

cuǒ
脞 139

cuò
侳 139
剉 139
挫 139
剒 65
莝 139
厝 65
造 65
蒫 139
摧 117
銼 139
錯 65
錯 65

（column 6）

D

dā
荅 173
答 173
褡 173

dá
达 144
狚 144
怛 144
妲 144
炟 144
笪 144
達 144
製 144
答 173
靼 144
觛 144

dà
大 144

dài
代 9
汏 144
岱 9
隶 104
迨 1
玳 9
殆 1
待 1
怠 1
軑 144
帶 144
逮 104
紿 1
貸 9
詒 1
瑇 27
駘 1
睇 104

dǎn
疸 152
紞 178
亶 152
組 152
亶 152
黕 178
膽 168
癉 152
鷤 168
黵 168

（column 7）

隶 1
蹛 144
腅 9

dān
丹 152
眈 178
耽 178
聃 168
酖 178
單 152
湛 178
惔 178
媅 178
匰 152
鄲 152
儋 168
澶 152
憚 152
彈 152
擔 168
壇 152
鴠 152
澹 168
澶 152
憺 168
襌 178
膻 152
甋 168
癉 152
蘁 170
嚪 168
霮 178
黮 178

dāng
當 72
璫 72
蟷 72
鐺 72

dǎng
郞 72
黨 72
攩 72
讜 72

dàng
宕 72
傷 72
裳 72
邊 72
崵 72
愓 72
婸 72
當 72
壋 72
碭 72
潒 72
儻 72
蕩 72
簜 72
踢 72
蓎 72
瀃 72
盪 72
簜 72

dāo
刀 32
叨 32
裯 19
綢 19

dǎo
倒 32
裯 19
陦 19
嶋 19
導 19
壔 19
擣 19
蹈 19
禱 19

dào
到 32
倒 32
菿 32
悼 38
道 19

道 19
盗 32
翿 19
稻 19
導 19
幬 19
纛 19
燾 19
翿 19
纛 27

dé
导 9
得 9
惪 9
德 9

děi
得 9

dēng
登 15
登 15
鼟 15
橙 15
燈 15
簦 15
鐙 15

děng
等 1

dèng
隥 15
鄧 15
瞪 16

dī
氐 99
低 99
袛 99
祇 99
袛 99
隄 82
紙 99
堤 99

滴 88
樋 82
磾 99
鍉 82
鞮 82

dí
狄 88
苖 28
迪 28
的 39
柚 28
荻 88
笛 28
商 88
薂 28
蔋 28
滌 28
適 88
嫡 88
翟 39
樀 88
踧 28
甋 88
敵 88
篴 28
欂 39
獥 88
蹢 88
滴 88
鏑 88
糴 39
覿 48
糴 39
鸐 88

dǐ
氐 99
底 99
邸 99
阺 99
坻 99

抵 99
呧 99
泜 99
底 99
弤 99
柢 99
牴 99
砥 99
蔴 99
軝 99
舷 99
詆 99
骶 99

dì
弔 39
扚 39
地 138
坋 39
杕 146
杓 39
旳 39
弟 100
弟 100
递 39
的 39
帝 88
軑 146
坔 138
炟 39
娣 100
苐 39
第 100
鈦 146
焍 100
逮 105
靮 39
棣 105
睇 100
髢 88
馰 39
遞 82

禘 88
墆 146
揥 146
蔕 146
遰 146
蝃 146
墜 138
懘 146
締 88
踶 82
諦 88
螮 146
篦 82
髰 88

diān
貼 170
傎 111
滇 111
瘨 111
趈 111
蹎 111
顛 111
驒 155
巔 111
癲 111
齻 111

diǎn
典 130
玷 170
鈷 170
敠 130
萆 155
點 170

diàn
刮 170
甸 111
阽 170
坫 170
者 170
埝 180
唸 180

禘 88
電 111
殿 130
殿 130
墊 180
窴 180
屪 111
澱 130
簟 180
驔 180
靛 130
驔 180

diāo
刁 35
凋 22
衷 35
蛁 35
彫 22
琱 22
貂 35
鵰 35
鳭 22
雕 22
褍 22
鼦 35
鯛 22

diǎo
扚 39

diào
弔 35
匜 22
莜 22
掉 39
釣 39
蓧 22
趙 35
銚 35
鮉 39
調 22
窵 22

蘦 39
蘿 39
鑃 39

diē
跌 105

dié
芺 105
迭 105
垤 105
絰 105
柣 105
昳 105
咥 105
胅 105
眣 105
戜 105
絰 105
蝶 164
耋 105
喋 164
跌 105
詄 105
渫 164
慄 164
絰 105
殜 163
跮 105
牒 164
墆 146
蜨 164
褋 164
蹀 164
躞 105
諜 164
褶 174
藝 174
氎 174
疊 164
鰈 163

dīng
丁 94
阠 94
玎 94
虰 94
釘 94
靪 94

dǐng
耵 94
酊 94
頂 94
葶 94
鼎 94
薡 94

dìng
定 94
定 94
訂 94
錠 94
顁 94

dōng
冬 180
苳 180
東 51
凍 51
蝀 51
崠 51

dǒng
董 51
懂 51

dòng
洞 51
恫 51
姛 51
凍 51
硐 51
動 51
棟 51
笗 51
湩 51
週 51

駧 51

dōu
吺 42
都 56
兜 42
篼 42
覩 42

dǒu
斗 42
枓 42

dòu
豆 42
郖 42
逗 42
鬥 42
䛠 42
梪 42
脰 42
鈄 42
狵 42
䳎 42
斢 47
鋀 42
竇 47
鬭 42

dū
都 56
督 27
裻 27
闍 56

dú
毒 27
㻑 47
薄 27
蝳 27
獨 47
匵 47
隫 47
遺 47
瀆 47
襡 47

嬻 47
櫝 47
殰 47
犢 47
牘 47
臄 47
髑 47
韇 47
讀 47
韣 47
贕 47
纛 27
黷 47

dǔ
竺 27
堵 56
毇 27
帾 56
睹 56
睹 56
祷 27
覩 56
篤 27
篤 27

dù
杜 56
妒 56
妬 65
度 65
渡 65
䖲 65
殬 56
蠹 65
斁 65
蠹 65

duān
耑 156
剬 156
稹 156

端 156
褍 156
舳 156

duǎn
短 156

duàn
段 156
椴 156
股 156
碫 156
緞 156
端 156
䐁 156
鍛 156
鞕 156
斷 156
斷 156

duī
自 117
堆 117
搥 117
敦 117
崔 117

duǐ
㾪 117

duì
兌 147
役 146
峛 147
陮 117
隊 124
碓 117
對 124
懟 117
倕 124
錞 117
憝 117
對 124
懟 124
噽 124
譈 117

鐓 117
肇 124

dūn
惇 131
鐏 131
敦 131
蜳 131
墩 131
蹲 131

dùn
庉 131
沌 131
盾 131
笉 131
遁 131
鈍 131
遯 131
頓 131
遯 131

duō
咄 137
出 124

duó
度 65
剟 146
掇 146
劇 65
敪 147
痥 147
奪 147
踱 65
鵽 147
鷄 146
鐸 65

duǒ
朵 139
埵 139
埵 139
椯 139
鬌 139
軃 137

轡 137

duò
陊 137
柂 137
柮 124
媠 139
惰 139
婧 139
憜 139
褅 139
墮 139
隋 139
嫷 139
鰖 139
鱓 139

E

ē
阿 137
妸 137
娿 137
婀 137
痾 137
盧 163

é
吡 139
囮 139
俄 137
莪 137
哦 137
峨 137
涐 137
娥 137
訛 139
硪 137
睋 137
鈋 139
蛾 137
詻 66
譌 137
額 66

鵝 137
額 66
譌 139

ě
閜 137

è
不 144
厄 87
歺 144
戹 144
卮 87
阨 87
扼 87
阸 87
挖 87
呃 87
咢 65
呼 144
苊 144
姶 173
蚅 87
堊 65
啞 66
鄂 65
鄂 65
堨 144
垩 65
惡 65
萼 65
軛 87
遏 144
蝀 65
遌 65
崿 65
愕 65
搹 87
搤 87
餓 87
蜀 65
䮗 65
遃 65

餓 137
瘟 163
頞 144
靈 65
閼 144
崖 144
諤 65
鞥 164
鍔 65
鳶 65
翰 173
碟 164
鶚 65
鶚 65
齃 144
櫱 144

ēn
恩 109
衰 129

èn
摁 129

ér
而 2
兒 82
陑 2
荋 2
胹 2
鮞 2
栭 2
腝 2
聏 2
呢 82
聯 2
輀 2
鮞 2

ěr
尒 99
耳 2
洱 2
珥 2
邇 2
鉺 65
刵 65
遮 65
爾 99

餌 2
駬 2
邇 99
鴯 2

èr
二 99
弍 99
刵 2
佴 2
咡 2
姉 2
聑 2
眲 2
貳 99
衈 2
髶 2
樲 99

F

fā
發 148

fá
乏 165
伐 148
汎 175
姂 165
垉 148
茷 148
栰 148
筏 148
傠 148
閥 148
罸 148
藅 148
橃 148
蕟 148

fǎ
法 165
灋 165

fà
髮 148

fān

反	158
帆	181
犿	158
番	158
蕃	158
幡	158
藩	158
翻	158
旛	158
繙	158
轓	158
籓	158
瀿	158
蘩	158
顢	158
旙	158
鐢	158
蟠	158
飜	158
鷭	158
類	158
鼱	158

fán

凡	181
氾	171
帆	181
袢	158
柉	158
番	158
颿	181
煩	158
緐	158
墦	158
蕃	158
樊	158
獙	158
璠	158
蕀	158
橎	158
膰	158
燔	158
蕃	158
蘇	158
繁	158
襎	158
藩	158
蟠	158
蹯	158
颿	181
蹯	158

fǎn

反	158
返	158
販	158

fàn

仉	181
犯	171
氾	171
炃	158
汎	181
芝	171
泛	171
范	171
軓	181
販	158
范	171
飯	158
飯	158
奉	158
畜	158
範	171
嬎	158
鸞	158

fāng

匚	76
方	76
邡	76
芳	76
汸	76
妨	76
枋	76
舫	76
趽	76
鈁	76

fáng

防	76
坊	76
妨	76
肪	76
房	76
魴	76

fǎng

仿	76
彷	76
昉	76
瓬	76
放	76
倣	76
舫	76
旊	76
紡	76
訪	76
雈	76
髣	76
髴	76

fàng

放	76

fēi

妃	118
非	118
飛	118
菲	118
斐	118
扉	118
菲	118
裶	118
霏	118
霏	118
騑	118
驉	118
蜚	118

fěi

朏	125
匪	118
菲	118
韭	118
奜	118
悱	118
棐	118
斐	118
誹	118
篚	118
蕢	118

fèi

芾	148
吠	148
柿	148
肺	148
狒	126
沸	125
怫	126
昲	125
剕	118
俷	118
痱	125
曹	126
陫	118
茀	118
菲	118
靟	118
費	125
萬	126
攅	126
蕢	118
跰	118

féi

肥	118
厞	118
腓	118
痱	118
蜚	118
蜰	118

fèi

廢	148
橫	125
癈	148
鬓	125
瀃	125
橌	148
癈	148
穊	118
畢	126

fēn

分	132
芬	132
帉	132
岔	132

fén

扮	132
粉	132
勫	132

fèn

分	132
坋	132
弅	132
拚	158
忿	132
坌	158
僨	132
墳	132
憤	132
奮	132
膹	132
糞	132
幩	132
瀵	132

fēn

朌	132
氛	132
衯	132
紛	132
棻	132
棻	132
雰	132
餴	132

fén

汾	132
妢	132
枌	132
蚠	132
羒	132
賁	132
棼	132
焚	132
蒶	132
頒	132
隫	132
墳	132
賁	132
幩	132
鼖	132
魵	132
濆	132
瀆	132
燌	132
豮	132
鼢	132
羵	132

fēng

丰	53
妦	53
封	53
風	181
峯	53
桻	53
烽	53
葑	53
蜂	53
狂	181
犇	53
楓	181
蜂	53
燹	53
鋒	53
豐	181
鏠	53
酆	181
蘴	181
灃	181
豐	181
寷	181
鼆	53
蘴	181
飌	181

féng

汎	181
夆	53
捀	53
逢	53
梵	181
馮	17
摓	53
漨	53
鄸	17
縫	53

fěng

風	181
覂	171
諷	181

fèng

奉	53
風	181
俸	53
鳳	181
賵	181
諷	181
縫	53

fōu

不	4
紑	3

fóu

茯	4
罘	4

fǒu

不	4
缶	21
芣	4
否	4
瓿	21
碔	4

fū

夫	60
邦	60
孚	21
玞	60
泭	44
荂	60
柎	44
庯	60
怤	44
郛	21
袔	60
莩	21
尃	60
紨	44
跗	44
稃	21
鈇	60
笰	21
郙	21
敷	60
猈	60
孵	21
鳺	60
旉	60
敷	60
膚	60
鮄	60
鴀	44
麩	21

fú

八	125	蚨	60	燮	125	蚍	60	**G**		矸	152	珙	52	縞	32
夫	60	匐	21	鶝	11	蚹	44			泔	168	杠	52	藝	19
市	148	浮	21	**fǔ**		袝	44	**gāi**		竿	152	矼	52	藁	32
氐	11	琈	21	父	60	賦	60	侅	1	乾	152	岡	72	**gào**
弗	125	菔	11	甫	60	副	11	陔	1	戩	152	瓵	72	告	27
伏	11	桴	21	攷	60	蚹	44	垓	1	淦	178	舠	72	郜	27
甶	125	處	11	改	60	傄	4	荄	1	郂	152	缸	52	誥	27
扶	60	符	44	柎	44	宴	28	峐	1	尲	170	剛	72	膏	32
芙	60	第	125	刜	21	婦	4	姟	1	鳱	152	笐	72	**gē**
苻	148	匐	11	斧	60	賫	4	晐	1	澉	152	堈	72	戈	139
茀	4	烰	21	府	44	鮒	44	胲	1	麿	168	崗	72	牁	137
佛	125	涪	4	弣	44	跗	44	毅	1	**gǎn**		釭	52	哥	137
孚	21	袯	148	郙	60	傅	68	畡	1	秆	152	舡	52	胳	65
泭	148	紱	148	俌	60	復	28	祴	1	衦	152	瓸	72	割	144
刜	126	緋	125	俯	44	復	28	絯	1	盰	152	犅	72	滒	137
坿	44	葍	11	釜	60	富	11	賅	1	敢	168	頏	72	歌	137
垘	126	踄	125	脯	60	榑	28	該	1	桿	152	**gāo**	鵒	137
拂	125	幅	11	腑	44	腹	28	**gǎi**		稈	152	峼	19	鴿	173
苻	44	罦	4	滏	60	覆	28	改	1	感	178	皋	19	謌	137
萧	125	蜉	21	輔	60	福	11	胲	1	簳	152	高	32	**gé**
枎	60	梟	60	腐	44	複	28	絠	1	鱤	178	羔	32	彶	173
咈	126	淥	11	綔	44	髴	44	**gài**		灨	178	膏	19	搿	66
帗	148	福	11	撫	60	駙	44	丐	144	灨	178	格	19	革	9
峬	126	綍	125	憮	60	蕧	68	匄	144	**gàn**		皋	19	茖	66
绋	125	榑	60	黼	60	覆	28	溉	123	旰	152	槔	19	狢	66
艴	11	鎗	4	蛗	60	蕾	11	漑	123	矸	152	篙	32	洛	173
服	11	犕	11	簠	60	賦	60	蓋	163	盰	152	餻	32	狢	66
怫	126	箙	11	黼	60	蝮	28	概	123	淦	178	櫜	19	袼	173
奂	125	载	148	**fù**		輹	28	槩	123	紺	170	鼛	19	槅	66
坲	11	瑍	11	父	60	鮨	28	戤	123	骭	152	**gāo**	格	66
茯	11	髯	125	付	44	鮒	44	**gān**		詌	170	槀	32	敆	173
枹	21	趟	125	伏	11	縛	68	干	152	幹	152	鎬	32	挌	9
柫	125	鞃	11	附	44	賻	28	甘	168	榦	152	藁	32	葛	144
罘	4	蝠	11	坿	44	鍑	28	迁	152	蘇	152	**gǎo**	蛤	173
俘	21	輻	11	阜	21	覆	68	汗	152	榦	152	杲	32	蛒	66
郛	21	蠯	125	赴	49	覆	28	忓	152	贛	178	臭	32	愃	9
附	44	蹈	11	柎	44	馥	28	奸	152	灨	178	菓	32	隔	87
炥	126	濮	148	卧	49	鰒	28	玕	152	**gāng**		稾	32	嗝	87
袚	148	踇	11	复	28	蠡	49	杆	152	亢	72	稾	32	骼	66
被	148	黻	148	負	4			肝	152	扛	52	槀	32	槅	87
荂	21	鵩	11	訃	49			苷	168					閣	173
														閣	65

gé（续）

膈 87　輅 173　翲 9　骼 66　頜 173　輵 144　譁 9　鉿 173　鴒 66　纖 87

gě

匂 144　合 173　哿 137　笴 137　舸 137　葛 144　蓋 163　鉀 163　駒 144　鄵 144　猲 144

gè

个 137　各 65　個 137　袼 65　箇 137

gēn

根 129　跟 129　跟 129

gěn

頤 129

gèn

亙 15　艮 129

gēng

更 73　庚 73　畊 92　秔 73　耕 92　埂 73　浭 73　揯 15　梗 73　粳 73　賡 73　縆 15　鶊 73　羹 73　鮴 15

gěng

郠 73　耿 92　哽 73　綆 73　梗 73　綆 73　骾 73　鯁 73

gèng

亙 15　更 73　恆 15　垣 15　栖 15　緪 15

gōng

工 51　弓 17　厷 16　公 51　功 51　共 52　攻 51　供 52　肱 16　宮 180　恭 52　躬 180　躹 180　觥 75　鱨 75　龔 52　龔 52

gǒng

廾 52　巩 52　汞 51　扙 52　拱 52　栱 52　珙 52　輁 52　棋 52　碽 52　蛬 52　輁 52　鞏 52　澒 51　礦 75

gòng

共 52　供 52　羾 51　貢 51　箜 180　贛 180　贛 51　灨 51

gōu

句 42　佝 42　拘 42　枸 42　韝 42　鈎 42　溝 42　褠 42　緱 42　篝 42　韝 42　簼 42

gǒu

苟 42　狗 42　玽 42　耇 42　笱 42　枸 42　蚼 42　笱 42

gòu

垢 42　姤 42　搆 42　傋 42　詬 42　遘 42　搆 42　彀 47　穀 47　雊 42　詬 42　媾 42　構 42　覯 42　購 42

gū

及 56　苽 59　夶 59　呱 59　沽 56　沽 56　泒 59　孤 59　姑 56　柧 59　罛 59　菇 59　菇 56　蛄 56　辜 56　軱 59　酤 56　酤 56　觚 59　箍 59　鴣 56　鵖 56　鼓 56　樟 56

gǔ

古 56　扢 124　兀 59　圪 124　谷 47　汩 124　股 59　沽 56　骨 124　阽 27　罟 56　狜 47　羖 59　蓇 124　淈 124　膏 124　尳 124　詁 56　鼓 59　賈 56　穀 47　嘏 57　穀 47　絔 124　蠱 56　瞽 47　瞽 59　鹽 56　鶻 124　蠱 56

gù

告 27　固 56　故 56　痼 56　崮 56　梏 27　牿 27　錮 56　錮 56　鯝 56　顧 56

guā

瓜 59　刮 147　苦 146　舌 146　蝸 140　剮 106　緺 140　骱 146　鴰 147　騧 140

guǎ

冎 140　寡 59

guà

卦 83　挂 83　掛 83　罣 83　絓 83　詿 83　課 59

guài

夬 147　怪 3　恑 3

guān

官 155　冠 155　莞 155　琯 155　綸 156　棺 155　緄 132　瘝 132　關 156　鰥 132　觀 155

guǎn

脘 155　琯 155　筦 155　痯 155　輨 155　管 155　輨 155　錧 155　館 155　輨 155

guàn

丱 155　卝 156　串 156　冠 155　貫 155　貫 156　悹 155　祼 155　摜 156　遺 155　盥 155　雚 155　灌 155　懽 155　瓘 155　爟 155　矔 155　觀 155　鸛 155　鱹 155

guāng

光 75　侊 75　洸 75　胱 75

guǎng

廣 75　獷 76　獿 76

guàng

俇 76　桄 75　懬 76　撗 76　廣 75

guī

圭 84　邽 84　茥 84　洼 84　珪 84　規 83　眭 84　傀 117　窐 84　袿 84　鞋 84　嶲 118　麃 117　瑰 117　嫢 83　摫 83　閨 84

蜮	118	炅	84	渦	139	頮	1	顣	178	撼	178	勢	32

guī—hé

蜮 118　嫣 140　睨 83　蒇 83　龜 4　鮭 84　麈 84　舊 84　歸 118　騩 118　瓌 117　檈 117　鼜 83

guǐ
氿 20　宄 20　朹 20　庋 83　佹 83　郇 83　陒 83　垝 83　軌 20　鬼 118　恑 83　姽 83　癸 100　庪 83　祪 83　匭 20　晷 20　蛫 83　湀 100　艴 83　詭 83　屣 20　錊 83　簋 20　蟡 140

guì
刽 124

炅 84　塊 83　桂 84　貴 118　跪 83　匱 118　撅 147　楓 10　劌 147　劊 146　撌 84　檜 146　禬 146　櫃 118　繪 146　贎 140　蹶 147　鐀 118　鱖 147

gǔn
丨 131　袞 131　蔉 131　磙 131　緄 131　輥 131　緷 131　鯀 131　滚 131　槀 131　鮌 131

gùn
睔 131　暉 131

guō
活 146　郭 67　埻 67　崞 67　過 139

渦 139　聒 146　楇 139　鍋 139　膼 139　過 139　鍋 139

guó
國 10　膕 11　膕 11　蟈 11　簂 11　馘 11　瀻 68

guǒ
果 139　菓 139　猓 139　椁 67　槨 67　蜾 139　裹 139　輠 139　蠗 139　鐹 139

guò
過 139

H

há
蝦 57

hāi
哈 1

hái
孩 1　孩 1　骸 2　頮 1

hǎi
海 1　醢 1

hài
亥 1　烇 144　妎 144　欬 1　害 144　餀 144　駴 2　駴 9

hān
谽 178　酣 168　谽 178　鼾 152

hán
邗 152　汗 152　邯 168　含 178　瓵 178　肣 178　函 178　豻 152　馠 168　函 178　唅 178　涵 178　寒 152　幹 152　魈 168　涵 178　蚶 178　韓 152　麙 178　頷 178　雷 178　韓 152

顣 178　鼦 152

hǎn
厂 152　罕 152　罬 152　喊 178　嚂 168　蘫 168　獫 168　闞 170

hàn
马 178　扞 152　汗 152　忓 152　旰 152　旱 152　罕 170　汵 152　捍 178　垾 178　唅 152　汘 152　悍 152　琀 178　菡 178　骹 152　鬨 152　釬 152　涫 170　撼 178　欯 170　駻 152　菡 178　鳱 152　乾 152　蛤 170　漢 152　瀲 168　嘆 152　漠 152

撼 178　頡 152　鱝 152　翰 152　翰 152　頷 178　憾 178　驛 152　鞻 152　譀 168　瀚 152　翰 152　灘 152

hāng
炕 72　膴 72

háng
行 72　芫 72　远 72　杭 72　肮 72　航 72　桁 72　蚢 72　航 72　昕 72　笐 72　頏 72　魧 72

hàng
沆 72　絎 72

hāo
茠 19　蒿 32　薅 32　薅 19　嚆 33

háo
号 32　鄂 32　毫 32

勢 32　號 32　嗥 19　豪 32　獝 32　諕 32　濠 32　譹 32

hǎo
好 19　郝 19　郝 65

hào
号 32　好 19　昊 32　昦 32　耗 32　耗 32　浩 19　晧 19　皓 19　鄗 32　號 32　滈 32　暠 32　皓 32　澔 19　薃 32　皞 19　皜 19　璹 32　薂 32　虢 32　鎬 32　顥 32　鱎 32　灝 32

hē
亠 137　訶 137　呵 137　欨 173　訶 137

hé
禾 139　合 173　何 137　和 139　秂 123　郃 173　匌 173　劾 9　河 137　峆 66　盉 163　曷 144　迶 173　狢 65　紇 123　盍 163　荷 137　柇 173　核 9　盉 139　害 144　涸 137　涸 65　郂 163　柳 66　嗑 163　貈 65　貉 65　詥 173　敆 123　閡 9　碏 87　蝎 144　翮 87　餄 144　礚 87　齕 123

闔 163
鬲 144
覈 87
駱 65
鶡 144
龢 139

hè

何 137
和 139
荷 137
喝 144
賀 137
嗃 38
赫 66
叡 65
熇 38
褐 144
皠 38
翯 38
壑 65
嚇 66
謞 38
騅 38
曤 65
鶴 38

hēi

黑 9

hén

痕 129
鞎 129

hěn

佷 129
很 129
蒗 129
詪 129

hèn

恨 129

hēng

亨 73

héng

洐 73
恆 15
珩 73
桁 73
胻 73
横 75
骱 73
衡 73
潢 75
蘅 73

hèng

横 75

hōng

訇 51
訇 94
烘 51
揘 75
谾 51
薨 16
輷 94
謍 94
儚 16
巆 94
轟 94

hóng

仜 51
弘 16
玒 51
吰 16
宏 16
泓 16
弦 16
㢬 51
虹 51
竑 16
粠 51
洪 51
洚 180
紅 51
耾 16
訌 51
紘 16
堆 51
谹 16
閎 16
瑝 75
鳿 51
鞃 16
彋 16
鴻 51
黌 75

hǒng

澒 51

hòng

港 51
鬨 51
闀 51

hōu

齁 42

hóu

侯 42
矦 42
鄇 42
喉 42
猴 42
睺 42
瞅 42
蝂 42
篌 42
糇 42
猴 42
鍭 42
餱 42
鯸 42

hǒu

响 42
呴 42

hòu

后 42
垕 42
郈 42
厚 42
呴 42
逅 42
後 42
候 42
堠 42

hū

虍 56
垺 56
昒 124
呼 56
曶 124
忽 124
匫 124
虖 56
淴 124
惚 124
評 56
虖 56
嘑 56
歑 56
幠 56
惖 124
膴 56
魖 56
颮 124
謼 56

hú

乎 56
扣 124
狐 59
弧 59
胡 56
隺 38
瓠 59
斛 47
搰 124
壺 59
喖 56
湖 56
瑚 56
熇 38
魱 56
糊 56
鼓 47
縠 47
鵠 47
黏 56
餬 56
鶻 27
鶘 56
鸛 56
鬍 56

hǔ

汻 56
虎 56
郕 56
許 56
琥 56
鄺 56
滸 56

hù

互 56
户 56
芐 56
沍 56
居 56
枑 56
昈 56
岵 56
怙 56
罟 56
婟 59
洿 59
祜 56
笠 56
笏 124
瓠 59
惆 56
扈 56
婟 56
楛 56
榴 124
雇 56
殼 47
縠 59
鄠 59
縠 47
寣 124
嫮 59
嫭 56
鳸 56
濩 67
穀 47
縠 47
嚛 38
護 67
濩 67
鑊 67
護 67

huā

華 59
𧒽 83

huá

芣 59
華 59
鋘 59
猾 125
滑 125
螖 125
鮍 106
譁 59
鏵 59
驊 59
鰟 125

huà

七 140
化 140
𡚫 140
咶 147
華 59
崋 59
㕦 59
畫 88
稞 140
傀 140
魤 140
觟 83
話 147
摦 59
劃 88
譁 140
嫿 88
鞾 83
繣 88
鯉 140
鱯 68

huái

淮 118
槐 118
踝 140
裹 118
褢 118
瀤 118
懷 118
櫰 118

huài

壞 118

huān

鄲 155
嚾 155
貛 155
懽 155
歡 155
臛 155
貛 155
讙 155
驩 155
鸛 155

huán

戌 156
萓 155
査 155
峘 155
狟 155
洹 155
垸 155
桓 155
梡 155
㬇 156
莧 155
雈 155
寏 155
絙 155
貆 155
豲 155
萈 155
萑 155
還 156
圜 156
寰 156
環 156
豲 155
鍰 156
轘 156
闤 156
鐶 156
鬟 156
瓛 155
鬟 156

huǎn

緩 155

huàn

幻 156
肒 155
奐 155
疺 155
宦 156
换 155
涣 155
浣 155
唤 155
患 156
焕 155
逭 155
睅 156
皖 156

豢 156	熿 75	噅 140	晦 3	磺 117	磤 117	恩 131	穫 67	幾 116

豢 156
澴 155
擐 156
澣 155
犘 156
鯇 156
圂 156
轘 156
灌 155
瓛 155

huāng
亢 75
肓 75
荒 75
巟 75
盍 75
夁 75
統 75
稦 75
䡅 75
鷁 75

huáng
坒 75
皇 75
望 75
黃 75
偟 75
凰 75
隍 75
葟 75
喤 75
遑 75
徨 75
湟 75
惶 75
煌 75
稶 75
潢 75
璜 75
蝗 75
篁 75

熿 75
蟥 75
簧 75
鍠 75
艎 75
餭 75
趪 75
韹 75
騜 75
鐄 75
鷬 75

huǎng
怳 76
洸 75
恍 75
晃 75
晄 75
慌 75
謊 75
櫎 75
爌 75
爌 75

huī
灰 3
虺 117
恢 3
挼 140
婎 118
揮 132
㧊 132
墮 140
楎 132
睢 116
暉 132
詼 3
輝 132
微 118
禕 118
墮 140
隳 140
撝 140
輝 132

噅 140
麾 140
翬 132
戲 140
徽 118
隳 140
撝 132
譭 140
蘳 140
虀 83
徽 118
摩 140

huí
回 117
佪 117
迴 117
徊 117
洄 117
恛 117
蛔 3

huǐ
虫 118
虺 118
烜 157
悔 3
燬 118
賄 3
毀 116
娓 116
毇 116
檓 116
璝 140
擊 116
燬 116

huì
卉 125
沬 124
卟 3
恚 83
彗 148
篲 148

晦 3
惠 106
喙 147
匯 117
賄 3
會 146
詯 106
媱 83
彙 125
彗 148
嘒 148
誨 3
瘣 117
慧 148
蕙 106
槥 148
濊 106
憓 106
薈 147
薈 146
橞 106
殨 117
顪 124
噦 146
嶍 146
頪 117
諱 118
濊 146
燴 146
篲 148
繢 147
遺 146
蠸 106
穢 147
繢 117
翽 146
譓 106
讚 117
繪 146
闠 117
譓 146

磺 117
饖 147
嬒 83
癳 148
顪 147
讆 148
軆 148
黦 146

hūn
昏 131
涽 131
惛 131
婚 131
葷 132
殙 131
惽 131
閽 131
㛫 131

hún
昆 131
倱 131
琿 131
幃 131
渾 131
魂 131
睴 131
楎 131
煇 131
溷 131
輼 131
軝 131
鼲 131

hùn
昈 131
俒 155
圂 131
掍 131
混 131
棍 131
溷 131
裍 131
椢 131

磤 117
饉 147
嫶 83
甋 148
顡 147
譿 148
軆 148
黵 146

huó
佸 146
活 146
姡 146
秮 146
秮 146
鬠 146

huǒ
火 117
炣 117
夥 139

huò
或 10
泧 146
捇 68
眓 146
惑 10
貨 139
惑 10
瘑 139
禍 139
矆 68
臛 38
䁇 67
擭 67
齾 146
霍 67
嚄 68
獲 68
濩 67
癨 146
檴 67
壑 65
騞 67
謋 68
豁 146
礶 67
曤 68

穫 67
驓 88
藿 67
爅 140
蠖 67
灦 146
濩 67
蒦 65
臛 67
曤 65
鑊 67
霹 67
癨 68
蠽 67

J

jī
几 98
丌 2
卟 99
禾 99
肌 98
其 2
枅 99
奇 138
剞 138
笄 99
飢 98
屐 87
姬 2
基 2
其 2
萁 2
敧 138
稘 99
幾 116
畸 138
稘 2
箕 2

幾 116
嘰 116
稽 99
緝 174
畿 116
璣 116
蔋 88
機 116
墼 88
積 88
鑇 2
幾 116
激 39
禨 88
機 116
隮 100
賷 100
擊 88
磯 116
躋 100
雞 82
鐀 116
躋 116
癩 100
譏 116
鼜 88
鐖 116
饑 116
犱 116
躋 100
鷄 82
齏 100
虀 116
羈 138
齏 100
羈 138
驥 39

jí
亼 174
及 174
伋 174

第一列

吉 104
圾 174
芨 174
岌 174
彶 174
汲 174
极 175
忣 174
佶 104
疩 174
亟 10
笈 174
即 105
急 174
姞 104
级 174
赼 123
揤 105
疾 105
堲 105
趌 174
訖 174
猎 67
愱 10
揤 174
極 10
棘 10
殛 10
戢 174
咠 174
集 174
嫉 105
湒 174
趌 104
堲 88
蒺 105
楫 175
嫉 105
耤 67
埶 174
槉 105

第二列

腈 88
蕀 10
蕺 174
踖 67
喋 174
瘠 88
濈 174
潗 174
椰 67
檝 174
檕 175
輯 174
藉 67
輯 10
蹐 88
鮨 104
襋 10
籍 67
鶺 88
蹟 67

jǐ
几 98
己 2
邔 98
乢 67
屼 98
机 98
攺 2
沛 100
脊 88
掎 138
戟 67
悧 67
給 174
幾 116
麂 98
撠 67
踦 138
擠 100
機 116
麿 98

第三列

濟 100
蟣 116

jì
亼 145
旡 123
迉 2
伎 81
技 81
芰 81
忣 123
忌 2
妓 81
季 106
垍 104
速 88
茍 10
計 105
迹 88
泊 104
宗 28
既 123
紀 2
惎 2
記 2
惄 10
紒 146
鄿 146
唭 28
猗 138
祭 145
悸 106
寄 138
寂 28
眞 2
惎 2
薺 123
臮 104
膭 2
堅 124
裓 146
跡 88

第四列

魃 81
瘵 106
際 145
櫻 10
跽 2
概 124
訂 2
淑 28
暨 124
暜 2
蕳 145
稷 10
濣 104
髻 105
薊 146
冀 98
稘 145
劑 100
薺 100
繫 88
蟦 88
嚌 100
覬 117
罽 145
濟 100
績 88
騎 138
檵 105
蹟 88
齌 100
鶺 2
繫 88
覿 88
穧 100
癠 100
韲 117
薊 145
灁 145
鱀 124
繼 105
醮 100

第五列

鰆 88
臁 118
藥 88
霽 100
鱀 88
繼 145
驥 98

jiā
加 137
夾 165
茄 137
佳 81
珈 137
枷 137
痂 137
浹 164
家 57
耞 137
笳 137
葭 57
迦 137
猳 57
鞅 57
嘉 137
猳 57

jiá
扴 144
价 144
拮 104
郟 165
恝 144
契 144
莢 164
袷 173
唊 164
梜 164
戛 104
祫 173
揳 144

第六列

跲 173
梜 164
詥 164
硈 144
鋏 164
輵 173
鞅 165
頬 164
頬 144

jiǎ
甲 163
夾 163
胛 163
叚 57
假 57
斝 57
椵 57
椵 57
賈 57
鍜 57
榎 57
瘕 57
檟 57

jià
架 137
假 57
賈 57
嫁 57
嫁 57
稼 57
價 57
駕 137

jiān
开 155
奸 153
玪 178
戔 155
戔 169
肩 155
奸 153
姦 153

第七列

兼 170
菅 153
菺 155
堅 111
豜 155
猏 155
淺 155
軒 153
葏 109
葌 153
開 153
犍 153
牋 155
菅 155
湔 154
逮 111
瑊 178
蒹 170
械 178
豣 155
煎 154
蕲 169
監 168
箋 155
漸 169
鳽 155
莇 153
豬 155
緘 178
熸 180
縑 170
麛 155
顅 129
鞬 153
縑 178
礛 168
瞷 168
幰 169
濺 169
橌 169
殲 169

第八列

霙 169
鰜 170
鶼 170
籠 155
籛 155
鰹 111
囏 129
蕳 169
鹹 178
轞 130
鐵 169
巉 178

jiǎn
柬 153
趼 155
帴 154
剪 154
揀 153
揃 154
減 178
寋 153
槀 155
戩 109
萠 154
儉 169
翦 154
薫 155
撿 169
錢 154
檢 169
寋 153
謇 153
繭 155
簡 153
簡 153
鬋 154
瀸 153
讕 154
襇 155
鹻 170

jiàn

件 153	鐯 169	絳 180	攬 27	嵯 139	結 105	挾 164
見 155	灡 130	趚 74	嚼 39	街 81	楬 145	蚧 144
见 155	鋼 153	滰 73	**jiǎo**	湝 98	睫 164	借 67
建 153	艦 168	彊 73	角 47	楷 98	蝌 105	悈 9
荐 130	轞 168	醤 74	疛 20	腤 98	節 105	解 87
洊 130	轞 169	**jiāo**	佼 33	善 139	鉣 165	髻 144
栫 130	鑒 168	交 33	狡 33	稭 98	劍 146	骱 144
倦 154	鑑 168	郊 33	恔 35	綋 164	詰 104	犗 144
健 153	**jiāng**	茉 21	晈 35	瑳 139	窯 105	誡 9
腱 154	江 52	茭 33	烄 33	鶛 104	截 146	鳽 144
徤 154	牂 74	県 35	皎 35	嚌 98	榤 145	廨 87
葥 154	茳 52	咬 33	脚 66	鶛 98	碣 145	藉 67
楗 153	姜 73	这 33	校 35	**jié**	稞 145	繲 87
閒 153	畕 73	教 33	笅 33	孑 145	竭 145	**jīn**
腱 153	將 74	菽 21	敫 33	卩 105	嶻 175	巾 129
蕲 169	畺 73	椒 21	湫 22	呂 105	羯 145	斤 130
榗 109	蔣 74	蛟 33	絞 33	扻 105	潔 146	今 179
監 168	僵 73	焦 34	脚 66	劫 165	趨 145	妗 179
僭 180	漿 74	噍 35	剿 34	刦 104	繾 175	金 179
徤 154	薑 73	僬 34	勦 34	疌 164	鶛 146	津 110
漸 169	橿 73	潐 35	斠 47	衱 175	趨 146	衿 179
賤 154	殭 73	蕎 33	攪 34	拮 105	鱻 146	聿 110
踐 154	橿 73	蕉 34	饒 35	卖 105	鶴 145	矜 109
箭 154	螀 74	噍 34	铰 33	拾 175	蠽 145	堻 179
劍 171	薑 73	噍 34	撟 33	桔 105	**jiě**	紟 179
諓 154	疆 73	膠 20	剝 35	健 164	姐 59	裣 179
澗 153	繮 73	澆 35	傲 35	桀 145	解 87	筋 130
薦 130	韁 73	憍 33	敫 33	訐 145	薢 87	釿 130
鑒 111	**jiǎng**	嬌 33	璬 35	捷 164	**jiè**	襟 179
鍵 153	桨 74	臕 34	曒 35	婕 164	芥 144	黅 179
劒 171	蔣 74	燋 34	矯 33	嵥 164	介 144	**jǐn**
餞 154	獎 74	憿 35	蟜 33	偈 145	价 144	㛃 130
諫 153	蔣 74	鮫 33	曒 35	鈝 145	戒 9	菫 130
瞷 153	講 52	鷄 33	蹻 33	寁 164	疥 144	僅 129
螹 169	顜 52	轇 20	矯 33	祮 105	斺 144	堇 130
濫 168	**jiàng**	蟭 34	譑 33	絜 146	峢 144	緊 109
檻 168	匠 74	鐎 34	瀓 20	楬 164	玠 144	厪 129
蹇 169	降 180	驕 33	繳 35	映 164	届 104	盡 110
濺 154	洚 180	鱻 21	灐 34	蛣 104	界 144	
覵 153	絳 180	鷦 33	爐 33	揭 145	蚧 104	
	將 74	鷦 34		楬 164	傑 145	
				喈 98	衸 144	
				渴 145	衸 144	

瑾 130　贐 110　勁 93　窘 133　梟 20　跔 43　蕲 27　具 43

薹 16　　**jīng**　俓 94　僒 133　就 28　脄 57　醶 106　炬 57

槿 130　坙 94　逕 94　熲 95　庻 20　奭 60　爨 48　沮 58

錦 179　京 75　倞 75　褧 95　舅 20　雎 58　鯜 27　泃 43

蘆 129　荆 93　徑 94　穎 95　僦 28　裾 57　鵝 27　怚 58

謹 130　秔 73　涇 94　　　匓 20　濾 58　竊 27　姐 58

醴 179　莖 92　彭 93　**jiū**　避 20　媕 59　蘜 27　秬 57

饉 129　涇 94　輕 94　丩 20　廄 20　駒 43　蘜 27　眀 60

　　jìn　菁 93　竟 75　勾 20　舊 4　鶋 58　鶪 89　蚷 57

近 130　旌 93　净 93　朻 22　匶 4　斟 60　攫 68　倨 57

近 130　旍 93　淨 93　究 20　鯦 20　譇 59　趨 106　粔 57

妗 179　晶 93　婧 93　糺 22　麔 20　鵙 57　躩 89　耴 44

忻 179　稉 73　勠 93　糾 22　齨 20　　**jú**　籟 27　祖 58

晉 110　睛 93　敬 93　赳 22　鷲 28　厊 48　驧 27　堅 44

浸 179　粳 73　痙 93　茻 22　　**jū**　臼 27　鱴 27　距 57

夷 110　經 94　傹 75　揂 21　且 58　局 48　　**jǔ**　詎 57

紟 179　兢 16　靖 93　啾 21　尻 57　菊 27　拒 60　詎 57

唫 179　蜻 93　境 75　湫 21　車 57　臭 89　柜 57　鉅 57

進 110　精 93　誩 75　揫 21　耶 58　捐 48　咀 58　屦 57

鄑 110　鶄 94　靚 93　鳩 20　伹 58　掬 27　沮 58　虡 57

廑 129　鶁 93　頸 93　摎 20　坥 58　菊 27　莒 57　駏 57

搢 110　麖 75　靜 93　樛 22　拘 43　椈 48　枸 43　聚 44

靳 130　鯖 93　鏡 75　闠 4　苴 58　郹 89　矩 60　窶 43

禁 179　鵛 93　競 75　纠 21　岨 58　椈 27　棋 43　歫 58

寖 179　驚 93　　　　**jiōng**　狙 58　暴 48　跙 58　劇 67

撍 130　廬 75　　**jiǔ**　冂 95　庖 58　湨 89　秨 43　勮 57

墐 129　　**jǐng**　九 20　冋 95　沮 58　輂 48　筥 57　屦 60

盡 110　井 93　久 4　坰 95　居 57　暴 48　蒟 43　蘧 57

璡 110　邢 93　効 4　駉 95　捄 20　踘 48　架 60　踞 57

薃 129　阱 93　玖 4　駫 95　砠 58　蜦 27　踽 60　據 57

僸 179　到 94　灸 4　　**jiǒng**　罝 59　趨 27　舉 57　遽 57

晉 110　穽 93　韭 20　囧 76　置 59　覺 27　篿 57　鋸 57

噤 179　景 75　酒 21　冏 95　俱 43　疊 48　齟 58　窶 43

賮 110　儆 93　　**jiù**　迥 95　疽 58　踘 27　　**jù**　屨 43

縉 110　憬 76　臼 20　泂 95　痀 43　橘 106　巨 57　瞿 60

摯 179　璥 93　宊 4　炯 95　狗 43　菊 27　句 43　齟 57

蓋 110　憼 93　究 20　扃 95　崌 57　騆 48　拒 57　簴 57

溍 110　頸 93　咎 20　炷 95　琚 57　鞠 27　苣 57　釄 57

瑨 110　螢 93　疚 4　絅 95　婝 44　權 48　岠 57　蹫 57

覲 129　警 93　柩 4　　　琚 57　鴗 27　邭 43　鐻 57

燼 110　　**jìng**　俗 20　緺 95　趄 58　鞫 27　距 57　懼 60

　　　妌 93　救 20　　　椐 57　趜 106

juān

捐	157
涓	158
娟	157
朘	132
悁	158
睊	158
朘	132
稍	158
酮	158
鎸	158
鐫	158

juǎn

卷	157
埍	158
捲	157
菤	157
臇	158
羂	158
蠸	158

juàn

券	157
卷	157
帣	157
埢	157
倦	157
桊	157
狷	157
棬	157
勌	157
鄄	132
圈	157
眷	157
惓	157
婘	157
棬	157
胃	158
雋	158
縴	157
睠	157
蜎	157

罥	157
巻	157
絹	157
蔨	157
錈	157
獧	158
勬	158
縳	157
孿	157
玃	158

juē

| 嗟 | 139 |

jué

亅	147
乚	147
孒	147
乄	147
陕	148
抉	148
芵	148
谷	66
角	47
决	148
玦	148
肤	148
沢	106
屈	125
珏	47
映	148
疾	148
捔	47
蚗	148
倔	125
剧	125
赽	148
掘	125
桔	27
桷	47
趹	148
崛	125
御	66

飐	66
脚	66
觖	148
訣	148
趏	125
厥	147
脚	66
臬	148
福	125
駃	148
彀	47
権	38
剧	147
劂	147
僪	106
撅	147
撧	147
蕨	147
蕦	148
蛝	66
嶡	147
瘚	147
潏	106
憰	106
鳩	148
橛	147
噱	66
蟨	148
爵	39
臄	66
蠼	147
屩	39
趫	147
麜	147
蹶	147
蹻	39
鱖	147
譎	106
鷢	125

夒	68
覺	27
覺	27
鮪	148
鐍	106
钁	147
爝	39
攫	68
鷹	147
鱊	147
玃	68
彏	68
彏	68
欔	68
趭	68
躣	68
戄	68
矍	68
钁	68

jūn

旬	111
均	111
沟	111
君	132
軍	132
袀	111
姁	111
君	132
鈞	111
皸	132
麇	133
麏	133
麕	133

jùn

俊	133
郡	132
陵	133
捃	132
峻	133
浚	133
菌	133
晙	133

睿	133
畯	133
餕	133
胭	133
竣	133
蜠	133
箘	133
儁	133
餕	133
濬	133
駿	133
濬	133
鵕	133
攈	132
攟	132

—— K ——

kāi

揩	98
開	116
揩	98

kǎi

豈	116
嘅	123
剴	116
凱	116
慨	123
塏	116
楷	98
輆	1
愷	116
鎧	98
闓	116
鎧	116
颽	116

kài

欬	1
嘅	123
愾	123
愒	123
稭	144

| 轞 | 163 |

kān

刊	152
戡	178
看	152
栞	152
堪	178
嵁	178
戡	178
龕	178

kǎn

凵	171
坎	170
侃	152
埳	170
惂	170
輡	168
欿	178
顑	178
轗	178
贛	178

kàn

看	152
衎	152
墈	170
瞰	168
鶨	152
闞	168
矙	168

kāng

康	72
漮	72
康	72
槺	72
歁	72
穅	72
糠	72

kǎng

忼	72
骯	72
慷	72

| 轑 | 163 |

kàng

亢	72
伉	72
邟	72
抗	72
犺	72
炕	72
閌	72

kāo

| 尻 | 19 |
| 胹 | 19 |

kǎo

丂	19
攷	19
攷	19
栲	19
祜	19
槀	32
薧	32

kào

槀	32
犒	32
靠	27

kē

苛	137
珂	137
柯	137
科	139
疴	137
軻	137
牁	139
稞	139
蕅	139
榼	163
磕	163
顆	139
髁	139
磕	163

ké

| 咳 | 47 |

| 殻 | 47 |

kě

可	137
坷	137
尅	139
嵑	144
渴	144
毼	144
巆	144
濭	144

kè

克	9
刻	9
剋	9
勀	9
恪	65
客	66
堁	139
嗑	163
嗑	163
溘	164
愙	65
課	139
礊	87
礣	87

kěn

肎	15
肯	15
狠	129
頇	129
墾	129
齦	129

kēng

阬	73
坑	73
崡	92
誙	92
硜	92
硻	109
羥	92
誙	92

聲 92
鏗 109

kěng
肎 15
肯 15

kōng
空 51
倥 51
崆 51
涳 51
悾 51
箜 51

kǒng
孔 51
恐 52
倥 51

kòng
控 51

kōu
摳 42
彄 42

kǒu
口 42
叩 42
訆 42

kòu
叩 42
扣 42
扣 42
佝 42
怐 42
敂 42
釦 42
寇 42
滱 42
觳 47
瞉 47

kū
圣 124
砳 124
刳 59

挎 59
枯 56
殈 56
哭 47
堀 124
揝 124
軲 56
頜 124
窟 124
崛 124
鮔 59
頢 124
繇 47
氂 47

kǔ
苦 56

kù
佫 27
咎 27
庫 59
焅 27
袴 59
綺 59
酷 27
嚳 59
礜 27

kuā
夸 59
侉 59
姱 59
誇 59

kuà
冴 140
胯 59
跨 59

kuǎi
蒯 125

kuài
巜 146

凵 117
快 147
郐 125
叡 125
塊 117
蒇 125
會 146
儈 146
鄶 146
噲 147
獪 146
廥 146
澮 146
膾 146
稽 146
儈 146
檜 146
繪 146

kuān
寬 155
髖 155

kuǎn
梡 155
款 155
窾 155

kuāng
匡 76
邼 76
洭 76
恇 76
筐 76
軭 76
誆 76

kuáng
狂 76
俇 76
軖 76
誑 76

kuǎng
懬 75

kuàng
壮 75
況 76
軦 76
眖 76
絖 75
礦 75
壙 75
曠 75
懬 75
爌 75
礦 75
穬 75
纊 75
鑛 75

kuī
刲 84
悝 3
畫 84
巋 84
窺 83
虧 140
闚 83
蘬 118
夒 118

kuí
夅 20
奎 84
逵 20
傁 100
頄 20
馗 20
鄈 100
揆 100
葵 100
樛 100
魁 117
睽 100
戣 100
睽 100
蹞 20

聯 100
頢 20
藈 100
輠 76
駃 100
蘷 118
覽 118
躛 118

kuǐ
趌 83
頍 83
跬 83
蹞 83
頍 83
頍 117
歸 118

kuì
喟 126
愧 118
媿 118
瑰 118
蕢 118
嘳 118
潰 117
憒 117
樻 118
餽 118
聵 118
簣 118
歸 118
饋 118
鞼 118
髖 118
殹 118

kūn
巛 131
坤 131
昆 131
菎 131
晜 131
崑 131
混 131

琨 131
蚰 131
暉 131
焜 131
髡 131
褌 131
鵾 131
翆 131
騉 131
鵾 131
鯤 131
薠 131
鶤 131
歕 131

kǔn
捆 131
悃 131
梱 131
壼 131
稇 131
綑 131
踞 131
閫 131

kùn
困 131
梱 131

kuò
昏 146
括 146
适 146
栝 146
萿 146
蛞 146
廓 67
漷 67
銛 146
彏 67
頢 146
髺 146
擴 67

斡 67
闊 146
壙 67
銛 146
鞟 67
話 146

—— L ——

lā
応 174
拉 174
垃 174
摺 164
摺 164
邋 163

là
剌 144
剌 144
瓎 144
楋 144
瘌 144
臘 163
臈 163
鬎 144
蠟 163
鑞 163

lái
來 1
郲 1
倈 1
萊 1
崍 1
徠 1
庲 1
淶 1
逨 1
秾 1
豩 1
騋 1
鯠 1

lài
勑 1
睞 1
賚 1
親 1
賴 144
瀨 144
藾 144
瀨 144
獺 144
癩 144
籟 144
鱲 144

lán
婪 178
啉 178
惏 178
葻 178
嵐 178
厱 168
藍 168
闌 152
襤 168
褴 168
蘭 152
藍 168
嚧 152
籃 168
瀾 152
欄 152
蕳 152
灡 152
藍 168
讕 152
斓 152

lǎn
壈 178
擥 168
攬 168
嬾 152
覽 168

攬 168
額 178

làn

嚂 168
濫 168
壏 168
爁 168
灡 152
醼 168
爛 152
爤 152
糷 152

láng

郎 72
莨 72
狼 72
浪 72
㝗 72
琅 72
蓈 72
桹 72
廊 72
瑯 72
硠 72
稂 72
粮 72
蜋 72
筤 72
閬 72
鋃 72

lǎng

悢 72
朗 72
脼 72

làng

埌 72
浪 72
䛒 72
誏 72

láo

牢 19
哰 19
浶 19

láo

勞 32
唠 19
嗠 32
醪 19
蟧 32
謿 32

lǎo

老 19
佬 19
潦 32
蒢 32
轑 32

lào

勞 32
酪 65
嫪 27
澇 32
癆 32

lè

㐱 9
仂 9
阞 9
扐 9
芳 9
玏 9
泐 9
勒 9
樂 38
壐 9

léi

雷 117
蔂 118
嫘 118
樏 118
畾 117
檑 118
勴 118
儽 118
纅 118
畾 118
瑠 117
欙 117
贏 140
礨 117
纝 118
轠 117
纑 140
靁 117
儡 118
藥 118
灅 118
孋 118
欙 118
纙 118

lěi

耒 118
厽 116
邽 117
垒 116
累 116
陾 117
縲 116
傫 117
誄 118
蔂 117
磥 117
嵂 117
礧 117
蕌 118
畾 118
檑 117
畾 117
纝 117
灅 117
蘽 118
讄 118
鸓 118
鐳 117

lèi

肋 9
莱 117
累 116
淚 106
酹 147
頛 124
類 126
礌 117
纍 118
纇 124
藾 124
襰 126

léng

棱 15
稜 15
稜 15
輘 15

lěng

冷 92

lí

枥 138
釐 2
秜 98
狸 2
莉 100
黎 98
犁 100
劙 2
嫠 2
漓 138
璃 138
嫠 2
樆 138
貍 2
蓥 83
犛 2
藜 98
邌 100
黎 100
褵 138
羅 138
纅 83
縭 138
醨 138
謧 138
釐 2
藜 100
邌 100
離 138
蔾 2
麗 81
犂 100
鷘 98
愁 98
剺 100
鸝 100
蘺 138
灕 138
蠡 81
欚 138
雞 100
鑗 98
劙 81
籬 138
纚 81
驪 81
鸝 81

lǐ

礼 100
李 2
里 2
娌 98
郦 2
峛 81
悝 2
悝 2
娌 2
理 2
豊 100
裏 2

lì

澧 100
禮 100
鯉 2
醴 100
蠡 83
邐 81
戾 83
鱧 100
檑 83
蠡 83
鱺 83
鱺 83

lì

力 10
立 175
吏 2
利 98
苙 175
例 145
沴 105
戾 105
荔 164
砅 145
琍 164
苈 175
鬲 88
栗 104
秇 88
洌 98
砬 175
泣 175
茣 105
唳 105
笠 175
疬 145
粒 175
涖 105
悷 105
疜 88
詈 81
溧 104
痢 98
蒚 88
菈 175
桌 104
隶 104
溧 104
慄 104
瓅 104
甄 88
厲 145
蜧 105
縰 105
嵴 105
勵 145
歷 88
曆 88
颲 98
鴗 175
粥 88
瓅 88
瓅 88
隸 105

lì

酈 88
曆 88
癘 145
灑 145
櫔 145
蠣 145
犡 145
糲 144
濼 39
瓅 39
櫟 39
麗 83
礪 145
灑 88
櫪 105
櫪 88
礫 39
蠣 145
櫟 39
糲 145
盭 105
鶒 104
酈 81
礰 88
欐 145
儷 83
癧 88
麜 104
攦 83
趲 39
麗 83
攦 39
躒 39
轢 39
儷 88
欐 83
轢 88
靂 88
癘 83
癧 88
觀 83

lián

連 154
蓮 155
嗛 169
廉 169
漣 154
濂 170
覝 169
楝 154
憐 154
慊 170
磏 169
憐 111
薕 169
蒹 169
聯 154
漣 154
槏 169
鏈 154
磏 39
鎌 169
簾 169
鬑 169

濂 154	**liǎng**	臉 35	洌 145	燐 110	夌 16	廬 94	蔓 43
鎌 169	从 74	燎 34	埒 148	臨 179	苓 94	竉 94	綹 21
鰱 154	兩 74	療 39	栵 145	磷 110	岭 94	**lǐng**	畱 21
籢 169	倆 74	寮 35	烈 145	瞵 110	囹 94	衿 93	嬼 43
醔 154	裲 74	簝 35	捋 148	轔 110	泠 94	領 93	懰 21
liǎn	蜽 74	繆 22	将 148	獜 110	玲 94	嶺 93	**liù**
連 154	緉 74	廫 22	捌 145	瀶 179	柃 94	**lìng**	六 28
健 154	魎 74	嬲 35	脟 148	驎 110	瓴 94	令 93	廇 21
璉 154	**liàng**	繚 35	裂 145	鰲 110	凌 16	**liú**	廖 28
槤 154	兩 74	髎 22	蛚 145	鱗 110	陵 16	沷 21	榴 21
撿 169	亮 74	鐐 35	甄 163	麟 110	掕 16	斿 21	塯 21
薟 169	倞 74	爍 39	埒 148	**lǐn**	聆 94	留 21	溜 21
斂 169	涼 74	鷯 35	銐 148	向 179	菱 16	流 21	褶 21
鎌 169	悢 74	**liǎo**	颲 145	菻 179	蛉 94	珋 21	雷 21
薟 169	量 74	了 35	颲 145	稟 179	笭 94	琉 21	餾 21
liàn	眼 74	礿 35	鬛 163	凜 179	舲 94	疏 21	鷚 28
萰 155	就 74	鄝 22	鴷 145	橉 110	淩 16	遛 21	鷚 28
健 155	踉 74	蓼 22	鴷 145	廩 179	悡 16	旈 21	**lóng**
涷 155	諒 74	憭 34	鴷 145	酓 179	輘 94	瑠 21	隆 181
楝 155	**liáo**	憭 35	儠 163	懍 179	酃 94	摎 21	癃 181
煉 155	料 35	燎 34	攦 163	**lìn**	掕 16	澑 21	龍 53
練 155	窌 20	瞭 35	獵 163	厸 130	零 94	劉 21	蘢 51
潄 155	聊 22	嫽 35	躐 163	吝 130	鈴 94	搂 21	嚨 51
鍊 155	嶚 22	**liào**	擸 163	恡 130	菱 16	嘐 21	籠 51
欄 155	僚 35	尥 39	躐 163	閵 110	綾 16	駵 22	龐 51
變 157	膋 35	料 35	鬣 163	賃 179	駖 94	瘤 21	瀧 51
戀 157	澇 22	窷 34	**lín**	僯 110	鲮 16	瀏 21	瓏 51
liáng	憀 22	尞 34	厸 110	遴 110	鴒 94	懰 21	櫳 51
良 74	嵺 22	廖 28	林 179	閵 110	霝 94	鏐 21	襲 51
俍 74	嘹 35	爒 34	淋 179	霝 110	酃 94	驑 21	礱 51
涼 74	撩 35	療 39	惏 179	疄 130	鄹 94	斿 21	襱 51
梁 74	遼 35	鐐 35	琳 179	藺 110	鯪 16	鷚 21	巃 51
椋 74	敹 35	爍 39	粦 110	躙 110	霿 94	**liǔ**	籠 51
量 74	嶛 35	**liè**	菻 179	轥 110	霊 94	柳 21	聾 51
惊 74	嫽 22	列 145	麻 179	繿 110	蠕 94		蠪 51
粮 74	漻 35	劣 148	鄰 110	遴 110	鑣 94		襱 51
梁 74	憭 35	尐 145	鄰 110	藺 110	霝 94		矓 181
輬 74	寮 35	受 148	粦 110	**líng**	靈 94		蘢 53
醇 74	燎 35	冽 145	嶙 110	令 94	顳 94		**lǒng**
飀 74	璙 35	茢 145	獜 110	伶 94			壟 53
糧 74	燎 35	迾 145	璘 110				
			霖 179				

隴 53	蘆 56	禄 47	孿 156	贏 139	纝 139	**lüè**
壟 53	廬 58	輅 65	變 157	驘 139	鸝 38	掠 74
lòng	瀘 56	碌 47	樂 156	覼 139	**lú**	略 66
弄 51	櫨 56	賂 65	彎 156	覶 139	婁 44	畧 66
挵 51	臚 58	睩 47	爕 156	蘿 137	閭 58	擽 66
lóu	爐 56	路 65	孌 157	蠃 139	瘻 44	擽 39
枦 42	矑 56	稑 28	纞 156	籮 137	藺 58	—— **M** ——
旅 42	鱸 56	僇 28	玀 156	钀 139	蘆 58	
搂 42	籚 56	盝 47	灤 157	**luǒ**	貗 44	**má**
蒌 42	艫 56	勠 28	臠 156	砢 137	鏤 44	麻 138
遱 42	纑 56	摝 47	癵 156	倮 139	鷜 44	摩 138
廔 42	轤 56	蓼 28	鸞 156	斫 72	驢 58	蟆 57
樓 42	鑢 56	箓 47	**luǎn**	蓏 139	**lǚ**	**mǎ**
膢 42	顱 56	漉 47	卵 156	瘰 139	吕 58	馬 57
寠 42	罏 56	绿 48	嬎 157	臝 139	邵 58	鄢 57
褛 42	鸕 56	趢 47	**luàn**	躶 139	侣 58	**mà**
穭 42	黸 56	親 48	薍 156	療 139	枂 58	傌 57
蝼 42	**lǔ**	戮 28	亂 156	嬴 139	旅 58	貉 57
謱 42	卤 56	蓹 65	敵 156	嬴 139	婁 44	禡 57
軁 42	虏 56	麗 47	**lún**	**luò**	僂 44	罵 57
髏 42	澛 56	穆 28	侖 133	洛 65	膂 58	獁 57
鰷 42	魯 56	錄 48	倫 133	珞 65	褄 44	祃 66
lǒu	虜 56	潞 65	圇 133	烙 65	屢 44	**mái**
塿 42	蓾 56	璐 65	掄 131	硌 65	履 98	埋 2
嶁 42	橹 56	蟓 47	崙 131	略 65	褸 44	薶 2
甊 42	鑥 56	簬 47	淪 133	落 65	儢 58	暕 81
簍 42	鱸 56	騄 48	惀 133	荅 65	縷 44	霾 2
lòu	**lù**	轆 47	棆 133	絡 65	**lù**	**mǎi**
厒 42	岦 28	鵱 28	蜦 133	酪 65	寽 147	買 81
陋 42	坴 28	麓 47	綸 133	雿 65	律 125	澋 81
扇 42	录 47	簶 65	輪 133	鉻 65	率 125	**mài**
漏 42	陸 28	簏 65	論 133	雒 65	葎 125	佅 125
瘺 42	菉 48	鯥 28	鯩 133	举 38	崒 125	脉 87
鏤 42	硉 124	露 65	**lùn**	駱 65	臂 125	脈 87
lú	鹿 47	籙 48	論 131	落 65	緑 48	麥 9
枦 56	渌 47	鷺 65	**luō**	駱 65	慮 58	衇 87
旅 56	渌 48	鱳 38	将 147	橐 65	膟 125	勱 147
廬 56	逯 48	**luán**	**luó**	絡 65	繂 125	賣 81
盧 56	婎 47	挀 157	螺 139	鵅 65	蜂 125	邁 147
壚 56	琭 47	戀 156	羅 137	嬴 139	鑢 58	霡 87
攎 56	球 47	巒 156	覿 139	濼 38	勴 58	嘪 147

盲	73	眊	32	罱	3	璊	156	飋	15	**mǐ**		**miàn**	
茫	72	冒	27	湄	99	釄	156	鶶	51	米	100	褉	88
厖	52	眊	32	媒	3	縻	131	**měng**		芈	82	幤	88	宎	111
哤	52	眊	38	瑂	99	頣	131	猛	73	弭	82	醯	105	面	154
泷	52	紕	32	楣	99	亹	131	黽	15	敉	99	謐	105	湎	111
牻	52	覒	27	腜	3	虋	131	懞	51	眯	100	羃	88	麪	111
慌	72	袤	19	煤	3	**měn**		懵	16	葞	82	爁	88	**miáo**	
蛖	52	瞀	27	禖	3	惃	156	蠓	51	洣	82	**mián**		苗	34
駹	52	莔	42	塺	139	**mèn**		飋	15	侎	82	宀	154	緢	34
蕶	72	帽	27	鋂	3	殙	131	**mèng**		絖	100	眠	111	**miǎo**	
mǎng		貿	19	欙	99	悶	131	孟	73	蝆	82	蚫	109	杪	34
牻	72	媚	27	徽	99	潎	156	夢	17	瀰	99	婂	154	眇	34
莽	72	瑁	27	**měi**		**méng**		鄭	17	彌	99	綿	154	秒	34
艸	72	荔	42	每	3	尨	51	懜	15	靡	138	蠅	154	訬	34
漭	72	楣	27	莓	3	吂	73	懜	17	孊	138	鼻	154	淼	34
蟒	72	槑	42	美	99	岷	73	**mí**		糜	138	緜	154	渺	34
māo		楸	42	浼	154	虻	73	采	99	糜	140	鼏	155	箹	34
喵	33	愁	42	媄	99	茵	73	迷	100	縻	140	矊	155	藐	39
貓	33	瞄	27	媺	99	冡	51	眯	99	麋	99	矊	155	邈	38
máo		貌	38	**mèi**		萌	73	箞	99	麓	99	髳	155	藐	38
毛	32	鄮	19	沬	123	盟	75	覭	100	彌	99	**miǎn**		鸸	34
矛	21	督	42	妹	124	夢	17	絖	138	蘪	99	丏	111	懇	38
芼	32	蓩	42	眛	124	蒙	51	糜	138	獼	99	免	154	**miào**	
茅	20	蔝	42	吻	123	盟	75	糜	140	麛	83	沔	109	妙	34
旄	32	頝	38	袂	146	幪	51	縻	140	瀰	99	眄	111	庿	34
髦	32	懋	42	袜	124	甍	15	麋	99	鸍	99	俛	154	廟	34
氂	32	薑	32	眛	124	甍	17	麓	99	籇	138	浼	154	**miè**	
犛	21	邈	38	魃	124	鄳	15	彌	99	攠	138	偭	154	苜	146
蝥	20	**méi**		痗	3	儚	15	蘪	99	蘪	140	娩	154	蔑	146
蟊	21	玫	117	寐	124	儚	15	獼	99	罃	99	勉	154	覕	105
髳	21	玟	117	媚	99	甿	73	麛	83	麐	140	冕	154	搣	146
mǎo		枚	117	魅	124	夢	16	瀰	99	鼏	88	偭	154	滅	146
卯	20	某	3	韎	123	幪	51	鸍	99	塓	88	湎	154	薎	146
茆	20	眉	99	簰	99	濛	51	籇	138	蓂	88	愐	154	菩	146
昴	20	莓	3	**mén**		懞	51	擤	138	幦	88	絻	154	幭	146
mào		脄	3	汶	131	瞢	51	蘪	140	覛	88	緬	154	篾	146
冃	19	梅	3	門	131	酳	51	璺	99	謐	105	酶	154	瀎	146
冒	27	脢	3	捫	131	朦	51	麐	140	滵	105	湎	16	懱	146
芼	32	郿	99	悶	131	鯭	72	騷	51	蜜	105	鞴	154	瞙	146
皃	38	湄	99	閔	131	曚	51	鸍	99	鼏	88	鮸	154	蠛	146
茂	19					饛	51	糜	140	羃	88			衊	146

鱴 146	洺 93	圽 124	驀 66	蚞 47	皆 1	腦 32	鯢 82
mín	冥 94	叟 124	糢 147	镠 28	**nán**	撓 33	霓 82
民 110	朙 75	没 124	螺 9	募 65	男 178	獿 20	鯢 82
玟 130	鄍 94	殁 124	纆 9	墓 65	抩 170	**nào**	魑 82
抿 110	萛 94	殁 124	礳 139	幕 65	枏 170	淖 38	齯 82
旻 130	溟 94	沫 147	**móu**	睦 28	南 178	淆 33	齽 137
岷 110	嫇 94	陌 66	毋 58	慕 65	柟 170	臑 42	**nǐ**
忞 130	瞑 94	妺 147	牟 21	楘 47	誦 170	**nè**	伲 98
怋 110	鳴 93	歾 124	侔 21	慕 65	楠 178	广 87	泥 100
珉 110	銘 94	莫 65	恈 21	暮 65	難 152	呐 175	柅 98
罠 110	瞑 94	眜 147	眸 21	霂 47	鸛 152	肭 174	捉 82
捪 110	螟 94	秣 147	堥 43	眉 27	**nǎn**	訥 174	旎 98
瑉 110	覭 94	脈 87	謀 4	穆 28	赧 153	讔 87	晲 82
暋 110	**mǐng**	脉 87	桬 21	鞪 47	莮 153	**něi**	香 2
碈 110	皿 75	絈 147	鴾 21		湳 178	餒 117	儗 2
閩 130	窈 75	鄚 65	鍪 43	**————N————**	戁 153	餒 117	擬 2
瘝 110	眳 94	衇 87	繆 21	**ná**	**nàn**	**nèi**	薿 100
緡 110	酩 94	募 66	**mǒu**	秅 57	難 152	内 174	薿 2
暋 110	溟 94	嘆 65	某 1	拏 57	艱 152	錗 140	橣 100
鰵 110	**mìng**	覔 87	**mú**	袈 57	**náng**	**néng**	禰 100
鶨 110	命 93	貃 66	醰 43	**nà**	囊 72	能 15	鬎 100
mǐn	**miù**	貊 66	**mǔ**	内 174	蠰 72	鼐 73	闚 100
皿 75	繆 22	餗 147	母 1	納 174	**nǎng**	薐 73	**nì**
泯 110	謬 22	頖 124	牟 19	軜 174	曩 72	**ní**	尼 104
敃 110	**mó**	漠 65	拇 1	豽 123	**náo**	尼 98	伲 39
笢 110	獏 59	寞 65	姆 3	靹 174	呶 33	兒 82	芋 67
敏 4	嫫 59	藦 65	姥 3	魶 174	恢 33	泥 100	泥 100
閔 130	摹 59	殮 65	莽 59	**nái**	猱 19	秜 98	昵 104
潣 111	模 59	暯 147	畝 1	能 1	猱 19	屔 100	逆 67
黽 15	膜 65	嚜 9	姆 3	**nǎi**	撓 33	郳 82	匿 10
瞀 110	麼 139	墨 9	晦 1	乃 1	橈 33	倪 82	堄 82
愍 110	摩 139	瘼 65	鵑 1	迺 1	獶 19	蚭 98	睨 82
鳘 4	橅 59	嬤 9	**mù**	嬭 98	夒 19	婗 82	怒 28
僶 15	磨 139	默 9	木 47	**nài**	譊 33	棿 82	睨 82
潣 130	謨 59	磨 139	目 28	奈 144	鐃 33	跜 98	溺 39
憫 130	譕 59	縸 65	沐 47	柰 144	夒 19	貎 82	惄 39
簡 130	麿 139	貘 66	坶 11	耐 1	璎 19	腉 157	暱 10
鰵 130	劘 139	瀎 147	苜 28	耏 1	**nǎo**	秔 82	翍 104
míng	**mò**	螺 9	牧 11	漆 144	劋 32	蜺 82	覭 82
名 93	殁 124	嚤 9	莫 65	鼐 1	嶩 32	輗 82	觬 82
明 75	末 147	鏌 65			嶩 32	說 82	說 82
						繳 67	繼 67

貖 104
膩 98
嶷 10
嶷 10
濘 94

nián
年 111
秥 170
秊 111
鈕 111
鉆 169
鮎 170
黏 169

niǎn
㔾 154
涊 130
淰 180
輾 154
輦 154
撚 155
嬣 180
鄟 154
蹍 154

niàn
廿 174
𣲩 130
念 180

niáng
孃 74

niàng
釀 74
釀 74

niǎo
鳥 22
嫋 39
蔦 22
槄 22
裊 22
褭 22

niào
尿 39

溺 39

niè
囜 173
聿 163
茶 105
牵 163
枿 144
㪍 163
峃 146
耴 164
臬 146
涅 105
陧 146
揭 145
喦 164
敜 174
踂 163
槷 146
摯 146
𦵹 146
臲 146
驨 163
聶 163
闑 145
孽 145
孼 145
蘖 145
籋 163
槷 145
囓 146
囁 164
蠥 145
𤍼 145
瀎 145
巆 146
躡 163
讘 164
鑷 163
顳 164
轐 145
钀 145

níng
宁 94
聹 94
寧 94
薴 92
凝 16
寧 92
聹 94
甯 94
鸋 94

nǐng
薴 94

nìng
佞 94
甯 94
寧 94
濘 94

niú
牛 4

niǔ
邥 21
狃 21
忸 21
扭 21
朒 21
狃 21
菕 21
紐 21
鈕 21

niù
餌 21

nòng
弄 51
癑 180

nǒu
㲲 42

nòu
槈 47
耨 47
獳 42
鎒 47

nú
奴 56
帑 56
挐 56
笯 56
駑 56

nǔ
努 56
弩 56
砮 56

nù
怒 56

nuán
奻 156
燶 156

nuǎn
渜 156
暖 156
暖 156
煖 156
煗 156
稬 156

nuàn
戁 156

𧕟 137
儺 137

nuǒ
妸 139

nuò
偄 139
愞 139
搦 38
穤 139
諾 65
臡 38

nǚ
女 58
籹 58

nù
女 58
衄 28
恧 11
衄 28
衄 28
朒 28
聏 11
絮 58

nüè
虐 39
瘧 39

O

ōu
吘 1
區 42
藲 42
謳 42
樞 42
甌 42
毆 42
歐 42
毆 42
褔 42
檺 42
謳 42

鏂 42
鷗 42

óu
齵 42

ǒu
偶 42
腢 42
嘔 42
耦 42
蕅 42
歐 42
藕 42

òu
漚 42

P

pā
䎰 57
豝 57
葩 57
鈀 57

pá
杷 57

pà
汃 106
帊 57

pāi
拍 66
拍 66

pái
俳 118
排 118
徘 117

pài
𣲣 87
湴 87
派 87
湃 145
紙 87
潷 81

pān
㸘 153
拌 156
販 153
番 156
潘 156
攀 153

pán
柈 156
胖 156
般 156
幋 156
槃 156
擊 156
磐 156
瞥 156
盤 156
蟠 156
鎜 156
礬 156
鬆 156

pàn
片 156
伴 156
判 156
泮 156
胖 156
叛 156
畔 156
頖 156
辬 153

pāng
雱 72
滂 72
斜 72
磅 72

páng
仿 76

彷 72
房 72
逢 180
旁 72
傍 72
鄨 72
徬 72
膀 72
牓 72
髈 72
龐 52

pāo
泡 20
脬 20
橐 19

páo
咆 20
狍 20
庖 20
泡 20
枹 20
炮 20
颮 20
袍 19
匏 20
跑 20
鞄 20
颮 20
麃 33

pào
奅 20
窀 20
皰 20
麭 20

pēi
肧 3
衃 3
醅 3

péi
阫 3
坏 3
陪 3

培	3	軯	92	鈹	88	廲	82	頯	109	皵	34

字	頁	字	頁	字	頁	字	頁	字	頁	字	頁
培	3	軯	92	鈹	88	廲	82	頯	109	皵	34
棓	3	駍	92	髹	3			鷿	109		
碩	3	**péng**		駊	3	**pǐ**		**pián**		**piào**	
陪	15	芃	181	劈	88	匹	105	便	154	剽	34
裴	117	朋	15	鴄	3	庀	99	胼	94	勡	34
蟿	117	倗	15	鮃	3	圮	3	媥	154	僄	34
pèi		弸	15	皱	138	仳	99	楩	154	漂	34
邥	144	彭	73	礕	88	否	3	楄	111	慓	34
妃	117	棚	15	額	3	吡	99	骿	94	慓	34
沛	144	搒	73	霹	88	疕	3	緶	154	驃	34
沛	144	蓬	51			崥	117	骈	94	**piē**	
怖	144	蒡	73	**pí**		頗	83	蹁	111	婆	146
佩	3	傰	15	皮	138	嚭	3	諞	109	潎	146
肺	144	榜	73	仳	99			骿	94	瞥	146
茷	144	輣	15	芘	99	**pì**		**piàn**		鑒	146
珮	3	澎	73	枇	99	帔	138	片	155	**piě**	
配	117	篣	73	毗	99	埤	83	猵	109	丿	146
斾	144	鵬	15	蚍	99	萆	88	**piāo**		撆	146
淠	144	驕	73	郫	82	副	10	摽	34	擎	146
崥	117	**pěng**		玼	99	淠	105	嘌	34	**pīn**	
轡	105	捧	53	疲	138	塈	10	漂	34	砏	130
pēn		餅	92	陴	82	辟	88	嫖	34	姘	94
噴	131	**pī**		紕	99	媲	100	翲	34	驞	110
潰	131	丕	3	埤	82	潎	146	螵	34	闐	110
歕	131	坏	3	蓷	99	屁	88	嫖	34	**pín**	
pén		批	100	椑	83	僻	88	爂	34	批	110
盆	131	邳	3	甈	83	澼	88	厵	34	貧	130
葐	131	伾	3	脾	82	嚊	105	奲	34	頻	110
溢	131	坯	3	裨	82	濞	105	犤	34	蘋	110
pèn		披	138	椓	99	甓	88	飄	34	嬪	110
噴	131	帔	138	蜱	82	癖	88	**piáo**		顰	110
pēng		狉	3	腗	100	癖	88	剽	34	嚬	110
伻	92	秠	3	罷	138	襞	88	瓢	34	嬾	110
亨	73	恈	99	魮	99	鷿	88	**piǎo**		蠙	110
抨	92	紕	99	鞞	83	**piān**		受	34	響	110
苹	92	旇	138	貔	99	扁	109	殍	21	顰	110
怦	92	狓	138	蠯	82	偏	109	漂	34	**pǐn**	
砰	92	搋	100	羆	140	媥	109	膘	34	品	179
恲	92	鈈	3	蠦	82	痛	109	瞟	34	**pìn**	
硑	92	鈹	138	鼙	83	篇	109	縹	34	朩	110
烹	73	鉟	3	鱓	82	翩	109	顠	34	牝	99
										聘	93

皵	34	**pīng**		繁	139
piào		甹	94	蹯	139
剽	34	俜	94	**pǒ**	
勡	34	艵	94	叵	139
僄	34	頩	94	駊	139
漂	34	德	94	**pò**	
慓	34	**píng**		尗	147
驃	34	平	93	拂	147
		坪	93	迫	66
piē		苹	93	狛	65
婆	146	凭	16	珀	66
潎	146	邢	94	曲	124
瞥	146	泙	93	敀	66
鑒	146	荓	94	胉	65
piě		枰	93	洦	66
丿	146	帡	94	破	139
撆	146	洴	94	尃	65
擎	146	屏	94	酐	147
pīn		瓶	94	粕	65
砏	130	萍	94	岶	65
姘	94	湖	16	魄	66
驞	110	荓	94	膊	65
闐	110	蛢	94	霍	65
pín		缾	94	轉	65
批	110	評	93	鏺	147
貧	130	馮	16	霸	66
頻	110	軿	94	**pōu**	
蘋	110	瓶	94	剖	1
嬪	110	憑	16	婄	1
顰	110	甈	94	**póu**	
嚬	110	**pǐng**		抔	1
嬾	110	頩	94	垺	19
蠙	110	**pìng**		抙	19
響	110	娉	93	掊	1
顰	110	聘	93	哀	19
pǐn		**pō**		箁	1
品	179	坡	139	髻	1
pìn		頗	139	**pǒu**	
朩	110	**pó**		音	1
牝	99	婆	139	掊	1
聘	93	鄱	139		

pū

攴 47
仆 47
扑 47
剥 47
痡 59
撲 47
鋪 59

pú

扶 59
扊 47
匍 59
莆 60
菐 47
蒲 59
酺 59
僕 47
璞 48
樸 47
濮 47
檏 47
纀 47

pǔ

朴 48
圃 59
浦 59
普 59
溥 67
墣 47
樸 48
暴 38
蹼 47
譜 59

pù

暴 38
曓 38
曝 38

Q

qī

七 105
妻 100
柒 105
栖 100
郪 100
倛 2
攲 138
萋 100
桼 105
戚 28
淒 100
悽 100
娸 2
欺 2
棲 100
踦 138
欹 138
猗 138
猗 138
郪 105
溪 82
僛 2
漆 105
慽 28
緀 100
槭 28
慼 28
磎 82
踦 138
觭 138
諆 2
磩 28
霋 100
顛 2
槲 105
魌 2
谿 82
蟿 28
鏚 28
鼜 28
鶈 105

qí

亓 2
阣 98
示 81
郊 81
伎 81
祁 98
圻 130
芹 130
芪 81
岐 81
忯 81
其 2
奇 138
歧 81
畁 2
肵 130
祈 130
祇 81
疷 81
耆 98
蚑 81
蚚 130
蚔 81
旂 130
埼 138
跂 81
萁 2
軝 81
畦 84
跂 81
崎 138
淇 2
琪 2
琦 138
綦 2
期 2
棋 2
鈽 100
祺 2
隑 116
碁 2
勤 130
碕 138
虮 130
頎 130
綦 2
齊 100
旗 2
懂 130
緕 2
璂 2
錡 138
瘽 130
藄 2
懃 130
鮨 98
蘄 100
懠 100
璂 2
騏 2
騎 138
臍 100
鬐 116
鵋 2
蘄 130
鵸 138
鯕 2
麒 2
鬐 98
蠐 100
鰭 98
玂 130
虀 100
齏 100

qǐ

乞 123
邔 2
芑 123
芑 2
屺 2
企 81
杞 2
启 99
起 2
豈 116
跂 81
敓 99
棨 99
胷 99
啓 99
萱 116
軫 139
碕 138
綮 99
綺 138
稽 99
闙 99

qì

乞 123
气 123
扢 123
忮 81
迄 123
肸 104
汔 123
弃 104
妻 100
炁 123
迟 87
泣 175
契 146
砌 105
咠 174
眉 98
栔 146
氣 123
訖 123
唭 2
揭 145
葺 174
棄 104
湆 175
愒 145
屆 165
趚 88
敧 67
脊 99
禊 165
甈 145
緝 174
磬 88
磧 88
際 146
器 104
憩 145
慼 88
類 146
罄 88
聲 174

qià

扴 145
洽 173
硈 145
楬 145
膁 173
擖 145
髂 66

qiān

千 111
仟 111
阡 111
芊 111
辛 153
汘 111
岍 155
汧 155
臤 109
盰 111
欤 180
蚈 155
掭 111
竪 109
遃 153
牽 111
雃 155
掔 111
嵌 168
鈆 157
愆 153
鉛 157
僉 169
擙 111
鄿 154
搴 153
揵 153
遷 154
僉 153
褰 153
搋 153
輵 109
謙 170
蹇 153
顅 153
礐 154
攐 153
攓 153
騫 153
孅 169
鬜 153
覸 153
籤 169

qián

拑 169
柑 169
前 155
赶 153
荨 155
虔 153
涔 180
揵 153
乾 153
郋 153
犍 153
鈐 180
鉗 180
媊 155
摙 153
鉗 169
鉆 169
榩 153
箝 169
箔 169
羬 180
潛 180
黔 180
錢 154
黚 169
鍼 180
騝 153
騚 155
鰬 153
灊 180

qiǎn

淺 154
肸 109
遣 153
嗛 170
醔 153
慊 170
槏 170
繾 153
譴 153

qiàn

欠 171
芡 169
茜 130
俔 155
倩 93
倩 94
傔 170
蒨 94
塹 169
歉 170
綪 94
輤 94

槧 169
壍 169
鏨 130

qiāng
羌 73
矼 52
斨 74
控 52
將 74
椌 52
搶 74
蜣 73
瑲 74
槍 74
蔣 74
牄 74
慶 73
蹌 74
躿 74
鎗 74
鏘 74

qiǎng
伜 74
戕 74
岒 74
羫 74
強 73
廧 74
彊 73
嬙 74
牆 74
薔 74

qiǎng
弳 73
強 73
勥 73
彊 73
襁 73
繈 73

qiàng
唴 73

qiāo
鄡 35
鄥 35
嫪 20
敲 33
毃 38
墝 33
骹 33
戫 35
墩 35
橇 148
幧 34
磽 33
繑 33
趬 33
蹻 33
顤 33

qiáo
招 33
苃 20
荍 34
喬 33
僑 33
嶠 33
嶤 33
憔 34
嫶 34
橋 33
盫 33
癄 34
翹 33
趫 33
譙 34
鐈 33
礁 34
顦 34

qiǎo
巧 20
悄 34
鈔 34
愀 21

qiào
削 34
陗 34
殼 47
哨 34
峭 34
悄 34
誚 34
撬 39
噭 39
擊 39
竅 39
譙 34
趭 39

qiē
切 105

qié
伽 138
茄 138

qiě
且 59

qiè
切 105
抾 165
狫 165
妾 164
怯 165
契 146
匧 164
挈 146
婕 164
捷 164
恝 164
唼 164
淓 164
痜 164
惬 164
愿 164
慊 164
朅 145

漆 105
緁 164
蹉 164
篋 164
藕 145
鍥 146
繬 175
鯜 164
鑣 175
竊 105
髉 105

qīn
侵 179
衾 179
浸 179
欽 179
寖 179
綅 179
嶔 179
親 110
駸 179
錜 179
窺 110

qín
芩 179
庈 179
肣 179
矜 109
秦 110
聇 179
芹 129
廞 179
捦 179
菫 129
荃 179
琴 179
鈙 179
禽 179
斳 179
擒 179
嶜 179

鈐 179
檎 179
醀 179
螓 110

qǐn
坅 179
蔓 179
赾 130
梫 179
寑 179
寢 179
趣 111
鋟 179
蟫 133

qìn
沁 179
菣 109
濥 110
梫 110

qīng
卯 75
青 94
卿 75
菁 94
頃 95
圊 93
清 93
傾 95
陘 95
輕 93
蜻 94
鑋 93

qíng
姓 93
剠 75
勍 75
情 93
勤 93
晴 93
暒 93
檠 93

擎 93
鯁 93
鯨 75
黥 75
鱷 75

qǐng
頃 95
藃 95
廎 95
漀 94
請 93
謦 94
檾 95

qìng
胜 93
清 93
殸 94
窐 94
慶 75
磬 94
罄 94
瀩 93

qiōng
銎 52

qióng
邛 52
穹 17
椆 52
赹 95
蛩 52
惸 95
筇 52
煢 95
藑 95
窮 180
璚 95
嬛 95
蕒 95
藑 95
肇 95
瓊 95

藭 180
篢 52
鬩 52
竆 180
竆 180

qiòng
佉 52

qiū
丘 4
邱 4
秋 21
烋 21
蚯 4
萩 21
湫 21
楸 21
藘 43
篍 21
緧 21
趥 21
橚 21
龜 4
鞦 21
鶖 21
鰌 21
鰍 21
穐 21

qiú
仇 20
厹 20
芁 20
囚 21
杏 20
犰 20
扻 20
肍 20
汓 21
求 20
茻 21
虯 22
泅 21
邟 20
俅 20

舥 22
訄 20
酋 21
捄 20
莍 20
述 20
酒 21
球 20
梂 20
脙 20
崷 21
慫 20
遒 21
裘 4
蛷 20
絿 20
賕 20
觩 22
璆 20
蝤 21
錄 20
鮂 20
鮋 21
艏 21
蠡 20

qiǔ
糗 20

qū
凵 57
曲 48
阹 57
呿 57
屈 125
苗 48
柫 57
胠 57
胆 58
祛 57
袪 57
區 43
蛆 125

豐 48	簾 57	牷 158	闋 147	瘄 132	瀼 74	**rěn**	**róng**
筥 57	躩 57	拳 157	猭 147	斁 132	孃 74	羊 179	戎 181
詘 125	臞 60	捲 157	**què**	**qǔn**	襀 74	忍 130	肜 181
隃 43	曜 60	痊 158	卻 66	趣 132	穰 74	荏 179	茸 53
崛 125	癯 60	惓 157	埆 47	——	瓤 74	葚 130	戜 181
嶇 43	蠼 60	婘 157	較 38	**R**	纕 74	棯 179	容 53
趣 44	衢 60	夋 157	雀 39	——	躟 74	恁 179	搑 53
毆 43	趯 60	筌 158	碏 27	**rán**	鑲 74	棯 179	傛 53
毆 43	躍 60	絟 158	确 47	呥 169	鬤 74	脍 179	搈 53
謳 125	鸜 60	輇 157	烏 66	呻 169	**rǎng**	稔 179	蓉 53
鮔 57	鱹 60	詮 158	搞 38	狀 154	壤 74	**rèn**	頌 53
趨 44	**qǔ**	觠 157	搉 38	枏 169	攘 74	刃 130	溶 53
軀 43	去 57	蜷 157	較 38	蚦 169	膁 74	仞 130	榮 95
麹 27	曲 48	銓 158	碏 66	神 169	**ràng**	牣 130	瓵 53
驅 43	取 44	踡 157	𥔥 66	蚺 169	懹 74	任 179	裕 53
籟 27	竘 43	駩 158	淮 38	然 154	讓 74	杒 130	氃 53
鮔 43	娶 44	鬈 157	趞 66	頹 169	饟 74	牣 130	駥 181
鱸 57	詓 57	鐉 158	愨 47	頓 168	**ráo**	訒 130	融 181
qú	齲 60	虇 157	確 38	髯 169	蕘 34	朋 130	醳 53
岣 43	麮 57	權 157	確 66	嘫 154	橈 34	妊 179	嶸 94
姁 43	齲 60	顴 157	㱿 47	燃 154	襓 34	衽 179	鞲 53
胊 43	**qù**	蠸 157	闋 106	燃 154	蟯 34	紉 130	顜 52
斪 43	去 57	趲 157	闋 147	髥 169	饒 34	軔 130	鎔 53
翑 43	屆 57	顴 157	礜 27	繎 154	**rǎo**	訒 130	蠑 95
渠 57	蜡 66	**quǎn**	鵲 66	臑 169	嬈 34	紝 179	**róu**
絢 43	趣 44	〈 158	**qūn**	蕘 154	擾 21	飪 179	厹 21
軥 43	闃 89	犬 158	夋 133	**rǎn**	懮 21	軔 130	柔 21
菓 57	覷 58	汱 158	困 133	冄 169	**rào**	**rǒng**	粈 21
蕖 57	**quān**	甽 158	峮 133	冉 169	繞 34	宂 53	腬 21
蟲 57	悛 132	畎 157	後 133	姌 169	**réng**	軵 53	揉 21
鴝 43	棬 157	綣 157	逡 133	染 169	仍 16	毦 133	葇 21
璖 57	圈 157	蘳 157	硱 133	媣 169	扔 16	毦 133	鰇 21
瞿 60	棬 157	**quàn**	趚 133	橪 180	芿 16	骯 53	蹂 21
䮷 43	匲 132	券 157	輑 133	燃 154	杤 16	㲯 53	蝚 21
鮈 43	**quán**	韏 157	踆 133	燃 154	鹵 16		
蘧 57	全 158	縓 158	巕 133	爇 169	訒 16		
篨 57	佺 158	勸 157	**qún**		陾 16		
臞 60	卷 157	**quē**	宭 132		**rì**		
灈 60	荃 158	缺 147	帬 132		日 105		
懼 60	泉 158	蒛 147	裠 132		衵 105		
欋 60	佺 158		羣 132		䘏 105		
					馹 105		

糅	21	癭	58	蕋	148	爇	144	繰	32	碞	138	煽	154	蕭	154
糅	21	**rù**		瑞	140	**sāi**		鰠	32	菽	145	潜	153	鱓	154
鞣	21	入	174	蜹	175	塞	9	**sǎo**		煞	145	繖	178	**shāng**	
蹂	21	泗	58	睿	148	䰓	1	埽	19	榢	145	羴	154	商	74
鍒	21	蓐	48	銳	148	**sài**		掃	19	魦	138	羶	154	湯	74
鞣	21	溽	48	叡	148	塞	9	嫂	19	鯊	138	攕	170	慯	74
騥	21	縟	48	緌	141	賽	9	婙	19	**shà**		纔	168	傷	74
鶔	21	褥	48	**rún**		簺	9	鰠	19	蓮	165	**shǎn**		禓	74
rǒu		縟	48	犉	133	**sān**		**sè**		啑	163	夾	169	塲	74
煣	21	孺	44	瞤	111	三	178	色	10	嗄	57	陝	169	蔏	74
ròu		**ruán**		**rùn**		參	178	涑	87	歃	165	閃	169	鍚	74
肉	28	堧	157	閏	111	毵	178	楝	87	翣	163	婼	169	慯	74
宍	28	腝	157	潤	111	**sǎn**		鈒	174	箑	165	睒	169	殤	74
rú		壖	157	**ruò**		散	152	瑟	105	箑	165	摻	178	賓	74
如	58	**ruǎn**		焫	66	糁	178	嗇	10	翜	163	掞	169	薥	74
娜	58	阮	157	若	66	糝	178	塞	9	**shài**		**shàn**		觴	74
茹	58	瑌	157	鄀	66	糝	178	愬	66	殺	145	汕	153	鬺	74
洳	58	軟	157	弱	39	繖	152	寒	9	綟	145	苫	169	鬺	74
帤	58	蝡	157	炳	148	饊	152	蹈	174	鍛	145	疝	153	**shǎng**	
挐	58	媆	157	渃	66	**sàn**		蟲	105	曬	81	姍	153	賞	74
袽	58	瑌	157	揉	148	三	178	蔷	10	**shān**		訕	153	鑜	74
絮	58	楒	157	惹	66	散	152	濇	10	山	153	扇	154	餉	74
濡	44	礝	157	翼	39	橵	152	嬙	10	彡	178	掞	169	**shàng**	
儒	44	碝	157	溺	39	散	152	璱	105	屾	153	單	154	上	74
嚅	44	腝	157	箬	66	歡	152	歃	10	芟	168	偏	154	上	74
獳	44	緛	157	鶸	39	**sāng**		澀	174	刪	153	善	154	尚	74
濡	44	輭	157	蒻	148	桑	72	穡	10	苫	169	粘	169	**shāo**	
嬬	44	濡	157			喪	72	轖	10	刪	153	僐	154	捎	33
駑	58	**ruí**		**S**		**sǎng**		譅	174	衫	178	鄯	154	莦	33
臑	44	桵	119	**sǎ**		顙	72	麗	105	姍	152	墡	154	梢	33
襦	44	獀	119	洒	81	**sàng**		**sēn**		珊	152	渾	154	稍	33
蠕	44	蕤	119	灑	81	喪	72	森	179	舢	152	擅	154	蛸	33
繻	44	**ruǐ**		**sà**		**sāo**		椮	179	埏	154	蝻	154	筲	33
醹	44	綏	141	卅	173	搔	19	**sèn**		挻	154	膳	154	旓	33
rǔ		蕊	140	洓	144	傮	19	罧	179	挺	154	魶	154	箱	33
女	58	藥	140	跋	173	溞	19	**shā**		脡	154	禪	154	燒	34
汝	58	**ruì**		靸	173	慅	19	沙	138	阽	169	嬗	154	髾	33
乳	44	芮	175	駇	173	梭	19	莎	139	扇	154	繕	154	箱	34
辱	48	汭	175	搬	144	臊	32	殺	145	笘	169	蟺	154	**sháo**	
鄏	48	枘	175	颯	173	繅	32	紗	138	籭	152	贍	169	勺	39
擩	44	蚋	175	雪	173	騷	19	柴	138	摻	178	饍	154	芍	39

杓 39
佋 34
柖 34
韶 34
磬 34

shǎo

少 34
邵 34

shào

少 34
召 34
卲 34
卲 34
邵 34
劭 34
削 33
鄁 33
袑 34
娋 33
紹 34
睄 33
燒 34

shē

奓 59
奢 59
畬 59
賒 59

shé

舌 145
虵 139
蛇 139
蛥 145
鉈 139
揲 145

shě

舍 59
捨 59

shè

社 59
舍 59
拾 175
射 67
涉 164
赦 67
設 145
涻 59
葉 164
躲 67
蔎 145
歙 175
騇 59
韘 164
攝 164
麝 67
灄 164
欇 164

shēn

申 110
抌 110
屾 110
伸 110
身 110
呻 110
侁 130
柛 110
㑗 110
胂 110
姺 130
莘 110
眒 110
崒 110
甡 110
突 179
娠 130
僠 110
深 179
參 179
紳 110
兟 110
瘁 110
詵 130
蔘 179
蓡 179
幓 179
駪 130
蕁 179
燊 110
襂 179

shén

神 110
魒 110

shěn

邥 179
沈 179
弞 110
矤 110
哂 130
矧 110
宷 179
淰 179
頣 110
諗 179
審 179
瞫 179
瀋 179

shèn

甚 179
昚 110
欳 130
脤 130
裖 130
葚 179
腎 110
蜃 130
慎 110
滲 179

shēng

升 16
生 92
昇 16
狌 92
牲 92
陞 16
笙 92
甥 92
勝 16
聲 93
鼪 92

shéng

澠 16
憴 16
繩 16
譝 16
蠅 16

shěng

省 93
眚 93
渻 93
媘 93
蛸 93

shèng

晟 93
乘 16
盛 93
勝 16
椉 16
聖 93
賸 16
賸 16

shī

尸 99
失 105
敃 138
邿 2
施 138
屍 99
師 99
葹 138
覗 138
蓍 99
獅 99
詩 2
溼 174
鳲 99
箷 138
蝨 105
鍦 138
濕 174
籭 82
纚 82
纚 82
釃 82
釃 82
䴎 82

shí

十 174
什 174
示 99
石 67
汁 174
峕 2
拾 174
食 10
祏 67
姼 138
時 2
柘 67
提 82
湜 87
寔 87
塒 2
蒔 2
榯 2
碩 67
蝕 10
實 104
篡 82
鼫 67
鰣 2
識 10

shǐ

史 3
矢 99
弛 138
豕 82
矢 99
使 3
弛 138
始 2
屎 99
菌 99
駛 3

shì

士 3
氏 82
示 99
世 145
仕 3
市 2
式 10
狏 138
忕 145
邔 3
事 3
侍 2
使 3
拭 10
柹 3
是 82
础 82
恃 2
室 105
宧 87
逝 145
栻 10
眎 99
眡 99
舐 82
跃 82
視 99
貰 145
睗 87
徥 82
媞 82
翨 145
勢 145
蒔 2
軾 10
賜 87
嗜 99
筮 145
弒 10
飾 10
試 10
誓 145
諟 82
適 87
奭 10
鼜 145
僿 10
噬 145
遾 145
䤵 3
諟 82
謚 87
澨 145
螫 67
謚 87
簭 145
釋 67
釋 67
襫 10

shōu

收 21

shǒu

手 21
守 21
百 21
首 21

shòu

守 21
受 21
狩 21
授 21
售 21
壽 21
瘦 21
瘦 21
綬 21
獸 21
鏉 48

shū

殳 44
疋 58
尗 28
抒 58
殳 44
杸 44
叔 28
疏 58
姝 44
殊 44
透 28
鄃 58
書 58
紓 58
菽 28
梳 58
鄃 44
淑 28
愉 44
鯲 58
舒 58
疎 58
疏 58
蔬 58
樞 44
輸 44
橾 44
攄 58

shú

几 44
术 125
秫 125
痳 125
孰 28
塾 28
熟 28

璹 28
贖 48
shǔ
暑 58
䝪 58
黍 58
署 58
蜀 48
鼠 58
數 44
癙 58
襡 48
蠋 48
籔 44
屬 48
襹 48
shù
戍 44
束 48
尗 125
述 125
杼 58
沭 125
侸 44
倏 28
恕 58
莍 125
術 125
庶 66
隃 44
尌 44
裋 44
疏 58
署 58
銶 125
腧 44
儵 28
漱 48
豎 44
數 44
澍 44
潏 106
樹 44
曙 58
藷 58
儵 28
鱐 28
shuā
刷 148
㕞 148
shuāi
衰 119
痿 119
shuài
帥 126
帥 126
率 126
率 126
逵 126
䘤 126
蟀 126
衛 126
shuàn
腨 157
䏝 157
篿 158
shuāng
爽 74
霜 74
雙 52
孀 74
鸘 74
shuǎng
爽 74
shuí
脽 119
誰 119
shuǐ
水 119
shuì
涚 119
挩 148
帨 148
涚 148
税 148
裞 148
睡 140
啐 125
説 148
餟 148
䅜 140
shǔn
吮 133
盾 133
揗 133
楯 133
shùn
眣 133
眴 111
順 133
舜 133
蕣 133
瞚 111
鬊 133
shuō
説 148
shuò
芍 39
妁 39
朔 66
欶 48
稍 38
揱 38
碩 67
嗽 48
數 48
箾 38
鵅 66
爍 39
鑠 39
sī
厶 99
司 3
私 99
私 99
思 3
虒 82
菥 99
偲 3
斯 82
絲 3
漲 82
禗 3
蜇 82
榹 82
罳 3
獄 3
凘 82
褫 82
蘄 82
磃 82
嘶 83
廝 82
廝 82
澌 82
緦 3
蟴 82
蟖 83
鷈 82
靡 82
sǐ
死 99
sì
巳 3
四 105
寺 3
似 3
汜 3
兕 99
佀 3
伺 3
祀 3
姒 3
杫 3
泗 105
柤 3
柶 105
牭 105
俟 3
肂 105
竢 3
飤 10
洍 3
涘 3
耜 3
梩 3
笥 3
竢 3
覗 3
肆 105
嗣 3
鈶 3
麀 3
隸 105
駟 105
禩 3
蕼 105
貄 105
騃 3
蕮 88
sōng
松 53
娀 181
蚣 53
崧 52
嵩 181
蜙 53
sǒng
悚 53
竦 53
傱 53
慫 53
嵷 53
慫 53
駷 53
聳 53
㩳 53
sòng
宋 180
送 51
訟 53
頌 53
誦 53
sōu
涑 42
郰 21
搜 21
挍 21
蒐 21
獀 21
廋 21
溲 21
艘 22
鎪 21
鱐 21
颼 21
sǒu
叟 19
叜 19
傁 19
溲 21
瞍 19
嗾 47
藪 42
籔 42
sòu
嗽 47
sū
窣 124
穌 56
蘇 56
sú
俗 49
sù
王 28
夙 28
殐 28
泝 65
素 56
茜 28
速 47
涑 47
棟 47
宿 28
粟 49
訴 65
溯 65
嗉 56
遡 65
溯 65
愫 56
肅 28
摵 28
蔌 47
蓿 28
遬 47
膆 56
觫 47
愬 65
樕 47
餗 47
潚 28
藗 47
橚 28
縮 28
謖 11
遡 65
礵 28
蹜 28
麈 47
驌 28
鱐 28
鷫 28
suān
狻 156
痠 156
酸 156
霰 156
suǎn
匴 156
篹 156
suàn
祘 156
筭 156
蒜 156
筭 156
算 156
suī
夊 119
荽 119
倠 118
奞 119
葰 119
睢 119
滖 119
綏 119
雖 119
鞴 83
suí
隋 140
隨 140
suǐ
瀡 140
髓 140
髓 140
suì
采 106
㒸 126
祟 126
彗 148
瓻 124
遂 126
㒸 126
㲉 126
檖 126
碎 124
歲 148
睟 126

蕙	148	蓑	117	揸	173	箬	1	餤	168	鐺	72	濤	19	騰	15
隧	126	趖	139	潳	173	駘	1	燂	178	鏜	72	燾	19	螣	15
𦤷	126	挏	28	媠	173	箈	1	澹	168	**táng**		檮	19	䲢	15
誶	126	潹	147	達	144	儓	1	檀	152	唐	72	韜	19	**tī**	
璲	126	縮	28	嗒	173	鮐	1	薄	178	堂	72	駣	19	剔	88
檖	126	**suǒ**		磋	173	孃	1	糮	178	棠	72	饕	32	梯	99
穗	106	所	58	遾	173	**tài**		薚	178	塘	72	**táo**		睇	28
穟	126	索	65	榻	163	太	144	醰	178	鄧	72	匋	19	鷈	82
邃	126	貨	139	鮎	173	汏	144	貚	152	溏	72	咷	32	**tí**	
襚	126	葰	117	偨	144	忕	144	譚	178	糖	72	逃	32	折	146
繐	148	荾	139	潔	173	汰	144	驔	152	煻	72	洮	32	荑	100
維	117	搻	66	撻	144	忕	144	鷤	152	螗	72	桃	32	庢	100
旋	126	碿	66	踏	173	泰	144	**tǎn**		螳	72	陶	19	梐	100
繐	106	溑	65	諮	173	態	1	坦	152	鏜	72	萄	19	提	82
繐	126	逍	139	薘	173	**tān**		肒	178	餹	72	轁	32	啼	82
鐆	126	索	66	踏	173	探	178	祖	152	閶	72	蜪	19	稊	100
鐩	126	瑣	139	噎	173	舑	168	菼	168	鶶	72	綯	19	媞	82
聽	106	鎖	139	鐟	173	貪	178	菥	168	**tǎng**		鞀	32	嗁	82
sūn		鞣	65	轗	173	綁	168	盤	178	帑	56	謟	19	褆	82
孫	131	纇	139	樫	173	嘽	152	噉	178	儻	72	朓	32	綈	100
飧	131	**suò**		蹋	163	灘	152	僵	152	懫	72	鋾	19	褆	82
蓀	131	些	137	濕	173	**tán**		醓	178	曭	72	騊	19	藬	100
殈	131	膹	139	闒	163	沈	178	緂	168	爣	72	檮	19	蝭	82
sǔn		——T——		礜	173	倓	168	膻	152	纕	72	毊	32	徲	100
枸	111	**tā**		闒	144	郯	168	禮	152	曨	72	**tǎo**		鍗	100
隼	133	他	137	謰	173	惔	168	黮	178	**tàng**		討	19	緹	82
笋	111	它	137	鰼	163	覃	178	**tàn**		湯	72	**tè**		趧	82
損	131	佗	137	矗	173	郯	178	炭	152	**tāo**		忒	9	醍	82
膹	131	**tǎ**		躂	163	撢	152	探	178	夲	19	忕	9	題	82
箰	111	獺	144	讇	163	蕈	178	嘆	152	叨	32	貣	9	蹄	82
簨	133	**tà**		龘	173	蕁	178	蛱	168	夊	32	特	9	鵜	100
雡	133	屮	144	**tāi**		僋	152	撢	178	弢	32	牧	9	蹏	82
suō		沓	173	胎	1	談	168	歎	152	挑	32	慝	9	謕	82
沙	139	沓	173	**tái**		潭	178	**tāng**		牫	32	螣	9	題	82
莎	139	佮	173	台	1	憛	178	倘	72	絛	19	蟘	9	鍗	82
衰	117	牵	144	邰	1	彈	152	蕩	72	搯	19	**téng**		鯷	100
娑	137	狧	163	苔	1	壇	152	湯	72	瑫	19	疼	180	鶗	100
姕	139	曟	163	炱	1	檀	178	蕩	72	慆	19	腾	15	騠	82
傞	137	鈋	163	箈	1	曇	178	蝪	72	搯	19	滕	15	鷈	82
				跆	1	簓	168	薚	72	畱	19	縢	15	鯷	82
				臺	1	錟	168	闛	72	綯	19	膯	15	鯑	82

tǐ
醍 82
體 99

tì
达 146
忶 146
剃 99
渧 99
剔 88
俶 28
倜 28
逖 88
涕 99
悌 100
遏 88
愁 88
惕 88
替 105
掦 88
裼 88
瞗 82
踢 88
薙 99
鬀 99
擿 88
髢 88
禘 88
嚔 105
鬀 88
籊 39
趯 39

tiān
天 111
沾 170
酟 170
黇 170

tián
田 111
佃 111
畋 111
恬 170
甜 170
填 111
摶 111
嗔 111
滇 111
磌 111
寘 111
闐 111
鷏 111

tiǎn
町 94
忝 170
殄 130
栝 170
淟 130
悿 130
琠 130
趁 130
腆 130
銛 170
餂 170
覥 155
錪 130

tiàn
西 170
瑱 111

tiāo
佻 35
挑 35
桃 35
祧 35
蔠 22
蓨 22
斛 35

tiáo
芀 35
苕 35
岧 35
祧 35
迢 35
卥 22
條 22
越 35
篍 22
蜩 22
髫 35
鋚 22
調 22
髫 22
韶 35
鰷 22

tiǎo
扚 39
挑 35
宨 35
朓 35
宨 35
跳 35
誂 35
窱 22

tiào
眺 35
朓 35
朓 35
覜 35
頫 35
糶 39

tiē
帖 164
怗 164
聑 164

tiě
帖 164
蛈 105
跕 164
鞊 164
鐵 105
驖 105

tiè
呫 164
帖 164
餂 105
饕 105

tīng
芿 94
汀 94
桯 94
綎 94
聽 94
聼 94

tíng
廷 94
甹 94
莛 94
烶 94
亭 94
庭 94
婷 94
蜓 94
筳 94
渟 94
淳 94
綎 94
樿 94
霆 94
蜓 94

tǐng
壬 94
町 94
侹 94
挺 94
娗 94
珽 94
梃 94
徎 94
脡 94
艇 94
鋌 94
頲 94

tìng
濎 94
聽 94

tōng
恫 51
通 51

tóng
同 51
彤 180
侗 51
挏 51
峒 51
洞 51
桐 51
眮 51
秱 51
痌 180
筒 51
童 51
潼 51
舯 180
筩 51
嗀 180
僮 51
鉆 180
銅 51
潼 51
瞳 51
橦 51
曈 51
瞳 51
鴒 180
罿 51
穜 51
銅 51
懂 180
爞 180

tǒng
桶 51
筒 51
統 51
箭 51

tòng
迵 51
衕 51
痛 51
慟 51

tōu
偷 42
愉 42

tóu
投 42
骰 42
綸 42
頭 42
鑪 42

tǒu
妵 42
鈄 42
瑪 42
鲀 42

tòu
音 42
鋀 42

tū
厾 124
禿 47
怢 106
突 124
悆 56
葵 124
腯 124
瑮 59
歋 124

tú
辻 56
邾 56
捈 56
荼 56
徒 56
途 56
涂 56
菟 56
稌 56
屠 56
溚 56
筡 56
盫 56
痜 56
鷵 56
酴 56
跿 56
圖 56
鵌 43
鵌 56
駼 56
檡 56
駼 56

tǔ
土 56
芏 56
吐 56

tù
吐 56
兔 56
菟 56
悷 106
鵵 56

tuān
湍 156
煓 156
貒 156
鷒 156

tuán
揣 156
剸 156
摶 156
篿 156
團 156
漙 156
慱 156
槫 156
篿 156
鷒 156

tuǎn
畽 51
疃 51
蹿 156

tuàn
彖 156
褖 156

tuī
推 117
蓷 117
藬 117

tuí
庨 117
儓 117
隤 117
頹 117
魋 117
癀 117
蘈 117
蹪 117
穨 117
癩 117
讟 117

tuǐ
俀 117

tuì
汭 124
退 124
復 124
娧 146
蛻 146
駾 146

tūn
吞 129
炖 131
涒 131
啍 131
焞 131
暾 131
黗 131

驚 131

tún
屯 131　郫 131　芚 131　囤 131　㹠 131　沌 131　忳 131　屍 131　純 131　軘 131　豚 131　臀 131　簸 131

tuō
它 137　扡 137　佗 137　拖 137　拕 137　侘 65　侻 146　挩 146　苊 146　託 65　梲 146　飥 65　脱 146　疼 137　涶 139　駝 65　鮀 65

tuó
佗 137　陁 137　陀 137　沱 137　訑 137　袉 137　紽 137　酡 137　跎 137　詑 137　鞄 137　駝 137　鉈 137　驒 137　蠹 137　鼉 137

tuǒ
妥 139　隋 139　橢 139

tuò
拓 65　沰 65　柝 65　祏 65　唾 139　跅 65　檡 65　毤 139　橐 38　魄 65　蠹 65　撢 65　檬 65　籜 65

W

wā
汙 59　穵 125　哇 83　洼 83　窊 59　呙 83　娲 140　蛙 83　歔 125　窪 83　宆 59　黿 83

wá
娃 83

wǎ
瓦 140

wà
瓦 140　聉 125　絑 148　嗢 124　韤 148　韈 125　韤 148　韤 148

wāi
咼 140　喎 140　喝 83

wài
外 146　頮 125　顪 125

wān
剜 155　婘 155　弜 155　蜿 155　彎 156

wán
丸 155　刓 156　芄 155　抏 156　园 156　岏 156　忨 156　完 155　玩 156　紈 155　捖 155

頑 156　䪴 156

wǎn
㝆 171　宛 157　盌 155　挽 158　莞 156　盌 155　娩 158　菀 157　晚 158　睕 155　婉 157　琬 157　腕 157　皖 156　惌 157　畹 157　輓 158　綰 156　踠 157　錽 171

wàn
玩 156　捥 155　腕 158　惋 155　萬 158　腕 155　掔 155　婉 157　輓 156　堅 155　椀 158　瓹 156　鄭 158　薍 156　蔓 158　蟃 158　䡄 158　購 158

wāng
尢 75　尣 75　尪 75　汪 75

wáng
亡 76　王 76　莣 76

wǎng
网 76　柱 76　罔 76　往 76　菵 76　㳰 76　惘 76　蛧 76　蝄 76　網 76　輞 76　誷 76　魍 76　瀇 75

wàng
王 76　妄 76　迋 76　忘 76　旺 76　往 76　盳 76　望 76　朢 76　謹 76

wēi
危 83　委 140　威 118　倭 140　萎 140　透 140

偎 117　隈 117　葳 118　殨 140　崴 118　愄 117　椳 118　楲 117　微 118　煨 117　溦 118　蜲 140　屪 140　覣 140　薇 118　鰃 117　蝛 140

wéi
口 118　危 83　峗 83　為 140　洈 83　韋 118　散 118　唯 118　帷 118　惟 118　琟 118　崬 117　幃 118　圍 118　爲 140　湋 118　逶 118　微 118　溦 118　戢 118　薙 118　薴 140　鄬 140

維 118　潿 118　薇 118　闈 118　濰 118　襸 118　薇 118　辢 118　職 118　巍 118　蠬 118　犛 118

wěi
广 83　芛 116　尾 118　委 140　浼 4　娓 118　葳 140　唯 118　偉 118　宥 4　隗 117　葦 118　崣 118　骫 140　猥 117　愇 118　暐 118　瑋 118　韡 118　朕 117　痿 140　煒 118　碨 117　魂 118　偽 140　蔿 140　顗 83　諉 140　䅏 140

寪 140　緯 118　蒍 140　蘎 4　鋔 117　鮪 4　瘏 140　壝 118　薳 140　壝 118　韡 118　蕍 140　闠 140　嶎 140　礨 118　癗 83

wèi
未 126　位 175　味 126　畏 118　胃 125　蝟 147　菋 126　尉 125　罻 125　爲 140　渭 125　尉 125　媦 125　熭 125　蔚 125　蜼 118　羬 140　娻 147　磑 117　遺 118　蝟 125　衛 147　犚 125　熨 125

慰 125	蠥 132	**wò**	吾 56	趶 56	鶩 44	翣 84
緷 125	**wěn**	沃 38	吳 59	鵡 60	鶩 44	晰 88
蔚 147	刎 132	臥 139	郚 56	霖 60	———	睎 116
尉 125	扻 132	肟 146	莁 60	鶩 60	**X**	稀 116
餵 140	吻 132	捾 146	菩 56	**wù**		傒 82
謂 125	紊 132	偓 47	浯 56	兀 124	**xī**	郳 10
魏 118	脗 132	握 47	珸 56	勿 126	夕 67	翕 174
蝟 125	**wěn**	喔 47	梧 56	戊 19	兮 82	翎 174
褽 125	文 132	幄 47	無 60	阢 124	扱 174	腊 67
轊 147	汶 132	渥 47	隓 60	扤 124	西 100	犀 100
穢 147	紊 132	楃 47	蕪 60	彴 126	吸 174	欲 2
颲 125	問 132	暚 146	廡 60	芴 126	吚 98	葸 10
懀 147	搵 131	斡 146	璑 60	机 124	汐 67	葸 82
鐏 147	聞 132	絈 38	瞴 60	岉 126	希 116	嬰 2
罋 147	璺 132	涾 38	䴊 56	沕 126	昔 67	晳 88
蠆 118	鼤 131	擭 68	**wǔ**	物 126	枅 88	郤 105
饖 147	**wēng**	瓁 67	五 56	刎 124	析 88	虛 138
疐 147	翁 51	臒 67	午 56	吻 126	郎 99	傂 105
甕 147	螉 51	鶲 27	伍 56	悟 56	肸 104	傒 82
罋 147	蝹 51	齷 47	仵 56	晤 56	欿 2	溪 82
籰 147	箵 51	**wū**	迕 56	務 44	俙 116	媅 82
wēn	鎓 51	圬 59	俉 44	晤 56	屎 98	熙 2
昷 131	**wěng**	汙 59	忤 56	惡 65	菥 116	熄 10
温 131	塕 51	污 59	武 60	陒 56	栖 100	榠 82
瘟 131	滃 51	弙 59	侮 44	婺 44	唏 116	豨 116
薀 131	**wèng**	杅 59	捂 56	塢 56	息 10	傆 2
緼 131	瓮 51	巫 60	逜 56	雺 44	奚 82	鄒 174
輼 131	甕 51	於 56	牾 56	誤 59	狶 116	誒 2
猏 131	罋 51	洿 59	娬 60	痦 56	悕 116	熄 10
wén	齆 51	屋 47	悮 3	噁 65	犀 100	撕 83
文 132	**wō**	烏 56	碔 60	諤 65	娸 2	磎 82
芠 132	倭 139	穵 59	珷 56	騖 44	欷 2	嘻 2
彣 132	媧 139	剭 47	啎 56	霧 44	莃 88	噏 174
蚊 132	渦 139	惡 56	舞 60	鶩 65	椵 88	膝 105
紋 132	蝸 140	鄔 56	憮 60		晞 116	瘜 10
馼 132	踒 139	鳴 56	潕 60		欹 116	潝 174
聞 132	**wǒ**	歍 56	嫵 60		悉 105	嬉 2
鳼 132	我 137	誣 60	甒 60		兮 138	歖 2
閿 132	婐 139	**wú**	儛 60		淅 88	熹 2
闅 132	騧 137	无 60	膴 60		惜 67	熺 2
歠 132		毋 60			棲 100	錫 88

隰 174
檄 39
謵 174
觿 39
騱 174
鰼 174
襲 174

xǐ
迆 82
伿 82
洒 131
洗 131
枲 3
郒 3
徙 82
喜 2
葸 3
屣 3
葹 82
漇 82
屧 82
憙 2
諰 3
禧 2
壐 100
筵 82
諰 82
縰 82
蹝 82
壐 100
鞴 82
灑 82
纚 82
躧 82

xì
亡 82
忔 123
系 82
呬 104
忥 123
郤 67

恓 104
盻 82
咥 104
係 82
郤 67
洫 100
欯 104
氣 123
忥 174
觜 67
鈬 123
細 100
烏 67
隙 67
艳 10
憪 123
給 67
僩 82
爒 123
蔿 67
覸 67
潟 67
篂 88
歔 88
碼 67
戲 138
閲 88
虩 67
鎎 123
餼 123
繫 88
潤 88
霼 104
盡 10

xiā
呀 57
呷 163
衙 57
颬 57
蝦 57
䶎 57

鰕 57

xiá
匣 163
夊 57
狎 163
柙 163
俠 164
洽 173
陜 165
挾 164
峽 165
狹 165
袷 173
陿 165
硤 165
遐 57
瑕 57
搳 144
暇 57
韐 144
椵 57
跏 57
轄 144
霞 57
鍜 57
瓏 144
黠 104
鎋 144
韄 57
騢 57
齰 104
齨 123
蠱 144

xiǎ
閜 137

xià
下 57
下 57
苄 57
夏 57
夏 57

唬 57
暇 57
廈 57
壉 57
罅 57

xiān
仙 154
先 131
先 131
枮 169
思 169
姺 131
掀 129
磏 154
綅 180
嗎 153
僊 154
銛 169
憸 169
孅 169
鈂 169
鮮 154
獮 169
廯 154
孅 169
騫 153
躚 155
襳 169
纖 169
躚 154
蠡 154

xián
伭 111
次 154
臤 111
弦 111
咸 178
唌 154
胘 111
涎 154
莧 111

眩 111
嗛 111
兹 111
絃 111
閑 153
䖟 129
嗛 111
械 178
慊 170
嫌 170
衔 168
趀 111
賢 111
稴 170
諂 111
憪 153
嫺 153
醎 178
諴 178
瞷 153
癇 153
瞯 170
礆 111
鹹 178
廯 178
駽 153
鷴 153

xiǎn
洒 131
洗 131
毨 131
燌 154
跣 131
銑 131
險 169
崟 155
嶮 169
獫 169
癈 154
鮮 154
獫 109

燹 131
憪 153
譣 169
玁 109
獮 169
癬 154
韅 155
顯 155

xiàn
先 131
見 155
見 155
臽 170
限 129
垷 155
莧 153
晛 155
現 155
睍 155
脂 170
羨 154
腎 109
蜆 155
獫 170
偂 153
綫 154
擱 153
霰 155
憪 153
線 154
橺 153
縣 158
憲 153
壏 168
鮌 170
霰 155
獻 153
趨 153
鞻 170

xiāng
皂 73
相 74
香 73
魟 52
鄉 73
廂 74
湘 74
薌 73
箱 74
緗 73
緗 74
襄 74
瓖 74
纕 74
驤 74

xiáng
牟 180
降 180
庠 74
洋 74
栟 180
祥 74
翔 74
詳 74

xiǎng
亨 73
享 73
盲 73
想 74
餉 74
蠁 73
嚮 73
饗 73
響 73

xiàng
向 73
巷 52
相 74
珦 73
象 74

項 52
魟 52
衖 52
像 74
勨 74
嗢 52
橡 74
樣 74
嬶 73
褖 74
蠔 74
嚮 73
闝 73

xiāo
肖 34
咷 33
枵 33
捎 34
逍 34
哮 20
烋 20
虓 20
消 34
宵 34
梢 34
枭 35
猇 20
莦 34
傛 22
痟 34
蛸 34
嚆 33
綃 34
踃 35
嘐 20
獠 20
歊 33
霄 34
嘵 35
銷 34
獟 35

xiāo
獟 33　憢 35　蕭 22　鴞 33　膮 35　歊 33　蟏 35　譑 33　蠨 22　簫 22　瀟 22　檈 22　嚣 33　髐 33　驍 35　蠵 22　囂 33　灱 33

xiáo
爻 33　肴 33　洨 33　姣 33　俏 33　淆 33　殽 33

xiǎo
小 34　朹 34　筱 22　曉 35　篠 22　詨 22　皢 35　鐃 35

xiào
芍 35　孝 20　肖 34　削 34　咲 34　恔 33　校 33　笑 34　效 33　傚 33　詨 33　晈 35　嘯 28　歗 28　嘷 27　澩 27　斅 20　敩 27

xiē
稀 118　猲 145　楔 146　歇 145

xié
叶 164　邪 59　叶 164　刕 164　協 164　奊 105　拹 165　頁 105　協 164　挾 164　桔 105　裒 59　脅 165　眄 84　偕 98　斜 59　絜 146　渹 98　傃 81　瑎 98　嚕 165　絨 164　膎 81　歙 165　頡 105　廜 146　䫻 164　魼 165　諧 98　擷 105　驨 98　鞵 81　襭 105　擶 84　懢 84　欐 84　讗 84　鑴 98

xiě
寫 67　魯 59　藛 67

xiè
炧 139　恋 144　泄 145　契 145　㞒 81　卸 59　洩 145　眉 104　屑 105　妥 145　屑 105　械 9　离 145　偰 145　偼 164　絏 145　開 144　渫 164　屢 164　媟 164　緤 145　絬 145　徦 105　解 87　解 87　解 87　謝 67　榭 67　楣 105　爇 145　褻 145　噧 144　廨 87　媟 164　靾 146　薢 144　嶰 87　獬 87　廦 87　瀣 87　懈 87　澥 87　謝 67　爕 164　襲 145　糏 105　爕 164　獬 105　瀉 67　齘 144　蟹 87　瀣 144　繲 87　齂 145　瓊 164　嶽 104　齹 144　躠 164

xīn
心 179　辛 110　忻 130　昕 130　欣 130　炘 130　婞 110　訢 130　新 110　歆 179　廞 179　薪 110

xìn
囟 110　信 110　衅 129　脪 130　焮 130　憖 109　釁 129　舋 129

xīng
狌 92　星 94　胜 94　垶 93　騂 94　猩 92　猩 94　垶 93　蛵 94　腥 94　觲 93　興 16　鮏 94　騂 93　觲 93　鄹 16　馨 94

xíng
刑 94　邢 94　行 73　行 73　形 94　侀 94　型 94　陘 94　峏 94　娙 94　硎 94　鉶 94　鋞 94　荥 95　鋞 94　滎 94　錫 74

xǐng
省 93　醒 94

xìng
行 73　杏 73　幸 92　性 93　姓 93　荇 73　莕 73　委 92　倖 92　悻 94　涬 94　悻 92　婞 94　緈 94　興 16　嬹 16

xiōng
凶 52　兄 76　芎 180　兇 52　匂 52　殈 52　洶 52　胷 52　訩 52　营 180　詗 52

xióng
雄 17　熊 17

xiòng
詗 95　夐 95　趪 20　瞏 95

xiū
休 20　咻 20　修 21　庥 20　脩 21　羞 21　貅 20　髤 20　鵂 20　鬎 20

xiǔ
朽 20　殀 20　滫 21　鱃 21

xiù
秀 21　岫 28　珛 4　臭 20　袖 28　琇 21　宿 28　嗅 20　璓 21

xū
襄 28　褒 21　繡 28　鏽 28　齅 20　戌 125　吁 60　忏 60　盱 60　姁 43　耇 89　胸 43　欨 43　胥 58　訏 60　雩 60　虚 57　虛 57　揝 58　須 44　訹 125　欻 125　惛 58　項 48　楈 58　芌 60　墟 57　需 44　嘔 43　噓 57　歔 57　蝑 58　嬃 44　繻 44　諝 58　稸 60　頊 44　譃 60　魖 57　鱊 58

字	頁	字	頁	字	頁	字	頁	字	頁	字	頁	字	頁
繻	44	敍	58	蕙	157	眴	112	莔	106	尋	179	厭	163
驢	57	減	10	蠉	157	衒	112	曼	147	馴	133	鴉	57
鬚	44	壻	59	翾	157	旋	158	威	147	椥	111	鈺	57
xú		酗	43	趄	157	絢	112	袄	106	詢	111	壓	163
徐	58	絮	58	諼	157	楥	157	紞	106	樳	111	**yá**	
徐	58	婿	59	讂	157	衒	112	颴	125	鄩	179	牙	57
xǔ		蓄	27	鱹	157	鉉	112	謔	39	燖	179	邪	59
所	58	煦	43	**xuán**		贙	158	瞲	106	潯	179	芽	57
姁	43	減	10	玄	112	鞙	158	潏	38	楯	111	厓	81
胥	58	憮	27	玹	112	繏	158	寱	106	燖	179	琊	59
栩	60	竅	10	昡	112	譔	158	懁	68	襑	179	崖	81
冔	60	嫭	27	圜	158	鏇	158	**xūn**		鱏	179	雅	137
許	57	潊	58	玆	112	縼	158	君	132	鐔	179	涯	81
煦	43	緒	58	淀	158	縣	158	葷	132	趛	111	睚	81
湑	58	稸	27	琁	158	譞	112	勛	132	蠹	133	衙	57
詡	60	猶	104	旋	158	贊	112	塤	132	**xùn**		喥	81
裇	58	黃	58	睘	158	**xuē**		熏	132	卂	110	**yǎ**	
鄦	57	嶼	58	璇	158	削	39	勳	132	阞	110	疋	57
稰	58	薈	49	縣	158	嶭	145	壎	132	汛	110	庌	57
糈	58	鷸	125	暶	158	薛	145	薰	132	迅	110	啞	57
盨	44	續	49	澴	158	辥	145	獯	132	杓	111	雅	57
縃	44	鱮	58	樌	158	薛	145	曛	132	侚	111	**yà**	
xù		**xuān**		懸	158	劈	145	臐	132	徇	111	乙	144
旭	27	亘	158	**xuǎn**		韡	60	燻	132	迿	111	牙	57
序	58	呬	157	咺	157	蹩	145	纁	132	殉	111	亞	57
孖	58	宣	158	烜	157	**xué**		醺	132	訓	132	迓	57
呴	43	軒	153	暖	157	嚻	27	**xún**		訊	110	亞	66
洫	106	萲	157	選	158	學	27	旬	111	梭	133	軋	144
卹	106	萱	157	䁝	157	泉	27	巡	133	巺	156	浧	173
怵	125	喧	157	瘇	154	觷	27	郇	111	遜	131	啞	66
恤	147	愃	158	翼	158	鷽	27	荀	111	愻	131	訝	57
昫	43	瑄	158	癬	154	**xuě**		峋	111	蕈	179	掗	144
溢	106	喧	157	**xuàn**		雪	148	岣	111	巽	156	晉	66
恤	106	𦥷	157	旬	112	䨮	148	徇	111	**Y**		御	57
奉	125	儇	157	泫	112	**xuè**		洵	111	**yā**		猰	144
殈	106	鋗	158	昡	112	穴	106	恂	111	刜	57	圔	165
畜	27	蕿	157	炫	112	血	106	紃	133	宧	163	窫	144
屚	58	媛	157	眩	112	映	147	珣	111	啞	57	輵	144
聓	59	諠	157	袨	112	決	148	栒	111	雅	57	猰	144
酗	43	嬛	157	琄	158	狘	147	袀	111	閞	163	閼	144
勖	27	駽	158	珚	158	泬	106	循	133			齾	145

yān
字	頁
咽	111
珚	111
殷	129
烟	111
焉	153
崦	169
淹	169
哣	130
腌	171
湮	130
鄢	153
煙	130
蔫	153
漹	153
嫣	153
羥	129
燕	155
樲	155
閹	169
壓	169
螞	153
懕	169
黶	129

yán
字	頁
延	154
言	154
妍	155
郔	154
炎	169
沿	157
埏	154
研	155
狿	154
狼	129
琂	154
趼	155
訮	153
遃	154
蜒	154
喦	178
筵	154

鈆 157
縏 154
㪜 155
鉛 157
㬜 178
鋋 154
虒 153
閻 169
櫩 169
顔 153
壗 169
嚴 171
簷 169
顣 170
灡 169
櫩 169
闇 169
嚥 153
巇 168
巖 168
鹽 169
礥 168
鹻 170
籯 171
遃 154

yǎn
广 171
弇 157
㲋 153
沇 157
奄 169
兗 157
匽 153
衍 154
弇 169
郔 169
剡 169
掩 169
扊 169
莌 157

郾 153
容 157
眼 129
偃 153
貪 180
淡 169
琰 169
掞 169
棪 169
晻 169
衒 154
遃 154
渷 169
隒 169
嫙 169
罨 169
裺 169
秥 169
演 109
褗 153
蝘 155
蜑 154
噞 169
歛 169
厬 169
齞 153
鷗 153
齗 111
甗 154
鰋 153
魇 169
儼 171
顩 169
曮 171
巘 154
齴 154
黶 169

yàn
晏 153
狎 155

咽 111
彥 154
晏 153
唁 154
俺 169
㳂 154
宴 155
掞 169
媕 171
硯 155
雁 153
猒 169
嗙 154
焰 169
焱 169
傿 153
隁 153
厭 169
鴈 153
暖 153
奰 153
遂 154
燕 155
臙 153
臙 154
諺 154
鶠 153
郔 155
嚥 155
嬿 155
騠 153
醼 169
爓 169
鷃 153
驗 169
鷰 155
釅 155
贋 169
讌 155
驠 155

讞 154
豔 169

yāng
央 73
泱 73
殃 73
秧 73
鉠 73
鞅 73
鴦 73

yáng
羊 73
佯 73
易 73
徉 73
洋 73
痒 74
陽 73
揚 73
崵 73
瑒 73
楊 73
敭 73
暘 73
瘍 73
煬 73
禓 73
錫 73
颺 73
鍚 73

yǎng
卬 73
仰 73
佒 73
抰 73
㟼 73
柍 73
紻 73
蝆 73
軮 73
養 73

駚 73
癢 73

yàng
怏 73
柍 73
恙 73
羕 73
詇 73
煬 73
養 73
漾 73
樣 73
瀁 73
鍡 73

yāo
幺 22
夭 33
天 33
妖 33
枖 33
殀 33
祅 33
要 33
娞 33
訞 33
祾 33
葽 33
喓 33
腰 33
楆 33
邀 33
鷕 33

yáo
爻 33
肴 33
垚 35
姚 34
珧 34
姚 34
陶 20
崤 33

崟 34
堯 35
軺 34
傜 34
殽 33
摇 34
菆 34
嗂 34
僬 34
徭 34
遙 34
愮 34
媱 34
瑤 34
榣 34
嶢 35
銚 34
歊 34
遶 34
嶤 35
窯 34
餚 33
絲 34
蹨 34
繇 34
謠 34
颻 34
䍃 34
顤 35
蘨 34
鰩 34

yǎo
巳 35
宎 35
杳 35
㹞 20
皀 35
突 35
崖 20
窅 22

窈 22
㑃 35
宎 35
葽 35
麌 33
㿻 35
鴢 22
騕 35
鷕 33

yào
幼 20
要 33
旭 34
突 35
筄 34
敫 39
覜 39
獟 35
藥 39
曜 39
燿 39
耀 39
鷂 34
爍 39
鸙 116
覵 39
鑰 39

yē
咽 105
噎 105
餩 105
蠍 105

yé
邪 59
耶 59
枒 59
莪 59
鈬 59
鄁 59
鄒 59

yě
也 139
冶 59
埜 59
野 59
壄 59

yè
拽 145
夜 67
拽 145
枼 163
掖 67
焆 145
液 67
揲 163
葉 163
葉 164
殜 165
喝 144
腋 67
厲 145
楪 163
業 165
暍 145
被 67
曄 163
僷 163
鄴 165
箂 163
皣 163
業 165
謁 145
擪 163
鍱 163
擪 163
饁 163
爗 163
鵺 67
靨 163

yī
一 104

伊	98	狋	98	頤	2	乂	145	帟	67	剔	145	鬹	67
衣	116	怡	2	蛦	81	弋	10	疫	89	詍	145	嶧	67
衣	116	宜	138	崺	2	刈	145	施	138	瘖	10	圛	67
依	116	袘	138	簃	138	仡	123	洩	145	渑	174	劓	145
肷	116	椸	138	謻	138	肐	10	悒	145	竅	146	艗	88
咿	98	柂	2	彛	98	圪	123	羿	105	朅	145	癔	164
妷	116	扅	81	䔲	2	扡	174	珿	145	匴	10	潩	145
蛜	98	咦	98	欏	98	芢	10	挹	174	嗌	87	澺	10
陭	138	徖	98	鵗	138	曳	145	莜	89	罜	67	懌	67
猗	138	籭	2	**yǐ**		屹	123	槸	145	膈	145	憶	10
鄬	116	狋	138	乙	104	伇	89	酨	10	肄	104	縊	87
揖	174	迻	138	巳	2	忲	145	屟	88	詣	99	檍	10
壹	104	姨	98	以	2	亦	67	肔	138	裛	174	黳	99
椅	138	瓵	2	㠯	2	衣	116	唈	174	瘞	87	嶷	2
蛜	98	肔	2	扡	138	忔	123	歆	104	裔	145	斁	67
悠	116	椸	98	苢	2	异	10	傷	87	意	10	臆	10
禕	116	酏	138	攺	2	妷	10	射	67	義	138	燡	67
堅	99	訑	138	矣	2	忍	123	垼	89	溢	87	癋	145
嬰	99	宧	2	苢	2	抑	10	虉	145	藙	145	翼	10
漪	138	粏	2	迆	138	投	89	益	87	軼	145	趨	10
噫	2	珆	2	倚	138	杙	10	浥	174	勩	145	藝	145
緊	99	蛇	138	庡	116	医	99	悒	174	冀	10	薏	123
橋	138	移	138	偯	116	邑	174	袘	145	蝪	87	鎰	87
毉	2	痍	98	猗	138	劮	104	埸	87	甈	146	豷	105
醫	2	眙	2	崺	138	佚	104	執	145	膉	87	鷁	88
醫	99	箷	138	虸	104	役	89	殹	99	廙	10	繹	67
黟	139	詒	2	釔	104	枍	82	崔	10	漢	10	縊	10
懿	2	羠	98	蛾	138	咥	145	虉	123	嬑	99	醷	99
鷖	99	椸	138	蔽	81	易	87	虒	123	縖	104	醳	67
鷖	99	眱	138	旖	138	易	87	釴	10	壇	104	醷	10
yí		跠	98	輢	138	呹	104	逸	104	撎	104	饐	104
丿	81	飴	2	螘	116	佾	104	豙	123	駅	104	譯	67
匜	138	謻	138	義	138	疙	123	翊	175	億	10	議	138
台	2	憪	81	檥	138	泄	145	羛	138	誼	138	灙	10
坮	2	荍	138	蟻	138	泆	104	翌	175	瘞	163	鷁	88
夷	98	歋	81	顗	116	希	104	軼	104	毅	123	鷁	88
臣	2	疑	2	轙	138	弬	105	殔	104	熠	174	懿	104
杝	138	遺	118	齮	138	柂	145	敁	87	燡	145	蘸	88
沂	116	儀	138	钀	138	俋	174	蹪	145	薏	10	驛	67
侇	98	鄾	138	**yì**		**yì**		蜴	10	殪	105	鷁	104
				厂	145	弈	67			曀	105	藾	123

yīn

因	109
会	179
捆	109
茵	109
垔	129
音	179
洇	109
姻	109
氤	109
殷	130
陰	179
裀	109
陻	129
堙	129
喑	179
愔	179
媼	109
絪	109
蔭	179
歆	129
禋	129
硍	129
慇	130
瘖	179
鞇	109
緸	129
駰	109
霠	179
闉	129

yín

尤	179
氶	179
圻	130
吟	179
狋	129
沂	129

狁 130
所 130
玺 179
垠 129
浪 129
琅 129
荥 129
圁 154
狺 154
唫 179
釿 179
淫 179
寅 110
婬 179
虒 130
鄞 129
厰 171
黄 110
霪 179
銀 129
夤 110
垽 109
闇 154
憖 109
蟫 179
嚚 109
麖 154
鄴 179
霪 179
斷 130
齴 109
齦 130
鸚 130
鱏 179

yǐn
凵 130
廴 110
尹 133
引 110
听 129
蚓 110

殷 130
崟 130
釕 110
飲 179
靷 110
輑 133
憖 130
赺 179
傪 179
歆 179
戭 110
檃 130
隱 130
螾 110
灒 130
濥 110
檼 130
轀 130
讔 130

yìn
印 109
朕 110
胤 130
坕 130
酳 110
狁 109
喑 179
飲 179
蔭 179
廕 179
酳 130
䖌 110
硍 129
窨 179
憖 109
檼 130

yīng
央 75
英 75
瑛 75
婴 95

賏 93
雁 16
罃 92
袋 95
嬰 93
膺 16
應 16
罌 92
嫈 93
攖 93
蘡 93
罌 92
嚶 92
櫻 92
鸎 92
鶯 92
蠳 16
纓 93
鷹 16
鸚 92

yíng
迎 75
盈 93
桯 93
楹 93
塋 95
熒 95
瑩 95
縈 95
嫈 95
蝿 95
營 95
縈 95
營 95
蠅 16
瀛 93
贏 93
籯 93
籝 93

yǐng
郢 93
梬 93
景 75
撌 75
㷀 94
影 75
穎 95
潁 95
濴 94
廮 93
癭 93

yìng
映 75
偹 16
媵 16
應 16
鎣 94
繩 16
䲭 16

yōng
邕 52
庸 53
傭 53
廱 53
雍 52
墉 53
獡 53
澭 53
慵 53
罋 53
擁 52
噰 52
甕 52
灉 52
臃 52
獝 53
雝 52
鏞 53
攤 52
鯒 53

龐 52
灘 52
驠 53
鱅 53
饗 52
癰 52
饔 52

yóng
喁 52
顒 52

yǒng
永 76
甬 53
咏 76
泳 76
俑 53
勇 53
涌 53
恿 53
詠 76
湧 53
蛹 53
嵱 53
踊 53
慂 53
擁 52
踴 53
攤 52

yòng
用 53
醟 95

廲 20
憂 20
蟉 22
鄾 20
優 20
嚘 20
漫 20
懮 20
櫌 20
耰 20
纋 20

yóu
尤 4
由 20
邮 20
甹 20
沈 4
肬 4
油 20
怞 20
疣 4
斿 20
卣 20
褮 20
郵 4
猶 34
庮 20
蚰 20
訧 4
揄 43
猶 20
遊 20
蕕 20
楢 20
蟉 20
輏 20
浟 20

輶 20
默 4
覷 20
繇 34
遊 34
櫾 34

yǒu
友 4
有 4
酉 20
卣 20
卣 20
怮 22
羑 4
莠 20
梄 4
蚴 22
蚴 22
歈 22
歐 20
槱 20
牖 20
魷 20
鮪 4
黝 22
懮 20
壅 20

yòu
又 4
右 4
右 4
幼 22
佑 4
疫 4
侑 4
狖 20
柚 28
囿 4
宥 4
祐 4

婑 4
盔 4
麮 20
狘 20
趙 4
酳 4
煩 4
誘 20
褎 20
鼬 28
圝 4
蠹 4

yū
迂 60
扜 60
尪 60
陓 60
紆 60
媷 57
菸 57
淤 57
瘀 57

yú
于 60
亏 60
予 58
邘 60
伃 58
玗 60
杅 60
余 58
妤 58
盂 60
臾 44
於 57
衧 60
禺 43
竽 60
舁 58
俞 44
狳 58

娛 60	踰 44	與 58	遇 43	閾 10	浼 157	榬 157	約 39
萸 44	覦 44	傴 43	喑 175	馭 106	逦 112	蝯 157	葯 39
雩 60	濾 60	瘐 44	喻 44	諭 44	痐 158	蠑 157	寱 148
魚 58	愩 58	語 58	奧 27	燠 27	淵 112	魭 157	暔 148
隅 43	嬩 58	嫗 43	御 58	賣 48	窓 157	緣 157	**yuě**
隃 44	璵 58	瑀 60	飫 43	儆 11	菀 157	螈 157	嘛 147
堣 43	闖 44	鋙 58	庽 43	債 48	蜎 158	蝝 157	㸚 147
揄 44	礜 58	噓 60	焴 28	禦 58	裷 157	黿 157	**yuè**
軒 60	歟 58	嶼 58	寓 43	螫 48	鳶 157	轅 157	月 147
楑 44	髃 43	貐 44	裕 48	醧 43	輐 157	諑 157	戉 147
崳 43	譽 60	雽 60	喬 106	蟵 106	蜎 112	遼 157	刏 39
骬 60	旟 58	愚 58	萑 39	奠 27	鴛 157	驉 157	刖 147
畬 58	趨 58	虞 60	罻 10	籲 58	鷁 157	厵 157	抈 147
逾 44	譽 58	鋙 58	與 58	礜 58	嬽 157	**yuǎn**	兌 148
腴 44	鰅 43	齬 58	愈 44	鴥 48	蠲 112	娿 157	礿 39
潪 43	歟 58	**yù**	颮 104	繘 106	黦 112	朊 157	妜 147
渝 44	舉 58	玉 48	煜 175	醧 43	**yuán**	遠 157	迗 147
惆 43	鸒 58	芌 60	預 58	戫 10	元 157	鞙 157	岳 47
愉 44	濂 58	聿 125	蔚 125	畢 58	祁 157	顋 157	妭 147
媮 44	籅 58	昱 104	霸 60	譽 58	芫 157	鞬 157	珇 147
瑜 44	**yǔ**	弄 28	蛾 10	驈 106	沅 157	**yuàn**	軏 147
榆 44	与 58	雨 60	鹹 10	鸒 28	杬 157	夗 157	趏 147
虞 60	予 58	郁 11	毓 28	籲 58	垣 157	苑 157	悦 148
愚 43	宇 60	欥 125	獄 48	鱊 106	爰 157	怨 157	転 147
與 58	羽 60	育 28	語 58	鷸 106	袁 157	院 157	趴 147
牏 44	雨 60	禹 43	瘉 44	鸒 58	原 157	援 157	絨 147
衙 58	邪 60	昱 175	陾 27	礜 125	蚖 157	掾 157	越 147
狳 58	俣 60	彧 11	嫗 43	鬱 125	員 132	傆 157	跋 147
斜 58	禹 60	砳 48	緎 10	鬱 125	援 157	蚖 157	篗 39
歈 44	圄 58	瓡 60	緰 28	籲 39	援 157	媛 157	粤 147
瞓 44	敔 58	浴 48	緰 48	**yuān**	猨 157	瑗 157	鉞 147
漁 58	匬 44	域 10	瑀 48	肙 158	湲 157	遠 157	雓 38
崳 44	圉 58	菁 28	墺 27	苑 157	媛 157	愿 157	説 148
褕 44	偊 60	惥 58	奧 27	帑 157	趄 157	褑 158	閲 148
蒲 44	郚 60	欲 48	噊 106	宛 157	蒝 157	餭 158	樂 38
蝓 44	庾 44	減 10	鉛 48	削 158	榬 157	願 157	樾 147
餘 58	萭 60	淯 28	慾 48	帣 112	園 157	顠 157	嶽 47
敔 58	斔 44	馭 58	澳 27	智 157	圓 132	**yuē**	頥 47
諛 44	寙 60	棫 10	窳 60	悁 157	猿 157	曰 147	龠 39
羭 44	瑀 60	楰 57	遹 106	冤 157	源 157	突 148	籰 68
萸 58	楀 60	歊 11	豫 58	弲 158	嫄 157		鸙 148

籰	68	賴	132	韫	132	**zān**		澡	32	蟟	66	嚴	57	癏	145
蕭	39	縜	133	韣	132	簪	178	璪	32	齰	66	譫	57	**zhān**
瀹	39	**yǔn**	韻	132	鐕	178	藻	32	齛	66	齟	57	占	169
趯	39	允	133			**zǎn**	藻	32	**zè**	齰	57	沾	169
躍	39	阭	133	**Z**		寁	170	繰	32	矢	10	齹	57	旃	154
爚	39	抎	132			儹	156	鱶	32	仄	10	**zhá**	呫	169
禴	39	夽	132	**zā**		**zàn**		**zào**		昃	10	札	145	飦	154
籥	39	狁	133	帀	173	暫	168	皁	19	萴	10	蚻	145	詹	169
趯	39	玧	133	咂	164	蹔	168	造	19	崱	10	喋	163	薝	169
闟	39	芛	111	噈	173	鏨	168	造	19	**zéi**	霅	163	霑	169
鑰	39	暉	132	**zá**		贊	152	梟	32	賊	9	蠈	145	嚪	169
鸑	47	鈗	133	磼	173	酇	152	艁	19	鰂	9	**zhǎ**	邅	154
籰	68	阭	133	褯	173	贊	152	愮	19	**zèn**	羨	137	氈	154
鸙	39	靯	133	噴	144	瓚	152	簉	21	譖	179	鮺	137	瞻	169
		預	133	鐅	144	嬻	152	燥	32	**zēng**	鮺	137	饘	154
yūn		馻	133	雜	173	瓚	152	趮	32	曾	15	**zhà**	氊	154
壹	132	殞	133	噈	144	讚	152	躁	32	鄫	16	乍	66	趲	154
葐	132	磒	133	儳	173	饡	152	譟	32	增	15	吒	66	譫	169
氲	132	賣	133	**zāi**				竈	27	憎	15	咋	66	饘	154
煴	132	齳	132	甾	1	**zāng**		**zé**		橧	15	栅	87	驙	154
蝹	133	**yùn**	戈	1	牂	72	咋	66	熷	15	咤	66	鱣	154
顥	133	孕	16	灾	1	臧	72	迮	66	磳	15	詐	66	鸇	154
yún		均	111	災	1	賍	72	柞	66	罾	15	溠	137	讇	169
云	132	鄆	132	哉	1	**zǎng**		則	9	繒	15	褯	66	**zhǎn**
匀	111	尉	125	栽	1	駔	72	責	87	繒	16	蜡	66	展	154
邧	132	愠	132	栽	1	**zàng**		措	66	譄	15	詐	66	斬	170
芸	132	惲	132	菑	1	奘	72	唶	66	**zèng**	**zhāi**	琖	153
囩	133	運	132	**zǎi**		葬	72	笮	66	甑	16	摘	87	珸	154
沄	132	尉	125	宰	1	藏	72	溠	66	贈	15	齋	98	盏	153
妘	132	暈	132	崽	1	**zāo**		嘖	87	酺	16	**zhái**	颭	169
昀	111	楎	132	載	1	傮	19	嘖	87	**zhā**	厇	66	醆	153
耘	132	褞	132	崰	1	遭	19	幘	87	挓	57	宅	66	嫸	154
員	132	蕰	132	**zài**		糟	19	嬻	87	柤	57	翟	38	欂	154
紜	132	殞	132	再	1	糟	19	諎	66	夎	57	檡	66	輾	154
雲	132	熨	125	在	1	醩	19	擇	66	咔	145	**zhǎi**	瞳	154
郧	132	緼	132	洅	1	**záo**		賾	87	虘	57	窄	66	鐟	154
筼	111	醖	132	栽	1	鑿	38	澤	66	撦	57	**zhài**	顫	154
溳	132	顐	132	載	1	**zǎo**		簀	87	皻	57	柴	81	**zhàn**
惲	132	餫	132	戴	1	早	19	賾	87	蔧	137	責	87	占	169
貟	132	黀	16	裁	1	蚤	19	頤	87	櫨	57	祭	145	祖	153
煩	132	韞	132	酨	1	棗	19	讀	87	艖	57	債	87	組	153
澐	132	蕴	132	縡	1	璪	32	襗	66	儩	57	鄒	145	

棧 153	**zhāo**	**zhē**	蔗 67	抮 130	鎮 110	靜 92
湛 178	抓 20	遮 59	嗻 67	枕 179	**zhēng**	鄭 93
綻 153	招 34	**zhé**	樜 67	燅 179	丁 92	證 16
轏 153	昭 34	乇 66	鷓 67	胗 130	正 93	**zhī**
棧 153	鼂 34	折 145	**zhēn**	眕 130	延 93	之 2
虥 153	釗 34	耴 163	珍 129	畛 130	侹 93	支 81
戰 154	盄 34	尿 165	貞 93	疹 130	征 93	氏 81
襄 154	啁 20	矺 66	振 130	裗 130	爭 92	㞢 2
輚 153	朝 34	捛 163	真 110	紾 130	怔 93	卮 81
驏 154	鉊 34	哲 145	脣 130	軫 130	崝 92	汁 174
蔪 170	撡 33	峙 9	砧 171	診 130	莝 92	芝 2
顫 154	樔 33	崡 163	砧 130	裖 130	貞 93	汥 81
zhāng	翼 33	晢 145	針 179	顉 179	胥 16	枝 81
章 74	**zhǎo**	悊 145	桭 130	槙 110	烝 16	知 81
張 73	爪 20	晣 145	偵 93	弳 130	婧 92	肢 81
傽 74	叉 20	晰 145	亲 110	黕 130	崝 92	泜 99
鄣 74	沼 34	獝 87	陙 93	積 110	偵 93	衹 81
葦 74	瑵 20	喆 145	趁 129	稹 110	猙 92	栀 81
獐 74	**zhào**	朡 163	葴 179	鬒 110	陾 93	秖 81
彰 74	召 34	摺 175	禛 93	黰 110	絍 93	胑 81
糚 73	兆 34	輒 163	蓁 110	**zhèn**	綪 92	胝 98
漳 74	挑 34	慴 175	斟 179	枕 179	蒸 16	祇 99
璋 74	狣 34	褺 175	椹 179	抌 110	槙 93	秖 98
樟 74	炤 34	磔 66	楨 93	侲 130	鉦 93	脂 99
餦 73	庨 34	鉙 163	甄 130	陣 110	禎 93	馶 81
麞 74	隉 34	膉 174	溱 110	朕 110	箏 92	疷 81
zhǎng	挩 20	蟄 174	禎 93	振 130	婧 92	蒾 99
仉 74	淖 38	慹 175	榛 110	栚 179	徵 16	雒 81
兏 74	棹 38	鮿 163	稹 110	朕 179	癥 16	隻 67
長 73	詔 34	讁 87	箴 179	陳 110	**zhěng**	脀 98
掌 74	旐 34	轍 145	潧 110	紖 110	抍 16	褅 99
zhàng	桃 34	謫 87	籈 130	朕 179	拯 16	秖 98
丈 73	照 34	懾 163	鷏 179	揕 179	叀 16	**zhí**
仗 73	罩 38	囊 163	**zhě**	椹 179	撜 16	直 10
杖 73	瞿 38	褶 163	者 59	揕 179	整 93	姪 104
帳 73	趙 34	**zhě**	赭 59	縝 111	**zhèng**	值 10
張 73	肇 34	者 59	**zhěn**	瑱 110	正 93	埴 10
脹 73	肇 34	赭 59	参 130	賑 130	爭 92	執 174
障 74	鮡 34	**zhè**	尽 130	跈 130	政 93	植 10
墇 74	櫂 38	柘 67	扰 179	敶 110	証 93	殖 10
廫 74	鮡 38	浙 145		震 130	**zhí**	跖 67
				鴆 179	直 10	指 99

枳	81	峙	2	稺	98	妐	53	輈	20	珠	44	蠋	48	羜	48
惝	99	晊	104	質	104	忠	180	輖	21	株	44	躅	48	躆	48
咫	81	秩	104	質	104	衷	180	賙	21	袾	44	钃	48	鑇	48
芷	2	狾	145	璏	145	終	181	螤	20	蛛	44	**zhǔ**		羜	58
紙	81	桺	105	駤	104	怱	53	鵃	20	筑	44	丶	44	紵	58
趾	2	時	2	踶	81	蔠	181	譸	20	絑	44	主	44	貯	58
軹	81	偫	2	嚌	105	鍾	53	鬻	28	跦	44	拄	44	跓	44
滍	98	猘	145	瀄	105	螽	181	**zhóu**		誅	44	枓	44	絒	58
臸	99	舓	81	緻	104	鬠	181	妯	28	銖	44	宝	44	羿	48
稙	81	袠	104	摘	87	鐘	53	軸	28	豬	58	柱	44	鉒	44
敳	2	痔	2	櫛	105	鐘	53	**zhǒu**		諸	58	陼	58	壴	58
徵	2	室	104	螲	104	**zhǒng**		肘	20	鴸	44	渚	58	箸	58
騭	81	揪	104	稺	98	冢	53	疛	20	藸	58	煮	58	箸	58
禙	98	紩	104	艤	81	歱	53	帚	21	諸	58	褚	58	駐	44
zhì		載	104	懥	104	徸	53	菷	21	潴	58	貯	58	築	28
陟	138	蛭	104	鷙	174	埵	53	鯞	21	櫧	58	塵	44	麈	58
至	104	智	81	贄	174	腫	53	**zhòu**		藸	58	屬	48	樗	58
志	2	嶳	145	闒	104	種	53	呪	28	鼄	44	鸑	58	邁	44
杝	138	摯	104	躑	87	瘇	53	宙	28	**zhú**		矚	48	蘆	58
俿	81	輊	104	噴	104	踵	53	咮	43	术	125	**zhù**		鑄	21
豸	81	時	2	憤	104	瘇	53	祝	28	竹	28	宁	58	**zhuā**	
忮	81	置	10	織	10	**zhòng**		紂	20	苃	125	苎	58	簻	140
拓	67	雉	98	**zhōng**		中	180	酎	20	竺	28	助	58	櫚	140
迣	145	稚	98	中	180	仲	181	晝	43	泏	125	住	44	髽	140
郅	104	厔	81	伀	53	重	53	詶	28	茿	28	佇	58	簻	140
帙	104	滍	2	汝	181	衆	180	甃	21	柚	28	芓	58	纂	147
制	145	實	99	苩	180	衆	181	軸	28	逐	28	杼	58	**zhuān**	
知	81	遲	98	仏	53	偅	53	皅	28	窋	125	狂	44	叀	157
侄	104	幟	145	忪	53	種	53	馵	28	舳	28	注	44	專	157
炙	67	勢	174			種	53	喌	48	瘃	125	柔	58	湍	157
治	2	戴	104			**zhōu**		縐	43	筑	28	壴	44	鄟	157
挃	104	製	145			舟	21	籀	20	逐	28	柷	28	跧	158
茵	145	銍	104			州	21	驟	43	瘃	48	祝	28	塼	157
袟	104	瘶	145			侜	20	**zhū**		燭	48	莇	58	嫥	157
峙	2	滯	145			周	21	朱	44	趉	48	眝	58	端	157
庤	2	摰	98			帾	21	邾	44	躅	48	疰	44	篿	157
座	104	摯	174			洲	21	侏	44	鱁	28	竚	58	顓	157
洔	2	鞑	99			啁	20	茱	44	斸	48	宔	58	轉	157
陟	10	寘	104			婤	21	洙	44	灟	48	著	58	**zhuǎn**	
桎	104	還	104			郮	21			孎	48	庶	66	孨	157
致	104	幟	10			粥	28			欘	48			瑞	157
														膞	157
														塼	157
														轉	157

闞 157

zhuàn
吅 158　俴 153　隊 157　瑑 157　傳 157　腞 157　搏 157　僝 158　僎 158　撰 156　篆 157　襈 158　縳 157　轉 157　顓 154　譔 158　饌 158　籑 158

zhuāng
妝 74　莊 74　裝 74　粧 74

zhuàng
壯 74　狀 74　撞 52　幢 52　憧 52　戇 52

zhuī
佳 119　追 118　崔 119　揣 141　椎 119　錐 119　騅 119　雖 119

zhuǐ
沝 116

zhuì
笍 175　隊 124　娷 140　腄 140　惴 140　槌 116　硾 140　畷 147　腄 116　碴 124　墜 126　綴 147　醊 147　諈 140　縋 116　錣 147　餟 147　贅 148　對 126　轛 126

zhūn
屯 133　迍 133　忳 133　肫 133　窀 133　啍 133　淳 133　帕 133　睁 133　諄 133

zhǔn
准 133　純 133　埻 133　準 133　綧 133

zhùn
訰 133　稕 133

zhuō
拙 125　捉 48　梲 148　涿 48　棳 148　晫 38　穛 38　穱 38　糔 38　稻 38

zhuó
勺 39　汋 38　灼 39　茁 125　卓 38　斫 66　灿 125　捔 48　酌 39　斮 38　倬 38　淖 48　琢 48　啄 48　渳 48　娺 147　琢 48　斳 66　梀 48　敪 48　焯 39　窡 147　禚 39　頕 125　斲 48　糳 39　諑 48　嘱 48　鸀 39　濁 48　窖 147　窸 147　擢 38　斁 48　翟 38　濯 38　燿 38　櫡 66　礂 66　鵫 38　繳 39　躅 48　蠾 38　潃 38　斲 48　鐲 48　籗 66　鷟 48　鸀 48　籱 66

zī
仔 3　次 99　孜 3　甾 3　娿 82　咨 99　姿 99　兹 3　材 3　欼 82　菑 3　崷 3　淄 3　榴 3　蚩 82　噬 3　嶩 3　粢 99　孳 3　滋 3　趑 99　訾 82　觜 82　觜 82　資 99　鑑 82　緇 3　橚 3　輜 3　髭 82　錙 3　諮 99　濱 99　鶿 82　鷀 82　鎡 3　霻 99　齜 82　鼒 82　盠 99　齋 99　鶅 3　鰦 3　齏 99　齜 82

zǐ
子 3　宋 99　姊 99　秄 3　胏 99　籽 3　批 82　玼 82　呰 82　秭 99　疿 99　泚 82　第 99　梓 3　辠 3　啙 82　紫 82　葦 3　啙 82　訿 82　淬 3

zì
芓 3　自 105　字 3　剚 3　牸 82　牶 3　倳 3　恣 99　萉 3　啙 82　葴 3　欸 99　胏 82　漬 88　穧 88

zōng
宗 180　嵏 51　椶 53　堫 51　葼 51　嵕 51　騣 51　翪 51　腬 51　椶 51　騣 53　綜 180　縱 53　艘 51　鞍 51　緱 51　蝀 51　縱 53　蹤 51　蹤 53　敠 51

zǒng
傯 51　惚 51　摠 51　葼 51　瞛 51　稷 51　熜 51　總 51

zòng
從 53　綜 180　緵 51　瘲 53　縱 53　縱 53

zōu
耶 43　陬 42　掫 42　菆 43　棸 43　椒 42　鄒 43　緅 42　諏 44　鄹 43　鯫 42　廮 43　驑 43　齺 43　齱 43

zǒu
走 42

zòu
奏 42

zū
租 56　菹 58　葅 58　蒩 56　蒩 58

zú
足 48　卒 124　卒 125　猝 28　哫 48　捽 124　崒 125　族 47　殌 125　椊 28　踤 125　鏃 47　歠 28　辥 124

zǔ
阻 58　珇 56　俎 58　祖 56　組 56　苴 56　詛 58　禣 58　謯 58

zù
靻 56

zuān
劗 156　鑽 156　纘 156

zuǎn
纂 156
籫 156
纘 156
zuàn
鑽 156
zuī
厜 140
朘 117
嗺 117
騷 140
zuǐ
觜 83
嘴 83
嶉 119
zuì
最 147
晬 124
稡 124
罪 117
辠 117
蕞 147
醉 126
檇 141
嶵 117
䯿 117
蘚 124
zūn
尊 131
僎 158
嶟 131
遵 133
樽 131
鐏 131
繜 131
鐏 131
鷷 133
zǔn
僔 131
劗 131
撙 131
蕁 131
噂 131
譐 131
zùn
捘 131
焌 131
焞 131
鱒 131
zuó
昨 65
苲 65
秨 65
筰 65
zuǒ
ナ 137
左 137
尯 137
zuò
佐 137
作 65
坐 139
坐 139
阼 65
怍 65
柞 65
胙 65
袏 65
挫 139
亚 139
砟 65
座 139
㤰 65
酢 65
飵 65
醋 65
齰 59
鑿 38
鑿 38

筆畫索引

一畫	几 44	丌 2	夂 119	60	99	仇 20	勻 20
一 104	几 98	卅 52	夕 67	元 157	互 56	20	丹 152
丨 131	勹 20	丈 73	广 171	无 60	切 105	仇 74	勻 111
丿 147	匕 99	大 144	亡 76	云 132	瓦 140	化 140	邘 98
丿 146	七 140	兀 124	宀 154	丏 144	140	仂 9	印 72
丶 44	冫 16	尢 75	之 2	屮 144	巛 1	仍 16	73
丶 125	冖 88	与 58	孔 110	巳 137	屮 75	斤 130	夃 20
乁 81	刁 35	亐 140	尸 99	廿 174	止 2	爪 20	殳 44
乙 104	丩 20	矢 10	己 2	木 47	支 47	手 144	瓜 21
乚 144	了 35	弋 10	已 2	不 144	少 34	反 158	卞 154
乚 130	凵 171	去 124	巳 3	朩 110	少 34	158	六 28
亅 147	八 57	上 74	弓 17	五 56	冄 27	兮 82	文 132
亅 158	乃 1	上 74	子 3	市 148	舟 169	刈 145	132
二畫	刀 32	小 34	子 145	巿 173	日 105	介 144	亢 72
二 99	力 10	口 42	屮 19	劦 9	日 147	从 53	72
丁 92	厶 99	口 118	屮 145	支 81	中 180	父 60	方 76
94	又 4	冂 19	卪 105	丙 111	180	60	火 117
十 174	乄 110	山 153	孑 147	卅 173	内 174	爻 33	斗 42
厂 152	巜 146	巾 129	也 139	不 4	174	从 74	户 56
ナ 137	马 178	千 111	女 58	厃 10	水 119	允 75	尤 179
万 19	**三畫**	毛 66	女 58	太 144	午 56	今 179	心 179
七 105	三 178	乞 123	女 58	犬 158	手 21	凶 52	氕 67
匚 76	178	123	刃 130	幺 16	牛 4	分 132	尹 133
匸 82	亍 48	川 132	叉 138	友 4	毛 32	132	央 147
卜 47	于 60	彳 67	亙 145	尤 4	气 123	乏 165	尺 67
冂 95	干 152	彡 178	幺 22	匹 105	壬 179	公 51	弔 35
厂 145	亐 60	亼 174	**四畫**	厄 87	壬 94	月 147	39
乂 145	土 56	个 137	丰 53	巨 57	升 16	勻 83	引 110
人 110	士 3	丸 155	王 76	牙 57	夭 33	户 81	丑 20
入 174	工 51	久 4	76	57	仁 110	82	阝 94
八 104	才 1	凡 181	丏 2	屯 131	什 174	弔 99	孔 51
九 20	下 57	勺 39	亓 93	133	片 155	勿 126	巴 57
几 110	57	39	井 93	戈 139	片 156	勾 19	屮 2
	寸 131	及 174	天 111	旡 123	仆 47	欠 171	阢 98
		叉 98	夫 60	比 99			防 9

彶	11		57	甲	163	禾	99	包	20	阢	124	邽	60	共	52
乃	74	甘	168	申	110	代	9	主	44	庐	39	刉	156		52
卯	75	芉	94	号	32	仙	154	市	2	宋	147	戎	181	芅	10
亢	74	世	145		32	仟	111	庀	99	出	125	祁	157	芇	156
夃	56	艾	144	田	111	仡	123	广	87	叏	32	邟	132	芊	111
叕	124	芄	20	由	20	仢	38	立	175	阡	111	邔	60	芸	123
以	2	古	56	卟	99	仮	174	邝	72	阤	110	扞	152	芄	181
允	133	芳	9	只	81	仉	181	玄	112	阥	138	圬	59	芃	155
叉	20	芎	16	史	3	白	66	半	156	奴	56	圭	84	芍	35
予	58	芀	35	央	73	仔	3	羊	179	卯	156	扛	52		39
	58	本	131		75	他	137	汀	94	加	137	寺	3		39
丛	110	术	125	兄	76	刉	130	汁	174	召	34	扤	124	芨	174
冊	155		125	叱	104	斥	67		174		34	吉	104	芒	72
毋	58	札	145	目	2	厄	81	氿	106	皮	138	扣	42	芝	2
	60	刊	131	叫	22	瓜	59		130	孕	16		42	芎	180
幻	156	可	137	邒	42	尒	99	氾	20	圣	124	青	47	芑	2
叱	158	叵	139	叨	32	仝	157	氿	171	弁	154	圪	123	芋	3
式	99	丙	75	冉	169	乎	56		171	台	1	圬	123	杄	92
		左	137	庐	144	参	130	切	32		2		124	朽	20
五畫		丕	3	皿	75	个	83	宁	58	叺	147	考	19	朴	48
玉	48	右	4		75	令	93	穴	106	矛	21	老	19	杁	20
王	28		4	尖	179		94	宄	53	母	1	圾	174		20
刊	152	石	67	屼	98	用	53	它	137	吕	105	巩	52	机	98
未	126	布	59	帅	99	肍	10		137	幼	20	扚	39	杮	99
末	147	李	19	同	95	印	109	宂	20		22		39	杋	22
示	81	乔	32	邖	153	氏	99	尻	87			扱	173	杌	16
	99	戊	19	囚	21		99	礼	100	**六畫**			174	枊	9
	99	叐	147	四	105	句	42	必	105	匡	76		174	亘	158
邗	152	平	93	吕	140		43	永	76	耒	118	辿	56	臣	110
邘	60	匦	138	囝	173	夲	20	司	3	判	145	扝	110	吏	2
巧	20	戉	147	生	92	犰	130	尻	57	邦	52	圮	3	再	1
正	93	北	9	失	105	册	20	尻	19	玎	94	圯	2	两	57
	93	占	169	矢	99	卯	87	尼	98	功	9	地	138	束	88
扑	47		169	乍	66		20		104	玒	99	地	137	郁	144
卉	125	夗	144	禾	139	句	171	反	154	玐	10		138	丙	170
邛	52	延	154	丘	4		144	民	110	式	152	扝	138	西	100
出	117	且	58	仕	3		144	弗	125	迁	60		2	互	15
功	51		59	仜	51	外	146	邵	2	迂	155	耳	60		15
扐	9	旦	152	付	44	处	58	弘	16	开	94	芏	56	郏	81
扔	16	目	28	仗	73	冬	180	定	57	刑	94	芐	56	戍	125
去	57	叶	164			夗	157		58	邢	93		57	在	1

辻	2	曲	48		99	兆	34		116	池	138	收	21	迁	76
有	4		48	延	154	企	81	邡	72	汝	58	阪	153	戋	1
百	66	吅	157	仲	181	肎	104	辛	153	氿	130	艸	19	夭	169
存	131	同	51	休	39	受	34	亩	72	忏	152	阮	73	匦	42
而	2	吕	58	伴	56	忥	145	亢	75		152	防	76	形	94
匠	74	吃	123	件	153	兇	52	趴	153	忓	60	陕	148	戒	9
夸	59	吒	66	任	179	邬	130	亥	1	忖	131	丞	16	吞	129
灰	3	因	109		179	刐	147	邡	76	忕	144	阮	133	扶	59
达	144	吸	174	釆	179	肌	98	充	52		145	池	138		60
	146	呎	98	价	144	肍	20	妄	76	忆	123	奸	152	抚	156
戍	44	屾	110	份	130	肋	9	羊	73		123		153	扛	132
尪	60	屹	123	㑅	53	朵	139	并	93	宇	60	姒	10	抪	147
尥	39	帗	173	伤	126	夙	28		93	守	21	如	58	技	81
歹	20	岌	174	仰	73	危	83	米	100		21	妀	66	坏	3
列	145	帆	181	役	89		83	芌	67	宅	66	妁	39		3
死	99		181	伉	72	乓	147	邭	117	宄	125	妃	117	抔	1
成	93	回	117	仿	76	旨	99	州	21	灾	4		118	扼	87
攱	81	屺	2		76	旬	111	汗	152	字	3	好	19	拒	57
夷	98	牣	130	自	105		111		152	安	152		19		60
邪	59	网	76	伊	98	旭	27		152		152	妏	156	批	99
	59	肉	28	由	125	犴	152		152	祁	98	忍	123	批	100
	59	年	111	自	117	刎	132	汙	59	冃	15	劦	164	珏	52
邨	131	朱	44	血	106	匈	52		59		15	羽	60	址	2
	131	缶	21	向	73	犵	138	污	59	邬	179	牟	19	走	42
攷	19	刉	124	囟	110	夅	180	江	52	聿	125		21	延	93
卹	105	先	131	似	3	舛	132	汏	144	肀	163	氽	116	担	124
至	104		131	仔	58	各	65		144	那	137	叅	66	汞	51
朱	28	牝	99	后	42	名	93	汕	153	艮	129	糸	88	拼	16
此	82	廷	94	行	72	多	137	汗	111	迅	110	丝	20	攻	51
虍	56	舌	145		73	㚲	158	汔	123	弙	59	岁	145	赤	67
邠	34	竹	28		73	效	4	汋	38	异	10	巡	133	坼	130
劣	148	迄	123		73	色	10		39	弜	73				130
光	75	兆	59	彴	38	洰	56	汎	175	弛	138	**七畫**		折	145
吁	60	休	20	彶	174	冰	16		181		138	芈	156		146
早	19	伍	56	巡	131	亦	67		181	改	2	玕	152	抓	20
叶	164	伎	81	辰	87	庀	66		181	阱	93	玗	60	坂	153
吐	56		81	舟	21	交	33	汐	67	阮	157	玒	51	扳	153
	56	伏	11	全	158	次	99	汲	174	邥	21	弄	51	扮	144
㠯	35	白	20	合	173		99	汉	181	阫	3		51	坅	179
曳	145	伐	148		173	衣	116	汇	72	阺	87	玓	39	坋	132
虫	118	仳	99	夵	130		116	汛	110	阯	99	玖	4	扮	132

拐 147	芷 2	杓 34	尪 75	吡 99	囲 139	觚 59	坐 139
坻 81	苹 180	杓 39	厔 48	园 133	囪 174	伶 94	坐 139
抵 81	芮 175	杓 39	龙 51	鄂 32	囩 76	低 99	谷 47
孝 20	芼 32	极 175	龙 52	朢 104	叟 124	佝 42	谷 66
坳 124	芼 32	杞 2	豖 82	町 94	迕 56	住 44	孛 33
坎 170	芼 32	李 2	尬 144	町 94	劧 104	位 175	寻 147
扻 105	芙 32	杝 138	忒 9	粤 94	牡 19	伭 111	孚 21
均 111	芹 130	杝 138	迓 57	足 48	告 27	伴 156	孚 21
均 111	芥 144	杝 138	迆 133	邮 20	告 27	伫 58	妥 139
111	芩 179	初 130	坒 99	男 178	我 137	佗 137	豸 81
抑 10	芬 132	权 138	至 94	甼 20	牞 130	佗 137	妟 148
坄 89	芝 171	求 20	邪 10	困 131	利 98	佗 137	含 178
投 42	芪 81	孛 124	芈 82	冒 158	秀 47	佖 105	坣 131
抃 154	芴 126	孛 124	步 67	唽 169	秀 21	皁 19	弅 132
扠 132	芡 169	車 57	迉 82	串 156	私 99	身 110	爺 132
坑 73	茚 72	車 59	刮 170	呐 175	钦 123	皂 10	肝 152
抗 72	芰 168	甫 60	卣 20	吽 1	每 3	皂 73	肘 20
坊 76	艾 132	匣 163	奴 152	吡 139	休 125	皂 174	肜 181
扰 179	芫 72	更 73	肖 34	听 129	臼 27	兌 38	肭 155
志 2	芳 76	更 73	肖 34	呟 60	佞 94	伺 3	朋 130
抉 148	芜 179	束 48	肝 152	吟 179	征 93	佛 124	昏 146
把 57	茅 116	吾 56	旱 152	吟 152	兵 75	佛 125	邸 99
抒 58	臣 2	豆 42	呈 93	吻 132	邱 4	伽 138	旬 112
劫 165	英 148	迒 147	吴 59	吹 140	何 137	佋 34	甸 111
毒 1	克 9	邧 75	貝 144	吹 140	何 137	囱 51	刨 42
毒 1	芭 57	酉 20	見 155	哎 42	佐 137	囱 52	奂 155
耴 163	苡 2	医 99		映 147	伾 3	佁 1	免 154
芙 60	芋 58	辰 130		邑 174	佑 4	佀 44	邬 43
荒 157	杆 60	居 56		囲 131	伻 92	近 130	劬 43
邯 168	杆 152	岊 20		别 146	佔 169	近 130	狂 76
芸 132	枵 59	邳 3		别 146	攸 20	讷 124	狋 155
苐 148	杜 56	否 3	耶 58	吮 133	但 58	讼 53	狒 147
苐 148	杠 52	否 4	助 58	岍 155	但 152	勾 111	狁 131
苀 81	材 1	百 21	里 2	岏 156	伸 110	役 89	狋 129
苿 4	林 146	厎 99	呆 19	岐 81	佃 111	彷 72	狅 158
苿 4	杖 73	会 132	吠 148	岠 57	伹 81	彷 76	犹 72
苿 4	杋 124	应 174	园 156	岑 179	快 73	走 66	狄 88
苣 57	杙 10	奄 133	呔 16	岎 132	侣 3	返 158	角 47
芽 57	林 34	乔 144	旳 39	岒 132	伕 104	余 58	角 47
苑 131	杏 73	夹 169	旱 42	岖 126	作 65	希 116	删 153
苑 133	杧 124	夾 165	呀 57	岘 99	伯 66	采 153	狃 21
芘 99	巫 60		晏 153	吧 57			

犹 133
夆 53
彤 180
夆 144
卵 156
夅 20
灸 4
忍 174
夙 28
邰 20
迎 75
系 82
言 154
汷 148
亨 73
73
73
庋 83
序 57
庉 131
戊 156
庇 99
庈 179
疕 99
疛 20
疚 4
吝 130
彣 132
冷 92
序 58
迒 72
辛 110
宊 72
肓 75
攺 60
扵 154
弃 104
冶 59
忘 76
羌 73
判 156
兑 147
148
尚 146
灼 39
灺 139
弟 100
100
汪 75
汧 155
沅 157
沄 132
沐 47
沛 144
144
汥 81
沔 109
沶 21
汰 144
泧 158
沋 4
沌 131
131
沘 99
沚 2
沙 138
139
汩 88
汨 124
沖 181
汭 175
汻 56
沃 38
沂 116
129
汳 154
汾 132
泛 171
汦 81
沝 100
沕 124
126
汣 154
泃 111
没 124
汴 154
汶 131
132
沆 72
汸 76
沈 178
179
沉 179
沁 179
決 148
148
沑 28
泑 9
沇 157
忨 156
忚 144
忮 81
忲 144
忧 4
忳 131
133
忡 181
忤 56
忻 130
忦 144
忪 53
忯 81
忼 72
忱 179
快 147
忸 21
完 155
宋 180
宑 111
宏 16
牢 19
实 35
究 20
20
灾 1
良 74
戾 146
启 99
戺 3
衬 35
初 58
社 59
衫 39
祀 3
罕 152
邲 105
卲 105
君 132
即 105
屎 98
尿 39
尾 118
层 165
局 48
戉 2
迡 39
改 1
刜 126
弞 110
忌 2
邔 57
敀 19
陆 57
阿 137
137
壯 74
孜 3
妝 74
孖 58
坣 75
阽 170
阻 58
阼 65
陁 137
附 44
岕 28
阺 99
陀 137
院 87
敂 138
陂 138
140
奸 53
姘 93
妍 155
妘 132
妓 81
妣 99
妙 34
妊 179
妖 33
妎 144
妗 179
妢 132
妐 53
妬 165
姊 99
妟 44
妨 76
76
妒 56
妜 147
姒 3
妤 58
努 56
卲 34
卲 34
邵 34
劭 34
忍 130
甬 53
邰 1
矣 2
夋 133
夌 57
糺 22
災 1

八畫

邸 76
邦 117
奉 53
玤 52
玞 60
玩 156
156
玭 110
武 60
青 94
玫 117
玠 144
玲 178
玢 130
表 34
玬 124
玟 117
130
玦 148
玧 133
盂 60
扶 156
忝 170
長 73
73
封 84
卦 83
邽 84
抾 165
拑 169
抴 145
邿 2
坷 137
抲 137
坯 3
拓 65
67
抪 59
坺 147
拔 144
145
坪 93
抨 92
92
坫 170
拈 170
延 93
坦 58
坦 152
担 57
担 145
坤 131
抽 20
坱 72
抧 81
抰 73
劼 104
抩 170
坰 95
抶 104
拖 137
坿 44
44
拊 44
拍 66
者 59
坼 66
拆 66
耇 125
垚 28
奔 28
坪 56
抮 130
麦 16
坻 98
99
抵 99
拘 42
43
抱 19
拄 44
拉 174
幸 92
拌 156
拕 137
拕 87
拟 105
抿 110
坲 126
拂 124
125
拙 125
招 33
34
坡 139
披 138
138
拚 154
158
亞 66
坶 11
拇 1
坳 20
拗 20
耵 94
耶 2
其 2
2
耶 59
取 44
苿 59
苷 168
苦 56
苯 131
苿 125
昔 67
苛 137
若 66
茂 19

芡	144	枺	87	杷	57	豕	48	退	56	邵	58	困	133	迚	138
	147	枉	76	杼	58	妖	33	昆	131	呻	169	沓	173	忕	10
苹	92	枡	99		58	殂	52		131	咽	104		173	俐	94
	93	枝	60	軋	144	殳	124	咕	57	呋	104	㳇	116	佳	81
迸	145	杭	157	東	51	尳	139	咘	145		66	图	94	侍	2
苦	169	林	179	或	10	郂	93	昌	74		66	冈	72	估	104
	169	柿	148	叀	157	妥	171	門	131	呱	59	罔	76	岳	47
苜	28	枝	81	臥	139	妻	100	呵	137	呼	56	尚	140	佴	2
苴	57	杯	3	邸	110	戔	152	昇	16	迟	87	拜	52	供	52
	58	柜	57	臥	109		155	昕	130	呧	99	郏	44		52
苗	28	枒	59		111	妭	140	販	153	响	42	刲	21	使	3
茁	34	杶	133	事	3	殀	179	盼	132		43	制	145		3
英	75	枇	99	刺	88	焦	123	明	75	咆	20	知	81	佰	66
苢	2		99	兩	74	悉	123	吻	124	呓	87		81	侑	4
茵	21		99		74	到	32	易	87	咇	105	迭	105	侉	59
芙	99	柸	56	雨	60	郅	104		87		105	氛	132	例	145
芺	105	杜	3		60	迱	147	欣	125	咏	76	急	123	臾	44
苟	44	杪	34	協	164	甌	153	呸	148	咈	126	牸	144	兒	82
苬	59	杳	35	厓	81	非	118	昂	72	咄	124	迮	66		82
茶	105	柑	170	杳	105	叔	28	旻	130	呋	33	垂	140	俵	98
苓	94	枘	175	矸	152	歧	81	昉	76	咍	1	牧	11	版	153
苟	42	杵	58		152	距	57	炅	84	呦	22	牞	179	侄	104
茆	20	杅	20	矼	52	肯	15		95	岵	56	物	126	岱	9
苬	180	枖	33		52		15	旷	56	岸	152	牬	76	郇	154
苑	157	枚	117	郁	11	些	137	畀	105	帔	148	乖	118	佗	82
	157	枡	88	矺	66	卓	38	畁	2	罕	152	刮	147	优	75
苞	20	析	88	矻	124	固	16	呫	164		152	秆	152	佃	52
苤	175	板	153	郇	131	攽	152		164	帖	164		152	侗	51
范	171	枌	82	奈	144	虎	56		164		164	和	139	侣	58
苧	58	來	1	剁	59	尚	74	咖	158		164		139	侃	152
苤	105	粉	132	奔	131	肝	152	虹	94	岨	58	季	111	個	117
直	10	松	53	奇	138	盱	60	旿	73	岫	28	秏	57	侏	44
萧	125	柳	72		138	旺	76	蚪	22	峡	73		57	优	130
苗	125	柊	44	奄	169	具	43	迪	28	帙	104	秅	123	凭	16
苷	22	杭	72	厹	59	昊	32	典	130	岭	94	豹	39	侹	94
苕	35	枋	76	衮	99	味	126	固	56	迴	95	季	106	佸	146
茄	137	料	44	畚	20	杲	32	忠	180	岷	110	秄	3	侐	106
	138	述	125	狀	130	果	139	咀	58	峠	126	委	140	倒	82
苔	1	枕	179	牵	163	肝	111	呷	163	岩	35		140	侔	20
茅	20		179	戫	178	昃	10	呻	110	帔	138	竺	27	佺	158
莓	3	杻	21	庖	137			呪	28		138	秉	75	佮	173

字	頁	字	頁	字	頁	字	頁	字	頁	字	頁	字	頁	字	頁
佻	35		58	胏	130	狂	44	盲	73	泙	93	沸	125	怪	3
	35	削	124	胅	104	匍	173	瓶	76	泧	144	泓	16	怡	2
俏	104	舠	11	胫	178	狄	20	放	76		146	㳠	125	惚	22
佩	3	咇	38		179	狔	98		76	沾	169	沼	34	宗	180
佹	83	舍	59	胎	129	狒	126	刻	9		170	波	139	定	94
佝	111		59	朋	15	狗	20	於	56	沮	58	治	2		94
侈	138	金	179	肺	99	咎	19		57		58		2	宎	28
佳	119	俞	133	股	59		20	劾	9		58	泲	20	宕	72
侂	65	命	93	肮	72	牲	93	𣃘	72	油	20		22	宜	138
佼	33	郃	173	肪	76	匊	27	育	28	泱	72	怔	93	宙	28
㑸	99	肴	33	肬	178	夘	138	㟃	73		73	怯	165	官	155
依	116		33	胅	148	炙	67	邴	94	況	76	怗	56	空	51
佽	1	郄	67	胆	110	帠	157	券	157	洞	95	怵	125	㝐	67
佯	73	忿	144	肶	21	㜎	157		157	洇	21		125	穹	17
	74	笅	169	肥	118	洌	145	卷	157	泗	105	恔	75	宛	157
併	93	斧	60	服	11	京	75		157	洗	104	怖	59		157
侘	66	㸚	98	周	21	享	73		157	泔	44	怦	92	宝	44
侒	152	采	1	郺	83	亩	179	並	75	泊	65	恌	147	宓	105
奐	32		1	昏	131	废	147	炬	57	泝	65	怗	164	宏	16
郎	99	圣	179	延	99	夜	67	炖	131	泒	59		169	郎	72
帛	66	受	21	郶	111	亩	58	炘	130	㴄	105	怚	56	戾	105
卑	82	爭	92	兔	56	府	44	炊	140	泠	94		58	肩	155
的	39		92	狑	98	底	99	炕	72	泒	98		20	房	72
	39	乳	44	匌	19	庖	20		72		99	快	73		76
迫	66	肎	116	狊	165	疔	20	炎	169	沿	157	怳	76	衦	152
佷	129	侌	179	狌	3	疝	153	沫	147	泃	43	恓	104	衧	60
阜	21	瓮	178	狔	147	疢	123	沫	123	泡	20	性	93	衫	178
咢	94	欨	180	臽	170	疲	174		124		20	怢	106	衱	175
卬	106	念	180	狙	58	疢	4	㳄	98	注	44	怍	65	袘	138
侔	21	忿	130	狙	144	疯	155	泟	93	泣	175	怕	65	袛	99
所	130	忿	132	狎	163	卒	124	法	165	泫	112	怐	42	祉	2
欣	130	瓮	51	狌	92		124	泔	168	泮	156	怭	105	袄	33
郍	42	肺	144		92		125		170	沈	106	怩	98	祈	130
征	93		148	臽	124	郊	33	泄	145		106	恨	110	祇	81
徂	56	肢	81	狛	65	忝	130		145	沱	137	怫	126		81
徇	28	肧	3	狐	59	兖	157	沽	56	泌	105		126		81
往	76	肰	154	忽	124	庚	73		56	泳	76	怵	125	役	146
	76	肬	4	狗	42	瓶	72		56	泥	100	恢	33	祐	73
佛	125	肱	16	狆	153	音	1	沐	125		100	怊	34	祋	179
彼	140	肫	133	匋	21		42	河	137		100			采	99
所	58		133	狍	20	姜	164	㳣	65	泯	110			建	153

字	頁	字	頁	字	頁	字	頁
录	47	陔	116	叕	147	拮	66
隶	104	陝	1	爺	104	挎	59
帚	21	限	129	糾	22	城	93
届	104	卺	130	甾	3	垤	105
居	57	妹	124			挃	104
屍	131	妹	147	**九畫**		批	82
刷	148	姑	56	耆	89	政	93
叔	148	妸	137	籽	3	赴	49
戾	47	妬	65	契	145	赳	22
屈	125	妭	147		146	拽	145
	125	姑	169	奏	42	叟	105
弢	110	姐	144	春	133	挏	51
弨	138	姐	58	珏	47	捆	109
	138		59	珂	137	豈	44
弣	44	姌	20	弆	105	哉	1
奐	125		28	玷	170	挺	94
弧	59	姎	72	珇	56	括	146
弡	99	娜	58	玭	9	者	170
弦	111	姁	169	珀	66	垖	11
弢	32	姗	152	珍	129	埏	154
弨	34		153	玲	94	挺	154
承	16	姓	93	珣	42	郝	65
孟	73	姁	43	珊	152	垍	104
牀	74		43	玹	112	垢	42
狀	74		43	瑟	105	耇	42
戕	74	姃	42	珉	110	拾	174
陌	66	姅	156	珈	137		175
陃	2	始	2	毒	27		175
戕	74	姼	56	型	94		
斨	74		56	医	164	姚	34
孤	59	弩	56	拭	10	挑	32
陓	60	孥	56	垚	35		35
岢	2	姆	3	挂	83		35
欶	2	迢	35	封	53	塊	83
陆	51	娿	137	持	2		
亞	10	妍	152	奘	105	指	99
陘	83	垔	158	拮	104	垎	66
降	180	邪	60		105	挌	66
	180	迫	1	拱	52	垮	138
隊	137	柔	58	垣	157	拶	138
函	178			抵	110	埄	92

字	頁	字	頁	字	頁	字	頁
垓	1	茯	11	枰	93	粒	174
按	152	苂	144	枯	169	柈	156
垠	129		148	柤	57	柂	137
拯	16	荏	179	相	74	柲	105
垛	139	蓝	106		74	柅	98
挶	165	苣	42	柙	163	柷	19
茉	117	荇	73	神	110	柫	125
某	1	茎	158	柆	33	柮	124
	3	苔	173	柚	28	枷	137
甚	179	芨	34		28	柖	34
荆	93	荀	111	枳	81	柀	140
堇	84	苕	66	柍	73	柏	2
苋	28	荽	33		73	邦	20
茸	53	茨	99	柷	28	郆	124
萱	155	荒	75	柤	3	勃	124
革	9	荄	1	柟	169	軌	20
苴	110	芣	94		170	郁	60
柬	88	茳	52	柶	105	郝	181
茵	145	茫	72	柣	104	郪	73
茜	130	荽	152		105	匽	153
茜	154	故	56	柞	65	剌	144
	154	胡	56		66	畐	10
荏	3	剅	9	柂	138	部	56
荐	130	勁	9	柿	44	郢	42
荋	2	荍	20		44	甄	129
荢	60	茹	58	柏	66	要	33
巷	52	荔	164	柝	65		33
苅	145	南	178	栀	81	速	88
茱	163	奈	144	柧	59	酊	94
黄	100	柟	144	枰	56	酒	1
荊	59	柳	52	柃	94	柬	153
荃	105	柑	169	柢	99	庸	60
荼	21	柵	145	枸	42	咸	178
芘	82	枯	56		42	庱	163
茈	118	柯	137		43	庬	52
草	19	栃	3	柵	87	威	118
苗	48	柄	75	柳	21	匭	22
莒	57	柘	67	柨	20	盃	3
茵	109	柭	145		21	研	155
荬	44	柩	4	柱	44	頁	105
莛	94				44	厚	42
苦	146						
茠	19						

砌	105	苟	10	哇	83	虹	73	恂	111	笈	174	係	82	郗	117
砅	145	娤	82	郚	2	虵	139	峋	111	笪	138	信	110	逃	32
斫	66	貞	93	曻	174	思	3	怳	75	欯	3	俛	146	到	139
砏	130		93	咡	2	思	169	峻	1	段	156	俦	16	俎	58
砭	169	郙	125	冒	27	盅	181	拼	94	俅	20	俒	155	卻	66
面	154	叔	125	咺	157	咢	65	迴	117	怂	44	俍	74	郤	67
耐	1	卤	22	映	75	削	158	骨	124	俘	124	皇	75	延	58
耍	157	虐	39	禺	43	品	179	幽	22	俑	60	泉	158	爰	157
耏	1	勿	124		43	咽	105	卸	59	便	154	攸	66	再	16
	2	省	93	晶	131		111	缸	52		154	鬼	118	采	106
奎	84		93	哂	130		111	拜	145	悟	56	侵	179	郛	21
查	155	削	33	星	94	迵	51	看	152	恒	44	吧	57		21
庢	100		34	昳	105	咮	43		152	辰	130	禹	60	食	10
奓	81		34	昨	65	咶	147	矩	60	俠	164	侯	42	瓴	94
剌	88		39	昫	43	咻	20	矧	110	㝃	169	帥	126	叁	163
郟	165	郎	33	曷	144	哑	154	枰	92	昪	58		126	爰	51
爹	57	昀	157	昂	20	囿	4	部	27	叟	19	追	118	盆	131
	59	昧	131	昱	175	咿	98	牲	105	胖	156	俑	53	肢	57
厌	81	昒	124	眩	112	哏	42	牲	92	恐	9	俟	3	胘	147
益	163	昊	111	昵	104		42	牴	99	俓	94	俊	133	胆	58
牵	144	是	89	晣	125	咷	32	羧	32	剐	112	盾	131	胂	110
昚	110	郢	82	咦	98		35	适	146	修	21		133	胛	163
旭	34	昮	93	咄	124	瓷	72	訑	82	俣	60	近	42	胅	81
胿	117	昣	147	昭	34	呴	51	畱	165	倪	155	衍	152	胜	93
	118	晒	34	哐	104	哆	138	柦	57	俚	2	待	1		94
㸬	56	眊	75		105	咬	33	秕	99	保	19	徲	98	胅	105
迿	145	販	32	昇	154	咎	144	秒	34	傅	94	徊	117	胙	65
俎	56	盼	153	畊	92	咳	1	香	73	促	48	徇	111	脆	138
殃	73	盼	82	猷	158	咲	34	种	181	俋	174		111	肘	44
殄	130	則	9	畏	118	咤	66	耗	32	偌	27	洛	66	胎	65
殆	1	昇	32	毗	99	峙	2	秖	81	俄	137	祥	73	胮	130
皆	98	盼	129	趴	49	蛵	72	秭	99	侮	44	衍	154	胝	98
毖	105	眠	82	胄	28	峘	155	秔	73	俋	110	律	125	胸	43
到	94	眗	123	胃	125	峣	156		73	徐	58	很	129		43
勁	93		126	胄	28	炭	152	秋	21	俙	116	後	42	胞	20
韭	20	易	73	昳	111	剐	81	科	139	侳	139	舡	52	胘	111
背	10	昀	112	界	144	罘	4	重	53	俗	49	彤	179	胖	156
	10	眈	178	昀	111		4		53	俘	21	郤	56		156
首	146	映	148	軒	152	罝	56	竽	60	俛	154	俞	44	脴	105
告	82	眖	146	虹	51	峒	51	竿	152	俎	76	弇	169	脉	87
	82	県	35	昈	72	峗	83				76	迣	173	脈	19

字	頁	字	頁	字	頁	字	頁	字	頁	字	頁	字	頁	字	頁
胐	125	訃	49		21	洔	2	洮	32	恔	33	袂	146	柯	137
胎	1	訊	22	施	138	洱	2	染	169		35	袜	124	眉	99
匍	59	訒	16		138	洪	51	洮	83	恔	1	祛	57	胥	58
疾	42	言	73	差	138	洹	155	洵	111	恲	92	祜	56		58
飢	124	哀	116		138	洏	1	洨	52	恨	129	祐	67	陜	165
負	4	亭	94		138	洓	87	泽	180	恊	164	祐	4	陝	169
迥	111	亮	74		138	洒	81		180	悴	21	被	148	孩	1
匏	39	庤	2	美	99		131	洛	65	宣	158	祖	56	弄	157
敏	42	度	65	羑	4		131	洺	93	宦	156	神	110	陛	100
斫	43		65	姜	73	洦	66	洨	33	宥	4	祝	28	陘	94
欯	43	庠	104	迸	92	洧	4	洋	73	宬	93		28	陟	10
勉	154	庇	82	叛	156	洿	130		74	室	105	祚	65	陗	34
勉	2	弈	67	巻	157	洒	2	洴	94	宗	28	祇	99	陷	125
狙	155	奕	67	料	156	洿	59	洲	21	宧	35	祕	105	陟	27
風	181	帝	67	送	51		59	洝	152	宮	180		105	陛	16
	181	迹	88	夅	157	洌	145	津	110	穿	93	祠	3	虸	154
	181	庭	94	粓	51	柒	105	浪	129	突	124	冒	87	峕	146
狂	94	麻	20	迷	100	洟	99	泇	58	穿	157	昶	73	除	58
猏	163	疣	4	籵	58	泚	82		58	窀	133	書	110	院	157
狿	154	瘀	119	前	155		82	恇	76	宨	35	郡	132	陵	133
狨	34	疥	144	酋	21		82	恃	2	突	35	退	124	娥	181
怱	51	疢	81	首	21	洗	75	恌	19	窆	169	既	123	娃	83
狢	65	疢	3	豕	126		75	恄	52	突	148	叚	57	姑	104
狻	138		99	逆	67	洩	145	恆	15	客	66	屍	99	姥	3
狡	33	疫	89	玆	3	洞	51		15	穾	35	屋	47	姆	2
狩	21	疢	110	炳	75		51	恢	3	窆	19	眉	104	婄	4
舢	22	疾	148	炗	147	洇	109	恍	75	冠	155	屑	105	姱	59
狠	129	庠	74	焜	144	洄	117	愧	145		155	眉	98	姨	98
暜	87	屏	93	炯	95	洙	44	恫	51	軍	132	咫	81	姪	104
尳	20	庡	67	炑	21	洗	131		51	庢	57	屏	93	姰	51
訇	94	迒	33	炮	20		131	恒	117	扁	109		93	帛	58
舳	2	坙	99	炫	112	活	146	恬	170		111		94	姻	109
逢	180	咨	99	沸	126		146	恤	106	局	95	屎	98	姝	44
逤	138	姿	99	炔	125	涎	154	恮	158		95		99	姓	130
鴛	155	竑	16	炤	34	洦	104	恀	130	袄	60	弭	82		131
怨	157	音	179	剃	99	溫	106	恌	35	祖	105	攺	110	娗	94
急	174	咅	144	為	140	洶	100	恇	83	衽	179	盄	34		94
鳧	20	彥	154	洭	76	洐	73	恂	111	袷	144	陋	42	姑	146
胤	130	帝	88	妥	59	派	87	愮	99	衿	179	陣	110	姤	42
訂	94	盉	75	洼	83	洽	173	恪	65	衯	132	韋	118	姬	139
計	105	斿	20		84		173	恀	138	袀	111	陝	133	始	173

姚 34	紃 133	素 56	挹 174	挨 1	蒴 146	桂 84	校 33
娩 83	約 39	蒡 42	捌 145	掕 131	茵 73	梼 9	33
姰 111	紑 155	42	都 56	剄 57	莪 137	桔 105	核 9
妙 138	級 174	匲 10	56	茳 22	蒡 20	105	枅 93
138	紀 2	标 156	哲 145	耺 16	茲 99	栲 19	栐 179
姣 33	紉 130	兩 110	逝 145	敃 164	莓 3	栱 52	根 129
33	紁 22	枀 152	娑 145	聆 179	荷 137	桻 179	栩 60
妳 116	**十畫**	匪 118	耆 98	明 147	137	桓 155	述 20
姟 1	耕 92	髟 22	毫 32	耿 92	莜 22	棟 87	索 65
姘 94	耘 132	捒 68	捘 56	耽 178	茬 65	栖 100	軒 153
妮 66	耗 32	恚 83	挫 139	恥 2	茌 175	100	軑 144
姧 153	耢 66	抯 163	139	耶 43	莛 129	栖 4	146
媟 139	耒 146	栽 1	埒 148	華 59	莜 89	栫 130	軏 147
姦 153	挈 146	捄 20	挎 147	59	茶 56	柶 2	曺 147
拏 57	恝 144	20	垺 19	59	57	梍 145	軔 133
怒 56	契 144	捕 59	捊 19	59	蕃 116	棟 98	軓 181
架 137	泰 144	埂 73	接 139	莂 111	莝 139	100	連 154
飛 118	秦 110	捂 56	140	茝 1	莘 21	桱 104	154
盈 93	珪 84	馬 57	換 155	2	21	桃 75	軔 130
玨 51	珥 2	振 130	挽 158	莟 73	荞 129	槐 145	專 60
羿 105	珛 4	130	埦 47	莝 60	荻 88	桐 51	遳 59
枭 3	琊 59	挾 164	捅 47	茮 20	菇 21	梠 58	或 11
勇 53	玼 82	164	48	剕 65	莘 110	株 44	哥 137
瓴 2	82	164	捽 53	莆 60	蕊 76	梃 94	速 47
炱 1	瑰 145	赶 153	挐 52	菩 56	莞 146	梏 146	造 56
怠 1	珚 111	赵 1	恐 52	茜 28	莎 139	170	离 88
癸 100	珠 44	起 123	埡 93	莆 10	139	栈 148	逗 42
癹 147	珛 19	起 2	挩 146	都 66	洸 179	梴 154	制 3
蚤 19	珽 94	奉 125	148	恭 52	莞 155	桁 72	栗 104
柔 21	珣 73	捎 33	栽 1	拳 52	156	73	覂 171
敄 44	珩 73	34	垸 155	英 164	莨 72	梠 173	㤮 173
矜 109	珧 34	捍 152	捖 155	莕 59	真 110	173	救 87
109	珮 3	貢 51	埌 72	72	軏 152	桃 32	酎 20
柤 21	珣 111	垻 155	殳 47	壄 139	萫 132	郴 1	酏 10
垒 116	珞 65	埋 2	47	莖 92	蔓 179	勒 1	酌 39
彖 156	玒 92	捉 48	捃 132	荎 67	配 2	10	遒 21
紆 60	班 153	捆 131	埫 179	菁 33	慧 2	栒 111	配 117
紅 51	珢 129	捐 158	抑 105	莫 65	莊 74	111	醜 138
紈 3	敖 32	捐 157	搞 48	65	茞 130	桻 180	翅 82
紂 20	瑢 164	㪃 104	盇 163	莧 153	菱 119	格 66	辱 48
紀 123		袁 157	埃 1	莭 58	栻 10	栘 138	唇 130

133	欨 28	晊 104	蚡 132	罘 173	秠 3	郳 82	倦 157
厝 65	峙 2	胎 2	蚣 53	置 59	秙 67	倰 154	倓 168
威 147	2	眑 22	蚳 81	眾 59	租 56	倒 32	倌 155
厞 118	欭 82	嘶 145	蚊 132	罛 21	秧 73	32	倥 51
砡 48	剒 32	哱 20	蚢 72	罜 47	盉 139	俳 118	51
夏 57	耇 155	晃 75	蚅 98	罠 110	秩 104	俶 28	臬 146
57	柴 81	眖 75	蚇 67	峭 34	秨 65	28	健 153
砢 137	81	帚 60	蚨 148	峭 34	秫 88	倬 38	臭 20
砰 92	觜 82	哺 59	蚓 110	埀 138	郫 111	條 22	21
砧 171	珢 129	哽 73	蚞 28	羕 137	祗 98	倏 28	射 67
砠 58	鹵 20	閃 169	蚆 57	袚 20	秘 105	脩 21	67
砟 65	娞 152	晃 34	哨 34	峯 53	105	倘 72	皋 19
砱 130	廍 56	唊 164	34	峷 110	秕 98	俱 43	躬 180
砥 99	虔 153	剔 88	員 132	峩 147	98	倮 139	息 10
破 139	犖 38	88	132	峧 148	透 28	倡 74	郫 82
恧 11	覓 154	噑 52	哯 155	崏 133	祫 111	74	烏 56
厤 140	貟 139	咬 35	圂 59	圓 158	委 92	傷 87	倨 57
厡 88	道 34	晐 1	哭 47	峻 133	笄 99	個 137	倔 125
原 157	郿 72	晏 153	哫 48	圖 154	笔 131	候 42	師 99
厱 179	際 99	翂 163	啚 58	剛 72	笘 56	桀 179	蚾 3
剞 138	眛 124	趴 147	唈 174	告 93	筇 175	倕 140	蚏 28
郫 169	眜 147	趺 173	哦 137	牲 110	笑 34	恁 179	蚍 99
育 110	眝 146	畕 73	唏 116	瓵 21	第 99	倭 139	徒 56
匯 124	時 2	畛 130	欧 104	釓 163	笏 124	140	虒 82
逐 28	逞 93	娿 10	恩 109	缺 147	竿 156	倪 82	徑 94
烈 145	畢 105	蚌 52	益 72	氩 109	笎 72	倠 118	徖 93
殊 44	眀 60	蚈 155	唅 178	毤 131	俸 53	俾 82	94
殈 106	眒 110	蚨 60	圆 131	氣 123	倩 93	倫 133	復 124
殉 111	眹 133	蚖 157	唁 154	123	94	俏 33	徐 58
殫 105	眹 105	蚺 47	唕 73	特 9	倀 73	倗 15	徚 116
郪 100	財 1	蚑 81	哞 19	郵 4	倖 92	俹 118	徎 53
柬 178	眕 130	蚜 109	唉 1	告 27	倔 100	倜 28	壂 89
剗 153	退 147	蚎 87	崋 59	造 19	俱 2	俗 20	俟 3
柴 99	貤 138	蚷 57	楓 163	19	借 67	隼 133	後 133
致 104	尋 9	蚍 99	豈 116	牷 158	值 10	隻 67	殷 129
貣 9	眠 99	蚶 169	116	牸 3	倈 1	倞 74	130
晉 110	晟 93	蚋 175	峽 165	乘 16	然 20	75	130
逕 94	眩 112	畔 156	㪚 118	16	倳 3	俯 44	殷 156
刜 118	眝 58	蚚 130	崏 92	舐 82	倚 138	倅 124	航 72
鬥 42	眣 105	蚧 144	94	秣 147	俺 169	倍 1	舫 76
赵 82	眠 111	蚊 60	眔 56	秫 125	健 164	倣 76	舭 105

瓟	60	脆	148	訕	153	疴	43	恙	73	泷	52	澀	130	匐	22
皰	20	脂	99	訖	123	疼	180	瓶	94	涇	94	涌	53	窀	75
郤	58	胳	65	託	65	痄	44	䀹	74		94	浼	3	窄	66
途	56	脃	148	訓	132	痱	125	拳	157	涉	164	浚	133	宲	179
釘	94	胲	1	訊	110	疵	124	拳	157	娑	137	烕	9	宨	59
針	179		1	記	2	痂	137	勑	157	消	34		10	容	53
釗	34	胖	94	訑	137	疲	138	粗	57	洴	152	悖	124	宭	20
殺	145	朕	179		138	脊	88	粏	99	涅	105	怖	59		20
	145	骹	138	訒	130	效	33	粃	99	湞	144	悚	53		20
攽	173	胅	105	凌	16	离	138	粉	132	涀	155	悟	56		21
欲	173	虓	20	凍	51	裒	131	料	35	浧	48	悜	99	窌	125
念	174	㝅	111	㐆	59	紊	132		35	涓	158	悭	94	窈	22
烧	145	狋	145	衰	117		132	粗	21	泡	173	悄	34	窔	155
弄	157	狹	165		119	唐	72	益	87		174	悍	152	剡	155
釜	60	狾	100	畝	1	凋	22	兼	170	涔	179	悝	2	宰	1
晉	130	狠	144	剝	75	瓷	99	朔	66		180		3	宧	72
䍃	34	狸	2	勑	75	恣	99	娃	95	浩	19	悃	131	窨	132
舀	20	狷	157	衷	180	剖	1	烘	51	涐	137	悁	157	案	152
豻	152	徐	58		180	部	1	烜	157	涖	98	悒	174	冢	51
豺	2	狶	116	高	32	恂	43		157	淀	158	悔	3	朗	72
豹	38	狳	47	亳	65	竝	75	炟	39	海	1	悰	56	冣	44
奚	82	猖	154	郭	67	竚	58	烟	111	涩	175	悕	116	宸	116
邕	73	逖	88	袤	34	衮	129	烻	154		175	悗	156	庫	34
倉	72	狼	72	庬	83	旁	72	姚	34	埀	130		156	冢	53
飤	10	胥	52	席	67	袠	35	烙	65	涂	56	悦	148	扇	154
飢	98	卿	75	庫	59	旆	144	烄	138		58	悌	100		154
衾	179	猛	19	唇	20	旌	76	烌	33	浴	48	恨	72	冡	59
翁	51	狻	156	准	133	旄	32	剡	169	浮	21	悛	132	祛	57
脈	2	逢	53	座	139	旅	130	郯	168	涣	155	害	144	袣	145
胯	59	桀	145	痁	56	旅	58	涑	93	涚	154		144	祐	65
脉	3	敊	81	痳	125	斿	154	浙	145		154	宧	2	被	147
脛	99	留	21	疴	137	欬	1	涁	168			宭	58	祖	152
胱	75	智	157	病	75	毅	1	洇	3	流	21	窀	56		153
胸	28	盌	155	痁	169	畜	27	浡	124	说	148	害	130	祖	58
脡	94	努	44	疽	152		28	浦	59	涕	99	家	57	袖	28
脡	154	清	93	疽	58			浭	73	浣	155	宵	34	神	169
胏	73	訏	60	痕	81	兹	112	涷	42	浑	19	宲	19	祔	44
脈	87	訐	145	痈	169	粉	132		47	浪	72	宴	155	袗	130
	87	訌	51	疾	105	殺	59	语	56		72	突	179	衿	93
胱	34	討	19	府	44	羡	137	酒	21	湆	131	宦	35	衼	99
	35	訕	42	疹	130	羔	32	浃	164	浸	179	宷	163	袧	42

袍	19	奘	72		158		179	捧	53	埤	82		169	莁	125
袨	112	陭	138	婷	110	紛	132	掛	83		82	揩	146	菫	129
祥	158	祥	72	娩	146	紙	81	堵	56		83	控	51		130
袟	106	挽	154	娣	100	紋	132	捘	16	捭	81		52	靬	94
袘	137	孫	131	娓	118	統	73	捝	42	晢	145		52	勒	9
袑	34	陵	154	羍	56	紡	76	措	65	掀	129	捥	155	造	65
被	138	陫	118	娸	2	紈	178		66	悲	145	探	178	黄	75
袺	146	蚩	2	哿	137	紒	110	埴	10	捨	59		178	菽	109
袷	173	崧	2	盈	34	紐	21	域	10	捡	179	捷	153	莉	88
袥	35	崇	126	皰	20	紓	58	埼	138	執	145	埽	19	萹	156
袘	83	陲	140	脅	165	邕	52	椅	138	逵	20	掃	19	菴	170
祥	74	陲	117	畚	156			掩	169	掄	131	据	57	蓮	165
冥	94	陴	82	聖	75	**十一畫**		掾	48	採	1	掘	125	萎	100
崔	38	倫	133	叝	82			捷	164		1	堀	124	菁	133
冤	157	陰	179	毫	38	彗	148		164	採	1	殻	94	荊	32
盙	105	陶	19	瓻	82		148	排	118	授	21	掇	146	菲	118
書	58		20	通	51		148	俶	28	掭	180	堊	65		118
耉	110	陷	170	能	1	耕	3	焉	153	堋	15	玷	170	菽	21
剝	47	陪	3		15	耡	137	掉	39	掤	16	聇	2		28
	48	陘	34	畜	178	粕	2	趈	81	掤	20	聘	168	菋	126
帬	132	脅	16	逡	133	郰	146	赾	130	聱	59	聯	145	菓	32
聖	105	烝	16	務	44	春	53	越	99	教	33	掔	51	菓	139
展	154	娛	33	桑	72	珽	2	趍	95		33	基	2	菎	131
辰	130	姬	2	剟	146	球	20	赻	148	埝	170	聆	94	菖	74
屑	105	娣	48	象	81	珸	56	堁	139	碧	52	尌	174	萌	73
屐	87	娠	130	習	42	珋	21	捆	131	掬	27	聊	22	菌	56
屝	58	姞	1	絚	132	珵	93	捫	131	掠	74	聅	125	菌	133
屖	100	娸	164	紤	3	責	87	場	87	埻	67	堅	44	崗	72
剮	125	婬	94	紘	16		87	揸	173		133	娶	44	蓳	140
弱	158	娟	33	純	131	理	2	堝	72	掀	67	菁	93	莉	100
曹	126	娛	60		133	彭	93	埵	139	捽	124		94	萎	140
弱	39	娌	2		133	珺	158	捶	140	培	3	莀	73		140
賊	60	娉	93	紕	99	琇	21	摟	139	掊	1	著	58	萸	44
鼙	76	娸	48		99	珿	158	堨	82		1		58	萑	119
陼	58	娟	157		99	珜	21	掜	82	接	164		66	草	88
陸	28	挈	58	紗	138	琀	178	赦	67	埌	57	菱	16	荮	39
陵	16	恕	58	納	174	琄	154	赧	153	執	174	萁	2	菜	179
陬	42	娥	137	紃	32	琉	21	堆	117	埳	157		2	菜	1
陳	110	婍	3	紝	179	琅	72	推	117	捲	157	蓳	43	荸	92
	110	娌	139	紟	146	玼	2	堆	51		157	菻	179	菜	132
婴	137	婉	154	給	179	甌	20	頂	94	掞	169	菥	88	萉	118
								規	83					萊	1		

菔	11	婪	178	棍	72	殹	99	葡	10	略	94	畦	84	鄂	65
菟	56	棶	20	椻	179	屑	133	逳	38	眵	138	時	2	鄂	65
	56	梓	124	椰	105	欨	130	离	145	朕	179	異	10	唱	74
萏	19	梗	73	桐	48	戚	28	卤	56	眯	100	啾	28	國	10
莒	170	棟	47	蜇	145	帶	144	容	157	眼	129	趼	155	患	156
萶	19	梧	56	桶	51	戛	104	虚	57	眸	21		155	喝	140
菊	27	桯	42	梭	133	硏	94	虘	56	鄅	35	跂	81	唾	139
菧	99	梽	130	救	20	硈	145	虖	56	野	59		81	呢	82
萃	126	梧	3	教	124	盉	4	虎	123	圉	93	距	57		83
菀	157	梜	164	軒	76	硐	51	彪	22	啞	57	趾	2	唯	118
菩	1	椑	100	軘	147	硠	154	處	58		57	跨	179		118
菱	164	樫	94	軸	131	硌	65		58		66	趺	147	唫	179
菸	57	梢	33	戜	105	硨	124	處	11		66	趺	82		179
菁	28		34	軜	174	勔	154	雀	39	卦	174	趽	76	唸	180
菶	157	桯	93	斬	170	瓠	59	崇	67	唭	2	趹	148	喁	20
菼	168		94	軵	158		59	堂	72	啼	66	略	66		20
萍	94	椑	3	較	38	匏	20	常	74	嵒	3	蛄	56	啗	168
菹	58	椪	93	軝	81	奢	59	眭	84	啉	178	蚍	146	啍	131
蔗	99	梱	131	軟	157	匬	44	戛	152	閉	152	眹	1		133
蒤	34		131	專	157	奞	119	眲	2	閉	105	蛄	169	啐	124
蒤	1	桦	179	鄲	153	爽	74	敔	152	閅	105	蚰	20	唛	164
菅	153	棼	132	戜	10		74	眲	2	覓	27	蛑	169		164
菀	157	梏	27	曹	19	悆	164	肝	84	睨	155	圍	58	啖	168
郖	72		27	敕	10	豺	155	唪	51	㬌	27	蛈	105	喉	105
蒆	105	梅	3	軟	48	殺	27	鄇	89	問	132	蚯	4	啁	178
菁	155	椴	88	副	10	犯	57	景	153	婁	42	蚹	44	啜	148
乾	152	棃	105		11	㑺	16	晰	145		44	蛉	94	啫	92
	153	樫	139	區	42	挼	21	匙	82		44	蚳	98	帳	73
菉	48	麥	9		42	盛	93	晡	59	曼	156	蚼	42	偖	56
蓝	124	枵	148		43		93	晤	56		158	蚿	111	崍	1
弦	111	桴	21	敫	58		60	晍	51	晧	19	蛇	138	崧	52
菰	59	桜	119	堅	111		60	晨	130	晦	3		139	崖	81
菡	178	楷	146	娶	109	雰	148	昕	72	晞	116	蜺	98	剮	156
菇	56	桶	47	敊	82	雪	95	脤	87	晚	155	蛆	125	崎	138
菡	3	梓	3	歌	42	頃	95	脁	35	冕	154	蛁	35	崦	169
	3	梳	58	殳	42		10	敗	147	晚	158	鄹	3	嵫	164
桺	51	梲	146	尃	42	雄	118	販	158	啄	48	蚴	22	帴	154
械	9		148	鄆	132	辈	118	貶	169	邊	88	唬	57	罣	83
埜	59	梯	99	酖	147	琵	118	眴	111	暴	131	累	116	罜	99
彬	130	梡	155	酗	43	斐	154		112	唪	163		116	崑	131
梵	181		155	酌	110	遣	81	酕	178	晙	133	豐	48	崔	117
				酕	178	紫	82	略	65						

	117	笨	57	偶	42	恩	51	衿	178	逸	104	訥	174	康	72
帷	118	笨	131	偈	145	侯	100	欲	48	翎	43	許	56	庸	53
崟	179	笱	137		145	徠	1	頜	66	猜	92		57	鹿	47
崙	131	笪	169	俔	117	術	125	敊	168	惢	76	訴	33	裛	19
崝	33	笪	144	偲	1	徛	138	彩	1	猎	67	訛	139	羕	110
崢	92		152		3	徬	154	覓	88	猗	138	訢	130	章	74
崩	15	笛	28	遄	153	徘	117	飦	154		138	訩	52	竟	75
崞	67	笙	92	悤	65	徙	82	飥	65	猨	153	訟	53	産	153
崒	125	笙	66	徨	75	徜	74	畬	180	猇	20	設	145	豪	123
崇	181	符	44	傀	117	得	9	貪	178	凰	75	訪	76	竫	93
崆	51	笒	94	偊	60		9	貧	130	猧	74	訧	179	翊	175
崛	57	笱	42	侍	2	從	53	脚	66	猲	87	訣	148	商	88
崛	125	笠	175	偷	42		53		66	猁	145	夏	28	商	74
嵫	111	笵	171	御	66		53	脉	20	雅	137	毫	32	甂	75
嵼	74	笞	3	俪	16		53	脖	124	猈	81	孰	28	旌	93
崮	3	笸	110	偵	4	衒	112	脯	60	猙	92	烹	73	族	47
朙	75	第	100	貨	139	舸	137	脛	42	猝	124	褒	104	旍	93
圏	157	第	125	偬	51	舳	28	脤	130	愁	88	庶	66	旋	98
	157	笅	56	售	21	舲	94	脂	21	狷	155		66	旋	158
過	139	筃	137	進	110	船	157	豚	131	皐	48	劇	65		158
	139	箏	154	悢	116	舱	38	脛	94	舩	52	庿	34	旌	138
鈷	170	答	2	停	94	敍	58	腥	93	舥	81	麻	138	望	76
晛	32	號	123	傞	137	斜	59	脢	3	斛	47	庲	1	袞	19
唔	56	敏	4	俊	19	念	58	脘	130	觖	148	庵	170	旅	56
牾	52	僎	145	偉	131	釬	152	腥	139	猛	73	庚	44	率	125
牼	92	偆	133	偏	109	鈣	59	將	148	過	139	膠	138		126
牿	27	傑	164	梟	35	釭	52		157	馗	20	雁	117		126
捈	56	偓	153	鳥	22	鈇	146	胕	20	巠	3	庫	82	牽	111
捋	148	偪	10	參	28	釴	10	腕	158	舎	34	痔	2	瓶	99
捔	56	偠	35	兜	42	鈝	34	脫	146	祭	145	痛	4	羜	58
甜	170	価	154	皎	35	釦	42	脘	155		145	痾	145	毵	20
觪	168	偎	139	餅	92	釷	123		155	嶍	32	痳	98	羕	73
秸	104	偕	98	假	57	釣	39	腺	72	詽	153	痤	104	羝	138
稐	145		98		57	鈒	174	朘	117	訧	4	疵	82		138
桐	51	偕	10	郫	60	釸	145		132	詎	57	独	180	眷	157
秳	146	偵	93	鄉	42	釵	138	彤	22		57	痤	158	粗	56
移	138		93	偓	47	郫	44	匐	11	訝	57	疼	137	粕	65
秏	57	悠	20	偋	93	歆	116	順	20	詑	133	痰	2	粒	175
秙	57	側	10	偉	118	壺	3	晛	99	沙	33	痒	74	卷	99
逶	140	傷	72	傏	153	悉	105	魚	58		34	痕	129	剪	154
動	51	倣	110	崋	129	衯	57	象	74	詊	170	廊	72	敇	147

敝	146		131	淚	105	悾	51	校	35	隕	93	婉	157	紺	44
炳	148	渼	105		106	惋	155	祱	52		93	嫏	47	絺	130
焆	145	渘	130	深	179	悢	105	袖	58	隄	82	婦	4	紙	99
	158	涸	65	渌	47	悷	106	祴	1	陽	73	嬨	111	絢	43
焅	27	渣	173		48	悭	10	祾	33	隅	43	袈	57	終	181
烰	21	渦	139	泿	57	惙	147	裖	130	隈	117	綴	147	絃	111
煥	155	湮	139	淈	124	宓	181	視	99	陘	146	絮	58	絆	156
烽	53	湊	139	涵	178	寇	42	祰	19	隍	75	爰	148	紵	58
烆	100	淮	118	婆	139	寅	110	褁	179	隗	117	狄	104	紘	106
焜	118	洼	76	梁	74	建	164	晝	43	隃	44	習	174	紽	137
焌	131	淦	59	淄	3		170		105		44	廖	28	緋	125
清	93	淦	178	情	93	寂	28	逮	48	隆	181	翌	175	紬	125
渚	58		178	悵	73	道	155	煮	132	陪	178	皱	138	紹	34
淩	16	淪	133	悷	16	宿	28	敢	168	隊	124	惠	53	綏	139
滓	94	淆	33	悖	92		28	尉	125		124	欸	1	給	1
淇	2	淫	179	惜	67	窒	84		125	隊	157		1	絆	156
湝	66	淨	92	惏	178	室	104	屠	56	斌	60	郊	100	巢	33
湑	137		93		179	宦	35		58	婧	93	羌	72		
渃	66	泆	42	悽	100	宛	35	扇	42	婷	94	參	178	**十二畫**	
渲	10	淰	179	悱	118	突	35	劇	47	娸	2		178	珪	84
淋	179		180	悼	38	案	1	扉	118	姬	44		179	貳	99
淅	88	溯	16	惝	74	窅	59	張	73	婼	66		179	絜	66
淶	1	潅	131	惕	88	郟	21		73	貓	33		179	絜	146
凍	51	洦	170	惚	130	密	105	異	2	媕	171	遜	125		146
減	10	溜	124	悃	56	案	152	舭	124	婕	164	貫	155	瑲	51
	10	涼	74	惆	76	斸	72	弸	15	婥	39		156	琴	179
涯	81		74	悸	106	郫	132	弴	131	媒	139	鄉	73	琪	2
淹	169	淳	133	惟	118	啟	99	陾	165	姻	56	絑	147	瑛	75
涿	48		133	惀	133	扈	56	鄆	116	婥	152		148	琳	179
淒	100	液	67	悈	1	袿	84	陸	129	婚	173	紺	93	琦	138
渠	57	淬	124	惆	20	祜	105	奘	74	媧	140	紺	170	琢	48
淺	154	涪	4	惛	131	袴	59	隋	139	娺	140	繼	145	瑑	153
	155	湊	164	怊	170	祵	109		140	娩	82	綏	148	琡	28
淑	28	淤	57	惚	124	祩	44	鄅	99	姓	118	絾	147	琥	56
淖	38	涓	28	惇	131	梴	154	陝	16	婢	82	組	153	琨	131
	38	淡	168	悴	126	袷	173	朏	48	娃	179	組	56	琠	130
婆	169		169	惓	157	袀	111	將	74	嫻	21	紳	110	瑝	118
滹	22	淙	180		157	袢	180		74	婚	131	細	20	瑚	22
柒	138	涫	155	惔	168	袼	65		74	媱	157	細	100	斑	153
祼	139	涳	51		168			階	98		157	紩	73	琰	169
混	131	涴	157	惊	180	袳	138	階	98	婠	155	絅	95	琼	180

字	頁	字	頁	字	頁	字	頁	字	頁	字	頁	字	頁	字	頁
琯	155	趀	125	揎	133	晉	66		93	葱	51	橄	152		52
琬	157	超	34	臺	105	惡	56	薔	1	葶	94	棽	179	楱	164
瑯	72	賁	131	揄	43		65	蕆	125	葹	138	棼	132		164
琛	179		132		44		65	葫	34	葥	154	焚	132	楲	57
球	47	堤	82	揰	169	掾	157	莛	82	鄸	110	棟	51	棬	157
琚	57	提	82	援	157	聑	164	覓	155	萿	146	械	10		157
瑝	32		82		157	聏	2	蒯	10	落	65	椅	138	棺	169
雅	155	則	10		157		11	鄭	65	蒜	94	椓	48	棺	155
替	105	場	73	墫	51	聑	146	募	65	葏	109	樓	100	椌	52
揳	144	揚	73	蛩	52	某	2	葛	72	萱	157		100	楗	153
揍	42	喆	145	揨	92	甚	2	奠	146	營	180	棧	153	棣	105
款	155	揖	174	塳	66	斯	82	葺	174	葵	124	椒	21	椐	57
欻	105		174	裁	1	期	2	曹	27	葷	132	棹	38	極	10
瑟	154	博	65	揞	178	欺	2	萬	158		132	棋	43	迦	137
堯	35	堨	43	掃	88	基	2	葢	132	蒿	111	棍	131	椶	148
畫	84	搵	131	達	144	聚	43	葛	144	蒩	56	梱	56	榴	3
堪	178	堨	144		144	葑	53		144	蕙	9	橋	139	寠	125
揕	179		145	搓	137	葚	179	毗	99	戟	67	椎	140	軸	56
揲	53	揭	145	報	19	葉	163	蒽	3	朝	34	楝	75	軒	137
撣	9		145	揣	154		164	萼	65		34	楙	44	載	147
堞	164	戠	3	搨	21		164	薗	99	葥	123	梡	82	軒	92
揲	163	堮	65	垣	15	軒	60	菁	124	葭	57		82	軸	28
握	144	尌	44	拒	15	軒	153	萩	21	喪	72	椎	118	軼	72
堨	10	喜	2	揳	21	鞠	39	董	51		72		119	軄	81
堙	129	彭	72	堻	131	軷	173	葆	19	辜	56	椑	82	軔	76
揀	153		73	揮	132	散	152	莌	148	葑	82		83	軼	104
罳	156	揣	140	彙	131		152	墓	75	葦	118		88	軵	44
馱	104		141	壹	104	斮	66	蒐	21	葨	58	晳	88		53
駑	57		156	揙	109	菖	11	葩	57	蔆	153	楡	133	軱	59
馭	58	葳	3	壺	59	萋	33	蓠	60	葵	100	楸	158	軫	130
搣	178	揹	124	壹	132		35	蓚	117	菜	21	楸	109	輪	94
項	52		124	概	123	菓	155		119	莋	42	採	1	軝	99
揆	148	插	165	握	47	葳	179	葎	125	菊	39	棯	179	軥	43
堧	157	搜	21	揣	110	葳	118	蓂	129	根	73	棚	15	軛	87
揩	98	探	19	媚	99	惹	66	葅	58	楮	58	椆	20	報	154
戟	104	揘	75	堷	59		67	蓤	157	棱	15	椲	124	軺	34
越	147	塊	117	揹	58	萸	157	蔆	51	棋	2	楛	19	惠	106
趄	58	煮	58	郚	163	蛋	52	葢	131	椒	42	椏	27	欨	11
趁	67	塅	42	搑	100	葬	72	蕡	4	梏	56	椋	74	惑	10
趂	129	搯	117	搔	19	葺	145	敬	93	植	10	椁	67	幫	144
越	99	喏	145	揉	21	勒	93	蒚	178	森	179	楛	3	逼	10

腎 110	尲 53	婦 118	晚 153	75	蜿 83	嗞 3	旎 138
掔 109	狙 58	毇 20	邊 72	晬 124	蛒 66	喧 157	嵯 137
掔 111	猰 119	覘 169	睇 100	睕 157	蛂 145	暉 132	嶕 21
覂 84	敠 48	容 133	睕 156	啃 98	蛟 33	嘅 123	嶒 3
覆 178	殖 10	覷 88	眼 74	馼 94	蜌 73	123	幃 131
粟 49	猗 138	郿 153	鼎 94	跐 145	蛢 94	喔 47	幄 47
棗 19	掩 165	羮 47	睃 132	跊 125	蟬 65	嘈 132	幛 118
棘 10	殘 152	粛 98	掔 155	跖 67	蜠 129	喙 147	圌 157
酣 168	欻 99	敞 74	晫 38	跋 147	蚋 10	嵁 178	陵 133
酤 56	裂 145	棠 72	嵁 178	跐 147	睃 133	嵌 168	盔 75
56	殌 140	掌 73	戢 174	跕 164	敽 130	幌 72	森 34
酤 170	雄 17	73	喋 163	跙 58	郾 132	幅 10	黑 9
酬 72	殙 131	嘗 72	164	跌 105	勛 132	11	甌 72
酢 65	131	掟 73	嗒 173	105	還 65	剴 116	圍 118
65	殔 125	掌 74	喖 56	跗 44	喝 52	116	觡 60
酖 94	殊 104	晴 93	閏 111	44	喎 124	凱 116	觡 152
酌 43	殟 10	暴 48	開 116	跞 65	喝 144	崴 118	骱 140
酡 137	雲 132	映 164	閑 153	趵 130	144	遄 157	甥 92
雄 81	雰 132	睹 56	猒 169	跔 43	噎 175	嚣 4	無 60
廓 48	雰 72	暑 58	閣 16	跑 20	喟 126	買 81	犇 131
廬 163	猗 138	最 147	晶 93	跬 44	單 152	賈 158	掔 145
暴 32	雅 57	敧 139	閒 144	跎 137	152	霉 3	犗 144
畮 10	57	晰 88	閒 153	跟 98	154	翠 21	觘 52
硤 165	晉 178	睄 33	153	踦 125	154	罣 81	餅 94
硜 92	犏 139	睅 156	晹 87	踣 138	喦 174	罥 72	短 156
硯 155	獠 74	睨 155	閔 130	139	喦 164	剿 10	智 81
硲 27	㹥 105	量 74	閱 72	跆 1	喦 178	崵 72	毳 148
硪 137	棐 118	74	閱 73	跪 118	羿 21	73	犆 9
确 47	辈 118	明 158	悶 110	晦 1	羿 57	帽 27	10
硠 72	斐 118	睋 137	悶 131	蛙 83	喘 157	嵋 43	甄 140
厤 88	悲 117	睎 116	131	蛄 104	啾 21	竭 144	犅 72
雁 153	惢 28	庵 169	遇 43	蛕 3	喤 75	崾 118	牦 110
鼓 138	椒 28	170	喱 130	蜊 145	喉 42	崽 1	惊 74
欹 138	崔 155		喓 33	蛭 104	喻 44	崿 65	犝 133
歇 138	紫 83	覘 76	喊 178	蚰 131	煦 43	嵬 117	犍 153
奲 157	蛍 82	晘 139	睍 82	蜩 76	喑 179	幒 133	153
厥 147	㭰 82	賑 98	晘 76	蛛 44	179	崒 125	梗 73
劂 148	82	貯 58	敠 87	蜓 94	嗲 154	崳 44	73
猋 34	齘 82	賦 58	遏 144	蛞 146	啼 82	崚 51	稙 99
尞 34	辈 82	賍 138	暑 20	蜓 154	嗟 139	嵐 178	稍 33
匼 72	紫 82	貽 2	景 75	蚰 98	139	愡 53	稈 152
魖 124					蛤 173		

字	頁	字	頁	字	頁	字	頁	字	頁	字	頁	字	頁	字	頁
程	93	偵	111	皓	19	鈍	131	餁	179	猲	145	訴	65	痳	3
稍	158	健	154	瓹	83	鈹	179	飮	43	猥	117	評	56	痤	139
稌	56		155	較	83	鈔	33	飭	10	猾	125	診	130	痒	110
稀	116	傅	68	髟	124	鈚	139	飯	158	獀	21	詆	99	痬	147
黍	58	傊	157	皖	156	鈝	130		158	猴	42	詢	42	痾	137
秺	21	斞	44	鄔	56	鈑	153	飮	179	猨	157	訨	157	痛	51
稬	43	敠	82	毑	2	鈴	180		179	狐	181	詎	137	痠	156
棃	98	烏	66	衆	181	鈟	157	餌	21	猶	178	詠	76	瓻	124
犂	100		67	甄	58		157	雉	180	猶	20	詞	3	滄	72
稅	148	梟	20	粵	147	鈗	100	敠	174	獋	132	詘	125	廁	20
稊	100	賤	155	奧	27	欽	179	脹	73	猵	109	詔	34	粢	99
稂	72	貸	9		27	鈞	111	腊	67		111	誠	138	棄	16
喬	33	傑	82	傮	19	鈁	76	腩	10	觛	152	詒	1		16
筐	76	順	133	虖	130	鈄	42	腑	74	觚	59		2	裒	138
等	1	遍	112	遁	131	鈖	179	腌	171	觗	99	馮	16	竦	53
筑	28	督	20	街	81	鈌	148	朘	152	猦	57		17	童	51
策	87	傗	22	衖	52	鈃	110	腓	118	猱	19	溧	104	戠	10
筒	51	條	19	徥	82	鈕	21	腍	130	獀	157	澤	105	瓻	1
	51	傝	81	衕	51	鈀	57	胭	133		157	就	28	啻	10
	51	傜	34	御	57		57	腄	140	欲	22	就	74	遝	154
筥	57	傒	82		58	銃	133		140	惉	20	鄙	32	竢	3
筴	44	傑	145	徸	53	逾	44	腴	44	飧	131	高	95	竣	133
筳	94	集	174	復	28	翁	174	膬	119	然	154	敦	117	啻	87
筏	148	雋	158		28	翎	174	脾	82	貿	19		131	鄣	72
筵	154	焦	34	徨	75	殻	33	腺	1	登	155	廂	74	旋	34
符	72	傕	148	循	133		33	脸	179	鄒	43	哀	19	遊	20
筌	158	傎	105	徧	111	弑	10	胎	170	証	93	廁	10	雄	76
答	173	傚	33	徦	57	番	139	腋	67	詁	57		10	棄	104
	173	悠	116	徠	21		156	腑	44	詀	170		10	鄲	28
筊	34	傍	72	須	44		158	脂	1	詖	145	厲	43	善	154
筋	130		72	舾	87		158	勝	16	詰	56	厲	145	羢	98
筍	111	傔	170		87	敾	33		16	詊	125	廋	21	朓	34
筈	180	傛	53	艇	94	禽	179	腕	155	詞	137	魔	117	翔	74
筶	65	偏	154	舒	58	爲	140	腱	153	評	93	斌	130	羨	154
筊	33	遑	75	舍	58		140	腒	57	詛	58	痛	59	艴	94
筆	124	剹	145		59	舜	140	腏	2	詀	28	痞	3	綮	157
筞	140	臬	104	鈃	94	狄	133	腏	147	訣	73	痰	164	普	59
頇	65	躾	67	鈇	60	貁	20	猰	144	詗	95	痙	93	舜	110
傲	32	皋	19	鉅	57	貂	123	猷	170	詸	105	痟	34	蒳	155
傔	42	郎	10	鈄	59	貉	35	猩	92	詐	66	痡	158	尊	131
傌	57	馗	104			創	156		94	詋	138	痢	98	奠	111
備	10						74								

遒 21	湞 93	游 20	憧 53	甯 94	125	媗 93	婺 44
敊 28	碆 138	溠 137	愎 28	寍 94	屖 164	媞 82	粮 72
道 19	湡 93	湔 154	惶 75	寍 94	犀 100	82	紲 116
19	湨 89	滋 3	愧 118	寐 124	屬 165	婸 72	彝 145
遂 126	湜 87	淺 21	愉 42	病 75	屛 153	媚 27	竭 145
酋 65	渺 34	渾 131	44	運 132	弼 105	媼 19	絓 83
孳 3	測 10	131	惀 67	扉 118	晛 100	媚 125	結 105
曾 15	湯 72	溉 123	惓 51	遍 111	強 73	絮 58	組 155
15	72	渥 47	悼 95	棨 99	73	58	綃 1
焯 39	74	洇 82	愔 179	棨 99	費 124	婣 165	綺 59
焜 131	湣 174	潛 111	愫 126	棨 99	125	媆 154	經 105
焌 130	潤 43	111	愃 158	雇 56	慈 111	嫂 19	綖 75
焰 169	溫 131	湋 118	惲 132	補 59	粥 28	媥 109	綫 145
焞 131	渴 144	湄 99	惼 111	裋 44	巽 156	媿 118	綱 109
131	145	湑 58	慨 123	裖 130	疎 58	婾 42	絑 44
焠 124	湢 117	滁 58	123	裎 93	疏 58	44	綎 94
焳 28	渭 125	湧 53	惆 82	裼 66	58	嫜 169	結 145
欻 125	湍 156	溪 100	愘 131	裸 155	違 118	170	紌 11
焱 169	157	滔 19	愇 118	禍 139	韌 130	媛 157	綖 154
勞 32	滑 125	愜 164	惰 58	裯 19	隔 87	157	紙 179
32	湃 145	愭 145	慅 19	裮 124	陸 140	媄 99	紙 87
湊 42	湫 21	煤 3	19	祿 47	煥 74	嫥 155	絟 158
湉 174	21	愖 178	愫 81	幂 88	婆 169	燦 169	給 174
湛 178	22	惲 9	割 144	鄆 94	婐 76	姣 19	姚 35
179	湩 51	愫 164	寋 146	託 65	隙 67	媥 109	絢 112
港 51	51	慞 19	寒 152	覘 105	陨 133	媁 118	絳 180
渫 164	溲 21	慌 75	塞 153	惢 139	叙 126	媚 99	絡 65
164	淵 112	愊 10	富 11	逮 111	隥 116	婿 59	緂 138
湖 56	湟 75	惰 139	餛 138	尋 179	靴 133	媸 32	絣 92
湳 178	渝 44	恮 154	寔 87	畫 88	陉 117	賀 137	絕 148
溮 144	湣 169	愯 139	寅 43	遏 131	陽 56	拳 158	絞 33
湘 74	湲 157	愻 169	寁 155	祀 57	舞 72	畬 158	歙 99
渤 124	滄 152	惻 10	寢 179	堅 124	隥 87	辝 3	緢 75
湢 10	溢 131	愓 72	寅 60	鬵 20	陳 169	登 15	絲 1
湮 130	渢 181	74	寠 148	遐 57	媒 3	148	統 51
湅 155	盜 32	愚 43	窒 94	覗 3	3	稍 38	絣 92
減 178	湓 174	愠 132	窖 27	尉 125	媸 178	喬 106	絑 100
湎 154	渟 94	愒 145	窗 52		蝶 164	整 43	絲 3
澳 156	渡 65	愕 65	窘 133		婿 139	希 44	幾 116
湝 98	溹 65	惴 140	窓 157		姆 154	啓 44	116
98	溍 175	愀 21	157		娭 157		萬 126

十三畫

耡 58
翝 145
惷 133
瑟 105
瑇 27
瑚 56
瑓 144
瑊 178
瑱 48
瑛 157
瑎 98
瑒 73
73
瑁 27
瑞 140
瑝 75
瑰 117
瑀 60
瑜 44
瑗 157
瑳 137
瑄 158
瑕 57
瑨 110
瑋 118
瑂 99
嫯 32
嶅 32
遨 32
嫯 32
瑤 20
瑑 157
尅 39
遘 42
嫪 2
嫠 2
蒹 155
愿 164
頑 156
魂 131
搆 42
髡 131
髦 88
肆 105
肄 53
搸 145
搢 110
填 111
搷 111
搽 66
載 1
1
搏 65
搞 87
戴 1
馯 152
駢 48
馲 65
馴 133
馰 39
馺 173
馳 138
摵 146
撖 104
鄢 153
趌 83
趌 104
趄 157
趚 88
趞 4
趆 74
越 82
趀 44
越 35
趍 138
趑 99
搋 153
塒 2
塤 132
損 131
遠 157
157
摑 131
鼓 59
歖 2
戲 1
塏 116
觸 180
艴 10
塢 56
搥 100
褺 146
縶 146
勢 145
摋 144
搖 34
搯 19
搶 74
堬 51
摓 53
登 52
搊 20
21
塯 21
塙 38
塉 88
摛 138
塘 72
搒 73
搐 28
墡 93
搤 87
搳 144
搈 53
壺 131
殼 47
凱 104
彀 47
穀 47
塓 88
摧 38
搦 38
搢 164
堎 16
墟 168
聖 93
聘 93
93
碁 2
蓁 110
戡 178
歁 178
斟 179
蔌 32
蒜 156
蓍 99
蓋 163
163
鄞 129
勤 130
蓮 155
蒪 65
靳 130
靲 179
鞅 72
靭 110
靶 57
散 67
蒚 88
蓛 87
蓐 48
蒝 157
鞏 48
蓫 28
28
蓾 20
蒔 2
2
華 105
墓 65
幕 65
募 66
豈 116
夢 17
17
蒛 147
蒁 21
蒩 56
蒨 94
葳 28
蓧 22
22
28
蓨 22
蒦 68
蒠 10
蓏 139
蔱 145
蔞 139
菑 34
蒵 82
蒼 72
蓊 51
蒯 125
蓬 51
蓑 117
蒿 32
蓆 67
蒺 105
蓘 131
蔀 1
蒟 43
蒡 73
蓄 27
蒹 170
蒴 168
蒲 59
65
蒞 175
蒤 56
蓉 53
莘 3
蒙 51
蓂 88
94
萑 39
菟 157
鄿 152
靲 152
152
嬰 2
蒻 39
蓀 131
蔭 179
179
蒸 16
菌 178
蓩 42
蒳 132
楔 146
楱 42
椿 133
椹 179
楪 163
榙 173
楕 111
楠 178
禁 179
楚 58
楋 144
楅 10
楝 155
椷 178
178
楲 118
楧 157
楷 98
98
楨 93
93
楊 73
想 74
楫 175
楣 27
楬 145
145
椳 117
椯 139
楸 21
椱 28
椴 156
楩 154
槐 118
楀 60
槌 116
118
楯 133
晳 88
楡 44
嗇 10
剺 105
鄹 105
卻 105
堥 1
柳 66
楥 157
157
椶 51
楓 181
楟 94
榜 65
椸 138
槎 138
楢 20
椓 126
椻 15
梭 19
楎 131
132
楄 111
概 123
椵 57
楃 47
椲 118
楣 99
楈 58
楹 93
楑 100
楙 42
楘 42
椽 157
裘 4
軭 76
軾 10
輁 52
輀 2
輊 104
輈 20
輇 157
輅 65
軫 139
較 33
38
輆 1
輧 94
奭 60
剸 156
鄟 157
匽 10
畺 73
臨 99
斛 139
署 109
瞖 109
剽 34
34
34
勦 34
甄 130
歎 129
賈 56
57
酭 4
酪 94
酪 65
65
酬 21

頦	83	殤	60	睆	82	嗄	57	蝭	82	崔	117	稑	1	舅	20
蝨	130	頓	131	睢	116	暖	156	蛸	33	崷	117	稞	140	睯	153
頏	139	盞	153		119	盟	75		34	罪	83	稛	131	鼠	58
感	178	菁	118	雎	58	煦	43	蜆	155	署	58	稚	98	牒	164
厤	129	督	27	頮	169	毻	144	蜎	157		58	稗	81	楅	10
頑	3	甏	157	睥	83	歇	145		158	罧	179	稔	179	傾	95
甂	163	歲	148	睴	156	暗	178	蛾	137	罳	10	稠	20	牏	44
碔	60	煇	53	賊	9	睆	138		138	罬	158	稯	133	牏	111
挐	155	貲	82	睮	131	暄	157	蜙	58	罦	169	甃	21	蜜	22
慇	20	觜	82	賄	3	暈	132	蚚	148	罪	117	愁	21	僂	44
碏	66		83		3	暉	132	蜉	21	罩	38	筭	156	優	153
碄	179	訾	82	賂	65	暇	57	蜂	53	罳	157	筑	111	傑	117
碕	138		82	賑	1		57	蜨	20	還	173	筬	2	催	117
	138	桌	104	歆	73	號	32	蜕	73	瞿	38	筮	145	傓	15
厬	3	粲	152	睯	133		32	蜕	146	蜀	48	筴	87	僑	180
碈	131	盧	138	睟	126	照	34	蜋	72	毲	147	筲	33	賃	179
硐	133	獴	57	睠	157	畸	138	蜿	157	鄟	15	籭	152	傷	74
碏	173	虞	57	睒	169	跓	83	蜘	105	嵩	181	筱	22	從	53
硾	140	虞	60	睩	47	跠	98	蛹	53	嵣	72	筰	65	傱	105
碓	117	鄘	56	暗	146	跬	105	圌	165	嗛	169	筓	56	罕	60
碑	83	叡	57	嗜	99	跳	82	畷	147	嵊	57	筝	21	像	74
碌	66	虜	56	嗑	163	跌	44	豐	100	嵤	53	箣	38	傀	140
碎	124	鄘	56		163	跐	131	農	180	嵊	51	筦	155	僭	34
碌	47	魁	168	嘆	65	跧	158	嗣	3	帴	88	筊	72	傺	145
繇	59	業	165	嗔	111	跲	173	梟	32	圓	132	節	105	備	53
奣	34	鳩	47	鄙	3	跳	35	嗅	20	歆	125	箭	51		53
厰	171	掔	38	間	137	跪	83	嗥	19	舩	72		51	偉	74
豜	155	鄧	72	暘	73	路	65	嗚	56	槊	60	與	58	僥	75
豥	1	當	72	嗹	65	跡	88	嗁	82	雊	98		58	舺	180
狠	129		72	閘	163	跰	92	嗂	34	頜	124		58	皋	117
殜	163	睛	93	暀	93	跟	129	嗃	33	氳	132	債	87	鄋	35
頑	4	睹	56	暍	145	園	157		38	槊	139	傿	153	鼌	60
殟	131	睦	28	閟	105	遣	153	嗙	73	惣	51	僅	129	魃	81
艛	170	睞	1	開	154	蛾	175	嗌	87	椵	57	傳	157	斬	130
滙	117	睚	81	電	15	蛛	20		87	猷	165		157	魁	117
鄂	59	睫	164		15	蛺	164	嗛	170	稑	28	傴	19	敫	39
電	111	尲	154	鄭	42	蜓	52	嗤	2	稜	15	傴	43	歆	39
雷	117	嗽	32	嗝	87	蛵	100	豍	82	稘	2	僄	34	臂	125
零	94	嗉	56	愚	43	蛏	94	嗒	165	稙	10	毀	116	僇	28
雹	27	暘	87	鄖	156			歆	157			晨	130	傪	178
霙	44	睡	140	嗺	48				157					頎	129

	130	鉿	3	腸	42	舼	157	詻	66	廊	53	煁	179	渾	105
衘	57	歆	44	腥	94	舩	75	誃	138	頏	72	煴	10	湞	132
	58	愈	44	膈	145	舫	83		138		72	煙	130	溷	131
遞	82	僉	169	睙	117	舺	66	諍	92	廓	21	煉	155		131
微	118	會	146	腨	157	解	87	詨	33	麂	20	煩	158	溦	118
	118		146	腫	53		87	詶	75	麇	98	煥	156		118
徭	34	覣	35	腹	28		87	該	1	廌	81	煬	73	滌	28
徯	82	遙	34	腵	156		87	詳	74	廳	179		73	瀚	21
衒	112	愛	123	腬	42		87	詶	21	資	99	煴	132	準	133
徬	72	貆	155	腿	116	麀	56	詫	66	窣	105	煜	175	澥	67
	72	貊	66	脯	124	鄒	145	詪	129	裔	145	煨	117	澺	82
愆	153	猵	20	腧	44	登	15	詡	60	靖	93	煏	125	塗	56
徦	105	貃	65	腳	66	礜	145	裏	2	靖	66	煓	156	滏	60
覎	87		65		66	遒	21	裛	174	新	110	煌	75	滔	19
	88		66	腠	51	煞	145	亶	152	郭	74	煖	156	溪	82
觟	19	亂	156	睽	16	頏	124	稟	179	歆	179	煔	169		82
觌	58	餗	147	勝	15	誆	76		179	意	10	塋	95	滄	72
幣	156	餃	144	腰	16	誄	118	盧	163	睥	81	熒	95	滃	51
嫛	156	飴	169	媵	100	試	10	廒	56	淳	117	嫈	95	漨	53
觪	179	飵	65	脙	21	詿	83	廈	57	隸	104	煇	131	溜	21
盍	56	飾	10	豚	157	詩	2	斟	35	逯	11		132	滾	119
鉦	93	餂	105	腦	32	詰	104	廇	21	羸	139	煒	118	滴	32
鈺	165	飽	20	詹	169	諫	88	瘩	56	旒	33	溙	110	漅	67
鉗	169	餖	87	彙	38	誇	59	麻	179	旒	20	漱	32	漓	138
鈒	125	餒	105	臭	39	詠	3	癒	10	旒	21	溝	42	溏	72
鉆	3	飴	2	臬	148	誠	93	瘞	48	雍	52	溢	164	滂	72
鉞	147	頒	129	劍	146	訿	82	痱	118	董	138	洴	72	滀	28
鉆	169		132	鮑	140	詷	51	瘍	73	羥	92	漠	65	溢	87
鉏	58	頌	53	雛	42	誅	44		87	詧	139	滇	111	溓	170
鉀	163		53	勤	74	詵	130	痹	105	義	138		111	溯	65
鋏	73	媵	42	肆	104	話	147	痼	56	登	157	漤	65	溶	53
鈴	94	媒	3	猿	157	誕	152	廓	67	豢	156	漣	154	滓	3
鉛	157	媵	163	獏	59	詥	106	癘	139	觠	157	溥	67	溟	94
	157	媵	72	猾	65	詬	42	瘌	145	粳	73	溻	137		94
鉤	42	腷	10	獂	155	詮	158	瘁	106		73	溧	104	淮	38
鉒	44	腰	33	鳩	20	諗	173	瘻	140	粮	74	溽	48	溺	39
鉉	112	腴	157	颭	57	誂	35	瘓	44	煎	154	滅	146		39
鉈	139	脂	98	颮	104	詭	83	瘁	126	猷	20	源	157		39
鉊	34	腸	73	獅	99	詢	111	瘀	57	遡	65	塗	53	塗	2
鈹	138			獵	170	詣	99	瘤	155	慈	3	淫	174	磘	139
				觟	83	諏	52	廉	169	煤	3	滇	139	粱	74

涵	178	褚	58		130	畬	156	瑪	56	駃	148	墇	74	鞅	73
憀	32		58	辟	88	猭	163	瑤	34	駝	133	境	75		73
愫	56	裲	74		88	鄝	22	瑲	74	城	27	撜	75	鞄	20
慎	65	裺	169	遅	98	勦	28	瑠	21	撼	28	摘	87	鞾	156
慎	110	褆	165		98	戔	100	璃	138	壔	146	墊	180	鞋	137
慄	104	裶	118	啓	110	預	58	葵	32		146	埶	174	鞁	105
惺	132	裸	139		110	稭	66	擎	32	撦	146	撇	146	鞦	16
愷	116	裼	88	愍	110	槳	47	熬	32	摳	59	摘	28	韶	32
愯	123		88	彈	105	愁	42	斟	47	挎	58	毇	47	鞍	138
	123	祝	82	隝	153	彙	125	慝	9	趙	34	榖	47	曹	19
愰	19	裨	82	戟	118	綠	20	鴉	152		35	榖	47	蕨	47
慢	53		82	靭	174	綷	125		152	趌	1	壽	21	藍	42
慌	81	褉	179	嘔	43	緶	73	氂	2	起	47		164		43
慆	34	裯	19	裝	74	綊	164	覵	169	趌	139		175	萟	34
慆	19		20	遜	131	經	94	嫛	83	通	53		20	蔕	146
愴	74	被	67	陚	95	綃	34	摬	53	趂	133		21	勛	145
	74	褬	157	香	2	細	131	覼	83	墟	57	摻	145	蘆	56
憛	27	袾	169	羣	144	絹	157	髟	20	撻	57	竭	178	蓼	65
慊	164	裾	57	陛	100	緕	117	髦	32	墟	57		178	慕	65
	170	褔	125	陽	19	紛	67	髹	144	壞	42		65	暮	65
	170	褋	3	際	145	綏	119	髣	76	搜	42	蜑摜操	156	摹	59
惱	39	福	11	障	74	綯	111	髥	178	墁	156		33	蕗	100
塞	9	禋	129	鼉	16	綄	154	摬	130	嘉	137		34	蔓	42
	9	禎	93	媾	42	綈	100	墐	129	臺	1		11		43
	9		93	婕	83	緡	179	撕	168	摧	117		148	勱	147
寞	65	禔	82	嫫	59		180	塼	157		117	蘂	148	蔓	156
實	99	禓	73	嬃	157	剿	34	搏	156	堋	15	聚	2		158
索	66		74	嫋	99	鄭	33		157	塲	74	蔫	44	鄭	144
嗀	180	禗	3	媱	34	勤	33	摳	42	赫	66	蒦	153	冀	10
窀	10	褅	88	媛	82		34	摯	111	經	93	藿	117	蘽	118
窠	139	禕	116	媲	100	舲	58	摽	34	截	146	蓺	145	蘦	118
窨	170	褌	58	嫋	44	**十四畫**		鳿	51	埶	174	蒍	146
窄	124	煩	179	嫉	105	耤	67	駄	81	翥	58	菫	130	蔑	15
窟	124	肅	28	嫶	27	璿	21	駆	57	總	51	斳	169	蔄	157
窶	147	盝	47	嫌	170	瑱	110	馴	105	誓	145		169	薖	139
窗	65	預	133	嫁	57		111	辔	174	摐	52	靽	145	舔	146
寖	179	裴	132	媧	94	璉	154	駪	144	勢	145	蕁	156	蓫	138
	179	翬	132	婉	157	瓓	104	駁	38	鋬	52	鞊	164	蔦	22
甀	111	槑	123	嫋	39	瑣	139	駒	144	摭	67	鞄	144	蓰	82
啓	99	廊	56	嫵	2	碧	67	駉	72	墉	53	軸	28	蓰	51
裸	34	殿	130	鵰	35	碧	67	駄	132	摭	47			蔔	9

蔡	144	榳	154	輒	163		169	翡	118	嘆	152	蜂	52	鄲	152
蔊	145		154	輔	60	硨	129	閩	158	暢	73	蜻	93	皛	178
蔗	67	榑	60	輕	93	碩	67	裂	27	閨	84		94	剐	65
蔍	82	槅	87	轂	88		67	雌	82	聞	132	蜡	66	踂	22
葦	74	樗	47	塹	169	硬	157	鋈	82		132		66	嗺	81
蕏	74	榎	57	輓	158	屧	20	歐	20	閩	130	蜥	88	嗺	117
蔟	47	榬	153	輐	156	碭	72	叡	123	閒	58	蚣	53	嗃	35
	47	榯	2	憖	154	碣	145	睿	148	閥	148	蝀	51	鳴	93
蔽	146	樺	105	輗	133	碪	117	叡	65	閤	173	蚻	10	嗿	178
淩	16	皺	57		133	破	156	虘	56	閣	65	蜧	74	恩	131
蕖	57	榻	163	敳	60	魂	118	廬	56	閡	1	蜨	164	嘛	67
藻	179	櫻	10	匱	118	磋	137	對	124		9	蜾	139	喉	47
黃	110	榍	131	歌	137	碌	124	嘗	74	嘈	19	蜴	87	啐	125
蓿	28	榭	67	遭	19	磁	3	夢	137	嗽	47	蜩	133	噉	168
蔤	105	熄	10	遬	47	碏	110	裳	74		48	蜗	76	唭	52
榦	152	槐	99	匰	152	愿	157	嘻	148	嘔	42	蝸	140	嘮	20
乾	152	蜑	82	監	168	戩	104	暚	10		42		140	頓	168
斡	146	櫨	82		168	爾	99	膩	173		43	睲	137	幀	87
	155	椴	145	望	76	剽	147	暴	48	遷	42	蜘	81	摧	117
熙	2	覡	88	敲	81	劈	147	噴	87	嘌	34	蜲	140	嶇	43
蔚	125	尅	1	瓵	88	奪	147		87	暠	32	蜺	82	攲	116
	125	赹	123	緊	109	臧	72	曄	163	暝	94	蜼	118	幖	34
兢	16	榣	34	鄣	154		72	戩	105	睪	28	蟬	82	罳	3
嘏	57	稻	19	鄭	178	豩	60	夥	139	暟	157	輪	133	罰	148
	57	樏	82	僰	9	豖	130	睼	82	踒	56	蜩	22	罯	178
蒪	140	槍	73	醏	59	狳	42	睯	27	跰	145	蜘	19	嶁	42
蔣	74		74	醒	93	豨	116	睽	42	踂	163	蛤	170	幔	156
	74	榰	111	醋	158	殠	65	睺	20	踉	130	蜐	27	巎	117
蓼	22	榪	145	酷	27	殞	133	睮	44	跛	65	蟑	131	雌	119
	28	槵	119	醂	56	殠	116	賑	130	踃	35	蜷	157	嵷	53
蓼	179	槁	32	酵	147	殠	21	賏	93	跟	144	蛟	168	幩	145
薇	73	榔	67	酸	156	匷	132	賒	59	踟	131	蜿	155	圖	56
蔜	181	榯	105	酳	130	需	44	暖	157	踔	20	蜺	105	蔣	74
榛	110	榗	138	紳	110	霆	94	曚	51	跟	74	蛆	125	嶛	22
構	42	榶	72	堅	99	霈	179	堅	155	踘	48	蛹	178	摻	179
榬	157	榜	73	嫛	99	零	65	覡	39	跉	2	蝃	146	慘	179
楷	99		73	厲	145	霂	60	睃	19	踊	53	嘘	57	齰	173
榋	163	槤	170	啓	28	鳶	157	睃	131	踆	131	嗻	56	瓻	99
楠	10	榷	38	遭	146	戩	109	暎	100		133	蝏	21	骱	138
模	59	榍	105	彰	130	蜚	118	嗎	153	踢	73	貶	132	舞	60
槇	110	宧	104	厭	163	裴	117	唧	19	睡	51	團	156	鄅	57

鹹	10	箠	140	儆	28	銑	131	腒	131	孵	21	塾	28		88
製	145	箄	82	僮	51	鋌	94	脆	100	巺	15	塵	129	齊	100
韜	1	箏	92	僔	154	銛	146	腠	81	逡	34		75	斠	72
	4	箙	11	僯	110		169	腈	88	夐	110	遮	59	旗	2
錫	74	箸	1		170		170	膀	72	鄍	19	座	139	旖	138
鞞	133	箋	165	傅	131	鋋	154	滕	16	誠	9	麼	139	齎	58
犒	11	箈	169	宿	133	鉬	179	腦	87	誣	60	廎	95	遫	126
毊	140	箈	1	甎	145	鋗	88	臃	38	誖	124	慶	42	鄩	154
犗	44	管	155		146	銓	158	盤	178	誧	59	廣	10	辣	51
犒	32	箜	51	鼻	105	銚	34	膈	39	諫	48	腐	44	羏	140
犉	144	箓	47	鳥	19		35	蟹	118	語	58	廁	51	養	73
犛	38	箒	21	魄	65	鉋	83	罵	19		58				73
碣	82	筑	59		66	鉻	65	翩	19	詼	164	瘦	145	頩	156
稭	75	縴	158	魅	124	銘	94	鳳	181	謦	92	瘌	144	精	93
稓	81	毓	28	魃	147	鈔	138	脽	129	誚	34	癧	39	糈	73
稯	139	僥	35	魁	110	錚	92	匐	20	誤	59	瘒	53	粺	81
	156		35	魑	104	銨	33	魠	65	誥	27	瘦	21	鄰	110
楷	98	債	132	歁	56	餅	93	魡	39	誐	137	瘣	117	鄰	110
稠	145	僖	2	傿	158	銀	129	戛	95	誘	20	瘉	44	粹	126
稕	156	健	144	僎	158	鄒	174	疑	2	誨	3	瘡	179	粯	157
種	53	傲	2		158	銎	129	獄	3	詐	66	瘂	137	劕	131
	53	傑	163	峪	170	鄻	139	獅	170	誑	76		138	鄭	93
稈	75	儆	93	僑	106	餂	178	獌	156	詰	75	廜	74	歎	170
稱	16	傔	154	機	116	惡	130	颮	125	說	148	瘂	21	愬	65
	16	僚	34	戩	148	歆	34	颱	169		148	瘺	109		66
	16		35	歃	81	鄾	140	颭	20		148	瘝	57	弊	146
	16	僭	180	衒	154	狸	2		34		148	瘠	110	幣	146
稷	51	僕	47	微	118	貌	38	複	28	記	2	襃	28	弊	146
	51	踅	28	衙	168	餌	2	獄	48	誦	53	褒	20	婪	146
概	124	個	153	徽	146	蝕	10	猵	53	誒	2		21	鄼	16
稭	58	債	117	愍	130	餂	170	獐	74	潩	17	塵	110		16
熏	132		117	惆	19	餉	74	獺	146	潚	82	麈	3	煇	105
箱	169	俾	152	槃	156	餅	93	獝	168	裹	139	廖	28	煏	132
箸	58	僧	82	摰	156	領	93	觫	22	槀	32	辡	154	熯	123
	58	僑	33	粂	58	膝	56	觫	47		32	彰	74	熄	10
箕	2	儔	133	鉬	94	膜	65	觧	93		32	劀	53	熇	38
箬	66	僬	34	鈝	3	膜	110	獟	20		32	竭	145	熿	72
箧	165		34	鄒	59	膊	65		20	敲	33	韶	34	熝	170
箋	155	偽	140	銓	104	膈	87	獊	178	歆	33	端	156	菇	169
算	156	僝	133	鈤	180	遡	131	獒	53	殻	38	颯	173	粦	110
算	105	僎	154	銅	51	膩	139	雒	65	豪	32	適	87	舜	94
箇	137			銖	44					膏	32				
箘	133										32				

字	頁	字	頁	字	頁	字	頁	字	頁	字	頁	字	頁	字	頁
榮	95	漁	58	搴	153	褊	109		27	斬	48	緂	168	鳺	60
脊	35	潊	72	塞	9	褘	118	隔	140	遺	155	綜	180	摑	98
縈	95	潚	138	窴	180	褖	156	墜	126	績	92		180	髮	3
揫	38	潹	56	寬	155	禡	57	隧	126		94	綻	153	髮	148
熒	95	漮	72	賓	110	禎	110	隉	15	緋	2	縮	156	鬏	169
煽	154	浦	53	寡	59	褫	82	墜	138	緒	58	緓	105	髯	44
烨	38	漉	47	寠	43	褶	21	嫿	87	綾	16	綠	48	氂	125
漬	88	漳	74	窬	144	禚	39	嫣	153	緯	94		48	鬆	35
滼	153	潄	73	甍	44	鼐	88	嫥	157	緅	42	綴	147	髮	138
漢	152	潒	153	瓵	53	鄠	179	嫗	43	綢	34	緇	3	髶	21
潢	75	滴	88	窻	52	劃	88		43	綝	179	皒	94	隸	105
滿	156	漾	73	窨	179	畫	110	嫖	34	緘	10			墝	33
潊	152	潄	146	窪	83		110	嬈	99	緉	74	**十五畫**		撓	33
漆	105		146	察	145	頤	129	嫈	59	綺	138	熭	147		33
	105	滾	42	康	72	暨	124	嫶	58	緤	164	慧	148	墳	132
漸	169	演	109	蜜	105	屢	44		59	縷	100	頼	117		132
	169	淑	28	寧	94	鳾	99	嫭	56	綫	154	耦	42	撻	144
溥	156	窪	83		94	屣	82	嫚	153	綽	39	奭	53	墶	104
漕	19	潗	105	瘩	56	彄	67	嬈	118	緄	131	瑾	2	撞	104
漱	48	漱	168	窻	124	彄	42	嫶	178	緆	88	瑾	130	撕	83
漚	42	漏	42	寢	179	勞	73	嫡	88	綱	72	璜	75	撊	145
漂	34	潒	21	寥	22	鄭	124	嬈	158	網	76	璊	156	撒	67
	34		22	實	104	隕	132	嬌	139	緺	140	璡	11	撣	178
	34	漗	53	鞁	132	隒	110	嫽	27	緌	141	瑇	59	駓	3
漘	133	滲	179	肇	34	靬	147	嬸	178	維	118	靚	93	駍	92
滯	145	懂	130	肇	34	靬	123	嫲	1	綿	154	璀	117	駔	56
滷	56	懑	156	綮	99	鞁	148	頗	139	綧	105	璀	110		72
濾	58	慚	168	褥	27	靴	105	趠	174	綸	132	瑪	48	馳	28
滂	22	愽	156	裸	164	墮	139	歡	165		133	璁	51	駃	73
漊	44	憎	21	褊	153		140	翟	38	緵	53	璋	74	駛	3
漫	156	慓	34	福	11	隋	139		39	緀	1	璇	158	駒	95
漢	10	慽	28	褸	33	隨	140	翠	126	綬	21	璆	20	馴	105
潔	173	慢	153	褊	139	牆	74	嫛	163	綢	20	璪	32	駚	104
漉	155	愓	74	禔	82	獎	74	皆	1	綯	19	漦	3	駗	44
濢	117	慟	51	榲	132	愻	131	熊	17	緒	21	犛	2	駖	130
	117	憀	72	褐	144	瞉	2	態	1	綧	133	氂	32	駒	94
過	139	慷	72	褍	156	隤	117	鄧	15	綷	124	慈	2	駒	43
㵤	20	惰	139	複	28	頦	125	劇	106	綌	44	鴉	155	駐	44
㵥	35	憎	175	裸	19	嶇	124	督	42	綾	164	奭	10	駝	137
漩	82	憀	22	褕	44	隖	60	鞻	104	緒	28	輦	154	駚	105
潄	58	慘	178	褓	157	隩	27	盞	83	綣	157			駛	139

字	號	字	號	字	號	字	號	字	號	字	號	字	號	字	號
駴	1	播	139	鞈	65	尊	131	樠	156	輎	53	磋	82	鄲	165
	1		139	鞍	152	薄	27		156	輻	15		82	輝	132
撅	147		139	鞙	129	蕩	72		158	輖	21	礫	66	賞	74
	147	擒	179	翱	9		72	標	118	輬	74	磅	72	瞋	110
	147	撝	140	葦	178	蒲	42	楜	10	輨	155	礴	169	暈	48
墧	35	鞏	52		179	蘊	131	樻	140	輓	157	磭	144	嘆	152
撩	35	撚	155	蕀	10		132	橋	22	敕	147	確	38	暴	38
趣	44	撞	52	酤	59	蔿	144	樅	53	輈	3	鴈	153		38
	44		52	葳	154	蒲	44	樊	158	敷	60	廚	168	暴	60
趙	66	撤	145	蕨	147	蒲	154	墊	109	甌	42	屬	140	暖	153
趣	111	摯	174	薊	145	蕾	11	賁	1	毆	42	甋	74	瞄	28
趄	38	熱	174	蕤	119	蕾	94	覰	1		43	遼	35	賦	60
趁	125		175	蕞	147	蘫	92	敊	60	歐	42	擗	88	賤	154
趨	132	墫	131	蕕	155	蕊	140	剩	111		42	雁	16	賜	88
趌	119	搏	131	蕭	94	蕁	178	橡	74	毆	42	豬	58	賙	21
趏	179	增	15	戳	174	蔬	58	樲	67		43	獝	155	睟	126
趨	27	摗	153	莆	153	蔌	125	楝	72	頤	110	殖	129	鄲	67
趍	9	穀	47	邁	147	蓥	16	樟	74	豎	44	殤	74	瞞	138
趑	47	愨	47	賣	118	薐	19	楠	88	賢	111	震	130	暗	148
趒	111	墀	98	蕈	155	蔞	42	樣	73	遷	154	霄	34	瞑	94
撲	47	攢	126	蕢	17	蔜	148		74	醋	65	霓	155	嶢	35
撲	47	撰	156	鄭	17	蕭	3	橢	139		65	雪	163	噴	131
撐	73	漿	94	蕪	60	飌	1	榴	174	醆	153		173		131
撮	147	橙	16		60	槽	148	樛	22	醇	74	霂	47		2
撊	153	墪	147	藜	98	槿	130	槮	178	醇	133	霓	179	噎	105
頡	105	撥	147	薢	100	橫	75		179	醉	126	鴉	57	噁	65
墫	154	聰	118	蕎	33		75	樏	33	醋	3	還	104	嘶	83
揮	152	聒	60	薄	68	楠	156		33	醆	147	輩	117	嘆	144
賣	81	棻	2	蔦	67	槫	156	輨	94	鶏	81	齧	117	嘲	33
撫	60	聯	100	蕉	34	槽	19	輚	15	慼	28	劇	147	齜	32
撟	33	薨	34	蕈	19	楸	47	輢	138	慫	146	齒	2	闍	131
赭	59	賁	118	奭	27	樞	42	輘	153	碼	4	餐	82	闍	154
覰	56		132	蕧	28		44	輥	139	礉	33	遨	20	閲	148
墺	27	蕲	82	蕃	158	標	34	輥	131	磕	163	敕	35	閭	72
鋬	145	歎	152		158	櫨	20	輬	76	碩	111	劇	67		72
染	145	蕙	106	蓷	155	械	28	輗	82	碣	87	勱	57	闥	137
	146	鞀	109	蔦	140		28	槳	169	磊	117	歠	57	鄲	15
摯	145	鞉	11	蕶	133	橇	58	暫	168	憂	20	膚	60	甄	42
摯	146	輪	173	蕕	20	樋	57	擊	168	碩	133	慮	58	數	44
熱	145	鞊	32	殣	131	橙	73	憖	168	磴	117	歗	56		44
墦	158	鞛	99	董	51	樓	42	輪	133	磁	82	觐	67		48

	48	蝟	125	幩	132	犕	53	簐	1	質	104	劍	171	鮋	56
嘾	178	蟉	22	嶀	144	牅	153	篆	157		104	劊	146	鮻	138
影	75	蝮	28	嶘	153	頵	94	篘	38	喘	157	鄶	146	魯	56
曈	104	蝻	112	嵡	117	摻	178	摯	4	德	9	頯	35	魶	174
嘻	173	蝗	75	嶔	147	頡	146	儌	15	徵	2	鴶	144	敏	58
	178	蛻	118	嵤	35	積	110	傺	179		16	慾	48	魿	179
嶤	73	蝷	42	嶜	179	稽	99	僵	73	衝	53	箜	51	魵	132
踖	67	蝓	44	罵	57		99	價	57	慫	53	虢	68	魧	72
踦	138	蝣	66	罼	95	稷	10	覷	82	徹	145	辟	3	魴	76
	138	蝯	157	罻	153	黐	104	牖	20	螷	154	貓	33	穎	95
踐	154	蝣	20	罼	105	稻	19	鑒	22	徸	100	猍	1	獟	35
跰	118	蝤	21	罶	21	邑	100	夆	22	衞	147	貏	82		35
踧	28	蝙	111	罷	138	黎	100	傀	15	嫛	44	舖	59	獚	144
	28	蝦	57		138	榜	72	譽	153	尋	179		59	獤	110
踔	38		57	幝	154	穚	27	儇	157	睸	27	諫	47	獠	35
踝	140	蝤	58	幠	56	糕	39	傲	35	艘	22	餉	158	颲	145
踢	88	蟒	21	嶠	33	糠	170	儉	169	艐	51	餓	137	獢	33
踏	173	蟆	157	嶠	33	稼	57	儈	146	磐	156	餘	58	獡	66
踟	81	嘬	147	嶕	175	穄	98	優	123	磬	156	餕	117	獐	19
踒	139	噴	118	嶣	34	覢	140	儋	168	盤	156	餒	148	猵	158
踘	27	剟	35	嶔	179	篋	164		168	艖	138	餕	133	獜	110
踣	125	郻	32	嶓	139	篋	163	僵	152	鉔	163	歟	179	豬	57
踖	9	嘼	28	幡	158	箱	74		152	銯	20	鴆	129	觭	138
踡	164	嘽	152	幢	52	範	171	億	10	鋪	59	鳶	132	艦	82
踦	157		154		52	篖	9	儀	138	鋙	58	膝	105	獫	104
踠	157	遷	65	幟	10	箲	179	僽	10	鋏	164	膞	157	領	66
踞	57	嘿	9	嶙	110	箭	38	黜	146	鋄	171	膘	34	頴	95
遺	118	嘸	60	嶒	131	篂	82	皣	163	鋞	94	腰	42	劉	21
	118	噢	174	嶒	16	筋	34	躶	139	銷	34	膈	11	頪	93
畾	117	噍	34	嶵	117	箟	72	覍	154	鋤	58	脺	125	請	93
蟲	27		34	墨	9	篇	157	舫	76	銅	158	滕	15	諸	58
蝘	155	噏	174	骶	82	箖	21	愷	116	銶	3	膤	174	誣	65
蝠	11	嘵	140	骷	146	篋	154	縣	154	銼	139	膠	20	諆	2
蝒	154	噪	154	骱	73	篁	75	晶	35	鉛	48	腳	73	諏	44
蝡	157	噉	28	骼	66	篌	42	皜	32	銲	148	髲	165	諿	66
蝤	93	噂	131	骸	33	箏	111	嶉	38	鋒	53	鴇	19	諾	65
蝬	82	噌	15	骹	2	管	27	樂	38	銳	148	頦	83	諫	2
蝪	72	嘮	33	骿	94	箭	154		38	鍗	100	鴥	60	諑	48
蝛	133	噷	106	骴	81	落	65	僻	88	銀	72	魟	157	諕	154
蝎	144	嘰	116	醯	156	篇	109	毚	126	鋄	179	魴	144	誹	118
蝤	125	嶢	35	靠	27	篴	58	廗	84	頜	173	魜	99		

諔	28
諕	32
課	139
諎	173
誷	76
諣	140
諈	140
諉	140
諛	44
誽	82
誰	119
論	131
	133
諗	179
調	22
	22
謟	19
諂	169
諒	74
諄	133
誶	126
談	168
誼	138
誳	125
誸	111
亶	53
槀	32
熟	28
勯	152
廠	146
廚	44
廝	82
	82
廟	34
摩	139
犘	138
麾	140
廄	20
褒	19
廛	154
褭	118

廡	60
	60
廞	179
瘈	145
瘛	145
	145
瘍	57
瘟	163
瘼	65
瘨	111
瘞	163
瘒	105
瘨	132
瘭	132
瘜	10
瘢	156
瘡	74
瘣	119
瘠	88
瘚	147
瘵	132
鴋	132
歊	72
賡	73
麌	33
麃	33
慶	73
	75
餈	99
廢	148
凜	179
毅	123
甂	88
敵	88
賚	74
蝱	73
膢	35
螌	138
頦	1
䍶	129

羬	180
羯	145
羭	44
鄰	138
遂	154
頩	94
	94
輦	157
糂	178
糊	56
糒	10
頪	124
糇	42
遴	110
糈	58
糔	21
糅	21
	21
翦	154
遵	133
導	19
	19
獘	146
撆	146
憋	146
熯	152
	154
熿	75
𤏬	19
熛	34
熜	51
覢	169
瑩	95
禜	95
䁝	95
熒	94
熠	174
熮	22
潔	146
澆	33
	35

	35
澒	51
	51
濆	131
	132
澍	44
澎	73
澌	82
潮	34
潸	153
潓	106
潙	44
潭	178
潦	32
	32
	35
澐	132
潛	180
濬	133
濎	94
濈	174
潤	111
澗	153
潣	130
潰	117
潬	152
	154
澂	16
澬	81
潿	118
潕	60
鋈	38
潟	67
潗	174
潐	34
澋	104
澔	19
潫	180
澳	27
潝	174
潘	156

潼	51
澈	145
塗	21
潧	110
澇	32
潯	179
潺	153
澄	16
潏	106
	106
憢	35
憤	132
憓	106
憛	178
憭	35
	35
憯	178
憿	74
憪	153
	153
憫	130
憬	76
憒	117
憚	152
憮	60
懊	27
憍	33
憔	34
憞	117
憧	52
	53
憐	111
憎	15
憕	16
憰	106
賨	180
戭	110
寮	35
寫	67
寘	109
	111

審	179
窱	22
窮	180
窳	59
	60
窯	34
窩	140
窡	124
𥧲	152
頞	144
冪	88
翩	109
鳸	56
褠	42
褥	48
褫	81
褵	138
褣	53
褉	88
褚	58
禩	3
鴆	179
盡	110
覡	48
蝨	105
	105
犚	125
熨	125
	125
慰	125
遲	98
壁	145
劈	88
履	98
屓	111
鴂	148
層	15
彈	152
	152
選	158
韐	173

漿	74
險	169
隦	87
嬈	34
嬉	2
嫭	56
𡡞	180
嫺	153
嬋	154
嫖	9
嫵	60
嬌	33
嫶	34
嬀	140
嫣	157
嬔	158
𡢾	154
𡢻	154
嫿	88
駑	56
駕	137
魌	164
𤟤	109
䍡	82
甈	156
	156
猴	42
戮	28
獀	51
翬	132
毚	133
遹	106
蝥	20
犛	44
稭	144
豫	58
䌶	51
緤	164
緗	74
緸	129
練	155

緘	178
緬	154
緳	157
緒	98
緹	82
緝	174
	174
緼	131
	132
緭	125
緦	3
縃	124
緟	53
緞	156
緶	154
	155
緥	19
線	154
緱	42
縋	116
緰	42
	44
緩	155
緵	51
	51
締	88
縒	138
緧	21
縌	67
緪	15
	15
緷	131
編	109
緍	110
緯	118
縕	94
緣	157
畿	116
鼣	163

十六畫

字	頁	字	頁	字	頁	字	頁	字	頁	字	頁	字	頁
橳	67	駱	65	磬	34	薈	146	橞	106	橃	148	醒	94	閼	51
耨	47	駮	38	覰	178	薆	123	橝	178	檊	59	醜	21	冀	98
賴	132	駴	75	褧	95	亂	156	橛	147	橘	106	龥	43	嶭	82
璥	93	駭	2	繛	1	蒼	169	橑	35	榛	118	醢	178	頻	110
璙	35	駢	94	鄴	43	薊	146	樸	47	機	116	勵	145	亂	110
齟	38	撼	178	韓	105	檠	93		48	輹	42	匱	156	餐	152
璞	48	趡	145	薳	140	擎	93	橃	174	輻	11	鴉	3	叡	148
靜	93	趖	82	夢	16	憨	93		175	頓	157	磧	88	虜	154
璊	60	趍	145	薔	10	薛	87	橉	153	輯	174	磺	75	遽	57
璠	158	趙	21	蓀	42	薆	32	橉	118	輼	131	磩	28	嚴	57
璘	110	據	57	薮	88		32	森	65	輵	144	磴	117	盧	56
璲	126	歊	131	鞀	42	廉	169	檉	154		144	磪	117	戲	153
螯	32	操	32	鞍	165	薦	130	橺	157	輪	157	疀	60	虦	153
澄	15		32	覦	146	資	99	橆	59	輹	28	覴	155	觻	56
璚	95		32	鞉	158	薪	110	橇	148	暫	168	鬚	105	黺	132
璢	145	歊	2	鞍	156	薏	10	橋	33	輯	133	歷	88	瞡	83
璣	116	熹	2	蟄	9	燔	158	橚	111	輸	44	曆	88	瞞	156
薰	155	憙	2	誰	66	薆	157	橋	141	輼	94	廥	153	縣	158
髻	105	擇	66	薑	73	薄	65	樵	34	輨	20	龕	146		158
髽	2	擐	156	燕	155		65	橾	19	輨	131	奮	132	瞟	34
	53	擨	48		155	蕩	32	軴	20	擊	88	頗	164	曉	35
髭	82	摨	145	黇	170	濛	179	播	158	嬰	88	猵	131	題	82
髻	146	頹	93	靛	42	翰	152	愁	109	鞣	21	獥	57	曈	105
髳	20	椵	57	藝	130	翰	152		109	蟸	125	廅	82	暴	38
髮	99	墩	35	薢	144	蕭	22		109	整	93	殢	105	曋	73
鬈	139	撤	39	蕩	72	噩	65	麩	57	賴	144	鴑	145	鴟	22
戴	35	撿	169	藏	147	頤	2	歌	106	橐	65	殯	117	鳴	152
壧	163	擔	168		147	監	56	橺	179		65	殫	152	鴡	58
擭	67		168	蒙	57	鴣	56	燃	154	融	181	雺	179	賵	181
	68	壇	152	鄮	158	薜	87		155	翮	87	霖	179	瞞	146
駥	181		152	蕗	65		88	橦	52	豎	111	霋	100	瞙	158
駓	2	擅	154	遼	173	薅	19		53	頭	42	霏	118	瞳	111
駏	104	壔	178	薨	16	橄	99	橻	10	瓢	34	霓	82	曇	178
駝	95	擁	52	薤	99	縐	105	橪	82	醓	179	霍	67	瞰	168
駧	51		52	薁	58	橈	33	橉	110	醈	53	霑	169	嚘	68
駉	109	瞉	47		58		34	橒	131	醎	178	蟲	57	噚	33
駚	130	瞉	47		58	橇	147	橵	126	醞	154	臻	110	噤	179
駘	158	瞉	47	薛	145	樹	44	橧	15	醍	82	簪	110	閽	56
駓	32	磐	94	薇	118	橌	83		16		82	頸	93	闇	10
					118	樟	56	槽	125	醘	132			閿	169
				薟	169	橉	152	橙	15					閶	74

閻	110	螉	51	嶼	58	篡	156	駒	137	鋸	57	膲	34	獨	47
閿	132	螭	138		58	篹	156	駓	81	錣	147	膰	158	獧	32
闍	131	螗	72	皋	117	篳	105	駚	105	錙	3	臟	10		39
閣	169	蟑	169	嶰	144	篧	21	駴	106	緇	145	膳	154	獫	169
闋	144	螗	154	嶮	169	篠	22	皞	19	綮	144	臘	9	獪	146
暱	19	螟	94	嶒	146	篚	81	邀	33	錕	44	縢	15	獬	87
噈	131	嚎	66	幨	169	篛	51	餶	28	劍	171	騰	116	餛	117
瞳	51	嗔	60	嶻	87	篙	32	徼	39	歆	174	雕	22	鰓	1
鴞	33	嘐	21	羲	138	篩	1	衡	73		175	鴟	99	鷉	156
縲	155	頤	131	圛	67	篛	73	艦	179	覯	157	魯	59	鯆	21
顥	124	器	104	圜	156	篘	168	盤	153	畾	19	鮨	99	邂	87
蹯	133	嚲	73		157	舉	57	艗	88	猰	144	鮚	57	鍜	156
蹛	179	儾	180	頯	117	興	16	錏	57	貇	38		165	頰	20
蹀	164	戰	154	默	9		16	錤	2	褍	156	鮪	75	縗	34
蹹	173	噎	173	默	4	盥	155	錯	65	貐	44	鮏	3	鴛	157
蹓	11	喝	48	黗	131	嚳	27		65	墾	129	鮁	147	謀	4
噈	146		48	黔	180	學	27	錡	138	敳	156	鮎	170	諶	179
	147	噬	145	默	178	儦	1	錢	154	悷	3	鮠	154	譁	9
躇	83	嘖	105	骾	73	儔	20		154	餧	73	鮋	20	諜	164
踶	81	嗷	39	甌	60	儵	9	錕	131	餕	16	鮰	21	諫	153
	82		39	壽	124	儰	20	錫	88	餚	132	鮭	94	誠	178
踢	72	噞	169	雊	140	儔	44		88	餞	154	鮓	137	諧	98
踹	156	嚕	147	憧	51	儒	44	鏷	130	餧	117	穌	56	謔	39
踵	53	鴦	73	憩	145	嬰	116	錭	56		140	鮒	44	諟	82
踽	60	噡	169	積	88	毇	116	錯	173	餚	33	鮊	66	謁	145
踰	44	噫	2	穆	28	馘	38	鍋	139	餡	105	鮣	94	謂	125
踱	65		9	黏	104		39	錘	140	餤	168	鮑	20	諰	3
蹄	82	嚌	52	頮	117	傚	124	錣	140	館	155	鮫	131	諤	65
蹉	137	嘯	28	稽	145	儌	170	錐	119	餑	147	鮀	137	諯	157
蹁	111	檬	51	穌	72	儮	60	錦	179	盦	178	鮍	105	諭	44
跘	57		51	穆	28	嶷	1	錍	82	頷	178	鮍	138	諡	87
蹢	53	羼	67	勳	132		2	錭	19	鴒	94	鮐	1	諼	157
蹂	21	還	156	敲	33	隹	21	愸	111	膩	98	鮂	20	諷	181
蟓	110	疊	43	籌	42	儕	98	錞	117	膮	35	鴝	43		181
蟒	72	麗	47	筐	118	儐	110		133	膪	132	獲	68	譜	99
蟆	57	罷	138	篤	27		110	鑯	157	膴	163	穎	95	譜	178
螈	157	蔚	125	箱	33	磺	87	鈑	168	膫	35	蠋	27	諺	154
螃	66	翼	33	築	28	輥	146	錠	94	膴	56	猭	169	諦	88
螳	116	業	165	邃	145	劓	145	錧	155		60	颷	98	誼	157
蟵	100	幧	34	篔	88	觔	20	鍵	153	膲	148	獌	180	諉	22
蟢	82	嶧	117	篢	28	翱	19	録	48	謄	158	獶	158	論	109

諱 118	親 110	營 95	瀤 52	禪 154	縛 68	黿 157	壎 132
諝 58	膞 157	罃 92	瀟 28	154	縟 48	髺 33	撰 48
裹 22	辨 154	袋 95	澂 130	機 116	線 158	鬏 140	螫 67
憑 16	辦 153	縈 95	澼 88	賫 110	緻 104	鬐 99	擬 2
瑪 42	龍 53	燽 179	憬 15	頳 133	繹 105	搗 84	壙 75
橾 60	鴣 175	燈 15	懞 51	壁 88	縜 133	牆 19	擴 67
韗 133	劑 100	澃 163	憾 178	幦 88	纋 83	壏 168	擿 87
憗 117	嬴 93	濩 67	懼 16	避 88	綯 19	檮 19	88
褱 118	鴦 75	67	懆 32	嬖 88	縫 53	檻 168	擠 100
遱 154	雍 52	濛 51	懌 67	彊 73	53	騧 9	螯 20
勮 129	薵 74	澣 155	懷 158	73	綯 43	駆 163	蟄 174
曆 168	觕 65	澁 58	懊 58	73	繰 117	騂 124	174
磨 139	猻 157	澹 10	懬 35	73	縞 32	騋 53	裝 174
磨 139	羲 138	漱 155	憸 169	彌 88	縭 138	驅 21	摯 179
糜 131	糈 10	濊 146	憺 168	醫 110	縊 87	駣 52	縶 174
糜 138	糚 74	146	懈 87	環 16	縑 170	駤 152	擯 110
廥 74	糗 20	濆 60	懍 179	墜 110	剿 168	騁 93	觳 47
虜 56	瓢 110	澠 16	憶 10	壂 104	綷 1	騆 158	觳 47
廥 146	瞥 146	16	憲 153	隙 174	鴆 22	騧 137	觳 47
廨 87	甌 16	潹 144	褰 153	憝 125	劉 148	騟 56	48
廨 87	燒 34	潞 65	寰 156	辥 145	165	騨 93	觳 47
瘴 130	34	澧 100	窺 83	噪 130		駿 146	47
癥 98	燌 132	濃 181	寰 42	隱 130	**十七畫**	駸 179	聲 93
瘶 164	熹 2	澡 32	43	隋 100	檽 42	騙 48	馨 94
瘻 42	燀 178	澤 66	寫 22	嬙 10	璡 105	駭 3	擢 38
瘻 44	燎 34	濁 48	窨 147	74	瓊 67	駿 133	藉 67
療 139	34	潠 21	寋 147	嬡 95	璥 88	撓 163	67
廩 179	34	澀 145	禝 88	157	璩 57	壖 157	聰 51
瘲 154	熠 180	澝 105	禮 19	嬩 58	麗 155	擩 44	顙 2
瘲 154	燁 154	潬 117	褔 42	嫩 39	璡 72	趙 111	聯 154
瘲 53	燋 34	激 39	褸 42	嬐 169	璐 32	越 153	薵 20
瘵 145	燠 27	澮 146	42	繪 146	璪 65	趡 105	藁 2
瘝 47	燔 158	澹 168	44	嬗 154	璪 32	趨 20	藓 51
癃 181	燃 154	168	襐 74	駕 137	環 156	趒 56	薄 66
瘳 20	熾 10	168	襒 146	嚻 38	匵 47	趰 81	勲 130
褒 19	燐 110	澥 87	褶 174	氉 133	璵 58	趨 44	艱 129
癖 88	燧 126	澶 152	襂 179	醢 43	璡 35	壎 174	鞅 164
廜 58	燀 15	154	禧 2	豨 105	贅 148	戴 1	鞜 173
麇 133	曽 179	濱 99	2	鴇 1	謷 32	鵠 104	鞞 83
塵 44	桑 109	滴 145	禪 178	幦 65	32	縶 73	94
凝 16	螢 95	澮 10		縉 110	覯 42	賷 48	
				縝 110	鄆 154		

鞠	27	賣	100	翲	34	霽	118	闓	44	蟋	105	髀	83	繁	139
鞟	67	蕢	117	醨	88	霂	44	闇	178	螻	74	鵁	44		158
鞱	155	蘆	39	醯	1	鵝	100	闊	146	蠅	47	鍠	57	興	58
鞭	157	隸	105	醰	105	養	118	闐	118	蟀	126	矯	33	歟	58
鞬	153	樫	93	醶	72	齔	110	闋	106	螟	110	罉	15	懇	58
鞀	10	權	48	醪	138	鷔	82	嚙	168	螳	104	橐	148	槸	27
鞅	147	樓	67	酸	51	觜	82		168	蟉	22	罐	73	頤	47
鞋	83	榴	105	醯	105	覘	20	曙	58	覬	132	鴣	147	價	48
鞴	4	樻	73	黟	99	圙	130	暾	35	雖	119	穗	106	儷	20
遯	47	櫃	57	繁	99	輇	124	曖	123	嚊	105	穉	38	優	20
藍	168	樔	44	儳	11	窒	65	嚅	44	嚋	2	蓉	19	擊	116
蕅	72	櫸	56	賻	83		65	蹎	111		10	穚	38	鳥	27
蕭	100		66	磽	33	彪	130	蹕	105	嚋	98	黏	56	齡	178
藏	72	樮	158	壓	163	戲	138	蹋	163		100	黏	169	盼	132
	72	樫	173	厭	169		138	蹜	82	幬	19	穜	51	歞	132
蔚	124	櫛	105	鴝	4		140	蹦	34		20		53	黛	9
藤	100	槃	116	鄴	20	虧	140	蹈	19	幭	146	穄	126	儦	58
蕳	58	橄	39	磾	99	蔽	148	蹊	82	檻	168	稺	98	儵	20
蕿	73	檢	169	碼	67	瞎	2	蹌	74	覬	117		98	償	74
藋	155	檜	146	礁	173	瞕	179	蹐	88	斁	65	魏	118	儡	117
薯	146	歟	10	磻	139	瞭	35	蹝	154		67	機	116	篤	179
蒿	148	槳	21	碼	140	暑	38	勰	118	屨	145	盍	33	頢	118
藕	145	櫓	169	磷	110	顆	139	螾	88	冪	131	簀	148	儲	58
薰	132	檀	152	碃	15	瞤	111	螞	153	斂	48	簪	87		58
蕠	158	檍	10	磯	116	瞷	153	蟥	133	歠	48	籍	66	儵	34
舊	4	橫	138	歷	88		153	蟥	75	斠	47	篳	130	曉	35
薙	2	橅	21		153	瞤	81	蜥	169	罿	51	簧	75	舁	152
藐	39		28	斟	60	瞴	60	螬	19	罾	15	簜	156	龜	4
蕢	95	懋	42	璽	100	購	42	螵	34	翼	158		157		4
蘂	2	轃	110	邇	99	賻	68	蟵	146	嶺	93	薳	82	鷸	174
蕨	32	轅	157	獮	155	嬰	93	瞳	51	嶷	2	簍	42	頓	83
	33	輮	109	奚	82	瞳	51	螳	72		10	箴	11	皤	139
薺	99	轄	144	殭	73	瞵	110	螻	42	嶽	47	篾	146	魌	2
	100	輾	154	鴛	145	瞪	16	蟃	158	嶸	94	薖	140	魑	74
蔡	95	槃	88	烈	145	瞧	106	螺	139	黔	169	篼	138	魖	56
蕰	58	擊	88	斁	65	嚇	66	蠋	11	點	170	篠	42	魈	76
藻	32	歟	88	皐	65	闍	129	璘	110	黓	144	篠	82	離	117
蕡	110	慤	88	霜	74	闌	152	蟓	35	黜	125	簏	47	擎	39
蓴	92	槀	19	霝	94	闏	89	鴗	180	黝	22	簋	20	儺	163
檊	152	贅	87	霊	60	闐	132	蟌	51	髁	139	簜	74	燭	48
韓	152	臨	179	桑	169	闔	144	螽	51	髀	88	篸	179	徽	118
蓋	110	黼	60	霞	57										

禦 58
聳 53
儔 94
翦 145
衛 126
徾 174
䎗 169
盨 44
頾 44
鵃 20
艏 28
鍥 146
鍖 179
鍱 163
鍊 155
鍼 179
180
鍞 179
鍇 98
鍉 82
鍚 73
鍡 117
鍔 65
鍤 165
鍾 53
鍑 28
鍛 156
鍠 75
鍭 42
鍰 156
鍦 138
鎡 3
鍐 21
鍜 57
錉 110
鍒 21
龠 39
斂 169
鴿 173
韱 169
螢 48
爵 39
繇 34
34
雞 75
貘 66
邈 38
貔 99
貕 82
谿 82
82
餬 56
餳 74
餲 144
144
餭 75
餽 118
餱 42
餫 132
餘 147
朦 51
臄 66
臘 16
膿 180
臊 32
臅 48
膾 146
膽 168
膻 152
152
臆 10
臃 52
臏 16
膡 15
䐹 21
甑 168
頥 131
鵲 99
龜 170
鮭 84
鮚 104
鮪 4
鮞 2
鮬 59
鮦 51
鮯 173
鮡 34
鮨 98
鮥 65
鮫 33
魧 72
鮮 154
154
獮 109
獳 42
44
颸 124
颹 74
獯 132
獷 76
鯱 81
觲 93
觷 38
獾 38
臒 67
67
鵒 65
66
螽 181
穎 95
講 52
譁 59
謨 59
謓 110
謰 154
謌 137
謜 157
謖 11
謝 67
謕 82
謠 34
謟 19
謑 82
諜 68
謞 33
38
謪 138
謗 72
謚 87
謙 170
諯 65
燮 164
謐 105
謘 98
褻 145
襄 74
氈 154
廬 67
廦 138
糜 140
縻 140
鄺 154
膺 16
應 16
16
蟸 82
澌 83
癅 21
癘 145
療 39
39
癧 178
癇 153
癀 117
癉 152
152
癄 34
瘸 140
瘇 53
癆 32
癈 148
額 126
鵁 33
塵 84
麐 98
麋 99
蹭 16
齋 98
齎 100
膘 34
甕 51
羵 88
羲 156
羹 137
糟 19
糞 132
糝 105
糠 72
麓 99
糝 178
鹹 11
蕈 19
鳶 65
斃 146
襒 146
燦 152
燥 32
燡 67
燭 48
燬 116
燮 164
黨 95
黨 95
營 94
95
鴻 51
濤 19
濊 146
147
塹 169
濫 168
168
濿 145
濔 99
濡 44
156
157
濬 133
盪 72
盪 72
滆 38
濕 173
174
潭 147
潬 81
濮 47
濞 105
濦 130
濱 110
濠 32
瀇 75
濟 100
100
瀁 73
濴 94
濱 110
濘 94
94
濾 110
瀡 140
澀 174
濯 38
澤 126
濰 118
懤 20
懱 146
懥 104
懝 1
懭 75
懠 100
豁 146
蹇 153
賽 9
蹇 153
謇 153
顄 94
窾 155
窺 92
寮 35
竈 148
寢 28
邃 126
竅 106
寱 145
鴳 153
顧 153
襓 34
襋 10
襔 98
襌 152
襴 118
襆 173
襎 158
襩 53
禧 88
襚 126
襑 179
襁 73
襈 158
襏 147
禮 100
襘 146
覭 94
歗 28
斀 132
蟚 125
蟿 125
臀 131
辟 88
檗 87
甓 88
壁 88
臂 88
擘 87
屨 43
彌 99
99
鬆 132
彍 67
孺 44
隮 47
韔 73
隰 140
牆 74
螿 74
翼 76
邃 146
頤 178
嬉 1
嬾 168
嬭 98
嬬 44
駕 58
嬪 110
嬥 38
翼 10
隸 1
鴇 21
蟊 21
鍪 43
蠿 73
鄉 73
73
繕 148
績 88
縛 157
157
縹 34
縷 44
縵 156
縲 118
縒 117
繃 15
總 51
縰 82
縱 53
53
53

縶	144	騆	19	鞭	154	櫥	145	礎	58		60		118	雙	68
縱	158	騩	153	翰	173	欄	100	屦	169	鼀	34	蟯	34	擣	19
繂	125	騄	48	鞫	27	標	133	摩	163	矇	154	蟦	118	犢	145
縮	28	擾	21	鞜	21	櫡	58	壓	169	噴	144	螞	145	鵠	27
繀	175	趀	75	鞞	132		66	礏	164	嚚	92	蟪	106	鵝	137
繆	21	趲	34	鞡	93	樸	47	礅	87	瞻	169	蟫	179	穫	67
	22	趨	156	鞣	21	薱	21	礦	28	瞳	154	蟲	181	穡	10
繈	178	趨	10	鄹	155	櫸	130	礕	88	曙	124	蟬	154	穖	147
繅	32	趁	178	蹷	170		130	蠆	147	噦	105	螺	9		147
十八畫		攎	58	藸	58	橫	75	燹	131	闔	179	蟜	33		28
		鼛	132		58	檕	100	猻	51	闓	163	蟘	9		181
顙	146	壇	118	蘆	58	橢	138	獢	88	闚	111	蟭	34	馥	146
靚	52	瞽	59	蕑	88	權	38	獮	140	闔	104	蟠	156	穟	100
璹	28	搔	28	藪	42		39	餮	105	闒	163		158	穉	99
璕	2	遺	47	薑	145	檻	105	殯	110	闉	116	蝸	140		65
璿	158	擺	138	蘦	118	轄	147	賣	99	闌	145		140		52
瓊	95	操	39	蘿	140	轉	157	賣	133	闕	147	蟓	131	簁	145
璸	110	奄	28	繭	155		157	霂	87		147	蟻	10	簛	60
璠	110	壒	154	藜	100	轐	158	雷	21	鮔	43	蟒	32	簜	180
璨	144	鞪	174	鵊	32	氃	169	霏	67	顥	52	蟣	106	簝	35
鏊	2	贄	174	藥	39	氃	168	蒹	169		52	蟻	116	簤	178
	2	摯	174	薔	56	轆	47	霤	178	嚑	132	噪	38	戳	158
髻	88	瞽	175	螢	93	磐	87	霧	44	嚘	20	嚚	109	簡	153
鬢	22	歠	21	蟁	21	輇	20	鷔	179	曠	75	嚌	9	簡	130
髻	1	煮	19	藷	58	轐	33	鷁	94	嗜	174		10	簣	153
鬆	157	罍	92		58	櫜	131	豐	181	號	32	嚛	38	簞	118
鬃	125	罄	94	藁	32	鹽	56	鬩	88	暴	38	嚖	104	簫	152
翹	33	撑	132	蘪	34	櫱	168	釺	153	曜	39	顒	157	簎	34
擷	105	擻	163	藗	123	擰	168	齔	123	蹟	88	冪	88	籞	27
騏	2	聶	163	薄	178	飄	34	齟	59	蹡	58	奰	105	蕩	58
騋	1	藕	42	藩	158	覆	28	覩	58	蹲	144	羂	158	蕩	72
騎	138	蜇	82		158	醋	19	對	124	蹞	83	巉	144	簨	133
	138	職	10	蔦	67	醝	43		126	蹤	82	巂	84	嬸	99
騑	118	蕢	49	藭	180	醪	19	叢	51	蹤	53	點	104	簦	15
騉	131	藝	145	鞹	152	豎	2	虩	67	蹢	67	黝	139	礜	58
騑	152	燕	148	蹟	87	醫	2	曘	68	蹢	87	顑	124	鄺	16
騧	140	覲	129	蘊	132	醫	99	曚	51		88	髑	43	卷	154
騧	140	鞊	53	檮	19	顧	178	鵐	152	蹜	28	髁	144	叟	34
	140	鞔	154	檻	42	蹙	28	題	82	蹽	57	骼	138	礜	27
騅	119	鞉	82	櫃	118	頭	154	蹕	118	蹻	74	髂	66	轉	131
駘	59			檻	168	磋	163	瞿	60	壘	118	轉	131		27

字	頁	字	頁	字	頁	字	頁	字	頁	字	頁	字	頁	字	頁
儦	16	鎰	87	鰌	21	顔	153	濺	154	鞹	57	**十九畫**		嚛	3
齟	67	鎌	169	獵	163	齋	100	瀋	88	隳	140	鵪	60	擓	156
豻	94	鐪	144	雛	44	贏	139	濼	38	醬	74	鵲	93	鵝	28
鼬	28	鎔	53	讀	87	旞	34		39	騷	124	鰲	145		
貙	92	翻	158	謹	130	旛	158	瀧	68	劈	145	璠	117	壞	118
齁	43	鴿	48	謳	42	旟	126	瀏	21	隴	53	皪	39	擴	132
黖	181	繆	22	諸	57	彝	154	瀘	154	孀	47	贅	32	攘	153
魖	53	顙	157	謼	60	羵	132	瀲	34	嬿	35	霖	60	鵰	2
貂	35	貗	44		60	旛	158	瀉	67	雞	133	顓	52	誓	83
儵	28	貛	44	譖	58	糦	2	瀋	179	鞿	47	甌	4	瞻	168
雙	52	獌	53		59	糩	144	瀳	125	彝	98	礬	2	擇	65
軀	43	雞	82	譆	56	輝	178	懎	16	繞	34	鬢	133	藕	27
翺	19	鎰	163	護	42	糧	74	懧	20		34	鬐	139	薑	65
邊	155	鎧	129	謾	156	糕	38		20	繳	152		140	蔉	32
鯺	56	鰔	123	譺	138	糟	124	爆	38	繐	106	鬘	137	難	152
曒	35	餾	21	謫	87	顙	125	憒	104	繚	35	鬏	154		152
魒	117	鎔	72	謹	76	鵰	148	剺	21	繢	117	鬆	21	韡	60
歸	118	鎌	32	識	168	鱉	146		21	繲	154	黿	83	鞿	65
	118	鎌	169	謟	174	甓	146	寫	155	繑	33	驈	88	轉	65
磚	157	臑	42	謬	22	鵜	146	竄	156	纅	175	騕	35	鞿	81
衛	53		44	謥	178	爐	168	竅	39	纐	44	騔	98	鞿	67
餐	154	臕	132	襄	154	燠	163	額	66	繙	158	騠	82	鞭	157
罷	82	臍	100	瀨	144	燻	132	襟	179	然	154	騜	75	鵲	66
鑿	156	臏	110	廮	75	爌	75	禮	181	織	10	騤	118	藾	144
鏵	59	鮨	163	廦	22		75	禫	66		10	騧	181	藿	67
鏌	65	鯁	73	癆	180	鄯	179	襩	47	繕	154	騮	155	蘋	110
鎮	110	鯤	42	癍	58	燊	95		48	繴	154	驊	131	蓬	57
鏈	154	鯁	93	癉	152	鎣	94	繪	146	縛	131	騢	57	蘆	56
鎛	65	鯉	2	癖	88	爈	88	襠	168	繼	126	驪	118	藺	110
鎀	47	鮸	154	雜	173	爐	110		169	繒	16	騩	100	蕳	170
鎖	139	鯰	131	離	138	燿	39	禔	152	繡	88	騷	19	蘄	130
鎧	116	鯢	147	麕	130	鶈	100	禱	19	繶	73	騷	21	鄭	155
鑭	123	鯑	100	麌	60	瀙	93	禰	100	撰	158	趬	33	勸	157
鎝	146	鯇	156	膺	154	瀆	47	黹	141	繢	106	趭	147	蘡	72
鏄	82	獵	105	廖	130	瀄	156	璧	88	鎜	116	趭	33	蘋	117
鍛	145	獶	19	麿	133	瀇	75	屬	39	覺	116	趨	106	夒	145
鎗	74	飃	73	彌	83	懲	145	鵝	2	斷	156	趙	116	蘅	73
鏠	53	颶	125		83	濥	20	韝	164		156	壚	56	蘮	178
鎦	21	颺	21	辯	153	濇	58	韞	132	雝	52	壚	56	蘱	38
鎬	32	鬐	75	辮	154	鯊	138	鞰	156	邎	163	墉	169	蘇	56
鐺	72	鱄	74	誛	75	瀑	38	韠	132		163	罄	173	警	93

字	音	字	音	字	音	字	音	字	音	字	音	字	音	字	音
藹	144	醋	179	贈	15	蟗	99	籬	65	鏤	42	鯫	42	譜	59
薹	32	醮	34	矚	95	蟻	138	籭	130		44	鰊	1	譐	131
蘢	51	醯	82	曛	110	蟵	22	籚	57	鏝	156	鯙	38	譖	15
藻	32	醶	106	鵑	131	顚	131		57	鍘	139	鯢	140	譖	32
蕙	157	麗	81	矙	154	嚼	168	簬	65	鏓	51	鯤	131	譯	98
蘂	140		83	矘	155	嚴	171	簃	118	鏦	53	鯨	82	譔	158
薛	145	繁	178	闚	83	顪	129	籛	123	鎧	42	鯛	22	證	16
顛	111	夒	19	曝	38	獸	21	簪	169	鏞	53	鮹	170	誦	106
韓	152	礋	168	闔	72	嚨	51	簾	169	鏡	75	鮹	20	譏	116
薑	73	礪	145		72	顡	116	簿	67	鏟	153	鯛	27	鄺	74
櫝	47	礎	66	疊	164	颷	116	簤	9	鏑	88	鯨	75	鷂	133
麓	47	礙	1	覷	153	幰	132	簫	22	鏃	47	鯪	164	廥	43
櫌	20	礦	75	闞	168	翩	157	籤	131	鏇	158	歸	21	靡	138
櫚	117		75		170	羼	60	闕	52	鏪	139	鶓	56	廬	58
	117	願	157	關	73	羆	140	鶋	88	鏘	74	獺	144	儶	67
櫍	154	鵠	138	關	156	羅	137	蔚	2	鍚	73	鵩	147	癡	2
櫟	39	璽	100	疇	20	巃	51	艇	94	鏐	21	觶	81	癠	100
攀	153	麿	147	蹢	147	嶒	94	髂	65	鼗	32	鵁	33	癢	73
麷	140	豶	132		147	幰	153	牘	47	翻	57	蟹	87	龐	51
麴	27	犤	58	蹼	47	髒	65	縈	48	飆	34	鏺	148		52
櫓	56	玃	105	蹎	110	髒	72	儳	168	遯	38	邊	157	鵬	73
櫧	58	獷	110	蹟	117	竈	44		170	慶	131	鵝	27	麒	2
櫼	148	殰	47	蹻	33	罋	57	儀	74	玃	152	覵	139	廬	133
蠢	20	霣	148		33	覵	88	儁	42	覷	139	遶	33	麑	82
轒	132	靉	180		39	犢	47	雛	119	辭	3	譆	2	麖	32
轑	32	酈	94	蹯	158	爆	38		133	饉	129	講	147	麖	20
轐	47	霆	179	蹴	28	贊	152	鶉	82	餾	43	潮	33	慶	75
轎	33	闍	51	蹸	110	犧	34	魖	138	餳	74	譓	106	辮	153
鏊	168	翶	146	蹲	131	巇	163	懲	16	餘	74	譚	178	瓣	153
轓	158	鉅	57		133	穧	146	懯	147	臏	47	譖	179	壐	53
轅	53	斷	130	蹴	147	犪	100	顙	3	臊	38	讚	117	鼻	52
轍	145	齡	144	蠦	67	穦	117	罄	156	鵬	15	譕	59	韻	132
轔	110	齙	82	蠓	51	鷟	98	鐯	147	鵬	11	譙	33	盭	99
輴	153	鵮	38	蠨	139	憗	98	鏃	75	臘	163	譙	34	齋	99
鼚	88	鏊	20	蟷	72	熬	100	鋤	169	鵰	22		34	贏	139
繫	88	黼	60	蠅	16	穧	75	鍬	48	爉	100				139
	88	曨	146	蟬	66	穧	100	鏂	42	劖	168	譒	139	贏	140
饗	19	監	168	蟨	157	籀	20	鏗	109	鄭	170	譪	139	旟	58
鼗	51	購	158	蠋	48	簸	139	鏢	34	鯨	28	譤	117	襜	146
藪	87	鄭	93	蟾	169	簛	68	鏚	28	鯪	16	識	10	欂	154
醰	178	賙	140	蟺	154	犕	152	鏜	72	麒	2		10	甕	51

羶 154	疆 73	環 117	蘀 83	110	齡 94	蠸 38	臒 27
顙 33	轟 42	瓏 51	140	櫳 51	齣 124	艶 104	敿 27
羹 73	犨 118	鶩 32	轆 42	轠 163	韶 35	嚶 92	儴 164
類 126	辣 118	瞽 98	鞭 82	轇 10	齠 2	鶚 65	齬 56
檡 67	轉 65	鬒 66	蕠 155	轗 178	鹹 178	嚪 152	䚊 21
顡 170	韀 105	鬢 110	蘦 156	轘 156	齹 137	嚼 39	犨 21
鑒 146	韜 19	鬎 88	蘙 99	轗 178	獻 153	嚵 168	鶪 75
爆 38	驁 10	鬆 156	蘁 65	156	甗 154	巇 138	礦 140
38	孼 145	鬌 72	蘜 27	轗 138	臂 109	巍 118	魅 34
爍 39	鏊 126	鬏 169	蘦 94	聲 88	辥 124	酇 84	蠹 82
瀁 146	嬾 155	驊 59	蕎 66	譬 19	耀 39	幟 169	礫 39
瀉 130	嬾 152	驐 157	蔓 93	鷗 153	黨 72	巉 168	魑 137
瀚 152	嬡 157	騭 153	蘭 152	爨 125	懸 158	黥 10	魖 57
瀟 22	嬥 16	騴 117	蘹 73	鷓 11	鷄 89	黤 179	礦 34
瀨 144	雛 28	騵 16	蘮 145	䶆 10	鶵 82	黥 75	鶩 39
瀝 88	顒 178	騷 19	薲 131	顠 34	夒 68	䁖 82	警 39
灌 67	鶩 44	騷 82	蘱 158	飄 34	矘 155	軆 42	齶 148
瀬 110	頽 72	騮 21	蘜 140	鷦 33	嚚 92	鶡 124	巇 146
瀅 144	歠 148	驎 43	蘂 145	釀 57	瞻 169	鷯 22	鷴 133
瀘 56	鷄 146	驖 73	蘦 39	醴 100	職 118	玃 138	罋 147
瀾 169	繮 73	騪 51	蘝 169	釀 181	嚯 155	犠 138	纁 47
瀋 27	繩 16	騅 38	蘘 74	醳 67	闞 144	犚 82	頪 82
滾 118	16	驒 154	麤 99	醶 169	闠 117	黧 100	艦 168
瀱 110	繾 153	趮 104	藍 168	醷 10	闡 154	穟 34	鐃 33
瀧 51	繰 32	趬 32	韓 152	鬵 130	闥 174	鷟 21	鎮 132
瀛 93	32	趲 157	鵐 56	顛 28	闤 140	圝 140	鐔 179
瀒 20	繹 67	趨 48	蘠 74	礥 111	鷸 144	籍 67	鐐 35
懷 118	繯 158	趡 58	樣 105	礴 117	躇 57	籌 20	35
竄 27	繳 35	趲 154	榑 66	礫 39	躁 32	籓 42	鐕 178
竅 180	39	攖 93	欂 22	碩 104	躅 48	籃 168	鐦 153
鷉 157	繪 146	攝 170	歡 152	霰 155	48	籥 163	鐠 118
窺 110	繃 87	擄 20	樏 65	霡 94	蹴 39	纂 156	鐈 33
寵 53	87	攙 170	櫪 88	灩 178	蹟 158	籤 39	鐩 175
襪 148	繸 156	壤 74	櫍 110	鶻 98	躃 88	礜 58	鐫 158
襤 168	繾 154	攘 74	櫨 56	鄸 181	矗 117	譽 58	鐫 34
襦 44	繸 10	74	櫚 169	糞 118	蠖 146	58	鋽 58
鷉 57	繡 28	攓 153	櫨 158	孽 53	蠣 145	豐 132	鐩 117
襞 88	鶵 3	翺 19	麭 137	齟 145	蠕 44	豐 129	鐘 53
襞 87	**二十畫**	馨 94	懷 117	齟 57	蠐 100	覺 27	鐏 131
繁 88		聹 94	118	58	蠑 95	27	鏒 126
鵬 125	鵜 146	蘜 27	槷 110	齟 66	蠙 110	礜 27	鑊 158

鐙	15	獼	99	鶒	3	彍	34	驅	43	槪	170	鮮	94	贓	169
鏺	147	獠	35	爐	56	鞏	145	驃	34	櫟	99	齦	129	錫	73
鐰	106	蹯	158	爛	169	隴	131	驢	57	轞	168		130	黔	170
鐖	116	覷	42	瀰	154	肇	124	驟	139	轟	94	爢	87	黯	178
鑫	42	護	67	灌	155	媌	74	驄	51	轚	126	斅	58	顥	130
釋	67	譀	146		155	孎	33	騆	174	轙	130	曨	65	競	33
邎	34	諜	59	瀲	179	孃	169	驂	178	覽	168	臚	56	髓	140
懇	38	譙	16	瀾	152		169	趯	39	鬺	74	縣	158	䯝	147
饒	34	譴	153		152		74		39	鶊	88	贓	72	髖	118
饋	132	譟	32	瀾	178	孃	74	攉	68	鶏	104	蠃	105	髕	140
饐	2	譯	67	瀱	145	鷄	21	饔	73	醻	21	譽	92	黿	81
饖	104	譞	157	瀼	34	鷟	44	罄	83	醶	168	贘	110	邇	44
皪	152	譅	173	瀹	39	鷄	157	礜	19	醹	44	囁	164	劗	156
饋	118	譣	169	瀸	169	褧	48	攜	84	醺	132	闚	156	酇	152
饍	154	譖	169	瀶	38	饗	73	攤	138	醥	100	闟	169	轠	9
饌	158	譩	2		39	響	73	鷙	174	酈	81	闢	88	犝	118
饑	116	議	138	瀺	170	盭	105	㲉	47	礜	156	巄	169	籆	158
䭮	178	歠	147	瀼	74	總	51	礬	47	鏻	110	顥	32	籑	158
臒	67	鼆	137	瀸	132	纁	44	攡	52	礴	65	曩	72	籔	42
臚	58	麝	139	瀰	99	繻	132		52	礤	88	鶍	153		44
騰	15	廮	93	瀗	10	襥	47			礩	117	躊	20	籌	138
鰈	163	鷹	16		10	蠶	118	藏	10	礁	34	躋	100	鏐	21
鰥	153	廯	154	懽	155	纊	75	贛	132	覿	139	躑	87	藩	158
鯤	82	癳	39		155	繽	110	贛	118	飆	34	躍	39	攀	58
鯻	9	癥	16	懷	74	繼	105	韯	116	鷙	144	蹓	156	儺	137
鯛	43	㿏	178	寶	19			豐	181	殲	169	闠	4	儷	83
鰌	125	夔	156	騫	153	**二十一畫**		藂	51	鼙	178	壘	117	鰭	93
鰒	28	夒	57	寶	47	穩	20	歡	155	霸	66	纍	117	儻	171
鯿	154	麛	83	寢	17	黳	146	龥	118		66		118	儹	156
鰷	42	辮	155	孃	58	蠢	133	藯	34	露	65		118	顋	34
鰤	82	贛	178	鶵	131	瓘	155	藶	138	霺	169	蠦	118	曤	65
鰌	21	巢	51	鶍	109	護	67	鷓	111	霹	88	螺	9	驪	82
鰦	3	競	75	襉	10	瓊	164	韓	152	霂	51	蠟	163	玁	60
鮋	15	纇	125	襮	105	環	74	權	157	皤	158	囂	32	鐵	105
鯿	109	竇	99	襫	38	嶭	125	櫞	94	闤	21		33	鑊	67
鰕	57	贏	93	襬	140	蕎	83	櫻	92	齚	104	囁	153	鑠	57
鰌	58	蠚	154	黧	124	邇	99	欄	152	齖	104	巊	145	鑣	56
獷	155	糯	147	躄	88	髻	156		155	齜	82	巋	118	鐺	72
魘	21	糯	144	譬	88	鬈	20	櫼	169	齕	146		118	鐸	65
獵	169		145	瓘	157	顠	35	蠻	158	鮊	20	黰	178	鐶	156
觸	48	糶	39	鶛	110	攝	164	纇	139	鱙	33	黮	129	鐲	48

鐔	154	讁	87	懼	60		152	鑾	158	巋	111	鑄	21	變	157
鐮	169	讍	174		60		155	纇	87	巇	116	鑑	168		157
鑢	32	劗	139	憷	180	驕	33	欀	138	巏	117	鑛	75	瓤	74
鏽	28	癲	144	懰	84	驎	110	欏	98	罷	138	鑼	39	顫	154
歞	140	癜	88	懻	53	驍	106	鑿	93	巖	168	穌	139		154
觶	82	癱	117	騫	153	趮	155	輲	117	巉	156	頲	169	罎	118
鷁	34	鷂	88	覿	110	趯	39	欒	39	顥	110	龕	178		131
鷄	82	鵬	72	亹	181	趡	106	鶒	156	顋	147	羅	39	瘦	93
鶴	72	麛	47	竈	27	聱	174	囊	72	體	99	饐	131	癬	154
饏	51	麞	104	癢	118	蕭	112	鷗	42	髑	47	鷸	178		154
饑	147	麝	67	顧	56	鰲	28	鑒	168	髖	146	矓	60	麿	74
	147	麚	52	襱	51	覶	48	齻	16	鑣	130	臢	9	護	67
饀	154	辯	154	襘	39	攢	156	邏	81	鑪	56	鰖	88	聾	51
朧	155	礕	51	襄	74	歡	28	鷩	99	稻	38	鱄	157	襲	52
臁	74	齎	100	鶴	38	攤	138	龤	51	穰	74	鰸	43	蠱	51
朦	15	赢	139	屬	48	攦	132	鵝	74	穬	118	鰹	111	襲	174
羆	21	頵	154		48	鷙	174	爐	140	籜	65	鱸	57	鷸	88
鰭	98	齝	157	屧	153	懿	104	霞	156	籟	27	艛	42	竉	100
鰱	154	頪	124	孾	56	聽	94	霤	104	穎	144	鰻	156	驚	48
鰹	28	夒	118	聽	106		94	靈	94	籛	66	鱟	58	饗	52
鮑	153	鷁	88	翾	125		94	霾	2	籚	57	鰌	53	糲	34
鰓	163	鶼	170	嬬	83	蠹	163	霽	100	籚	56	鰖	139	鷺	146
鰥	132	爠	155	覗	148	虇	154	巔	147	籛	155	鰭	174	鷥	146
鰷	22	爛	152	蠱	81	蘩	88	齬	58	籙	48	鱗	32	燨	181
鰩	34	爐	39		83	鸛	152	齪	48	籠	51	獮	130	灘	152
鰨	51	爝	39	續	49	轡	67	矖	155	籤	93	玃	19	灑	81
鰏	32	鶯	92	緩	20	韁	73	鷴	130	纕	158		20		82
鰆	88	濡	164	經	9	蘸	170	鸇	48	矚	126	灒	152	灒	152
鰈	170	醬	169	樂	39	蘿	83	鸋	44	籤	137	灛	58	濙	58
鰌	53	濟	180	纏	154	蘸	88	饕	32	翩	56	竊	105	竊	105
鰍	174	灃	181			藥	118	躚	155	覷	89	覵	153	覵	153
觷	2	潤	88	**二十二畫**		蘿	137	躑	39	覼	124	纖	169	纖	169
艫	106	瀍	60	龗	155	贊	152	躒	39	䡄	131	羉	47	羉	88
鶹	21	瀅	117	鬄	153	蘿	39	躓	104	儻	72	纑	180	鸒	2
鷄	44	瀾	153	鬢	118	驚	93	躕	44	鰊	104	譓	148	甕	99
燾	20	灘	138	鬚	44	藶	140	躐	154	鰽	53	讀	47	鼮	28
譴	112	瀘	165	攞	83	藾	124	躋	163	躞	57	譸	118		28
譺	2	瀠	158	驍	35	欇	164	蠨	22	皭	39	讃	154	韃	47
嘻	173	灑	52	驒	180	權	60	臚	56	徽	118	戀	156	蠵	145
譹	32	懾	163	騚	153	鷙	105	羉	154	艫	56	彎	156	爨	145
				驔	137	覿	158	曬	168	學	156			孌	152

字	頁	字	頁	字	頁	字	頁	字	頁	字	頁	字	頁	字	頁
孋	138	鷞	179	鷇	168	鱣	179	襂	126	鹽	169	鸞	58	廬	75
鷚	28	醮	155	黟	178	鰰	154	黮	15	釃	170	讚	75	鑛	58
孌	105	曮	83	龥	155	鱗	110		15	醹	39	鷟	27	贛	51
纑	56	黳	99	巆	110	鱒	131	鷿	124	釀	74	蠹	158		178
二十三畫		曆	163	鑐	94	鱋	106	彏	68	礥	168	欅	173		180
瓔	19	曞	169	㬢	21	獾	68	韄	148	礴	139	矊	20	醯	178
瓚	152	韡	137	雞	100	讌	155	鸐	74	靂	88	矇	51	鸊	10
黿	32	鷹	147	鷭	33	調	169	鷉	106	靈	94	矎	156	鸃	138
鬢	156	鶲	35	籜	27	讔	130	劖	81	霳	67	躼	88	籭	146
鬐	146	殲	139	蘭	152	欒	156	纕	93	鹽	178	鷟	39	爛	152
驥	105	畾	117	籛	58	彎	156	纋	145	闟	100	衢	60	爝	72
驛	67	譬	110	鐘	53	灓	156	織	169	闠	110	鑄	65	灂	66
驗	169	飀	43	籯	39	攣	157	纏	168	罋	110	鑪	56	灝	32
驢	154	齰	66	籢	169	變	154	纕	74	鹹	178	鑵	35	灢	118
驦	28	齮	138	籤	169	戀	156	**二十四畫**		齫	42	覸	39	灟	48
趲	146	齯	82	籣	74	蠻	157	瓛	155	齰	123	玃	155	竈	94
趨	111	斷	58	鸉	27	戀	157	鬘	146	齬	60	鸏	168	鸛	28
懘	153	辭	124	齼	82	鷩	28	鑑	168	齴	154	鱹	68	鱟	58
鷷	132	龕	144	纞	82	鷩	131	鬠	100	齹	138	鱺	75	虀	181
攩	72	蘆	58	齸	87	廮	132	鬤	110	齺	132	鱻	178	孅	118
攪	68	贊	112	鐮	170	摩	140	攬	168	齷	47	鱲	56	孎	48
攬	27	龘	58	儴	118	鏖	140	驟	43	齹	170	鼁	16	纉	84
鷸	104	罍	152	儺	21	縻	140	驥	110	瞩	168	鱧	100	纞	51
覿	21	曜	60	鷦	34	廲	82	趯	157	矓	72	鱢	32	**二十五畫**	
矔	125	曬	81	羂	144	癰	60	趲	39	躪	67	鰍	58	矗	27
囍	129	齰	148	徽	99	癱	105	趱	10	躞	154	繢	146		27
戀	153	鷓	153	甇	147	癰	83	矗	72	鷥	65	鱣	154	鬣	155
韃	148	曝	171		147	癱	52	韝	47	躞	164	鱐	28	鬤	163
韄	155	顯	155	譽	147	麟	110	蘸	88	躦	74	蠡	49	趲	60
鷲	155	躃	145	鑢	58	礐	163	齴	4	蠸	60	矓	157	齺	137
虉	123	躅	110	鑼	138	齎	100	蘽	118	蠯	84	讙	155	韉	130
灘	169	蠸	157	鑠	98	贏	139	薑	33	蠹	137	讕	152	蠿	146
蘿	157	蠮	105	鑠	39	鷣	133	觀	155	巇	146	讔	117	欖	118
欏	83	蠰	94	鑽	104	蠲	158		155	羈	138	讖	168	欞	125
欑	156	蠱	56	鑣	34	瀾	152	矗	28	顥	157	讒	170	欚	48
鰲	110	蠰	72	鐵	163	灖	145	檵	144	鸋	48	讓	74	欐	83
轒	88	蠱	16	籠	51	懭	72	欟	68	纍	156	彎	153	欏	99
轤	56	嚹	144	鷄	82	懹	68	纇	158	纋	158	鸏	154	廬	84
鷟	105	曇	155	鱒	179	覿	110	蠿	181	鼀	81	鷹	16	靂	82
䜩	87	鷣	152	鰤	147	福	163	矗	65	籩	155	籩	155	勸	58
		巇	154		147	襠	155			籬	138	籭	83		

鬮	42		39	糶	39	顴	94	襫	48	黶	178	贊	156	讟	47
齟	111	鐵	169	鸛	39	齹	87	齾	43	鸛	27	鸛	155	癲	105
齳	65	鑱	168	纚	81	齈	57	蠱	144	蠡	133	黵	169	鸁	22
齚	116	鑲	74		82	艬	28	**二十七畫**		钃	155	闤	132	鸜	81
齫	43	饞	170		82	鑿	38	鬚	74	䯄	147	黌	147	籬	66
齸	87	饟	74	纆	82	鸛	145	驪	27	鑽	156	驣	15	爨	156
齱	170	鱳	146	纘	156	鸙	38	驩	155		156	鑿	38	鱺	83
顱	56	鰭	74	纁	139	矚	48	驤	74	鑛	139		38	鸞	156
矁	72	鷟	47	**二十六畫**		躩	82	趲	68	齇	81	鸚	92	䯂	39
闠	39	艫	84			鷉	118	顳	164	玁	68	躞	118	䲓	33
闥	157	譶	164	爐	56	穄	21	轡	83	趲	152	躝	48	黶	154
躝	163	讕	163	驉	155	鶒	179	釀	74	鱳	144	鱸	56	籥	39
躍	60	讘	84	驦	98	籑	147	虋	67	讕	154	鬱	125	鱻	83
躪	163	蠻	153	驢	58	籫	68	鸛	144	讜	72	鑷	138	灥	173
矗	137	欑	157	顱	157	籭	93	灨	178	孌	156		145	灨	94
歠	131	麛	100	鸛	181	夒	129	钂	145	鸞	53	钁	68	鑴	112
黰	146	糫	140	攣	156	鷞	38	靁	82	爨	21	鑼	155	鱼	154
黵	168	籥	140	轑	110	鑷	163	鬭	4	纝	118	廳	94	麤	56
籭	82	顲	178	輭	130	鏳	117	鸕	56	蠱	145	戅	52	彔	22
籬	171	灄	152	醽	82	鑔	84	蠽	145	饕	52	驪	81	齾	145
籮	137	鶒	94		82	齰	98	鬮	152	**二十八畫**		虄	131	鸛	56
籫	156	晝	10	觀	83	鱳	38	躞	68	**及以上**		鬱	125	韁	156
繘	158	護	68	黶	169	讖	169	蠣	48	鸗	110	廲	157		
覼	118	斸	48	匷	51	讚	152	顙	47	驦	84	鸛	60	钂	48
鑰	39	髗	105		178	穱	152					钂	48	卝	153
												鱷	60		

部首索引

部首目録

（部首右邊的號碼指檢字表的頁碼）

一畫

一 280
丨 280
丶 280
丿 280
乙 280
亅 280
（附）
〈（巛） 290

二畫

二 280
亠 280
人（亻） 280
儿 282
入 282
八 282
冂 282
冖 282
冫 282
几 282
凵 282
刀（刂） 282
力 283
勹 283
匕 283
匚 283
匸 283
十 283

卜 283
卩（㔾） 283
厂 283
厶 284
又 284
（附）
亻（人） 280
刂（刀） 282
㔾（卩） 283
巛（巛） 290

三畫

口 284
囗 285
土 285
士 286
夂 286
夊 286
夕 286
大 287
女 287
子 288
宀 288
寸 288
小 289
尢（尣） 289
尸 289
屮 289
山 289
巛（巜、巛）

工 290
己 290
巾 290
干 290
幺 290
广 290
廴 290
廾 291
弋 291
弓 291
彐（彐、彑） 291
彡 291
彳 291
（附）
尢（尤） 289
彐（彐） 291
彑（彐） 291
忄（心） 291
扌（手） 293
氵（水） 299
犭（犬） 303
辶（辵） 323
阝（右屬邑） 323
阝（左屬阜） 326

四畫

心（忄、㣺） 291
戈 293
戶 293
手（扌） 293
支 295
攴（攵） 295
文 295
斗 295
斤 295
方 295
无 295
日 295
曰 296
月 296
木 296
欠 298
止 299
歹（歺） 299
殳 299
毋（母） 299
比 299
毛 299
氏 299
气 299
水（氵、氺） 299
火（灬） 302

爪（爫） 303
父 303
爻 303
爿 303
片 303
牙 303
牛 303
犬（犭） 303
（附）
㣺（心） 291
攵（攴） 295
爫（爪） 303
灬（火） 302
王（玉） 304
礻（示） 307
罒（网） 311
月（肉） 312
艹（艸） 314

五畫

玄 304
玉（王） 304
瓜 304
瓦 304
甘 305
生 305
用 305
田 305
疋（正） 305
疒 305

癶 306
白 306
皮 306
皿 306
目（罒） 306
矛 307
矢 307
石 307
示（礻） 307
内 308
禾 308
穴 308
（附）
　歹（歺） 299
　母（毋） 299
　氺（水） 299
　正（疋） 305
　罒（目） 306
　罒（网） 311
　礻（衣） 318

六畫

竹（⺮） 309
米 310
糸 310
缶 311
网（罒、㓁） 311
　　　　 311
羊 311
羽 312

老 312
而 312
耒 312
耳 312
聿 312
肉（月） 312
臣 313
自 313
至 313
臼 313
舌 313
舛 313
舟 313
艮 314
色 314
艸（艹） 314
虍 316
虫 316
血 317
行 317
衣（礻） 318
襾（西） 318
（附）
　西（襾） 318

七畫

見 318
角 319
言 319
谷 320

豆 320
豕 320
豸 320
貝 320
赤 321
走 321
足 321
身 322
車 322
辛 323
辰 323
辵（辶） 323
邑（右旁阝）
　　　　 323
酉 324
釆 324
里 324
（附）
　镸（長） 325

八畫

金 324
長（镸） 325
門 325
阜（左旁阝）
　　　　 326
隶 326
隹 326
雨 327
青 327

非 327

九畫

面 327
革 327
韋 327
韭 327
音 327
頁 327
風 328
飛 328
食 328
首 328
香 328

十畫

馬 328
骨 329
高 329
髟 329
鬥 329
鬯 330
鬲 330
鬼 330

十一畫

魚 330
鳥 330
鹵 331
鹿 331

麥 331
麻 331

十二畫

黃 331
黍 331
黑 332
黹 332

十三畫

黽 332
鼎 332
鼓 332
鼠 332

十四畫

鼻 332
齊 332

十五畫

齒 332

十六畫

龍 332
龜 332

十七畫

龠 332

檢字表

（字右邊的號碼指正文的頁碼）

一部

一　104

一畫

丁　137
丁　92
　　94
丂　19
七　105

二畫

三　178
　　178
上　74
　　74
下　57
　　57
丌　2
丈　73
与　58
丮　140

三畫

丏　144
丐　111
己　137
不　144
不　4
　　4
　　4
丑　20

四畫

世　145
丙　75

丕　3
且　58
　　59
丘　4

五畫以上

丙　170
丞　16
亝　20
並　75
㗊　42

丨部

丨　131
丩　20
个　137
中　180
　　180
丰　53
丯　144
丮　67
丱　156
串　156
丵　38

丶部

丶　44
丸　155
丹　152
主　44

丿部

丿　146
乀　125
乁　81

一至二畫

乂　145
乃　1
乇　66
久　4
之　2

三至四畫

乏　165
乑　99
乍　66
乎　56
册　87

五畫以上

年　111
乑　179
自　117
辰　87
乖　118
乭　98
乶　112
乘　16
　　16

乙部

乙　104
乙　144
乚　130

一至四畫

九　20
乞　125
　　125
也　139
乧　147

七畫以上

乳　44
乾　152
　　153
乿　104
亂　156

丿部

亅　147
亅　147
了　35
予　58
　　58
事　3

二部

二　99
丁　48
于　60
亐　60
井　93
亓　2
云　132
五　56
互　56
亘　158

互　15
　　15
亞　66
些　137
亟　10

亠部

一至四畫

亡　76
亢　72
　　72
亦　67
交　33
亥　1

五至七畫

亨　73
　　73
　　73
京　75
享　73
亯　179
亯　73
亭　94
亮　74

八畫以上

亳　65
亶　152
亹　53
臺　133
䜌　147

亹　118
　　131

人（亻）部

人　110

二畫

仁　110
什　174
仄　10
仆　47
介　144
从　53
仇　20
　　20
仈　74
今　179
仂　9
仍　16
以　2

三畫

仜　51
仕　3
付　44
仗　73
代　9
仙　154
仟　111
仡　123
仢　130
仢　38
伋　174
仉　181
令　93

　　94
仔　3
他　137
仞　130

四畫

休　20
伍　56
伎　81
　　81
伏　11
　　11
伐　148
伀　99
　　99
企　81
仲　181
件　153
仵　56
　　179
　　179
价　144
份　130
㑇　53
仿　126
仰　73
役　89
伉　72
仿　76
　　76
伊　98
似　3
仔　58

五畫

侏　125

余　58
佞　94
征　93
何　137
　　137
佐　137
佉　3
佑　4
伻　92
估　169
但　152
佃　58
伸　110
佃　111
佽　73
俠　81
侶　3
佚　104
作　65
伯　66
佤　59
伶　94
低　99
佝　42
住　44
位　175
佷　111
伴　156
　　156
佇　58
佗　137
　　137
　　137
必　105
佪　3
佛　124

	125	佻	35	俋	174	倅	154	倨	57	假	57	傴	43	僤	152
伽	138		35	俉	27	倒	32	倔	125		57	僉	169	僑	33
侶	34	俏	104	俄	137		32	**九畫**		偓	47	傈	34	僬	133
佁	1	佩	3	侮	44	俳	118	偰	145	偋	93	傾	95	僦	34
侮	44	俛	83	俢	110	俶	28	偆	133	偉	118	僂	44		34
六畫		佝	111	徐	58		28	偞	164	俟	153	僈	153	僞	140
伐	10	侈	138	俙	116	倬	38	偓	153	偯	100	催	117	僢	133
俐	94	佗	65	俎	58	傷	87	偪	10	偢	19	傗	15	然	154
佳	81	佼	33	坐	139	倘	72	偠	35	**十畫**		傷	74	僦	28
侍	2	飲	99	俘	21	俱	43	偭	154	傲	32	從	53	僮	51
佶	104	依	116	俛	154	倮	139	便	139	傋	42	僁	105	僐	154
佴	2	佽	1	征	76	倡	74	偕	98	傌	57	僇	60	僯	110
供	52	佯	73		76		74		98	備	10	像	74	傅	131
	52		74	係	82	個	137	偝	10	傎	111	僃	34	僝	133
來	1	併	93	信	110	候	42	偵	93	健	154	傺	145	僽	158
俞	133	侂	66	俍	146	倕	140		93		155	備	53	撰	158
使	3	侒	152	俦	16	倭	139	側	10	傅	68		53		158
	3	貪	116	俒	155		140	傷	72	傆	157	僆	74	僑	106
佰	66	侌	179	狼	74	倪	82	偶	42	傒	82	僥	75	僟	116
侑	4	很	129	侵	179	倠	118	偈	145	傑	117	僚	28	**十三畫**	
侉	59	侔	21	侯	42	俾	82		145	傤	81	僈	178	儆	15
例	145	**七畫**		俑	53	倫	133	偎	117	傜	34	**十二畫**		僸	179
俵	98	俟	124	俟	3	俏	33	偲	1	傐	82	僌	58		179
侄	104	俅	20	俊	133	倉	72		3	傑	145	僥	35	僵	73
佌	82	俞	44	**八畫**		倗	15	奎	3	傓	148		35	價	57
侊	75	俌	60	俸	53	俹	118	偟	75	傏	105	債	132	儡	15
曲	52	便	154	倩	93	倜	28	傀	117	傚	33	僖	2	儇	157
侣	58		154		94	倄	20	偊	60	傍	72	僤	144	儌	35
侗	51	㕦	56	倀	73	倞	74	偫	2		72	傲	2	儉	169
侃	152	㑇	44	倖	92	俯	75	偷	42	傔	170	僕	163	儈	146
個	117	俈	130	俱	2	倅	44	御	66	傛	53	僜	93	優	123
侏	44	俠	164	借	67	倍	124	偁	16	傽	154	僛	154	儋	168
侁	130	俓	94	值	10		1	偵	4	**十一畫**		僰	9		168
侹	94	修	21	軋	152	做	76	偬	51	債	87	僚	34	儃	152
佸	146	俁	60	倈	1	倦	157	偄	116	傿	153		35		152
血	106	俔	155	倳	3	倓	168	停	94	僅	129	僭	180	億	10
侚	82	俚	2	倚	138	倌	155	傞	137	傳	157	僕	47	儀	138
侔	20	保	19	俺	169	倥	51	傻	19		157	僩	153	僽	10
佺	158	俌	94	健	164		51	偉	131	傮	19	債	117	僻	88
佮	173	促	48			健	153	偏	109				117		

十四畫

儚	1
儔	20
儒	44
儗	124
儠	170
儺	60
儗	1
	2
儬	94
儕	98
儐	110
	110

十五畫

優	20
儢	58
償	74
儡	117
儲	58
	58
儦	34
儩	163

十六至十七畫

儳	16
儥	48
儬	168
	170
儴	74

十八畫以上

儡	164
儺	137
儷	83
儸	171
儹	156
儻	72

儳	118

儿部

儿	110

一至二畫

兀	124
元	157
兂	75
允	133

三至四畫

兄	76
兆	59
先	131
	131
	131
光	75
兆	34
兇	52
充	52

五畫

克	9
兕	99
免	154
兒	147
	148

六畫

兗	179
兒	82
	82
兗	157
兔	56
兜	42
兟	110
兢	16

龜	49

入部

入	174
入	174
从	74
全	158
兩	74
	74
亼	163

八部

八	104

二至四畫

分	82
六	28
公	51
并	93
	93
共	52
	52
	52

五至六畫

兵	75
其	2
	2
具	43
典	130

七畫以上

兼	126
真	110
兼	170
兹	3
	3
冀	98

冂部

冂	95

一至四畫

冄	19
冊	27
冑	169
内	174
冉	169
同	95
冏	140
再	1

七畫以上

冒	27
冑	28
冓	42
	42
冔	60
覓	27
冕	154

冖部

冖	88

二至七畫

冗	179
冞	99
冠	155
	155
冢	87

八畫以上

冢	51
冣	44
冢	53

冥	94
冤	157
冪	88
冪	65
冪	88

冫部

冫	16

三至六畫

冬	180
冱	56
冰	16
泬	148
冷	92
冶	59
冽	145

八畫

清	93
凌	16
凍	51
准	133
凋	22

十畫以上

深	104
凜	105
凔	72
澌	82
凜	179
凝	16
瀨	144

几部

几	98
	98
几	44
凡	181

瓜	21
凩	130
尻	57
処	58
凭	16
凰	75
凱	116

凵部

凵	171
凷	117
出	125
凶	52
函	178

刀（刂）部

刀	32
刁	35

一至二畫

刃	130
切	105
	105
刈	145
分	132
	132
办	74

三至四畫

刊	152
刋	131
刑	94
刌	156
列	145
刓	145
刞	124
刜	147
刢	132

五畫

刮	170
夬	155
別	146
	146
利	98
刐	42
删	153
判	156
初	58
制	126

六畫

刲	84
刵	2
刺	88
刳	59
到	32
制	145
刲	21
刮	147
刻	9
券	157
	157
刷	148

七畫

剄	9
剌	144
剏	88
到	94
削	33
	34
	34
	39
則	9
削	158
到	139
前	155
剃	99

八畫

契	144
剞	57
剮	65
剬	3
剨	138
剗	153
剕	118
剠	32
剔	88
	88
剛	72
剝	75
剖	1
剙	74
剡	169
剜	155
剝	47
	48
劇	125
劉	146

九畫

副	10
	11
剽	65
剿	156
劇	65
剪	154
劂	47

十畫

劇	148
劃	116
	116
劅	145
創	74
	74
割	144

（第一欄）

十一畫
劵 2
剌 105
剮 156
剠 34
　34
　34
剝 34
十二畫
剴 147
剳 65
剻 53
剺 131
劃 88
劑 106
十三畫
劇 147
劇 67
剽 35
劍 171
劊 146
劉 21
劈 88
十四畫
劌 145
劍 171
劑 100
剶 168
劖 156
劗 139
劈 145
劙 81
力部
力 10

（第二欄）

三至四畫
功 51
加 137
劣 148
劢 164
五至六畫
劫 165
助 58
劻 104
劬 43
努 56
劭 34
劼 104
劲 9
七畫
勉 9
勃 124
勁 93
勉 154
勇 53
八畫
勅 1
　10
勑 75
勒 157
務 44
九畫
勒 9
動 154
勖 27
動 51
十畫
勞 32

（第三欄）

募 65
勖 132
勝 16
　16
勞 32
　32
十一畫
勢 145
勤 130
勦 34
勧 74
勠 28
勩 33
　34
十二畫
勰 145
勷 147
勵 147
勳 73
十三畫以上
勵 57
勸 152
勰 164
勵 145
勳 132
勰 118
勢 145
勸 157
勸 58
勹部
勹 20
一至二畫
勺 39
　39

（第四欄）

勿 126
匀 19
勾 20
匀 111
三至四畫
匃 144
包 20
匈 52
六至八畫
匋 19
匍 21
匎 173
匌 27
匐 59
匑 111
九畫以上
匏 20
匐 11
匔 20
　28
匒 27
匕部
匕 99
七 140
化 140
牟 19
北 9
匙 2
匙 82
匘 32
匚部
匚 76

（第五欄）

三至五畫
匜 138
匡 76
匠 74
臣 2
匣 163
七至九畫
匲 164
匬 22
匪 118
匵 124
甌 20
匦 44
十至十二畫
匬 72
匴 10
匯 117
匱 118
匰 152
匲 132
十四畫以上
匵 156
匵 47
匵 4
匵 51
　178
匸部
匽 10
區 42
　43

（第六欄）

十部
十 174
一至五畫
千 111
卂 110
劦 9
午 56
卅 173
升 16
卉 125
半 156
華 156
六畫
卓 38
卑 82
卒 124
　124
　125
協 164
七畫以上
南 178
奉 125
　174
　174
博 65
卜部
卜 47
二至三畫
卞 75

（第七欄）

卞 154
占 169
　169
卟 99
五畫以上
卥 82
卣 20
卦 34
卨 83
卤 16
卧 3
卣 22
卤 20
卩(㔾)部
一至二畫
卩 105
印 72
　73
卯 75
卲 158
卮 81
三至五畫
卬 109
卯 20
即 105
危 83
　83
卻 156
卵 105
即 105
　34

（第八欄）

六畫
卹 106
卲 138
卷 157
　157
　157
卺 130
七畫以上
卸 59
卻 66
卼 124
卿 75
卾 105
卾 154
厂部
厂 152
二至五畫
厃 83
厄 87
厇 56
厎 99
厐 174
厏 48
六至七畫
厓 81
厖 60
厗 52
厚 42
厔 100
厎 81
八畫
厝 65

厌 163
厞 118
厓 140
㕑 88
原 157
厱 179

九至十一畫

犛 2
厱 163
厤 88
厥 147
厓 129

十二畫以上

厪 3
厰 171
屬 145
厭 163
　 169
屚 20
厴 168
儀 140
擗 88
厵 157

厶部

厶 99

一至二畫

厾 124
厷 16
厺 20
厸 110

三至四畫

去 57

　 57
厽 130
厾 116

六畫以上

叀 157
犛 20
參 178
　 178
　 179
　 179
夒 133

又部

又 4

一至二畫

及 174
叉 138
友 4
反 158
　 158
㕇 56
叐 20
㕙 11
㕚 124
㕛 153

三至六畫

㕤 154
发 32
受 34
叕 66
叟 124
取 44
叔 28
受 21
叚 148

叕 147

七畫

叝 125
叟 19
叛 156
㝏 19
㕤 57

九畫以上

叡 168
叔 126
叜 2
叡 57
叡 65
叡 123
叡 148
叡 164
叢 51

口部

口 42

二畫

叶 164
古 56
右 4
　 4
可 137
叵 139
号 32
　 32
史 3
只 81
台 157
叱 104
叴 20
句 42
　 43
司 3

叫 22
叩 42
叨 32
召 34
　 34
台 1
　 2

三畫

吁 60
吐 56
　 56
吉 104
吏 2
同 51
叫 157
吕 58
吃 123
吒 66
向 73
后 42
合 173
　 173
吸 174
各 65
名 93
吂 72
叭 98

四畫

呈 93
吳 59
吞 129
呆 19
吾 56
否 3
　 4
吷 148
吰 16
吡 99
呀 57

呷 169
呐 175
肉 174
吽 1
呲 139
听 129
呎 60
吟 179
吻 132
吹 140
　 140
呄 42
映 147
吮 133
告 27
　 27
含 178
昏 146
吝 130
启 99
君 132

五畫

味 126
咕 57
咂 145
呵 137
呶 148
呫 164
　 164
咀 58
呻 110
呷 163
呁 33
呪 28
咻 169
咽 104
咼 140
呋 104
咋 66
　 66

和 139
　 139
呱 59
命 93
呼 56
呧 99
周 21
呴 42
　 43
呰 19
　 20
　 20
咆 1
咅 87
呢 105
　 105
咏 76
咈 126
咄 124
呦 33
咍 1
呦 22

六畫

哇 83
哉 1
　 2
哃 174
哐 157
哂 130
咸 178
咦 98
咥 104
　 105
咢 65
咯 82
品 179
咽 105
　 111
　 111

味 43
咶 147
咻 20
哐 154
咿 98
哊 42
　 42
咷 32
　 35
哅 51
哆 138
咬 33
哀 116
呼 144
音 144
咳 1
哚 34
咨 99
咤 66
咫 81

七畫

哿 66
哥 137
哮 20
哺 59
哽 73
唊 164
唇 130
　 133
唬 52
唽 145
哲 145
哨 34
　 34
員 132
　 132
唲 155
哭 47
唫 48
唔 174

哦 137
唏 116
唅 178
唁 154
唐 72
哓 73
哗 19
哿 137
唉 1

八畫

唪 51
啮 66
啞 57
　 57
　 65
　 65
唪 2
啚 3
啉 178
啄 48
唼 163
啾 28
唬 57
唱 74
問 132
喁 140
唾 139
唲 82
　 83
唯 118
　 118
售 21
啥 179
　 179
唸 180
啁 20
唅 168
喎 139
啍 131
　 133

唪 124
唆 164
　 164
商 74
唅 168
唉 105
啟 99
啜 148
啁 178

九畫

嗸 66
喆 145
喜 2
啻 178
喋 163
　 164
嗒 173
喪 72
　 72
喇 56
喱 130
喓 33
喊 178
喈 98
喦 82
　 82
觋 94
喁 52
喔 124
喝 144
　 144
喑 175
喟 126
單 152
　 152
　 154
　 154
喌 174
喦 164
喌 21

喘 157
啾 21
喬 33
喤 75
喉 42
喻 44
煦 43
喑 179
　 179
嗲 154
啻 10
啼 82
啻 87
善 154
嗟 139
　 139
嗞 3
喧 157
喗 132
嘅 123
　 123
嘮 20
喔 47
嘈 132
啄 147

十畫

嗸 32
嗷 32
嗉 56
嗀 47
嗇 10
嗜 99
嗑 163
　 163
嘆 65
嗔 111
嗟 65
嗝 87
嗨 48
嗄 57

嗣 3
喿 32
嗅 20
喿 19
嗚 56
嘄 82
喿 34
嗃 33
　 38
嗙 73
嗌 87
　 87
嗛 170
嗁 2
牌 82
嚛 165

十一畫

嘈 148
嘖 87
　 87
嗎 153
嘉 137
喇 19
嘆 152
嘏 57
　 57
嘈 19
嗽 47
　 48
嚃 28
嘔 42
　 42
　 43
嘌 34
嘘 57
嘍 56
嘗 74
蒙 137
踏 22
嚄 81

嘬 117
嘰 35
噲 178
嘸 67
嗾 47
啐 125
噉 168
嘐 20

十二畫

嘵 35
噴 131
　 131
嘻 2
噎 105
噁 65
嘶 83
噂 144
嘲 33
噂 178
噆 173
　 178
嘽 152
　 154
嘬 147
噴 118
嚚 28
嘿 9
嘸 60
噗 174
噍 34
　 34
噏 174
嗎 140
噠 154
噉 28
噂 131
噌 15
嘮 33
嘯 106
嘰 116

十三畫

噩 65
嚔 68
嚆 33
噤 179
噉 146
　 147
噱 66
噴 60
器 104
嚷 180
嚚 73
噻 173
噶 48
　 48
噬 145
嘧 105
嘲 33
噉 39
　 39
噲 169
噲 147

十四畫

嚇 66
嚐 168
　 168
嚅 44
嚊 105
嚌 2
　 10
嚌 98
　 100
嚮 73
　 73

十五畫

噴 144
嚦 105
嚘 20
嚅 174
嚗 38
嚚 109
嚌 9
　 10
嚦 38
嚵 104

十六畫

嚭 3
嚧 155
嚬 110
嚙 168
嚴 171
嚨 51

十七畫

嚯 155
嚶 92
嚪 152
嚼 39
嚷 168
嚳 27
嚲 137

十八畫以上

囑 164
囂 32
　 33
囈 153
囊 72
鞴 154
囌 168
囍 129
囓 144

囂 155

囗部

囗 118

二至三畫

囚 21
四 105
囟 173
因 109
回 117
囟 110

四畫

园 156
囷 133
困 131
囤 131
囮 139
囱 51
　 52
囧 76

五至六畫

固 56
困 133
囹 94
囿 4

七畫

圃 59
圄 58
圉 131
圊 154
圓 158
圅 178

八畫

圉 93

圄 58
國 10
圈 157
　 157

九畫

圖 157
圍 118
園 157
圓 165
圓 132

十一畫以上

團 156
圖 56
圜 67
圞 156
　 157
圝 4

土部

土 56

二至三畫

壬 94
圣 124
圩 59
圭 84
在 1
圪 123
圾 174
圯 2
圮 3
地 138

四畫

坏 3
　 3
址 99

坒 99
址 2
圻 130
　 130
坂 153
坐 139
　 139
坽 179
坌 131
坋 132
坻 81
坳 124
坎 170
均 111
　 111
坄 89
坑 73
坊 76
坒 75

五畫

坷 137
坏 3
坡 147
坪 93
坫 170
坦 58
坦 152
坤 131
块 72
垌 95
垂 140
坿 44
　 44
坼 66
垚 28
坪 56
坻 98
　 99
坲 126
坡 139

坶 11
坳 20
坴 158

六畫

型 94
垚 35
垣 157
垔 129
城 93
垤 105
垬 11
埏 154
　 154
垍 104
垢 42
垗 34
垜 139
垉 83
　 83
垎 66
垮 138
埩 92
垓 1
垄 99
垠 129
垒 116

七畫

埀 139
埂 73
垷 155
埋 2
埆 158
塋 89
垿 148
浮 19
埗 47
埩 93
埑 130
垸 155

埌 72
埄 179
聖 105
埜 138
埃 1

八畫

堵 56
垔 65
基 2
堅 44
堇 129
　 129
　 130
垫 59
埴 10
堅 111
埼 138
域 10
韭 118
埱 28
堂 72
埠 139
場 87
堌 72
埵 139
埦 82
堆 117
埤 82
　 82
　 83

墌 57
埢 157
帚 19
堀 124

九畫

堯 35
堪 178
堞 164
堀 10
堙 129
堨 157
堤 82
測 10
場 73
堝 43
堨 144
　 145
埡 65
塊 117
堘 42
埈 51
塀 66
垣 15
報 19
輝 131
彙 131
壹 132
媚 99
塈 124
墼 43

十畫

墓 65
填 111
塒 2
塤 132
塏 116
塢 56
塎 51
塍 16

塯 21
塙 38
塋 95
堵 88
塘 72
塳 93
塡 88
塗 53
塗 56
塞 9
　 9
　 9
　 9

十一畫

塾 180
墐 129
塼 157
塹 169
城 27
塷 146
　 146
堅 99
墟 57
墇 57
墣 42
墁 156
塴 15
場 74
塾 28
塵 139
塘 53
塵 110
墇 74
境 75
墮 139
　 140
墜 126
墜 138

十二畫

境 33

墳 132
　 132
壇 104
墤 35
墊 109
墣 47
墥 154
墨 9
墺 27
壐 84
墦 158
塼 131
增 15
墀 98
墩 147

十三畫

壒 163
墩 35
壇 152
　 152
　 152
壄 59
墼 88
墾 129
壊 178
壅 52
壁 88

十四畫

牆 19
壓 163
壐 100
壖 157
壏 168
墾 65
壔 174
壎 132
壙 75
　 65
壥 169

**十五畫
以上**

壚 56
壜 118
壘 118
　 118
墻 169
壜 154
壞 118
壟 53
壤 74
　 74

士部

士 3

**一至
七畫**

壬 179
青 47
壯 74
壹 44
賣 105

**九畫
以上**

壹 104
壺 59
壻 59
壼 131
壽 21

夂部

夂 98
夆 180
夅 53
夆 144

夊部

夊 119

**四至
七畫**

夋 133
夌 16
夋 171
复 28
夐 51
夏 57
　 57

**八畫
以上**

夔 28
复 95
夽 72
夌 16
夒 19
夔 118

夕部

夕 67

**二至
五畫**

外 146
夗 157
夙 28
多 137
夘 28
姓 93
夜 67

**十畫
以上**

夢 65
　 66

夢 17
　 17
夥 139
夤 110

大部

大 144

一畫

夨 10
夫 60
　 60
天 111
太 144
夭 33
　 33
夬 147

二畫

夯 19
夼 32
央 73
　 75
失 105

三至四畫

夸 59
夷 98
夼 132
奄 133
夽 144
夾 165
夹 169

五畫

奉 53
夶 156
奈 144
奔 131
奇 138

　 138
奄 169
臭 32
㚒 59
衮 99
奅 20
牵 163
奥 125

六畫

契 146
　 146
奏 42
奥 105
奎 84
砼 81
查 155
㚒 59
奕 67

七至九畫

奚 82
奘 72
奢 59
奞 119
㚟 32
奲 157
奥 27
　 27
奠 111

十一畫以上

奪 147
奬 74
奭 10
奰 153
蠚 146
奮 132
奰 105

韀 137

女部

女 58
　 58
　 58

二至三畫

奴 56
奸 152
　 153
妑 10
如 58
妃 66
㚰 4
妜 158
妁 39
妄 76
改 2
妃 117
　 118
好 19
　 19
奼 156

四畫

妌 53
妍 93
妍 155
妏 132
妓 81
妣 99
妙 34
晏 153
妊 179
妖 33
妠 144
妗 179
妢 132
妡 53

妗 165
妥 139
姊 99
妭 44
妨 76
　 76
妒 56
妜 147
妧 19
妝 74
㚤 3
好 58

五畫

妹 124
妹 147
姑 56
妸 137
妬 65
妭 147
妻 100
　 100
娍 147
姑 169
敆 152
姐 144
姐 58
　 59
妯 20
　 28
妷 72
姍 169
姓 93
委 140
　 140
　 157
姁 43
　 43
　 43
姍 152
　 153

嬰 157
妷 42
姜 164
姘 156
始 2
姆 3
妿 137

六畫

娀 181
娃 83
姞 104
姥 3
姸 2
威 118
姷 4
姱 59
姨 98
姪 104
娑 82
姛 51
姻 109
姝 44
姓 130
　 131
姙 94
　 94
姞 146
姤 42
姬 139
姶 173
姚 34
娩 83
姰 111
妭 138
　 138
姣 33
　 33
姈 116
姟 1
姘 94

妮 66
姿 99
姜 73
娗 59
姧 153
娠 139
姦 153

七畫

娛 33
姬 2
娣 48
娠 130
姷 1
娭 164
娈 145
娙 94
娟 33
娿 152
娱 60
娒 93
娌 2
娉 93
娌 48
娟 157
娥 137
娒 3
娌 94
娬 139
娭 110
娩 146
姿 13`7
娣 100
娓 118
嬰 137
娭 2

八畫

婌 60
婧 93
婷 94

娸 2
婻 44
娶 44
婼 66
婪 33
婪 178
媕 171
婕 164
娶 109
婷 39
斐 118
媒 139
婣 56
婷 152
婳 173
媧 140
婐 140
娜 82
婢 82
娷 179
嫻 21
婚 131
婙 157
娷 157
　 157
媌 155
婉 157
婆 169
婆 139
婦 4
婫 47
婤 111
娹 147
婁 42
　 44
　 44

九畫

媒 3
　 3
媸 178

媟 164
婧 139
媌 154
媛 157
婚 93
媞 82
　 82
媯 72
媚 27
媪 19
媚 125
媌 165
嫏 154
嫂 19
嫌 109
媿 118
媆 42
　 44
嫜 169
　 170
媛 157
　 157
媄 99
嫚 155
敿 28
媝 169
媛 19
媥 109
嫜 118
媚 99
嫠 169
婿 59
婆 44
嫋 32

十畫

嫠 32
嫱 42
嫴 83
嫫 59
嫄 157

嬰 2	嬌 139	嬧 44	**一至三畫**	**十一畫以上**	宜 138	寁 164	寥 22
嬫 99	嫽 27	嬧 168		孵 21	宙 28	170	實 104
媲 100	**十二畫**	嬰 93	孔 51	學 27	官 155	寂 28	**十二畫**
嫛 156	嬈 34	嬪 110	孕 16	孺 44	宛 157	宿 28	寮 35
媱 34	嬉 2	嬟 38	存 131	孶 145	宝 44	28	寫 67
媛 82	嫜 56	**十五至十六畫**	字 3	孻 20	宓 105	寠 1	審 179
嫋 44	嫧 180	嬻 47	**四畫**	學 156	宏 16	密 105	寫 140
嫉 105	嫺 153	嬩 157	孝 20	**宀部**	**六畫**	**九畫**	寂 124
媵 16	嬋 154	嬼 35	孛 124	宀 154	宣 158	寞 146	**十三畫至十六畫**
嫈 95	嫘 9	孽 145	124	**二畫**	宦 156	寒 152	寰 156
嫌 170	嫵 60	嬧 155	孚 33	宁 58	宥 4	寋 153	癢 145
嫁 57	嬌 33	嬾 152	孚 21	宄 20	宬 93	富 11	寱 155
媢 27	嫶 34	嬮 16	21	宂 53	室 105	寔 87	竄 27
娛 94	褒 44	**十七畫**	孜 3	它 137	宗 28	寓 43	窺 110
婉 157	嫣 140	嬲 94	孖 58	137	宧 35	寢 179	寵 53
嫋 39	嬌 157	嫭 74	**五畫**	**三畫**	宮 180	寅 60	**十七畫以上**
媸 2	嫩 158	孅 169	孟 73	宇 60	客 66	審 94	寶 19
十一畫	嬿 154	169	季 106	守 21	宎 35	盦 94	寢 58
嬍 87	嬕 154	孃 33	孤 59	21	**七畫**	寐 124	癢 17
嫠 2	嬧 88	孃 74	孥 56	宅 66	害 144	寎 75	豐 181
嫛 83	**十三畫**	74	**六至八畫**	宊 4	144	**十畫**	癢 118
嫣 153	嬰 88	**十八畫以上**	孩 1	安 152	宧 2	寞 65	**寸部**
嫥 157	嫱 10	孆 83	弄 157	**四畫**	害 56	寊 99	寸 131
嫗 43	74	孌 157	覭 154	完 155	宸 130	索 66	**三至七畫**
43	嬛 95	157	孫 131	宋 180	家 57	寑 179	寺 3
藝 174	157	孏 152	孰 28	宎 111	宵 34	179	尋 147
嫖 34	媻 58	孋 138	**九至十畫**	宏 16	宴 155	**十一畫**	封 53
嬚 99	嬰 116	孎 118	孳 3	実 35	宧 179	寢 180	專 60
嫣 59	嫩 39	孁 48	孱 153	**五畫**	宷 155	寬 155	射 67
嬰 99	嬿 169	**子部**	穀 47	宗 180	容 53	寡 59	67
嫭 58	嬒 146	子 3	舂 2	定 94	宰 1	寠 43	
59	嬗 154	子 145		94	宧 72	察 145	
婷 56	嬴 93	孓 147		94	窖 132	康 72	
嫚 153	嬖 88			宑 28	**八畫**	寧 94	
嫘 118	**十四畫**			宕 72	寇 42	94	
嬌 178	嬻 1				寅 110	寤 56	
嫡 88	嫻 98				寄 138	寤 124	
嫙 158	嫛 169					寢 179	
嫠 146							
嬸 178							

八畫
專 157
尉 125
　125
將 74
　74
　74

九畫以上
尌 44
尊 131
尋 179
對 124
導 19
　19
尃 157

小部
小 34
少 34
　34
尒 99
尗 28
尚 74
覚 154
尞 67
寮 34
尟 154

尢(兀)部
尢 75
一至四畫
尤 4
尪 60
尥 39

尩 75
尨 51
　52
尬 144

五畫以上
尰 137
尲 139
尳 34
尵 124
尶 53
就 28
尷 170
尸 82
尹 140
尺 84

尸部
尸 99
一至二畫
尹 133
尺 67
尻 19
尼 98
　104

四畫
尿 39
尾 118
局 165
局 48

五畫
屈 104
居 57
屍 131
屎 47
屈 125

　125
六畫
屌 99
屋 47
眉 104
屑 105
眉 98
屏 93
　93
　94
屎 98
　99

七畫
屄 100
展 154
辰 130
屑 105
展 87
屒 58
屖 100

八至九畫
屠 56
　58
扁 42
扉 118
屚 164
屜 165

十一至十二畫
屢 44
屨 82
履 98
屩 111
層 15

十四畫以上
屨 43
屬 39
屬 48
　48
屭 88

屮部
屮 19
屯 131
　133
屮 2
屰 39
芈 67
芬 132
芔 28
眥 2
省 146
委 92
鞤 132

山部
山 153
二至三畫
屵 144
屶 179
屻 98
屼 105
屿 110
屹 123
岁 174
屺 2

四畫
屽 155
屺 156

岐 81
岠 57
岑 179
屶 126

五畫
岵 56
岸 152
岨 58
岫 28
峡 73
岭 94
岷 110
弟 126
岩 35
岡 72
岳 47
岱 9

六畫
峙 2
峚 72
峘 155
剡 81
峒 51
峗 83
峋 111
峻 1

七畫
峉 59
峽 165
崆 92
　94
峭 34
羑 137
峺 20
峯 53
峷 110
峋 147
崐 133

峻 133
峇 27
猊 19

八畫
靖 92
峽 1
崧 52
崖 81
崎 138
崦 169
崼 164
崑 131
崔 117
　117
崟 179
崊 131
崤 33
崝 92
崩 15
崞 67
崒 125
崇 181
崆 51
崛 57
崛 125
戜 74
崮 3
崧 181

九畫
嵒 178
嵁 178
嵌 168
嵗 118
嵍 10
嵋 72
　73
嵫 43
崵 144
崴 118

崬 1
崺 65
嵇 99
嵬 117
崒 125
崚 51
嵐 178
施 138
嵯 137
嶍 21
嶬 3
陵 133
嵏 44

十畫
嶅 32
嵼 117
嵳 117
崱 56
嵩 181
嵣 72
嵱 53

十一畫
摧 117
嶇 43
嶁 42
嵾 117
嶉 119
嵸 53
嶈 74
嵺 22
嵺 179
嵺 19
嶞 139

十二畫
嶢 35
嶬 144
棧 153
嶃 117

巖 147
嶬 35
巘 179
嶠 33
嶒 33
嶸 175
嶵 34
嶔 179
嶓 139
嶙 110
嶟 131
嶒 16
嵾 117

十三畫
嶪 165
嶧 67
嶬 117
嶼 58
　58
嶵 117
嶭 144
嶮 169
嶒 146
嶰 87
羲 138
嶾 27
醴 110

十四畫至十六畫
嶺 93
嶷 2
　10
嶽 47
嶸 94
巇 144
巃 51
巆 94

嶲　84	**工部**	四畫	幦　132	八畫	幓　179	**幺部**	廈　57
	工　51				徽　118		廇　21
十七畫至十八畫	巨　57	帉　132	帶　144		幣　146	幺　22	廓　67
	巧　20	帊　57	常　74	**十二畫**		幻　156	廉　169
巇　138	左　137	希　116	帳　73			幼　20	廌　81
巍　118	巩　52	爺　132	帾　56	幬　132		22	廕　179
巉　168	巫　60	帋　146	幥　154	幝　154		丝　20	
巊　145	差　138		帷　118	幠　56		幽　22	**十一畫**
嶹　118	138	五畫	幗　111	幡　158		絆　156	
118	138			幢　52		絹　145	廛　129
	138	帔　148	九畫	52		幾　116	廣　75
十九畫以上	珡　154	帖　164		幟　10		116	75
		164	幇　144			繼　148	廟　95
巔　111	**己部**	164	幌　72	**十三畫**			慶　42
巖　168		帙　104	幅　10			**广部**	廧　10
巑　156	己　2	帔　138	11	幪　51			廰　51
巒　156	已　2	138	帽　27	51		广　171	廝　20
巘　154	巳　3	帛　66	幅　133	幧　34		**二至四畫**	廧　74
巇　146	巴　57	帤　157	帣　44	幨　169			廖　28
	目　2	帚　21	幃　53	幬　88		庀　99	
巛(〈、巛)部	巷　52	帤　56	帯　155			庅　66	**十二畫**
	圯　2	56	幃　131	**十四畫以上**		庋　83	
〈　158	巺　2		幄　47			庈　57	廚　44
巛　146	巽　156	六畫	幛　118	幬　19		庵　131	廝　82
川　132			祀　57	20		庆　156	82
巜　131	**巾部**	帣　111	帑　44	幪　146		庇　99	廟　34
巛　1		帨　75		幰　168		庎　179	廛　154
巟　75	巾　129	帡　94	十畫	幡　132		序　58	廡　60
州　21	**一至二畫**	帥　126		幰　153		五畫	廞　179
汌　145		126	幕　65	幰　169			廢　148
巡　133	市　173	帝　67	幙　169	幰　117		废　147	
巠　94	市　148	帝　88	幨　57	幰　117		庝　58	**十三畫**
巟　104	布　59	帗　157	幪　51			府　44	
巢　10	帔　99	帤　58	幪　88	**干部**		底　99	廟　129
巢　33	市　2	七畫	幣　156			庖　20	廧　74
巤　163	三畫		幐　15	干　152		庚　73	廬　56
163		帲　163	十一畫	平　93		六畫	廥　146
	帆　181	帢　173		羊　179			廨　87
	181	帩　34	幩　145	开　155		庤　2	87
	帔　173	帨　148	幘　87	幸　92		度　65	廩　179
	帚　163	師　99	幖　34	榦　155		65	廦　88
		席　67	幔　156	幹　152			
				152			

十五畫以上

廖 22
廬 58
廎 93
廨 154
廳 52

廴部

廴 110
延 154
廷 94
延 93
延 154
建 153
廼 154

廾部

廾 52

一至四畫

廿 174
弇 154
异 10
弄 51
　 51
弅 132
矛 20
弃 104

五畫以上

弉 28
弇 169
弈 67
葬 156
弇 157
弆 125

鼻 15
弊 146
彝 67

弋部

弋 10
式 99
式 10
弒 10

弓部

弓 17
馬 178

一至二畫

弔 35
引 110
弗 125
弘 16

三畫

弜 59
弨 73
弛 138
　 138

四畫

弟 100
　 100
弞 110
弛 57

五畫

弪 138
　 138
弣 44
弧 59
張 99
弦 111
弢 32

弨 34
弩 56

六至七畫

弮 105
弮 157
弭 82
弱 158
弱 39

八至九畫

張 73
　 73
弸 15
弻 131
強 73
　 73
弼 105

十至十一畫

彀 47
彈 105
彆 146
彊 67
彌 42

十二至十三畫

彈 152
　 152
彊 73
　 73
　 73
彄 16

十四畫以上

彌 99
　 99
彍 67
彉 157
彏 34
彎 156
彏 68

彐(彑、彐)部

彑 145
彔 57
彔 47
希 104
象 156
彗 148
　 148
　 148
　 148
彘 145
彙 125
彝 104
彝 105
彝 98
彟 68

彡部

彡 178

四至七畫

形 94
彤 180
彣 132
彦 154
彧 11

八畫

彬 130
彪 22
彰 28
彩 1
彫 22

九畫以上

彭 72
　 73
彰 74
影 75
彲 179

彳部

彳 67

三至四畫

彶 174
彴 38
彷 124
彸 53
彴 111
役 89
彷 72
　 76

五畫

征 93
徂 56
徇 28
往 76
　 76
彿 125
彼 140

六畫

待 1

徯 98
徊 117
徇 111
　 111
徐 66
徉 73
律 125
很 129
後 42

七畫

徒 56
徑 94
徎 93
　 94
復 124
徐 58
徯 118
徬 53
徚 3
後 133

八畫

徠 1
徛 138
徬 154
徘 117
徙 82
徜 74
得 9
　 9
從 53
　 53
　 53
　 53

九畫

徥 82
御 57
　 58
徰 53

復 28
　 28
徨 75
循 133
徧 111
徦 57
徠 21

十畫

微 118
　 118
徭 34
徯 82
徬 72
　 72
徦 105

十一畫

徽 146
德 9
徵 2
　 16
徹 145
徸 100
徼 39
徽 118
徿 174
徾 60

心(忄、㣺)部

心 179

一至三畫

必 105
忝 145
忉 32
忍 123
忏 152
　 152

忏 60
志 2
忖 131
忱 144
　 145
忒 9
忆 123
　 123
　 174
忘 76
忌 2
忍 130

四畫

忝 170
忼 156
怖 144
怅 81
忲 144
忧 4
忸 131
　 133
忝 123
忡 181
忠 180
忏 56
急 123
忻 130
忾 144
怆 144
念 180
忿 132
忪 53
怄 81
忽 124
态 130
忙 72
忧 179
快 147
忸 21

五畫

字	頁
怔	93
怯	165
怗	56
忨	125
	125
恔	75
怖	59
怦	92
忕	147
怗	164
	169
怛	56
	58
怛	144
怞	20
	20
思	3
偲	169
快	73
悅	76
恂	104
性	93
怢	106
作	65
怣	44
怣	9
怕	65
恂	42
忽	51
怨	157
急	174
怭	105
怩	98
恨	110
佛	126
	126
怵	125
恢	33
怒	56

字	頁
怊	34
怪	3
怡	2
怠	1
恊	22

六畫

字	頁
恈	76
恝	144
恚	83
恃	2
恌	19
恐	52
恄	52
恆	15
	15
恥	2
恭	52
悪	11
恢	3
恍	75
愧	145
恫	51
	51
恩	109
恓	117
恬	170
恁	179
息	10
恤	106
念	174
怪	158
恣	130
恌	35
恞	83
恂	111
恉	99
恪	65
㥀	138
恔	33
	35

字	頁
恣	99
恔	1
恙	73
恗	92
恨	129
恕	58
恊	164
悴	21

七畫

字	頁
悈	9
	10
悊	145
悖	124
悑	59
悚	53
悟	56
悆	164
悜	99
悭	94
悄	34
悍	152
悝	2
	3
悃	131
悁	157
患	156
悒	174
悔	3
悠	20
悠	65
恩	51
悇	56
念	58
悕	116
悉	105
悅	156
	156
怕	170
悦	148
㥧	76

八畫

字	頁
愁	88
悌	100
悢	72
恵	53
悛	132
情	93
悵	73
悷	16
悴	92
惡	56
	65
	65
惎	2
惜	67
惠	9
惏	178
	179
惠	106
惹	66
	67
惑	10
悽	100
悱	118
悲	117
怒	28
悼	38
惝	74
惕	88
惏	130
悃	56
惘	76
製	144
悸	106
惟	118
悠	116
惀	133
惆	20
惛	131
惚	124

字	頁
惇	131
悴	126
惓	157
	157
悾	168
	168
惷	169
惫	20
悰	180
意	155
悾	51
愧	155
惌	157
	157
悵	105
惢	139
悷	106
惡	111
惬	10
惙	147

九畫

字	頁
惷	133
想	74
	131
惥	20
感	178
惬	164
愿	164
愷	145
惵	3
惛	178
惇	9
惵	164
惮	19
慌	75
愊	10
惰	139
恛	154
愯	139
惻	10

字	頁
惕	72
	74
惆	43
愚	43
愠	132
愒	145
愕	65
惴	140
愡	51
愀	21
愁	21
懂	52
	53
愎	28
惶	75
愧	118
慈	153
愉	42
	44
愈	44
惏	67
愛	123
愍	51
惇	95
愔	179
意	10
愫	126
慈	3
愃	158
惲	132
窓	65
惼	111
悶	131
	131
慨	123
	123
惆	82
愭	131
愇	118
惰	58
懌	19

字	頁
	19
愁	42
像	81

十畫

字	頁
懊	32
愫	56
慝	9
慎	65
慕	65
慎	110
遝	154
慄	104
愿	157
慎	132
恩	131
愷	116
愫	123
	123
慍	19
慺	53
憾	81
殷	130
惡	130
慆	34
慆	19
愴	74
	74
愭	27
慊	164
	170
	170
愬	65
	66
逓	53
塞	9
懰	39
憨	110
慫	131
態	1

十一畫

字	頁
慧	148
慫	53
慈	2
熱	174
	175
慤	47
懂	130
憪	156
慚	168
愽	156
憎	21
慓	34
慽	28
感	28
懋	146
憂	20
慮	58
慢	153
慯	74
慟	51
慈	53
慾	48
像	72
慷	72
慶	73
	75
憋	146
慰	125
憜	139
習	175
憀	22
慘	178
慗	168

十二畫

字	頁
憢	35
憤	132
憙	2
憨	93

愁 109
　 109
憶 106
憛 178
憭 35
　 35
愔 178
憿 74
憫 153
　 153
憫 130
憬 76
憒 117
憚 152
憮 60
　 60

慫 124
憩 145
憍 33
憔 34
懊 27
憝 111
憑 16
慭 117
懀 117
憧 52
　 53
憐 111
憎 15
憲 153
憨 125
憕 16
憍 106
儌 9

十三畫
憼 130
懧 15
懞 51
懟 42
憨 88

憾 178
懼 16
懆 32
懌 67
懷 158
懊 58
懇 58
懊 35
憸 169
憺 168
懈 87
懍 179
應 16
　 16
憶 10

十四畫
懤 20
懷 146
憶 104
懕 169
懟 124
　 126
鋭 146
懝 1
懭 75
應 75
辯 154
懠 100
懑 156
懯 145

十五畫
憒 16
慢 20
　 20
爆 38
懲 98
憒 104
懰 21
　 21

懲 16
懿 147

**十六至
十七畫**
懸 158
懲 38
懷 118
懼 155
　 155
懷 74

十八畫
懿 104
懺 163
懼 60
　 60
戄 180
懦 84
懵 53

**十九畫
以上**
戁 153
戀 157
戁 72
戄 68
戀 52

戈部
戈 139

**一至
二畫**
戊 19
戌 147
戍 181
戌 125
成 44
成 93

戔 1
戒 9
我 137
或 10
　 178
戋 152
　 155
妭 140
戕 169
戕 74
戩 181

**七至
八畫**
戚 28
戛 104
戟 152
戜 105
戟 67

九畫
戧 174
戠 10
戢 178
戣 100

**十至
十一畫**
截 146
戮 104
戳 109
戴 110
戮 28

**十二畫
以上**
戳 125
戰 154

戴 1
戧 11
戲 138
　 140

户部
户 56

**一至
四畫**
戹 87
戾 146
戶 3
所 58
　 58
戽 105
房 72
　 76

五畫
扂 57
扁 109
　 111
扃 95
　 95

**六畫
以上**
扆 116
扇 154
　 154
扈 56
扉 118

**手（扌）
部**

手 21
才 1

**二至
三畫**
扑 47
扐 9
扔 16
扜 152
扛 60
扛 52
扗 124
扣 42
　 42
扤 123
　 124
扱 173
　 174
　 174
扚 39
　 39
扺 110
扡 137
　 138
扴 138

四畫
扶 59
　 60
抗 156
扛 132
扦 147
技 81
抔 1
扼 87
拒 57
　 60
批 100
扣 124
扞 52
扟 16
折 145
　 146

抓 20
扳 153
扲 144
扮 132
捐 147
抵 81
扷 105
抑 10
投 42
扸 154
扡 132
抗 72
扰 179
抉 148
丬 74
把 57
抒 58
承 16

五畫
拜 145
拈 165
拑 169
捱 145
拘 137
拓 65
　 67
拊 59
拔 144
　 145
抨 92
　 92
拈 170
担 145
担 57
抽 20
抶 73
抦 81
拇 170
抹 104
拖 137

拊 44
拍 66
拆 66
　 66
抮 130
拖 137
抵 99
拘 42
　 43
抱 19
拄 44
拉 174
拌 156
挓 137
挖 87
抳 105
抿 110
拂 124
　 125
拙 125
拏 57
招 33
　 34
披 138
　 138
拚 154
　 158
拇 1
拗 20

六畫
挈 146
拭 10
挂 83
持 2
拮 104
　 105
拲 52
拱 52
拳 52
挀 110

拍 66	捉 48	掌 74	掇 146	157	摺 20	摘 87	撚 155
挎 59	捆 131	掍 131	**九畫**	157	21	撇 146	撞 52
挫 104	捐 157	捫 131	揆 144	揬 92	摛 138	擎 146	52
批 82	把 174	揸 173	揍 42	揞 178	搒 73	搯 28	撤 145
挙 82	捌 145	掔 145	揕 179	掃 88	搪 28	摺 164	摶 131
拽 145	捈 56	捶 140	揗 53	搓 137	搤 87	175	撰 153
挏 51	挫 139	捰 139	揲 9	揃 154	搭 144	摻 20	攢 126
捆 109	139	挩 82	撲 163	搁 21	搴 153	21	撰 156
挺 94	将 147	推 117	揠 144	捘 21	搨 53	摻 178	撜 16
挺 154	抒 19	掉 81	揀 153	揮 132	推 38	178	撥 147
括 146	接 139	掀 129	搣 178	搧 109	搦 38	摜 156	**十三畫**
拾 174	140	捨 59	揫 155	摡 123	擼 164	操 33	撽 67
175	换 155	捡 179	揆 148	握 47	**十一畫**	34	68
175	挽 158	揄 131	揩 98	揹 110	搽 53	**十二畫**	擊 88
挑 32	捅 47	採 1	揥 38	搢 58	摡 83	撢 98	撼 178
35	48	授 21	提 82	搂 100	捧 145	撓 33	據 57
35	捼 53	掤 16	82	搔 19	摯 146	33	操 32
指 99	捝 146	掤 20	揚 73	揉 21	摰 174	撻 144	32
挌 66	148	掬 27	揖 174	搽 157	摐 130	擅 104	32
挐 138	抏 155	掠 74	174	**十畫**	撕 168	撕 83	擇 66
拳 157	捃 132	披 67	擊 155	搿 32	摮 168	撊 145	擐 156
按 152	抑 105	捽 124	搵 131	搆 42	摶 156	擎 93	擉 48
拯 16	捐 48	掊 1	揭 145	摹 59	157	戴 67	擸 145
挈 58	挨 1	1	145	搢 110	摳 42	撑 178	擎 116
拹 165	挼 131	接 164	揣 140	搷 111	摼 111	撅 147	撒 39
七畫	**八畫**	捲 157	141	搡 66	摽 34	147	擎 39
挟 68	捧 53	157	156	搏 65	34	147	撿 169
抓 163	掛 83	掗 15	揹 124	搞 87	摵 28	撩 35	169
抹 20	掕 16	掞 169	124	摵 146	撇 146	撲 47	擔 168
20	掫 42	169	插 165	搋 104	摑 59	撐 73	168
捕 59	措 65	169	搫 21	搬 153	撝 58	撮 147	擅 154
捂 56	66	指 146	搜 21	損 131	摣 57	攔 153	擁 52
振 130	擎 111	控 51	探 19	搰 131	摟 42	撣 152	52
130	掎 138	52	揑 75	挶 100	摧 117	撫 60	擗 88
挾 164	掩 169	捥 155	搥 117	搫 156	117	撟 33	擘 87
164	捔 48	探 178	揗 133	搬 144	摠 51	播 139	**十四畫**
164	捷 164	178	揄 43	搖 34	摋 52	139	擣 19
捎 33	164	捷 153	44	揺 19	摭 67	139	擥 168
34	排 118	掃 19	撑 169	搶 74	摩 139	擒 179	擎 168
捍 152	掉 39	据 57	援 157	搋 53	摍 47	撝 140	
		掘 125					

第一列

撅	163
㩻	163
㩴	44
撲	48
擬	2
擴	67
摘	87
	88
擠	100
擯	110
擢	38

十五畫

擷	105
攀	153
擾	21
擄	58
擺	138
操	39
擇	132
擻	163

十六畫

攄	56
擱	156
攮	132
攘	153

十七畫

攖	93
攣	58
攙	170
攪	170
攘	74
	74
攩	153

十八畫

攝	164
攞	68
攢	84

第二列

攤	138
攢	52
	52

十九畫以上

攞	83
攢	156
攣	157
攤	138
攡	140
攩	132
攩	72
攪	68
攪	27
攬	168

支部

支	81
攱	81
攲	82
㩼	138
攴	81
敲	138
	138

攴（攵）部

攴	47

二至三畫

攷	19
收	21
攻	51
攸	20
改	60
攺	2
改	1
收	138

第三列

四至五畫

攽	130
放	76
	76
政	93
故	56
敁	66
敏	42
敀	110

六畫

敖	32
救	87
敊	118
敋	173
效	33
敉	99

七畫

教	33
	33
救	20
敎	124
敕	10
敔	58
敗	152
敗	147
敒	76
敏	4
敓	110
敘	58
敚	147
敝	146
敢	168

八畫

散	152
	152
敬	93

第四列

敤	152
敳	48
敧	74
敥	87
敦	139
敤	130
敨	82
較	83
敠	174
敦	117
	131

九畫

敫	73
敽	39
	39
敾	56
鼓	118

十畫

敳	60
敶	116
敲	33
敶	110
鼔	2

十一畫

敷	60
敺	42
	43
敕	35
數	44
	44
	48
	48
戰	105
敵	88

十二畫

戭	35
戲	152

第五列

整	93
敹	33
敲	156

十三畫

斁	65
	67
斂	48
斂	169
斃	146
斄	132

十四畫以上

斅	21
斆	158
斄	2
斁	152
斀	27
斀	83

文部

文	132
	132
斑	153
斐	118
斌	130
斄	2

斗部

斗	42

五至八畫

料	156
料	35
	35
斜	42
斜	59
斛	47
斝	57

第六列

斞	44

九畫以上

斠	179
斢	35
斢	47
斡	146
	155
斜	72
斢	60
斣	47
斣	157

斤部

斤	130

一至七畫

斥	67
所	130
斧	60
斨	74
斫	66
斩	43
斬	170
斷	72

八畫以上

斯	82
斳	66
新	110
斲	48
斶	48
斷	156
斸	48

方部

方	76

第七列

二至四畫

斺	153
於	154
於	56
	57
斻	72

五畫

斿	20
	21
施	138
	138

六畫

旁	72
施	144
旅	76
旄	32
旆	130
旅	58
旃	154

七畫

旌	93
族	47
旍	93
旇	98
旋	158
	158
旐	138

八至十畫

旒	34
旔	33
旓	20
旗	21
旗	2
旖	138

第八列

十一畫

旘	35
旙	34
旚	34
旛	158
旜	126
旝	58
旞	146
旟	154

无部

无	60
旡	123
既	123
旤	139
㱁	74
就	74

日部

日	105

一至二畫

旦	152
旪	164
早	19
旫	35
旭	27
旬	111
	111
旨	99

三畫

旰	152
	152
	152
旱	152
旳	39
旴	42

四畫	昶 73	晰 88	暝 94	曩 72	髀 82	**木部**	杏 73
	昵 104	晉 66	暨 124	矑 152	**月部**		枢 124
旺 76	沸 125	唵 169	暜 1	曬 81	月 147	木 47	杓 34
昊 32	怞 124			曤 171	**二至**	朮 110	39
昔 67	昭 34	170	十一畫	曫 156	**五畫**	**一畫**	39
杳 105	昇 154	170	蟄 145	曣 72	有 4	本 131	极 175
戾 10	**六畫**	暕 38	暵 152	**日部**	朋 15	末 147	枀 72
昆 131	時 2	晶 93	暴 38	日 147	服 11	未 126	屎 98
131	晟 93	暘 87	38	**二至**	朐 43	术 125	杞 2
昌 74	晊 104	智 81	暫 168	**三畫**	43	125	李 2
昇 16	晉 110	睍 82	曄 104	曲 48	朏 125	札 145	杝 138
昕 130	晃 75	晰 76	暴 73	48	**六畫**	**二畫**	138
昄 153	晄 75	暑 20	十二畫	曳 145	朒 28	朾 92	138
盼 132	晁 34	景 75	曉 35	更 73	朓 34	朽 20	枊 130
明 75	晈 35	75	曀 105	73	35	朴 48	权 138
昏 131	晐 1	晬 124	曆 88	曶 124	朕 179	束 88	**四畫**
吻 124	晏 153	普 59	曇 178	**五至**	朔 66	朱 44	枉 76
易 87	**七畫**	晼 157	暜 110	**七畫**	朗 72	杁 99	枅 99
87	晜 153	啓 99	曒 131	曷 144	**七畫**	机 98	枎 60
昂 72	晢 145	**九畫**	曈 51	曶 87	朙 75	杋 20	杭 157
旻 130	晰 145	暟 156	縣 155	書 58	望 76	20	枼 59
昉 76	晡 59	暘 73	十三至	曹 19	朖 75	朵 139	林 179
旿 56	晤 56	暉 93	十四畫	曼 156	朘 72	杓 22	杶 87
五畫	晨 130	暍 145	曙 58	158	**八畫**	朸 9	東 51
春 133	晛 155	暖 156	暤 19	**八畫**	菁 2	杍 16	柿 148
昧 124	晧 19	暗 178	曒 35	替 105	期 2	**三畫**	枝 81
是 82	晦 3	瞗 138	曖 123	晉 178	朝 34	杆 152	杯 3
昞 75	晞 116	暄 157	曘 124	最 147	34	杅 60	柜 57
昇 32	晥 155	暉 132	曛 132	曾 15	腑 74	杇 59	枒 59
昚 110	晚 158	暈 132	曠 75	15	**九畫**	杜 56	杶 133
易 73	晜 131	暇 57	暴 38	**九畫**	**以上**	杠 52	枇 99
映 75	晝 43	57	曜 39	**以上**	朦 72	材 1	99
晶 131	晙 133	睯 110	十五畫	會 146	朧 51	束 48	栢 56
星 94	**八畫**	110	**以上**	146	朢 76	杕 146	杶 3
昳 105	晴 93	**十畫**	曝 38	曷 145	朦 51	杖 73	杪 34
昨 65	睹 56	暟 10	曡 164	暱 110		杬 124	柑 170
昫 43	暑 58	曄 163	曆 155			杙 10	杏 35
昂 20	晳 88	暮 65	曭 19			朳 34	杲 32
昱 175		暢 73					果 139
眩 112		嵩 32					

字 頁	字 頁	字 頁	字 頁	字 頁	字 頁	字 頁	字 頁
枘 175	枢 4	样 156	81	梓 124	155	梨 98	榴 3
杅 20	枰 93	柴 105	桃 75	梗 73	根 72	棣 75	**九畫**
杵 58	枯 169	染 169	槐 145	楝 47	梫 179	楔 44	
枚 117	柤 57	柁 137	栢 58	梧 56	椰 105	梘 82	楔 146
枖 33	柛 110	柲 105	桐 51	桓 42	梇 48	82	榛 42
枅 88	柙 163	栀 19	株 44	桭 130	桶 51	椎 118	椿 133
析 88	枰 33	柶 98	梃 94	梧 3	梭 133	119	椹 179
板 153	柚 28	梻 125	栝 146	梜 164	**八畫**	椑 82	楪 163
枌 82	28	柚 124	栚 148	楂 100	棖 73	83	榙 173
枌 132	柍 73	枷 137	梃 154	梘 94	楮 58	88	榍 111
松 53	73	柖 34	條 22	梢 33	棱 15	榆 133	楠 178
柳 72	枳 81	架 137	枲 179	34	棊 2	梀 158	楚 58
杸 44	枧 28	柀 140	桁 72	桯 93	棋 2	採 1	榔 144
杭 72	相 3	皋 2	73	94	棸 43	稔 179	福 10
枋 76	柟 169	皋 3	柃 173	桯 3	椒 42	棚 15	楝 155
枓 44	170	柔 21	173	樺 93	棓 56	椆 20	械 178
枕 179	栖 105	**六畫**	桃 32	梱 131	植 10	榕 124	械 118
179	株 104	栔 146	枸 111	131	森 179	楂 19	楔 157
杻 21	105	栻 10	111	梣 179	棽 179	椇 27	楷 98
杷 57	柞 65	栞 152	111	桮 132	棼 132	椋 74	98
杼 58	66	桂 84	桥 179	棟 51	椋 51	椁 67	楨 93
58	柁 138	栬 9	枌 132	械 10	棫 10	椉 16	93
柔 58	柎 44	桔 105	梏 27	椅 138	椅 138	16	桌 104
五畫	44	105	27	椓 48	椓 48	棓 3	業 165
奈 144	柏 66	栲 19	**七畫**	棲 100	棲 100	52	楊 73
柹 144	栎 65	栽 1	梅 3	100	100	椻 164	楫 175
柳 52	柧 59	1	梟 35	棧 153	棧 153	164	椤 27
柣 57	柶 81	栱 52	椴 88	棐 118	棐 118	棇 57	楬 145
某 1	枰 56	桓 155	桼 105	椒 21	椒 21	棄 104	145
3	柃 94	栗 104	梌 139	椿 83	椿 83	157	楗 117
柑 169	柢 99	楝 87	桴 21	棹 38	棹 38	棬 157	椯 139
枼 163	枸 42	栖 100	桜 119	棠 72	棠 72	157	椠 60
柹 145	42	100	將 148	棋 43	棋 43	栖 15	楸 21
枯 56	43	栒 4	梧 146	暴 48	暴 48	棳 169	榎 28
柯 137	栅 87	栫 130	桷 47	棍 131	棍 131	棺 155	椴 156
柿 3	柳 21	栭 2	梓 3	棝 56	棝 56	桯 52	梗 154
柄 75	枹 20	栵 145	羕 110	棘 10	棘 10	棨 99	槐 118
柬 153	21	棷 100	梳 58	棗 19	棗 19	楗 153	橘 60
柘 67	柱 44	桱 104	梲 146	椧 139	椧 139	棣 105	槌 116
柭 145	44	柴 81	148	棰 140	棰 140	椐 57	118
	柆 174		橋 51			極 10	楯 133
			械 9				
			菜 132				
			梵 181				
			梾 20				

榆 44　楷 109　榮 95　橘 88　橎 158　檜 146　櫟 154　欐 98

柳 66　槙 110　榷 38　樣 73　橚 179　檐 169　櫟 39

楥 157　榦 152　梋 105　　 74　橪 154　檀 152　櫓 56　**十九畫以上**

　157　梗 154　**十一畫**　橢 139　　155　檍 10

梭 51　　154　　　　榴 174　裹 60　檥 138　櫧 58　櫔 83

梟 38　榑 60　槽 148　樛 22　橦 52　檇 21　櫢 148　欑 156

楓 181　槅 87　槷 146　槮 178　　 53　　 28　欒 156

椁 94　橷 47　槿 130　　179　橵 10　檗 87　**十六畫**　櫔 144

㮎 65　榎 57　横 75　樅 33　橀 82　　　　　　　櫔 68

窼 105　楼 153　　 75　　 33　橉 110　**十四畫**　櫴 105　櫔 118

㭑 138　椆 2　構 156　樺 131　檀 131　檮 19　櫝 66　櫔 48

槎 138　樺 105　槧 169　樾 126　檖 126　檻 42　櫠 22　櫔 83

楮 20　榻 163　槫 156　橧 15　橧 15　櫃 118　櫝 65　櫔 22

樣 126　櫻 10　槽 19　　 16　　 16　橐 131　櫪 88

梭 19　榍 131　楸 47　橖 125　橖 125　檻 168　櫕 110　**欠部**

楎 131　樹 67　樞 42　嶪 130　嶪 130　櫱 168　櫨 56

　132　槵 10　　 44　橙 15　橙 15　櫔 145　櫚 169　欠 171

楄 111　椳 99　標 34　橃 148　橃 148　屧 169　櫃 158　**二至四畫**

概 123　櫔 82　櫖 20　橘 106　橘 106　欄 100　　 118

槩 123　槃 156　械 28　橾 118　橾 118　櫔 133　櫬 110　次 99

椵 57　橀 145　　 28　機 116　機 116　檣 58　　 110　　 99

椻 47　榣 34　橋 58　　　　**十三畫**　　 66　　 110　欨 123

楻 118　稻 19　樘 57　橐 65　樫 93　樸 47　櫳 51　欰 125

楣 99　橀 82　樘 73　　 65　樺 48　橞 130　襲 51　欣 130

楯 58　槍 73　樓 42　**十三畫**　橌 67　　 130　櫱 145　欲 180

樸 100　　 74　榺 156　樿 178　橉 105　橫 75　　 145　㪍 2

榅 93　槝 111　　 156　橛 147　繋 88　橋 100　　 145　**五至六畫**

棶 42　樏 145　　 158　橑 35　橿 73　橋 138　**十七畫**

楸 42　㮹 16　虢 32　樸 47　橐 19　橥 95　　　　　欦 43

棻 47　槤 119　標 118　　 48　櫝 57　櫂 38　櫂 157　欶 125

椽 157　槁 32　橅 10　橄 174　操 44　　 39　櫺 94　欼 22

十畫　槀 32　櫖 140　　 175　檡 56　檻 105　櫻 92　欵 104

　　　　橐 32　槗 22　橺 153　　 66　**十五畫**　欄 152　欯 28

榛 110　　　　樂 38　槾 118　**十五畫**　　 155　欨 82

構 42　榔 67　　 38　樺 154　霖 60　櫼 169　欧 104

槈 157　梜 105　樅 53　橢 157　橧 47　欒 34　欲 173

楷 99　櫔 138　樊 158　橅 59　橐 19　**十八畫**　欸 1

穀 47　糖 72　橡 74　橇 148　櫾 20　欇 164

榤 163　榜 73　樅 67　橋 33　檗 58　欜 163

楆 10　　 73　槤 72　楢 111　櫊 117　欛 117

模 59　槏 170　樟 74　橋 141　　 117　權 60
　　　　　　　　樵 34　　　　　欛 138
　　　　　　　　麭 20

七畫
欨 48
欯 130
欲 116
欲 48
欶 1
　1

八畫
款 155
欺 2
欹 11
欿 138
欼 99
欽 179
歀 170
欬 22
欻 125

九畫
歆 2
歅 178
歇 129
歈 145
歊 157
　157
歃 165
歆 44
歌 179

十畫
歌 137
歐 20
　20
歙 56
歔 81
歈 34
歌 33
歉 170

歡 165
十一畫
歎 152
歐 42
　42
歔 57
歕 56
歛 179
歝 72

十二畫
歙 131
歜 2
歟 174
　175

十三畫
歠 10
歡 88
歌 48
歙 58
歡 28

十五畫以上
歡 148
歡 155
歡 28
歠 34
歠 156
歡 131

止部
止 2
𣥂 144
一至五畫
正 93

　93
此 82
步 67
武 60
歧 81
歫 57
六至八畫
峙 2
　2
茦 155
峎 129
峍 28
峗 118
九畫以上
歲 148
歱 53
歰 174
歷 88
壁 88
歸 118
　118

歹(歺)部
歹 144
二至四畫
歽 20
死 99
奴 152
殀 33
殂 52
物 124

五畫
殂 56
殂 56
殃 73
殄 130
殆 1
六至七畫
殊 44
殈 106
殉 111
殍 21
八畫
殖 10
殖 138
殔 165
殘 152
殘 140
殍 131
　131
卒 125
殢 10
殝 104
九至十畫
殠 163
殟 131
殤 65
殯 133
殨 116
殪 21
十一至十二畫
殫 129
殤 74

殯 105
殯 117
殲 152
十三畫以上
殭 73
殰 65
殯 110
殯 47
殲 169
殲 139

殳部
殳 44
二至六畫
殳 124
殺 179
段 156
殷 47
　47
殷 129
　130
　130
　130
殺 145
　145
毀 1
七畫
殻 94
殽 42
殿 99
八至十畫
毀 20
毀 33
　33

毀 116
殼 180
殿 130
　130
毄 88
殽 38
十一畫以上
毄 47
毆 42
　43
毅 123
磬 34
毂 116
毈 156
醫 2

毋(母)部
毋 155
毋 58
　60
母 1
毐 1
　1
每 3
毒 27
毓 28

比部
比 99
　99
毖 105
毗 99
皀 39
毗 99
毚 148
魯 59
毚 170

毛部
毛 32
六至九畫
毪 131
罜 38
毫 32
毳 148
氈 139
氊 144
十畫以上
氀 152
氄 133
氎 156
氀 32
氋 133
氍 154

氏部
氏 81
　82
氐 99
　99
民 110
氒 147
氓 73
𣱣 105
氊 129
罌 27

气部
气 123
氖 132
氙 109
氚 123
　123

水(氵氺)部
水 119
一至二畫
永 76
汀 94
汁 174
　174
求 20
休 39
氿 106
　130

三畫
汗 152
　152
　152
汙 59
　59
污 59
江 52
汞 51
汰 144
　144
汕 153
汗 111
汔 123
汛 175
　181
　181
汲 174
汐 67
汋 38
　39

第一列

字	號
汇	72
汛	110
氿	3
汙	21
池	138
汝	58
汊	130
四畫	
汪	75
汧	155
沅	157
沄	132
沐	47
沛	144
	144
汷	81
沔	109
沄	21
	158
汰	144
沈	4
沌	131
	131
沘	99
沚	2
沙	138
	139
汩	88
汨	124
沓	173
	173
沖	181
汭	175
㳠	116
汻	56
沃	38
汶	181
沂	116
	129
汲	154

第二列

字	號
汾	132
泛	171
泜	81
沛	100
匆	124
	126
次	154
沟	111
没	124
汗	154
汶	131
	132
沆	72
汸	76
沉	179
沈	178
	179
	179
沁	179
决	148
	148
沮	28
泐	9
沇	157
五畫	
泰	144
沫	147
沫	123
	124
添	98
泜	93
法	165
泔	168
	170
泄	145
	145
沽	56
	56
沐	125

第三列

字	號
河	137
沰	65
泙	93
減	144
	146
沾	169
	170
沮	58
	58
	58
油	20
泱	72
	73
況	76
洞	95
泗	21
泗	105
洗	104
泔	44
泊	65
泉	158
泝	65
孤	59
渗	105
泠	94
泒	98
	99
泃	43
沿	157
泡	20
	20
注	44
泣	175
泫	112
泮	156
沜	106
	106
沱	137
泌	105
泳	76
泥	100

第四列

字	號
	100
	100
泯	110
沸	125
泓	16
泄	125
沼	34
波	139
治	2
	2
渤	20
	22
六畫	
洭	76
洼	83
洔	2
洱	2
洪	51
洹	155
洴	1
涑	87
洒	81
	131
	131
洎	66
洧	4
洚	130
洄	2
洿	59
	59
洌	145
洟	99
泄	82
	82
洸	75
	75
洩	145
洞	51
	51

第五列

字	號
洇	109
洄	117
洙	44
洗	131
	131
活	146
	131
	146
涎	154
洦	104
洫	106
洵	100
洐	73
派	87
洽	173
	173
	173
洮	32
洈	83
洵	111
洵	52
洚	180
	180
洛	65
洺	93
洨	33
洋	73
	74
洴	94
洲	21
洝	152
津	110
浪	129
洳	58
	58
七畫	
涁	93
浙	145
浀	168
浘	3
涥	124

第六列

字	號
浦	59
浭	73
涑	42
	47
浯	56
浹	164
浓	52
涇	94
	94
涉	164
消	34
洴	58
洴	152
涅	105
浿	144
浞	155
浞	48
涓	158
浥	173
	174
涔	179
	180
浩	19
涐	137
涮	98
淀	158
海	1
涖	175
	175
涂	56
	58
浴	48
浮	21
涣	155
浼	154
	154
流	21
涚	148
涕	99
浣	155
涔	19
浪	72

第七列

字	號
	72
湣	131
浸	179
	179
涊	130
涌	53
浂	3
浚	133
八畫	
清	93
渚	58
凌	16
涬	94
淇	2
淆	66
淆	137
淖	66
淔	10
淋	179
淅	88
淶	1
涷	51
减	10
	10
涯	81
淹	169
涿	48
淒	100
渠	57
淺	154
	155
淑	28
淖	38
	38
滤	22
淉	139
混	131
	131
湀	105
潩	130

第八列

字	號
涸	65
渣	173
淼	34
渦	139
潩	139
湊	139
淮	118
湀	76
淦	59
淦	178
	178
淪	133
淯	33
淫	179
淨	92
	93
泲	42
淰	179
	180
溯	16
潘	131
溜	124
泊	170
涼	74
	74
淳	133
	133
液	67
淬	124
涪	4
湊	164
淤	57
淯	28
淡	168
	169
淙	180
湏	155
控	51
涴	157
淚	105
	106

深	179	渴	144	湀	58	滄	72	漚	42	潷	105	潤	118	濁	48
渌	47		145	滁	58	滃	51	漂	34	澈	168	潕	60	濑	21
	48	溾	117	湧	53	漨	53		34	漏	42	潒	104	濋	145
涺	57	渭	125	渼	100	溜	21		34	漿	74	潟	67	潏	105
渆	124	湍	156	溞	19	滚	119	滑	133	滲	21	潠	174	泉	27
涵	178		157	**十畫**		滈	32	滯	145		22	潐	34	潷	117
淄	3	滑	125	溱	110	潮	67	滷	56	渗	179	潃	19	激	39
九畫		湃	145	漖	32	漓	138	澸	58			潫	180	澮	146
		湫	21	溝	42	溏	72	濾	22	**十二畫**		澳	27	澹	168
湊	42		21	溢	164	滂	72	漊	44	潔	146	潃	174	潘	156		168
淊	174		22	溡	72	滀	28	漫	156	澆	33		168
湛	178	渾	51	漠	65	溢	87	漠	10		35	潼	51	瀣	87
	178		51	滇	111	溓	170		10		35	潵	145	澶	152
	179	溲	21		111	溯	65	漯	173	潁	51	潧	110		154
港	51	淵	112	漆	65	滎	95	漶	155		51	潦	32	濆	99
渫	164	湟	75	漣	154	溶	53	潅	117	潰	131	潯	179	滴	145
	164	渝	44	溥	67	滓	3	過	139		132	潺	153	澺	10
湖	56	湻	169	滑	137	滇	94	慾	20	澍	44	澄	16	灘	52
湳	178	湲	157	溧	104		94	漐	35	澎	73	滿	106	瀟	28
溱	144	滄	152	溽	48	淮	38	漼	82	渐	82		106	澱	130
湘	74	溢	131	減	146	溺	39	潁	95	潮	34	**十三畫**		澼	88
渤	124	渢	181	源	157		39	潵	58	潗	153	潅	163	**十四畫**	
湢	10	滄	174	溼	174		39	漁	58	潓	106	濩	67	
湮	130	渟	94	滇	139	渲	2	潒	72	潙	44		67	濤	19
凍	155	渡	65	渾	105	涵	178	漪	138	潭	178	濛	51	薇	146
減	178	游	65	湏	132	**十一畫**		澵	56	潦	32	瀚	155		147
湎	154	湝	175	潤	131	漬	88	漮	72		32	潗	58	濫	168
渙	156	游	20		131	滐	3	浦	53		35	潖	10		168
湉	98	溠	137	澂	118	馮	153	滴	47	澐	132	潄	155	潗	145
湞	93	滆	154		118	漀	94	漳	74	潛	180	滅	146	瀰	99
湝	93	滋	3	滌	28	漢	152	潒	73	溶	133		146	濡	44
渼	89	浚	21	滫	21	潢	75	潅	153	潟	94	濾	60		156
湜	87	渾	131	準	133	滿	156	滴	88	潗	174	潿	16		157
渺	34		131	謝	67	漸	152	漾	73	潤	111		16	潜	133
測	10	溉	123	濾	82	漆	105	滌	146	潤	153	澔	144	濠	38
湯	72	渥	47	滕	15	漸	169		146	潤	130	潞	65	濕	173
	72	洇	82	滏	60		169	滾	42	潰	117	澧	100		174
	74	滑	111	滔	19	漕	156	演	109	潬	152	濃	181	濘	147
渭	174		111	溪	82	漕	19		138		154	澡	32	潷	81
湧	43	漳	118		82	漱	48	潅	28	潗	16	澤	66	濮	47
温	131	湄	99		82	漱	48	窪	83	潤	81	澤	66	鼻	105

濃 130	瀨 144	灓 158	**四畫**	姚 34	焠 124	熄 10	燋 180
濱 110	瀝 88	灘 138		烙 65	焩 28	燹 53	燀 154
濠 32	濯 67	濾 165	炬 57	烌 138	焱 169	熇 38	燋 34
濆 75	瀨 110	灡 158	炖 131	烙 33	尉 125	熆 72	燠 27
濟 100	濯 144	灘 52	炁 123	衺 129	125	熑 170	燔 158
100	瀘 56		炅 84	夆 110		焚 110	燄 169
濚 73	潤 169	**十九畫**	95	烝 16	**九畫**	燊 94	燃 154
淡 94	濘 27	灘 152	炘 130		煤 3	熒 95	變 164
濱 110	灢 118	灑 81	炊 140	**七畫**	煁 179	煽 154	燍 10
濘 94	瀬 110	82	炙 67	焉 153	煏 10	煒 38	燐 110
94	瀧 51	灒 152	炕 72	烱 148	煙 130	熊 17	燧 126
濜 110	瀛 93	灓 156	72	焆 145	煉 155		燔 15
灕 140		濾 58	炎 169	158	煩 158	**十一畫**	酅 179
澀 174	**十七畫**			焐 27	煥 156	熭 147	桑 110
濯 38	灂 154	**二十畫以上**	**五畫**	炮 39	煲 34	熱 145	營 95
澤 126	灌 155	灡 152	炳 75	烰 21	煬 73	熯 152	燨 179
濰 118	155	灡 145	炈 147	焕 155	73	154	燈 15
	155	66	炟 144	烽 53	煴 132	熿 75	
十五畫	灂 179	灝 32	炭 152	烹 73	煦 43	熸 19	**十三畫**
澒 93	瀾 152	灢 118	炯 95	羨 107	煜 175	熛 34	燦 152
潰 47	152	灢 48	炰 20	烵 100	照 34	熜 51	燥 32
橫 75	灂 178	灡 152	炮 20	焄 132	煨 117	熲 95	燡 67
澷 20	灡 145	蠡 133	炫 112	焜 118	煓 156	熟 28	燭 48
潴 58	灅 34		為 140	焌 131	煌 75	熨 125	燬 116
瀑 38	瀹 39	**火（灬）部**	沸 126		煖 156	125	
澱 154	瀺 169	火 117	炪 125	**八畫**	煞 145	熠 174	**十四畫**
潴 88	潘 38		炤 34	煮 58	煎 154	熮 22	燾 19
濼 38	39	**二至三畫**	炱 1	莫 146	黏 169		19
39	灝 170	灰 3		焚 132	煢 95	**十二畫**	爇 148
灖 68	瀼 74	灻 169	**六畫**	焯 39	煇 131	燒 34	爁 168
瀏 21	灢 132	灸 4	炷 95	焜 131	132	34	爆 131
瀘 154	灡 99	灼 39	栽 1	焗 43	煒 118	燔 132	爆 163
濾 34	灢 10	灺 139	烘 51	焛 110		熹 2	燻 132
瀉 67		灾 1	烜 157	無 60	**十畫**	熺 2	燠 34
潘 179	**十八畫**	災 1	157	焦 34	熬 32	燕 155	爌 75
	灞 164		烕 147	焮 130	熙 2	155	75
十六畫	灡 180		烈 145	敓 33	煇 105	燀 178	爛 88
濊 146	澧 181		烟 111	焰 169	煩 132	臐 153	爐 110
瀟 130	瀾 88		烋 20	然 154	熛 123	燎 34	爔 39
瀚 152	灌 60		烻 154	焞 131	熏 132	34	
瀟 22	瀺 117		烏 56	131		34	
	灡 153						

十五畫
爆 38
　 38
爍 39

十六畫
爦 125
爐 56
爛 169
爎 35
爔 158

十七畫
爣 155
爤 152
爥 39
爦 39

十八畫以上
爩 181
爦 140
爤 152
爦 72
爥 156

爪(爫)部
爪 20

四至五畫
圣 179
爰 148
爭 92
　 92
爱 157
爯 16

六畫以上
嘼 130
爲 140
　 140
爵 156
爵 19
爵 39
爵 131

父部
父 60
　 60

爻部
爻 33
　 33
延 58
爽 74
　 74
爾 99

爿部
牀 74
牁 137
牂 72
牄 74
牆 74

片部
片 155
　 156
版 153
牉 156
牋 155
牒 164
牐 10
牏 44
牑 111
牑 20

牘 47

牙部
牙 57
　 57
犄 138
掌 73
　 73
犏 60

牛部
牛 4

二至三畫
牝 99
牟 19
　 21
牡 19
牢 19
牣 130

四畫
牰 144
牧 11
牮 179
物 126
牥 76

五至六畫
牲 92
牴 105
牲 92
牴 99
牫 32
特 9
牷 158
牿 3

七畫
牾 56
牻 52
牼 92
牿 27
犆 56
將 148
犁 111

八畫
犇 9
　 10
犀 109
犉 118
犅 72
犀 131
犂 100
犃 74
犉 133
犍 153
　 153
犀 100

九至十畫
犊 53
犋 139
犌 57
犏 11
犎 44
犒 32
犗 38
犓 144
犔 38

十一畫
犛 2
犜 4
犘 138
犙 53

犚 153
犛 125
犝 178

十二至十四畫
犣 51
犤 73
犥 19
犦 145

十五畫以上
犧 47
犨 38
犩 34
犪 163
犫 147
犧 138
犪 21
犪 118
犪 21

犬部
犬 158

一至三畫
犮 147
犰 20
犯 171
犴 152
犵 138

四畫
狂 76
犺 155
狒 147
狆 131
犴 129
犾 158

狅 72
狄 88
狃 21
狀 74
狁 133

五畫
狉 98
狓 165
狌 3
狖 147
狚 144
狙 58
臭 89
狎 163
狌 92
　 92
狍 65
狐 59
狗 42
狦 153
狍 20
狂 44
狄 20
狔 98
狒 126
狗 20

七畫
狮 145
狭 165
狴 100
狠 144
狸 2
狷 157
狳 58
狶 116
狺 47
狳 154
狼 72
狉 74
狻 156

八畫
猜 92
猎 67
猌 109
猗 138
　 138
猋 34
猨 153
猇 20
猖 74
猒 169
猓 87
猅 145
猚 137
狴 81
猙 92
猝 124
猵 155
猴 74

九畫
猰 144
猩 92
　 94

猲 145
猵 117
猾 125
猺 21
猴 42
猨 157
臭 39
猢 181
猭 178
猶 20
猷 20
猺 132
猵 109
　 111
猴 57
猱 19
猿 157

十畫
獒 32
猿 157
縠 47
獏 59
搏 65
獄 155
獅 99
獫 170

十一畫
獄 3
獅 170
獌 156
獄 48
獝 53
獐 74
獤 146
獒 146
獢 168
獠 20
　 20

獠 178

十二畫

獘 35
　 35
獢 144
獗 110
獠 35
獢 33
獡 66
獔 19
獦 158
獜 110
獢 104
獎 74

十三畫

獲 68
獷 180
獱 158
獨 47
獴 32
　 39
獫 169
獪 146
獮 87

十四畫

獴 109
獶 42
　 44
獯 132
獷 76
玀 38

十五畫

獮 105
玃 19
獸 21
獵 163

十六至十七畫

獺 144
獻 153
玀 155
玁 169
玁 99

十八畫以上

玁 130
玁 20
獵 169
玃 68

玄部

玄 112
玆 112
玅 56
率 125
　 126
　 126

玉(王)部

王 76
　 76
王 28
玉 48

二至三畫

玎 94
玏 9
玑 99
玕 152
玗 60
釭 51
玓 39

玖 4

四畫

玤 52
玦 60
玩 156
　 156
玭 110
玫 117
玠 144
玲 178
玢 130
玠 124
玟 117
　 130
玦 148
玩 133

五畫

玨 47
珂 137
玷 170
珇 56
玳 9
珀 66
珍 129
玲 94
珣 42
玲 178
珆 154
玹 112
珌 105
珉 110
珈 137

六畫

珪 84
珥 2
珛 4
珢 59
玼 82
　 82

瑰 145
璺 48
珚 111
珠 44
珛 19
珽 94
珣 73
珩 73
珧 34
珮 3
珣 111
珞 65
珵 92
班 153
珢 129
瑒 164

七畫

琎 2
球 20
琦 56
珸 21
珵 93
理 2
珺 158
琇 21
琁 158
珽 21
玲 178
琂 154
琉 21
琅 72

八畫

琫 51
琴 179
琪 2
琰 75
琳 179
琞 1
琦 138

琢 48
琖 153
琡 28
琥 56
琨 131
琠 130
堆 118
琱 22
琰 169
琮 180
琯 155
琬 157
琛 179
琭 47
琚 57

九畫

瑟 105
瑇 27
瑚 56
瑓 144
瑊 178
瑛 157
瑎 98
瑒 73
　 73
瑝 155
瑁 27
瑞 140
瑰 117
瑀 60
瑜 44
瑗 157
瑳 137
瑄 158
瑕 57
瑨 110
瑋 118
瑂 99
瑶 20

璩 157

十畫

瑴 47
璙 21
瑱 110
　 111
璉 154
瑮 104
瑣 139
瑝 75
瑪 56
瑤 34
瑲 74
瑠 21
璃 138
瑩 95
瑬 21

十一畫

璡 2
璂 130
璈 9
璜 75
璊 156
璕 59
璀 117
璁 110
璁 51
璋 74
璇 158
璆 20
璈 32

十二畫

璥 93
璙 35
璞 48
璑 60
璠 158
璘 110

璲 126
璗 72
璒 15
璬 95
璣 145
璣 116

十三畫

璐 105
璦 67
璬 88
璩 57
瑠 72
璭 32
璐 65
璪 32
環 156
璵 58
璈 35
璧 88

十四畫

璹 28
璱 2
璺 100
　 20
璿 158
瓊 95
璸 110
璷 110
璨 144

十五至十六畫

璪 117
璽 132
瓅 39
瓊 117
瓏 51

十七畫以上

瓘 155
瓊 164
瓛 99
瓖 74
瓚 109
瓔 19
瓚 152
瓛 155

瓜部

瓜 59

三至六畫

瓝 38
瓞 105
瓡 60
瓟 20
瓠 59
　 59
瓞 38

十畫以上

瓣 94
瓢 34
瓤 34
瓣 153
瓟 74

瓦部

瓦 140
　 140

三至四畫

瓨 52

甌 153
瓴 178
瓮 51
瓶 72
瓶 76

五至六畫

瓮 72
瓴 94
罃 155
瓿 2
瓷 99
瓶 94

八畫

罌 72
甄 72
甄 140
甌 83
瓶 124
甁 1

九畫

甄 163
甄 130
甕 157
罃 21
甎 111

十畫

罌 15
瓶 145
146
甑 53

十一至十二畫

甌 42
瓶 74
甄 42

瓻 88
甌 60
瓶 110
甑 16

十三畫以上

甌 168
甕 51
甕 88
甕 92
甕 53
甌 154

甘部

甘 168
甚 179
甜 170
磨 168

生部

生 92
牲 110
産 153
甡 119
甥 92
甦 75

用部

用 53
甫 60
甬 53
甫 10
甯 94

田部

田 111
甲 163
申 110
由 20

一至二畫

由 125
町 94
94
畀 94
甸 111
男 178
甹 20

三畫

畁 105
畁 2
甽 158
甿 73
甾 3

四畫

畊 92
畐 10
畎 158
畏 118
畋 111
界 144
畇 111
畎 72

五畫

畢 105
畕 73
畛 130
畟 10
留 21
畝 1
畜 27
28
畔 156
畚 156

六畫

畦 84
畤 2
異 10
略 66
畛 1

七畫

畮 1
畬 58
59
番 139
156
158
158
畫 88
畯 133

八畫

畺 73
畸 138
當 72
72
畹 157
畚 156
畷 147
甾 58

九畫

畷 157
暘 73
畽 51
畷 137
疄 21

十至十一畫

疊 117
畿 116
嚟 21

疌 165
疀 94

十二畫以上

疇 51
疄 110
疇 20
疆 73
疅 10

疋部

疋 57
58
疌 164
疌 58
疏 58
疏 58
58
疑 2
疐 104

疒部

疒 87

二至三畫

疕 99
疔 20
疚 4
疛 20
疝 153
疙 123
疢 4
疣 155
疤 174

四畫

疵 4
疠 119
疥 144

疧 81
痄 3
99
疫 89
疢 110
疢 148

五畫

痁 56
痳 125
痀 137
病 75
痞 169
疸 152
疽 58
病 169
痕 81
疾 105
府 44
疹 130
痂 43
疼 180
痊 44
痒 125
痄 124
痂 137
疲 138

六畫

痔 2
痏 4
痫 145
痍 98
痊 104
疵 82
独 180
痊 158
疼 137
痎 2
痒 74
痕 129

七畫

痛 59
痞 3
痰 164
痤 93
痏 34
痏 158
痢 98
痎 3
痤 139
痒 110
痬 147
痫 137
痛 51
痠 156

八畫

瘩 56
痳 179
瘕 10
瘃 48
痱 118
瘍 87
痹 105
痼 56
瘟 139
痫 145
痤 106
瘘 140
痰 44

九畫

瘦 145
瘌 144
瘠 39
瘍 73
瘟 53

瘦 21
瘰 117
瘤 44
瘩 179
瘥 137
138
瘦 21
瘺 109
瘢 57
瘤 110

十畫

瘳 145
癃 145
瘺 57
瘰 163
瘼 65
瘭 111
瘵 163
瘭 105
瘝 132
瘵 132
癮 10
癣 156
瘤 74
瘤 119
瘠 88
瘛 147
瘤 132

十一畫

瘫 130
癖 98
瘰 164
瘻 42
44
癆 139
癍 154
154
癥 53
癣 145

瘵 47
癱 181
瘆 20

十二畫

癍 83
癇 145
癉 21
療 39
　39
瘩 178
癇 153
癀 117
癉 152
　152
瘶 34
癌 140
癗 53
癆 32
癈 148

十三畫

癟 180
瘋 58
癉 152
癖 88

十四畫

癥 2
癤 100
癢 73
爛 39
　39
癰 16

十六至十七畫

癲 144
癧 88
癲 117
癭 93

癬 154
　154

十八畫以上

癯 60
癲 105
癰 83
癱 52
癲 111
癰 83
癲 105

癶部

癶 147
癸 100
癹 147
登 15
發 147
　148

白部

白 66

一至二畫

百 66
皁 19
皀 10
　73
皃 38

三至四畫

的 39
　39
皇 75
皆 98
皅 57

皸 132
皶 57

五至七畫

皋 19
皎 35
皏 92
皕 10
皓 19
皖 156

八至十畫

皙 88
皻 163
皚 116
皛 35
皜 32
皠 38

十一至十二畫

皝 87
皞 19
皢 35
皤 139

十三畫以上

皦 35
皪 140
皫 39
皭 34
皫 65
皭 39

皮部

皮 138
皯 152
皰 20
皴 67
皺 57

皵 132
皽 57

九畫

皿部

皿 75
　75

三至四畫

盂 60
盃 3
盇 163
盅 181
盆 131
盉 34
盈 93

五畫

盍 163
盎 72
盌 139
盎 155
益 87
盔 58
盒 105
盈 34

六至七畫

盒 4
盛 93
　93
　75
盜 32

八畫

盞 153
盟 75
盝 47

眃 131
相 74
　74
眅 146
眄 111
晏 147
省 93
　93

眇 34
看 152
　152

眊 32
盾 131
　133

眅 153
眈 82
眆 129
眂 82
眄 123
　126
眑 112
眈 178
映 148
眉 99
眅 146
眣 35

目(罒)部

目 28

二至三畫

眜 124
眛 147
眎 99
眚 110
眤 146
眙 60
眗 110
眚 93
眕 105
眣 133
眕 130
眠 99
眢 157

眩 112
眝 58
眮 105
眠 111
眙 2

六畫

眅 84
眭 84
眕 2
眮 2
眥 82
眮 51
眄 72
眹 87
眺 35
眴 111
　112

略 65
睩 94
睗 138
朕 179
眷 157
眜 100
眼 129
眸 21

七畫

睞 164
睄 33
睅 156
睍 155
睄 158
睋 137
睂 20
睎 116
睉 139
睌 153
睇 100
睆 156

眼 74
睃 132

八畫

睛 93
睹 56
睦 28
睪 67
睘 158
睞 1
奭 60
腎 109
睚 81
睫 164
眥 118
督 27
睯 157
睗 87
睡 140
睨 82
睢 116
　119
睥 83
睔 131
睼 133
睟 126
睠 157
睒 169
睯 99
睩 47
睯 146

九畫

瞅 173
睿 148
瞇 82
瞌 27
瞌 42
瞰 148
瞆 44
暖 157

（第一列）

睃 51
睃 19
暉 131
睞 100
督 42

十畫
瞋 110
睘 95
瞢 17
瞶 60
暖 153
瞤 28
瞥 156
瞮 67
瞩 138
瞥 95
睯 148
瞑 94

十一畫
瞡 83
瞞 156
瞀 105
瞟 34
瞠 73
瞭 146
瞕 158
瞥 146
瞋 111
瞰 168

十二畫
瞖 2
瞳 179
瞭 35
瞿 131
瞤 111
瞤 153
153
瞤 81

（第二列）

矒 60
矒 51
矊 110
矃 16
矘 106

十三畫
矏 59
薯 146
矆 68
矇 51
矍 60
60
矓 154
矔 169
矚 154

十四畫
矖 146
矙 168
辮 153
矚 110
矚 154

十五至十七畫
矍 68
矏 155
矅 65
矑 56
矚 158
矖 155
矙 60

十八畫以上
蠱 28
矚 168
矕 153
矚 72
矚 48

矛部
矛 21
矜 109
109
矟 21
矟 38
矞 106
矠 72
矠 66
穤 144

矢部
矢 99

二至三畫
矣 2
知 81
81
矨 110

四至七畫
矩 60
短 110
矣 42
短 156

九畫
矮 74
矯 33
矰 15
矱 68
矅 138

石部
石 67

三畫
矸 152

（第四列）

152
矼 52
52
砑 124
砒 66

四畫
砉 89
研 155
砌 105
砂 145
砐 130
砭 169

五畫
砫 48
砢 137
砰 92
砧 171
砠 58
砟 65
砅 130
砥 99
砮 56
破 139

六畫
硎 94
硈 145
砦 52
硐 51
砣 154
硌 65
砷 124

七畫
硌 145
硖 165
硁 92
硯 155
硶 27

（第五列）

硪 137
确 47
硰 138
硠 72

八畫
碔 60
碁 2
碏 66
碄 179
碨 109
碕 138
138
硍 131
碙 133
碏 173
硾 140
碓 117
碑 83
碎 66
碎 124
碴 139
碌 47

九畫
碧 67
碔 129
碩 67
67
硬 157
碭 72
碣 145
碨 117
碞 178
破 156
磈 118
磋 137
磔 124
磁 3
碻 110

（第六列）

十畫
磝 33
磍 163
磎 163
磌 111
碭 87
磊 117
碩 133
磴 117
磢 82
磐 156
磋 82
82
磹 66
磅 72
磏 169
磋 144
碻 38

十一畫
磺 88
磬 94
磺 75
磡 168
碱 28
磲 117
碻 117
磨 139
139

十二畫
磽 33
磿 88
磾 99
碼 67
礁 173
磻 139
碼 140
磷 110
磳 15
磯 116

（第七列）

十三畫
礚 163
礎 58
磬 87
礫 164
礜 58
礞 87
礏 28
礟 88

十四畫
礡 168
礢 145
礣 66
礤 1
礥 75
75

十五畫
礦 111
礪 117
礫 117
礬 39
礭 104

十六畫以上
礧 65
礨 88
礩 51
礪 168
礫 139

示（礻）部
示 81
99
99
尥 74

（第八列）

一至三畫
礼 100
祁 98
社 59
祌 39
祀 3

四畫
祂 99
祇 2
袄 33
祈 130
祇 81
81
81
役 146
祊 73

五畫
袜 124
袮 156
祛 57
祜 56
祐 67
祐 4
被 148
祖 56
神 110
祝 28
28
祚 65
祇 99
祕 105
105
祠 3
祟 126

六畫
祡 81

祜 146	禎 110	禾 99	秎 88	稔 179	穆 28	穰 74	**六畫**
祫 173	襫 82		秖 98	稠 20	穎 95	穬 118	窒 84
173	襡 21	**二至三畫**	秘 105	稕 133	穌 56	穳 21	窣 104
祧 35	禲 39	禿 47	105	稟 179	穄 145		窎 35
袍 83	禜 95	秀 21	秕 98	179	縻 131	**穴部**	窕 35
祭 145		私 99	98		138	穴 106	窆 35
145	**十一至十二畫**	秆 152		**九畫**	穟 72		穿 59
祥 74	禤 58	季 111	**六畫**	稬 75	穆 28	**一至三畫**	
	襆 3	秅 57	秸 104	積 81		穵 125	**七畫**
七至八畫	禧 2	57	稊 145	稯 139	**十二畫**	究 20	窤 148
祩 33	2	秔 123	桐 51	156	穗 106	20	窒 94
祴 1	縶 73	秒 39	秸 146	稭 98	穭 38	空 51	窖 27
祳 130	禫 178	秉 75	移 138	稰 145	鼛 19	穸 67	窗 52
祰 19	禪 154	秄 3	秏 57	稰 156	穛 38	穹 17	窘 133
祿 179	154		秅 57	種 53	穜 51		
祺 2	纍 148	**四畫**	案 152	53	53	**四畫**	**八畫**
禥 66	禦 58	秬 57		稈 75	稾 19	穿 93	窩 10
禁 179	禨 116	秕 99	**七畫**	稱 16	穟 126	突 124	窠 139
裸 155		秒 34	稉 73	16	穉 98	穿 157	窟 170
禍 139	**十三畫以上**	种 181	73	16	98	窀 133	窣 124
禂 19	禮 100	秏 32	稍 33	稷 51	機 116	突 35	窟 124
綷 124	禬 146	采 106	稈 152	51		窂 169	窯 147
祿 47	禱 19	秖 81	程 93	概 124	**十三畫**	突 148	
	襧 100	秭 99	稍 158	稻 58	穫 67		**九畫**
九畫	襫 39	秔 73	稌 56		穚 10	**五畫**	窬 144
祿 3	禳 74	73	稀 116	**十畫**	穢 147	突 179	窳 44
福 11	襫 126	秋 21	稈 21	穀 47	147	宦 35	窓 52
禋 129		烁 21	稫 43	積 110	穠 181	穽 163	窨 179
禎 93	**内部**	科 139	稊 100	稽 99	穄 146	窅 22	窪 83
93	禹 43		稂 72	稷 10	穄 99	75	
禔 82	43	**五畫**		稻 19		66	**十畫**
禓 73	禹 60	秦 110	**八畫**	稾 32	**十四畫**	窄 59	寶 109
74	离 138	秣 147	稑 28	榜 72	穧 146	窊 20	111
禗 3	离 145	秫 125	稜 15	稸 27	積 117	20	窶 22
禘 88	禽 179	秬 3	稘 2	糕 39	穬 75	20	窮 180
禕 116	萬 126	秜 67	稙 10	穅 170	穦 100	21	窳 59
禙 58		租 56	稑 1	稼 57		窋 125	60
	禾部	秧 73	稞 140	穉 98	**十五畫以上**	窈 22	窯 34
十畫	禾 139	秩 104	稠 131		穮 34		
禡 57		秨 65	稚 98	**十一畫**	稻 38		
			稗 81	積 88			

十一畫

窺 83
寠 42
　 43
寫 22
窶 147

十二畫

斂 155
窺 92
竂 35
竂 148
復 28
窞 106

十三畫以上

竄 156
竅 39
竄 180
寶 47
竈 27
竊 105

立部

立 175

一至五畫

辛 153
竑 16
竘 43
竝 75
竚 58

六至七畫

章 74
竟 75

竫 93
竦 53
童 51
竢 3
竣 133

八至九畫

竧 66
竮 81
竱 117
竦 11
竦 104
竭 145
端 156

十一畫以上

竲 157
竷 44
竲 16
彌 83
　 83
贏 139
竷 178
競 75

竹(⺮)部

竹 28

二至三畫

竺 27
　 28
竿 152
竽 60
笈 174
笆 138

四畫

笄 99
笔 131
笽 56
笏 175
笑 34
第 99
笏 124
竿 156
笘 72

五畫

笙 57
笨 131
笱 137
笘 169
笪 152
　 144
笛 28
笙 92
笮 66
符 44
笭 94
笱 42
笠 175
笵 171
笥 3
笘 110
第 100
第 125
笈 56
笧 137
笄 154
答 2

六畫

筐 76
等 1
筑 28
策 87

筥 57
筒 51
　 51
　 51
策 44
筵 94
筏 148
筳 154
符 72
筌 158
答 173
　 173
筊 34
筋 130
筒 111
筚 180
答 65
筊 33
筆 124
筑 140

七畫

算 156
筠 111
筦 2
筴 145
筅 87
筲 33
筈 22
筰 65
絭 56
筍 21
筋 38
篩 152
筅 155
筺 72
節 105
筥 51
　 51

八畫

箝 169
箸 58
　 58
箕 2
箬 66
箑 165
箋 155
算 156
算 105
箇 137
箘 133
箠 140
箚 82
箏 92
箙 11
管 1
箜 165
箈 169
箔 1
管 155
箜 51
箓 47
箒 21
箛 59

九畫

篋 164
篁 163
箱 74
範 171
箴 9
箴 179
箭 38
篁 82
筋 34
篘 72
篇 157
筱 21
篌 154

篁 75
篌 42
篝 111
篙 27
箭 154
落 65
篇 109
篊 58
篢 1
篆 157
篰 38

十畫

篝 42
篚 118
篤 27
篛 33
築 28
篙 88
篠 28
篡 156
篲 156
筆 105
篷 21
篠 22
篾 81
篨 51
篍 32
篩 1
篿 73
篠 168

十一畫

簀 148
簇 87
簪 66
簞 130
簰 75
篲 156
　 157

篼 82
簍 42
簜 111
篸 27
篔 146
篷 140
篴 138
篼 42
篷 82
簏 47
簉 20
簀 74
篸 179

十二畫

簿 65
簠 52
簪 60
簟 180
簝 35
簪 178
簡 153
簢 130
簣 153
簣 118
簞 152
籍 34
簨 27
簫 58
簜 72
簨 133
嬸 99
籤 15

十三畫

籀 20
簸 139
籧 68
簵 152
籍 65
籤 130

簾 57
　 57
簵 65
籖 118
籤 123
籫 169
簾 169
簿 67
籖 9
簫 22
籔 131

十四畫

籍 67
籌 20
籗 42
籃 168
籟 163
籙 39

十五畫

籛 158
籔 42
　 44
籌 138
籧 21
籓 158

十六畫

籜 65
籟 27
籟 144
籠 66
籩 57
籚 56
籛 155
籙 48
籠 51
籥 93

十七畫

籟 27
籣 152
籛 58
籦 53
簂 39
籢 169
籤 169
籚 74

十八畫以上

籩 155
籬 138
籭 82
籤 171
籠 137
籫 156
籥 68
籭 93
籚 66
籲 39

米部

米 100

三至四畫

粏 51
粔 58
粔 57
粢 99
粃 99
粉 132
粗 21

五畫

粗 56
粕 65
粒 175

卷 99

六畫

粟 49
粵 147
杲 20
粱 99
粦 110
粥 28

七畫

粳 73
粲 152
粱 74
粮 74

八畫

精 93
粰 73
粺 81
粼 110
粹 126
粬 157

九畫

糂 178
糊 56
糈 10
糇 42
糈 58
糔 21
糅 21
　 21

十畫

糒 10
糙 74
糗 20

十一畫

糟 19

糞 132
糪 144
糜 105
糜 140
糠 72
糝 178

十二畫

糦 2
糯 144
糲 178
糧 74
糕 38
糟 124

十三至十四畫

糪 67
糪 87
糯 147
糰 144
　 145
糴 39

十六畫

糴 39
糵 145
糶 39
糯 140
糵 38
糯 152

糸部

糸 88

一至三畫

系 82
糺 22
糾 22
紆 60

紅 51
紂 3
紆 20
紇 123
紃 133
級 174
納 155
約 39
紀 2
紉 130

四畫

素 56
紜 132
索 65
紓 3
紘 16
純 131
　 133
　 133
紕 99
　 99
　 99
紗 138
納 174
紝 32
紝 179
紛 146
紟 179
　 179
紛 132
紙 81
紊 132
　 132
紋 132
統 73
紡 76
絭 59
統 178
絅 110
組 21

紓 58

五畫

絑 147
　 148
紵 93
紺 170
絏 145
絠 148
絨 147
組 153
組 56
紳 110
累 116
　 116
紬 20
細 100
絉 73
絅 95
絑 104
絀 44
紿 130
紙 99
絢 43
終 181
絃 111
絆 156
紵 58
絃 106
紽 137
緋 125
紬 125
絜 58
紹 34
絥 139
給 1

六畫

絜 146
　 146
絓 83

七畫

絢 39

結 105
組 155
綺 59
絹 1
絰 105
紫 82
絁 75
綖 145
綱 109
絑 44
絰 94
結 145
絨 11
綖 154
條 19
絍 179
紙 87
絟 158
給 174
絩 35
絢 112
絳 180
絡 65
絲 138
絟 92
絕 148
絞 33
絨 99
絖 75
絃 1
統 51
絣 92
絮 157
絓 100
絮 58
　 58
絭 116
絲 3

七畫

絰 39

絜 146
綠 20
綷 125
綆 73
繰 59
絿 164
經 94
綃 34
綑 131
絹 157
綌 117
紒 67
綏 119
綠 111
綄 154
綈 100
綎 179
　 180

八畫

綪 92
緒 58
綾 16
緯 94
綦 2
緅 42
綢 34
綝 179
緎 10
緊 109
緉 74
綺 138
緁 164
縷 100
綫 154
綽 39
綦 48
緄 131
緆 88
綱 72

緋 2
網 76
綢 140
綾 141
縣 158
維 118
綿 154
綽 105
綸 132
　 133
縱 53
綵 1
綬 21
綢 20
綯 19
綹 21
綧 133
綷 124
綌 44
綾 164
緒 28
綣 157
緬 15
緂 168
綜 180
　 180
綻 153
綰 156
線 105
緊 99
綠 48
　 48
綴 147
緇 3

九畫

緙 51
緤 164
緦 74
緪 129
練 155

緘 178	縸 65	158	繢 88	**十五畫**	瓹 21	罕 152		**九至十畫**
緬 154	緝 110	總 51	繟 158		缹 163	152		罳 3
緱 157	縝 110	縋 82	繢 106	辥 125	缺 147	罔 76		罰 148
緒 98	縛 68	縱 53		續 49	缻 34	罘 4		罵 178
緹 82	縟 48	53	**十三畫**	緩 20	缷 170	4		罵 57
緝 174	線 158	53		纍 117		罝 56		罳 105
174	緻 104	緜 34	繫 88	118	**六至十畫**		**五畫**	留 21
緼 131	縣 158	縣 158	88	118		罟 56		罷 138
132	158	158	繼 73	纆 73	鈷 52	罘 173	罟 56	138
絹 125	繂 105	綵 144	繁 178	繁 178	缾 94	罝 59	罘 173	
總 3	暴 38	縻 140	繩 16	繩 16	缄 10	眾 59	罝 59	**十一畫**
絹 124	縜 133	縱 158	16	154	缿 1	罘 21	眾 59	
緟 53	緰 83	綷 125	繾 153	纇 124	4	罜 47	罘 21	麗 47
緞 156	縢 15	縮 28	繰 32		罃 140	罝 110	罜 47	羅 138
纏 154	綯 19	綹 175	32	**十六至十七畫**	罃 92		罝 110	羉 43
155	縫 53	繆 21	繹 67			**六至七畫**		尉 125
緥 19	53	22	繯 158	纇 56	**十一至十三畫**		**六至七畫**	翼 33
縣 154	縐 43	縿 178	繫 48	纘 93		罣 83		
線 154	縹 117	縩 32	繳 35	纜 145	罄 94	罘 99	罣 83	**十二至十三畫**
緱 42	縞 32		39	纖 169	罅 57	罥 4	罘 99	
緺 116	縞 138	**十二畫**	繪 146	纘 168	罇 131	胃 158	罥 4	羂 145
緰 42	縊 87		繃 87	纕 74	罊 88	罨 3	胃 158	罳 51
44	縑 170	繞 34	87		罋 51	罞 21	罨 3	羀 15
緩 155	緲 168	34	繾 156	**十八畫以上**		罠 72	罞 21	翼 158
緵 51	縈 95	繳 152	繾 154		**十四畫以上**		罠 72	羃 88
51	綷 1	繭 155	總 10	纘 84		**八畫**		羂 158
縻 146		繚 106	28	纛 27	罌 92		**八畫**	
締 88	**十一畫**	繚 35	繚 73	27	罍 117	罦 83		**十四畫以上**
縒 138		續 117	繫 88	纜 81	罏 130	署 58	罦 83	
縉 21	縛 148	繪 154		82	罎 56	58	署 58	舞 60
縬 67	績 88	繡 33	**十四畫**	82	罐 94	10	58	羆 140
緮 15	縶 174	縷 175		編 139	51	置 179	10	羅 137
緯 131	縛 157	縇 44	總 51	纏 82		罧 10	置 179	羈 138
編 109	157	繙 158	繻 44	纘 156	**网(罓、罒)部**	罨 169	罧 10	羈 138
緡 110	縹 34	繎 154	44	纝 118		罪 117	罨 169	纞 156
緯 118	繁 99	織 10	繻 132		网 76	罩 38	罪 117	纜 158
縊 94	繆 44	10	纂 156	**缶部**		罜 38	罩 38	
緣 157	縲 118	縫 154	纀 47		**三至四畫**	罥 147	罜 38	**羊部**
	維 117	繪 131	續 75	缶 21			罥 147	
十畫	繡 15	繼 126	辮 155		罕 152			羊 73
縠 47	繁 139	繒 16	續 110	**三至五畫**				
		紫 141	纞 105	缸 52				

一至三畫	
羌	73
牽	144
美	99
羑	4
四畫	
羒	132
羖	59
羔	32
羞	21
五畫	
羝	99
羚	58
羕	73
羛	138
六畫	
羢	98
羣	82
羝	34
羨	154
七至八畫	
羥	92
義	138
羣	132
羬	51
羧	140
九畫	
羵	129
羶	180
羯	145
羭	44
羳	44

十至十一畫	
羷	88
羹	65
羱	157
羲	138
羳	179
羝	156
十二畫以上	
羴	154
羵	132
羳	158
羸	140
羶	154
羹	73
羼	153
羽部	
羽	60
三至四畫	
翀	51
羿	105
翌	75
翅	82
翃	82
翂	163
翁	51
翀	82
翈	2
五畫	
翠	148
翔	104
習	174
翏	28

翎	43
翊	175
翌	175
翍	138
六至七畫	
翛	22
翁	174
翎	174
翔	74
翠	163
八畫	
翥	58
翡	118
翟	38
	39
翨	19
翠	126
翟	163
九畫	
翱	9
翲	82
翫	156
	156
翭	42
翪	51
翦	154
翬	132
翬	2
十畫	
翰	152
翱	87
翯	19
翿	38

十一至十二畫	
翻	34
翳	99
翼	10
翹	33
翻	158
翱	19
十三畫以上	
翽	146
翿	157
翻	19
耀	39
䎱	148
老部	
老	19
考	19
者	59
耇	125
耆	170
耆	42
耆	98
耄	32
耋	105
而部	
而	2
耐	1
耎	157
耏	1
耐	2
耑	156
耑	2
耑	157
耒部	
耒	118

三至四畫	
籽	3
耕	92
耘	132
耗	32
五至七畫	
耜	3
耡	137
	137
粘	2
耝	84
耡	58
八畫以上	
耤	67
耦	42
耨	47
耤	132
耬	42
耰	20
耳部	
耳	2
一至四畫	
耴	163
耵	94
耶	59
耿	16
耽	164
聆	179
聊	147
耿	92
耽	178

五畫	
聑	59
聇	170
聊	2
聘	168
聯	145
聆	94
聊	22
聉	125
六至七畫	
聝	164
聯	2
	11
聒	146
聖	93
聘	93
	93
八至十畫	
聝	11
聞	132
	132
聚	44
聰	118
聯	60
聯	100
聸	1
十一至十二畫	
聲	93
聰	51
聳	53
聶	138
聯	154
聶	163

聵	118
職	10
十三畫以上	
聸	168
聹	94
聽	94
	94
	94
聾	51
聽	125
聿部	
聿	125
肄	110
肆	105
肂	34
肆	105
肄	104
肅	28
肇	34
肇	34
肉(月)部	
肉	28
一至二畫	
肌	10
肏	104
肌	98
肍	20
肎	15
	15
三畫	
肝	152

肘	20
肖	34
	34
胃	158
肜	181
肌	155
肓	75
肭	130
四畫	
肺	144
	148
肢	81
肧	3
肸	154
肱	16
胱	4
肫	133
	133
肯	15
	15
肵	130
胑	104
肴	33
	33
胗	178
	179
肦	129
肺	99
股	59
肮	72
肪	76
育	28
肩	155
胧	178
胅	148
胢	110
胆	21
肥	118

五畫

肱	57
胡	56
胈	147
背	10
	10
胆	58
胛	163
肿	110
胃	125
胄	28
胝	81
胜	93
	94
胅	105
胙	65
胞	138
胕	44
胉	65
胑	130
胅	98
胸	43
胞	20
胤	130
胘	111
胖	156
	156
胚	105
脉	87
胍	19
胥	58
	58
胎	1

六畫

戠	3
胹	2
胯	59
脉	3
脛	99

觜	82
胱	75
胫	94
脡	154
脩	21
胏	73
脈	87
	87
脆	148
脂	99
胷	52
胳	65
胞	148
脊	88
胲	1
	1
胼	94
胥	16
脅	165
能	1
	15

七畫

脚	66
	66
脉	20
脖	124
脯	60
脛	42
脣	133
脈	130
脂	21
脛	94
腥	93
脢	3
脺	130
脞	139
脟	148
	157
脬	20
脘	158

脱	146
脘	155
	155
脧	117
	132

八畫

脹	73
腊	67
腫	10
腎	110
腌	171
脧	152
腓	118
脾	130
腘	133
腫	140
	140
腴	44
脽	119
脾	82
脒	1
脸	179
胎	170
腋	67
腑	44
腐	44
腊	1
腕	155
脂	99
腱	153
腒	57
腏	2
腏	147

九畫

腠	42
腜	3
腜	163
腷	10
腰	33

腰	157
脂	98
腸	73
腷	42
腥	94
腷	145
腶	117
腨	157
腫	53
腹	28
股	156
膝	42
臂	125
腿	116
腊	124
腧	44
腳	66
	66
臝	139
膜	100
腬	21
腺	157
腦	32

十畫

膝	56
膜	65
膜	110
膊	65
膈	87
膕	139
膜	131
膔	100
膜	81
膏	32
	32
膡	88
膀	72
臍	58
脇	87
脊	35

臃	38
䐈	39

十一畫

膝	105
膊	157
膘	34
膚	60
腰	42
膕	11
膵	125
膤	174
膠	20
腳	73

十二畫

膩	98
膮	35
膪	132
膰	163
膫	35
膴	56
	60
膲	148
膰	158
膲	34
膰	158
臓	10
膳	154
膭	116

十三畫

膿	66
麗	16
膿	180
膜	32
觸	48
膾	146
膽	168
膻	152
	152

膺	16
臆	10
臃	52
臏	21
臀	131
臂	88

十四至十五畫

臑	42
	44
臕	132
臍	100
臏	110
臗	47
臒	38

十六畫以上

臞	67
臚	58
臘	163
臟	155
臞	74
臝	139
臞	60
臠	137
臠	157
臠	147

臣部

臣	110
臥	139
臧	109
	111
臦	76
臧	72
	72
臨	179
臩	76

自部

自	105
百	21
臬	146
臭	20
	21
臱	104
臯	19
臲	146
臲	146

至部

至	104
致	104
臶	104
臸	105
臺	1
臻	110
臺	104

臼部

臼	20
臾	27

二至五畫

臾	44
臿	170
舀	165
舁	169
舁	58
舀	20
舂	53

六至七畫

舄	66
	67
舅	65
與	58

	58
舅	20
舋	153

九畫以上

舋	154
舉	57
興	16
	16
舊	4
釁	129
釁	126

舌部

舌	145
舍	59
	59
舐	82
舐	82
舑	168
舒	58
舔	173
舐	82
舓	169

舛部

舛	132
舜	133
舞	144
舞	60

舟部

舟	21

二至四畫

舡	11
舢	124
舤	52
舢	179

般	156	艸（艹）部			148	茉	125	茅	20	荃	158	堇	2	八畫	
航	72			芰	81	苟	137	莓	3	荅	173	荊	146	棻	51
舫	76	艸	19	芣	4	若	66			荙	34	菌	73	菁	93
五至		一至			4	茂	19	六畫		荀	111	莪	137		94
六畫		二畫			4	茇	144	茉	117	荟	66	莠	20	莨	73
舸	137	丫	83	苣	57		147	荆	93	葵	33	菇	99	著	58
舳	28	芀	94	芽	57	苹	92	茎	84	茨	99	莓	3		58
舲	94	艾	144	苊	131		93	茺	28	荒	75	莜	22		66
船	157	芄	20		133	苦	169	茸	53	蔆	1	荷	137	菱	16
艇	94	芀	9	芘	99		169	萱	155	荓	94		137	萁	2
七畫		芇	16	芷	2	苴	57	苣	110	荏	52	莋	65		2
艁	19	芀	35	苄	180		58	茱	88	茫	72	莅	175	蕺	43
艅	58	三畫		芮	175	苜	28	茵	145	荽	152	莲	129	菻	179
艀	179	芋	60	芼	32	苗	28	茜	130	荍	20	莜	89	菥	88
綢	19	芏	56		32	苗	34	荏	3	艸	72	莈	56	萊	1
九畫		芐	56	芙	32	英	75	蕭	2	茹	58		57	菋	125
艒	27		56	芹	130	苜	2	荞	130	荔	164	蒂	116	鼓	109
艘	22	芅	10	芥	144	茵	21	荟	60	七畫		葷	139	蓟	88
艛	51	芾	156	芩	179	芙	105	荀	10	華	59	莘	21	菴	170
艖	138	芉	111	芬	132	莢	99	荊	145		59		21	羮	47
十畫		芸	123	芝	171	苻	44	荑	100		59	荞	129	蓮	165
以上		芨	174	芪	81	苤	59	茪	59	莇	111	荻	88	萋	100
艦	88	芄	181	芶	126	茶	105	莖	105	莐	1	葡	10	菩	133
艎	28	芃	155	芡	169	苓	94	茉	21		2	菰	21	菿	32
艦	168	芍	35	芻	44	苟	42	此	82	荅	73	莘	110	菲	118
艫	56		39	苘	72	茚	20	菲	118	莁	60	莞	76		118
艮部			39	芟	168	苶	180	草	19	萊	20	莀	146	菽	21
艮	129	芒	72	芰	132	苑	157	苗	48	莆	60	莎	139		28
良	74	芝	2	芫	72		157	莒	57	菩	56		139		32
既	123	芑	2	芳	76	苞	20	茵	109	茜	28	茺	179	菓	139
艱	129	芎	180	芜	179	苄	175	茱	44	莢	164	莞	155	菉	126
色部		芋	3	芽	116	范	171	莛	94	荞	59		156	菟	155
色	10	四畫		英	148	苧	58	苦	146		72	莨	72	菎	131
艴	124	芺	60	芭	57	苾	105	茯	19	莖	92	莙	132	菖	74
艵	94	芫	157	苡	2	萹	125	茯	11	莎	67	蔓	179	萌	73
		芸	132	芋	58	苴	22	茯	144	菁	33	蕙	2	菌	56
		芾	148	五畫		苴	125		148	莫	65	莊	74	菌	133
				苷	168	茄	137	茌	179		65	蔥	130	蕳	72
				苦	56		138	蓝	106	莧	153	蓤	119	菫	140
				苯	131	苕	35	莒	42	莭	58			菊	100
						苔	1	荇	73						

（第一列）

萎 140
　 140
黄 44
萑 119
莘 88
茢 39
䒪 179
菜 1
荸 92
葩 118
葴 11
莵 56
　 56
萄 19
苔 170
蓉 19
菊 27
蓙 99
萃 126
荒 157
菩 1
菨 164
菸 57
菁 28
蓉 157
葵 168
萍 94
萡 58
蒸 99
菭 34
菭 1
菅 153
菀 157
郎 72
茣 105
菁 155
菉 48
崫 124
菀 111
菰 59
菡 178

（第二列）

菇 56
菑 3
　 3

九畫

蔚 53
葚 179
葉 163
　 164
　 164
菖 11
萎 33
　 35
菓 155
蔵 179
葳 118
萸 157
葬 72
葝 93
　 93
菑 1
菽 125
萴 34
葚 82
蒯 10
蒀 72
葺 174
葺 27
萬 158
葢 132
葛 144
　 144
菑 99
蕙 3
葶 65
菌 99
葊 124
萩 21
葷 51
葆 19
菗 148

（第三列）

蒐 21
葽 75
葩 57
萬 60
葰 117
　 119
萆 125
蒑 129
菹 58
葳 157
葢 51
蒖 131
蓂 4
蘭 178
葱 51
葶 94
葹 138
蒴 154
落 65
蒲 94
蓮 109
萱 157
萱 180
葵 124
葷 132

蓊 111
蒝 56
蒇 123
葭 57
葟 82
葦 118
蓀 58
蒜 153
葵 100
莱 21
菽 42
葯 39

十畫

蓁 110
蔽 32
蒜 156
蓍 99
蓋 163
　 163
蓮 155
蓴 65
蒿 88
蒺 87
蓐 48
蒝 157
遂 28
　 28
蒟 20
蒔 2
　 2
葷 105
菅 116
蓙 147
蒩 21
蒩 56
蒨 94
蔽 28
蒢 22
蒢 22
　 132
　 132
莀 111
蓚 56
蒨 123
葭 57
蓝 82
蒒 118
蒐 58
蒶 153
葵 100
菜 21
菽 42

（第五列）

蓑 117
蒿 32
蒻 67
蒺 105
蓉 131
蔀 1
蒟 43
蒡 73
蓄 27
蒹 170
蒯 168
蒲 59
　 65
蒫 175
蓉 56
蓉 53
莘 3
蒙 51
蒙 88
蒙 88
　 94
萑 39
蒐 157
蒴 39
蔌 131
蔭 179
　 179
蒅 16
菌 178
蔦 42
蓊 132

十一畫

葺 148
蔽 139
蔡 145
蔓 139
菩 34
蔆 82
蒼 72
蓊 51
蒯 125
蓬 51

（第六列）

蔓 156
蓸 19
藍 42
　 43
藁 34
蔕 146
蘆 56
蔴 100
蔓 42
　 43
蔓 156
　 158
翼 10
藁 118
蓷 118
蔧 146
蔄 157
薖 139
蓝 146
蓚 138
蔦 22
蓗 82
蓤 51
蔔 9
蔡 144
蔽 145
蔗 67
蔴 82
葦 74
蔄 74
蔟 47
　 47
蔽 146
薄 27
蔆 16
蔪 57
藻 179
黃 110
蒨 28
蔤 105
蔚 125

（第七列）

尊 156
蔄 19
蘭 140
蔣 74
　 74
蓼 22
　 28
蓼 179
蓺 73
蔠 181

十二畫

蕘 34
蕡 118
　 132
蕲 82
蕙 106
蕈 178
　 179
蕀 10
蕕 59
蕆 154
蕨 147
蕱 145
薅 119
蓩 147
薍 155
蕭 94
蕺 174
莆 153
蕈 155
蕢 118
蕪 60
　 60
藜 98
蔣 100
蕎 33
蒪 68
蕎 67
蕉 34
蕈 19
奠 27

十三畫

薛 105
薳 140
蔒 16
薔 10
蔴 42
蕺 88
薑 73
薽 130
薙 144
薚 72
薉 147

（第八列）

覆 28
蕃 158
　 158
蘿 155
蕎 140
蕴 133
猶 20
殯 131
董 51
尊 131
蕩 72
　 72
滿 42
薀 131
　 132
蕩 144
蕭 44
蓏 154
薔 11
蓓 94
藍 92
蕊 140
蓐 178
蔬 58
藪 125
蕿 19
蔞 42
蔰 148

147	蘽 2	蘆 58	薹 32	藥 118	**五畫**	**十四畫以上**	蚡 132	
蒙 57	藂 51	藪 42	蘢 51	蘿 137	虛 57	嚳 109	蚣 53	
蕗 65	蘇 152	蕑 88	藻 32	贊 152	57	黸 87	蚊 132	
邃 173	蒲 66	蕴 118	蕙 157	藿 39	盧 56	矗 58	蚳 81	
薿 16	蘀 47	蘢 140	蘂 140	蘼 140	虖 56	鱸 28	蚢 72	
薙 99	藍 168	藜 100	薑 73	蘱 124	虒 123	鸘 15	蚜 98	
萸 58	蕅 72	藷 58			號 123		蚍 57	
58	蕳 100	58	**十七畫**	**二十至二十一畫**	處 58	**虫部**	蚔 67	
58	藏 72	薰 34	蕱 27	蔫 88	58	虫 118	蚨 148	
薛 145	72	薮 123	蘸 83	蘱 123	虚 11		蚓 110	
薇 118	對 124	薄 178	140	灢 169		**二至三畫**	蚰 28	
118	藤 100	藩 158	蓲 27	藿 157	**六至七畫**	虹 94	蚩 2	
蕤 169	蕳 58	158	蘮 99	蕳 88	虒 88	虯 22		
薈 146	蕫 73	蔦 67	蒿 94	虆 118	號 130	虷 152	**五畫**	
薆 123	蕢 148	蔎 180	蔞 93	薔 33	彪 168	虹 51	蛄 56	
薍 156	藕 145	蘊 132	蘭 152	鬮 4	虘 138	虺 117	蚱 145	
蒼 169	薰 132	藥 39	蕑 145		虞 57	118	蚲 146	
薊 146	蘻 158	薔 56	蘽 131	**二十二畫以上**	虞 60	虻 73	蛄 169	
薢 87	蓮 2	蔂 21	蘩 158	蠢 146	虜 56	蚩 154	蚰 20	
薨 32	藐 39		蕳 140	蘽 156	魁 168	虵 139	蚺 169	
32	蔓 95	**十六畫**	藥 145	釀 74	號 32	蚤 19	蛈 105	
蘼 169	蕤 2	蘀 65		蘿 67	32		蚯 4	
薦 130	藁 32	蕳 27	**十八畫**	贛 178		**四畫**	蚹 44	
藚 99	歊 32	薑 65	藏 10	虆 131	**八至十畫**	蚌 52	蛉 94	
薪 110	33	薐 32	薑 181	蘿 56	虘 56	蚜 155	蚳 98	
蕙 10	薺 99	蘋 144	蘰 51		號 68	蚨 60	蚼 42	
蘋 158	100	藿 67	蘠 118	**虍部**	疏 38	蚖 157	蚿 111	
蕟 157	蘂 95	蘱 110	蔡 34	虍 56	戲 153	蚙 47	蛇 138	
薄 65	藻 32	蓬 57	蘿 138		戲 153	蚊 81	139	
65	蕡 110	蘆 56		**二至四畫**	魁 56	蚜 109	蜺 98	
蕩 32	蕁 92	蕳 110	**十九畫**	虎 56		蚵 87	蛆 125	
薕 179	薑 110	蔄 170	蘿 154	虐 39	**十一至十二畫**	蚯 57	蛁 35	
蕭 22	藚 117	蘄 130	蘩 88	虔 153	彪 130	蚍 99	蚴 22	
薛 87	蘿 39	蕧 73	蘸 170	虎 82	虧 140	蚶 169		
88		蕧 72	蘿 83	虓 145	魁 59	蚋 175	**六畫**	
薅 19	**十五畫**	蘋 117		虖 20	號 67	蚈 130	蛬 84	
	藕 42	蘅 73			號 32	蚧 144	蛙 83	
十四畫	蕢 49	蕗 178				蚊 60	蛞 104	
藉 67	藝 145	藾 38					蚕 52	
67	豬 58	蘇 56					蚝 3	
薵 20	58	藹 144					蚳 52	

蛕 3	蜍 58	蝈 19	蝙 111	蟄 174	蟪 106	蟻 146	蠼 84
蚋 145	蚦 148	蛤 170	蝦 57	174	蟫 179	蠣 145	蠿 158
蛭 104	蜉 21	蜩 27	57	蟥 133	蠦 147	蠕 44	竈 94
蚩 82	蜂 53	蜳 131	蝨 105	螈 75	蟲 181	蠢 82	**十九畫以上**
蚰 131	蚘 20	蜷 157	105	蟴 169	蟬 154	蠑 100	蠻 153
蜩 76	蛲 73	蛶 168	蝟 58	蟷 19	螺 9	蠑 95	蠹 144
蛛 44	蜕 146	蜿 155	蝡 21	螵 34	蟜 33	蟹 110	蠹 145
蜓 94	娘 72	蜜 105	螫 20	蟠 146	蟦 9	蠗 38	蠭 48
蛞 146	蜘 105	猴 105	螆 157	螳 72	蟭 34	蠽 118	蠿 145
蜒 154	蛹 53	蜎 125	**十畫**	螻 42	蟠 156	**十五畫**	蠿 110
蚜 98	**八畫**	蜵 178	螓 110	158	158	蠢 133	**血部**
衒 154	蜯 52	蝃 146	螯 32	螺 158	蟎 140	蟸 158	血 106
蛤 173	蜻 93	**九畫**	觳 47	螺 139	140	蠹 118	**二至五畫**
蛫 83	94	蝽 27	蟒 72	蝸 11	蟩 131	蠲 9	衁 94
蛒 66	蜑 65	蝘 155	蟆 57	螷 35	蠌 10	蠡 81	衄 75
蛥 145	蜡 66	蝠 11	螒 152	螅 51	蟒 32	83	衃 3
蛟 33	66	蝛 154	螜 65	蜙 51	騷 124	蠟 163	衄 28
蚌 73	蜇 82	蝢 157	融 181	螓 105	蟎 106	**十六畫**	衈 129
蛢 94	蜥 88	蝤 93	螈 157	螫 48	蟻 116	蠨 22	**六畫以上**
蟬 65	蚣 53	蝭 82	螶 57	蟓 74	**十三畫**	蠪 56	衉 2
蜋 129	蝀 51	蝎 72	螟 66	螽 181	蠖 67	蠭 53	衆 181
蚋 10	蛾 10	蝱 133	螳 116	蟲 67	蠓 51	蠹 51	衊 87
七畫	蛔 74	蝎 144	蝇 100	蟗 82	蟲 20	蠭 145	87
蛾 175	蜨 164	蝟 125	螮 81	蝍 47	蠔 139	**十七畫**	衋 178
蚨 20	蚕 118	蝑 125	螯 153	蟀 126	蟷 72	蠸 157	衇 170
蝨 130	蜾 139	蝤 22	螋 82	蟎 110	蠅 16	蠍 105	衋 110
蛺 164	蜴 87	蝮 28	螉 51	螏 104	蟿 66	蠮 94	蘯 58
蜕 52	蜽 133	蝛 112	螣 9	蠆 125	蠑 157	蠱 56	盤 116
蛵 100	蜩 76	蝗 75	螭 138	蟲 132	蠋 48	蠰 72	衊 146
蛏 94	蝸 140	蝂 118	螗 72	螫 74	蟾 169	蠮 16	盡 10
蜱 82	140	蝚 42	蝶 169	蟉 22	蠆 154	蠷 82	**行部**
蜸 33	蜘 81	蝰 126	螢 95	蟊 21	蠙 99	蠋 158	行 72
34	蜷 140	蝭 154	蝙 154	蟹 73	蠃 139	**十八畫**	
蜆 155	蜺 82	蝓 44	螾 94	**十二畫**	139	蠹 65	
蜎 157	蜼 118	蝴 66	墜 110	蟯 34	蟻 138	蠱 178	
158	蜱 82	蝯 157	**十一畫**	蟥 118	蟵 22	蠰 60	
蜀 48	蜦 133	蝱 73	螞 153	蟊 28	**十四畫**	蠷 137	
蛾 137	蝕 10	蝣 20	螓 88	蟄 82	蠢 65		
138	蟹 118	蟗 138	螞 67	蕇 145			
蛬 22	蜩 22	蝤 21		蟎 145			
				蟄 93			

73	衦 152	袍 19	裕 48	福 11	鴇 22	襤 168	覤 99
73	衬 60	襃 19	裗 21	褄 33	22	襦 44	視 99
73	衫 178	袨 112	祝 148	褙 139	褖 74	襭 48	**五畫**
三至五畫	衭 175	袥 158	裝 132	褆 82	襒 146	襋 10	觇 169
衒 152	衵 138	袊 106	裝 74	褌 132	襞 146	襮 105	觊 138
衍 154	**四畫**	袘 137	**八畫**	褐 144	褶 174	襬 38	覎 105
術 125	袂 60	袈 57	裱 34	褍 156	襂 179	襴 140	覒 3
衚 112	袁 157	袑 34	裯 27	複 28	**十二畫**	**十六畫以上**	覔 100
六至七畫	衰 59	被 138	褚 58	褓 19	襄 154	襱 51	**六至七畫**
街 81	衵 105	袤 19	58	褒 19	襓 34	襲 174	覛 88
衖 52	衷 119	**六畫**	裲 74	裏 118	褲 10	襳 169	覜 35
衕 51	衷 180	袿 84	裺 169	褕 44	襏 98	襴 163	覝 169
衝 57	180	袺 105	裰 165	褖 157	襌 152	襵 155	覞 88
58	衽 179	裁 1	裶 118	襌 131	襇 118	襶 48	覟 39
衜 112	袤 34	袴 59	裴 117	褊 109	襪 173	**襾(西)部**	**八畫**
八畫以上	衿 144	裂 145	裂 27	褘 118	襎 158	襾 57	覠 56
衚 154	衿 179	袖 109	裳 74	褖 156	襱 53	西 100	覡 1
衝 53	衾 179	袾 44	裸 139	**十畫**	襘 88	要 33	覢 67
衛 147	衯 132	袞 19	裹 139	褠 42	襫 126	33	覣 140
衡 73	袞 131	袬 154	裼 88	褧 22	褐 179	覂 171	覤 82
衞 126	衲 111	袷 173	88	褧 95	熨 125	覃 84	覥 169
衢 53	袂 146	袀 111	製 145	褥 48	襈 158	覆 178	親 48
衢 60	衰 35	袼 180	祝 82	裒 118	襫 147	覆 28	**九畫**
衣(衤)部	**五畫**	袼 65	裨 82	褫 81	**十三畫**	覈 87	覩 178
衣 116	袪 57	袳 138	82	褒 19	襟 179	**見部**	題 82
116	袘 145	袤 138	裣 179	褵 138	襧 181	見 155	覭 179
116	袥 65	校 35	裯 19	褮 95	襗 66	155	覮 44
一至三畫	被 147	梳 52	20	褰 153	襠 47	155	覯 157
表 34	袓 58	柳 58	褻 28	裕 53	48	155	親 110
衩 35	袒 152	**七畫**	褒 20	禩 88	襘 146	**三至四畫**	**十畫**
	153	裝 146	21	**十一畫**	襜 168	尋 9	覰 42
	袖 28	裘 4	被 67	襀 88	169	規 83	覱 20
	神 169	補 59	捲 157	襃 145	襢 152	現 32	覲 132
	袤 104	袽 44	裧 169	褻 174	襞 88	覓 88	観 117
	袝 44	裖 130	裾 57	褅 19	**十四至十五畫**		覴 94
	衿 130	裎 93	裰 125	褔 42	襪 148		
	袊 93	裏 2	**九畫**	褸 42			
	袛 99	裹 174	裸 164	44			
	袀 42	裔 145	褐 153	襄 74			

（見部）

十一畫
覾 52
覸 129
覼 34
覶 58

十二畫
覩 153
覲 88
覶 139
覰 42

十三至十四畫
覺 27
　 27
　 27
矙 118
覽 168
覿 139
覦 110

十五畫以上
覾 48
覹 158
覿 153
覿 155
　 155
覬 39
覽 118
覿 83

角部

角 47
　 47

二至五畫
觓 22

—

觡 48
觕 56
舩 52
觖 48
觚 81
觝 148
觛 152
觚 59
觚 99

六畫
觡 145
觟 83
觠 157
觜 82
　 83
觢 75
觤 83
觡 66
觠 157
解 87

七至八畫
觧 22
觫 47
解 93
觰 57
觭 138
觬 82

九畫
觱 105
觿 117
觺 1
觷 156
觶 21

—

十至十一畫
觳 47
　 47
觽 81
觶 93
觼 38
觵 75
觸 74
觺 21

十二至十三畫
觾 147
觼 81
觼 33
觽 148
觸 48
觿 27
觾 39

十四畫以上
觽 2
觿 106
觿 39
觿 105
觿 157
觿 84

言部

言 154

二畫
訂 94
計 105
訃 49
訇 94
訄 20
訐 22

—

訒 16

三畫
訐 145
訏 60
訌 51
討 19
訕 42
訓 153
訖 123
託 65
訓 132
訊 110
記 2
訑 137
　 138
訒 130

四畫
訮 153
訧 4
訛 133
詎 57
　 57
訝 57
訬 33
　 34
訮 170
訥 174
許 56
　 57
訴 33
訛 139
訴 130
訟 52
訟 53
訾 34
設 145
訪 76
訟 179
訣 148

—

五畫
証 93
詁 57
詌 170
詵 145
詁 56
詅 125
詞 137
評 93
詛 58
詀 28
訣 73
詈 81
詗 95
詄 105
詐 66
詑 138
訴 65
評 56
診 130
詆 99
詢 42
詷 157
詎 137
詠 76
詞 3
詘 125
詔 34
詖 138
詒 1
　 2

六畫
誆 76
誄 118
試 10
詿 83
詩 2
詰 104
詣 99

—

諫 88
誇 59
詿 3
誠 93
訾 82
　 82
訨 82
詷 51
誅 44
詵 130
話 147
誕 152
詣 106
詬 42
詮 158
詥 173
誂 35
詹 169
詭 83
詢 111
詣 99
詷 52
詻 66
詾 138
　 138

七畫
誓 145
静 92
詨 33
詤 75
該 1
詳 74
訓 21
詫 66
詪 129
詡 60

—

誧 59
諫 48
語 58
　 58
諆 164
諢 92
誚 34
誤 59
誻 27
諓 137
誘 20
誨 3
僭 82
誹 66
誑 76
誩 75
詹 139
説 148
　 148
　 148
訦 2
誦 53
誒 2

八畫
請 93
諸 58
諡 65
誊 2
諅 2
諏 44
譜 66
諾 65
誺 2
諑 48
諓 154
誹 118
諔 28
諕 32
課 139
誾 154

九畫
謀 4
諶 179
諅 9
謀 164
諫 153
誠 178
諧 98
謔 39
諟 82
謁 145
謂 125
諗 3
譚 65
諯 157
諭 44
謚 87

—

諸 173
調 76
誷 140
譓 140
諉 140
諆 44
説 82
譽 153
誰 119
論 131
　 133
諗 179
調 22
　 22
誻 19
詔 169
諒 74
諄 133
諎 126
談 168
誼 138
謯 125
滋 111

七畫
誠 9
誓 145
誣 60
詩 124

諼	157
諷	181
	181
諮	99
諝	178
諑	154
諦	88
諠	157
誜	22
諞	109
諱	118
諝	58

十畫

謷	32
	32
講	52
諱	59
諫	59
謓	110
謰	154
詞	137
諏	157
暑	38
護	11
謝	67
諕	82
謠	34
詔	19
謏	82
謄	15
謀	68
謞	33
	38
謫	138
謗	72
謚	87
謙	170
謝	65
營	94
	95

謇	153
謚	105
譁	98

十一畫

讀	87
謷	175
謦	94
謹	130
謳	42
醫	99
諸	57
諤	60
	60
譴	58
	59
譁	56
護	42
謾	156
謬	138
謫	87
謹	76
譀	168
嘼	140
謟	174
謬	22
諗	178

十二畫

譊	33
譆	2
誓	83
講	147
警	93
潮	33
譓	106
譚	178
譖	179
讃	117
譕	59
譑	33

譙	34
	34
謡	139
譌	139
譀	117
識	10
	10
譜	59
讚	131
譖	15
譎	32
譯	98
譔	158
證	16
譏	106
議	116

十三畫

護	67
譃	146
譟	59
譅	16
譴	153
譟	32
譯	67
譞	157
譩	173
譽	58
	58
警	39
譣	169
譫	169
譩	2
讅	154
議	138
譬	88
讋	16

十四畫

讇	20
譬	92

讅	112
凝	2
譆	173
譲	32
譎	87
讗	174

十五畫

讗	148
讀	47
譖	118
讚	154

十六畫

譙	155
譽	110
調	169
讄	21
讆	147
讋	163
讇	130
變	154

十七畫

謹	155
讕	152
讘	117
識	168
讒	170
讓	74

十八畫以上

讘	164
讕	163
讟	84
讖	169
讚	152
讞	154
讜	72
讟	47

谷部

谷	47
谷	66

三至七畫

谿	111
峪	16
容	157
谻	57
谷	178
谻	66
容	133
谿	178

八畫以上

谾	51
谿	82
	82
豁	146
谿	22
谿	57
豅	51

豆部

豆	42

三至六畫

豈	116
	116
豉	82
豋	155
豐	100
登	15
卷	157

八畫以上

薹	16
豎	44
豐	181
豔	104
豑	116
豓	169

豕部

豕	82

一至四畫

豕	48
象	81
豜	155
豚	131
象	74
殺	27
豪	123
豝	57

五至七畫

狙	58
豜	155
豦	57
豯	1
豢	156
豤	129

七畫

豝	60
豛	42
豧	130
豨	116
豪	32

八至九畫

豬	58
豵	155
豫	58
豭	131
豲	57

十畫

毅	47
	48
豵	155
豳	130
豯	82

十一畫以上

豵	51
豨	88
豶	140
豵	132
豷	105
豩	110

豸部

豸	81

三至五畫

豻	152
豺	2
豹	38
豾	20
豽	123
貂	35

六畫

貆	155
貊	66

貅	20
貃	65
貉	57
	65
	66

七至八畫

貍	2
貌	38
貓	33
貎	1
貏	82

九至十畫

貒	144
貒	156
貐	44
貘	66
貔	99
貕	82

十一畫以上

貙	44
貛	44
貜	53
貚	152
貛	155
貜	68

貝部

貝	144

二至三畫

貞	93
	93
負	4

第一欄

貢	51
財	1
貣	9
貨	139
貤	138

四畫

責	87
責	87
貨	139
販	158
貪	178
貧	130
貶	169
貫	155
貫	156

五畫

貳	99
貴	131
貴	132
貴	132
貰	145
貴	118
貺	76
買	81
貸	9
賬	98
貿	19
貯	58
費	124
費	125
貶	58
賀	137
販	138
貽	2

六畫

賊	9
賈	56
賈	57

第二欄

	57
賄	3
	3
貲	82
賃	179
賂	65
資	99
賅	1

七畫

賕	20
賑	130
賙	93
賍	132
賒	59
賓	110

八畫

賦	60
賣	81
賫	1
賢	111
賤	154
賞	74
賜	88
質	104
質	104
賙	21
賥	126
賡	73
賨	74
賓	180

九至十畫

賴	144
賵	181
賫	110
贅	148
購	42
賣	48

第三欄

賣	100
賻	68
贇	124
賸	16
賽	9

十一至十二畫

贊	174
贖	87
購	158
贈	15
贊	152
贐	140

十三至十四畫

贍	169
贏	93
贓	72
贔	105
贖	110

十五畫以上

贖	48
贕	47
贊	112
贛	51
	178
	180

赤部

赤	67
赦	67
赧	153
赬	10
赨	180
赫	66
赪	93
赭	59

第四欄

禎	93
赧	57
穀	47
榦	152

走部

走	42

二至三畫

赴	49
赳	22
赶	153
赵	1
起	123
起	2

四畫

趄	81
赿	130
越	99
趋	95
趁	148

五畫

越	147
趄	58
趌	67
趁	129
趑	99
趐	125
超	34

六畫

趕	83
趖	104
起	157
趚	88
趙	4
趄	74
越	82

第五欄

趃	44
越	35
趒	138
趙	99

七畫

趙	34
	35
趕	1
起	47
趖	139
趙	53
趖	133

八畫

趣	44
趣	44
趙	66
趣	111
趒	38
趣	125
趣	132
趕	119
趚	179
趣	27
趕	9
趫	47
趬	111

九畫

趨	145
趌	82
趌	145
趨	56
趙	21

十畫

趚	111
越	153
趨	105
趨	20

第六欄

趣	81
趨	44
寒	153

十一畫

趑	75
趨	169
趨	34
趨	156
趨	10
趨	178

十二畫

趬	33
趣	147
趫	33
趬	106
趨	116

十三畫

趩	104
趨	32
趨	39
趨	39
趨	157
趨	48
趨	58
趨	154

十四至十五畫

趯	106
趨	155
趨	39

十六畫以上

趨	146
趨	111
趨	153
趨	157

第七欄

趟	39
趨	10
趨	60
趨	68

足部

足	48

二至四畫

趴	49
趼	147
跂	173
趻	155
趻	155
跂	81
跂	81
距	57
趾	2
跨	179
跀	147
趾	82
趵	76
趺	148

五畫

踒	145
踭	125
距	67
跋	147
跂	147
跕	164
跫	73
趄	58
跌	105
跗	105
跗	44
跗	44
跞	65
趻	130
跔	43

第八欄

跑	20
跎	44
跎	137
跟	98
踊	125
跋	138
跛	139
跆	1

六畫

跬	83
跱	2
踅	52
跨	59
跠	98
踗	105
跳	82
跦	44
跳	131
跧	158
跲	173
跳	35
跪	83
路	65
跡	88
跰	92
跟	129

七畫

踅	56
踈	145
踤	163
踪	130
跼	65
踃	35
跟	144
踊	131
踜	28
踤	20
踉	74
踊	48

踂	2	
踊	53	
踆	131	
	133	

八畫

踖	67	
踦	138	
	138	
踐	154	
跰	118	
踧	28	
	28	
踔	38	
踝	140	
踢	88	
踏	173	
踘	81	
踒	139	
踘	27	
踤	125	
踏	9	
踆	164	
踡	157	
踠	157	
踞	57	

九畫

蹄	133	
踸	179	
蹀	164	
踏	173	
蹈	11	
踳	83	
踶	81	
	82	
踼	72	
踹	156	
踵	53	
踽	60	
踰	44	

蹳	65	
蹄	82	
蹉	137	
蹁	111	
跟	57	
踴	53	
踩	21	

十畫

蹟	111	
躍	105	
蹋	163	
蹁	82	
蹌	34	
蹈	19	
蹊	82	
蹌	74	
蹐	88	
蹇	153	
蹍	154	

十一畫

蹟	88	
蹩	174	
蹉	58	
蹙	168	
蹇	28	
蹯	144	
蹎	83	
跳	82	
蹤	53	
蹠	67	
蹢	87	
	88	
蹩	146	
蹜	28	
躇	57	
蹻	74	

十二畫

躔	147	

蹶	147	
	147	
蹼	47	
蹟	117	
蹻	39	
	33	
蹯	158	
蹴	28	
蹸	110	
蹲	131	
	133	
蹳	147	

十三畫

蹠	57	
躁	32	
躅	48	
	48	
蹴	39	
顑	158	
蹯	88	
躄	88	

十四畫

躊	20	
躋	100	
躑	87	
躍	39	
躘	156	

十五畫

躚	155	
躒	39	
躓	104	
躚	44	
躝	154	
躪	163	

十六畫

躄	145	
躔	110	

躉	147	
	147	

十七畫

躚	67	
躥	154	
躦	164	
躟	74	

十八畫以上

躒	163	
躍	60	
躝	163	
躚	82	
躩	68	
躞	118	
躚	48	

身部

身	110	
躬	180	
躲	67	
躺	180	
軀	139	
軀	43	

車部

車	57	
	59	

一至三畫

軋	144	
軌	20	
軍	132	
軒	153	
軟	144	
	146	
軏	147	
軎	147	

軵	133	
軶	181	
軔	130	

四畫

軒	76	
軓	147	
軐	131	
軜	174	
軬	158	
較	38	
軧	81	
軟	157	

五畫

軱	56	
軻	137	
軲	147	
軒	92	
軸	28	
軼	72	
軹	81	
軺	76	
軼	104	
軵	44	
	53	
軥	59	
軫	130	
軩	94	
軧	99	
軳	43	
軱	87	
軤	154	
軨	34	
軎	158	

六畫

軭	76	
軾	10	
載	1	
	1	

華	48	
軧	52	
輈	2	
輕	104	
軳	20	
輇	157	
輅	65	
軺	139	
較	33	
	38	
軶	1	
輋	138	
軿	94	
輂	16	

七畫

輗	163	
輔	60	
輕	93	
輓	158	
輐	156	
輅	133	
	133	

八畫

輒	11	
輏	94	
輦	154	
輊	15	
輢	138	
輳	153	
輩	117	
輝	132	
疊	48	
輬	139	
輥	131	
輞	76	
輗	82	
輪	133	
輍	53	
輙	15	

輖	21	
輬	74	
輨	155	
輐	157	
輟	147	
輜	3	

九畫

輳	42	
輻	11	
輗	157	
輯	174	
輼	131	
輵	144	
	144	
輴	157	

十畫

輲	110	
輗	157	
轂	47	
輶	109	
輿	58	
肇	95	
轄	144	
輾	154	

十一畫

轆	147	
輭	174	
聲	92	
轉	157	
	157	
轇	158	

轆	47	
轇	20	
輾	33	

十二畫

轒	132	
轅	32	
轈	47	
轎	33	
轓	158	
轆	53	
轍	145	
轔	110	
轌	153	

十三畫

轓	163	
轑	10	
轚	88	
轟	178	
轘	156	
	156	
轝	58	
轙	138	

十四畫

轟	94	
轤	168	
轗	126	
轞	158	
轠	130	

十五畫

轥	117	
轢	39	
轣	105	
轤	88	
轤	56	
轤	110	
轤	130	
轤	145	

辛部

辛 110

五至八畫

辜 56
辝 3
辠 117
辟 88
　 88
辡 154
辤 3
孼 145

九畫以上

辨 154
辦 153
辭 145
舜 88
辮 153
辭 3
辯 154

辰部

辰 130
辱 48
農 180
晨 130
賑 129
䢉 181
蜃 130

辵(辶)部

辵 66

二至三畫

辻 56
迁 152
迂 60
辺 2
达 144
　 146
迄 123
辿 138
迅 110

四畫

迂 76
迍 147
迓 57
迆 133
迊 82
连 56
近 130
　 130
返 158
迎 75
远 72
迅 39

五畫

延 93
迣 145
述 125
迻 147
退 56
迪 28
迟 87
迥 95
迭 105
迮 66
迤 138
迫 66
迊 99
迢 35
迨 1

六畫

速 88
洒 1
迾 145
迵 51
迴 117
适 146
追 118
近 42
迨 173
逃 32
迵 111
逢 180
迻 138
迹 88
这 33
迸 92
送 51
迷 100
逆 67
退 124

七畫

逝 145
述 20
连 154
　 154
逋 59
速 47
逜 56
逗 42
迺 21
逐 28
逕 94
逍 34
逞 93
退 147
造 19
　 19
透 28

途 56
逖 88
逢 53
通 51
逡 133

八畫

逵 20
道 65
逴 38
逷 88
過 139
逾 139
透 140
遍 153
進 110
逸 104
逭 155
逮 104
　 105
逯 48
遂 125

九畫

達 144
　 144
迦 137
逼 10
邊 72
遇 43
遏 144
還 65
遄 157
遍 112
違 75
遁 131
逾 44
遫 154
遊 20
道 21
道 19

　 19
遂 126
運 132
遍 111
逮 111
遂 131
退 57
違 118

十畫

遨 32
遘 42
遠 157
　 157
　 157
遭 153
遝 173
遞 82
遙 34
遛 21
遡 65
遲 98
　 98
遜 131

十一畫

遭 19
遨 47
遭 146
遷 42
遯 131
遒 34
遮 59
適 87
　 88
遬 126
遺 155

十二畫

邁 147
遷 154

遼 35
遷 104
邀 20
遺 118
　 118
遷 65
遂 154
遴 110
遵 133
遲 98
選 158
遹 106

十三畫

邃 57
還 156
遴 145
邀 33
避 87
邅 154
避 88

十四畫

邇 99
邈 38
邃 126
邋 146

十五畫

遺 47
邃 100
邊 155
邐 163
　 163

十六畫以上

邐 38
邏 157
邐 34
邐 44

邐 81

邑(右旁阝)部

邑 174

二至三畫

邙 98
邗 152
邘 60
邔 52
邤 42
邨 153
邝 72
邛 2
邕 52

四畫

邦 52
邢 94
邪 93
邦 60
祁 157
邠 132
邯 144
郏 81
邪 59
　 59
　 59
邮 131
　 131
邪 34
邬 130
邡 76
邢 72
炉 117
邴 179
那 137
邢 21

五畫

邯 168
邴 75
邵 3
邶 10
邸 58
鄂 32
邮 20
邱 4
邸 99
郇 43
郎 20
郯 105
邵 34
部 1

六畫

郖 76
郝 117
郪 84
郣 2
郂 1
郖 110
郁 11
郁 131
廊 93
郅 104
部 58
邾 44
郷 154
郎 99
郈 42
部 173
郤 67
郋 83
郫 111
郊 33
邢 94
郎 72
娜 58

那 60

七畫

郝 65
郟 20
郛 124
郙 60
郔 73
部 56
郚 42
郊 165
郲 125
郎 33
郢 93
郖 2
郘 52
郜 27
郕 56
郗 117
郤 67
郛 21
　 21
郡 132

八畫

郜 117
都 56
　 56
耶 43
郜 66
郴 179
郟 1
郬 169
郪 100
郭 56
郯 72
郵 4
郫 111
郶 100
郳 82
郷 82

郶 58
郭 67
部 1
郑 168

九畫

鄭 146
園 153
鄄 132
鄆 89
鄏 35
鄎 3
鄂 65
鄐 60
鄔 42
鄃 44
鄒 21
鄆 132
鄗 116
廓 99
鄍 100
鄉 73

十畫

駆 57
鄐 163
鄭 65
鄐 110
廓 48
鄜 153
鄓 132
鄎 10
鄔 56
鄉 43
鄗 32
鄓 72
鄐 28
鄖 94

十一畫

鄢 153

鄴 129
鄴 152
黐 105
鄴 157
鄴 154
鄂 59
廓 56
廓 56
鄧 72
鄙 3
鄴 42
鄹 156
鄫 15
鄡 35
鄒 145
廓 53
廓 21
鄣 74
鬱 146
鄜 56
鄝 22
鄴 33

十二畫

鄴 144
鄲 178
鄲 152
鄣 57
鄒 174
鄱 139
鄢 140
鄧 19
潀 17
鄩 154
鄭 110
鄭 93
鄤 16

十三畫

鄵 17
鄻 165
鄜 15
鄴 32
鄴 146
鄴 138

十四畫

鄴 67
鄴 21
鄴 43
鄴 158

十五至十六畫

鄴 154
鄴 158
酆 20
酇 154
酅 155
酈 16
酇 179

十七畫

酅 155
酅 94
酅 93
酅 170
酇 74

十八畫以上

酅 181
酅 84
酇 81
酇 152

酉部

酉 20

二至三畫

酊 94
酉 21
酎 20
酏 10
酌 39
酒 21
配 117
酖 138

四畫

酥 147
酓 180
酗 43
酌 110
酕 178

五畫

酣 168
酤 56
　 56
酟 170
酭 72
酢 65
　 65
酴 94
酌 43
酡 137
酓 158

六畫

酨 1
酤 4
酱 180
酩 65
　 65
酪 94
酬 21

七畫

酺 59
酲 93
酳 158
酷 27
酴 56
醉 147
酸 156
酣 130

八畫

醋 65
　 65
醆 153
醇 74
醇 133
醉 126
醅 3
酸 147

九畫

醒 179
醐 53
醎 178
醜 154
醒 82
　 82
醓 132
醒 94
醜 21
醓 43
醓 178
醟 43

十畫

醨 88
醢 1
醨 105
醢 72
醨 138

醬 95
醻 51
醨 105

十一畫

醹 19
醨 43
醫 2
醬 81
醬 74
醪 19

十二畫

醰 178
醨 179
醮 34
醨 82
醨 106

十三畫

釀 57
醴 100
釀 181
醲 67
醶 169
醾 10

十四畫

醻 21
醨 168
醨 44
醨 132
醮 100
醨 169

十六畫以上

醮 155
釀 170
醨 39
釀 74

釁 178
釃 82
　 82
釅 129

釆部

釆 153
采 1
　 1
釋 67

里部

里 2
重 53
　 53
野 59
量 74
　 74
釐 2
　 2

金部

金 179

二畫

釘 94
針 179
釗 34
釜 60

三畫

釬 152
釦 59
釭 52
釱 146
釹 10
釥 34
釧 42
釳 123
釣 39
級 174

釪 145	鉤 42	**七畫**	錘 140	鐴 110	鏤 42	鑣 106
釹 138	鉛 157	鋬 145	錣 140	鍒 21	44	鐵 116
四畫	157	鈋 163	錐 119	鋬 43	鏝 156	**十三畫**
鈃 94	鉒 44	錄 20	錦 179	**十畫**	鏰 139	鐵 105
鈦 60	鉉 112	鋪 59	錍 82	鏵 59	鏓 51	鑊 67
鉅 57	鉈 139	鋙 58	錭 19	鎮 65	鏦 53	鑢 57
釾 59	鉊 34	鋏 164	錞 117	鎮 110	鏞 53	鑛 56
鈍 131	鈹 138	鋞 94	133	鏈 154	塵 32	鐺 72
鈒 179	鈶 3	銷 34	錈 157	鎛 65	鏡 75	鐸 65
鈔 33	**六畫**	鋤 58	錠 94	鎀 47	鏟 153	鐶 156
鈚 139	銅 94	鋗 158	錧 155	鎖 139	鏑 88	鐲 48
釿 130	銎 52	鋂 3	鍵 153	鎧 116	鏃 47	鐲 154
鈑 153	銒 3	鋻 22	錄 48	鎘 123	鏇 158	鐮 169
鈴 180	鄉 59	銼 139	鋸 57	鎃 82	鑒 146	鑅 32
鈆 157	銍 104	鋊 48	綴 147	鎜 156	鏪 139	鏽 28
157	鑒 82	銹 148	錙 3	鍛 145	鏰 74	**十四畫**
鈇 100	銪 180	鋒 53	**九畫**	鎗 74	鏭 73	鑄 21
鈞 111	銅 51	銳 148	鍥 146	鏠 53	鏙 126	鑿 93
鈁 76	銖 44	**八畫**	鍖 179	鎦 21	鏐 21	鑑 168
鈄 42	銑 131	錏 57	鍱 163	鎬 32	**十二畫**	鑑 168
鈗 179	鋌 94	錤 2	鍊 155	鎕 72	鐃 33	鑛 75
鈌 148	銛 146	錯 65	鍼 179	鎰 87	鎮 132	鑼 39
鈅 110	169	65	180	鎌 169	鐔 179	**十五畫**
鈕 21	170	鋻 111	鍇 98	鑒 94	鐐 35	鑪 58
鈀 57	鋋 154	錡 138	鍉 82	鍇 144	35	鑼 138
57	鉦 179	錣 171	鍚 73	鎔 53	鐠 178	鑠 98
銃 133	銜 168	錢 154	鍔 65	鎞 42	鐦 153	鑠 39
五畫	鈑 88	154	鍤 165	**十一畫**	鐩 118	鑕 104
鉦 93	銓 158	錕 131	鍾 53	鏏 147	鐈 33	鑱 34
鉉 165	銚 34	錫 88	鍑 28	鏊 145	鐷 175	鑺 163
鉗 169	35	88	鍛 156	鏌 75	鐫 158	**十六至十七畫**
鈇 125	銫 83	鋪 130	鍠 75	鏧 168	鐎 34	鑄 65
鈺 3	鉻 65	錮 56	鏺 42	鐁 169	鐗 58	鑪 56
鉞 147	銘 94	錯 173	鍰 156	鏉 48	鐓 117	鑱 35
鉆 169	銍 138	鍋 139	鍦 138	鏂 42	鐘 53	鐙 15
鉏 58	鉸 33		鎡 3	鏗 109	鐏 131	鑰 39
鉀 163	錚 92		鍭 21	鏢 34	鐩 126	鐵 169
鈌 73	鉼 93		鍜 57	鏚 28	鐉 158	
鈴 94	銀 129			鏜 72	鐙 147	

鑱 168	
鑲 74	
74	
十九至二十二畫	
钁 163	
钁 117	
钁 84	
鑽 156	
156	
钁 156	
钁 139	
二十畫以上	
钁 38	
38	
钁 138	
145	
钁 68	
钁 48	
長部	
長 73	
73	
镻 105	
镽 139	
镽 99	
門部	
門 131	
二至三畫	
兩 110	
閃 169	
閏 152	
閉 105	
閆 105	

門部（第一欄）

四畫
閏 111
開 116
閑 153
閎 16
閉 144
閒 153
　153
閔 130
閱 72
閑 73

五畫
閏 137
開 163
閡 105
開 154

六畫
閨 84
閩 130
間 58
閥 148
閣 173
閣 65
閡 1
　9

七畫
閫 131
閱 148
閭 72
　72
閬 137

八畫
閣 56
閾 10
閹 169
閨 74

第二欄

閹 110
綑 145
閣 132
閤 131
閣 169
闕 144

九畫
闌 129
闌 152
闃 89
闈 132
闊 144
闊 44
闈 178
闊 146
闌 118
闕 106

十畫
闌 179
闥 163
闐 111
闕 104
闥 163
闈 116
闌 145
闕 147
　147

十一畫
闢 83
闤 72
　72
闢 168
　170
闥 73
闤 156

十二畫
闥 144

第三欄

闡 117
闡 154
闔 174
闖 140

十三畫以上
闤 156
闤 169
闢 88
闤 39
闢 157
闢 152

阜(左旁阝)部

阜 21

二至三畫
阢 98
防 9
阣 124
阡 111
阤 110

四畫
阱 93
阮 157
环 3
阨 87
阰 99
阯 2
阪 153
阮 73
防 76
阹 148
阮 133

第四欄

五畫
陁 57
阿 137
　137
阽 170
阻 58
阼 65
陁 137
附 44
陁 99
陀 137
陀 87
陂 138

六畫
陌 66
陑 2
陊 60
陏 51
陒 83
降 180
　180
陊 137
陜 116
陔 1
限 129

七畫
陋 42
陣 110
陜 133
陝 165
陝 169
陛 100
陘 94
陟 10
陗 34
陘 16
階 27

第五欄

除 58
院 157
陵 133

八畫
陚 60
陪 58
陸 28
陵 16
陬 42
陳 110
　110
陭 138
陵 154
陫 118
陲 140
陮 117
陴 82
陯 133
陰 179
陶 19
　20
陷 170
陪 3
陘 34

九畫
陿 165
陲 129
隋 139
　140
陝 16
階 98
陯 93
　93
隉 82
陽 73
隅 43
限 117
隍 146
隍 75

第六欄

隗 117
隃 44
隆 181
陪 178
隊 124
　124
隊 157
餡 28

十畫
隔 87
隆 140
隙 67
隕 133
隥 116
陜 117
隖 56
隘 87
隙 169

十一畫
隮 153
隔 43
隕 95
陛 100
隖 19
際 145
障 74

十二畫
隨 132
隨 140
隕 117
隴 60
隩 27
　27
隔 140
隧 126
䲔 148
隥 15

第七欄

十三畫以上
險 169
隰 87
隳 174
隱 130
隮 100
隫 47
隩 140
隴 53
隳 131

隶部
隶 104
隸 105
隸 105
隸 1

隹部
隹 119

二至三畫
隼 133
崔 38
隻 67
隹 51
雄 10
雀 39

四畫
雅 155
崔 155
集 174
雄 81
雁 153
雄 17
雅 57
　57
隽 158

第八欄

雏 180
雄 76
雇 56

五畫
雉 58
雊 98
雌 42
雍 52

六至八畫
雌 82
雇 56
雒 65
雁 16
雉 66
雖 140
雎 21
雕 22

九畫
雚 155
雖 119
膇 67
　67

十畫以上
雗 153
雙 52
雞 82
雛 44
雜 173
離 138
雕 52
難 152
　152
雝 28
雞 100
儺 173

【雨部】

龘 112

雨 60
　 60

三至四畫

雫 60
　 60
雪 148
雲 132
雰 132
雱 72

五畫

電 111
雷 117
零 94
雹 27
雺 44

六畫

需 44
霆 94
霂 179
霄 65
霈 60

七畫

震 130
霄 34
霓 155
霅 163
　 173
霖 47
霈 179

八畫

霖 179
霎 100

霏 118
霙 179
霓 82
霍 67
霑 169

九畫

霏 65
霜 74
霝 94
霞 60
霡 169
霞 57
霧 44

十畫

霣 99
霢 133
霡 87
霤 21
霥 67
霦 169
霧 178
霧 44

十一至十二畫

霅 148
霰 180
霪 179
霳 155
霮 178

十三畫

霻 178
霸 66
　 66
霮 169
露 65
霹 88
霾 51

十四畫以上

霞 156
霽 104
靈 94
霾 2
霽 100
靈 117
靂 88
靈 94
靄 67
靉 82

【青部】

青 94
靖 93
靜 93
靚 93
靧 67

【非部】

非 118
韭 118
靠 27
靡 138
蠹 118

【面部】

面 154
靤 60
靦 155
靧 117
靨 34
魘 163

【革部】

革 9

二至三畫

靪 94
靬 153
靬 60
靮 39
靳 173

四畫

靳 130
靲 179
靰 72
靷 110
靶 57

五畫

鞁 145
鞈 164
靼 144
軸 28
鞋 28
鞅 73
　 73
鞄 20
鞐 156
鞀 137
靴 105
靿 16
鞀 32
鞍 138

六畫

鞏 52
鞀 109
靴 11
鞈 173
鞉 32
鞊 99
鞈 65
鞍 152

窐 152
鞁 129

七畫

鞚 42
鞍 165
鞎 146
鞘 158
鞗 22
鞃 156

八畫

鞦 164
鞜 173
鞞 83
　 94
鞠 27
鞟 67
鞜 155
鞍 157
鞬 153
鞞 10
鞡 147

九畫

鞲 53
鞴 154
鞬 82
鞭 154
鞧 173
鞫 27
鞳 21
鞾 132
鞣 21
鞶 47

十畫

鞲 60
鞳 65
鞴 65
鞶 156

鞻 81
鞲 67
鞿 157
韃 93

十一至十二畫

韉 42
韂 82
韆 132
韈 118
韉 116

十三畫以上

韀 67
韁 73
韂 148
韃 155
韆 47
韉 130
韈 83
韂 156
韃 156

【韋部】

韋 118

三至五畫

韌 130
韍 174
韎 123
韐 147
韑 148
韒 105

六至八畫

韔 173

韇 157
韈 73
韓 152

九畫

韤 164
韘 118
韞 132
韝 156
韠 132
韡 57

十畫

韢 42
韣 118
韤 152
韥 65
韦 118
韧 105
韨 19

十二畫以上

韫 106
韬 47
韪 148
韫 125
韬 21

【韭部】

韭 20
韱 169
韲 100
韰 124
韴 158
韵 144

【音部】

音 179
韶 34
韵 75

韻 132
韺 178
響 73
護 67

【頁部】

頁 105

二畫

頂 94
頃 95
　 95
頄 20

三畫

項 52
頇 65
順 133
須 44

四畫

頊 48
頑 156
頍 83
頎 3
煩 4
頓 131
頋 169
領 124
頏 129
　 130
頒 129
　 132
頌 53
　 53
頦 124
頏 72
　 72
煩 179
預 133
預 58

五畫
頎 168
領 93
頏 130
頮 156
頤 129
頲 125
頗 139

六畫
頼 117
頡 105
頥 110
頸 94
頜 146
頷 173
頩 35
頫 83
頟 66
頦 1
頩 94
　 94
頩 124
頒 144
頪 109

七畫
頤 2
頭 42
頰 164
頸 93
頻 110
顯 124
頣 131
頯 117
頩 117
頴 20
頦 38
頷 178
頩 133

八畫
頩 2
頨 83
顆 139
頤 47
傾 118
頼 83
頩 169
頩 179
頩 93
頤 131
穎 95
頷 126
頝 94
顧 153
顄 178

九畫
顃 146
顤 178
頭 154
題 82
顯 52
　 52
顝 157
髁 124
魃 117

七畫
顤 82
顙 157
顔 153
顙 125
額 66

十畫
贅 32
顥 52
顛 111
願 157
顚 131
顗 116

額 3
顙 33
類 126
顦 170
顏 178
額 72

十一畫
顥 34
顧 28
頼 82
顙 125
顥 125

十二畫
顦 35
顥 156
顥 32
顥 34
顥 154
鱗 110
顧 56

十三畫
巓 147
顩 169
顥 154
　 154

十四畫以上
顯 155
顥 158
顥 110
顥 157
顧 56
額 178
顥 157
顖 94
顥 164

風部
風 181
　 181
　 181

四至五畫
颺 57
颰 104
颩 125
颭 169
颮 20
　 34
颯 173

六至九畫
颱 145
颶 98
颸 124
颺 74
颺 73
颺 125
颺 21

十畫以上
飀 116
飆 34
飄 34
飅 21
飆 34
飀 105
飄 181

飛部
飛 118
飝 118

食部
食 10

二至三畫
飢 10
飥 98
飦 154
飣 65
飧 131

四畫
飪 179
飫 43
飭 10
飯 158
　 158
飲 179
　 179
飩 21

五畫
餗 147
餃 144
飴 169
飵 65
飾 10
飾 105
飽 20
養 73
　 73
餛 87
飿 105
飴 2

六畫
餌 2
餈 82
餄 170
餉 74

餈 99
餅 93

七畫
餬 1
餔 59
　 59
餗 47
餐 152
餳 158
餓 137
餘 58
餕 117

餲 148
餕 133

八畫
餧 73
餕 16
饕 87
餕 132
餞 154
養 118
餕 117
　 140
餚 33
餡 105
餤 168
館 155
餟 147

九畫
餬 56
餐 105
餳 74
餲 144
　 144
餭 75
餽 118
餬 42
餐 154

餫 132
餸 147

十畫
餭 163
鎧 129
餕 123
餾 21
餹 72
餹 32
鎌 169

十一畫
饉 129
餫 43
餳 74
餘 74
饗 73

十二畫
饒 34
饋 132
饎 2
饐 104
馓 152
饋 118
饍 154
饌 158
饑 116

十三畫
饛 51
饙 147
　 147
饕 32
饐 154
饔 52

十四畫以上
饜 169

饐 131
饞 170
饟 74
饕 52
饡 152

首部
首 21
馗 20
䭫 99
䭬 11

香部
香 73
馥 28
馨 94

馬部
馬 57

二畫
馭 156
馴 104
馮 16
　 17
馭 58

三畫
馹 152
馶 48
馳 65
馴 133
駒 39
馭 173
馳 138

四畫
駁 81
駈 57
駉 105
馵 174

馬部（續）

駙 144	駼 130	雛 119	雛 38	驥 98
駁 38	僞 20	駶 59	驪 154	驢 58
馮 19	駓 158	駶 19		驦 27
駠 72	駚 32	駾 153	**十一畫**	驤 155
駭 132	駱 65	騄 48	鶩 174	驤 74
駃 148	駮 38		驅 43	驪 84
駪 133	馬 75	**九畫**	驃 34	驪 81
	駹 75	騠 88	駴 57	驫 22
五畫	駭 2	騕 35	驟 139	
駈 3	駢 94	騊 98	驄 51	**骨部**
駟 92		騠 82	驂 174	骨 124
駔 72	**七畫**	騂 75	驗 178	
駎 28	駴 9	騌 118		**三至五畫**
駇 73	騃 163	騌 181	**十二畫**	骭 152
駛 3	駻 124	騲 131	驍 35	骱 60
駉 95	騃 53	騄 57	驚 93	骩 140
駌 105	騂 21		驛 180	骹 125
駷 104	騃 52	**十畫**	騠 153	骯 72
駙 44	騂 152	驁 32	驔 137	骶 99
駯 130	騁 93	驊 59	152	骷 124
駮 94	騆 158	驀 66	155	骹 138
駒 43	騃 137	鵯 152	驕 33	
駒 144	騃 56	騿 157	驎 110	**六畫**
駐 44	騂 93	騻 153	騎 106	骶 82
駝 137	駼 146	騾 117		骼 146
駞 105	駪 179	騵 16	**十三至十四畫**	骺 73
駕 56	騀 48	騊 19	驥 105	骼 66
駕 137	騋 3	騺 82	驛 67	骸 33
駭 139	駿 133	騎 73	鴌 27	骹 2
駘 1		騰 15	驗 169	骿 94
1	**八畫**	騶 21	驒 154	
	騏 2	驈 43	驘 139	**七畫**
六畫	騋 1	騫 153	驦 28	骾 73
駛 181	騎 138	騪 51	驥 43	髁 139
駔 2	138		驍 110	骴 88
駕 145	騑 118			髀 83
駓 104	騉 131		**十六畫以上**	髃 43
駹 95	騏 152		驪 155	骼 144
馬 82	騆 140			髒 138
駧 51	騄 140			骼 66
駟 109	140			

十至十一畫	五畫	鬟 66
髆 65	髦 3	鬢 110
髈 72	髮 148	鬏 88
髏 42	髯 169	鬆 156
髍 139	髳 44	鬣 169
髎 22	髵 125	鬍 72
	髶 35	
十二畫	髰 138	**十一至十二畫**
髐 33	髣 21	鬏 156
髓 140		鬚 20
髖 147	**六畫**	鬜 153
髊 118	髻 105	鬢 118
髊 140	髽 2	鬢 44
	53	
十三畫以上	髭 82	**十三至十四畫**
體 99	髻 146	鬢 156
髑 47	髹 20	鬢 146
髖 146	髮 99	鬤 146
髖 155		鬚 168
髖 110	**七至八畫**	鬡 100
	髯 33	鬢 110
高部	鬇 140	
高 32	鬃 99	**十五畫以上**
高 95	鬆 88	鬢 155
	鬍 22	鬚 163
髟部	鬈 1	鬚 56
髟 22	鬌 157	鬢 74
	鬋 125	
三至四畫		**鬥部**
髡 131	**九畫**	鬥 42
髦 88	鬕 133	鬨 158
髧 20	鬐 139	鬩 51
髢 32	140	鬪 51
髣 144	鬎 137	鬮 88
髤 76	鬍 154	鬫 21
髥 178	鬆 21	鬭 100
	十畫	鬮 110
	鬓 98	

鬭 42
鬮 4
鬩 132

鬯部

鬯 73
鬰 3
鬱 57
鬱 125
鬱 125

鬲部

鬲 88

三至六畫

䰞 139
鬷 81
瓬 88
鬳 154
鬵 74
鬻 88

七至十一畫

䰠 60
鬻 179
鬻 125
䰣 51
鬵 83
鬺 74
鬻 56

十二畫

䰤 16
鬻 2
鬻 28
28

十三畫以上

䜴 87
鬻 124
鬻 58
鬻 43
鬻 39
鬻 33

鬼部

鬼 118

三至四畫

彪 124
魂 131
愧 140
魅 81
魝 130
魁 117

五畫

魄 65
66
魅 124
魈 147
魁 110
魅 104

八畫

魏 118
魑 2
魅 74
魅 56
魅 76
魅 117

十畫以上

覺 116

魑 138
魑 137
魅 57
魑 21
魑 110

魚部

魚 58

二至三畫

劎 146
魞 140
魟 65
魡 39

四畫

魤 60
魟 157
魳 144
魷 99
魟 56
魦 138
魯 56
魶 174
魨 58
魿 179
魵 132
魟 72
魴 76

五畫

鮇 57
165
魾 75
鮚 3
鮁 147
鮎 170
鮃 154
鮋 20
鮰 21

鮭 94
鮓 137
鮒 44
鮊 66
鮼 94
鮑 20
鮝 131
鮀 137
鮍 105
鮍 138
鮨 1
魦 20

六畫

鮭 84
鮚 104
鮪 4
鮞 2
鮥 59
䰕 145
鮆 82
鮦 51
鯈 20
28
鮯 173
鮡 34
鮨 98
鮥 65
鮫 33
鮊 72
鮮 154
154
鮺 137

七畫

鯏 163
鯁 73
鯇 42
鯉 93
鯉 2
鮑 154

鯀 131
鮸 147
鯑 100
鯊 138
鯇 156

八畫

鯗 28
鯪 16
鯕 2
鯫 42
鯠 1
鯌 38
鯢 140
鯤 131
鰲 100
鯨 82
綸 133
鯛 22
鮎 170
鯦 20
鯜 27
鯨 75
鯪 164
歸 21

九畫

鰈 163
鰻 153
鯤 82
鯯 9
鯛 43
鰌 125
鰒 28
鯁 154
鯸 42
鯺 82
鯖 21
鯼 3
鯺 15
鯿 109

鱉 124
鰕 57
鰆 58

十畫

鰭 98
鰱 154
鰎 28
鰲 58
鰷 153
鰝 163
鰥 132
鰷 22
鰩 34
鰟 51
鰧 15
鰹 32
鰭 88
鰜 170
鰯 53
鰰 174

十一畫

鯖 88
鱄 157
鰸 43
鰹 111
鱸 57
鰻 42
鰻 156
徽 118
鰖 53
鰲 146
鱻 58
鱘 139
鰼 174
鰶 32

十二畫

鰲 110
鱓 179

鱖 147
147
鱔 179
鱓 154
鱗 110
鱒 131
鱭 106

十三畫

鱧 68
鱨 75
鱤 178
鱸 56
鱧 16
鱧 100
鱢 32
鱗 58
鱠 146
鱣 154
鱐 28

十四畫以上

鱸 146
鱠 74
鱳 38
鱱 144
鱠 155
鱯 60
鱷 83
鱻 83
鱻 154

鳥部

鳥 22

一至二畫

鳦 104
鳲 47
鳧 60

鳩 20
鳲 35

三畫

鳽 152
152
鳿 51
鳶 157
鳴 93
鳳 181
鳾 99

四畫

鴉 48
鴈 155
鴃 60
鴂 81
鴀 4
鴈 153
鴉 57
鴇 144
鴆 129
髟 165
鴦 132
鴇 19
鷄 132
鴝 76
鴈 56
鴆 179
鳩 148

五畫

鴣 56
鴝 137
鴂 3
鴰 147
鴨 22
鴞 152
鴟 58
鴛 33
鳶 73

馰 81
駊 105
鵃 44
鴿 94
鷗 99
鴒 43
鴛 157
鵵 42
鴻 175
馱 106
駕 137
鵑 1
鳩 22

六畫

鵏 84
鴰 104
鵂 4
鴷 145
鵝 100
鴜 82
蝱 180
鴰 44
鵠 147
鵂 20
鳶 27
鴛 179
鴾 20
鴿 173
鵲 99
鴒 65
　 66
鳹 33
鳶 65
鴻 51
鴂 153
駕 58
鴇 21

七畫

鴶 32

鷃 94
鴨 152
鵠 27
鵝 137
鵑 174
鵵 56
鴞 148
鴿 48
鵲 146
鵜 100
鳹 2
鷄 133

八畫

鵡 60
鵲 93
鵻 28
鵀 2
鵲 66
鴿 138
鵑 38
鵰 131
鵞 98
鵁 88
雛 119
　 133
鵯 82
鵬 15
鵬 11
鵬 22
鵨 56
鵜 27
鵒 133
鵺 67
鵬 73
鵃 157
鵂 57
鵬 125
鶏 146
鷗 3

九畫

鵡 146
鵬 56
鷗 153
鵬 11
鶖 33
鵠 98
鵑 89
鵵 82
鵃 34
鵫 144
鵬 65
鵲 124
鶩 21
鵲 75
鵬 133
鶒 3
鵯 131
鵪 109
鶌 110
鶔 21
鶩 44
鶄 157

十畫

瞉 47
鶀 111
鵯 152
鵽 88
鶒 104
鷻 153
鵬 82
鶙 34
鵰 82
鶇 72
鶲 21
鵓 44
鵲 88
鵬 72
鶊 88

鶒 170
鶑 92
鶱 153
鶴 38
鷽 125

十一畫

鶖 174
鶒 152
鵵 105
鶽 156
鷗 42
鶯 99
鶫 74
鶽 130
鶲 44
鷹 116
鶴 178
鷛 53
鶹 88
鶩 48
鶯 146
鶹 57
鶒 28

十二畫

鶒 132
鶹 104
鷟 155
鶵 179
鷹 147
鶹 35
鶹 153
鶒 152
鶯 33
鶹 34
鷟 28
鷟 131
鶹 133
鷠 106

十三畫

鶹 51
鷺 65
鶹 156
鶹 48
鶹 58
鶹 27
鶙 39
鶹 168
鶹 154
鷹 16
鶹 10
鶹 138
鷥 28
鶹 88

十四畫

鶹 99
鷟 47
鶹 94
鶹 39

十五畫

鶴 145
鶹 38
鷗 118
鶹 179
鶹 38

十六畫

鶹 144
鷟 56
鶹 27
鶹 53

十七畫以上

鶴 155
鶹 155
鶹 92

鶹 60
鶹 81
鶹 156

鹵部

鹵 56
鹹 178
鹾 137
鹽 169
鹼 170

鹿部

鹿 47

二至三畫

麀 56
麁 98
麂 20
麃 3

四至五畫

麇 33
麈 33
麈 58
麋 133
麆 44

六畫

麈 84
麗 155
麈 98
麇 99
麈 99

七畫

麎 130
麇 60
麈 154
麈 130

麝 133

八畫

麒 2
麓 47
麗 81
　 83
麚 133
麛 82
麝 20
麞 75

九至十畫

麟 178
麠 156
麛 57
麞 83
麠 47
麛 104
麝 67

十一畫以上

麈 74
麟 110
麠 75
麠 58
麝 100
麠 94
麠 56

麥部

麥 9

三至四畫

麨 1
麩 123
麪 60
麫 111

五至八畫

麮 57
麨 106
麶 21
麷 21
麳 140
麴 27

九畫以上

麹 137
麷 47
麵 139
麷 87
麷 181

麻部

麻 138
麼 139
麿 140
麾 43
黀 47
黂 42
黀 132
黐 140

黃部

黃 75
黇 170
黈 42
黊 83
黋 4
黌 170
黆 156
黉 75

黍部

黍 58
黎 104

黎　100
黏　104
黏　56
黏　169
黎　100
䵫　82
䵬　9

黑部

黑　9

四畫

薰　155
默　9
黔　4
黜　131
黔　180
默　178

五畫

黵　169
點　170
黜　144
黛　9
黜　125
黝　22

六至八畫

點　104
黟　139
黢　10
黗　170
黨　72
黧　100
黔　179
黥　75

九畫

黯　178
䵞　129
黰　169
黶　73
黔　170
黯　178
黷　130

十畫

黱　110
黸　156
黱　9
黷　147

十一畫

黶　99
黴　99
黢　168
黪　178

十三畫以上

黪　146
黱　168
黶　169
黵　147
黷　47
黵　178
黸　56

黹部

黹　98
黺　132
黻　148
黼　60

辭　124
黼　58

黽部

黽　15
　　15

四至八畫

黿　157
黿　28
黿　34
鼅　43
電　83
黿　44
鼁　81

十畫以上

鼇　32
鼃　82
鼄　15
　　15
鼈　81
鼉　146
鼄　137
鼅　82

鼎部

鼎　94
鼏　88
鼐　1
鼒　3
鼐　148
鼎　74

鼓部

鼓　59
鼖　132
鼘　173
鼙　32
鼗　73
鼚　83
鼛　19
鼟　174
鼞　112
鼝　28
鼟　72
鼟　181

鼠部

鼠　58

三至四畫

鼢　38
　　39
鼢　132
鼥　178
鼤　132

五畫

鼨　67
鼫　94
鼩　28
鼪　92
鼩　43
鼭　181
鼬　53
鼣　35

六畫

鼫　82
鼮　2
鼱　94
鼰　65

七至九畫

鼯　56
鼧　21
鼱　93
鼩　56
鼴　89
鼷　124
鼹　131

十畫以上

鼶　82
鼺　82
鼸　87
鼷　170
鼺　158

鼻部

鼻　105
鼽　20
鼾　152
鼿　42
齁　144
齆　20

齊部

齊　100
齋　98
齎　100

齊　100
齋　99
齌　99
齏　99
齊　100
齋　100
齎　100
　　130

齒部

齒　2

一至四畫

齔　110
齓　110
齕　153
齗　123
齘　57
齗　130
齝　144

五畫

齟　145
齟　57
　　58
齞　111
齜　66
齡　94
齣　124
齠　35
齝　2

六畫

齧　146
齛　104
齚　144
齦　104

齜　82
齬　146
齯　20
齮　33
齰　94
齱　157
齲　129
　　130

七至八畫

齬　58
齦　48
齯　137
齫　43
齰　66
齮　138
齱　82
齸　58
辭　124

九畫

齴　178
齵　42
齶　123
齷　60
齸　154
齹　138
齺　132
齝　47

十畫

齻　111
齼　65
齾　116
齰　43
齲　87

齤　170
齥　105

十一畫以上

齴　57
齥　87
齦　154
齶　145

龍部

龍　53
龐　51
　　52
龑　52
龒　155
龓　51
龔　178
龕　52
龗　173
龖　94

龜部

龜　4
　　4
龝　169
龞　21
龜　180

龠部

龠　39
龡　140
龢　139
龣　140
龤　98
龥　81